AMADOU HAMPÂTÉ BÂ

JÄGER DES WORTES

Eine Kindheit in Westafrika

Aus dem Französischen
von Heidrun Hemje-Oltmanns

Peter Hammer Verlag

Originaltitel: Amkoullel L'Enfant Peul
Actes Sud, Arles 1991

Die Deutsche Bibliothek – CIP-Einheitsaufnahme

Bâ, Amadou Hampâté:
Jäger des Wortes : eine Kindheit in Westafrika /
Amadou Hampâté Bâ.
Aus dem Franz. von Heidrun Hemje-Oltmanns. –
2. Aufl. – Wuppertal : Hammer, 1995
Einheitssacht.: Amkoullel, l'enfant peuhl <dt.>
ISBN 3-87294-538-6

Die Übersetzung des Werkes erfolgte
mit Unterstützung der Gesellschaft zur
Förderung der Literatur aus Afrika,
Asien und Lateinamerika.

Lektorat: Gudrun Honke

INHALT

WURZELN

Das doppelte Erbe

Im traditionellen Afrika ist der Einzelne nicht zu trennen von der Reihe seiner Vorfahren, sie lebt durch ihn weiter, er ist nur ihre Verlängerung. Will man jemanden ehren, begrüßt man ihn, indem man mehrere Male nicht seinen persönlichen Namen – den man in Europa den Vornamen nennt – ausruft, sondern den seines Clans: »Bâ! Bâ!« oder »Diallo! Diallo!« oder »Cissé! Cissé!«, denn man heißt in ihm nicht ein Individuum, sondern die ganze Reihe seiner Vorfahren willkommen.

Darum wäre es undenkbar für einen alten Afrikaner wie mich, der bei Anbruch dieses Jahrhunderts in der Stadt Bandiagara in Mali geboren wurde, mit der Erzählung meines Lebens zu beginnen, ohne zuvor an meine mütterliche und väterliche Ahnenreihe erinnert zu haben, beide zum Volk der Fulbe gehörig, beide, wenn auch in gegnerischen Lagern, verwoben mit den zuweilen tragischen geschichtlichen Ereignissen, die mein Land im Laufe des letzten Jahrhunderts prägten. Die ganze Geschichte meiner Familie ist mit der von Massina verknüpft – einer Region in Mali, die im sogenannten Nigerbogen liegt – und mit den Kriegen, die Massina entzweiten, insbesondere denen, wo die Fulbe aus dem Reich der Fulbe von Massina den Tukulor der Truppen von El Hadji Omar gegenüberstanden, dem großen Eroberer und religiösen Führer, der von Westen gekommen war und sein Reich vom Osten Guineas bis nach Timbuktu ausdehnte, nachdem er im Jahre 1862 den Sieg über die Fulbe von Massina errungen und ihr Reich dem seinen einverleibt hatte.

Jede meiner beiden Ahnenreihen ist direkt oder indirekt mit einer dieser großen feindlichen Parteien verwandt. Ich habe also mit meiner Geburt ein doppeltes Erbe angetreten, sowohl im historischen als auch im gefühlsmäßigen Sinne, und viele Ereignisse meines Lebens waren dadurch geprägt.

»Nicht so schnell!« wird zweifellos der nichtafrikanische, mit den großen Namen unserer Geschichte wenig vertraute Leser rufen. »Bevor wir fortfahren, was sind denn eigentlich die Fulbe und die Tukulor?«

Beginnen wir mit meinen Vorfahren, den Fulbe. Wenn es auch leicht ist, eine solche Frage zu stellen, so ist sie doch nicht einfach zu beantworten, denn dieses nomadisierende Hirtenvolk, das seine Herden quer durch die afrikanische Savanne im Süden der Sahara, vom atlantischen bis zum indischen Ozean geführt hat, und dies während Jahrtausenden – wie die Felsmalereien von Büffeln in den Grotten von Tassili bezeugen, die Henri Lhote[1] entdeckt hat – , stellt eigentlich ein geschichtliches Rätsel dar. Noch ist es niemandem gelungen, das Geheimnis seiner Herkunft zu ergründen. Die mündlichen Legenden und Traditionen der Fulbe verweisen fast alle auf einen sehr alten orientalischen Ursprung. Aber je nach Bericht ist dieser Ursprung mal arabisch, mal jemenitisch oder palästinensisch, mal hebräisch oder liegt noch weiter weg, bis hin nach Indien. Unsere Überlieferungen erwähnen mehrere große Wanderströme, die in sehr fernen Zeiten ›aus dem Osten‹ kamen und von denen einige Afrika von Ost nach West durchquerten und bis nach dem Futa Toro im Senegal gelangten – eine Gegend, aus der sie sehr viel später, in einer der unseren näher liegenden Epoche, in neuen Wanderungswellen aufbrechen werden gen Osten.

Europäische Wissenschaftler und Forscher, vielleicht neugierig geworden durch die physische Erscheinung der Fulbe, durch ihre relativ helle Hautfarbe – die je nach Mischung dunkler sein kann –, ihre lange, gerade Nase und die oft schmalen Lippen, haben versucht, ihrer Disziplin – Geschichte, Linguistik, Anthropologie, Ethnologie – entsprechend, des Rätsels Lösung zu finden. Jeder ging von seiner Hypothese aus, wandte manchmal ebensoviel Kraft auf zu ihrer Verteidigung wie zur Widerlegung der Hypothesen der anderen, aber keiner hat eine gesicherte Antwort gegeben. Meistens ist man sich darin einig, allerdings ohne dies geographisch genauer einzugrenzen, den Fulbe eine mehr oder weniger ›orientalische‹ Herkunft zuzuschreiben, mit einem sehr unterschiedlichen Mischungsverhältnis zwischen einem nicht negriden, einem semitischen oder hamitischen, Element und den Schwarzen des Sudan. Für die modernen afrikanischen Historiker sind die Fulbe rein afrikanischen Ursprungs.

Wie dem auch sei, unabhängig von Zeit und Raum, von Wanderungen und Vermischungen, von äußeren Einflüssen und unvermeidlichen Anpassungen an die jeweilige Umwelt, liegt die große Einzigartigkeit der Fulbe darin begründet, daß sie es verstanden haben, sie selbst zu bleiben, ihre Sprache zu bewahren, ihre sehr reichen kulturellen Kenntnisse und, bis hin zu ihrer Islamisierung, ihre eigenen religiösen Traditionen und Initiationsriten, und das alles verbunden mit einem sehr klaren Gefühl für ihre Identität und ihre Nobilität. Zweifellos wissen sie nicht mehr, woher sie kommen, aber sie wissen, wer sie sind. »Der Fulbe kennt sich selbst«, sagen die Bambara.

Mein alter Freund Sado Diarra, Vorsteher des Dorfes Yérémadio in der Nähe von Bamako, beschrieb mit List und Poesie, wie die Bambara über die Fulbe denken: *Die Fulbe sind eine erstaunliche Mischung. Wie der weiße Fluß im Land der schwarzen Wasser, wie der schwarze Fluß im Land der weißen Wasser sind sie ein rätselhaftes Volk, das launische Strudel aus dem Land der aufgehenden Sonne mit sich geführt und von Ost nach West fast überall verbreitet haben.*

Die Fulbe waren der Willkür von tausend mehr oder weniger bekannten historischen Umständen ausgesetzt und wurden in der Tat wie Irrlichter in alle Graslandschaften der afrikanischen Savanne im Süden der Sahara zerstreut. Sie waren ›überall gegenwärtig, aber nirgendwo seßhaft‹, ständig auf der Suche nach neuen Wasserstellen und satten Weiden. Am Tag trieben sie ihre großen Buckelrinder mit den wie eine Leier oder Mondsichel geformten Hörnern vor sich her und lieferten sich des Abends einen Wettstreit in Stegreifdichtung.

Bald unterdrückt, in der Diaspora zersplittert oder gewaltsam in bestimmten Zonen festgehalten, bald ihrerseits Eroberer und mit der Bildung eigener Königreiche befaßt, gelang es ihnen, nach der Islamisierung, große Reiche zu gründen: unter anderen im 18. Jahrhundert durch Osman dan Fodio das Reich von Sokoto (in der Gegend von Nigeria) und zu Beginn des 19. Jahrhunderts durch Seku Amadu das Reich der Fulbe von Massina (in Mali) im Herzen des fruchtbaren inneren Nigerdeltas.

Jahrhunderte vor der Gründung dieses letzten Reiches kamen nacheinander Wellen von Fulbehirten, vor allem aus dem Futa Toro und dem senegalesischen Ferlo, angelockt von den weiten Grassteppen von Massina, und setzten sich dort fest. Meine fernen Vorfahren väterlicherseits kamen etwa im 15. Jahrhundert. Sie ließen sich am rechten Ufer des Bani – einem Nebenfluß des Niger – nieder, zwischen Djenné und Mopti, in einem Land, das *Fakala* genannt wurde, was ›für alle‹ bedeutet, denn dort lebten die Fulbe mit verschiedenen Ethnien aus der Umgebung zusammen: den Bambara, Marka, Bozo, Somono, Dogon usw.

Als 1818 Seku Amadu in diesem Land die *Dīna* oder den islamischen Staat gründete, der von den Historikern das ›Theokratische Reich der Fulbe von Massina‹ genannt wurde – dessen Geschichte ich andernorts erzählt habe –, da waren die Bewohner des ganzen Nigerdeltas überwiegend Fulbe. Meine väterlichen Vorfahren, die Bâ und Hamsalah, die in Fakala führende Ämter bekleideten, legten vor Seku Amadu den Treueeid ab. Indessen befaßten sie sich weiterhin mit der Viehwirtschaft, denn kein Fulbe, dieses Namens würdig, auch kein seßhafter, könnte leben, ohne sich, mal mehr, mal weniger, mit einer Herde zu beschäftigen, nicht so sehr aus wirtschaftlichen Gründen, als vielmehr aus überkommener Liebe zum Bruder Tier, das ihm beinahe heilig ist und von Anbeginn der Zeiten sein Gefährte war. *Ein Fulbe ohne Herde ist wie ein Fürst ohne Krone*, sagt das Sprichwort.

Die Gemeinde der *Dīna*, nach dem Vorbild der ersten islamischen Gemeinde von Medina gebildet, stand achtundzwanzig Jahre lang in Blüte unter der aufgeklärten Führung von Seku Amadu. Diesem gelang es, die Fulbe aus der Herrschaft lokaler Souveräne zu befreien, sie neu zusammenzuschließen und im Schoße eines mächtigen, unabhängigen Staates mehr oder weniger seßhaft zu machen und, was keine einfache Sache war, die Zeiten und Wanderwege des Viehtriebs mit der jeweiligen ortsansässigen Landbevölkerung abzustimmen. Nach seinem Tod im Jahre 1845 und als 1853 sein Sohn Amadu-Seku starb, verfiel die Gemeinde unter der Herrschaft seines Enkels Amadu-Amadu, der bei der Einnahme der Hauptstadt Hamdallaye durch die Truppen der Tukulor des El Hadji Omar starb. Das Fulbereich von Massina, wo meine Familie väterlicherseits ihre Blütezeit erlebt hatte, war nicht mehr.

Jetzt betreten die Tukulor, französisch *Toucouleur*, die Bühne, deren Name, auch wegen des Klanges, den uneingeweihten Leser immer ein wenig verwundert. Eine Erklärung ist angezeigt. Dieser Name, der nichts mit Farbe zu tun hat, stammt von dem arabischen oder Berber-Wort *tekrur*, welches einst das ganze Land von Futa Toro im Senegal bezeichnete. Die – arabisch sprechenden – Mauren nannten die Bewohner dieses Landes *tekarir* (Sing. *tekruri*). Laut Maurice Delafosse wurde *tekarir* in der Aussprache der Wolof zu *tokoror* oder *tokolor* und in einer letzten, französischen Lautverschiebung zu *toucouleur*.

Im Verlauf eines weit zurückliegenden, bislang nicht erhellten historischen Prozesses benutzten die Bewohner dieser Region, wenn sie auch zu verschiedenen Ethnien gehörten – zweifellos, seit deren massenhaftem Eintreffen im Futa Toro, mit einer Fulbe-Dominante, aber auch Serer, Wolof, Soninke usw. – , alle miteinander Ful – der Sprache der Fulbe –, die für sie zu einem Faktor sprachlicher bzw. kultureller Einheit wurde. Das Volk der Tukulor ist also im genauen Wortsinn keine Ethnie, sondern eine Gruppe von Ethnien, die durch den Gebrauch derselben Sprache zusammengewachsen sind und sich mit der Zeit durch Heirat mehr oder weniger vermischt haben. Die Tukulor bezeichnen sich selbst als *halpoular* – die, die *poular* sprechen, die Fulsprache. Man nennt sie auch *Futanké* – die aus dem Futa.

Was die reine Tradition der Fulbe angeht, insbesondere die Religion und die Initiationsriten, so besteht sie bei den Fulbehirten im ›tiefen Busch‹ fort, also bei denen, die fern von Dörfern und Städten leben.

Die beiden Völker, die sich im Jahre 1862 in der unmittelbaren Umgebung von Hamdallaye im Massina bekriegt haben, hatten also allerlei gemein: Religion, Sprache, mitunter die Ethnie, und sogar die Herkunftsregion, da die Vorfahren der Fulbe von Massina gleichfalls vor Jahrhunderten aus dem Futa Toro gekommen waren. Dennoch stellten die ›Fulbe von Massina‹ und die ›Tukulor‹ des El Hadji Omar zwei politisch unterschiedliche Gebilde dar. In Anbetracht dessen, daß während der ganzen Erzählung von ihnen die Rede sein wird, behalte ich, zum leichteren Verständnis des Lesers, beide Benennungen bei. Sie selbst werden sich in der Folge mit den Begriffen ›alte Futa‹ – *Futakindi* bezeichnen, das sind die Fulbe aus Massina, die seit Jahrhunderten dort sind, und mit ›neue Futa‹ – *Futakeiri*, das sind die Tukulor, die mit El Hadji Omar dorthin kamen.

Mein Großvater mütterlicherseits, Pâté Poullo

In der Armee der Tukulor, die siegreich in Hamdallaye einzogen war, befand sich ein Fulbe aus dem Futa Toro, der einst alles aufgegeben hatte, um El Hadji Omar zu folgen. Er hieß Pâté Poullo, aus dem Clan der Diallo, und war mein künftiger Großvater mütterlicherseits. Ich werde seine Geschichte oft erzählt bekommen.

Pâté Poullo, ein Fulbehirte aus dem tiefen Busch in der Gegend von Dienguel (Senegal), war ein *silatigui*, das heißt ein großer Meister der Initiationsriten der Hirten, eine Art kultischer Priester, und als solcher geistiges Oberhaupt seines ganzen Volkes. Wie alle *silatigui* war er mit ungewöhnlichen Fähigkeiten begabt: Als Seher, Wahrsager und Heiler verstand er sich darauf, die Menschen zu beurteilen und die Zeichensprache des Busches zu deuten. Obgleich jung an Jahren, war er ein Mann, der sich in seinem Umfeld einer herausragenden Stellung erfreute. Aber eines Tages, anläßlich einer Reise, hatte er Gelegenheit, El Hadji Omar zu sehen und zu hören, einen Großmeister der islamischen Bruderschaft *Tidjaniya*[2], der damals eine Reise durch den Futa Toro unternahm.

Zu den Seinen zurückgekehrt, rief Pâté Poullo seine Brüder zusammen, seine wichtigsten Verwandten sowie die Vertreter seines Volkes und eröffnete ihnen seine Absicht, alles aufzugeben und El Hadji Omar zu folgen. »Ich wollte euch zuerst um die Erlaubnis bitten,« sagte er zu ihnen. »Wenn ihr einverstanden seid, so will ich euch für mein Weggehen entschädigen, indem ich euch meine Herde überlasse. Ich gehe mit leeren Händen, nur mit den Haaren auf meinem Kopf und den Kleidern, die ich am Leib trage. Und was meinen *silatigui*-Stab angeht, so werde ich ihn der Sitte gemäß demjenigen übergeben, der am besten geeignet ist, ihn zu erben.«

Die Überraschung seiner Verwandten war groß, aber schließlich gaben alle ihm ihre Einwilligung. »Folge deinem Weg und gehe hin in Frieden, nichts als in Frieden!« Und so kam es, daß mein Großvater seine Reichtümer, Herden und Macht aufgab und sich, nur mit einem Hirtenstab ausgerüstet, auf den Weg machte, um sich El Hadji Omar anzuschließen.

Als er ihn fand, in einer Stadt, deren Name ich vergessen habe, stellte er sich vor und sprach: »Cheikh Omar, ich habe deinen Aufruf gehört und bin gekommen, um mich dir anzuschließen. Ich nenne mich Pâté Poullo Diallo und bin ein ›roter Fulbe‹, ein Fulbehirte aus dem tiefen Busch. Ich habe, um mich auszulösen, meinen Brüdern meine ganze Herde überlassen. Ich war so reich, wie ein Fulbe es nur sein kann. Ich bin also nicht zu dir gekommen, um Reichtümer zu erwerben, sondern ausschließlich, Gottes Ruf zu folgen, denn ein Fulbe läßt seine Herde nicht im Stich, um etwas anderes zu suchen.

Auch bin ich nicht zu dir gekommen, um Wissen zu erwerben, denn auf dieser Welt kannst du mir nichts beibringen, was ich nicht schon weiß. Ich bin ein *silatigui*, ein Initiierter der Fulbe. Ich kenne, was sichtbar und was unsichtbar ist. Ich habe, wie man sagt, ›das Ohr des Busches‹: Ich verstehe die Sprache der Vögel, ich lese auf dem Boden die Fährten der kleinen Tiere und die Lichtflecken, die die Sonne durch das Blattwerk schickt; ich vermag die Geräusche der vier großen Winde und der vier untergeordneten Winde zu deuten, ebenso den Weg der Wolken durch den Raum, denn für mich ist alles Zeichen, alles spricht zu mir. Dieses Wissen in mir, das kann ich nicht aufgeben, vielleicht aber wird es dir nützlich sein? Wenn du unterwegs bist mit deinen Gefährten, kann ich dir als ›Sprachrohr des Busches‹ dienen und dich durch seine Fallen geleiten.

Ich erkläre dir damit, daß ich nicht weltlicher Dinge wegen zu dir gekommen bin. Ich bitte dich, mich in den Islam aufzunehmen, und ich werde dir folgen, wohin du auch gehen magst, aber unter einer Bedingung: An dem Tag, da Gott deine Sache zum Sieg führt und du über Macht und große Reichtümer verfügst, so bitte ich dich, sollst du mir keine Befehlsgewalt geben, weder als Armeeführer, noch als Oberhaupt einer Provinz, noch als Dorfvorsteher, nicht einmal als Vorsteher eines Viertels. Denn einem Fulbe, der seine Herden aufgegeben hat, kann man nichts geben, was von größerem Wert wäre.

Wenn ich dir folge, so nur, damit du mich zur Erkenntnis des einzigen Gottes führst.«

El Hadji Omar war sehr ergriffen, nahm die Bedingungen meines Großvaters an und ließ feierlich die Konversion vollziehen. Und in der Tat, im Laufe seines ganzen Lebens nahm mein Großvater niemals weder Ehren noch Führungsämter an. Zwischen den beiden Männern entstand ein rein geistiger Bund, dem bald eine tiefe Freundschaft folgte. Um ihm sein Vertrauen zu bekunden, übertrug El Hadji Omar Pâté Poullo die Obhut und Pflege seiner kleinen Herde, ein Erbe seiner Fulbemutter. Diese Tiere folgten ihm überallhin und dienten, neben dem Ertrag aus seinen Lektionen an der Koranschule, die er niemals aufgab, als Nahrung und Unterhalt seiner eigenen Familie.

Von dem Tag an, da er sich dem Banner von El Hadji Omar angeschlossen hatte, folgte Pâté Poullo ihm auf seiner ganzen Expedition gen Osten. Und so zogen sie eines Tages im Jahre 1862 als Sieger in Hamdallaye ein, der Hauptstadt des vierundvierzig Jahre zuvor von Seku Amadu gegründeten Fulbereiches von Massina. El Hadji Omar sollte dort zwei Jahre lang verweilen. Während der letzten neun Monate verbündeten sich alle seine Feinde, um ihn zu belagern. Ihre Truppen, die um die starke Festungsmauer herum lagerten, welche er zum Schutz der Stadt hatte errichten lassen, ließen nichts hinein. Die Blockade war unerbittlich, die Hungersnot grauenvoll, was den Tukulor an manchen Tagen die allerschlimmsten Entbehrungen auferlegte.

Im Laufe dieser dramatischen Zeit schloß Pâté Poullo dank einiger Tropfen Milch Freundschaft mit einem Neffen von El Hadji Omar, mit Tidjani Tall, dem Sohn von Amadu Seydu Tall, El Hadji Omars älterem Bruder, von dem noch keiner ahnte, daß er später der neue Herrscher des Königreichs der Tukulor von Massina werden und die Stadt Bandiagara gründen sollte, in der ich geboren wurde, und daß er in der Geschichte meiner Familie, sowohl väterlicher- als auch mütterlicherseits, eine wesentliche Rolle spielen und auf mein eigenes Schicksal großen Einfluß nehmen würde.

Eines Tages, während der Belagerung, gelang es einer Kuh, die die Wachsamkeit der feindlichen Soldaten hinters Licht führte, sich einem der Tore der Befestigungsmauer zu nähern. Man ließ sie sogleich ein in die Stadt, wo sie, was sich von selbst verstand, der guten Pflege von Pâté Poullo anvertraut wurde. Dieser verließ jede Nacht die Stadt, ohne sich ergreifen zu lassen, und holte Gras, mit dem er die Kuh fütterte. Und des Morgens, nachdem er das gute Tier gemolken hatte, brachte er El Hadji Omar eine große Kalebasse Milch, der das kostbare Getränk an die Mitglieder seiner Familie, sich selbst und Pâté Poullo austeilte. Mein Großvater hatte es sich zur Gewohnheit gemacht, einen Teil der Milch, in einem kleinen Lederschlauch versteckt, Tidjani zu bringen, dessen Geschick er dank seiner seltsamen Begabung in seinen Gesichtszügen gelesen hatte. »Dies ist die restliche Milch deines Vaters[3] El Hadji Omar«, erklärte er. »Trinke sie, du wirst ihn beerben.« Und Tidjani trank. So kam es, daß zwischen den beiden eine starke Bindung entstand, die auf Zuneigung und Dankbarkeit gründete und auch später niemals aufhörte.

Als die Lage im Jahre 1864 unerträglich wurde, beschloß El Hadji Omar, seinen Neffen aus der Stadt zu schicken, damit er Verstärkung hole. Er empfahl ihm, sich nach Doukombo zu begeben, ins Dogonland, zu seinem Freund, dem bedeutenden Ellé Kossodio, und diesen zu bitten, ihm zu helfen, eine Armee zu seinem Entsatz auszuheben. Er gab ihm eine große Menge Geld, um ihm sein Unternehmen zu erleichtern, und bestimmte drei Tukulorsoldaten zu seiner Begleitung. Dann rief er meinen Großvater: »Pâté Poullo, reise mit Tidjani. Du hast mir einstmals versprochen, die Zeichen des Busches für mich zu deuten. Du wirst ihm mehr nützen als mir. Heute wünsche ich, daß du Tidjani als Sprachrohr des Busches dienst. Geh mit ihm und sei sein Führer, sein Kundschafter. Vergewissere dich, daß auf dem Weg keine Gefahr droht, dann kehre zu ihm zurück und sage ihm, was er zu tun hat.«

Dann nahm El Hadji Omar Tidjanis Hände, legte sie in die von Poullo und sagte zu ihm: »Sieh in Pâté Poullo deinen Vater ebenso wie in mir. Für dich und deine Gefährten ist er Auge und Ohr des Busches. Tue alles, was er dich zu tun heißt. Wenn er euch zu lagern befiehlt, dann lagert. Wenn er euch sagt, ihr solltet euch aus dem Staub machen, macht ihr euch aus dem Staub. Solange ihr im Busch seid, folgt ihr genauestens seinen Anordnungen; aber sobald ihr in einer Stadt seid, endet seine Befugnis, und die Initiative geht auf dich über. Ich vertraue euch einander an und euch beide zusammen Allah, der euch nie verrät.«

Im Schutze tiefster Dunkelheit gelang es der kleinen, von Pâté Poullo angeführten Gruppe, aus Hamdallaye herauszukommen und unbemerkt die feindlichen Linien zu passieren. Bald gelangten sie ohne Zwischenfälle nach Doukombo zu Ellé Kossodio. Dieser führte Tidjani zum großen Dogonjäger Dommo, der sieben Kilometer entfernt mitten in einer weiten Ebene wohnte, die die Form einer Schale hat, an einen Ort, der *Bannya'ara* – große Schüssel genannt wird, denn die Elefanten hatten die Gewohnheit, hier ihren Durst zu stillen. An dieser Stelle sollte Tidjani später die Hauptstadt seines Königreichs gründen, die von den Tukulor *Bannyagara* genannt und eines Tages von einem französischen Beamten als *Bandiagara* in ein Register umgeschrieben werden wird, der Name, den sie behält.

In diesen Zusammenhang gehört, glaube ich, die Begebenheit, in die mein Großvater verwickelt war und die für die künftige Wahl dieses Ortes durch Tidjani eine Rolle spielte.

Seiner Gewohnheit entsprechend, war Pâté Poullo fortgegangen, um den Busch in der Umgebung zu erkunden. Als er zurückkam, sah er, wie Tidjani sich im Schatten eines großen, dicht belaubten Balanzabaums ausruhte, dieweil sich ein wenig weiter ein kleiner Balanzabaum befand, dessen mageres Blattwerk die Sonne reichlich durchließ. Eine Eingebung ließ Pâté Poullo ausrufen: »Wie, Tidjani! Dein Vater El Hadji Omar befindet sich im Schatten – als aller Handlungsmöglichkeiten beraubter Gefangener –, und auch du sitzest im Schatten? Wer wird sich für euch beide in die Sonne begeben? Steh auf und setze dich auf den Stein, der am Fuß des kleinen Balanzabaumes liegt, den du dort siehst. Es ist für dich nicht die richtige Zeit, dich im Schatten aufzuhalten, sondern in der Sonne.« – Auf Ful bedeutet ›sich in den Schatten begeben‹, daß man die Arbeit beendet hat und sich nun ausruht; ›in der Sonne sein‹ heißt, am Werk sein.

Tidjani, der stets wortwörtlich die Ratschläge von Pâté Poullo befolgte, sobald es um Geheimnisse des Busches ging, erhob sich und ergriff Sattel- und Zaumzeug. Die ihn begleitenden Tukulor nahmen daran Anstoß: »Wahrhaftig, Tidjani! Pâté Poullo verfügt über dich, als seist du sein Kind: Steh auf... setz dich hierher... setz dich dorthin...« Ohne ein Wort zu erwidern, ging Tidjani zum Stein und setzte sich darauf. Pâté Poullo, der die ganze Szene verfolgt hatte, erklärte ihm: »Tidjani, Sohn des Amadu Seydu Tall! Du, der du eingewilligt hast, dich auf diesen Stein zu setzen, ich habe dir etwas zu sagen: Höre das Wort eines Fulbe aus Dienguel! Eines Tages wirst du hier eine Hauptstadt gründen, von der man im ganzen Nigerbogen reden wird und aus der keiner, es sei denn der naturgegebene Tod, dich vertreiben kann. An diesem Tag werde ich dich um den Boden bitten, auf dem sich dieser Stein befindet, damit ich ihn in Besitz nehme und darauf meine Wohnstatt errichte.«

Vier Jahre später ließ Tidjani sich an diesem Ort nieder und machte ihn zur Hauptstadt seines Königreichs, wo er unangefochten zwanzig Jahre lang bis zu seinem Tod herrschte. Der Stein, auf den er sich gesetzt hatte, war in Bandiagara wohl bekannt und befindet sich noch immer im Hof des Eigentums, das ich von meiner Mutter erbte, die es ihrerseits von ihrem Vater Pâté Poullo geerbt hatte.

Wenn Tidjani, so erklärte mein Großvater später, an diesem Tage im Schatten des großen Balanzabaumes geblieben wäre und wenn das Gebet des *asr* – das ist der Moment am Nachmittag, wo die Sonne sich anschickt, unterzugehen – ihn dort vorgefunden hätte, dann wäre er weder jemals Oberhaupt geworden, noch hätte er von diesem Ort aus sein Königreich gegründet. Gewiß ist das keine sehr kartesianische Logik, aber für unsere Vorfahren, besonders für die ›Männer der Erkenntnis‹ – *silatigui* bei den Fulbe, *doma* bei den Bambara –, stützte sich die Logik auf eine andere Sicht der Welt, in der der

Mensch in sehr feinsinniger und lebendiger Weise mit allem verbunden ist, was ihn umgibt. Für sie wohnt der Gestalt und Anordnung der Dinge in gewissen entscheidenden Augenblicken des Lebens eine sehr genaue Bedeutung inne, die sie zu entschlüsseln verstanden. *Spitze die Ohren,* sagte man im alten Afrika, *alles spricht, alles ist Wort, alles will uns eine Erkenntnis vermitteln...*

Unterstützt durch Ellé Kossodio und seine Freunde, gelang es Tidjani, in der Region ein Heer von hunderttausend Mann auszuheben. Mittlerweile erfuhr er, daß Hamdallaye durch ein Feuer völlig zerstört worden war und daß El Hadji Omar, von seinen Männern gedrängt, einen Ausfall gemacht und sich einen Fluchtweg gebahnt hatte bis nach Déguembéré im Dogonland. Mit seinen Söhnen und letzten Gefährten war er in eine Grotte an einem Berghang geflohen, wo er sich von den Truppen der Fulbe und der Kunta von Timbuktu eingekesselt fand.

Tidjani beschleunigte den Marsch, um seinen Onkel zu entsetzen, aber als er in Déguembéré ankam, war es zu spät. El Hadji Omar hatte mehrere Stunden zuvor den Tod gefunden. In der Grotte war aus nicht geklärter Ursache ein Pulverfaß in die Luft geflogen, und er war bei der Explosion mit den Seinen umgekommen.

Der vor Zorn und Kummer wahnsinnige Tidjani fiel an der Spitze seiner Männer über die Fulbe- und Kuntatruppen her und schlug sie weit zurück. Bei der Verfolgung der Flüchtigen führte er im ganzen Land grausame Bestrafungsaktionen durch. Nach einer großen Schlacht, der sogenannten Schlacht von Sebara, bei der die Fulbe von Fakala besiegt wurden, gab er Befehl, alle männlichen Mitglieder der großen Familien des alten Fulbereiches hinzurichten, vor allem die Familien, die mit dem Begründer des Reiches, Seku Amadu, verwandt waren, sowie die Familien Bâ und Hamsalah. In Sofara in der Familie meines Vaters wurden allein schon an einem Tag vierzig Personen hingerichtet: Sie alle waren meine Großväter, meine Großonkel oder meine Onkel väterlicherseits. Nur zwei junge Knaben entkamen: Hampâté Bâ, mein zukünftiger Vater, der sich in diesem Augenblick weit weg befand, und ein junger Cousin, von dessen weiterem Leben ich nichts weiß.

Nachdem er sich in verschiedenen Städten der Region festgesetzt hatte, beschloß Tidjani schließlich, die Hauptstadt seines Königreichs in Bandiagara zu errichten, das recht günstig lag. Von da aus konnte er eine Reihe siegreicher Operationen gegen seine Feinde durchführen. Er wurde der Herr des Landes, nicht ohne lange Zeit in der ganzen Gegend verstreute und von den Kunta aus Timbuktu unterstützte Widerstandsnester der Fulbe auszuräuchern. Pâté Poullo, der die königlichen Rinderherden für ihn verwaltete, war stets an seiner Seite. Verlassen wir ihn für eine Weile und folgen wir dem jungen Mann, der wie durch ein Wunder dem Massaker entkommen war und der mein Vater werden sollte.

Die Geschichte meines Vaters Hampâté, des Lamms in der Höhle des Löwen

Ich habe keinerlei Erinnerung an meinen Vater bewahrt, denn unglücklicherweise verlor ich ihn, als ich mich noch kaum drei Jahre auf dieser bewegten Welt aufhielt, in der ich später umherschweifen werde, einer Kalebassenscherbe gleich, die der Fluß davonträgt, nach dem Gutdünken politischer und religiöser, durch die koloniale Präsenz verursachter Ereignisse.

Eines Tages, ich war vier oder fünf Jahre alt und spielte gerade bei Niélé Dembélé, einer vortrefflichen Frau, die seit meiner Geburt meine ›Dienerin-Mutter‹[4] war und ihr ganzes Leben bei meinem Vater verbracht hatte, da drehte ich mich plötzlich zu ihr um:

»Niélé«, fragte ich sie, »wie war mein Vater?«

Vor Überraschung brachte sie einen Augenblick lang keinen Ton heraus. Dann rief sie:

»Dein Vater! Mein guter Herr!« Und zu meinem großen Erstaunen brach sie in Tränen aus, zog mich an sich und drückte mich fest an ihre Brust.

»Habe ich etwas Schlimmes gesagt?« fragte ich. »Darf man nicht von meinem Vater sprechen?«

»Nein, nein, du hast nichts Schlimmes gesagt«, antwortete Niélé. »Ich war ganz einfach gerührt, da du in mir die Erinnerung an den geweckt hast, der mir in meiner Kindheit das Leben rettete, als er mich den Händen einer bösen, launischen Herrin entriß, die mich unablässig schlug und mir kaum etwas zu essen gab. Hampâté war nicht nur dein Vater, sondern durch seine Güte und Zuneigung auch der meine.

Du willst wissen, wie er war? Wohlan, er war von mittlerem Wuchs, wohlgestaltet und kein Fleischsack mit Kugelbacken. Er war still wie eine Höhle im tiefen Busch und sprach fast nie, außer, um etwas Wesentliches zu äußern. Seine feinen Fulbelippen ließen in einem leichten Lächeln, das ständig sein Gesicht erhellte, die weißen Zähne sehen. Aber aufgepaßt! Wenn er jemanden fest ansah, konnte es sein, daß seine Augen, die denen eines männlichen Löwen glichen, sein Gegenüber dazu brachten, vor Angst zu pinkeln!

Da du mich heute nach deinem Vater gefragt hast, ist wohl der Augenblick gekommen, dich mit seiner Geschichte vertraut zu machen...«

Ich setzte mich neben sie, und so erzählte sie mir zum ersten Mal von Anfang bis Ende die unglaubliche Geschichte von Hampâté, die in unserer Familie und in vielen anderen Haushalten Bandiagaras erzählt wurde wie ein Roman. Ich hatte bereits Bruchstücke daraus vernommen, aber nun wurde sie ganz allein mir erzählt, als ob ich erwachsen sei. Ich behielt an diesem Tag bestimmt nicht alles, aber ich sollte sie später noch so manches Mal hören – was mir gestattet, Niélés Bericht durch allerlei Einzelheiten zu ergänzen, die zweifellos am Anfang nicht darin vorkamen.

Niélé erzählte mir zunächst, unter welchen Umständen ich in Sofara an einem einzigen Morgen vierzig ›Großväter‹ verloren hatte und wie der damals erst zwölfjährige Knabe Hampâté dem auf wunderbare Weise entkommen war. Er war bereits Vollwaise gewesen, und an diesem Tag verlor er jeglichen natürlichen Beistand: Seine Onkel, die bei ihm Elternstelle einnahmen, und alle seine Cousins.

Nach der Hinrichtung hatten die notabeln Fulbe von Fakala die Erlaubnis erhalten, ihre Toten beizusetzen. Als sie kamen, um diese zu identifizieren, stellten sie fest, daß der Leichnam des jungen Hampâté sich nicht unter den Opfern von Sofara befand. Nachdem sie landauf, landab unauffällig Nachforschungen angestellt hatten, erfuhren sie, daß der Junge sich in Kunari aufhielt und Gefahr lief, früher oder später entdeckt zu werden, denn Tidjanis Truppen und Statthalter waren überall.

Als der Sturm ein wenig abgeflaut war, berieten sie sich miteinander. Man mußte, koste es was es wolle, den jungen Hampâté retten, den einzigen männlichen Überlebenden einer dezimierten Familie, und eine Möglichkeit finden, ihn dem drohenden Schicksal zu entziehen. Der Lebensbaum der Hamsalah durfte auf keinen Fall sterben. Hatte nicht Seku Amadu, der verehrte Begründer des Fulbereiches von Massina, einstmals gesagt: »Die Hamsalah von Fakala sind ›menschliches Gold‹. Wenn es möglich wäre, würde ich sie aussäen wie Pflanzen, damit immer welche unter uns weilen.«

Auf den Rat zweier Fulbe hin, die sich König Tidjani in Bandiagara angeschlossen hatten, beschlossen die Notabeln, Hampâté in der Hauptstadt selbst zu verstecken, wo der König wohnte. Man würde ihn überall suchen, so dachten sie, nur nicht im Schatten des Monarchen, der seine ganze Familie verdammt hatte. Wer würde schon glauben, daß ein Lamm in der Höhle des Löwen Zuflucht nähme? Hassan Bocum, ein *Diawando*[5], wurde beauftragt, sich nach Kunari zu begeben, Hampâté zu holen und ihn heimlich nach Bandiagara zu bringen, zu einem Wirt ihres Vertrauens. Zur Zeit seines Aufenthalts in Kunari hatte Hampâté innige Freundschaft zu einem Fulbejungen seines Alters geknüpft, Balewel Diko, einem Abkömmling des berühmten Gueladio, des ehemaligen Perediokönigs von Kunari. Dieser Knabe hing so sehr an Hampâté, daß er sich kategorisch weigerte, sich von ihm zu trennen, gleich, was sich daraus ergeben mochte. Er bat seinen Vater um Erlaubnis, an der Expedition teilnehmen zu dürfen, die Hampâté fortbrachte. Unsere beiden Familie waren einander verbunden, der Vater gab seine Zustimmung.

In Bandiagara lebte damals ein alter Schlachter namens Allamodio. Er gehörte zu Klasse der *rimaybé* (Sing. *dimadjo*), das sind die ›Hausklaven‹ oder seit Generationen mit der Familie verbundenen Diener[6]. Als alter *dimadjo* der Hamsalah war er der Familie seit langem ergeben. Nun stand der alte Schlachter, der in Bandiagara Zuflucht gefunden hatte, so hoch in König Tidjanis Gunst, daß dieser ihn befreit und ihm die Aufgabe anvertraut hatte, alle Tukulor mit Fleisch zu beliefern. Mein Großvater Pâté Poullo, der Verwalter von Tidjanis Herden geworden war, hatte die Anweisung erhalten, Allamodio täglich so viele Tiere zur Verfügung zu stellen, wie der brauchte, um den Bedarf der Einwohner zu decken. Unter der Regierung Tidjanis brauchte kein Tukulor, kein verbündeter Fulbe und kein Mitglied des königlichen Gefolges irgend etwas für seinen Lebensunterhalt zu zahlen. Der Staat versorgte sie alle mit Fleisch und Nahrung, und jeden Tag wurden große, kostenlose Mahlzeiten für die Armen aufgetragen.

Die Schlachtabfälle der Tiere fielen Allamodio zu, der mit ihrem Weiterverkauf einen guten Gewinn erzielte, aber er verwandte sein Geld nur, um den Bedürftigen zu helfen. Seine Güte war so sprichwörtlich, daß sie ihm den Beinamen Allamodio eingebracht hatte, ein Wort, das in der Fulsprache bedeutet: ›Gott ist gut.‹ Nie hat ein Mann seinen Beinamen mehr verdient! Sein Haus war zur Zufluchtstätte aller Unglücklichen, Kriegswaisen oder Opfer des Schicksals geworden, die, wenn sie in Bandiagara ankamen, nicht wußten, wohin sie gehen, noch, wie sie leben sollten. So lebten gut dreißig Knaben und etwa zwanzig mittellose Erwachsene auf seinem weitläufigen Anwesen.

König Tidjani, der ihn sehr schätzte, hatte seine Wohnstatt für unantastbar erklärt. Ein paar eifersüchtige Höflinge hatten bei ihm vorgesprochen und gemeint: »Tidjani, dein Hauptschlachter beherbergt völlig unkontrolliert, wer immer ihn um seine Gastfreundschaft bittet.« Tidjani hatte geantwortet: »Wenn ein Mann, der mein Feind ist, zu Allamodio geht, so ist er nicht länger mein Feind, auch wenn er nicht mein Freund wird.« Niemand war also besser geeignet als Allamodio, den Nachkommen der Hamsalah von Fakala bei sich aufzunehmen und zu verstecken, zudem er dieser Familie zutiefst verbunden war. Hassan Bocum vertraute ihm Hampâté ›im Namen von ganz Fakala‹ an und legte ihm ans Herz, nie seine wirkliche Identität preiszugeben, denn dies wäre das sicherste Mittel, ihn auf den Friedhof zu bringen. An Hampâté und seinen kleinen Freund Balewel Diko erging also die gleiche Vorschrift, verschwiegen und vorsichtig zu sein.

So richteten sich die beiden Freunde bei Allamodio ein, der sie den Beruf des Schlachterjungen lehrte. Söhnen aus großen Familien war ein solcher, etwas verachteter Beruf nicht sonderlich angemessen, aber Hampâté und Balewel verstanden es, dieses Vorurteil zu überwinden. Aus Dankbarkeit gegenüber ihrem Wohltäter, der selbst große Gefahren auf sich nahm, indem er sie beherbergte, ohne ihren Aufenthalt anzumelden, machten sie sich mit Leidenschaft an die Arbeit, wobei sie nur einen Wunsch hatten, ihrem neuen ›Vater‹, der nicht mehr jung war, nach besten Kräften beizustehen.

Hampâté – ganz anders als ich! – konnte einen ganzen Tag ohne zu reden verbringen. »Guten Tag«, »auf Wiedersehen«, »ja«, »nein«, »tu das nicht«, »Verzeihung«, »danke« war im wesentlichen alles, was er sagte. Seine Ernsthaftigkeit und Zurückhaltung, desgleichen der Mut und die Treue von Balewel, rührten den alten Schlachter. Bald schenkte er ihnen sein ganzes Vertrauen und gewöhnte sich daran, sich auf sie zu verlassen. Er nannte sie liebevoll »meine Hände und meine Füße«.

Eines schönen Tages machte er Hampâté zu seinem Rechnungsführer. Er vertraute ihm den Schlüssel zum Lager an, wo er Lebensmittel und Kaurimuscheln unterbrachte, und beauftragte ihn, auf seine Rechnung Zahlungen und Eintreibungen in der Stadt zu tätigen.

Die Jahre vergingen. Hampâté und Balewel lebten friedlich in der vollkommensten Anonymität, und die königliche Gewalt schien sie vergessen zu haben. Nichts wies darauf hin, daß es eines Tages auch anders sein könnte.

Währenddessen hatte Bandiagara sich immer weiter entwickelt. Es war zur angesehenen, blühenden Hauptstadt des Tukulorreiches von Massina geworden, von Tidjani Amadu Seydu Tall – den wir von nun an immer Tidjani Tall nennen – mit Meisterhand regiert, dieweil der westliche Teil des ehemaligen Tukulorreiches von El Hadji Omar unter der Herrschaft von dessen ältestem Sohn stand: Ahmadu Seku, Sultan von Segu und Haupt der Gläubigen.

Im Laufe der Jahre hatten sich Tidjanis Zorn und Rachsucht gegen die am Tod seines Onkels El Hadji Omar Verantwortlichen gelegt. Außerdem hatten sich immer mehr Fulbe aus Fakala mit ihm verbündet. Ein Fulbe namens Tierno Haymutu Bâ, der der persönliche Freund und Heereschef von El Hadji Omar gewesen war, erfüllte nun die Funktionen des Generalissimus der Truppen und Vorsitzenden im Rat der Notabeln. Insbesondere befaßte er sich mit den verbündeten Fulbe, die unter seinem Befehl in Tidjanis Truppen dienten. Tierno Haymutu Bâ, der große Beschützer der Fulbe, die aus Massina und Fakala geflohen waren, verstand es, mäßigend auf den König einzuwirken, und auf seine Anwesenheit in Bandiagara war es ohne Zweifel zurückzuführen, daß viele sich dem Heer anschlossen.

Vielleicht auf Grund dieses glücklichen Einflusses, vielleicht auch wegen der Ratschläge zahlreicher anderer Marabuts seiner Umgebung hatte Tidjani Tall begriffen, daß auf Furcht gegründete Autorität nicht von Dauer ist und der beste Weg, den Frieden im Lande zu sichern, weit eher in der Vergebung und der Achtung vor dem Leben der anderen, ihrer Güter und Sitten liegt.

Als äußerst kluger Mann und besonnener Staatschef beschloß er, eine Politik der Wiedergutmachung und Versöhnung zwischen den Fulbe von Massina und den in seinem Staat lebenden Tukulor in die Tat umzusetzen. Im ganzen Königreich bewirkte er auf dem Wege von Eheschließungen eine Verschmelzung der beiden Gemeinschaften, damit die Konflikte nicht ausarteten und sich auf lange Zeit fortsetzten. Er verkündete ein Gesetz, nach dem jede Fulbefrau, die im Krieg ihren Mann verloren hatte, einen Tukulor heiraten mußte, während jede Tukulorfrau, die ihren Mann im Krieg verloren hatte, mit einem Fulbe von Massina die Ehe eingehen mußte – außer natürlich in den Fällen, in denen der Koran die Heirat aufgrund von Verwandtschaftsbeziehungen verbot. Er verfügte gleichermaßen, daß ein Kriegsgefangener von nobler Herkunft[7], der also frei war, nicht in die Unfreiheit gezwungen werden dürfe. Diese Gesetze waren von so glücklicher Wirkung, daß das Volk, welches in Afrika stets bei der Hand ist, Beinamen zu vergeben, Tidjani *Hela hemmba* taufte, den ›Zerstörer-Heiler‹, anders ausgedrückt: ›Der, der zerstört und wiedergutmacht.‹

Einige Monate nach der Verkündung dieses Gesetzes nahm Tidjanis Heer im Verlaufe einer seiner Expeditionen gegen die Widerstandsnester der Fulbe die Stadt Tenengu ein und brachte Gefangene mit. Unter ihnen befand sich eine sehr große Dame der Fulbe von Massina, Anta N'Diobdi Sow, eine Urenkelin der Hamsalah, die zur Familie von Sammodi gehörte, dem Gründer der Stadt Diafarabé. Sie war mütterlicherseits eine Tante von Hampâté. Ihr Gatte war während der Kämpfe getötet worden, und dem neuen Gesetz gemäß versprach man ihr die Freilassung unter der Bedingung, daß sie bereit sei, einen Tukulor zu heiraten.

Anta N'Diobdi hatte nicht nur noble Vorfahren, sie war auch außerordentlich schön und eine starke Persönlichkeit. Sie erhielt Heiratsanträge in beachtlicher Zahl. Viele kamen von Kriegskommandeuren, Provinzchefs, großen Marabuts und einflußreichen Persönlichkeiten aus dem Gefolge von Tidjani. Jedesmal erwiderte Anta N'Diobdi hoheitsvoll: »Ich verheirate mich niemals mit einem Mann, dessen Hände von Gewehrpulver schwarz und verpestet sind und der überdies noch ein Feigling ist. Nur ein Feigling kann sich darauf einlassen, mit einem Gewehr zu kämpfen. Sich hinter einem Baum verstecken und aus der Entfernung töten, das heißt nicht kämpfen! Tapferkeit bedeutet Kampf mit der Lanze oder dem Säbel, Auge in Auge, Körper an Körper! Zum Gatten werde ich nur einen Mann nehmen, der sich nie eines Gewehrs bedient hat. Und im übrigen bin ich nach dem weiblichen Initiationsritus der Fulbe ›Königin der Milch‹, und Milch und Pulver passen nicht zusammen. Das Pulver würde meine Milch beschmutzen...«

Die zurückgewiesenen Bewerber fühlten sich beleidigt und beklagten sich bitter bei Tidjani. Dessen Neugier war geweckt, und er legte größten Wert darauf, die kompromißlose Frau mit eigenen Augen zu sehen und mit eigenen Ohren die Worte zu vernehmen, die man ihr nachsagte. Er ließ sie zu sich kommen.

»Wenn ich dich recht verstanden habe«, sagte er zu ihr, »möchtest du keinen meiner tapferen Gefährten heiraten, weil sie sich mit Gewehrpulver beschmutzt haben? Weißt du denn nicht, daß, wenn jeder Hirsepulver nimmt, um sich zu ernähren, nur die Tapferen mit der Nase Gewehrpulver schnupfen, um sich mit Ruhm zu bedekken?«

Anta N'Diobdi lächelte und senkte sittsam den Kopf.

»Wir verstehen uns, nicht wahr, meine Schwester?«

»Ehrwürdiger König, wir waren nie so gegensätzlicher Meinung wie in diesem besonderen Punkt. Es versteht sich von selbst, daß du mir deine Auffassung aufzwingen kannst und sogar deinen Willen, aber du wirst mich nie davon überzeugen, daß ein Mann, der mit einem Gewehr kämpft, ebenso tapfer ist wie einer, der seinen Feind mit dem Säbel oder der Lanze angreift.«

Dies war nun sehr verwegen ihrerseits, denn die Tukulor aus Tidjanis Gefolgschaft kämpften alle mit Gewehren. Obgleich Tidjani die verächtliche Anspielung der Fulbefrau vollkommen verstanden hatte, war er nicht verärgert. Er entschuldigte sie mit dem Leid, das ihr der Verlust ihres Mannes und die Demütigung der Ihren bereitet hatte.

»Du verabscheust Schnüffler von schwarzem Pulver«, sagte er lächelnd zu ihr, »und ich habe unter meinen tapferen Männern auch ›rotohrige‹ Fulbe[8] wie dich, die in Milch und Butter geboren wurden und nie anders als mit der weißen Waffe an meiner Seite kämpfen wollten. Unter ihnen ist einer, den ich ganz besonders in Ehren halte: Er ist ein großer *silatigui* aus der Gegend von Dienguel (Senegal), der einst seine Herden, seine Macht und all sein Hab und Gut aufgab, um El Hadji Omar zu folgen unter der einzigen Bedingung, daß jener ihn die Vereinigung mit Gott vollenden lasse. Ich betrachte ihn als meinen Vater. Er ist vom Clan der Diallo und nennt sich Pâté Poullo. Erkläre dich damit einverstanden, ihn zu sehen, meine Schwester, und er wird dir seinen Besuch abstatten. Sollte er dir gefallen, wäre ich sehr glücklich.«

Wie der Anstand der Fulbe es gebot, hielt Anta N'Diobdi den Blick gesenkt und ging, ohne eine Antwort zu geben, nach Hause. Einige Tage später erhielt sie Besuch von Pâté Poullo. Er war ein hellhäutiger Mann, hochgewachsen und gut gebaut, und er hatte immer nur mit der Lanze oder dem Säbel gekämpft. Er gefiel ihr. »Zumindest«, sagte sie sich, »besteht bei ihm nicht die Gefahr, daß er meine Milch mit seinem Gewehrpulver beschmutzt!« Es konnte gar nicht anders sein, als daß der *silatigui* der Fulbe von der Milchkönigin geschätzt wurde. Man feierte ihre Hochzeit. Aus ihrer Vereinigung werden sechs Kinder hervorgehen, darunter meine Mutter Kadidja.

Dank des Schutzes von Tierno Haymutu Bâ waren in dieser Zeit die

Fulbe aus Fakala schließlich in großer Zahl nach Bandiagara gekommen. Die meisten von ihnen verkehrten regelmäßig im Haus von Anta N'Diobdi. Diese, die zuvor in Tenengu gelebt hatte, wußte nichts von der Rettung Hampâtés und glaubte, er sei mit den Seinen getötet worden. Eines Tages stattete ihr eine Griotin[9] aus Fakala, die in Bandiagara Zuflucht gefunden hatte, einen Besuch ab. Im Verlaufe des Gesprächs erklärte sie ihr:

»Dein Neffe Hampâté ist in Bandiagara.«

»Hampâté? Das ist nicht möglich, er ist tot.«

»Nein, er lebt. Wenn du mir nicht glaubst, erkundige dich bei Mamadu Tané, dem Vertrauten aller Flüchtlinge aus Fakala.«

Anta N'Diobdi ließ ihn zu sich rufen.

»Ist es wahr, was man mir gesagt hat?« fragte sie ihn.

»Ja, Hampâté lebt.« Und er erzählte ihr, unter welchen Bedingungen das Kind dem Massaker entkommen und wie er nach Bandiagara gebracht worden war. »Wir hatten den Befehl erhalten«, fügte er hinzu, »ihn bei Allamodio zu verstecken und darüber zu wachen, daß er in strengster Anonymität lebt. Und das haben wir bis jetzt getan.«

Von dieser Nachricht erschüttert, schickte Anta N'Diobdi sogleich nach ihrem Neffen. Als sie sah, wie er durch die Tür ihres Hauses schritt, weinte sie vor Freude. Sie wollte alles wissen, was er erlebt hatte. Auf ihre Bitte hin erzählte ihr Hampâté seine Geschichte.

Anta N'Diobdi dankte Gott, daß er zugelassen hatte, daß wenigstens ein männlicher Sproß ihrer Familie verschont worden war. Selbstverständlich bat sie dann ihren Neffen, bei ihr zu wohnen. Zu ihrem Erstaunen lehnte der junge Mann dies ab. »Mutter«, sagte er, »vergib mir, aber ich muß bei Allamodio bleiben. Der alte Schlachter ist mein Vater geworden, und mein Platz ist bei ihm. Ich kann ihn nicht im Stich lassen.« Gegen ihren Willen mußte Anta N'Diobdi ihn ziehen lassen.

Die unermeßliche Freude, die sie empfunden hatte, war mit einem Schlag durch einen Gedanken zerstört, den sie nicht ertragen konnte und der sie allmählich aufrieb: Ihr Neffe, der einzige überlebende Sproß der Familie Hamsalah, war zu einem elenden Schlachterjungen herabgesunken und lebte überdies in der Anonymität. Als es Abend geworden war, erwähnte sie gegenüber ihrem Gatten mit keinem Wort das Geschehene; aber vom nächsten Tag an überfiel sie die Traurigkeit mit solcher Macht, daß sie nicht mehr essen und trinken konnte; sie lachte nicht mehr; sie verbrachte die Nächte mit Weinen und Klagen und sang Klagelieder über das traurige Schicksal ihrer Familie vor sich hin.

Pâté Poullo wurde diese Veränderung sehr schnell gewahr und machte sich Sorgen. Er glaubte zunächst, es handele sich um eine vorübergehende Krise, aber als er sah, wie die Wochen ins Land gingen, beschloß er, das Schweigen zu brechen. »Anta«, sagte er, »seit einiger Zeit bist du verändert. Du bist nicht mehr dieselbe. Du scheinst unsere Verbindung zu bedauern. Und doch gehöre ich zu einem Geschlecht, das ebenso rein ist wie deines. Der König beehrt mich mit seiner Freundschaft und seinem Vertrauen. Ich bin in Bandiagara nicht irgendwer. In materieller Hinsicht bin ich wohlhabend; du verfügst über tausend Rinder, und ich verwalte zwanzigtausend Tiere aus dem königlichen Viehbestand. Nun, du kannst nach deinem Gutdünken mit meinem Vermögen umgehen. Mach damit, was dir gefällt. Sei glücklich, mache mich glücklich und erspare mir, daß ich zu hören bekomme, wie meine Rivalen boshaft spotten: ›Das wußten wir doch, daß Anta N'Diobdi mit Pâté Poullo nicht glücklich wird!‹ Und wenn, zu meinem Unglück, meine Liebe und mein Vermögen dich nicht glücklich machen könnten und du, koste es was es wolle, die Hand zurückziehen mußt, die du mir so großzügig gegeben hast, dann sage es. Es mag sein, daß ich dieses Unglück und diese Schande überlebe. Selbst wenn mein Herz verzweifelt ist, werde ich dir mit lächelndem Mund sagen: ›Verlange von mir die Scheidung, wenn du sie willst‹, und wenn du mich darum bittest, werde ich einverstanden sein und dich gehen lassen; aber niemals, bis zum größten Niemals von niemals, wird mein Mund sich von selbst öffnen und die Worte aussprechen: ›Ich scheide dich‹.[10] Dennoch sollst du wissen, daß dieser Tag, sofern du denn eines Tages gehen mußt, für mich den Eintritt in die Dunkelheit des Jenseits darstellt, er wird für mich vielmehr der Anfang einer endlosen Nacht sein.«

Da er keine Antwort erhielt, erhob sich Poullo, nahm seine Lanze an sich und verließ wie ein Schlafwandler das Haus. Anta N'Diobdi blieb zusammengebrochen zurück und rührte sich nicht. Als Pâté Poullo wiederkam, sehr spät am Abend, lag sie wie hingegossen an derselben Stelle, wo er sie beim Fortgehen verlassen hatte. Er ging zu ihr. Sanft nahm er ihren Kopf in seine Hände und lehnte ihn an seine Brust. Die Augen der jungen Frau waren so rot wie die Blüte des Kapokbaums. Ihr Gesicht war ganz verschwollen, so sehr hatte sie geweint. Erschüttert sagte Pâté Poullo zu ihr:

»Anta, selbst wenn ich nicht dein Mann wäre, habe ich als *bi dimo*, als nobler und wohlgeborener Fulbe, ein Anrecht auf dein Vertrauen, und ich muß dir helfen, deine Not zu ertragen. Ich flehe dich an, sprich mit mir!«

Anta N'Diobdi, die ihr langes Fulbehaar gelöst hatte, blickte endlich auf. Sie strich die Strähnen zurück, die ihr Gesicht halb verbargen, und erleichterte mit geschwächter Stimme ihr Herz:

»Ja, es ist wahr«, sprach sie, »ich fühle mich wie zermalmt von der Schwere eines Schmerzes, aber du hast nichts damit zu tun. Glaube vor allem nicht, daß ich an deiner Seite unglücklich bin, ganz im Gegenteil! Unsere Begegnung stand unter einem glücklichen Stern. Aber das, was seit einem Monat an mir nagt, was mir nachts den Schlaf raubt, meine Tage zur Last, meine Speisen fade und meine Getränke geschmacklos macht, das ist eine Angelegenheit, die die Ehre meiner Familie betrifft, eine ebenso heikle wie schwerwiegende Angelegenheit.«

»Worum handelt es sich, Anta?«

»Du weißt, daß meine Familie aus Fakala zu denjenigen Familien von Massina gehört, deren männlichen Mitglieder, ob groß oder klein, von König Tidjani Tall zum Tode verurteilt wurden, und an einem Tag vierzig der Meinen in Sofara hingerichtet wurden.«

»Ach, ja, ich weiß es!« rief Pâté Poullo. »Unglücklicherweise ähneln die Kriegsgesetze eher den Reflexen wilder Tiere als dem Verhalten normaler Menschen.«

»Unter den Leichen der Männer meiner Familie, so hatte man damals festgestellt, fehlten zwei Knaben. Nun aber habe ich gerade in unserem Viertel hier in Bandiagara einen der überlebenden Jungen gefunden. Es ist mein eigener Neffe Hampâté, der Sohn meiner verstorbenen Schwester. Er lebt bei Allamodio, dem Hauptschlachter des Königs, versteckt und in völliger Anonymität. Keiner weiß, wer er ist. Was mich zur Verzweiflung treibt, ist, mitansehen zu müssen, wie ein Abkömmling der Hamsalah, eine Hoffnung meines Landes und meiner Familie, namenlos in der entwürdigenden Enge einer Schlachterei lebt. Seit beinahe einem Monat ringe ich darum, mich an den Gedanken zu gewöhnen, aber es gelingt mir nicht. Ich habe gezögert, dir davon zu erzählen, denn ich wollte nicht, daß ein Mißverständnis oder ein Anlaß für eine Unstimmigkeit sich zwischen den König und dich stellt. Aber da du Wert darauf legst, von meinem Schmerz zu erfahren, werde ich dir alles sagen. Die Wahrheit ist, ich kann diese Situation nicht mehr ertragen. Also habe ich folgendes beschlossen: Was immer sich daraus ergeben mag, ich bitte dich, meinen Neffen Hampâté zum König mitzunehmen und ihm seine wahre Identität zu enthüllen, damit alle Welt weiß, wer er ist. Du wirst den König bitten, von deiner oder von meiner Seite her, wie du willst, meinem Neffen das Leben zu schenken. Wenn er sich weigert, so bittest du ihn, Hampâté sogleich hinrichten zu lassen, damit sich seine Seele unverzüglich zu denen seiner Väter gesellt, die ihm in die andere Welt vorangegangen sind, wo es ihm vielleicht nicht schlechter gehen wird als hier.«

Pâté Poullo blickte seine Frau fest an; sein Gesicht schien zu erstarren; er fing an, große Tropfen zu schwitzen.

»Weißt du, welcher Gefahr du deinen Neffen aussetzt?« fragte er sie.

»Ja, ich weiß es. Ich habe nach langem Überlegen für ihn den Tod gewählt statt der Anonymität, die eine andere Art des Sterbens ist. Ich ziehe es vor, daß er unter seinem eigenen Namen stirbt und begraben wird, als daß er als ein Niemand am Leben bleibt. Ich möchte, daß du außerdem folgendes zu Tidjani sagst: Wenn er meinen Neffen hinrichten läßt, verstehe ich sein Handeln, und ich werde ihn nicht einmal verdammen. Es ist das Gesetz des Krieges. Wenn ich selbst, in Umkehrung des Geschicks, ihn besiegte, würde ich nicht zögern, ihn einen Kopf kürzer zu machen. Aber ich bitte ihn um die Gnade, der sterblichen Hülle meines Neffen das ›demütigende Schleifen‹ der Verurteilten[11] zu ersparen, damit ich ihn auf ehrenvolle Weise beisetzen kann.«

Pâté Poullo tat alles, um seine Frau von dieser Entscheidung abzubringen und sie zum Verzicht auf ein so gefährliches Unternehmen zu bewegen, aber das war verlorene Mühe. Er ließ Hampâté zu sich kommen, unterrichtete ihn von der Entscheidung seiner Tante und fragte ihn, wie er darüber denke.

Hampâté, der damals sechzehn oder siebzehn Jahre alt war, antwortete:

»Meine Mutter Anta N'Diobdi ist die einzige Verwandte, die mir geblieben ist, und sie hat alle Rechte über mich, einschließlich des Rechts über Leben und Tod, und es steht außer Frage, ob ich das Schicksal verweigere, das sie für mich bestimmt hat. Ich schulde ihr Achtung und Gehorsam. Hier in Bandiagara ist sie es, die über die Ehre meiner Familie wacht. Wenn sie es für richtig hält, daß ich sterben muß, um diese Ehre zu retten, nun gut, so sterbe ich!«

»Bei der Gebetsschnur von Cheikh El Hadji Omar!« rief Pâté Poullo, »wenn Tidjani wüßte, mit welchen Feinden er es zu tun hat, würde er sich tausendmal mehr vorsehen, als er es ohnehin schon tut!«

»Wir sind keine persönlichen Feinde von Tidjani Tall«, wandte Anta N'Diobdi ein, »sondern wir verteidigen unser Land und unsere Ehre. Man kann seinen Feind physisch besiegen und ihn versklaven, aber man kann niemals seine Seele und seinen Geist soweit zähmen, daß man ihn am Denken hindert.«

Angesichts einer solchen Entscheidung blieb Pâté Poullo keine andere Wahl, als Hampâté zum König zu führen und um seine Gnade zu flehen. Zu diesem Zweck wählte er einen Freitag, den heiligen Tag des Islam, an dem Tidjani viel Gutes tat und Gnade übte. Nachdem Pâté Poullo und Hampâté, gefolgt von Balewel, der beschlossen hatte, in allem Hampâtés Schicksal zu teilen, am folgenden Freitag am großen, gemeinsamen Gebet in der Moschee teilgenommen hatten, gingen sie zum Palast. Pâté Poullo gehörte zum sehr engen Kreis der Notabeln, die zu jeder Tages- und Nachtzeit den königlichen Palast betreten durften; es genügte, den Wachen das gültige Losungswort zu sagen. Dank dieses Sesam-öffne-dich gelangten die drei Gefährten unbehindert durch drei gut bewachte Vorräume, und dann warteten sie am Fuß der Treppe, die zu den Privatgemächern des Königs im ersten Stock führte.

Kurz danach kam Tidjani aus der Moschee zurück, wo er sich verspätet hatte. Sobald er Pâté Poullo erblickte, erhellte ein großes Lächeln sein Gesicht:

»Aah, da ist mein Vater Pâté! Möge dieser Freitag ein Glückstag für uns alle sein!«

»Gott möge dich erhören, oh Tidjani, Sohn von Amadu, Sohn von Seydu Tall!« erwiderte Pâté Poullo.

Tidjani warf heimlich einen raschen und forschenden Blick auf Hampâté und Balewel.

»Was führt dich zu mir, Vater Pâté?« fragte er. »Ich wette, daß du gekommen bist, um mir diese beiden schönen jungen Leute vorzustellen.«

Und er ging auf die Treppe zu.

»Ja, ich komme, um sie dir vorzustellen und für einen der beiden einzutreten, für den, der sich Hampâté nennt. Sein Gefährte heißt Balewel Diko und hat beschlossen, das Schicksal von Hampâté zu teilen, was auch immer ihm widerfahren möge.«

Tidjani schickte sich an, die Treppe hinaufzusteigen, und zog Poullo hinter sich her, dessen Hand er in der seinen hielt. »Welche Schuld hat dieser junge Mann auf sich geladen?« fragte er. »Ich werde es dir sagen, sobald wir im Audienzsaal sind«, antwortete Pâté Poullo. Und er gab den beiden jungen Leuten ein Zeichen, auf ihn zu warten.

Als sie in den großen Saal kamen, entfernte sich Tidjani kurz, um seine Gewänder abzulegen. Wenig später kehrte er mit einem einfachen *turti*, einem weiten Unterbubu, und einer Pluderhose zurück und machte es sich bequem. Ein Empfang in dieser Aufmachung war ein großer Vertrautheits- und Vertrauensbeweis gegenüber Pâté Poullo.

»Nun«, sagte er, »welches Verbrechen hat dein Schützling denn begangen?«

»Es handelt sich um ein Verbrechen, für das er nichts kann. Sein Verbrechen besteht darin, daß er in der Familie der Bâ und der Hamsalah von Fakala geboren wurde. Als solcher wurde er von dem gegen alle männlichen Mitglieder seiner Familie verfügten Todesurteil betroffen. Nun ist er durch einen Bund mein Neffe geworden, denn ich habe seine Tante Anta N'Diobdi geheiratet.«

»Ach, das ist der Neffe dieser Fulbefrau, deren Schönheit und Stolz ich so sehr bewundert habe!«

»Ja, und sie hat mich verpflichtet, ihn zu dir zu führen, welche Folgen auch immer daraus erwachsen mögen.«

Pâté Poullo übermittelte ihm sodann getreu die Worte seiner Frau.

»Ich komme also, *Fama*, König, um dich um Hampâtés Leben zu bitten, der von nun an mit gleichem Recht mein Sohn ist wie mein Erstgeborener.«

Tidjani schwieg einen Augenblick, und dann sagte er:

»Vater Pâté! Zum zweiten Mal gerate ich mit Anta N'Diobdi aneinander, dieser Seele eines Mannes, die im Körper einer Frau wohnt. Du wirst ihr sagen, daß ich selbst sie als Tante adoptiere, zum einen, weil sie deine Ehefrau ist, und auch darum, weil ich die liebe, die einen Sinn für Ehre haben und sie hochachten. Was Hampâté angeht, so betrachte ich ihn als eine Versuchung, die Gott mir in den Weg gestellt hat, um zu sehen, bis wohin meine Rachsucht geht. Wenn Hunderte von hingerichteten Feinden in Sofara, Fatoma und Konna den Tod meines Vaters El Hadji Omar nicht gerächt haben, dann wird der zusätzliche Tod dieses jungen Mannes ihn gewiß auch nicht rächen! Sei unbesorgt, mein geliebter Vater Pâté. Ich billige dein Gesuch und begnadige Hampâté in aller Öffentlichkeit. Aber«, fügte er lächelnd hinzu, »eines muß ich dir gestehen: Zehn Tage vor Hampâtés Ankunft in Bandiagara war ich schon von seiner Anwesenheit unterrichtet. Ich wäre ein recht kümmerlicher Regent, wenn ich nicht wüßte, was in meinem Königreich geschieht, vor allem in meiner Stadt. Ich wollte Hampâté nicht verunsichern, denn ich sagte mir, daß Gott selbst ihn mir anvertraut hat. Denn es schien verrückt, einen Verurteilten gerade in dem Schoß zu verstecken, der das Todesurteil hervorgebracht hat.

Jetzt, da Hampâté, der mein unerwünschter Gast war, mein Cousin geworden ist – denn er ist ja dein Neffe – , werde ich ihm eine Schenkung machen: Ich gebe ihm, was er braucht, um die Aussteuer einer Frau bezahlen und sie heiraten zu können, ich verleihe ihm ein weitläufiges Anwesen, ein angeschirrtes Pferd, ein Gewehr, sieben Lanzen, eine Partisane, einen Säbel, ein Stück Stoff aus blauem Guineazeug von sechzig Ellen, eine Stück weißes Hanfleinen, einen glänzenden Haussaturban, ein Paar bestickter Stiefel, zwei Paar Babuschen aus Djenné und zehn Milchkühe. Schließlich möchte ich, daß er in den Fulbetruppen meiner Armee unter dem Befehl von Tierno Haymutu anmustert. So wird er kein anonymer Schlachtergeselle mehr sein.«

Pâté Poullo war so glücklich wie ein Fulbe, dessen Kuh eine Färse zur Welt gebracht hat! Da er dem König nicht um den Hals fallen konnte, verneigte er sich tief vor ihm, um ihm zu danken. Der König hob ihn auf:

»Ich bitte dich, Vater Pâté, keine solchen Gesten zwischen uns!«

Hampâté und Balewel, die unten an der Treppe geblieben waren, wurden aufgefordert, heraufzukommen. Pâté Poullo unterrichtete Hampâté von der Gnade, die der König ihm erwiesen und von den reichen Geschenken, mit denen er ihn überhäufte. Dann gab er den Wunsch des Königs bekannt, er möge in seiner Armee unter dem Befehl Tierno Haymutu Bâ anmustern. Hampâté senkte eine Weile den Blick und schwieg; dann erklärte er:

»Ich danke Gott und dem König Tidjani Amadu Seydu Tall, daß er mich begnadigt hat. Ich fühle mich durch die großzügige Geste des Königs sehr geehrt und danke ihm aus tiefstem Herzen; was aber mein Anmustern betrifft, so möge er mir erlauben, ihm zu sagen, daß ich mir drei Dinge für immer versage: Erstens, die Waffen gegen die Leute meines Landes zu ergreifen, das heißt, gegen die Fulbe von Massina; zweitens, die Waffen gegen den König Tidjani selbst zu ergreifen, der, statt mir die Kehle durchzuschneiden, seine freigebigen Arme öffnet und mich mit Gütern überhäuft; drittens, den alten Schlachter Allamodio zu verlassen, der ein wahrer Vater für mich war. Ich habe mir vorgenommen, bei ihm zu bleiben und ihm bis zu meinem oder seinem Tod zu dienen.«

Bei diesen Worten setzte ein bedrückendes Schweigen ein, das Jahrhunderte zu dauern schien. Pâté Poullo fürchtete das Schlimmste. Aber dem König Tidjani lag es fern zu zürnen. Er rief aus:

»*Wallayē!* Bei Gott! Das noble Blut hat gesprochen! Junger, treuer Mann, du verdienst die Achtung und Bewunderung von allen, einschließlich des Königs.« Und er streckte Hampâté und Balewel die Hand entgegen und sagte zu ihnen: »Gehet hin und lebt als freie

Muslimen in Bandiagara, genießet alle Rechte, die den Tukulorbewohnern unserer Stadt zustehen!«

Der König ließ Balewel nicht mit leeren Händen ziehen. Er gab ihm ein Pferd, ein Gewehr, eine Partisane, sieben Lanzen und drei wertvolle Kleider.

Von den beiden jungen Leuten begleitet, machte Pâté Poullo sich auf den Weg nach Hause. Strahlend und stolz wie ein aus der Schlacht zurückkehrender Sieger überbrachte er seiner Frau die gute Nachricht. Die Freude von Anta N'Diobdi war vollkommen, aber als ihr Gatte ihr von den Worten Hampâtés berichtete, mit denen er dem König die drei Dinge erklärt hatte, die er niemals tun würde, da wäre ihr fast die Luft weggeblieben! Die Vorstellung, daß ihr Neffe weiterhin bei Allamodio Schlachterjunge bliebe, verschlug ihr den Atem. Sie brauchte eine gewisse Zeit, um zu sich zu kommen, aber schließlich überlegte sie und meinte:

»Sicherlich ist es eine größere Schande, undankbar zu sein als ein Schlachterjunge.«

Sie wandte sich an Hampâté:

»Geh«, sagte sie zu ihm, »kehre zu Allamodio zurück und diene ihm, ich bin einverstanden. Meine Seele wird jeden Tag aus Enttäuschung darüber weinen, aber meine Vernunft wird die Tränen trocknen, die der Familienstolz mich vergießen läßt. Ein Opfer wie dieses, das die Ehre uns anzunehmen heißt, verdient alle Bewunderung. Du hast dich dafür entschieden, in undurchsichtiger Dunkelheit zu leben, wo doch die große, strahlende Sonne ihr Licht über dich verströmen will. Möge der Herr dein Verhalten bedenken und Söhne aus dir hervorbringen, die deinen Namen erhöhen!«

(Hier endet Niélés Bericht. Die Fortsetzung wurde nach Berichten zusammengestellt, die der Familie durch die Hauptakteure oder Zeugen dieser Geschichte übermittelt wurden, insbesondere durch Balewel Diko.)

Hampâté lebte also weiterhin bei dem alten Schlachter Allamodio, seinen treuen Gefährten immer an seiner Seite. Kurz nach seiner Rehabilitierung gründete er in Bandiagara die erste Vereinigung – *Waaldé* in der Fulsprache – junger Fulbe, die aus Massina stammten, doch in der Folge erweiterte sich seine *Waaldé* dank der Ermutigungen des

Königs, der diese Initiative wohlwollend betrachtete, um Jungen unterschiedlicher Herkunft. Diese Vereinigung wird übrigens viel später eine wichtige Rolle in der die Fulbe und Tukulor betreffenden Politik Bandiagaras spielen, um so mehr, als sie die vom König befürworteten guten Beziehungen zwischen den Tukulor und den Fulbe von Massina stärkte.

Die Jahre gingen ins Land. Allamodio, der recht alt geworden war, stützte sich in der Führung seiner Geschäfte immer mehr auf die beiden jungen Leute. Hampâté kümmerte sich nicht mehr nur um die finanziellen Angelegenheiten, er kaufte auch für Allamodio und sich selbst in der Gegend Tiere, deren Fleisch anschließend zu ihrem gemeinsamen Vorteil verkauft wurde.

Sobald die Fulbe von Fakala, die meistens Viehzüchter waren, erfuhren, daß sich der Erbe der Hamsalah außer Gefahr befand, schickten sie ihm Schlachttiere, um ihn zu unterstützen. Im Laufe der Jahre wurde Hampâté zu einem verläßlichen Mittler zwischen den Züchtern im Nigerbogen und den Viehhändlern von Bandiagara. Aus all diesen Aktivitäten bezog er ein beträchtliches Einkommen, das er zum großen Teil benutzte, um unglückliche Sklaven, vor allem Kinder, loszukaufen in der Absicht, sie freizulassen oder ihr Los zu verbessern. Derart handelte er aus natürlicher Güte wie auch aus der religiösen Pflicht, dem ausdrücklichen Befehl und dem Beispiel Mohammeds selbst zu entsprechen.

Im Laufe seines Lebens kaufte Hampâté fünfzehn Sklaven los. Sechs von ihnen gab er die Freiheit; die neun übrigen weigerten sich stets, ihn zu verlassen. Er behandelte sie eher als seine Adoptivkinder denn als Bedienstete. Unter ihnen befanden sich zwei, die er vor grausamen Herren gerettet hatte und ihm besonders lieb waren: Beydari und Niélé Dembélé. Letztere, ein Kind der Malinke aus San (Mali), wird später für meinen Bruder und mich die aufmerksamste und zärtlichste der ›Dienerinnen-Mütter‹ sein, dieweil Beydari, der Vertraute meines Vaters, auf seinem Totenbett von ihm zum einzigen Erben und Oberhaupt der ganzen Familie eingesetzt werden wird!

Beydari war im Alter von elf oder zwölf Jahren bei der Eroberung von Busse – einer Ortschaft im Kreis Tugan im heutigen Burkina

Faso – gefangengenommen worden. Da die Sklaverei zu jener Zeit in den französischen Kolonien noch nicht abgeschafft war, wurde der Junge einem einheimischen Unteroffizier der französischen Armee zum Geschenk gemacht, der ihn nach Bandiagara brachte und an einen Griot der Tall, der Amfarba hieß, verkaufte. Amfarba bestimmte ihn für den häuslichen Arbeitsbereich, der unter der Verantwortung seiner Frauen stand.

Der Knabe war, um es gelinde auszudrücken, nicht in eine barmherzige Umgebung gekommen. Vom morgendlichen Ruf zum Gebet bis spät in den Abend hinein, manchmal gar bis Mitternacht, mußte er pausenlos arbeiten und Aufgaben vollbringen, die weit über seine Kräfte gingen. Er ernährte sich von Essensresten und von dem, was er aus den Töpfen kratzen konnte. Nachdem er dieses Leben in Hunger und Strapazen zwei Jahre durchgestanden hatte, während derer er beinahe nackt umherlief und sogar auf dem Boden schlief – und in der trockenen Jahreszeit sind die Nächte in dieser Gegend sehr kühl –, war der Unglückliche nur noch Haut und Knochen. Da er in einem stehenden Gewässer umherging, hatte er sich den Guineawurm eingefangen, einen Parasiten, dessen Larven sich im unteren Teil der Beine ansiedeln, wo sie auf einen neuen Kontakt mit dem Wasser warten, um zu entschlüpfen. Seine Füße und Knöchel waren ungeheuer geschwollen. Trotz seines Zustands schickte ihn eine von Amfarbas Frauen eines Morgens auf den einen Kilometer entfernten Markt, wo er unter glühender Sonne Einkäufe machen sollte. Mit seinen geschwollenen, schmerzenden Beinen konnte der Junge keine zwanzig Schritte tun, ohne sich einen der seltenen Schattenplätze zu suchen und seine nackten, von der heißen Erde verbrannten Füße zu kühlen. Da Amfarbas Frau ihn nicht rechtzeitig zurückkommen sah, ging sie zu ihrem Gatten und beschwerte sich über ihn. Sie klagte den Jungen an, nichts als ein ungehorsamer Faulpelz zu sein, der seine Zeit zweifellos damit vertrödele, auf der Straße umherzuschlendern. Amfarba überkam der Zorn. Er nahm seine Peitsche aus Nilpferdleder und stürzte sich auf den Knaben, als er ihn wenig später fand. Mit dem schweren Korb auf dem Kopf kam Beydari nur langsam voran, triefte vor Schweiß und stöhnte bei jedem Schritt.

»Du Drückeberger, Faulpelz, Aufsässiger!« brüllte Amfarba. »Hier, nimm das, damit du ein bißchen aufwachst!« Und er schickte sich an, den armen Jungen, dem durch die Anstrengung davonzulaufen vorzeitig die Schwellungen an den Beinen aufplatzten, mit voller Kraft auszupeitschen. Trotz des Blutes, das dem Jungen von den Füßen spritzte, schlug Amfarba weiter auf ihn ein.

Da tauchte wie durch eine wunderbare Fügung Hampâté an der Wegbiegung auf, der aus der Moschee zurückkam. Der Junge stürzte auf ihn zu:

»Oh Papa«, rief er, »rette mich! Er bringt mich um! Er bringt mich um!« Und er warf sich just in dem Augenblick in Hampâtés Arme, als Amfarba ihm einen kräftigen Schlag versetzen wollte, der sicher tödlich gewesen wäre.

Hampâté hielt Amfarbas niedersausende Hand fest.

»Du Vieh«, rief er empört. »Hast du denn kein Herz? Würdest du deinen Sohn oder Verwandten so behandeln? Dieser Kleine leidet wie du. Er ist ein menschliches Wesen, irgendwo auf der Welt hat er Vater und Mutter.«

Wütend versetzte Amfarba:

»Nun gut, wenn du soviel Mitleid mit ihm hast, kauf ihn doch los!«

Hampâté nahm ihn beim Wort:

»Einverstanden! Nenne mir einen Preis.«

»Hunderttausend Kaurimuscheln«, antwortete Amfarba.

Hampâté zog seinen Karneolring vom Finger und gab ihn Amfarba:

»Bringe diesen Ring zu Osman Djennonké und sage ihm, er solle dir an meiner Stelle hunderttausend Kauris geben. Er wird mir meinen Ring zurückbringen.«

Dann hob er den Korb mit den von dem Kind eingekauften Waren auf und hielt ihn Amfarba mit den Worten hin:

»Es ist jetzt an dir, ihn deiner Frau zu bringen. Dieser Junge ist nicht mehr dein Sklave!«

Hampâté nahm den Jungen mit zu sich. Sobald sie zu Hause waren, taufte er ihn auf Beydari, einen Namen, der ›Erhöhung‹ oder ›Gewinn‹ im Sinne von ›Segen‹ bedeutet. Dann pflegte er ihn. Als das Kind geheilt war, kleidete er ihn, wie es sich gehört. Beydari war darauf gefaßt, daß man ihm bestimmte Arbeiten übertragen würde, aber zu seinem großen Erstaunen sagte mein Vater ihm ganz einfach: »Geh spielen, geh zu den Jungen deines Alters.« Allerdings folgte Beydari nicht immer wortwörtlich dieser Empfehlung, denn mehr als alles liebte er es, an der Seite meines Vaters zu bleiben. Er folgte ihm überallhin und ging nur dann mit seinen Kameraden spielen, wenn die Arbeit meines Vaters beendet war. Zu jener Zeit knüpfte er freundschaftliche Bande mit einem Knaben aus der königlichen Familie, dem jungen Prinzen Koreichi Tall, und ließ ihn der Vereinigung der Jungen seiner Altersklasse beitreten. Und hier ein Beispiel für meines Vaters Verhalten: Bevor er Beydari neue Kleidung kaufte, wie es am Vorabend großer muslimischer Feste Sitte ist, zog er erst Erkundigungen ein, um zu erfahren, was der junge Prinz tragen würde. Wenn er es wußte, kaufte er für Beydari dasselbe.

Als der alte Allamodio sah, daß Hampâté Beydari wie einen Sohn behandelte, beschloß er, ihn seinerseits als seinen Enkel anzusehen. Und so lernte Beydari das Schlachterhandwerk, das er sein ganzes Leben lang ausübte.[12]

Mittlerweile war der König Tidjani Tall verstorben. Seine im Jahre 1864 begründete Herrschaft hatte sich in ganz Massina bis zu seinem Tod im Jahre 1888 behauptet. Zu Beginn seiner Regierungszeit ließ er, wie wir wissen, Massenhinrichtungen durchführen; er siedelte Dörfer und Bevölkerungsgruppen um und richtete die gesamte lokale Verwaltung ein; lange Zeit mußte er gegen Widerstandsnester vorgehen. Aber allmählich hatten die Dinge sich einigermaßen beruhigt, und letztlich war dieser Mann, den man den ›Zerstörer-Heiler‹ getauft hatte, wahrscheinlich einer der bedeutendsten Herrscher, die im Nigerbogen regierten. Bei der Eroberung zeigte er sich ebenso unerbittlich, wie er sich in der Verwaltung seines Königreichs, dank seines ausgeprägten Gefühls für örtliche Politik, als besonnener Herrscher erwies. Im Massina ist immer noch ein geflügeltes Wort im Umlauf: Als Tidjani kam, rief das Volk: »*Wororoy en boni, Tidjani wari!* – Ach! Wir sind verloren, Tidjani ist da!« Aber bei seinem Leichenbegängnis weinte dasselbe Volk und sagte: »*Wororoy en boni, Tidjani mayi!* – Wir sind verloren, Tidjani ist tot!«

Hampâté war kein ganz junger Mann mehr, als er in erster Ehe Baya, eine seiner Kusinen, heiratete. Ihre Vereinigung blieb unfruchtbar. Dies war eine unangenehme Situation, denn ganz Fakala und Pemaye erwarteten Kinder von Hampâté, damit der Baum der Hamsalah wieder grün werde. Die notabeln Fulbe von Fakala, die nach Bandiagara geflohen waren, fingen an, Marabuts zu Rate zu ziehen, Wahrsager und Seher jedweder Herkunft, um zu erfahren, ob ihre Hoffnungen erfüllt würden. Die Orakel sagten einstimmig: Baya würde keine Frucht Hampâtés tragen, da die jeweils schützenden ›Genien‹ der beiden unvereinbar waren. Diese unglücklichen Vorhersagen blieben nicht ohne Einfluß auf Bayas Stimmung. Sie wurde zänkisch, unerträglich fast. Sie konnte niemanden in ihrer Nähe dulden; kaum vermochte sie, seinen Schatten zu ertragen. Zum Schluß ging sie zu weit.

Eines Abends, als Hampâté nicht zu Hause war, erschien Balewel Diko bei Baya, in Begleitung einiger Freunde ihrer Vereinigung. Er bat um ein Abendessen. Baya konnte es nicht verweigern, denn die Mitglieder einer Vereinigung pflegten die Gewohnheit, jeden Abend abwechselnd bei einem der Ihren zu speisen. Die Ehefrauen waren daran gewöhnt, und in den großen afrikanischen Familien gibt es immer genug Nahrungsmittel, um spät geladene Gäste oder reisende Fremde zu empfangen. Baya ließ also ein Mahl auftragen, wobei sie aber ständig vor sich hin schimpfte: »Ach, ist das ärgerlich, die Frau eines Vagabunden zu sein, der es vergißt, zur Essenszeit nach Hause zu kommen! Ich bin weder eine Sklavin noch eine Frau niederer Herkunft, daß ein flegelhafter Ehemann mich so behandeln darf. Wirklich, ich habe genug von diesem Hampâté!« Und sei es absichtlich, sei es aus einem ungewollten Reflex heraus, jedenfalls ließ sie eine gemeine Bemerkung über Hampâtés verstorbene Mutter fallen. In einer Zeit, in der eine Verunglimpfung der Mutter als schwerste Beleidigung galt und oft mit Lanzen- oder Messerstichen gesühnt wurde, mußten diese Worte als eine schwere sprachliche Entgleisung gewertet werden, die um so mehr Entrüstung hervorrief, als sie in Anwesenheit der Freunde ihres Mannes ausgesprochen wurde. Es war wirklich eine unverzeihliche Beschimpfung.

Balewel, für den Hampâté und er selbst eins waren und der sich als sein Alter Ego ansah, geriet außer sich:

»Wie, Baya, du wagst es, in meiner Gegenwart Hampâtés Mutter zu beleidigen? Lieber hätte ich aus deinem Mund gehört, daß du meine eigene Mutter verunglimpfst als die von Hampâté. Komm nicht auf die Idee, das noch einmal zu sagen!

»Und wenn ich es noch einmal sagte«, erwiderte sie, »fiele da der Himmel auf die Erde? Würden die Berge den Inhalt ihres Feuerbauches ausspucken?«

»Nichts dergleichen«, antwortete Balewel, »aber es wäre der Tod deiner Ehe mit uns.«

»Mit wem, euch?« spottete Baya.

»Mit uns, Hampâté und Balewel.«

Höhnisch lachend wiederholte Baya ihre Verunglimpfung. Völlig außer sich schleuderte Balewel ihr entgegen: »Verlasse dieses Haus, ich scheide dich!« Bei diesen Worten erhoben sich alle Freunde Hampâtés wie ein Mann. Sie verließen das Haus, ohne die Mahlzeit zu beenden, eine außerordentlich schwerwiegende Geste in Afrika, wo es als Zeichen von Ablehnung und Bruch verstanden wird, wenn man die Speise nicht verzehrt, die eine Frau anbietet. Dies hieß ganz klar: ›Alle Freunde Hampâtés haben dich geschieden.‹

Baya geriet in unbeschreibliche Wut. Sie stürzte in ihr Zimmer, suchte hastig all ihre Kleider und ihren Hausrat zusammen, packte große Pakete und ließ sie unter das Vordach schaffen, das den Eingang des Hauses schützte. Sie breitete eigenhändig eine kleine Matte aus, nahm darauf Platz und wartete auf die Heimkehr ihres Mannes. Als Hampâté, der von dem Zwischenfall nichts wußte, nach Hause kam, fand er seine Frau aufrecht neben ihrem Gepäck unter dem Vordach sitzen, wo sie auf irgend etwas zu warten schien. Hampâté, das haben wir schon gesehen, war weder überschwenglich noch gesprächig. Ohne seine gewohnte Ruhe aufzugeben – seine Freunde sagten, er sei so still und klar wie Erdnußöl –, grüßte er zunächst seine Frau und fragte dann:

»Wozu diese Pakete? Was ist los?«

»Los ist, daß dein kleiner Gott von einem Freund Balewel Diko mich in deinem Namen und in deinem Auftrag geschieden hat. Also habe ich meine Sachen gepackt und erwarte von dir, daß du diese Entscheidung bestätigst.«

»Wenn mein kleiner Gott von einem Freund Balewel Diko dich geschieden hat«, erwiderte Hampâté ruhig, »dann bist du wohl geschieden.« Und ohne ein weiteres Wort ging er ins Haus.

Niedergeschmettert brach Baya in Tränen aus. Sie bat, daß man ihr Gepäck zu ihren Eltern bringe, was in derselben Nacht dank der Bemühungen von Hampâtés Dienern ausgeführt wurde. Als sich die Neuigkeit am nächsten Tag in der Stadt verbreitete, gab niemand Balewel und Hampâté unrecht. Das ist für ein modernes Gemüt sicherlich schwer zu verstehen. Wie soll man gutheißen, daß ein Freund auf eigene Faust die Frau seines Freundes ›scheiden‹ darf und letzterer ohne jeden Widerspruch damit einverstanden ist? Das konnte damals geschehen, weil ein wahrer Freund nicht ›ein anderer‹ war, er war wir selbst, und sein Wort war unser Wort. Die wahre Freundschaft ging, von der Erbfolge abgesehen, der Verwandtschaft voraus. Darum empfahl die Tradition, viele Gefährten zu haben, aber nicht zu viele ›wahre‹ Freunde. Die Eltern hatten im übrigen dasselbe Vorrecht. Der Bruder, der Vater oder die Mutter konnten einen Mann in seiner Abwesenheit ›scheiden‹, und im allgemeinen beugte sich der Betroffene. Man kann dabei nicht von einer festen Gewohnheit sprechen, denn es kam nicht sehr oft vor, aber wenn es geschah, wurde es akzeptiert, denn eine solche Entscheidung traf niemand leichtfertig – wäre dem so gewesen, dann hätte sich die Gemeinschaft, sei es die Familie oder das Dorf, dem entgegengestellt.

KADIDJA, MEINE MUTTER

Hätte ich die Regeln der afrikanischen Schicklichkeit beachtet, dann hätte ich, als ich dieses Werk begann, zuerst von meiner Mutter reden müssen, und sei es auch nur, um dem malischen Sinnspruch zu genügen, der da sagt: *Alles, was wir sind, und alles, was wir haben, schulden wir nur einmal unserem Vater, aber zweimal unserer Mutter.* Der Mann, sagt man bei uns, ist ein zerstreuter Sämann, wohingegen die Mutter als göttliche Werkstatt angesehen wird, wo der Schöpfer ganz direkt, ohne Mittler also, arbeitet, neues Leben formt und der Reife zuführt. Deswegen wird in Afrika die Mutter beinahe ebensosehr geachtet wie eine Gottheit. Meine Mutter möge mir also vergeben, daß ich diesen Bericht trotz allem, was ich ihr schulde, nicht mit ihr begonnen habe, aber die chronologische Abfolge hat ihre eigenen Gesetze. Jedenfalls wird sie, von dieser bis zur letzten Seite, einen wesentlichen Platz in diesem Werk einnehmen.

Hampâté hatte mit seiner ersten Frau so sehr gelitten, daß er beschloß, nicht wieder zu heiraten, trotz des Druckes, den man in seiner Umgebung auf ihn ausübte. Die afrikanische Gesellschaft maß damals dem Zustand der Ehelosigkeit, in dem sie einen Beweis für Unreife oder Egoismus sah, keinerlei Wert bei. In den Versammlungen der Alten hatten die Junggesellen kein ›Recht‹ auf das Wort, man konnte es ihnen nur ›verleihen‹; und man übertrug ihnen keinerlei Führungsposten, auch nicht den des Viertelvorstehers.

Man schlug Hampâté zahlreiche Partien vor, aber er lehnte alle ab. Die Zeit verging. So schlug Anta N'Diobdi ihm schließlich vor, ihre eigene Tochter Kadidja zu heiraten. Er war einverstanden, aber da seine Kusine das Heiratsalter noch nicht erreicht hatte, mußten sie ein wenig warten.

Die größte Sorge Hampâtés war die, keine Kinder zu haben. Ein für seine Sehergabe bekannter Marabut aus Bandiagara, Wurma Amadu, sagte ihm eines Tages: »Ich sehe nicht viele Kinder in deinem Leben, aber ich sehe für dich viele Enkel und Urenkel. Hier mein Rat: Adoptiere zuerst eine kleine Sklavin; diese Adoption wird dir die Tür zur Vaterschaft öffnen.«

Zu jenem Zeitpunkt nahm Hampâté Niapandogoro auf, eine junge Gefangene, die ein kleines, zehn Monate altes Mädchen stillte. Er adoptierte das kleine Mädchen und gab ihr den Namen Baya. Von diesem Tag an war es Niapandogoros einzige Aufgabe, ihr Kind zu stillen und zu umsorgen. Was die Pflege angeht, die man einem Mädchen zukommen lassen muß, so wurde sie von Hampâté selbst übernommen: er wusch sie, führte sie spazieren, nahm sie mit auf den Markt und ließ sie sogar nachts neben sich schlafen, wie es die afrikanischen Mütter tun. Er war ihr Vater und Mutter zugleich.

Später wird man das Kind Nassouni nennen, und unter diesem Namen finden wir sie so manches Mal im Verlaufe dieses Werkes, denn selbst als Ehefrau wird sie nie meine Mutter Kadidja und später meine eigene Frau Baya verlassen. Nassouni stirbt im Jahre 1983 im Schoße meiner Familie in Bamako.

Kadidjas Traum

Ungefähr zu der Zeit hatte die kleine Kadidja einen Traum, der sie zutiefst prägte wegen der Voraussagen, zu denen er Anlaß gab und die sich im Laufe ihres Lebens eine nach der anderen bewahrheiten sollten. In diesem Traum sah sie, wie der heilige Prophet in den Hof des Familienhauses trat. Er trug ihr auf, ihre Brüder und Schwestern zu holen und mit ihm ein Gericht zu teilen, das ihre Mutter zubereitet hatte. Sie setzten sich alle um die Schale und aßen, bis nichts mehr übrig war. Da blickte der Prophet sie an und befahl ihr hinauszugehen, während ihre Brüder und Schwestern bei ihm bleiben durften. Als sie am nächsten Morgen aufwachte, spürte sie in sich eine dumpfe Abscheu vor sich selbst und wurde schweigsam und verdrossen. Ihr Vater maß dem keine Bedeutung bei, aber ihre Mutter machte sich Sorgen:

»Was hast du, meine kleine Kadidja?«

Kadidja erzählte ihr den Traum und fügte dann traurig hinzu:

»Wenn der Prophet Gottes meine Brüder und Schwestern bei sich behalten und nur mich allein fortgeschickt hat, dann, weil er mich nicht würdig fand, bei ihm zu bleiben. In meinem ganzen Leben werde ich also nur ein Regenpfeifer sein, ein unausgegorener Pechvogel, der die Gesellschaft des Gesandten Gottes nicht verdient.«

Und sie brach in Tränen aus und schluchzte in den Armen ihrer Mutter. Diese war über den Schmerz ihrer Tochter erschüttert und nahm den Traum nicht auf die leichte Schulter.

»Beruhige dich«, sagte sie, »dein Onkel Eliyassa Hafiz Diaba ist ein großer Marabut, der sich in der Wissenschaft der Traumdeutung auskennt. Er soll mich heute besuchen, nach dem großen Freitagsgebet. Er wird die wahre Bedeutung deines Traums erkennen.«

Als der Onkel kam, erzählte ihm Anta N'Diobdi den Traum ihrer Tochter. Er fragte Kadidja aus über alles, was sie während des Tages und am Abend gemacht hatte, um sicherzugehen, daß nichts von all dem den Traum bedingt hatte. Dann befahl er ihr, ungesponnene Baumwolle zu kaufen, sie zu egrenieren und selbst zu spinnen und dann die Stränge auf dem Markt zu verkaufen. Mit dem Ertrag aus diesem Verkauf sollte sie eine schöne, neue Matte kaufen und den Rest des Geldes beiseite legen.

Als alles fertig war, kam der Onkel wieder. Er tauchte eine Schilfrohrfeder in Spezialtinte und bedeckte die Matte mit Formeln aus dem Koran, mit Buchstaben und Zeichen, die auf besondere Weise angeordnet waren. Dann empfahl er Kadidja, am Abend etwas sehr Leichtes zu essen und ein rituell vorbeitetetes Bad zu nehmen, bevor sie auf der Matte schlafen solle, in demselben Haus, in dem sie im Traum mit ihren Brüdern und Schwestern und dem Propheten die Mahlzeit eingenommen hatte.

Kadidja tat alles, was der Onkel sie geheißen hatte. Am nächsten Tag nahm der Onkel die Matte, untersuchte mit großer Sorgfalt, was von den Zeichen, die er darauf geschrieben hatte, übriggeblieben war, dann ließ er sie reinigen, um die Tintenspuren zum Verschwinden zu bringen.

»Brich sofort auf und schenke sie einem Armen«, sagte er zu Kadidja, »verteile das übrige Geld und komme zurück. Ich erwarte dich.«

Als sie zurückkam, machte er folgende Voraussagen, die sich auf die Einzelheiten des Traums stützten und auf die Zeichen auf der Matte, die er aufmerksam betrachtet hatte:

»Meine Nichte Kadidja wird alle ihre Verwandten überleben. Sie wird alle ihre Brüder und Schwestern beerben, denn sie wird nach einem sehr langen Leben als letzte sterben. Keiner ihrer Brüder und Schwestern wird Kinder haben. Sie wird zweimal heiraten. In ihrer ersten Ehe wird sie drei Kinder haben. Deren Leben wird schwierig sein, aber wenn ein einziges überlebt, genügt es. Es wird ihr eine große Stütze sein. Ihre zweite Ehe wird sie zugrunde richten. Sie wird ihrem zweiten Gatten sechs Kinder schenken, aber diese Kinder werden ihr eher eine Last sein. Kadidja wird im Laufe ihres Lebens große Schwierigkeiten erfahren. Aber sie wird über alle ihre Feinde, Männer und Frauen, siegen und die schmerzhaften Ereignisse überwinden, die ihre Existenz begleiten.«

Diese Weissagung, in ihrer Genauigkeit erstaunlich, verwirklichte sich im Laufe der Zeiten bis in die kleinste Einzelheit.

Kadidja, von ihren Eltern abgöttisch geliebt, wuchs als echter ›Papas Liebling‹ auf. Nicht nur war ihr Vater Pâté Poullo Intendant des königlichen Viehbestands, sondern darüber hinaus hatte er vom König Tidjani in Erinnerung an den ›Milchtropfen von Hamdallaye‹, eine Dauerschenkung von tausend Stück Vieh erhalten, die im Falle eines Verlusts, gleich welches der Grund dafür war, ersetzt werden mußten. Es wäre also nicht übertrieben zu behaupten, daß die Familie in Wohlstand lebte.

Pâté Poullo hatte Kadidja eine beinah männliche Erziehung gegeben, allerdings ohne ihre Weiblichkeit zu unterdrücken. Schön, heiter, quicklebendig, willensstark – und sogar, das muß man sagen, ein wenig halsstarrig –, versprach sie, eine zielstrebige Frau zu werden, der zu widerstehen schwer fallen würde.

Sie hatte eine *Waaldé*, eine Vereinigung der jungen Mädchen ihres Alters gegründet, deren Anführerin sie war und die alles aufnahm, was es in Bandiagara an schönen, noblen Mädchen gab. Damals gab man ihr den ersten Beinamen: *Djandji*, die ›heiter Reichhaltige‹; und später nannte man sie *Poullo* – Fulbefrau im Sinne von ›noble Frau‹, ein Name, der bei den Bambara zu *Flamousso* wurde. Wegen ihrer ungewöhnlichen Charakterstärke wird man sie auch *Debbo tiiom timba* nennen, die ›Frau in Hosen‹. Ihr erster Sohn Hammadoun wird sie *Dadda* rufen – sicherlich eine Umformung von Kadia, der Verkleinerungsform von Kadidja –, ein Name, den sie in der Familie behalten wird und den alle Kinder von Bandiagara übernehmen.

Als sie zwölf Jahre alt war, hatten bereits alle großen Tukulorfamilien von Bandiagara um ihre Hand angehalten. Ihre Mutter hatte mindestens zwölf offizielle Anträge abgewiesen. Alle Großen des Königreichs, die einst Anta N'Diobdi hatten heiraten wollen, hielten nun für ihre Söhne um Kadidja an. Als sie erfuhren, daß Anta N'Diobdi beschlossen hatte, ihre Tochter ihrem Neffen Hampâté zu geben, diesem Fulbe aus Fakala, der weiterhin bei einem Schlachter lebte, nahmen sie das Ganze ziemlich übel auf. Für sie war Hampâté nicht nur ein Fremder, sondern ein Feind, und sie widersetzten sich diesem Heiratsprojekt auf das heftigste und versuchten, es mit allen Mitteln zu verhindern.

All das war nicht dazu angetan, den armen Hampâté, der zur Zielscheibe eifersüchtiger Kandidaten wurde, in Frieden leben zu lassen. Diese ließen keine Gelegenheit aus, ihn zu provozieren. Aber Hampâté war kein Strohhalm, den man zwischen Daumen und Zeigefinger zerdrückt, und er hatte die vierzig Mitglieder seiner Altersvereinigung hinter sich, die bereit waren, für ihn zu sterben, und jeden kräftig verprügelten, der es wagte, auch nur das geringste feindselige Wort gegen ihn zu sagen.

Anta N'Diobdi war ebenfalls keine Frau, die sich beeindrucken ließ. Durch das Vertrauen ihres Mannes und die Unterstützung der Lieblingsfrau des Königs gestärkt, widerstand sie allen Stürmen und

Gezeiten. Als Kadidja endlich das erforderliche Alter erreicht hatte, fand die Hochzeit statt.

Kadidja und Hampâté, eine schwierige Ehe

Außer sich vor Zorn gelobten die abgewiesenen Großen des Königreichs, alles in die Wege zu leiten, damit die Verbindung von Kadidja und Hampâté unfruchtbar bliebe und nicht glücklich werde. Trotz des Verbots im Koran mobilisierten sie Marabuts, Kordelverknoter, Loswerfer und mancherlei Zauberer, damit die Ehe mit Unfruchtbarkeit geschlagen werde. Trotz dieses Bündnisses setzte Kadidja drei Kinder in die Welt: ein Mädchen namens Gabdo und zwei Knaben, meinen älteren Bruder Hammadoun und Ihren Diener. Der Wahrheit zuliebe muß indessen gesagt sein, daß Gabdo, die Erstgeborene, nur sechs Monate lang lebte und daß mein älterer Bruder Hammadoun, ein Knabe, der alle Gaben des Geistes, des Herzens und des Körpers als Erbteil erhalten hatte, im Alter von etwa fünfzehn Jahren eines tragischen Todes starb. Letzten Endes sollte ich, wie es der Onkel Elyassa angekündigt hatte, der einzige Überlebende aus der Verbindung von Kadidja und Hampâté sein.

Wenn man dem Glauben schenken will, was in meiner Personenstandsakte geschrieben steht, bin ich ›gegen 1901‹ in Bandiagara geboren; aber die von mir später angestellten Vergleiche lassen mich annehmen, daß meine Geburt eher in der Zeit zwischen dem Dezember 1899 und dem Januar oder Februar 1900 anzusiedeln ist – denn sie fand in der empfindlich kalten Jahreszeit statt. Am wahrscheinlichsten ist der Beginn des Jahres 1900, weil ich, so scheint es, in dem Jahr geboren wurde, als der König Agibou Tall seine Reise nach Frankreich unternahm, die im Jahre 1900 stattfand. All das läßt mich also glauben, daß ich einen guten Platz einnehme unter dem Fähnlein der ältesten Söhne des Jahrhunderts.

Zum Zeitpunkt meiner Geburt befand sich meine Großmutter Anta N'Diobdi in Taykiri, einer Ortschaft in der Nähe von Mopti, etwa siebzig Kilometer von Bandiagara entfernt, wohin sie dem

Viehtrieb gefolgt war. Sobald die vierzig Tage Abgeschiedenheit vergangen waren, während derer die frisch Entbundene ihr Heim nicht verlassen darf, legte Kadidja Wert darauf, ihre Mutter zu sehen, um ihr, der Sitte gemäß, ihr Baby vorzustellen und sich ein wenig bei ihr zu erholen.

Ich war noch zu klein, als daß man mich, nach Art der afrikanischen Frauen, auf dem Rücken hätte tragen können. Meine Mutter besorgte sich eine große Kalebasse, polsterte sie mit Wäschestücken und weichen, warmen Stoffen aus und legte mich hinein wie in eine Wiege. Meine Dienerin-Mutter Niélé setzte die Kalebasse auf ihren Kopf, und wir machten uns auf den Weg. So also kam es, daß ich, gerade als ich einundvierzig Tage auf dieser Welt war, zu reisen begann. Und seither habe ich nie mehr damit aufgehört, wenigstens nicht, bis die Erschöpfung und das hohe Alter mich endlich gegen 1982 zur Ruhe verpflichteten.

Vom Augenblick unserer Reise an sank die Temperatur so tief, daß ich beinahe gestorben wäre. Kadidja blieb zwei oder drei Monate lang bei ihrer Mutter, dann brachte sie mich nach Bandiagara zurück.

Die Geburt der drei Kinder und der Tod der kleinen Gabdo hatten den Haß der Feinde des Paares Hampâté-Kadidja nicht gestillt, sondern ihn vielmehr geschürt. Der ›Krieg der Zauber‹ dauerte an. Jeden Tag fand man im Haus verknotete Kordeln oder unheilbringende Talismane, die, man weiß nicht wie, die Leute dort erfolgreich hereingeschmuggelt hatten. Es gab überall welche: im Hof, im Zimmer, in den Toiletten, in der Küche und selbst im Canari, dem Wasserbehälter, wo man manchmal angebundene Frösche fand. Ziemlich häufig kam Pâté Poullo morgens zu Kadidja und sagte zu ihr: »Paß auf, heute finden wir irgend etwas.« Und das trat immer ein.

War es auf lange Sicht die Wirkung des Zaubers, die schwere, feindselige Atmosphäre, die auf dem Hauswesen lastete, oder war es ganz einfach die Folge des großen Alters- und Temperamentsunterschieds: Kadidja, jung, lebhaft, fröhlich, die das gesellige Leben liebte, und der sehr viel ältere, ernste Hampâté, der fast nie redete? Fest steht, daß Kadidja eines Tages von einer Art Abneigung gegen ihren Gatten gepackt wurde. Sie konnte ihn nicht mehr ertragen. Sie floh das eheliche Domizil wie die Pest und ging andauernd zu ihren Eltern zurück. Übrigens genügte es seltsamerweise, daß sie sich von Hampâté entfernte, um nur noch von ihm und seinen guten Eigenschaften zu sprechen, sobald sie sich aber in seiner Gegenwart befand, verspürte sie eine heftige Lust, ihn zu fliehen.

Den Tod im Herzen, brachten ihr Vater und ihre Mutter sie jedes Mal zu Hampâté zurück. Es war ihnen wichtig, ihm gegenüber ihr Wort in Ehren zu halten, und sie wollten auch nicht ihr Gesicht verlieren und sich zum Gespött derer machen, denen sie die Hand ihrer Tochter verweigert hatten. Aber Kadidja hatte nur eine Idee im Kopf: Hampâté zu verlassen, und dies, gleich welche Konsequenzen es für sie selbst und den Ruf ihrer Familie hätte.

Wenn die Eltern sie nach Hause zurückbrachten, war sie so niedergeschlagen und unglücklich, daß sie allmählich Appetit und Lebensfreude verlor. Sie, die so fröhlich und liebenswürdig war, wurde mürrisch und reizbar. Alles ging ihr auf die Nerven. Da beschloß Hampâté, auch im Interesse von Kadidjas Leben, sie freizugeben.

Er berief den Familienrat ein. Als alle versammelt waren, erklärte er seinen Schwiegereltern: »Ich weiß, und auch ihr wißt es, daß Kadidja meine Person nicht haßt, daß sie aber unter der Herrschaft eines mächtigen Zaubers handelt, den weder ihr noch Elyassa Hafiz Diaba noch ich selbst lösen können. Wenn ihr meine Anwesenheit Kadidja weiterhin aufzwingt, so wird sie, fürchte ich, schwer krank werden oder gar eine nicht wiedergutzumachende Dummheit begehen. Nun, mir ist es lieber, ich sehe sie in einem anderen Haushalt glücklich und am Leben als krank und unglücklich unter meinem Dach. Erlaubt also, daß ich ihr, ohne ihr etwas nachzutragen, die Freiheit wiedergebe, um unsere Familienbande zu schützen, die heil und fest bleiben müssen, gegenüber allem und gegen alles.«

So also schied sich Hampâté aus Zuneigung für Kadidja in Freundschaft von ihr, wobei er ihr unauflösbar verbunden blieb, denn sie war nicht nur seine Kusine, die Tochter seiner einzigen nahen Verwandten in Bandiagara, sondern sie hatte ihm auch zwei Knaben geschenkt, das Glück seines Lebens.

Diese Trennung, die bei unserer Rückkehr nach Bandiagara stattfand, fiel für Kadidja in die Zeit großer Trauer, denn sie verlor damals gleichzeitig ihren Vater und ihren Bruder Amadou Pâté.

Wie so oft war Pâté Poullo mit seinen Herden in den Busch östlich von Bandiagara gezogen. Er vermochte nicht lange in der Stadt zu bleiben, ohne regelmäßig in die Welt einzutauchen, die die seine war: die Welt der Natur, wo alles für ihn lebte, zu ihm sprach und voller Bedeutung war. Dort verschied er und nahm seine Geheimnisse und den größten Teil seiner traditionellen Erkenntnisse mit. Einige hatte er immerhin meine Mutter gelehrt, die ihrerseits, wie ihre Mutter Anta N'Diobdi, ›Milchkönigin‹ war.

Mein Vater Hampâté starb etwas weniger als drei Jahre nach seiner Trennung von Kadidja. Da sie inzwischen wieder geheiratet hatte, verlangte er, daß ich bei ihm bliebe. Ich war also etwa drei Jahre alt, als er starb, und mein Bruder fünf.

Wie ich schon zuvor erwähnt habe, setzte mein Vater auf seinem Totenbett nicht eines seiner Kinder als einzigen Erben aller seiner Güter und als Familienoberhaupt ein – übrigens waren wir dafür zu jung –, sondern Beydari. Niemals war Vertrauen besser gerechtfertigt! Beydari war für uns unter allen Bedingungen ein hingebungsvoller Beschützer, ein großer, liebevoller Bruder und ein gewissenhafter Verwalter des Vermögens der Familie, die sich, neben meinem Bruder und mir, aus acht anderen *rimaybé* – Sklaven zusammensetzte, die wir erbten und die uns nie im Stich lassen wollten. Unter ihnen befand sich Abidi Hampâté – sie trugen alle den Namen meines Vaters –, unsere geliebte Niélé und die junge Nassouni, die mein Vater als seine eigene Tochter erzogen hatte.

Beydari und seine Gefährten hatten den Auftrag erhalten, uns großzuziehen, uns zu erziehen und uns zu verteidigen, und das haben sie getan. Gott ist ihr Zeuge! Hammadoun und ich waren gewiß die glücklichsten ›kleinen Herren‹ von ganz Bandiagara! Auch der treue Freund Balewel ließ uns nicht im Stich. Größtenteils dank seiner Erzählungen, die zu dem hinzukamen, was Niélé und meine Mutter berichteten, vermochte ich, diese ganze Geschichte nachzuzeichnen. Von dem Augenblick an, wo ich alt genug war zu verstehen, ließ Niélé nicht davon ab, mir von meinem Vater zu erzählen, und ihre Augen füllten sich mit Tränen, wenn sie an seine unermeßliche Güte erinnerte, die sich hinter seinem schweigsamen Äußeren verbarg. Sein Haus, so sagte sie, stand allen jederzeit offen. Er verstand es zuzuhören, widersprach nie, aber sein auf besondere Art durchdringender Blick störte seine Gesprächspartner zuweilen so sehr, daß sie es vorzogen, sich durch einen Mittler an ihn zu wenden, wie die Sitte es erlaubt. Glücklicherweise milderte sein Lächeln die verwirrenden Folgen seines Blicks. Sein Zorn konnte furchtbar sein, aber er trat nur unter schwerwiegenden Umständen zutage, zum Beispiel wegen einer offenkundigen Ungerechtigkeit, die ein Starker einem Schwachen antat. Sein ganzes Leben lang verschenkte er mehr Geld, als er verlieh, denn er mochte es nicht, die Rückzahlung von Schulden einzufordern. Seinen ›Sklaven‹ hatte er nahegelegt, uns Mitgefühl, Rechtschaffenheit und Güte gegenüber Armen und Schwachen zu lehren sowie die Achtung gegenüber alten Menschen. Was unsere religiöse Erziehung betraf, so hatte er verlangt, daß sie Tierno Bokar anvertraut werde, einem engen Freund der Familie, von dem ich später zu reden haben werde.

So war mein Vater Hampâté, der hätte sterben müssen und doch lebte, der die Ehren zurückwies, die ein König ihm antrug, um weiterhin einem alten Schlachter zu dienen, und der es vorzog, eine geliebte Frau freizugeben, statt sie unglücklich an seiner Seite zu wissen. Möge Gott dich in seine Barmherzigkeit aufnehmen, Hampâté, mein Vater, und möge die Erde dir leicht sein.

Kadidja und Tidjani

Kaum hatte meine Mutter ihre Freiheit wiedererlangt, da versuchten alle einstigen vertriebenen Verehrer – zum größten Teil Tukulor aus dem Clan der Tall, das heißt aus dem Clan von El Hadji Omar und seinem Sohn Agibou Tall, damals König von Bandiagara – es erneut, um ihre Hand anzuhalten. Da bewarb sich um Kadidjas Hand Tidjani Amadou Ali Thiam, der nie unter den abgewiesenen Bewerbern gewesen war, und er wurde von ihr erwählt.

Die Thiam sind ein anderer Tukulorclan, der von Alters her mit dem Clan der Tall rivalisierte, was nicht geeignet war, die Dinge ins Lot zu bringen. Tidjani Amadou Ali Thiam war, wie sein Name anzeigt, der Sohn von Amadou Ali Thiam, damals Chef der größten und reichsten Provinz des Tukulorkönigreichs, der Provinz Luta (im heutigen Burkina Faso). Er war folglich ein Fürst und mutmaßlicher Erbe eines Herrscherturbans. Nicht darum erwählte Kadidja ihn, sondern weil sie ihn bereits sehr gut und seit langem kannte. Tidjani – den ich von nun an zur Vereinfachung ›Tidjani Thiam‹ nennen werde – war in der Tat der unzertrennliche Freund von Bokari Pâté, Kadidjas großem Bruder, und von Tierno Bokar Salif Tall, einem jungen Mann aus einer Marabutfamilie, der sich ganz dem religiösen Leben zugewandt hatte und später mein spiritueller Lehrmeister werden sollte.

Als Tierno Bokar, der seinerseits ein Großneffe von El Hadji Omar war – ein Enkel, sagen wir in Afrika – im Jahre 1891 auf der Flucht vor dem Vordringen der französischen Armee mit seiner Mutter in Bandiagara ankam, da wurde er vom Vater Tidjani Thiams – im afrikanischen Sinn des Wortes – adoptiert, der ihn als seinen eigenen Sohn ansah. In dieser Zeit entstand die Freundschaft zwischen Tierno Bokar, dem jungen Tidjani Thiam und Bokari Pâté, Kadidjas Bruder, eine so enge Freundschaft, daß man sie in ganz Bandiagara die ›drei Unzertrennlichen‹ nannte.

Tierno Bokar hatte sich mit meiner Mutter angefreundet, die er ›kleine Schwester‹ nannte, und wirklich spielte meine Mutter gegenüber diesem heiligen Mann die Rolle einer kleinen Schwester, aber einer etwas besonderen kleinen Schwester, denn, stets freimütig und geradeheraus, erlaubte sie sich, so offen mit ihm zu reden, wie es sich niemand sonst in Bandiagara herausgenommen hätte. Sie stellte ihm die klarsten und direktesten Fragen – was man in Afrika sehr selten tut – und dies mit der Zustimmung von Tierno Bokar selbst.

Ich bin sozusagen zwischen seinen Händen geboren. Er besuchte fast jeden Tag meine Eltern. Kaum war er da, verlangte er nach mir. Wenn er betete, setzte er mich auf seine Knie. Wenn er ein kleines Nickerchen hielt, lehnte er mich an seine Brust. Und wenn er im Hof spazierenging, nahm er mich auf seine Schultern, sang für mich religiöse Lieder, vor allem das Lied von El Hadji Omar, das die *Barke der Glückseligen* heißt. Meine Mutter erzählte mir später, daß er es liebte, mich zu belustigen und zum Lachen zu bringen. Bei anderen war ich ein eher abwesendes Kind; wenn sie mich auf den Arm nahmen, gelang es ihnen nicht, meine Augen zu sehen. Aber wenn Tierno mich hochnahm, hörte ich nicht auf, sein Gesicht zu betrachten und brach in Lachen aus.

Als vertrauter Freund meines Onkels Bokari Pâté und meiner Mutter, dann auch von meinem Vater Hampâté war er nach afrikanischer Tradition deren Bruder und folglich mein Onkel. Aber er sollte mir mein ganzes Leben lang sehr viel mehr sein: Er wird mein spiritueller Vater, derjenige, der meinen Geist und meine Seele formte und dem ich alles schulde, was ich bin.[13]

Als meine Mutter Tidjani Thiam zum zweiten Gatten wählte, wußte sie also, mit wem sie es zu tun hatte, und sie verließ den Freundeskreis nicht, der ihr teuer war. Tidjani liebte meine Mutter sehr und bewunderte ihre guten Eigenschaften. Diese gegenseitige Liebe sollte ihre Ehe zum Erfolg führen und sie gegen Stürme und Fluten aufrechterhalten, trotz des Aufeinanders tragischer Ereignisse, dem sie die Stirn bieten mußten.

Kaum wurde Kadidjas Entscheidung bekannt, da brach das Unwetter aus. Die Tall, zum zweiten Mal abgewiesen, waren wütend, daß man sie zugunsten eines Thiam beiseite schob, denn diese beiden Tukulorfamilien rivalisierten seit Generationen mehr oder weniger gegeneinander, beziehungsweise sie waren verfeindet. In welcher Lage ein Tall sich auch immer befinden mochte, ein Thiam brachte ihm keinerlei Rücksicht entgegen; und es genügte, daß einer irgend etwas unternahm, damit der andere versuchte, es ihm gleichzutun oder ihn zu überrunden. Im Krieg hätte nie ein Tall oder ein Thiam die Flucht ergriffen, solange ein Mitglied des rivalisierenden Clans noch da war. Jeder hätte den Tod hundertmal der Erniedrigung vor dem anderen vorgezogen. Sehr schwere Zwischenfälle, die die Thiam anläßlich der Herrschaft von Luta in Widerspruch zum König Aguibou Tall brachten, hatten die Beziehungen zwischen den beiden Clans aufs Äußerste angespannt. In diesem Klima wurde Kadidjas Wahl als echte Provokation empfunden.

Da verstarb ganz plötzlich Tidjanis Vater, der erst seit zwei Jahren Chef der Provinz Luta gewesen war. Als ältester Sohn des Amadou Ali Thiam erbte Tidjani den ›Turban‹ von Luta – nicht ohne einige Schwierigkeiten von seiten des Königs Aguibou – und verließ Bandiagara, um nach seinem neuen Wohnort zu reisen, in Begleitung eines glanzvollen Gefolges und seiner beiden Ehefrauen: seiner Kusine Bokari Moussa, der Enkelin des Königs von Konna und Tochter eines Heerführers, und Diaraw Aguibou, der Tochter des Königs Aguibou Tall. Die Ehe mit Kadidja war noch nicht geschlossen, sie blieb in Bandiagara.

Aufgrund einer Lebenseinstellung, die in Afrika unglücklicherweise nur allzu üblich ist und die sagt, daß kein Tod und keine Krankheit ›natürlich‹ seien, sondern immer irgend jemandem als Schuld anzurechnen, erhob sich ein allgemeines Protestgeschrei gegen meine Mutter. Tidjanis Ehefrauen, ebenso wie der größte Teil der Familienangehörigen, schrieben den plötzlichen Tod von Amadou Ali Thiam dem Pech zu, welches Kadidja mitbringe. »Wie!« versicherte man lautstark gegenüber jedem, der es hören wollte, »kaum hat Tidjani um Kadidjas Hand angehalten, da stirbt sein Vater! Was soll aus der Familie werden, wenn Kadidja Pâté erst einmal ihren Fuß hineinsetzt?«

Tidjani, der meine Mutter sehr liebte, stellte sich taub. Von Luta aus machte er im Hinblick auf die Eheschließung die nächsten Schritte zwischen den beiden Familien. Sie dauerten mehr als ein Jahr. Als die Hochzeit endlich gefeiert wurde, befand Tidjani sich in Luta und meine Mutter sich in Bandiagara, was keinen Nachteil darstellte, weil gemäß der Sitte die Ehegatten bei der Zeremonie nicht anwesend zu sein brauchten. Es genügte, daß die rituellen Geschenke, vor allem die Mitgift und die Kolanuß, in Anwesenheit von Zeugen und frommen Notabeln ausgetauscht wurden und daß diese die entsprechenden Koranverse sprachen, damit die Ehe, wie man sagte, ›geknüpft‹ oder ›gebunden‹ war – was übrigens zuweilen Eltern gestattete, in Abwesenheit ihres Kindes eine Ehe zu ›knüpfen‹.

Sobald die Ehe geschlossen war, bestand die erste Tat Tidjanis, dem seine Ehefrauen keinen Sohn geschenkt hatten, darin, mich offiziell zu adoptieren. Er ließ mich auf dem Verwaltungsblatt mit den ihn betreffenden Angaben als seinen ›ersten Sohn‹ eintragen und somit als seinen möglichen Nachfolger. Diese Tat, die man ihm in seiner Familie niemals verzieh, brachte ihm die allgemeine Mißbilligung der Tukulor ein, und zwar der Tall wie auch der Thiam, denen es unverständlich war, wie einer der Ihren einen Fulbe, einen Abkömmling der Bâ und der Hamsalah aus Fakala, zu seinem Nachfolger wählen konnte. Was die Frauen angeht, so erklärten sie meiner Mutter Krieg auf Leben und Tod, denn ihrer Auffassung nach war sie verantwortlich für mein Eindringen in die Prärogativen der Macht, die allein den Tukuloreroberern vorbehalten bleiben sollten.

Mein Vater Hampâté – das ereignete sich kurz vor seinem Tod – hatte sehr übel reagiert, als er erfuhr, daß Tidjani Thiam mich offiziell adoptiert hatte, während er selbst noch am Leben war. Da seine natürlichen Rechte es ihm gestatteten, untersagte er, daß ich nach Luta gebracht würde. Trotz des Widerstands meines Vaters und der Feindseligkeit der Tukulor blieb mein Name auf dem Meldeblatt von Tidjani Thiam, weil der Wille eines Provinzoberhaupts – eines ›Kantonchefs‹ in ihren Augen – für die koloniale Verwaltung Gesetz war. Obwohl ich der Vormundschaft allein meiner väterlichen Familie unterstand, blieb ich also offiziell der ›erste Sohn‹ von Tidjani Thiam und mutmaßlicher Anwärter auf den Turban von Luta.

Mittlerweile war meine Großmutter Anta N'Diobdi, die nach Taykiri in der Nähe von Mopti zurückgekehrt war, schwer erkrankt und starb. Meine Mutter begab sich in Begleitung von Bokari Pâté und Hammadoun Pâté nach Taykiri, um die Angelegenheiten der Hinterlassenschaft zu regeln. Niélé begleitete sie und beschäftigte sich mit mir. Zum zweiten Mal in meinem Leben legte ich also die Strecke zwischen Bandiagara und Taykiri zurück, diesmal nicht mehr in einer Kalebasse liegend auf dem Kopf von Niélé, sondern eher klassisch auf ihren Rücken gebunden.

Kadidja fand alle Angelegenheiten ihrer Mutter geordnet, denn diese hatte die Zeit gehabt, bei einem bedeutenden Marabut der Stadt ihr Testament aufzusetzen. Meine Mutter teilte mir später seinen Wortlaut mit:

»Meine Kinder sollen wissen, daß ich selbst das von mir hinterlassene Vermögen aufgeteilt habe, damit sie sich nicht streiten und meines Erbes wegen trennen. Ich fordere meine Söhne auf, in der Nähe ihrer Schwester Kadidja Aufenthalt zu nehmen, um ihr als Schutz gegen Unbilden zu dienen. Meine kleine Sklavin Batoma hat außer mir keine Eltern. Indem sie mich verliert, verliert sie alles. Meine Seele und mein Geist werden unter den Meinen denjenigen verfluchen, der meiner kleinen Batoma Schmerzen zufügt. Sie wird von nun an meinen Familiennamen Sow tragen, und ich werde in meinem Grab nicht ruhig und glücklich schlafen, wenn irgend jemand ihr Böses tut. Ich hinterlasse meiner Tochter Kadidja zehntausend Fünffrancsstücke, um sie in die Lage zu versetzen, sich bei ihrem Gatten einzurichten und ihren beiden Mitehefrauen, den beiden Prinzessinnen, in die Augen zu sehen.«

Über dieses Vermögen hinaus erbte meine Mutter zweihundertachtunddreißig Tiere von den siebenhundert, die ihre Mutter hinterlassen hatte, außerdem eine Schatulle mit Gold- und Silberschmuck. Sie war also reich und fand sich von allen materiellen Sorgen befreit, aber moralisch von Unglück überhäuft, das seit einiger Zeit mit der Regelmäßigkeit einer Uhr auf sie niederging: Kaum geschieden von einem ›Gatten-Cousin‹, den sie liebte, dessen Gegenwart sie jedoch paradoxerweise nicht mehr ertragen konnte, hatte sie ihren Vater verloren, dann ihren Bruder Amadou Pâté; kaum war sie um ihre Hand gebeten worden von Tidjani Thiam, dessen Verwandte sich alle miteinander gegen sie verschworen, da verlor dieser seinen Vater; kaum war die Ehe geschlossen, da verlor sie selbst ihre Mutter Anta N'Diobdi.

Das war viel für eine einzige Frau. Aber das Schlimmste sollte erst noch kommen...

Der Aufstand von Toïni

Dieweil meine Mutter Vorbereitungen traf, um sich zu ihrem Mann nach Luta zu begeben, brach in Toïni, einer Stadt der Provinz, die Tidjani Thiams Amtsbefugnis unterstand, ein Aufstand aus. Die Folgen dieses Aufstands sollten so dramatisch sein, daß sie für Tidjani Deportation und Gefängnis mit sich brachten und für meine Mutter und mich Jahre des Exils und der Prüfungen, fern von Bandiagara.

»Du warst drei Jahre alt«, erzählte mir meine Mutter, »als ich die dritte Frau von Tidjani Thiam wurde. Ich bereitete mich gerade auf die Abreise zu meinem Mann vor, als eines Morgens gegen zehn Uhr ein Kurier dem König Aguibou Tall einen Brief von Tidjani überreichte, der für den Distriktkommandanten bestimmt war und diesen davon unterrichtete, daß in Toïni in der Provinz Luta ein Aufstand ausgebrochen war...«

Bevor ich fortfahre, ist ein kurzer Rückblick in die Geschichte angebracht, wenn man die Verkettung der Ereignisse richtig verstehen will, die zur äußerst strengen Verurteilung Tidjani Thiams führten. Dieser war in der Tat das indirekte Opfer von Ereignissen, die ihren Ursprung weit vor meiner Geburt hatten und verknüpft waren mit der Erbfeindschaft, die die Clans der Tall und der Thiam zu so heftigen Gegnern machte, daß man von ihnen sagte: »Sie können weder ohne den anderen leben noch zusammenleben, ohne sich zu verprügeln.«

Als nach dem Tod von El Hadji Omar im Jahre 1864 sein Neffe Tidjani Tall das Tukulorkönigreich von Massina begründete, teilte er, bis auf wenige Ausnahmen, die Befehlsgewalt über das Land zwischen drei bedeutenden Tukulorfamilien auf: den Tall, den Thiam und den Ouane. Die Provinz Luta, später Chefferie[14] genannt, fiel an Ousmane Oumarou Thiam, einen Onkel von Tidjani Thiam.

Der König Tidjani Tall starb gegen 1887/88. Im Jahre 1893 nahmen die französischen Truppen unter dem Befehl des Colonels Archinard Bandiagara ein, wo damals seit zwei Jahren Ahmadu Seku regierte, der älteste Sohn von El Hadji Omar, der nach der Einnahme Segus durch die Franzosen dort Zuflucht gefunden hatte. Ahmadu Seku mußte in der Folge bei Bandiagara verzweifelte Schlachten schlagen, aber an Waffen und Streitkräften unterlegen, zog er sich gezwungenermaßen nach und nach bis in die Gegend von Sokoto (im Norden des heutigen Burkina Faso) zurück, wo er gegen 1897 starb. Von dem ausgedehnten Reich, das El Hadji Omar gegründet hatte, blieb im Osten nur das Tukulorkönigreich von Massina, gegründet von Tidjani Tall, das kein Oberhaupt mehr hatte.

Mit politischem Gespür wollte Colonel Archinard die Tukulormacht nicht sofort unterdrücken, deren Strukturen in Verwaltung und Hierarchie ihm zumindest einstweilen nützlich sein konnten. Er bewerkstelligte einen tragfähigen Kompromiß, indem er der Regierung der Republik Frankreich vorschlug, zum König von Bandiagara einen anderen Sohn des El Hadji Omar zu ernennen, nämlich Aguibou Tall, den ehemaligen König von Dinguiraye (im Futa Djalon), der sich vor einiger Zeit mit ihm verbündet hatte und an seiner Seite nach Bandiagara gekommen war. Dieser Vorschlag wurde von Paris angenommen, und so wurde Aguibou Tall König von Bandiagara mittels eines Dekrets des Präsidenten der französischen Republik, die selbst ihren letzten König geköpft hatte!

Man hat Aguibou Tall wegen seines Anschlusses heftig kritisiert, aber ehrlicherweise muß man sagen, daß es ihm zu verdanken ist, wenn viele Menschenleben gerettet wurden zu einer Zeit, in der es für die Tukulor angesichts der überlegenen französischen Truppen allemal keinerlei Hoffnung mehr gab. Dank Aguibou Tall wurde eine große Anzahl Tukulor freigelassen, die bei der Eroberung von Segu, Nioro, Djenné, Bandiagara und Douentza zu Gefangenen gemacht worden waren. Die Familienoberhäupter, die nach dem Futa Toro (Senegal) oder dem Futa Djalon (Guinea) zurückgehen wollten, wurden unter dem Schutz der Armee in die Heimat entlassen. Es steht außer Zweifel, daß die Tukulor ohne die Vermittlung Aguibou Talls ein sehr viel schmerzlicheres Schicksal erlitten hätten.

Bevor Archinard sich an die Verfolgung von Ahmadu Seku machte, gab er dem neuen König von Bandiagara einen ansässigen Franzosen zur Seite und ließ ein Bataillon vor Ort.

Außerordentlich klug und kultiviert, besaß der König unleugbare Qualitäten, aber unglücklicherweise war er von hartnäckiger Rachsucht gegenüber den Thiam besessen, denen er nie die weit zurückliegende Zerstörung einer kleinen Moschee in Halwar im Futa Toro vergeben hatte, die Großvater El Hadji Omar dort in seinem Hof erbaut hatte. Er sah also sehr ungern, daß die übrigens schon immer ein bißchen spöttischen und frechen Thiam an der Spitze der reichsten Provinz des Landes standen, und er machte sich den erstbesten Vorwand zunutze für den Versuch, sie zu stürzen.

Zu irgendeinem Zeitpunkt war ein ihm gegenüber recht respektloses Gedicht im Umlauf gewesen, und er hatte die Urheberschaft seinem Neffen Ousmane Oumarou Thiam zugeschrieben, dem Oberhaupt der Provinz Luta, den König Tidjani Tall selbst eingesetzt hatte. Ousmane war der Sohn einer Schwester von Aguibou. Aus Achtung gegenüber seinem Onkel müttlicherseits oder aber, um den Bitten seiner Mutter nachzugeben, die vielleicht auf Gnade hoffte, tat er nichts, um sich zu verteidigen oder zu schützen. Aber ach, nach einer beschämenden Geißelung auf dem öffentlichen Platz wurde er hingerichtet. Die Reaktion der Thiam ließ eine Meuterei befürchten. Dem König Aguibou Tall gelang es nur, das Schlimmste verhindern, indem er an die Spitze der Provinz Luta einen anderen Thiam stellte, Amadou Ali Thiam, den Cousin von Ousmane und Vater von Tidjani, dem zukünftigen Gatten Kadidjas. Dies ereignete sich gegen 1900.

Amadou war nicht der Mann, der sich von einem Tall beeindrukken ließ, auch nicht, wenn dieser König war, und seine Rede während der Zeremonie der Amtseinsetzung hatte nichts bewirkt, was die Situation befriedet hätte. Ein wenig später wurde die Lage durch ein leidiges Pferderennen weiter verschärft, bei dem die beiden Streitrosse von Amadou Ali Thiam unangemessenerweise den Sieg über das Lieblingspferd des Königs davontrugen. Das Gewitter braute sich zusammen, aber es war nicht an der Zeit, daß es ausbrach: Amadou Ali Thiam starb nur zwei Jahre nach seiner Amtseinsetzung.

Tidjani Thiam, der älteste Sohn des verstorbenen Chefs, erbte den Turban von Luta; aber noch mußte er offiziell durch eine traditionelle Einsetzungszeremonie vom König ernannt werden. Aguibou Tall vertagte die Zeremonie so lange, daß einige dachten, er wolle die Provinz selbst regieren. Schließlich, gedrängt von der französischen Obrigkeit, die Unruhen befürchtete, fand er sich damit ab, Tidjani Thiam zum Chef der Provinz zu ernennen. Zum Zeichen der Beschwichtigung ehrte er ihn sogar, indem er ihm eine seiner Töchter zur Frau gab, nämlich die Prinzessin Diaraw Aguibou Tall (Diaraw – Tochter des – Aguibou aus dem Clan Tall). Gesten solcherart waren in jener Zeit häufig, und sich ihr zu widersetzen, wäre eine unverzeihliche Kränkung gewesen. Zu dem Zeitpunkt, als diese Ereignisse sich abspielten, waren gerade die Verhandlungen im Hinblick auf die Eheschließung meiner Mutter im Gange.

Tidjani Thiam begab sich mit einem besonders glanzvollen Hofstaat nach Luta. Sein Hauptkoadjutor war sein jüngerer Bruder Badara (Amadou Ali) Thiam, der beliebteste unter den jungen Leuten im Königreich, über den die Griotinnen allerorten Lobeshymnen sangen. Die übrigen Brüder Tidjanis folgten ihm gleichfalls, um ihm beizustehen. Fast alle Gefährten aus seiner Altersklasse begaben sich zu ihm nach Luta, wo er sie mit seiner Freigebigkeit überhäufte. Auch Tierno Bokar und Bokari Pâté, seit jeher seine Freunde, begleiteten ihn, aber da ihre Pflichten sie nach Bandiagara riefen, verweilten sie nicht lange.

Zu seinem großen Unglück hatte Tidjani bei sich in Luta keinen tüchtigen Ratgeber, der ihn in schwierigen Momenten zur Mäßigung angehalten oder ihm diplomatisches Vorgehen nahegelegt hätte. An seiner Seite befand sich nur ein Marabut namens Tierno Kounta Cissé, der von Amadou Ali Thiam zum Kadi – Richter – ernannt worden war, dem es jedoch an Bildung fehlte und der nicht viel mehr kannte als den Koran. Sein Einfluß auf Tidjani in schwierigen Augenblicken war nicht immer der glücklichste, und im übrigen teilte er später das Unglück und Exil seines Schützlings.

Tidjani Thiam selbst war durch seine Erziehung schlecht darauf vorbereitet, so heikle Aufgaben wie die eines Provinzchefs zu übernehmen, der eine Art Puffer zwischen den Bevölkerungsgruppen, dem König und der kolonialen Obrigkeit sein mußte. Sein Vater Amadou Ali Thiam hatte ihn, wie bei den großen Herren der Tukulor Sitte, sehr streng erzogen, ihn mit den Gefangenen, Stallburschen und Bauern leben und arbeiten lassen, damit er das Leben seiner künftigen Untertanen kennenlerne und um ihn auf etwaige harte Zeiten vorzubereiten: »Ich lasse dich«, so sagte er, »in der Voraussicht auf morgen so leben.« Tidjani jedenfalls, der sehr wenig bei den großen Herren und Höflingen verkehrt hatte, kannte sich eher in harter Feldarbeit und Pferdezucht aus – er war ein außergewöhnlicher Reiter – als im Zeremoniell und in der Lebensart fürstlicher Höfe.

Wie jeder gute Bauer war er treuherzig und recht eigensinnig geblieben. Er maß seinem Wort einen religiösen, um nicht zu sagen abergläubischen Wert bei. Eine Lüge oder eine Absage galt ihm nicht nur als ein Zeichen schändlicher Feigheit, sondern als eine schwere Sünde gegen das göttliche Gebot.

Das heißt, er war wenig gewappnet, um den politischen Listen seiner Feinde entgegenzutreten! Und um dem ganzen die Krone aufzusetzen, hatte er keinerlei Sinn für Geld; er betrachtete es als gemeinen Kehricht und warf es in alle vier Himmelsrichtungen. Diese charakterlichen Merkmale sollten ihm zur gegebener Zeit große Nachteile bringen.

Eines schönen Tages, im Jahre 1902, wurde Aguibou Tall, von Gnaden der Republik Frankreich zum König ernannt, durch ein neues Dekret des Präsidenten letztgenannter Republik ganz schlicht und ergreifend abgesetzt. Frankreich hielt die Zeit für gekommen, die Verwaltung des Landes durch einen eigenen Vertreter in die Hand zu nehmen: einen kolonialen Administrator, der vom Gouverneur des Territoriums, der in Kayes (Mali) residierte, zum ›Distriktkommandanten‹ ernannt wurde.

Aguibou Tall war dem Titel nach kein König mehr, aber er blieb das traditionelle Oberhaupt der Tukulor, die ihn weiterhin *Fama* – König – nannten, und die offizielle Weisung war, schonend mit ihm umzugehen. Der Distriktkommandant hatte den Befehl erhalten, ihn zu Rate zu ziehen und seinen Auffassungen in der allgemeinen Politik des Landes Rechnung zu tragen. Das republikanische Frankreich hatte den *Fama* geopfert, aber nicht wie bei seinem eigenen letzten König gewagt, ihm den Kopf abzuhacken. Man zog es vor, ihn dahinsiechen zu lassen.

Sobald König Aguibou Tall abgesetzt war, leerte sich sein Hof von all denen, die sich nur von den Schenkungen und Ehren hatten anlocken lassen, die sie in Empfang nahmen. Viele von ihnen gingen zum Hof von Tidjani Thiam in Luta. Genau den Augenblick wählten die etwas unverschämten Griots und Sklaven, um das Gedicht, das Ousmane Oumarou Thiam das Todesurteil eingebracht hatte, erneut groß herauszubringen. Dieses unglückliche Zusammentreffen schürte auf grausame Weise den Groll des *Fama* und goß Öl in das Feuer der Unstimmigkeiten zwischen den Tall und Thiam. Die Folgen sollten schwer auf Tidjani Thiam zurückfallen. Der Aufstand von Toïni wird als Zünder dienen.

Jedes Jahr war es Aufgabe der Provinzchefs – die seit der Verwaltungsreform und der Absetzung des Königs zu Kantonchefs geworden waren –, im Auftrag der Kolonialverwaltung die von der Bevölkerung erhobenen Steuern einzutreiben. Diese Steuer wurde ›Kopfsteuer‹ genannt, das heißt, sie wurde entsprechend der Anzahl der Köpfe in jeder Familie berechnet. Dabei handelte es sich um die ungerechteste Art steuerlicher Erfassung, denn eine Familie, ob arm oder reich, wurde einzig und allein nach der Anzahl ihrer Mitglieder besteuert. Übrigens nannte man die Steuer den ›Preis der Seele‹. Wer unfähig war, sie zu entrichten, konnte nicht in Frieden zu leben: Entweder wurde er verurteilt und eingekerkert, oder aber er war, um sich die nötige Summe zu beschaffen, gezwungen, sein Hab und Gut zu verkaufen oder zu verpfänden, sofern er welches hatte, andernfalls seine eigenen Kinder – ein Brauch, der sich damals leider allgemein ausbreitete.

Gegen Ende des Jahres 1902 – oder im Verlaufe des Jahres 1903...–, als die Ehe zwischen Tidjani und meiner Mutter endlich durch die beiden Familien ›geknüpft‹ war und meine Mutter sich darauf vorbereitete, zu ihrem Mann zu gelangen, kam es in der Provinz Luta zu einem schweren Zwischenfall. Die Steuern wurden nicht in Gänze eingebracht. Es fehlten die Steuern aus einer Region, die die Samo bewohnten, die, das muß man sagen, in der Landwirtschaft ein sehr schlechtes Jahr erlebt hatten. Sie weigerten sich, die Steuern zu zahlen, und traten in den offenen Aufstand. Tidjani unterrichtete den Distriktkommandanten von Bandiagara, zu jener Zeit Kommandant Charles de la Bretèche. Der schickte eine Abteilung von fünfzehn Mann einheimischer Infanterie mit dem Befehl, die Steuern mit allen Mitteln einzutreiben – so der kategorische Befehl des Gouverneurs des Territoriums.

Tidjani rückte unverzüglich aus, gefolgt von den fünfzehn einheimischen Infanteristen, seinem Marabut und Ratgeber Tierno Kounta Cissé, zahlreichen Freunden und Hofleuten, desgleichen seinem Bruder und Koadjutor Badara Thiam, letzterer in der ständigen Begleitung seines eigenen Gefolges von Freunden und Griots.

Toïni, ein größerer Ort der Samo, der sich schon oft gegen die Verwaltungsbehörde aufgelehnt hatte, war der Prototyp des nicht unterworfenen Dorfes. Tidjani betrat den Ort und ließ sich dort mit der festen Absicht nieder, erst dann wieder abzurücken, wenn der letzte Franc Steuer bezahlt war. Damals ging der materielle Unterhalt –

Kost und Logis – der Steuereintreiber zu Lasten der Einwohner. Dies war eine sehr schwere Last. Um ihr zu entkommen, beratschlagten die Dorfbewohner und beschlossen, ihr Vieh zu verstecken, damit sie der kleinen Tukulortruppe kein Fleisch liefern müßten. Im Dorf Toïni verblieb nur ein einziges Tier, ein sehr schöner weißer Ziegenbock, der einen Patriarchenbart zur Schau trug und dessen Hals zahlreiche Halsbänder aus Raubtierzähnen und andere Jagdtrophäen schmückten. Es war der ›Hausbock‹ – das Maskottchen also – von Tombo Tougouri dem Furchtbaren, einem jungen Helden, dessen Taten, die er sowohl auf der Jagd als auch auf dem Schlachtfeld vollbracht hatte, in allen umliegenden Dörfern gerühmt, erzählt und besungen wurden.

Ein unglückliches Geschick wollte, daß Badara Thiam diesen herrlichen, fetten Ziegenbock an seiner Tür vorbeigehen sah und töten ließ, als Nahrung für seine Freunde. Als Tombo Tougouri von der Jagd zurückkam und ins Horn blies, um seine Heimkehr zu verkünden, da war er überrascht, daß er seinen geliebten Bock nicht herbeieilen sah. Er suchte ihn überall. Die Dorfbewohner trauten sich kaum, ihm zu sagen, was geschehen war. Endlich fand einer von ihnen den Mut und offenbarte ihm das schmachvolle Ende seines Ziegenbocks. Tombo Tougouri sprach kein Wort. Er holte seinen Bogen und seine drei mit Pfeilen mit vergifteten Widerhaken bestückten Köcher, setzte seine rituelle, aus Löwenfell geschnittene Kappe auf, legte seine mit Jagdtrophäen geschmückte Kampftunika an und ging, immer noch, ohne ein Wort zu sagen, geradewegs zum Lager der Tukulor. Diese saßen im Hof unter einem Vordach im Kreis um Badara Thiam herum und hörten Musik. Tombo Tougouri näherte sich, warf einen Blick in den Hof und sah Kopf und Fell seines Ziegenbocks, die man achtlos in eine Ecke geworfen hatte. Voller Wut unterbrach er sie:

»Wer hat befohlen, meinen Bock umzubringen?«

»Ich, Badara Thiam. Was hast du zu sagen?«

»Ich habe dir zu sagen, daß du aufstehen sollst, denn deine Mutter hat einen Leichnam zur Welt gebracht.[15] Du überlebst meinen Ziegenbock nicht, deine Seele wird die seine begleiten.«

Und der junge Mann, der rasch seinen Bogen mit drei Pfeilen waffnete, stellte sich schußbereit auf. Badara, der begriff, in welcher Gefahr er schwebte, stürzte zu seinem Pferd, das hinter ihm stand, nahm ihm die Fessel ab und legte ihm das Gebiß an. Aber bevor er Zeit fand, in den Sattel zu springen, forderte Tombo Tougouri ihn heraus:

»Badara Thiam, stelle dich, wenn du keine Angst hast!«

Da eine zuweilen recht unüberlegte Verwegenheit der hervorstechende Fehler der Tukulor und der Fulbe ist, drehte Badara Thiam sich um und ging auf Tombo los, statt sich in Sicherheit zu bringen, wobei er keine andere Waffe in der Hand hatte als die Fessel seines Pferdes. Kaum hatte er ein paar Schritte getan, da schoß Tombo Tougouri seine drei Pfeile auf ihn ab: Der erste traf ihn in die Brust, der zweite in den Bauch und der dritte in den Unterleib. Badara schwankte unter dem heftigen Anprall, aber er fand noch Kraft und Mut, die Pfeilschäfte abzubrechen und mit den Pfeilspitzen im Körper auf den Rücken seines Pferdes, eines berühmten Streitrosses namens Nimsaali, zu springen.

Unterdessen war es Tombo Tougouri gelungen, acht weitere Personen zu treffen, von denen drei einige Augenblicke später starben, aber ihm selbst blieb keine Zeit auszuweichen: Badara stürzte sich mit seinem Pferd, das er vorne hochzog, auf ihn und stieß ihn um, so daß er ein paar Meter über die Erde rollte. Sofort wurde der Bogenschütze der Samo überwältigt und wie ein Reisigbündel verschnürt. Badara selbst, durch diese gewaltige Anstrengung erschöpft, fiel vom Pferd und starb fast sofort.

Das Drama hatte sich im unteren Viertel des Dorfes abgespielt. Entsetzt über die Folgen, die sich unvermeidbar daraus ergeben würden, zogen sich die Tukulor zum höhergelegenen Viertel zurück, wo sich Tidjani Thiam befand, von seinen Gefährten umringt. Sie berichteten ihm von den Geschehnissen und meldeten ihm den Tod von vier Personen, darunter sein Bruder Badara Thiam. In diesem Augenblick ertönten von allen Seiten die Kriegsrufe der Samo und kündeten von der bevorstehenden Attacke. Die Samo, die gehört hatten, wie Tombo Tougouri mit lauter Stimme ihren Kriegsgesang anstimmte, waren aufgestanden wie ein Mann, um ihn zu befreien, und sie stürmten zu dem Viertel, wo Tidjani und seine Mannen sich aufhielten.

Der die Infanterieabteilung befehligende Sergeant traf Vorbereitungen, um die Lawine der Samo aufzuhalten, aber Tidjani stellte sich dem entgegen. Er gab Befehl, den Dingen ihren Lauf zu lassen. Er stieg auf die Terrasse, damit ihn die Samo gut sehen konnten, die seine Geschicklichkeit im Schießen kannten; nie hatte eine seiner Kugeln ihr Ziel verfehlt, und das wußten sie. Er begann zu schießen, um sie daran zu hindern, auf Reichweite eines Pfeils heranzukommen, denn sonst hätten sie nicht mehr als sechs Stunden gebraucht, um das Tukulorlager zu säubern. Dann befahl er den Rückzug nach Luta, wo sein befestigter Palast eine sichere Zuflucht bot, dieweil man den Fortgang der Ereignisse abwartete.

Die Entfernung zwischen Toïni und Luta betrug etwa zehn oder zwölf Kilometer. Tidjani Thiam und sechs seiner Sklaven sicherten den Rückzug. Die Samo wagten es nicht, allzu nah heranzukommen, aber aus der Entfernung schossen sie nicht weniger Pfeile auf den Konvoi ab. Es gelang Tidjani, alle, die zu nah kamen, außer Gefecht zu setzen, und dabei gab es mehr als zwanzig Verletzte. Er wollte kein Gemetzel provozieren, bevor er nicht Weisungen erhalten hätte.

Nach Luta zurückgekehrt, nahm er mit seiner Truppe Zuflucht im Palast und ließ die Tore schließen. Es gab vor Ort genug Vorräte, um sehr lange auszuharren. Die Samo von Toïni schafften es, daß sich mit ihnen die ganze Region erhob, mit Ausnahme von zwei Vierteln in Luta und von Zusammenschlüssen der Fulbe in der Umgebung, die treu zu Tidjani standen und ihn, so gut sie konnten, unterstützten.

Tidjani schrieb sofort einen detaillierten Bericht über die Ereignisse und beauftragte einen Boten, ihn zu König Aguibou Tall nach Bandiagara zu bringen mit der Bitte, ihn dringend dem Distriktkommandanten zu übermitteln, damit dieser eine Entscheidung treffe. Der Bericht war auf Arabisch abgefaßt, aber damals verfügte jeder Distriktkommandant über einen Dolmetscher für die arabische Sprache. Naiverweise legte somit Tidjani sein Schicksal in die Hände des Königs, während er doch seit der Verwaltungsreform als Kantonchef allein dem Distriktkommandanten unterstand. Hätte er seine Botschaft unmittelbar an diesen geschickt, dann wäre nichts geschehen.

Er dachte nicht einmal daran, und niemand in seiner Nähe beriet ihn in diesem Sinne.

Der Bote brauchte zweieinhalb Tage bis Bandiagara. ›Gleich einer Unglückstaube‹, um den Begriff meiner Mutter aufzugreifen, traf er dort vor der Mittagsstunde des dritten Tages ein. Er begab sich sogleich zu Aguibou Tall, dem er die Botschaft überreichte, wobei er die Dringlichkeit betonte, sie dem Distriktkommandanten zu übermitteln. »Jeder verlorene Augenblick ist ein Schritt zum Tode von Tidjani Thiam und den Seinen«, fügte er hinzu.

Indessen leitete der König den Bericht nicht weiter. Erst gegen sechzehn Uhr, als er sich zum Nachmittagsgebet in die Moschee begab, verkündete er öffentlich, daß Tidjani Thiam und seine Männer von Samorebellen angegriffen worden seien und daß es vier Tote gegeben habe, unter ihnen Badara Thiam. Die Moschee leerte sich sofort. Der Tod von Badara, dem Lieblingskind von Bandiagara, war für alle ein Anlaß tiefer Trauer. Wenig später ertönten in fast allen Höfen der Stadt Schreie und Klagen. Von diesem Lärm alarmiert, schickte der Kommandant Charles de la Bretèche jemanden zu Aguibou Tall, um ihn nach dem Grund zu fragen. Der kommandierende Hauptmann des Militärs der Region ließ Alarm blasen und eine Kompagnie mobilmachen, um allen Eventualitäten zu begegnen. In jener Zeit fürchtete man sich noch sehr vor Aufständen, denn das Gebirge von Bandiagara war noch nicht völlig unterworfen, und die Tukulor waren für ihre kriegerischen Traditionen berühmt.

In Begleitung einiger Notabeln begab sich König Aguibou Tall zum Residenzpalast und überreichte endlich dem Distriktkommandanten den Bericht des Tidjani Thiam. Es war fast siebzehn Uhr. Der Kommandant warf ihm heftigst vor, daß er mit der Übergabe der Nachricht solange gewartet und ihn ein so schwerwiegendes Ereignis wie die Belagerung Lutas durch aufständische Samo auf indirekte Weise hatte erfahren lassen. Aguibou Tall wurde zornig. Er betonte, übrigens mit Fug und Recht, daß er, seiner Aufgaben enthoben, keineswegs gehalten sei, was auch immer über die politischen Ereignisse der Region den Distriktbehörden mitzuteilen.

Kommandant de la Bretèche, der Tidjani gut kannte und ihm gegenüber sogar eine gewisse Sympathie empfand, begriff, wie groß dessen politische Unerfahrenheit war, denn nichts verpflichtete ihn, sich an Aguibou Tall zu wenden. Aber er wußte auch, daß er auf den ehemaligen König Rücksicht nehmen mußte. Die Anweisungen des Gouverneurs waren in dieser Hinsicht eindeutig.

Er forderte Aguibou Tall auf, die fünfzig Tukulorsoldaten der Stadt in den Krieg zu schicken, und versprach zusätzlich, in Absprache mit dem kommandierenden Hauptmann der Garnison, zwei Abteilungen Infanterie und einen Zug Distriktwachen mit der erforderlichen Munition. Er gab Befehl, diese Männer zum Schutz Tidjanis nach Luta zu senden und ihm zu sagen, er solle nichts unternehmen und an Ort und Stelle seine Ankunft abwarten; er komme mit den Weisungen des Gouverneurs, um die er sogleich auf telegrafischem Weg nachsuchen wolle – es muß nicht gesagt werden, daß der Inhalt solcher Unterredungen, die stets in Gegenwart eines oder mehrerer einheimischer Dolmetscher stattfand, nie lange geheim blieb...

Es war spät am Abend, als Aguibou Tall und der Distriktkommandant sich trennten, jeder mit seinen eigenen Hintergedanken im Kopf. Am nächsten Morgen ließ der König Aguibou das Kriegs-Tam-Tam schlagen und den metallenen Alarmzylinder läuten. Bandiagara wachte auf und fand sich im Kriegszustand. Die Tukulor waren wegen dieser Angelegenheit sehr aufgebracht; ihnen bedeutete ein kleiner Finger von Badara mehr als fünfzig Samo!

Trotz der von Charles de la Bretèche dringend empfohlenen Eile verließ die Expedition Bandiagara erst sehr spät am Nachmittag. Der König hatte die Führung seinem zweiten Sohn Tidjani Aguibou Tall (Tidjani – Sohn des – Aguibou Tall) anvertraut. Vor seinem Aufbruch hatte er ihm eine für Tidjani Thiam bestimmte mündliche Botschaft übermittelt, von der man annahm, daß sie die Instruktionen des Kommandanten enthalte. Tidjani Aguibou Tall verließ Bandiagara an der Spitze seiner Männer. Nach einem Gewaltmarsch gelangte der Konvoi in zwei Tagen nach Luta. Seine Ankunft rief Panik in den Reihen der Samo hervor, sie türmten aus Luta und verschanzten sich in mehreren befestigten Dörfern der Umgebung, fest entschlossen, sich erbittert zu verteidigen.

Gleich nach seiner Ankunft nahm der Sohn von Aguibou Tall Tidjani Thiam beiseite und machte ihm Mitteilung von der Botschaft seines Vaters in ungefähr den Ausdrücken, wie Tidjani sie später dem Kommandanten berichtete und dann, noch später, meiner Mutter und seinen nächsten Verwandten:

»Tidjani Thiam, mein Vater Aguibou läßt dir sagen, daß er beim Kommandanten erreicht hat, daß man dir Infanteristen, Wachsoldaten, eine Einheit Goumiers,[16] *Waffen und Munition schickt. Er hat sein Pflicht getan. Nun ist es an dir, die deine zu tun und Badara und seine Gefährten in einer Art und Weise zu rächen, daß nie mehr ein Samo es wagt, den Tukulor ein Haar zu krümmen, und noch weniger, ihnen nach dem Leben zu trachten.«*

Kein Wort davon, abzuwarten, wie der Distriktkommandant befohlen hatte und wovon man erst später erfahren sollte! Durch die mündliche Botschaft, die ihm vom Sohn des Aguibou Tall selbst übermittelt worden war, ermutigt, hielt sich Tidjani Thiam für ermächtigt, die Mörder seines Bruders ohne Aufschub zu bestrafen und die Rebellion zu bezwingen. Er ließ die Infanteristen und Distriktwachen, die beiden Bestandteile der kolonialen Streitkräfte, beiseite und schickte nur die Tukulor-Goumiers los, um die Flüchtigen kreuz und quer durch die ganze Region von Gondougou zu verfolgen. Die großen Dörfer versuchten, Widerstand zu leisten, aber die entfesselten Goumiers trugen den Sieg davon. Die Bestrafung war furchtbar. Die wichtigsten Dörfer wurden geplündert, und es gab zahlreiche Tote. Die Überlebenden wurden gefangengenommen und in Ketten nach Luta geführt.

Während in der Provinz das Drama seinen Lauf nahm, war der Kommandant Charles de la Bretèche, begleitet von Aguibou Tall und den Männern seines Gefolges, auf dem Weg nach Luta. Unterwegs fragte Aguibou den Kommandanten durch die Vermittlung des Dolmetschers Bâbilen Touré, welche Instruktionen der Gouverneur gegeben habe.

»Ich habe den Befehl erhalten«, antwortete der Kommandant, »zunächst mit den Samo zu verhandeln und zu versuchen, sie zur Vernunft zu bringen, und für den Fall, daß sie nicht hören wollen, als letztes Mittel zur ihrer Niederwerfung Gewalt anzuwenden.«

Der König lächelte:

»So wie ich die Thiam kenne, ihren Ungehorsam und ihr Ungestüm«, meinte er, »wird Tidjani Thiam nicht so viel Protokoll abwarten. Sobald er die Goumiers hat, alles Tukulor wie er selbst, wird er seinen Bruder und seine Gefährten rächen und die Samo niederschlagen, oder ich kenne die Thiam nicht mehr!«

»Wie könnte er es wagen, sich gegen die Befehle zu stellen, die ich ihm über Euch ausrichten ließ!« rief Charles de la Bretèche aus.

»Mein Kommandant, die Thiam haben die Tall nie ernst genug genommen, um ihren Befehlen zu gehorchen«, erwiderte Aguibou.

Charles de la Bretèche machte seinem Dolmetscher Bâbilen Touré vertraulich von seinen Sorgen Mitteilung – ihm ist es zu verdanken, daß meine Familie später vom Inhalt des Gesprächs erfuhr. »Wenn Tidjani nur nicht«, sagte er, »mit gesenktem Kopf in die Falle gegangen ist, die der alte König ihm, wie ich annehme, gestellt hat!«

Als der Konvoi in Domoni ankam, etwa zehn Kilometer von Luta entfernt, beschloß der Kommandant, dort die Nacht zu verbringen. Wenn sie am Morgen des nächsten Tages aufbrächen, könnten sie zur Mittagszeit in Luta sein.

Ahnte Aguibou Tall, daß Charles de la Bretèche keineswegs davon überzeugt war, daß Tidjani Thiam auf eigene Faust eine Strafaktion unternehmen könne? Befürchtete er, daß sein Sohn, den er mit der uns bekannten mündlichen Botschaft betraut hatte, aus Redlichkeit das Geheimnis ausplaudern werde? Jedenfalls schickte er nach dem Abendessen so unauffällig wie möglich einen schnellen Reiter nach Luta, um seinen Sohn zu einer Unterredung zu bitten. Der junge Mann erschien gegen Mitternacht in Domoni. Vater und Sohn trafen einander. Keiner weiß, was der Vater seinem Sohn gesagt hat, aber die Folge der Ereignisse gibt uns eine Vorstellung davon. Der junge Mann ritt in der Nacht zurück und kam vor Tagesanbruch an. Er schloß sich in seinem Zimmer ein und trat erst bei Ankunft des Kommandanten de la Bretèche und seiner Eskorte heraus. Seine nächtliche Expedition und sein Treffen mit seinem Vater waren indessen in Domoni nicht unbemerkt geblieben, wie man später erfuhr.

Seit Domoni hatte der Kommandant Wind von dem, was in der Provinz geschehen war, aber erst, als er in Luta ankam, wo er auf dem Großen Platz fast tausend Männer und Frauen erblickte, die Hände auf den Rücken gebunden und schonungslos in die Sonne geworfen, da erhielt er die endgültige Bestätigung dessen, was zu glauben er sich bis dahin geweigert hatte. Noch bevor er vom Pferd stieg, gab er Befehl, die Gefangenen sofort loszubinden, sie zu pflegen und ihnen zu essen zu geben.

»Wer hat diese entsetzliche Strafe angeordnet?« schrie er wütend. Ohne die Antwort abzuwarten, drehte er sich zu seinem Dolmetscher um: »Bâbilen! Hole Tidjani Thiam und sage ihm, er solle auf der Stelle mit dir zusammen zu mir kommen. Wir haben miteinander unter vier Augen zu reden.« Und er zeigte auf den ersten Stock des Palastes.

Als der Kommandant sich Tidjani gegenüber fand, herrschte er ihn rücksichtslos an:

»Wer hat dir den Befehl gegeben, die Aufständischen vor meiner Ankunft zu unterwerfen?«

Als Tidjani die Übersetzung dieser Frage hörte, stand er wie versteinert.

»Mein Kommandant«, antwortete er, »mein Vater Aguibou hat seinen Sohn beauftragt, mir zu sagen, daß er von Ihnen Infanterie, Distriktwachen, eine Einheit Goumiers und Munition erhalten habe, damit ich die Samo, die meine Gefährten ermordeten, zurückschlagen und bestrafen kann. Man hat mir nicht gesagt, ich solle auf Ihre Ankunft warten.«

Der Kommandant schüttelte den Kopf, dann wandte er sich zum Dolmetscher:

»Sage Tidjani, daß er sich auf dumme Weise von einem Mann hereinlegen ließ, der einem Gegner noch nie verziehen hat. Sage ihm, daß ich nie den Schießbefehl gegeben, sondern ganz im Gegenteil befohlen habe, auf meine Ankunft zu warten und bis dahin nichts zu tun. Jetzt wird er öffentlich und in Gegenwart des Königs bestätigen müssen, was er mir eben erklärt hat; andernfalls ist er verloren, nach dem bürgerlichen Recht und politisch.«

Tidjani, der sich auf den Grundsatz des *N'dimaaku* stützte – die strenge, bei den Fulbe wie bei den Tukulor unerläßliche Verpflichtung auf Würde, Gerechtigkeit und Moral –, war sicher, auf die Zeugenaussage des Sohns des Königs zählen zu können. Er beruhigte den Kommandanten:

»Seien Sie unbesorgt, Tidjani Aguibou Tall hat ein sehr ausgeprägtes Gewissen, er wird die Botschaft bestätigen. Seine Würde hindert ihn daran, öffentlich zu lügen.«

Tidjani wußte noch nicht, daß Aguibous Sohn sich insgeheim in der Nacht mit seinem Vater in Domoni verständigt hatte und vor dem Morgengrauen von dort zurückgekehrt war, zweifellos mit ausdrücklichen Weisungen versehen. Wenn er nämlich den genauen Wortlaut der vom König gesandten mündlichen Botschaft öffentlich kundgetan hätte, wäre diesem vielleicht die Verantwortung oder Mitverantwortung für die Ereignisse gegeben worden.

Der Kommandant, der Dolmetscher und Tidjani Thiam gingen in den Palasthof hinunter, wo das Palaver stattfand. Man hatte rasch unter einem großen Zelt ein Büro eingerichtet. Der Kommandant ließ sich dort mit König Aguibou nieder, während Thiam, sein Kadi Tierno Kounta Cissé, der Dolmetscher Bâbilen Touré und einige andere notable Fulbe und Samo aus der Gegend unter dem Zelt Platz nahmen.

Der Kommandant ergriff das Wort:

»Dolmetscher! Frage den Provinzchef von Luta, Tidjani Thiam, wer ihm den Befehl gegeben hat, die Aufständischen niederzuschlagen, während die Befehle, die ich ihm durch die Vermittlung des Königs Aguibou Tall – der zum Glück hier anwesend ist – habe übermitteln lassen, dahingehend lauteten, meine Ankunft abzuwarten, bevor irgend etwas unternommen würde.«

»Mein Kommandant«, antwortete Tidjani Thiam, »mein hier anwesender Namensvetter Tidjani Aguibou Tall übermittelte mir folgende mündliche Botschaft von unserem Vater König Aguibou Tall: *Was mich angeht, so habe ich beim Distriktkommandanten Infanteristen, Distriktwachen, eine Einheit Goumiers, Waffen und Munition erlangen können. Das Ganze schicke ich dir unter dem Befehl deines Cousins und Namensvetters Tidjani Aguibou Tall. Ich habe meine Pflicht getan. Nun tue du die deine und räche Badara und seine Gefährten auf eine Art und Weise, daß nie ein Samo es mehr wagt, den Tukulor auch nur ein Haar zu krümmen, und noch weniger, ihnen nach dem Leben zu trachten.* Ich hatte somit freie Hand. Also habe ich die Belagerer zurückgedrängt und geschlagen.«

Der Kommandant wandte sich zu König Aguibou Tall um und fragte ihn, ob das, was Tidjani Thiam vorgebracht habe, richtig sei.

»Niemals habe ich meinen Sohn mit einer solchen Botschaft beauftragt!« rief der König. »Tidjani Thiam verfälscht die Wahrheit. Ich werde nicht dulden, daß er versucht, mich in Geschichten hineinzuziehen, die ganz allein seine sind.«

Der Kommandant ließ den Sohn des Königs kommen und stellte ihm die Frage:

»Tidjani Aguibou Tall, hat dein Vater dir eine mündliche Botschaft für Tidjani Thiam anvertraut, und wenn ja, wie lautete sie?

»Mein Kommandant«, erwiderte der junge Mann, »mein Vater hat mich beauftragt, meinem Namensvetter zu sagen, daß er von Ihnen Kämpfer, Waffen und Munition erhalten habe, die möglicherweise dazu dienen könnten, die Ordnung im Land wiederherzustellen, daß er aber, bevor er handelt, Ihre Ankunft in Luta abwarten soll.«

Als Tidjani Thiam diese Worte vernahm, war er vor Überraschung und Empörung wie gelähmt. Als er wieder zu sich kam, wandte er sich mit verächtlich verzerrten Lippen an den jungen Mann und sprach zu ihm:

»Ich verstehe, daß du den Kopf deines Vaters retten willst, aber niemals mehr sollst du es wagen, mir ins Gesicht zu sehen! Nun gut, da weder du noch dein Vater die Verantwortung für eure Taten auf euch nehmen wollt, wird einmal mehr der Thiam, der ich bin, die Tall, die ihr seid, vom Tod freikaufen und beweisen, daß ein Thiam sterben kann, aber daß er niemals eidbrüchig wird.«

König Aguibou Tall geriet außer sich und wollte einschreiten, aber der Kommandant, bestrebt, einen nicht wiedergutzumachenden Fehler zu vermeiden, beruhigte ihn.

Tidjani Thiam richtete sich an Dolmetscher Bâbilen Touré und sprach die Worte, die sein Schicksal besiegeln sollten:

»Dolmetscher, sage dem Kommandanten, er möge den Verantwortlichen für die Niederwerfung der Samo nicht anderswo als bei mir suchen. Ich habe aus eigenem Antrieb gehandelt. Ich mußte meinen Bruder rächen und meine massakrierten Männer. Die Gelegenheit dazu wurde mir geboten, ich habe sie genutzt. Dies ist meine einzige und endgültige Erklärung.«

Der Distriktkommandant war eigentlich auf die tatsächlichen Geschehnisse festgelegt, aber da Tidjani Thiam sich weigerte, sich zu verteidigen, konnte er sich nicht für ihn einsetzen. Er war gezwungen, seine Verhaftung zu befehlen und ebenso die Verhaftung seines Kadi und Ratgebers Tierno Kounta Cissé. Gleichfalls ließ er Tombo Tougouri verhaften, den Urheber mehrerer Morde und Verwundungen und die Seele des Aufstands, sowie einige Notabeln der Samo und der Tukulor.

Aller Besitz von Tidjani Thiam – ungefähr dreitausend Rinder, Schafe und Ziegen, zweihundert Pferde, unter ihnen die gefeierten Streitrosse Nimsaali und Kowel-Birgui, die einst das berühmte Rennen gegen das Pferd Aguibou Talls gewonnen hatten, sechzig Diener, mehrere Kilo Gold und Silber und etwa fünf Millionen Kaurimuscheln – wurde beschlagnahmt. Der Palast wurde geräumt und der Obhut eines Chefbrigadier und einer Gruppe von Distriktwachen anvertraut.

Der Kommandant stellte den Konvoi auf, der nach Bandiagara abgehen sollte, wo die Sache vor Gericht käme. Tidjani erhielt die Erlaubnis, auf seinem Lieblingspferd Kowel-Birgui zu reiten. Zum Konvoi gehörten seine beiden Frauen, ebenso die Dienerschaft und die Höflinge.

Unterwegs befiel Tidjani plötzlich eine unselige Idee. Während er unweit des Kommandanten dahinritt, trieb er unvermittelt, als sei er wahnsinnig geworden, sein Pferd gegen jenen. Unter dem heftigen Anprall ging der Kommandant mit seinem Reittier zu Boden. Glücklicherweise gelang es ihm als gutem Kavallerieoffizier, der an Stürze vom Pferd gewohnt war, seine Füße aus den Steigbügeln zu befreien und zu vermeiden, daß sein Pferd auf ihn fiel. Er wurde ziemlich weit weg auf die Erde geschleudert, doch er stand unversehrt auf. Seine einzige Reaktion bestand in dem Ruf: »Armer Tidjani! Armer Tidjani! Er will, daß ich ihn um jeden Preis töte!« Seither hat Tidjani sein ganzes Leben lang diesen Ausdruck wiederholt: »Armer Tidjani!« der bei ihm zu einer Art sprachlichen Ticks wurde.

Nicht nur weigerte sich der Kommandant, ihm Handfesseln anzulegen, sondern er gestattete ihm auch, erneut Kowel-Birgui zu besteigen, und bis zum Ende der Reise hielt er ihn neben sich.

Sobald sie in Bandiagara angelangt waren, wurden Tidjani Thiam,

Tierno Kounta Cissé und alle anderen Beschuldigten eingekerkert. Tidjani Thiam wurde unter völliger Geheimhaltung an einen unbekannten Ort gebracht.

Böse Zungen nahmen ihre Angriffe gegen meine Mutter noch ärger als zuvor wieder auf, denn sie betrachteten sie als die Ursache all des Unglücks, das über Tidjani und seine Familie hereingebrochen war. »Tidjani hat nur gekriegt, was er verdient!« riefen die Tukulorfrauen, an der Spitze die Tall und Thiam. Sie hatten nie verdaut, daß Tidjani eine Fulbefrau geheiratet hatte, mochte diese auch Pâté Poullos Tochter sein, und daß er obendrein noch mich adoptiert und zu seinem Nachfolger bestimmt hatte. »Wie kann man eine Teufelin heiraten, die einen Dämon stillt, und dann noch Glück erwarten?«

Der ›Dämon‹, das war Ihr Diener. War meiner Geburt nicht unmittelbar die Scheidung meiner Eltern gefolgt? Man vergaß auch nicht, daß Tidjani kurze Zeit, nachdem er um Kadidjas Hand angehalten, seinen Vater verloren hatte und daß Kadidjas eigene Mutter wenige Tage nach der Eheschließung verschieden war. Tidjanis Verhaftung schließlich trieb die Erregung der weiblichen Gemüter auf die Spitze.

Meiner Mutter ging sie sehr zu Herzen, aber sie war nicht – das werden Sie schon begriffen haben – die Frau, die sich unterkriegen ließ. Sie war aus gehärtetem Stahl und fähig, jeder Gefahr ins Auge zu sehen und gleich welches Hindernis zu überwinden. Angst hatte sie vor nichts. Sie versäumte es nie, eine Herausforderung anzunehmen, woher sie auch kommen mochte, und wenn sie etwas anfing, brachte sie es auch zu Ende, koste es, was es wolle. Sehr fromm und religiös gebildet – sie kannte einen guten Teil des Korans auswendig –, war sie jedoch in keiner Weise abergläubisch und hatte keine Hemmungen, Marabuts, Scharlatane und Menschen mit bösem Blick herauszufordern. Auch wenn sie vom Wesen her nicht aggressiv war, mied sie, einmal provoziert, weder den Kampf noch einen Rechtsstreit. »Gott hat mich in eiserne Schuhe gesteckt«, wird sie später sagen, »um meine Verwandten und Freunde zu verteidigen.« Und Gott weiß, daß sie sich zu ihrer Verteidigung gleich einer Löwenmutter gegenüber allen und gegen alle schlagen wird!

Die Tage vergingen, und niemand wußte, was aus Tidjani Thiam geworden war. Man war nicht einmal sicher, ob er noch lebte. Die

Nacht schien ihn verschluckt zu haben. Die einen meinten, die Weißen hätten ihn in einen Brunnen gestürzt; die anderen, daß sie ihn noch in der Nacht seiner Ankunft in Bandiagara erschossen hätten. Andere wiederum behaupteten, er sei wie ein wildes Tier in eine Kiste gesperrt und verschleppt worden. Alle waren sich darin einig, daß man ihn nie wiedersehen werde. Sein Grab bliebe unbekannt, und niemand könne hingehen und für den Frieden seiner Seele beten.

Seine trauernden Frauen wußten nicht, ob sie Witwen waren oder nicht. Tidjanis eigene Mutter, die alte Yaye Diawarra, eine alte Amazonenkriegerin aus den Truppen des Tidjani Tall, des ersten Königs von Bandiagara, weinte so reichlich, daß ihre Tränen versiegten. Ihre beiden geliebten Söhne Badara und Tidjani, die einzige Hoffnung, die sie noch mit der Erde verband, waren ihr grausam entrissen worden, der eine in Toïni von drei Pfeilen durchbohrt, der andere von den Weißen entführt und verloren zwischen Himmel und Erde.

Diaraw Aguibou traute sich nicht mehr, ihren Mitehefrauen in die Augen zu sehen aufgrund des Verhaltens ihres Vaters, des Königs, und ihres Halbbruders Tidjani Aguibou Tall. Und doch ließ niemand in der Familie, weder Frauen noch Dienerinnen und noch weniger die Kinder, sie spüren, daß die Ihren die Ursache für das entsetzliche Unglück waren, das sie alle befallen hatte. Jeder bemühte sich, sie zu schonen. Diaraw litt um so schrecklicher, je weniger ihr Vater zu einer Geste bereit war, um sie zu trösten und ihr Los zu mildern, trotz der grausamen Not, in der sich die Familie seit der Konfiskation aller Güter Tidjanis befand.

Eines Tages kam der große Erzähler, Historiker und Traditionalist Koullel, der von meiner Kindheit an eine so große Zuneigung zu mir faßte, daß man mir den Beinamen ›Amkoullel‹ – das heißt, ›der kleine Amadou von Koullel‹ oder ›Sohn des Koullel‹ – gegeben hatte, in unser Haus. Er überraschte Diaraw, wie sie eben ihrem wenige Monate alten Jungen ein aus dem Stegreif gedichtetes Lied vorsang – worauf sich die Frauen damals noch verstanden –, in dem sie all ihre Trauer ausdrückte:

Schlaf, mein Kind, schlaf, solang ich wache
und auf deinen Vater warte,

den dein Großvater festgesetzt.
Bin ich Witwe? Bist du Waise?
Kein Hellseher kann es uns sagen.
Ich habe die Sonne gefragt,
die Sterne blieben stumm,
der Mond war nicht gesprächig.
Die Finsternis hat mir gesagt:
»Ich habe deinen Gatten verschluckt.
Weine, Frau!«
Das Morgenrot seines Daseins ist fern,
der Geliebte ist fort.
Thiam, wo bist du? Ich, eine Tall, frage dich.

Koullel verbreitete dieses Wiegenlied unter den anderen Familienmitgliedern, die so tief in Trauer versunken waren, daß ihnen Essen und Trinken nicht mehr schmeckten. Alle lernten es auf der Stelle auswendig, einschließlich der alten, gestrengen Yaye Diawarra, die den ganzen Tag über nur noch ihre Gebetsschnur herbetete. Das anrührende Liedchen war nicht nur dazu bestimmt, den kleinen Prinzen in den Schlaf zu singen, der um seine Rechte schon betrogen war, bevor er noch wußte, daß er sie besaß, es wurde zum Balsam, den die Verwandten Tidjanis sich gegenseitig ins Herz träufelten. Wie Rauch, der sich von einem verbrennenden Körper löst, entwich das Liedchen dem Haus, drang in die Straßen des Viertels ein, Zaungäste schnappten es auf, fahrende Griots übernahmen es, setzten es in Musik und verbreiteten es im ganzen Land. Die große Griotin und Sängerin Aissata Boubou ließ sich von Diaraws Wiegenlied inspirieren und komponierte selbst Elegien im Gedenken Badara Thiams, des Helden von Toïni.

König Aguibou begriff, daß die Ehre der Thiam gemehrt aus dem Unglück hervorging, welches sie moralisch und materiell hätte vernichten sollen. Er drohte Aissata Boubou öffentliche Geißelung an, wenn sie nicht aufhöre, Gedichte zu Badaras Ehren zu singen, aber diese Drohung fachte die dichterische Glut der Griotin nur an, die statt einer Antwort ein neues, großes gesungenes Gedicht komponierte, in welchem sie dem König erklärte:

Mögest du mich bis aufs Blut geißeln,
Mögest du mich in Eisen schlagen und einsperren,
Du bringst mich nicht zum Schweigen.
Vater, vergib mir,
Doch nichts kann mir die Stimme rauben!

Kadidjas Suche

Das Geheimnis über Tidjanis Schicksal bestand fort. Die geheimen Anweisungen, die es umgaben, erwiesen sich als ebenso undurchdringlich wie der Schutzwall, der, wie man sagt, unsere Welt umfaßt und sie vom Jenseits trennt. Nichts sickerte durch.

Trotz ihres Mutes und der Kräfte, die sie aus dem Gebet schöpfte, war Yaye Diawarra, Tidjanis Mutter, am Ende. Sie ließ Kadidja zu sich kommen, die ihr die liebste Schwiegertochter geworden war:

»Kadidja, meine Tochter«, sagte sie zu ihr, »ich kann nicht mehr! In meinem Kopf spüre ich den ›listigen Wurm‹, der die Tiere verrückt macht. Die Angst verwirrt mir den Kopf. Wenn ich an meinen Sohn Tidjani denke, empfinde ich eine Art Schwindel, die Blätter werden vor meinen Augen gelb oder rot. Wenn es mir nicht bald gelingt zu erfahren, was aus meinem Sohn geworden ist, werde ich, das spüre ich, wahnsinnig. Nun möchte ich lieber von meinen eigenen Händen sterben als den Verstand verlieren und für euch alle eine Last werden, die zu all dem hinzukommt, was ihr seit der Verhaftung meines Sohnes schon aushaltet.

Kadidja, du sollst erfahren, warum ich dich habe kommen lassen. Ich habe volles Vertrauen zu dir. Für den Fall, daß ich den Verstand verliere, bevor ich sterbe, sollst du die einzige Person in der Familie sein, die sich um mich kümmert. Diese ausdrückliche Weisung gebe ich Sambourou und Yabara, den treusten unserer Sklaven.«

Und sie brach in Tränen aus.

Einst als Amazone hatte Yaye Diawarra an Dutzenden von Schlachten teilgenommen, war unterm Kugelregen zwischen Leichen hindurchgegangen, um die Verwundeten zu pflegen und ihnen zu essen zu geben, und all das ohne Angst und Tränen; und nun begann diese ungewöhnliche Frau plötzlich zu weinen und zu seufzen, hielt den Kopf an die Brust ihrer Schwiegertochter gelehnt! Kadidja war erschüttert. So wie die afrikanischen Mamas ihr Baby trösten, so trocknete sie mit der Zunge und den Lippen die heißen Tränen ihrer Schwiegermutter. Diese Geste, geboren aus einem glücklichen Reflex, beruhigte die alte Frau.

»O Kadidja«, sagte sie zu ihr, »du hast mir soeben den Beweis gegeben für etwas, das ich instinktiv spürte: für die Größe deiner Seele und die Reinheit deiner Liebe zu meinem Sohn Tidjani, denn allein die Liebe zum Sohn kann eine Frau dazu bringen, die Tränen der Mutter zu trinken.«

Auch Kadidja weinte, aus Mitleid und zugleich aus Freude, daß sie endlich verstanden wurde.

»O Mutter Yaye«, sagte sie, »gib mir dein Wort, daß du dem listigen Wurm Widerstand leistest, der dir Todesgedanken eingibt! Versprich mir, daß du leben und weiterhin für deinen Sohn beten und uns segnen wirst. Und ich, ich bitte dich um eine Frist von dreiunddreißig Tagen. Mit Gottes Hilfe, das verspreche ich dir, werde ich Neuigkeiten über meinen Mann erfahren. Und wenn ich dafür den Himmel erklimmen muß, ich werde bei Bedarf die Leiter der Propheten holen und es tun!«

Yaye Diawarra, eine Frau, die andere zu beurteilen verstand, glaubte ihr aufs Wort.

»Meine Tochter«, sagte sie, »ich halte dich für fähig, die Sterne vom Himmel zu holen, wenn du es darauf anlegst... Aber sei vorsichtig, die Weißen lassen bei ihren Verboten nicht mit sich spaßen. Sie lassen ihre Diener einen so starken Zaubertrank zu sich nehmen, daß die Unseren, die sich verpflichten, ihnen zu dienen, aufhören, sie selbst zu sein! Sie vergessen Verwandtschaft, Freundschaft und Würde, und sie haben nur noch einen Gedanken im Kopf: Den Weißen treu bleiben und ihnen dienen, gegenüber und gegen allen. Ihre Devise ist: ›Ich mache meinen Dienst! Ich mache meinen Dienst! Ich kenne sonst nichts!‹

»Danke für deinen Rat, meine Mutter. Ich werde vorsichtig sein, aber die Weißen machen mir keine Angst. Mein Vater Pâté Poullo war ein großer *Silatigui* der Fulbe, mit sehr viel Macht und Kenntnissen ausgestattet. Er hat mich bei meiner Geburt gegen Zaubertränke und gegen den bösen Blick gewaschen.[17] Habe keine Angst um mich.«

Um ihre Absicht besser ausführen zu können und sich von der bedrückenden und argwöhnischen Gegenwart ihrer Mitehefrauen zu befreien, verließ Kadidja das Haus ihres Gatten und kehrte zum Anwesen ihres Vaters zurück, in das Viertel Deendé Bôdi. Sie berief sofort einen Familienrat ein, der sich einerseits aus ihren Brüdern Bokari Pâté und Hammadoun Pâté zusammensetzte, andererseits aus den drei wichtigsten ehemaligen Dienern meines Vaters Hampâté, die meine väterliche Familie repräsentierten: Beydari Hampâté, Abidi Hampâté und Niélé. Kadidja wandte sich an ihre Brüder und ergriff das Wort:

»Von nun an«, sagte sie, »gibt es nirgendwo mehr einen Platz für mich, wenn nicht bei euch. Im Haus meines Gatten betrachten mich alle, außer meiner Schwiegermutter, mit argwöhnischen Blicken. Man wagt es nicht, mich offen zu beschuldigen, aber es wird leise geflüstert: ›Das ist sie, die letzte Frau, die Regenpfeiferin, die Pechbringerin, der Ursache des Unglücks, das uns bedrückt.‹ Und man verzeiht es mir nicht, daß Tidjani Thiam offiziell meinen Sohn Amadou zu seinem Haupterben bestimmt hat.«

Bokari Pâté, der Jugendfreund von Tidjani und von Tierno Bokar, antwortete:

»Kadidja, deine Mitehefrauen machen deinen ›Stern‹[18] für den Verlust des Turbans von Luta verantwortlich. Die beste Art, darauf zu antworten, besteht für uns darin, Tidjani Thiam einen Turban zu beschaffen, den ihm niemand rauben kann. Wie? Indem wir unser Hab und Gut und uns als Personen zur Verfügung stellen, um ihm zu helfen.«

»Um Tidjani zu helfen«, sagte Kadidja, »muß man ihn erst einmal finden und dann befreien.«

»Mit dem Vermögen, das wir von unserem Vater geerbt haben«, rief Bokari Pâté, »können wir, Gott sei dank, jedwedes Hindernis überwinden!«

Da ergriff Beydari das Wort:

»Mein Herr und Vater Hampâté, das wißt ihr, hat mir bei seinem Tod sein ganzes Vermögen vermacht. Obwohl ich ein Sklave bin, habe ich ihn beerbt statt meiner beiden kleinen Herren Hammadoun und Amadou. Ich bin ihr Vormund und Beschützer, und ich bin bereit, für sie mein Leben zu geben. Da Tidjani Amadou als seinen ältesten Sohn und Nachfolger adoptiert hat, wird sein Unglück von selbst zu dem seines Adoptivsohnes, folglich zu dem Hammadouns und zu meinem. Daher stelle ich Kadidja im Namen meiner kleinen Herren mein ganzes geerbtes Vermögen zur Verfügung, damit sie die Mittel hat, die Beleidigung durch ihre Mitehefrauen abzuwaschen und alles zu unternehmen, was ihr nützlich erscheint, um ihren Mann wiederzufinden.«

Kadidja hatte niemals an der Unterstützung ihrer Brüder gezweifelt, die ihr ihre Großzügigkeit schon bezeugt hatten, als der Nachlaß von Anta N'Diobdi geteilt wurde, aber ihr Vertrauen und ihre vornehme Haltung, ebenso die Beydaris, rührten sie zutiefst. Ihre Entscheidung wurde bestärkt. Sie hatte nun ein beträchtliches Vermögen griffbereit und folglich alle Möglichkeiten zu handeln, will man dem Sprichwort glauben: *Wenn die Armut zu ihrem Untertan sagt: »Zähle mir deine Bedürfnisse auf, damit ich sie dir, welch ein Jammer, nehme«, flüstert das Vermögen seinem Herrn ins Ohr: »Zähle deine Wünsche auf, damit ich sie dir sogleich gewähre«...*

Kadidja hatte ihrer Schwiegermutter versprochen, ihr innerhalb von dreiunddreißig Tagen Nachricht von ihrem Sohn zu bringen. Nun, ein Versprechen gegenüber der Mutter des Ehemannes ist wie ein Versprechen gegenüber einer Gottheit. Kadidja fand sich also zweifach verpflichtet: durch die von ihr gewählte Zahl[19] und durch das ehrwürdige Wesen derjenigen, der sie ihr Versprechen gegeben hatte. Kadidja beschloß, alle Hebel in Bewegung zu setzen, allerdings nicht, ohne ein paar traditionelle Vorsichtsmaßnahmen zu treffen, um sich gegen bösartige Gewalten zu schützen, von woher immer sie auch kommen mochten. *Bevor man einen Skorpion in den Mund nimmt,* sagen die Fulbe, *muß man seine Zunge in die richtige Lage gebracht haben.*

In einem Viertel von Bandiagara lebte eine alte berühmte und hochgeachtete Marabutfrau. Zur Zeit des verehrungswürdigen Seku Amadu in Hamdallaye, der Hauptstadt des Reichs der Fulbe von Massina, geboren, hatte man ihr den Beinamen Dewel Asi gegeben, das heißt ›die kleine Frau, die (die mystische Erkenntnis) ausgegraben hat‹. Sie lehrte die alten islamischen Wissenschaften: den Koran natürlich, aber auch die *Hadith* – die Worte und Taten des Propheten –, arabische Grammatik, Logik, Jurisprudenz gemäß den vier großen islamischen Rechtsschulen, dann die spirituellen Traditionen des *Sufi*, und bei all dem webte sie sehr schöne, kunstvoll mit symbolischen Zeichnungen verzierte Strohmatten. Bis 1910 oder 1911, dem Zeitpunkt ihres Todes, war ihre Koranschule eine der blühendsten in Bandiagara. Diese heilige Frau war darüber hinaus eine nahe Verwandte von Gabdo Hammadi Ali, Kadidjas Tante mütterlicherseits. Meine Mutter stattete ihr einen Besuch ab.

»Ich komme zu dir, damit du mich segnest und mir Rat gibst. Ich habe nämlich beschlossen, mit einem Strohhalm Sonngo, den großen heiligen Berg der Dogon, anzuheben. Mir ist klar, daß ich verrückt bin, aber nichts ist unmöglich, wenn man Gott an seiner Seite weiß. Ich bin gekommen, um dich zu bitten, daß du Gott an meine Seite stellst.«

»Sonngo mit einem Strohhalm anheben? Was für ein Bild! Was ist denn dein Sonngo und was dein Strohhalm?«

»Mein Sonngo ist es, das Geheimnis zu lüften, das das Schicksal meines Mannes Tidjani Thiam umgibt. Und mein Strohhalm, das bin ich selbst.«

Dewel Asi versank in tiefe Meditation. Als sie daraus auftauchte, sagte sie:

»Eine Frau, die ihren Gatten oder ihr Kind retten will, ist der Hilfe würdig. Aus mir selbst heraus habe ich weder Kraft noch Macht, ich bin nur ein Strohhalm wie du, aber da du es wünschst, werde ich Gott bitten, daß er geruht, an deiner Seite zu sein. Du selbst mußt zunächst ein Sühneopfer darbringen: Geh und kleide auf der Stelle sieben Arme, sieben Witwen und sieben Waisen von Kopf bis Fuß ein und befreie einen Sklaven. Komm dann in drei Tagen zu mir zurück oder in sieben Tagen, wenn du mit allem fertig bist.«

Bevor sie sich zurückzog, reichte Kadidja der heiligen Frau zum

Dank für ihre Güte einen großen goldenen Ring, den sie mitgebracht hatte. Dewel Asi weigerte sich, ihn anzunehmen.

»Behalte dieses Schmuckstück«, sagte sie, »und stecke es in ein Säckchen, das du immer bei dir trägst. Es wird einmal ein Tag großer Bedrängnis für dich kommen; du wirst feststellen, daß dir von den zahlreichen Schmuckstücken, die du von deiner Mutter geerbt hast, nichts geblieben ist als nur dieser goldene Reif. Denke an diesem Tag an mich, danke Gott und verwende das Gold von mir, um dich aus deiner schwierigen Lage zu befreien!«

Sonderbarerweise wird fünfzehn Jahre später ein Feuer unser Haus in Bamako zerstören und meiner Mutter als Vermögen nur dieser einzige Goldreif verbleiben.

Nach Hause zurückgekehrt, erstattete Kadidja den Familienmitgliedern Bericht von ihrem Treffen mit Dewel Asi. Sie nahm sofort den Verkauf der notwendigen Anzahl Tiere vor, um von Kopf bis Fuß einundzwanzig Personen einzukleiden, und die Arbeit ließ sie von einem Schneider und einem Schuhmacher der Stadt ausführen. Schließlich, im Einvernehmen mit ihren Brüdern und dem Betroffenen selbst, befreite sie einen Sklaven ihrer Familie, Barkérou Pâté, nicht ohne ihn großzügig auszustatten und somit den Empfehlungen des Propheten Genüge zu tun: Sie schenkte ihm zwei vollständige Kleiderausstattungen, eine für jene Zeit ansehnliche Geldsumme, dazu zweihunderttausend Kaurimuscheln und zwei Milchkühe, was ihm gestatten sollte, damit zu beginnen, sich eine Herde zu verschaffen.

Nachdem sie das alles in einem Zeitraum von sieben Tagen vollbracht hatte, suchte Kadidja wieder Dewel Asi auf. Die heilige Frau hatte jede andere Tätigkeit aufgegeben und gemäß dem muslimischen Brauch die ganze Woche, das heißt, jeden Tag von der Morgenröte bis zum Sonnenuntergang, mit Fasten verbracht und mit Beten für Kadidja. Auf ein Blatt Papier zeichnete sie eine Art Talisman, der sich aus Koranformeln und aus arabischen Namen für Gott zusammensetzte, dann hielt sie es Kadidja hin: »Bedecke dieses Papier mit einem Seidentuch«, gebot sie ihr, »und verschließe es dann in einer zusammengenähten Lammhaut. Diese Arbeit muß von einem Schuhmacher ausgeführt werden, der im Ruf sittlicher Reinheit steht. Bevor er zu arbeiten beginnt, muß er die rituellen Waschungen vornehmen, damit er sich im erforderlichen Zustand körperlicher und religiöser Reinheit befindet. Das so vorbereitete Säckchen muß die Form eines Dreiecks haben. Du wirst es an einem Schulterriemen bei dir tragen.«

Kadidja vertraute die Arbeit der tugendhaftesten Schuhmacherin Bandiagaras an, einer Frau, so fromm und verehrt, daß man sie nicht bei ihrem eigenen Namen rief, sondern bei dem ehrerbietigen Beinamen ›Inna Mamma Tamé‹ – ›Mutter des Mamadou Tamé‹.

Mit ihrem Talisman ausgerüstet und von der Gewißheit bestimmt, daß die Gebete der heiligen Frau ihr Gottes Hilfe verschafft hatten, war Kadidja nun bereit, ihre Ermittlungen aufzunehmen. Sie war immer Anführerin der größten weiblichen Altersklasse von Bandiagara gewesen, eben der, die sie in ihrer Jugend gegründet hatte. Diese Vereinigung zählte zu ihren Mitgliedern eine junge und sehr schöne *dimadjo* – das ist eine Angehörige der Klasse der ›Sklaven‹ oder Diener der Familie – namens Koorka Bâbilâli, die einen Chefbrigadier bei den Distriktwachen geheiratet hatte, der selbst ein *dimadjo* des Kunari war. Kadidja ließ Koorka zu sich kommen.

»Meine Schwester«, sagte sie zu ihr, »ich bin weder lebendig noch tot. Aus reiner Gewohnheit esse ich, gehe, lege mich nieder. Alles um mich her ist düster, wie an einem Tag, da der Wirbelsturm den grauen Staub durch die Luft fegt. Seit mein Mann Naaba, mein König[20], von den Weißen verhaftet wurde, hat kein Lebewesen, nicht einmal eine Fliege oder eine Ameise, nicht ein leiser Lufthauch mir die Spur einer Nachricht von ihm gebracht. Koorka, wir sind Freundinnen von Kindheit an, wir gehören derselben Altersklasse an. Du bist nun die Frau eines Chefbrigadier. Wenn mein Mann lebt und irgendwo im Gefängnis steckt, hat dein Mann die Mittel, es herauszufinden, und du kannst es in Erfahrung bringen. Es gibt gewisse Augenblicke, wo der Mund des Mannes dem Ohr der Frau sehr nahe kommt, Augenblicke, wo die Frau im Vorteil ist und selbst der härteste Mann weich wird und seine Geheimnisse unabsichtlich seiner Gefährtin anvertraut.«

»Kadidja!« antwortete Koorka. »Wir sind zusammen groß geworden, wir sind seit frühester Kindheit Freundinnen, und deine Eltern haben mich aufgenommen, als sei ich ihre *dimadjo* und in ihrem

Haus geboren. Sei beruhigt, du kannst mit mir rechnen und ebenso mit allen Frauen von Wachsoldaten, die zu unserer Waaldé gehören. Ein gutes Dutzend lebt im Lager der Wachleute. Eine von uns wird schließlich etwas in Erfahrung bringen.«

Koorka Bâbilâli kehrte sogleich ins Lager der Wachleute zurück, wo sie eine Zusammenkunft mit ihren Gefährtinnen Morobari Bo und Maartou Nawna herbeiführte.

»Wir waren alle irgendwann einmal Kadidja Pâté zu Dank verpflichtet, nicht wahr?« sagte sie zu ihnen.

»Gewiß, Koorka! Es ist wahr, was du da sagst!« antworteten die beiden Frauen.

»Ihr kennt das Sprichwort: *Wozu sollte die Freundschaft gut sein, die ein Mensch mit einem Affen knüpft, wenn das Tier ihm nicht hilft, seinen Stock loszuhaken, da dieser eines Tages in den hohen Ästen hängt?*«

»Ja, Koorka, das stimmt«, erwiderten sie.

»Nun, meine Freundinnen, ihr wißt, daß Naaba, unser gütiger Naaba, von den Weißen verhaftet und wer weiß wohin gebracht wurde. Wir aber sind die Gattinnen von drei Männern mit militärischem Rang, von Chefs der Distriktwachen, und es ist unmöglich, daß unsere Männer das Geheimnis des Kommandanten nicht kennen. Zwischen Distriktkommandant und Distriktwachen gibt es eine Namensverwandtschaft, die das Vertrauen fördert. Zwar befiehlt der Kommandant, aber die Wachen verhaften und bewachen die Häftlinge. Meine Schwestern, Kadidja rechnet mit uns beim Herausfinden der Wahrheit. Wenn notwendig, soll jede von uns ihren Mann in den dazu geeigneten Stunden verrückt machen, aber wir müssen unbedingt herausfinden, ob Naaba lebt oder tot ist. Wenn er lebt, versucht zu erfahren, wo man ihn festhält, und wenn er tot ist, wo man ihn begraben hat.«

Koorka ließ sodann ihre Gefährtin Kenyouma kommen, deren Mann der eigentliche Leibwächter des Kommandanten war.

»Kenyouma«, sagte sie zu ihr, »wir beide sind seit der Kindheit Freundinnen von Kadidja Pâté. Als Anführerin unserer Waaldé hat sie sich immer würdig und großzügig verhalten und es nie versäumt, auf unsere Rufe Antwort zu geben. Heute braucht sie uns, um herauszufinden, wo sich ihr Gatte befindet. Laß uns wie Palastmäuse vorgehen, das heißt, wie unauffällige Bedienstete, die überall eintreten und lauschen, ohne gesehen zu werden.«

»Wir müssen unsere Freundinnen Moro Pennda und Kadiatou Komseer in diese Sache miteinbeziehen«, antwortete Kenyouma. »Sie sprechen beide Französisch und sind in ›kolonialer Ehe‹[21] mit Weißen verheiratet. Nun, du weißt, daß die Weißen keine Geheimnisse voreinander haben und sich leichter ihren Frauen anvertrauen als die Schwarzen.«

So geschah es. Das Netz war ausgeworfen. Man brauchte nur noch zu warten, daß es sich mit Neuigkeiten füllte, und es dann zu Kadidja einzuholen, die daraus auswählen würde, was ihr Nutzen brächte.

Kadiatou ›Komseer‹ war die Frau des Kommissars, daher ihr Spitzname. Ihr Mann, der sie oft zum Reden brachte, um seine Informationen zu überprüfen, amüsierte sich über die Naivität, mit der die junge Frau antwortete. Es lag ihm fern zu vermuten, daß dieses schöne, treuherzige Geschöpf ihm mit schlauerer Geschicklichkeit die Würmer aus der Nase ziehen würde als er ihr...

Am Tag nach dieser kleinen weiblichen Verschwörung, als der Kommissar und seine Gefährtin bei Tisch saßen, stieß Kadiatou Komseer einen Schrei aus und fiel auf ihr Bett. Wie unter großen Schmerzen rollte sie sich zusammen und stöhnte. Der Kommissar, der sie wahnsinnig liebte, beugte sich über sie. In panischer Angst fragte er:

»Was hast du? Worunter leidest du?«

»Aaaah!« schrie die junge Frau und rang die Hände, »ein böser Geist hat sich meines Körpers bemächtigt! Ich bin in seiner Gewalt. Er tötet mich, wenn es nicht gelingt, ihn zu vertreiben...«

Der Kommissar ließ sofort den afrikanischen Hilfsarzt Kalando Beydari kommen, der die Krankenstation führte. Kalando war ein Heiler nach Art der Weißen, das heißt, von den Übeln, die die bösen Geister den Nachfahren Adams zuweilen eingeben, verstand er nichts. Mehrere Tage lang redete Kadiatou im Wahn. Sie sagte, sie werde vom Geist des Tidjani Thiam verfolgt, den die Weißen umgebracht, in eine Kiste gepackt und in einen der Abgründe in den Felsen geworfen hätten. Kalando Beydari war offensichtlich überfordert. Er empfahl, einen einheimischen Heiler aufzusuchen. Der Koch des

Kommissars, der mit Kadiatou unter einer Decke steckte, erklärte, er werde die Sache in die Hand nehmen. Er ließ Mannawel kommen, einen *dimadjo* aus der Familie von Tidjani, der bei Kadidja erzogen worden und – das muß ich wohl nicht erwähnen – nie im entferntesten Heiler gewesen war. Nachdem er Kadiatou Bäder und Dampfbäder mit verschiedenen Kräutern verordnet hatte, empfahl er dem Kommissar, mit ihr nur äußerst freundlich zu reden, insbesondere während ihrer Anfälle, um sie zu besänftigen und zu beruhigen.

Um Mitternacht richtete Kadiatou sich ganz verstört in ihrem Bett auf:

»Oooh«, seufzte sie, »Kommissar! Der Geist von Tidjani ist da, er sagt, daß seine Leiche ein Grab verlangt.«

»Beruhige dich, Kadiatou, beruhige dich!« sprach der Kommissar mit sanfter Stimme. »Tidjani Thiam ist nicht tot, er ist im Gefängnis. In ein paar Monaten kommt er vor Gericht, und er wird nicht getötet, das wirst du sehen! Die Weißen töten nicht gern. Komm, beruhige dich, es ist nur ein böser Alptraum!«

Kadiatou tat so, als sei sie beruhigt, und streckte sich in ihrem Bett aus mit allen Anzeichen eines Menschen, der gerade von einem ungeheuren Druck befreit worden ist. Am nächsten Tag blieb sie, um keinen Verdacht zu erregen, bis zur Ankunft von Mannawel im Bett. Dieser verabreichte ihr mit einer Zeremonie seine Arzneien, dieweil sie ihm listig zuzwinkerte.

Schließlich stand Kadiatou auf und nahm ihr Frühstück ein, zur größten Zufriedenheit ihres Mannes. Er war erleichtert, daß es seiner Frau besser ging, rief seinen Hund und ging zum Dienst. Er pfiff leise vor sich hin, wie die Weißen es tun, wenn sie zufrieden sind.

Sobald er aus der Tür war, wandte Kadiatou sich an Mannewel:

»Geh schnell zu Koorka Bâbilâli und sage ihr, daß Naaba am Leben ist. Er befindet sich im Gefängnis und wartet darauf, vor Gericht gestellt zu werden.«

Mannawel rannte zu Koorka Bâdilâli, dann begaben sich beide zu Kadidja, um ihr die gute Nachricht zu überbringen, die sie dank der meisterhaften List von Kadiatou Komseer erhalten hatten. Aber sie wußten noch nicht, in welchem Gefängnis Tidjani eingesperrt war, denn es gab zwei: das Zivil- und das Militärgefängnis.

Währenddessen war der Kommissar beim Kommandanten Charles de la Bretèche angekommen, um ihm seinen üblichen kleinen Tagesbericht vorzutragen. Der Kommandant fragte ihn, was es Neues von seiner Gefährtin gebe.

»Sie war sehr leidend, aber sie ist auf dem Wege der Besserung«, antwortete der Kommissar. »Stellen Sie sich vor, in einem Alptraum, der immer wiederkehrt, glaubt sie, sie werde vom Geist des Tidjani Thiam verfolgt, und seine Leiche, sagt sie, fordere ein Grab!«

»Wahrhaftig«, erwiderte der Kommandant lachend, »dieser Tidjani Thiam und sein Bruder Badara genießen hier einen außerordentlichen Einfluß, wie übrigens alle Thiam. Ich möchte nicht an der Stelle des Kommandanten sein, der seinen Tod bekanntgeben muß, sollte er je im Gefängnis sterben. »

»Was wird man mit ihm machen?«

»Ich erwarte den Befehl, ihn dem Strafgericht zu überstellen. Ich persönlich werde alles tun, um seinen Kopf zu retten, obwohl er mich auf der Straße beinahe umgebracht hätte. Aber er ist kein schlechter Kerl. In dieser Angelegenheit muß man ihn eher bedauern als tadeln. Tidjani Thiam ist unglückseligerweise mit einem Mann aneinandergeraten, mit Aguibou Tall, der einer scharfen Felsspitze im Hochgebirge gleicht. Wer an ihn gerät, läßt dabei sein Leben oder viele Federn...«

Wie es der Zufall wollte, wurde dieses Gespräch deutlich von Garba Tieman vernommen, dem Leibwächter des Kommandanten und Gatten der Kenyouma, der anderen Altersgefährtin Kadidjas. Seit zwei Wochen konnte der unglückliche Garba zu Hause nicht mehr husten oder niesen, ohne daß seine Frau ihm eine Szene machte.

»Husten und niesen, das ist alles, was du kannst«, schimpfte sie höhnisch. »Aber wenn es darum geht, herauszubringen, wo dein Kommandant Tidjani Thiam hingebracht hat, da funktioniert keines deiner Organe mehr! Ich habe den falschen Ehemann gewählt. Ich frage mich, ob es nicht besser wäre, mich zu scheiden und mir einen Mann zu suchen, der nicht einfach nur deshalb bedingungslos den Weißen gehorcht, weil sie ihm einen roten Fes und blaue Wickelgamaschen gegeben haben!«

Als Garba mittags nach Hause ging, war er ganz glücklich, weil er das Gespräch der beiden Weißen mitbekommen hatte. Er marschierte vor sich hin, spielte auf seinem Einsaiteninstrument, dem *Juru kelen*, und sang aus voller Brust die Weise *Djonngoloni*, ein Kriegslied, das zu Ehren einer militärischen Festung der Bambara komponiert worden war, die dem Sultan von Segu, Ahmadu Seku, dem ältesten Sohn von El Hadji Omar, sehr lange Widerstand geleistet hatte. Als er sein Haus betrat, bot seine Frau ihm, wie es die Sitte verlangt, frisches Wasser an, um seine Kehle zu befeuchten, und warmes Wasser, um den Schweiß vom Körper zu waschen. Nachdem er sich gewaschen hatte, nahm Garba sein Essen zu sich. Zur besseren Verdauung legte er sich in seine Hängematte aus Fasern vom Affenbrotbaum, setzte eine zufriedene Miene auf und fing an, sich hin und her zu schaukeln, wobei er übertrieben rülpste – was in Afrika keineswegs als unschicklich gilt. Kenyouma ging zu ihm:

»Irgend etwas sagt mir, daß du heute auf deinem Weg Konyouman, dem sagenhaften Zauberer mit gutem Omen, begegnet bist.«

»Ja, ich bin Konyouman begegnet, und dieser göttliche Lenker hat mir erlaubt, zu erfahren...« Er ließ den Satz in der Schwebe.

»Hat dir erlaubt, was zu erfahren?«

»Zu erfahren, was weiterzuerzählen gefährlich wäre, was ich aber trotzdem nicht verschweigen kann...«

»Rede! Es geht um Naaba, nicht wahr?«

Garba beugte sich aus seiner Hängematte. Er warf einen langen Blick in den Hof, um sicherzugehen, daß niemand anders als seine Frau seine Worte hören könnte. Beruhigt hob er langsam den Kopf von unten nach oben, ein Zeichen, das in Afrika ›ja ja‹ bedeutet. Kenyouma gab sich zärtlich:

»Ich habe nie daran gezweifelt, daß du ein wertvoller Hengst bist«, sagte sie, »aber ein Hengst, der manchmal die Sporen braucht, damit er steigt.«

»Tidjani Thiam ist am Leben!« ließ Garba endlich fallen, denn er konnte sich nicht länger zurückhalten. »Meine Ohren haben es aus dem Mund des Kommandanten vernommen, es ist also sicher. Er ist im Gefängnis, und bald wird er öffentlich verurteilt werden. Der Kommandant hat gesagt, er werde ihm helfen.«

Sobald ihr Mann das Haus verlassen hatte, eilte Kenyouma zu Koorka Bâdilâli und überbrachte ihr die Neuigkeiten. Koorka nahm sich nun ihren eigenen Mann vor: Sie tat das so geschickt, daß sie binnen kurzem erfuhr, daß Tidjani die ersten zehn Tage seiner Haft im Militärgefängnis verbracht hatte und dann aus Sicherheitsgründen ins Zivilgefängnis überführt worden war, in eins der tiefsten Verliese im zweiten Hof. Man befürchtete tatsächlich, daß, wie ein Gerücht besagte, die Tukulor, vor allem die Thiam, eine Befreiungsaktion versuchen würden.

Zwanzig Tage waren vergangen, seit Kadidja das Auffinden ihres Mannes in Angriff genommen hatte. Sie hatte für Opfergaben und Geschenke den Wert von etlichen Dutzend Stieren ausgegeben, aber diese Ausgaben waren nicht vergeblich gewesen. Sie hatte jetzt die Gewißheit, daß ihr Mann lebte, und sie wußte, wo er sich befand: hinten im zweiten Hof des Zivilgefängnisses, dort, wo man die gefährlichsten Häftlinge festhielt.

Kadidja kaufte einen vollständigen Männeranzug: Pluderhose, Stiefel, großer Bubu und Unterbubu, Turban und Säbel. Dann, derart bekleidet, was sie unkenntlich machte, verließ sie mitten in der Nacht das Haus und wandte sich zum Viertel der Weißen, in Begleitung des getreuen Beydari, der ihr in einem gewissen Abstand folgte, um sie gegen jede mögliche Gefahr zu schützen. Mitternacht war vorüber. Nur ein paar kleine Geräusche durchbrachen von Zeit zu Zeit die Stille: Das Weinen eines vom Hunger geweckten Babys, das Schreien eines Waldkauzes – von dem man sagt, er sei ein Hexenvogel, der für sein Leben gern das Blut Neugeborener trinke –, das Bellen von Hunden, geeignet, Diebe und böse Geister in die Flucht zu schlagen.

Damals war es wirklich selbstmörderisch, sich zu einer Stunde ins Viertel der Weißen zu wagen, zu der die Wachen das Recht hatten, in Sichtweite auf alles zu schießen, was sich auf ungewöhnliche Art bewegte. Aber mit Gottes Hilfe waren die Augen und Ohren der Wachen und Hunde wundersam blind und taub. Kadidja und Beydari durchquerten das Viertel der Weißen und folgten dabei der Hauptverkehrsstraße, die direkt zum Lager der Wachen führte. Neben dem

Lager ragte das Zivilgefängnis empor, genau gegenüber einer großen Tamarinde. Unter ihren Zweigen pflegten sich die Gefängniswärter bei Tag und Nacht auszuruhen und auf ihren Rundgang zu warten. Als sie etwa zwanzig Meter vom Baum entfernt waren, sagte Kadidja zu Beydari:

»Geh zur Tamarinde. Wecke leise den Mann, der auf dem großen *tara* , dem Bett aus Rundholz, liegt. Das muß der Chefbrigadier sein. Sage ihm: ›Kadidja Pâté bittet dich, hinter die große Gefängnismauer zu kommen, wo sie auf dich wartet, und mit ihr zu reden.‹«

Beydari mochte sich noch so leise heranschleichen, er konnte nicht bis zum Chefbrigadier gelangen, ohne ihn aufzuwecken. Schnell und gut trainiert, sprang der Unteroffizier ihn an und faßte ihn fest um den Leib, um ihn zu überwältigen. Aber Beydari, der einen Meter achtzig groß war und fast hundert Kilo wog, war seinerseits kein Anfänger im Kämpfen. Und während er sagte: »Ich bin nicht gekommen, um dir etwas anzutun«, lockerte er mühelos die Arme, die ihn umklammert hielten. »Ich bin Beydari Hampâté«, fuhr er fort. »Meine Herrin Kadidja Pâté, die ich begleite, bittet dich, hinter der großen Gefängnismauer mit ihr zu reden.«

Der Chefbrigadier mit Namen Bouraïma Soumaré erfreute sich eines wohlbegründet grausamen Rufes. Aber er war ein Tukulor, und seine Frau gehörte ebenfalls zu Kadidjas Altersklasse. Er ließ Beydari los. Durch den Lärm alarmiert, wurden die anderen Wachsoldaten wach. Der Chefbrigadier befahl ihnen, sich ruhig zu verhalten und seine Rückkehr abzuwarten, dann ging er hinter Beydari her. Trotz seines Befehls folgte ihm in einem gewissen Abstand ein Wachsoldat, die Waffe im Anschlag.

Als Bouraïma Soumaré hinter der Mauer ankam, fand er sich plötzlich einem mit einem Säbel bewaffneten Mann gegenüber. Da er annahm, daß Beydari ihn in einen Hinterhalt gelockt habe, wollte er umkehren und um Hilfe rufen, aber die Stimme einer Frau ließ ihn wie erstarrt innehalten. Die Stimme sang auf Ful die Verse eines Liedes, das ihm zu Ehren von der berühmten Griotin Aïssata Boubou komponiert worden war. Er erkannte die Stimme von Kadidja Pâté. Er war so gerührt, daß er, der wegen seiner Grausamkeit und Unversöhnlichkeit berüchtigte Mann, sich augenblicklich in einen zärtlichen und mitfühlenden Dichter verwandelte. Da die Höflichkeit der Fulbe und Tukulor jener Zeit wollte, daß der Mann mit einem Stegreifgedicht antwortete, wenn eine Frau sich in der Form eines Gedichts an ihn wandte, sprach Bouraïma Soumaré sogleich:

Dandji, Schwester des Amadou Pâté,
Dandji, was widerfährt dir heute,
Daß du versuchst, in finsterer Nacht,
Ein verfluchtes Haus zu betreten,
Welches böse, schwarze Hunde Tag und Nacht bewachen?
Dandji, was widerfährt dir, sag es mir!

Kadidja, die er *Dandji* – ›die auf heitere Weise Vielfältige‹ genannt hatte, begriff, daß das wilde Tier sich in einen *Kumbareewel* verwandelt hatte, den Trompetenvogel, der voll Anmut singt und tanzt.

»Ich bin«, so sagte sie, »unter Lebensgefahr für mich und meinen getreuen Beydari zu dir gekommen, um dich im Namen der Barmherzigkeit zu bitten, mich meinen Mann sehen zu lassen. Ich weiß, daß er am Leben ist und in einer der Zellen des zweiten Hofs eingesperrt.«

»Was du da von mir verlangst, Kadidja, ist, als ob du verlangtest, daß ich auf die Hoden des Kommandanten schieße!«

»Bouraïma Soumaré!« sagte Kadidja entschlossen. »Wenn ich in dieser Nacht noch auf die Geschlechtsdrüsen des Kommandanten schießen würde und lebend zurückkäme, ließest du mich dann meinen Mann sehen?«

Eine solche Entschlossenheit verwirrte den Chefbrigadier. Kadidja ließ ihm keine Zeit, zu Atem zu kommen, und fuhr fort:

»Ich weiß, daß mein Mann hinter dieser Mauer ist. Ich schwöre dir, Bouraïma, falls ich ihm heute nacht nicht in die Augen blicken kann, werde ich morgen nicht sehen, wie die gelbe Scheibe der Sonne aufgeht.«

»Und was würdest du tun, wenn ich mich weigerte, dich zu deinem Mann zu führen?«

»Eine Verrücktheit, die mich das Leben kosten wird. Aïssata Boubou hat dann ein neues Thema für eine Stegreifdichtung, die sie ihrem Repertoire hinzufügen kann. Sie kann mein Ende besingen, wie sie den Tod der Aminata Bîdane besingt, der Heldin von Sâ.«

Bouraïma Soumaré, der Kadidja kannte und nicht bezweifelte, daß sie zu einer unglückseligen, unüberlegten Tat fähig war, bedachte die Schmach, die seinen Namen besudeln würde, wenn sie durch die Schuld seiner Hände umkäme. Dieser erbarmungslose Aufseher, der seine Grausamkeit niemals gegen seine Tukulorverwandten hatte ausüben müssen und noch weniger gegen seine Mitbürger aus Bandiagara, befand sich zum ersten Mal in einem Gewissenskonflikt. Mit einem Mal wurde er wieder zum muslimischen Tukulor, das heißt, zu einem Mann, der bereit ist, einen Verwandten selbst um den Preis seines Lebens zu retten. Er erinnerte sich an einen *Hadith*, einen Satz des Propheten, den Seku Amadu und El Hadji Omar unter entsprechenden Umständen zitiert hatten und in dem der Prophet jedem Getreuen empfiehlt, diese niedere Welt nicht zu verlassen, ohne wenigstens einmal im Leben die *Scharia* – das Gesetz – im Namen des Erbarmens verletzt zu haben. Bouraïma fühlte, wie sein Herz weich wurde:

»O Kadidja,« sagte er, »ich weiß, welcher Gefahr ich mich aussetze, wenn einer von meinen Wachen mich aus Bösartigkeit verraten sollte. Aber sei's drum! Ich will nicht weniger tapfer sein als eine Frau. Komm, ich führe dich zu deinem Mann. Und möge Charles de la Bretèche, wenn er es erfährt, die Decke des Himmels auf den Boden der Erde stürzen lassen!«

»Beruhige dich, das Himmelsgewölbe wird an seinem Platz bleiben, der Kommandant wird nichts erfahren, und deine Wachen werden schweigen. Gib mir nur ihre Namen.«

Bouraïma gab Kadidja die Namen der zehn Männer, die mit ihm Wache standen. Er ging und holte die Gefängnisschlüssel, dann wandte er sich an seine Männer:

»Kadidja Pâté ist zu uns gekommen und bittet uns im Namen Gottes und der Solidarität zwischen den Leuten von Bandiagara, daß sie sich ein paar Minuten lang mit ihrem Mann austauschen darf. Ich habe dem zugestimmt, denn wir haben keine Wahl: Entweder müssen wir diese Frau verhaften, was mir widerstrebt, oder wir müssen ihr ihren Mann zeigen. Wir stammen alle miteinander aus Bandiagara, und es ist undenkbar, daß wir Kadidja Pâté verhaften. Wenn wir es täten, hätten wir im Ansehen unserer Mitbürger nicht einmal mehr das Gewicht einer Fliege. Man würde mit dem Finger auf uns zeigen, uns mit schiefem Blick ansehen wie abscheuliche Wesen, die sich den Weißen verkauft haben.«

»Chefbrigadier«, riefen die Wachen, »wir stehen hinter dir! Was du auch tun magst, es ist, als hätten wir es getan!«

Kadidja und Bouraïma gingen zum Gefängniseingang. Bouraïma öffnete das Tor des Haupteingangs, das auf den ersten Hof führte. Schweigend durchquerten sie ihn. Dann öffnete er eine Tür, die auf den zweiten Hof führte. Von Kadidja gefolgt, ging er hinein und wandte sich zu einer tiefer gelegenen dicken Tür. Er öffnete sie. Sie führte auf einen Flur, auf dem sich die Tür zur Zelle selbst befand, so dick wie ein Finger lang ist. Bouraima öffnete sie gleichfalls. Die Zelle war so eng wie ein Grab und so dunkel, daß man nichts erkennen konnte. Bouraïma rief:

»Tidjani Thiam!... Tidjani Thiam!...«

»Wer ruft mich? Was will man von mir?...« antwortete Tidjani mit geschwächter Stimme.

»Ich bin der Chefbrigadier Bouraïma Soumaré. Komm heraus, ich habe Neuigkeiten für dich.«

Kadidja hielt sich seitwärts. Nach einigen, ihr endlos vorkommenden Augenblicken erschien die gekrümmte Silhouette Tidjanis. Schmutzig und schweißbedeckt, trug er nur eine Hose, deren Beine wegen der im Verlies herrschenden erstickenden Hitze bis zu den Schenkeln hochgekrempelt waren. Die niedrige Decke machte es ihm unmöglich, sich vollständig aufzurichten: Er konnte nur sitzen, sich zusammenkauern oder hinlegen. Ein winziges Kellerfenster, das sich am Ende einer Rinne befand, ließ ein wenig Luft herein, aber kein Licht. Man gestattete ihm, täglich dreißig Minuten hinauszugehen, jedoch nur nach zehn Uhr abends, so daß er nie die belebenden Strahlen der Sonne sah.

»Jemand aus deiner Familie möchte mit dir reden«, sagte Bouraïma Soumaré.

»Das kann nur Kadidja sein!« rief Tidjani aus.

»Ja, Naaba!« rief Kadidja. Und sie kam aus ihrer Ecke heraus und warf sich in die kraftlosen Arme ihres Mannes. »Woher wußtest du, daß ich es bin?«

»O Poullo![22] Ich habe mir immer gesagt, hier unten im Kerker: ›Wenn es jemals jemandem gelingt, mich in diesem Grab zu besuchen, dann wird es Kadidja sein.‹ Meine Ahnung hat mich nicht getrogen, Dank sei Gott!«

Bouraïma zog sich taktvoll zurück.

»Naaba«, sagte Kadidja, »deine Mutter stirbt vor Angst. Jeden Tag vergießt sie so viele Tränen, daß man eine Kalebasse damit füllen könnte. Aus ihrer Nase fließt kein Schleim mehr, sondern hellrotes Blut. Für sie bist du unter furchtbaren Umständen gestorben, und diese Vorstellung quält sie so sehr, daß sie daran denkt, ihrem Leben ein Ende setzen. Ich habe sie gebeten, weiterzuleben und mir eine Frist von dreiunddreißig Tagen zu geben, damit ich herausfinden kann, was aus dir geworden ist. Mir bleiben noch vier Tage, und Gott sei Dank, ich sehe dich, müde und geschwächt, aber am Leben. Jetzt mußt du mir etwas sagen und mir ein Zeichen zu Ehren deiner Mutter geben, um sie davon zu überzeugen, daß du noch von dieser Welt bist und die Botschaft von dir kommt.«

»Wenn du im Angesicht meiner Mutter stehst«, antwortete Tidjani, »sage ihr das hier: ›Mutter, ich habe Tidjani gesehen.‹ Dann wirst du ihr, anders als die Sitte es gestattet, fest in die Augen sehen. Sie wird dasselbe tun. Dann ergreifst du ihre rechte Hand, und dieweil du nacheinander die vier Finger vom Zeigefinger an umbiegst, sagst du ihr folgendes: ›Eins, Tidjani grüßt dich. Zwei, Gott lebt. Drei, er ist nicht krank. Vier, preise Gott und danke Ihm.‹ Sie wird wissen, daß die Worte von mir kommen. Dann nimmst du diesen meinen Ring hier, und, im Gegensatz zum Brauch der Fulbe, streifst ihn ihr über den Mittelfinger. Endlich sagst du ihr lächelnd folgenden Satz, der zum Wahlspruch von Bandiagara gehört: *Biiribaara bantineeje.* - Über den riesigen Kapokbäumen ist der Himmel mit Lämmerwolken bedeckt.«

Als es so weit war, daß sie sich trennen mußten, erklärte Kadidja ihrem Mann: »Da ich nun den Weg zu deiner Höhle kenne, wird kein wildes Tier mich davon abhalten hierherzukommen, und ich komme oft, so Gott will.«

Sie dankte Bouraïma Soumaré und gesellte sich dann zu Beydari, der unter der Tamarinde auf sie wartete. Ungehindert gelangten sie ins Viertel Deendé Bôdi, kurz bevor das erste Licht der Morgenröte erschien. Die Stimme des Muezzin, die zum ersten Gebet des Tages rief, erhob sich und unterbrach die Stille, die noch die schlafende Stadt umfing.

Nie zuvor hatten die Worte, die der Muezzin sang, Kadidja mehr ihren wahren Sinn enthüllt als an diesem Morgen: *Allāhu akbar!... Allāhu akbar!...*- Gott ist der Größte! Gott ist der Größte![23] Ja, für Kadidja war Gott wirklich der Größte. Im Laufe dieser langen Nacht hatte sie tatsächlich das Gefühl, als ob sie von einer Macht getragen werde, die ihr alles erleichtert und alle Türen geöffnet hatte. Aber sie begriff auch, daß diese Macht, diese Größe sich jeder Beschreibung und Bestimmung entzog. Sie war wie eine vollkommene und höchste Gegenwart, die alles umhüllte und alles trug.

Sie empfand kein Bedürfnis, ihre Kräfte wieder zu sammeln. Ausgeschlafen, obwohl sie nicht geschlafen, entspannt, obwohl sie nicht geruht hatte, wartete sie voll Ungeduld auf die ersten Strahlen der aufgehenden Sonne. Sie wollte diesen besonders ruhigen und glücklichen Augenblick nutzen, um zu ihrer Schwiegermutter zu gehen und ihr den süßesten Balsam ins Herz zu träufeln.

Als das wohltätige Himmelsgestirn endlich am Horizont erschien und Licht und Leben über die Welt verströmte, begab Kadidja sich zum Anwesen ihres Gatten. Die alte Yaye Diawarra hielt sich im Hof auf, unter dem Vordach aus Hirsehalmen, das den Platz vor ihrem Haus schützte. Sie saß auf dem Fell eines Wollschafs, in weiße Gewänder gehüllt, mit dem Gesicht nach Osten in Richtung Mekka und betete ihre Gebetsschnur. Die ersten wachgewordenen Hühnchen suchten bei den Mörsern mit dem Schnabel nach im Staub verlorengegangenen Hirsekörnern. Kadidjas Ankunft scheuchte das Geflügel auf. Der große Hahn, der Chef des Hühnerhofs, gab ein warnendes Gekrähe von sich und schlug kräftig mit den Flügeln. Seine ganze kleine Gesellschaft stürzte sich auf die Stangen im Hühnerstall, hockte sich dorthin und wartete darauf, die Art der angekündigten Gefahr kennenzulernen. Das vom Geflügel veranstaltete

Durcheinander holte Yaye Diawarra aus ihrer Andacht. Als sie sich umdrehte, um nachzusehen, was los war, entdeckte sie die ganz in Weiß gekleidete Kadidja, die vor dem Eingang zum Vordach stand. Ihre Erregung war so stark, daß sie einen Augenblick lang wie gelähmt blieb. Aber es gelang ihr, sich zu beherrschen und die rituelle Begrüßungsformel zu sprechen:

»*Bissimillāhi* Kadidja! Sei willkommen im Namen Gottes![24] Hast du die Nacht in Frieden verbracht? Komm und setze dich neben mich, meine Tochter.«

»Guten Morgen, Mutter. Ja, nach Gottes Willen habe ich die Nacht in Frieden verbracht. Und ich komme und lege dir Rechenschaft ab von den Nachforschungen, die ich angestellt habe, um in Erfahrung zu bringen, wo die Weißen deinen Sohn versteckt halten, meinen Mann.«

Die alte Frau ließ wieder den Kopf auf die Brust sinken.

»Welche Nachricht du mir auch bringen magst, du sollst wissen, oh Kadidja, daß ich deine Hingabe und Liebe gegenüber meinem Sohn und mir nie vergessen werde. Als ich sah, wie du dieses Haus verlassen hast, zu allem entschlossen, um deinen Mann wiederzufinden, da hat dein männlicher Mut mich beflügelt. Ich habe die Kräfte wiederentdeckt, die mir einst während der Schlachten erlaubten, den größten Gefahren mit einer Sorglosigkeit zu trotzen, die ich weiß nicht von welchem Himmel zu mir kam. Ich will dir damit sagen, daß ich bereit bin, das Los anzunehmen, das Gott für mich und meinen Sohn gewollt hat.«

Und sie schwieg.

»Mutter«, sagte Kadidja, »ich habe Tidjani gesehen...«

Yaye Diawarra hob den Kopf, der mit dichten weißen Haaren, gekämmter Wolle gleich, gekrönt war. Kadidja nutzte den Augenblick, um ihr fest in die Augen zu sehen. Dann ergriff sie ihre rechte Hand, bog jeden Finger um und sprach die Formel, die ihr Tidjani genannt hatte: »Eins, Tidjani grüßt dich. Zwei, Gott lebt. Drei, er ist nicht krank. Vier, preise Gott und danke Ihm.«

Yaye, deren Hände zitterten, vermochte gleichwohl, ihre Zunge zu hüten, denn sie bemerkte, daß Kadidja noch nicht fertig war. Diese hatte begonnen, einen Knoten am äußersten Ende ihres großen

Bubu zu lösen. Sie holte Tidjanis Ring hervor, steckte ihn an den dritten Finger der alten Frau und sprach dann die Worte: »*Biiribaara bantineeje.*« Yaye Diawarra stieß einen Schrei aus und fiel ihrer Schwiegertochter in die Arme. Und dort weinte sie aus Freude so sehr, wie sie vor einem Monat aus Kummer geweint hatte.

Nach einem Augenblick gewannen die beiden Frauen umsichtigerweise ihre Fassung wieder, denn es war wichtig, daß die anderen Familienmitglieder diese Neuigkeit nicht erfuhren, aus Angst heraus, daß sie aus übermäßiger Freude Kadidja und diejenigen, die ihr geholfen hatten, verraten könnten.

Jubelnden Herzens ging Kadidja nach Hause. Sie aß ihr Frühstück mit einem Appetit, der Batoma, die einstige ›gefangene Tochter‹ von Anta N'Diobdi, die jetzt bei ihr lebte, in Erstaunen versetzte. In den folgenden Tagen richtete Kadidja es so ein, daß sie den Frauen der Soldaten, die mit Bouraïma Soumaré Wache standen, unauffällig Goldschmuck, Bernsteinkugeln und Korallen von großem Wert schenkte. Es gelang ihr auch, sich die fünfzig Wachsoldaten gewogen zu machen, die zur Polizeimannschaft von Bandiagara gehörten. Von da an standen ihr jede Nacht, vom Hornsignal um einundzwanzig Uhr bis zum ersten Ruf zum Morgengebet des Muezzin, die Gefängnistore offen.

Kadidja besuchte ihren Mann nicht nur jede Nacht, sondern sie nahm auch Ali Dièli mit, der bei Tidjani die Stelle eines Gitarre spielenden Griots innehatte. Es versteht sich von selbst, daß die Wachen es sich zur Pflicht gemacht hatten, Tidjani in einer geräumigeren und bequemeren Zelle unterzubringen – soweit es in einem Gefängnis Bequemlichkeit gibt. Tidjani kehrte in seine grabartige Zelle nur dann zurück, wenn der Distriktkommandant, sein Adjutant oder der Kolonialbeamte, der das Gefängnis leitete, ihm einen Besuch abstatteten.

Der Prozeß

Eines Morgens hörte man die Straßen Bandiagaras widerhallen vom kleinen Achsel-Tam-Tam Dièli Bâbas, des Grioten und öffentlichen

Ausrufers. Während er sein Instrument schlug, rief er auf Ful, Bambara und Dogon: »Hallo, ihr Einwohner von Bandiagara! Ihr Männer, Frauen, Kinder, Noble, Gekastete und Gefangene! Der Kommandant grüßt euch aus meinem Munde. Ich bin nur ein Verkünder, ein öffentlicher Ausrufer; ich muß euch also sagen, was zu verkünden ich beauftragt bin. Hallo, ihr Leute von Bandiagara! Nehmt es mir nicht übel, aber der Kommandant hat mich beauftragt, euch zu verkünden, daß in von heute an gesehen sieben Tagen eine Verhandlung des Hohen Gerichts im großen Sitzungssaal abgehalten wird, um Tidjani Thiam, den Kadi Tierno Kounta Cissé und den Samo Tombo Tougouri zu verurteilen, sowie andere Beschuldigte, deren Namen keine Erwähnung verdienen, die ich also nicht erwähnen werde.

Der Kommandant hat mich beauftragt, euch mitzuteilen, daß die Verhandlung öffentlich ist. Jeder, der will, kann teilnehmen. Gleichwohl warnt der Kommandant diejenigen, die versucht sein sollten, die Gelegenheit zu nutzen und Tidjani Thiam gewaltsam zu befreien. All denen teilt er durch meinen Mund mit, daß einhundertzwanzig Infanteristen und drei ›weiß-weiße‹ Offiziere bereitstehen, um sie mit Schüssen aus Gewehren zu empfangen, Gewehre, die nicht durch den Mund ihres Laufes geladen werden, sondern durch ihren Arsch, schamlose Gewehre, die Pulver furzen und Kugeln aus rotem Kupfer ausspucken, die nie ihr Ziel verfehlen. Jetzt seid ihr gewarnt!...«

Diese Ankündigung, die drei Tage lang in allen Vierteln wiederholt wurde, führte eine beachtliche Masse Leute aus der Umgebung nach Bandiagara.

Kadidja Pâté und die beiden Brüder von Tidjani Thiam vervielfachten ihre Bemühungen bei den Marabuts und Notabeln von Bandiagara. Und König Aguibou Tall erklärte dem Kommandanten, er sei dagegen, daß sein Sohn Tidjani Aguibou Tall als Belastungszeuge vor Gericht zitiert werde. Charles de la Bretèche, der ausdrückliche Weisungen vom Gouverneur erhalten hatte, die ihn verpflichteten, mit dem ehemaligen König schonend umzugehen und sogar die Augen vor einigen seiner Machenschaften zu schließen, die vor dem Gesetz verwerflich wären, fand sich somit um sein wichtigstes Beweismittel gebracht, das ihm gestattet hätte, Tidjani Aguibou Tall in die Enge zu treiben und die Verantwortlichkeiten in der Affäre von Luta aufzudecken. Im übrigen schickte der König seinen Sohn sehr weit von Bandiagara fort und stellte somit den Kommandanten vor vollendete Tatsachen: Am Tag der Verhandlung konnte der Sohn des Königs, der sich weder in Bandiagara noch in der näheren Umgebung befand, nicht vernommen werden...

Endlich war der Tag des Prozesses gekommen. Entsprechend den kolonialen Gepflogenheiten saß dem Gericht als einem Gericht zweiten Grades der Kommandant selbst vor – der Vorsitzende des Gerichts ersten Grades war der Adjutant des Kommandanten. Ihm standen zur Seite mehrere einheimische Beisitzer, die alle aus Bandiagara stammten, und sein Dolmetscher Bâbilen Touré, der mit lauter Stimme alle von der einen und der anderen Seite gesagten Worte wiederholte.

Tidjani Thiam und seine Mithäftlinge erschienen in Fesseln vor Gericht. Man rief Tidjani Thiam vor die Schranke. Der feststehenden Eingangsformel entsprechend, stellte ihm der Kommandant in seiner Eigenschaft als Vorsitzender mittels des Dolmetschers die Frage:

»Welches sind dein Name, Vorname, Beruf und Wohnsitz?«

Abdallah, ein Freund Tidjanis, der der Verhandlung beiwohnte, konnte seine Empörung nicht zurückhalten. Er rief laut auf Ful: »Wirklich, es ist erstaunlich zu sehen, wie Gott, der den Weißen in bezug auf die Kunst, Maschinen und andere materielle Gegenstände herzustellen, soviel geschenkt hat, andererseits ihrem Geist eine gewisse Einfalt mitgab! Ist es nicht ein Beweis für die Dummheit des Kommandanten, wenn er Tidjani nach seinem Namen, Vornamen, Beruf und Wohnsitz fragt? Wer in diesem Land kennt nicht den Sohn des Amadou Ali Thiam?«

Tidjani selbst, gekränkt durch die Frage, rief:

»Hat der Kommandant mich so weit vergessen, daß er sich nicht einmal mehr an meinen Namen und Titel erinnert?... Wohlan, ich bin Tidjani, Sohn des Amadou Ali Thiam, Oberhaupt der Provinz Luta, in Haft, weil ich meinen Bruder und meine Männer gerächt habe, die in Toïni ermordet wurden, während sie im Auftrag Frankreichs Steuern erhoben.«

Ohne anscheinend der vom Dolmetscher übersetzten Erklärung Tidjanis eine Bedeutung beizumessen, fuhr der Kommandant unerschütterlich fort:

»Angeklagter! Hebe die rechte Hand und schwöre, die Wahrheit zu sagen, die ganze Wahrheit und nichts als die Wahrheit!«

Das war nun wirklich zuviel! Wie von einem Skorpion gestochen, richtete Tidjani sich auf und rüttelte wütend an seinen Ketten. Er versuchte, die Hand zu heben und mit seinem Zeigefinger auf den Kommandanten zu weisen, um das, was er sagen wollte, zu unterstreichen, aber da ihm dies nicht gelang, beugte er sich über die Schranke und rief mit vor Empörung zitternder Stimme:

»Wie kann man im voraus annehmen, daß ich nicht die Wahrheit sagen werde, wo ich doch noch nicht einmal den Mund geöffnet habe, um die Tatsachen darzulegen? Die Wahrheit, die sage ich nicht, um einem Menschen zu gefallen, sei er nun ein König oder ein *Tubab*, also ein Europäer.[25] Ich sage sie, weil Allah durch seinen Abgesandten Mohammed befohlen hat, immer die Wahrheit zu sprechen. Aber da man hier zu verstehen gibt, daß ich sie womöglich nicht sagen könnte und mich schwören lassen will, um sicher zu gehen, daß ich nicht lüge, weigere ich mich zu schwören. Und von jetzt an wird man aus meinem Mund weder Lüge noch Wahrheit vernehmen. Man mache mit mir, was man will. Ich sage nichts mehr.«

Als er so gesprochen hatte, setzte er sich wieder und wurde steif wie eine erstarrte Karitékugel. Bis zum Ende des Prozesses öffnete er den Mund nicht mehr und weigerte sich, auf alle Fragen zu antworten. Sein Bruder Abdoul Thiam bat das Gericht um Erlaubnis, anstelle seines älteren Bruders antworten zu dürfen.

Der Prozeß dauerte vierzehn Tage. Die Abwesenheit des Sohnes des Königs Aguibou Tall machte alle stutzig, besonders die Infanteristen, die Distriktwachen und vor allem die Goumiers von Bandiagara, die der junge Mann nach Luta geführt hatte und die ihre Strafaktion vor Ankunft des Kommandanten frei hatten durchführen können, ohne daß er auch nur versucht hatte, sie daran zu hindern, wie er es ja hätte tun müssen, wenn er der Überbringer gegenteiliger Instruktionen gewesen wäre. Unglücklicherweise nahm die Abwesenheit dieses wichtigen Zeugen, verbunden mit dem öffentlichen Geständnis, das Tidjani in Luta gemacht hatte, und seiner Weigerung, sich zu verteidigen, dem Kommandanten Charles de la Bretèche jede Möglichkeit, seinem Schützling zu Hilfe zu kommen und Licht in die Angelegenheit zu bringen. Es blieben nur die Tatsachen, über die ohne groß abzuwägen geurteilt wurde. Zumindest gelang es ihm aber, Tidjanis Kopf zu retten, indem er nur von ›Machtmißbrauch‹ und ›Menschenraub‹ sprach.

Tidjani Thiam und Tierno Kounta Cissé wurden zu je drei Jahren Gefängnis verurteilt, davon ein Jahr verschärfter Haft, das heißt, im Verlies, ohne Besuche und ohne Ausgang; und sie erhielten Aufenthaltsverbot, dessen Dauer damals geheimgehalten wurde. Wir sollten sie erst sehr viel später erfahren, desgleichen die politischen Gründe dafür.

Tombo Tougouri, des Mordes angeklagt, wurde zu einer sehr langen Haftstrafe verurteilt.

Sämtlicher Besitz Tidjanis, den man konfisziert hatte, wurde versteigert. Ausgespart wurde nur das von seinen Eltern in Bandiagara geerbte Anwesen, wo seine Mutter, seine Ehefrauen und Angehörigen wohnen bleiben konnten.

Der König Aguibou Tall kaufte alle Tiere Tidjanis auf und richtete sich darauf ein, gleichfalls auch alle seine Pferde zu kaufen, in der Hoffnung, unter ihnen die berühmten Streitrosse Nimsaali und Kowel-Birgui zu erwerben, nach denen ihn seit langem gelüstete. Charles de la Bretèche, der sich in der Psychologie der Tukulor sehr gut auskannte, war sich bewußt, daß der König alles tun würde, um die beiden Hengste zu besitzen, deren Sieg einst die Unstimmigkeiten zwischen den Tall und den Thiam verschärft hatte, und daß es ihn schmeicheln würde – sofern er Erfolg hatte –, in dieser Angelegenheit das letzte Wort behalten zu haben, was wiederum eine heftige Reaktion bei den Thiam auslösen konnte. Darauf bedacht, einen Wiederausbruch des Konflikts zu vermeiden, ließ der Kommandant die beiden Pferde durch den Hauptmann der Spahischwadron aufkaufen. Dann ließ er sie unauffällig nach Koulikouri schicken, wo die Schwadron stationiert war.

Als die Pferde zur Versteigerung kamen, stellte König Aguibou fest, daß die beiden Streitrosse fehlten. Unfähig, sich zu beherrschen, fragte er den Kommandanten, wo sie sich befänden. Dieser teilte ihm mit, daß sie für den Spahihauptmann nach Koulikouri gebracht worden seien. Statt einer Antwort zitierte Aguibou das Sprichwort: *Das Tam-Tam behält recht gegenüber der Gitarre...* – oder mit anderen Worten: *Das Recht des Stärkeren setzt sich gegen das der Schwächeren durch...*

EXIL

Eines Morgens ließ der Kommandant Tidjani in sein Büro kommen.

»In Anbetracht der Gerüchte, die im Land im Umlauf sind«, sagte er zu ihm, »und um jede Gefahr von Unfriede zu vermeiden, sieht die Administration sich gezwungen, dich ab sofort aus Bandiagara zu entfernen. Du wirst nach Bougouni überstellt.«

Diese Überstellung hatte gleichzeitig einen anderen Grund. Tidjani und Tierno Kounta Cissé waren zu einem ersten Jahr verschärfter Haft verurteilt worden. Nun war das mitten im Land der Bambara gelegene Gefängnis von Bougouni als einziges so ausgestattet, daß es zu verschärfter Haft Verurteilte aufnehmen konnte; es war damals das Bagno des *Haut-Sénégal-et-Niger*. Darum schickte man sie dorthin, und zweifellos auch, um sie aus einer Region zu entfernen, wo vorwiegend Fulbe und Tukulor lebten.

Tidjani antwortete:

»Da ich Luta und meinen Wohnsitz in Bandiagara verlassen habe, ist es mir gleichgültig, wohin man mich nun schickt.«

Als Kadidja von der bevorstehenden Überstellung ihres Mannes erfuhr, suchte sie den Dolmetscher Bâbilen Touré auf. Sie bat ihn, zu ihren Gunsten beim Kommandanten vorstellig zu werden, damit er ihr erlaube, ihren Gatten zu begleiten. Was vermochte damals nicht alles ein kolonialer Dolmetscher, vorausgesetzt, der Bittsteller verstand es, sein Ersuchen mit der ›nächtlichen Chose‹ zu untermauern, dem diskreten Geschenk, das man ihm nach Einbruch der Dunkelheit, vor Blicken geschützt, zusteckt!... Und Kadidja verfügte ja über ein ausreichendes Vermögen, um alle die zu kaufen, deren Beistand sie benötigte, und sie zögerte nie, den Preis zu zahlen. Bâbilen riet ihr, den Kommandanten um eine Unterredung zu bitten und sich mit einem den Umständen entsprechenden Kopf und Gesicht in sein Büro zu begeben.

Charles de la Bretèche hatte bereits, und zwar lange vor dem Ausbruch der Revolte von Luta, von dieser ungewöhnlichen Fulbefrau gehört; er machte also keinerlei Schwierigkeiten, sie zu empfangen. Man muß auch erwähnen, daß Bâbilen zugunsten Kadidjas seinen ›guten Mund benutzt‹ hatte, wie man so sagt.

Mittels des Dolmetschers bat Kadidja den Kommandanten um die Erlaubnis, ihren Gatten nach Bougouni zu begleiten. »Wenn er unterwegs sterben sollte«, erklärte sie ihm, »muß jemand aus seiner Familie anwesend sein, um ihm die traditionellen religiösen Ehren zu erweisen. Sonst hört seine Seele nicht auf zu klagen und in dieser niederen Welt umherzuirren, wo sie sogar den Lebenden zum Verhängnis werden könnte.«

Der Kommandant sah Kadidja voll Mitleid an. Er überlegte einen Augenblick, knabberte an seinem Bleistift und sagte dann:

»Es liegt nicht in meiner Gewalt, wem auch immer zu gestatten, daß er Tidjani Thiam begleitet, denn wie du weißt, ist er zu verschärfter Haft verurteilt worden, ebenso wie sein Kadi Tierno Kounta Cissé. Besuch oder Begleitung sind also in keiner Weise zulässig. Und außerdem, wenn man sich an die Anklagepunkte gehalten hätte, hätten alle beide zum Tode oder zu lebenslanger Haft verurteilt werden müssen; aber ich habe im Urteil gewissen Umständen Rechnung getragen, die ich entdeckte und die mich sogar haben vergessen lassen, daß Tidjani mich selbst unterwegs beinahe in einer Art Verzweiflungsanfall getötet hätte, so, als ob er mich daran hindern wollte, ihm zu Hilfe zu kommen. Ich kann dir also nicht gestatten, ihn zu begleiten. Dagegen kann ich niemanden daran hindern, sich von Bandiagara nach Bougouni zu begeben. Der Weg ist frei. Es genügt, um den vorschriftsmäßigen Passierschein nachzusuchen.«

Das ließ Kadidja sich nicht zweimal sagen. Sie dankte dem Kommandanten für seine Güte, dann bat sie ihn, ihr und desgleichen ihrer Dienerin Batoma Sow einen Passierschein nach Bougouni zu bewilligen. Der Kommandant ließ ihr dieses Dokument mit dem Vermerk: ›Reist mit ihrer Dienerin Batoma Sow‹ sogleich ausstellen.

Mit dem kostbaren Papier versehen, einem wahrhaftigen Talisman, der so manches Hindernis zum Verschwinden brachte, kehrte Kadidja nach Hause zurück. Sie nahm unauffällig den Verkauf von vierzig Stück Vieh vor, dann kaufte sie alles, was sie für eine sehr lange Reise brauchte. Bougouni lag immerhin mehr als siebenhundert Kilometer von Bandiagara entfernt südlich von Bamako, mitten im Bambaraland.

Sie versuchte, mich mitzunehmen, aber Beydari, das Oberhaupt meiner Familie väterlicherseits, widersetzte sich dem standhaft, wegen meines Alters und den Unsicherheiten der Reise.

Tidjanis langer Marsch

Die Administration verwendete große Sorgfalt darauf, den Aufbruch von Tidjani Thiam und seinen Leidensgenossen geheimzuhalten. Man befürchtete ständig verzweifelte Reaktionen seitens der Thiam, die es nicht ertragen konnten, daß ihr Freund statt der wahren Schuldigen eine entehrende Strafe verbüßte. Aber welche Maßnahme konnte geheim bleiben, wenn die Chefs der Wachen, die die Abreise organisieren sollten, die listigen Frauen, die Sie ja kennen, als Ehefrauen hatten? Eines Tages überraschte Koorka Bâbilâli ihren Gatten dabei, wie er dem Chefbrigadier Bouraïma Soumaré die letzten Instruktionen für die Reise gab. Der Chefbrigadier sollte den Befehl über den Konvoi bis Segu übernehmen, der Stadt, wo eine Wachablösung stattfinden sollte. Koorka setzte sofort meine Mutter davon in Kenntnis. Am selben Abend fragte diese Bouraïma Soumaré, ob sie sich inoffiziell dem Konvoi anschließen dürfe. Bouraïma war einverstanden, aber aus Vorsicht setzte er einen etwa dreißig Kilometer von Bandiagara entfernten Treffpunkt fest.

Als der Tag kam, wurden die Häftlinge beim ersten Hahnenschrei, dieweil die ganze Stadt noch im Schlaf lag, aus ihrem Gefängnis geholt. Tidjani und Tierno Kounta waren aneinandergekettet. Tombo

Tougouri dagegen hatte die Hände auf dem Rücken zusammengebunden; um seinen Hals legte man ein starkes Seil, das man am Sattelknopf eines berittenen Wachsoldaten befestigte. Einige Samogefangene folgten. Der Konvoi setzte sich so still wie möglich in Bewegung und nahm die Straße nach Segu.

Am vorgesehenen Treffpunkt stieß meine Mutter, von Batoma Sow begleitet, zum Konvoi, dem sie in geringem Abstand folgte. Mit sich führte sie drei Lastochsen, beladen mit Lebensmitteln und Lekkereien, die sie im Laufe der Reise aufzufüllen gedachte.

Der Chefbrigadier Bouraïma Soumaré hatte die Weisung erhalten, aus Sicherheitsgründen die großen Straßen zu meiden. Der Konvoi drang in unberührtes, aus stachligem Buschwerk und dornigem Gestrüpp jeglicher Art bestehendes Buschland vor. Die Pflanzenwelt erwies sich als so dicht, daß man nur vorankommen konnte, wenn man mit dem Buschmesser die Lianen und hohen Gräser abschlug, die den Weg versperrten. Manchmal war man sogar gezwungen, Buschfeuer zu entzünden, um sich einen Durchgang zu bahnen, und mußte den nächsten Tag abwarten, um den Weg fortsetzen zu können.

Den Unbilden der Witterung ausgesetzt und den wilden Tieren, von denen es damals zwischen Bandiagara und Segu nur so wimmelte, kamen die Männer mühsam voran, bestenfalls fünfundzwanzig Kilometer am Tag. Zuweilen benutzten sie die Wege, die die Armee von El Hadji Omar einst geschlagen hatte, oder die Pfade des Colonel Archinard, als der quer durch das Land Ahmadu Seku verfolgte, den ältesten Sohn von El Hadji Omar.

Nachdem der Konvoi um Djenné herumgezogen war, wandte er sich nach Saro, einem größeren, von Bambara besiedelten Weiler, wo an diesem Tag ein großer Wochenmarkt stattfand. Bouraïma Soumaré beschloß, anzuhalten und die Vorräte für seine Männer zu ergänzen.

Tidjani Thiam und Tierno Kounta, die ihr Wort gegeben hatten, keinen Fluchtversuch zu unternehmen, waren seit Djenné losgebunden, was dem mit ungewöhnlicher Kraft begabten und von Kindheit an hartes Arbeiten gewohnten Tidjani erlaubt hatte, mit kräftigen Schlägen des Buschmessers den Weg zu bahnen, zur größten Zufriedenheit der Wachsoldaten und ihrer Reisegefährten. Tombo Tougouri aber hatte sich geweigert zu versprechen, daß er nicht davonlaufen würde. Also ließ man seine Hände auf dem Rücken gebunden.

Als sie den Markt erreichten, zerstreuten sich Bouraïma Soumaré und seine Soldaten zwischen den Ständen, versorgten sich mit Proviant und frischten ihren Vorrat an Kolanüssen, Tabak und anderen kleinen Genußmitteln auf. Sie hatten Tombo Tougouri im Schatten eines Kapokbaums sitzend in der Gesellschaft eines einzigen Wachsoldaten zurückgelassen, doch dieser schlief sofort ein, unter der vereinten Wirkung von Hitze und Müdigkeit. Bald sank ihm der Kopf auf die Brust.

Eine junge Samofrau war zum Markt gekommen, um Lebensmittel zu verkaufen. Als sie am Kapokbaum vorbeiging, sah sie die schlafende Wache und Tombo Tougouri, den sie wegen seiner rituellen Gesichtsnarben als Samojäger erkannte. Sie ging zu ihm. Sie tauschten einen Blick gegenseitigen Einvernehmens. Zweifellos begriff sie, daß der Gefangene wünschte, die Hände frei zu bekommen, denn sie verschwand und kehrte fast umgehend mit einem Messer zurück. Sie schlich hinter Tombo Tougouri, schnitt geschickt die Seile durch, die seine Hände einschnürten, wobei sie nur noch eines übrigließ, das der Gefangene leicht selbst lösen konnte. Unweit von dort beobachtete Tierno Kounta die Schliche der Frau und begriff, was geschah. Er machte Tidjani darauf aufmerksam. »Tu so, als ob du nichts gesehen hättest«, riet dieser. »Sagen wir erst einmal nichts und warten wir ab.«

Bei ihrer Rückkehr merkten die Wachsoldaten nichts. Bouraïma Soumaré entschied, daß der kleine Trupp an Ort und Stelle übernachten und am nächsten Tag im Morgengrauen wieder aufbrechen sollte. Nach Einbruch der Dunkelheit gab ein Pferdeknecht Tombo Tougouri Bissen für Bissen sein Essen, dann streckte letzterer sich aus und schloß die Augen. Der Wachsoldat Tiessaraman Coulibaly lehnte sein geladenes Gewehr gegen ein Mäuerchen – unterwegs sind die Waffen ständig geladen –, dann streckte er sich, wie alle seine Kollegen, auf dem Boden aus. Er schlief sofort fest ein.

Zu fortgeschrittener nächtlicher Stunde entledigte Tombo Tougouri sich leise seines Stricks. Dann robbte er langsam auf dem Rücken, so daß man ihn nicht in ungewohnter Stellung überraschte, auf das

Gewehr des Wachsoldaten zu. Tidjani, der nicht schlief, beobachtete ihn. Als Tombo Tougouri sich nahe genug bei der geladenen Waffe befand, sprang er auf, um sie an sich zu nehmen, aber ein heftiger Fußtritt in die Seite gebot seinem Schwung Einhalt. Bevor er wieder zu sich kommen konnte, hatte Tidjani sich der Waffe bemächtigt und richtete sie auf ihn. Unter dem Schmerz zuckte Tombo Tougouri auf dem Boden zusammen. »Wenn du dich bewegst, mache ich eine Leiche aus dir«, sagte Tidjani zu ihm. Der Samo wußte genau, daß der, dessen Bruder er um eines Ziegenbocks willen ermordet hatte, fähig war, ihn ohne viel Aufhebens in die andere Welt zu befördern. Er begann, an allen Gliedern zu zittern, doch nur seine Nerven hatten ihn im Stich gelassen; sein Herz, die Folge sollte es beweisen, verspürte keinerlei Angst.

Bouraïma Soumaré und seine Kameraden waren aus dem Schlaf hochgefahren. Es machte ihnen keine Mühe, Tombo Tougouri zu überwältigen, der unterdessen all seine Energie wiedergefunden hatte. Man hätte meinen können, ein von einer Meute zur Ohnmacht verdammtes, wütendes Wildschwein vor sich zu haben. Bouraïma Soumaré fragte ihn, was er mit dem Gewehr tun wollte. Er grinste höhnisch: »Zuerst Tidjani Thiam und seinen Kadi umbringen und dann alle diejenigen von euch beseitigen, die versucht hätten, mich festzuhalten.« Es steht außer Frage, daß er ohne Tidjanis Dazwischentreten ein Gemetzel angerichtet hätte.

Bouraïma Soumaré begriff, daß er es mit einem Unbeugsamen zu tun hatte, dessen Körper mehr aus Wut denn aus Angst zitterte. Um jeden neuen Zwischenfall zu vermeiden, beschwerte er ihn dieses Mal mit Eisenketten, was den Marsch des Konvois weiter verlangsamte.

Als sie nach Segu kamen, erstattete der Chefbrigadier der Amtsgewalt Bericht über den Fluchtversuch von Tombo Tougouri und unterstrich den Mut, den Tidjani Thiam unter Beweis gestellt hatte.

Tombo Tougouri wurde nun im Gefängnis von Segu verwahrt, wo er um den Preis Hunderter trauriger Begebenheiten eine lange Haftstrafe verbüßte. Aber er sollte überleben und schließlich in sein Dorf Toïni zurückkehren. Als ich im Jahre 1932 dorthin kam, lebte er noch. Die anderen Samogefangenen blieben gleichfalls in Segu.

Die Bevölkerung bestand dort vorwiegend aus Bambara, und die Obrigkeit meinte, daß Tidjani Thiam und Tierno Kounta Cissé keine Gefahr mehr darstellten und man somit riskieren könne, sie auf dem Fluß nach Bamako zu befördern. Man schiffte sie auf einer Gefängnispiroge ein, mit einer Eskorte von drei Wachsoldaten. Kadidja und Batoma, die dem Konvoi bis hierher in einem gewissen Abstand gefolgt waren, nahmen in einer anderen Piroge Platz.

In Koulikouri, der letzten Etappe vor Bamako, verließen die Gefangenen den Fluß und wurden mit der Eisenbahn nach Bamako gebracht, wo sie dem Kommandanten übergeben wurden. Bewacht von einer neuen Eskorte setzten sie den Weg fort und legten die einhundertsechzig Kilometer zu Fuß zurück, die sie noch von Bougouni trennten, dem Ziel ihrer langen und beschwerlichen Reise.

Kadidjas Dorf

In Bougouni war die Anweisung zu verschärfter Haft den beiden Gefangenen vorausgeeilt und vom dortigen Kommandanten auf äußerst strenge Weise ausgelegt worden. Ein enges, mit Dornen verputztes, in einer Art von tiefem Keller untergebrachtes Verlies, feucht und ohne Licht, erwartete die beiden Unglücklichen. Kaum waren sie angekommen, wurden sie dorthin gebracht. Der Stamm eines jungen Kaïlzedratbaums ging quer durch die ganze Zelle und war an beiden Seiten in der Mauer befestigt. Tidjani und Tierno Kounta wurden die beiden äußeren Enden des Stammes angewiesen. Man schloß ihre Füße in Eisenringe mit kurzen, im Holz des Baumes festgenagelten Ketten.

In diesem schwarzen, dreckigen, ungesunden Loch, wo sie nie ein menschliches Wesen sahen oder Licht, sollten Tidjani und Tierno Kounta von nun an leben wie in einem Schweinestall. Man ließ ihnen ihr Essen in einem mit einem langen Seil versehenen Eimer hinunter, ein anderer Eimer diente dazu, die Fäkalien wegzuschaffen.

Kadidja hatte beim Distriktkommandanten um eine Unterredung ersucht, doch er geruhte nicht, sie zu empfangen. Sie hatte das Glück, in der Stadt einen nahen Fulbeverwandten zu entdecken, Galo Bâ. Im Futa Toro (Senegal) gebürtig, war er einst einer französischen Kolonne gefolgt, die Jagd nach Samory machte, hatte sich dann schließlich in Bougouni niedergelassen und dort eine Familie gegründet. Kadidja fand auch einen entfernten Cousin von Tidjani namens Mamadou Thiam, der in der Stadt ein kleines Handelskontor führte.

Einer dieser beiden Verwandten, ich weiß nicht mehr welcher, brachte sie mit dem Kantonchef von Bougouni, Tiemokodian, zusammen, dem bedeutendsten traditionellen Bambaraoberhaupt in der Region. Von ihrem Unglück gerührt, gewährte er meiner Mutter Gastfreundschaft in seinem eigenen Haus. In wenigen Monaten hatte sie Tiemokodians Frauen und Kinder erobert und dann Tiemokodian selbst. Sie flocht die Haare der Gemahlinnen des Oberhaupts zu kunstvollen Frisuren nach Art der Fulbe, brachte ihnen neue Rezepte bei... Und so gewann sie das Vertrauen des bedeutendsten Oberhauptes im Lande und machte die Bekanntschaft aller Notabeln von Bougouni. Zu Beginn ihres Aufenthalts sprach sie kein Wort Bambara und mußte einen Dolmetscher in Anspruch nehmen, meistens Galo Bâ. Aber da sie, wie fast alle Afrikaner jener Zeit, sprachbegabt war, konnte sie sich bald behelfen und sprach dann fließend die dortige Sprache.

Trotz all ihrer Versuche gelang es Kadidja nicht, sich mit ihrem Gatten in Verbindung setzen. Die Vorschrift war unerbittlich. Der Distriktkommandant übte eine dauernde argwöhnische Kontrolle aus. Das wenigste, was man von diesem Kommandanten sagen kann – dessen Namen ich aus Rücksicht auf seine Familie verschweige –, ist, daß er wunderlich war.

Sein größtes Vergnügen bestand darin, das Gefängnis, das Pulvermagazin und die Zahlmeisterei mehrfach am Tag und sogar in der Nacht aufzusuchen, was ihm um so leichter fiel, als er nur zwischen fünfzehn und achtzehn Uhr Schlaf fand. Keine Behandlung hatte ihm seinen Schlaf zurückgeben können, den er nach einer sich in Indochina zugezogenen Krankheit verloren hatte. Darüber hinaus wurde er von einem seltsamen Tick heimgesucht. In regelmäßigen, häufigen Abständen öffnete und schloß sich sein Mund, als wolle er den Wind beißen. Und jedes Mal, wenn der Krampf seiner Mundmuskeln es ihm erlaubte, schrie er wie ein Irrer. Man gab ihm schnell den Spitznamen *Coumandan dajenje kloti:* – Kommandant-Zerrmund-Schreiausbruch. Einige Monate später streckte ihn das Tropenfieber nieder, und man brachte ihn sofort ins Mutterland zurück.

Zum Glück für meine Familie wurde er durch einen Mann ersetzt, der mit großen menschlichen Qualitäten ausgestattet war, den Kommandanten de Courcelles. Dieser erhielt bald den Beinamen *Denkelen-buru* – Trompete für den einzigen Sohn, denn er hatte die Angewohnheit, des Nachmittags zwischen vierzehn und zwanzig Uhr auf einem Kornett genannten Blasinstrument zu spielen. Sein Diener Ousmane Ouaga Traoré erzählte überall, daß dieses Instrument aus reinem Gold sei und daß es von französischen Goldschmieden extra für den Kommandanten im Auftrag seiner Eltern gegossen worden sei, sehr reichen Adeligen, die ihren Sohn nicht daran hindern konnten, in die Kolonien zu gehen, und ihm darum dieses Andenken geschenkt hatten, damit er die dem hohen französischen Adel geziemenden Weisen spiele und jedes Mal flöte, wenn sein Herz das Heimweh nicht bezähmen könne. »Das Instrument meines Herrn«, sagte er jedem, der es hören wollte, »hat den Gegenwert von fünfhundert schönen Färsen gekostet, weiterhin von fünfzig Vollbluthengsten aus dem Sahel!« Das war seine Art, seinen Herrn groß herauszustellen und bei dieser Gelegenheit auch sich selbst.

Die Großzügigkeit des Kommandanten, der sehr freigebig war, trug viel dazu bei, diese Reden wahrscheinlich klingen zu lassen.

Die Residenz des Kommandanten war auf einem der Hügel erbaut, wie sie sich im Osten Bougounis erheben. Man nannte ihn *Coumandan-kulu,* den Hügel des Kommandanten. Das ganze Tal, das sich an seinem Fuße erstreckte, gehörte dem großen Bambaraoberhaupt Tiemokodian oder besser gesagt, es unterstand der traditionellen Befehlsgewalt, die er als ›Herr der Erde‹ ausübte, ein rituelles Amt, das ihn ermächtigte, den Geistern der Erde Opfer darzubringen, damit die Menschen sie unbeschadet bewirtschaften können. Dort hatte er auch seine eigenen Hirse-, Mais- und Yamswurzelfelder.

Kurz vor der Ankunft des Kommandanten de Courcelles in Bougouni hatte Kadidja Tiemokodian gebeten, ihr ein kleines Stück Land am Fuß des Hügels abzutreten, damit sie dort Wohnhäuser bauen und ein wenig Feldbau betreiben könne. Tiemokodian antwortete meiner Mutter, daß die Mutter Erde Gott und den Ahnen gehöre und zu heilig sei, um wessen Eigentum auch immer zu werden; man könne also nichts als ›Eigentum‹ abtreten. Gleichwohl könne ein ›Herr der Erde‹ auch nicht jemandem die Nutzung verweigern, wenn er ein unbebautes Stück erschließen wolle. Es genüge, den ›Brauch zu zahlen‹, also zehn Kolanüsse, eine mit Tabak zum Kauen oder Schnupfen gefüllte Tabaksdose, sieben Ellen weißen Baumwollbandes, ein Hähnchen und ein Stück Steinsalz. Kadidja zahlte den Brauch, was ihr das Recht gab, ein ihr zusagendes Stück Land zu bezeichnen und es, nach dem durch Tiemokodian gefeierten Ritual, nicht als Eigentum, sondern in einer Art Nießbrauch zu bewirtschaften.

Sie wählte ein Stück Land von zwei Hektar Fläche aus, das etwa zwei Kilometer von der Stadt entfernt lag, an der Kreuzung der Straßen, die im Westen nach Guinea, im Nordosten nach Bamako und im Süden zur Elfenbeinküste führen. Die Straße nach Bamako wurde übrigens gerade ausgebaut.

Kadidja hatte ihre eigene Idee im Hinterkopf. Die Karawanen der Diolahändler[26], die zwischen dem Salzland im Nordosten und dem Kola-Land im Süden (heute Elfenbeinküste) hin und her zogen, reisten alle über diese Straße. Daher plante sie, auf diesem Gelände nicht nur eine Gruppe von Wohngebäuden für die Familie zu bauen, sondern auch ein Campement für Gäste, wo die reisenden Diola Unterkunft und Essen finden sollten. Sie hatte sich diesbezüglich Tiemokodian anvertraut, der das Vorhaben persönlich dem Kommandanten ›Zerrmund-Schreiausbruch‹ unterbreitet hatte. Der gab seine Einwilligung. Kadidja ließ auf dem Gelände zunächst zwei große Brunnen graben, den einen für ihre Familie, den anderen für die Reisenden. Dann ließ sie das eigentliche Campement herrichten, das etliche Lehm- und Strohhäuser umfaßte, des weiteren ein sehr großes Vordach von etwa zwanzig mal fünf Metern. So müßten die Diola nicht mehr von ihrem Weg abbiegen, um sich in Bougouni-Stadt mit Lebensmitteln zu versorgen, auszuruhen oder zu übernachten. Die Leute von Bougouni, die immer gleich bereit sind, jedem Ding einen Namen zu geben, tauften den Ort *fulamusso-bugu* – das Dorf der Fulbefrau, dann *Kadidjabougou*, Kadidjas Dorf.

Meine Mutter hatte eine Diolafrau aus Bougouni gebeten, Batoma zu zeigen, wie man die Pfannkuchen und den Hirsebrei zubereitet, die die Diola für ihr Leben gern essen, vor allem als morgendliches Frühstück. Batoma machte ihre Sache so gut, daß sie sogar auf die Märkte in der Umgebung ging, um die Pfannkuchen zu verkaufen.

Auch die Frauen der Distriktwachen kamen alle, und zwar, um sich die Haare von meiner Mutter flechten zu lassen, die schließlich ihre Vertraute und geschätzte Ratgeberin wurde.

Als Kommandant de Courcelles in Bougouni ankam, fand er das Campement in voller Blüte, vor Betriebsamkeit summend vor. Nicht ohne Erstaunen erfuhr er, daß der Ort von einer in der Gegend fremden Frau gegründet worden sei, einer Fulbe, die obendrein gar die Frau eines Zuchthäuslers war. Begierig, mehr zu erfahren, ließ er sich die ganze Akte des Häftlings Tidjani Thiam kommen und studierte sie aufmerksam. Er zog die Schlußfolgerung, daß die Wahrheit über die Affäre von Luta mit den Ermittlungsergebnissen nicht viel zu tun hatte und daß das Urteil sie auch nicht erklärte. Stutzig geworden, gab er den Befehl, Tidjani und Tierno Kounta in sein Büro kommen zu lassen. Er traf auf zwei erschöpfte Männer mit geschwächten Gliedern, die Haut mit einer Schmutzkruste bedeckt, mit eiternden Wunden und halb blind, die im Tageslicht blinzelten und Latrinengestank um sich verbreiteten. Tierno Kounta, sehr viel älter als Tidjani und von schwächerer Konstitution, konnte sich nicht mehr aufrecht halten. Sie hatten beide einen mehrere Monate alten Bart.

Kommandant de Courcelles gab sofort den Befehl, die beiden Häftlinge herauszuholen aus dem, was man das *Kaso-kolon*, das Brunnengefängnis, nannte und sie in eine normale Zelle zu überstellen. Dann beauftragte er den diensthabenden einheimischen Arzthelfer, sie solange zu pflegen, bis sie wieder zu Kräften gekommen wären. Kadidja ließ ihnen mit dem stillen Einverständnis der Wachen regelmäßig Lebensmittel schicken.

Der Kommandant begeisterte sich, man weiß nicht warum, für die Affäre Tidjani Thiam. War er durch einen seiner Boys, einen mit dem Thiam-Clan durch Verschwägerung verbundenen Tukulor aus dem Clan Ly, dem Kadidja die ganze Geschichte erzählt hatte, auf dem laufenden? Wie dem auch sei, als ausgezeichneter Jurist, der er war, ging er die Akte Punkt für Punkt durch. Er fand Lücken und sogar einen Formfehler in der Begründung der Verurteilung von Tidjani und Tierno Kounta. Er schickte seinen Vorgesetzten einen Bericht. Ich weiß nicht, wie er es fertigbrachte, aber letztendlich wurde das Urteil durch eine hohe Instanz in Kayes, dem Hauptort der Kolonie *Haut-Sénégal-et-Niger*, revidiert. Die Strafe auf verschärfte Haft wurde in eine Gefängnisstrafe nach allgemeinem Recht abgeändert. Der Zwangsaufenthalt auf unbekannte Dauer in Bougouni wurde beibehalten, aber es handelte sich dabei, wie wir später erfahren sollten, um eine eher politische als juristische Maßnahme.

Endlich ans Tageslicht zurückgekehrt, wurde Tidjani und Tierno Kounta gestattet, in ihrem neuen Gefängnis den Besuch ihrer Verwandten und Freunde zu empfangen. Trotz der medizinischen Versorgung und der guten Ernährung brauchten sie mehrere Monate, um sich von ihren Heimsuchungen zu erholen. Sobald sie ihre Kräfte wiedergefunden hatten, wurden sie zu Frondiensten gezwungen, denen alle Häftlinge nach allgemeinem Recht sich damals unterziehen mußten. Die härtesten Arbeiten jener Zeit galten einer Verbindungsstraße durch den Wald zwischen dem Flußufer und der großen Straße nach Bamako. Es ging darum, den Pfad zu erweitern, den die von Bamako kommenden Diolahändler gewöhnlich nahmen, um Bougouni ohne Umweg zu erreichen.

Als Tidjani Thiam seine Körperkräfte wiedererlangt hatte, erwies er sich als jemand, der außergewöhnlich gut Land urbar machen und große Bäume fällen konnte. Er war unermüdlich! Glücklich, wieder in der frischen Luft zu sein, ließ er seine Axt mit den Schlägen seiner starken Arme hinabsausen und sang dabei bekannte Lieder in arabischer Sprache, vor allem die berühmte *Burda* des Scheichs Mohammed-el-Bushiri und die *Safinatu Saada* des El Hadji Omar, die zu Ehren des Propheten komponiert worden waren.

Tidjani sammelte die Früchte der strengen Lehre, der sein Vater ihn in seiner Jugend unterzogen und die ihm seine ungewöhnliche Kraft und Ausdauer verliehen hatte. Alle afrikanischen Prinzen, die während der Kolonialzeit in Bougouni eingekerkert waren, starben daran, außer meinem Vater Tidjani – Tierno Kounta sollte den Kerker nicht lange überleben. Jedesmal, wenn Tidjani dem Baumstamm einen Axthieb verpaßte, sagte er: »Danke, mein Vater! Ich habe geglaubt, daß du mich nicht liebtest, ich wußte nicht, daß du mich auf das hier vorbereitet hast!« Und er fällte den Baum in Rekordzeit!

Um den Fortgang der Arbeiten zu verfolgen, brauchte sich Kommandant de Courcelles nicht an Ort und Stelle zu begeben; es genügte, zur ersten Anhöhe seines Hügels hinabzusteigen und die großen Augen seines mächtigen Feldstechers auf die Baustelle zu richten. Es schien ihm Freude zu machen, wenn er sah, wie Tidjani, ein Tukulorprinz und ehemaliger Chef einer großen Provinz, sich dareinfügte, härter zu arbeiten als ein Sklave und, wie es schien, mit wirklicher Freude. Letzten Endes stellte Courcelles fest, daß es praktisch Tidjani war, der die Arbeiten leitete, und nicht der Kommandeur der Wachsoldaten, der den größten Teil der Zeit damit verbrachte, im Baumschatten zu sitzen und mit Genuß sein Hirsebier zu schlürfen.

Dieser mürrische Soldat, der sich selbst den Beinamen *gonfin yirijugu feere* – ›schwarzer Schimpanse Blüte eines giftigen Baums‹ gegeben hatte, erhob sich nur, um aus purem Vergnügen und ohne triftigen Grund den ersten besten Gefangenen, der in Reichweite vorbeiging, auszupeitschen. »Meine Zunge und meine Hand jucken mich«, sagte er gern. »Nun, die Gefangenen sind dazu da, beleidigt und ausgepeitscht zu werden.« Und jedesmal, wenn er diesen Satz aussprach, drang er mit gesenktem Kopf auf die Gruppe Häftlinge ein, auf die er mit aller Kraft einschlug, vorne, rechts und links, und dabei Hunderte von unflätigen Beleidigungen ausstieß. Wenn er der Prügelei müde war, legte er, die Peitsche unter die Achsel geklemmt, die Hände auf die Hüften, rülpste von Zeit zu Zeit kräftig, um zu zeigen, was ein gesättigter und befriedigter Mann ist, und rief den Häftlingen auf Bambara zu: »Betet zu den Manen eurer Vorfahren, daß mein ›kleiner Bruder‹ – so nannte er seine Peitsche –, den ihr hier unter meinen Arm geklemmt seht, nicht ausquartiert wird, sonst bearbeitet er eure verbrecherischen Rücken wie die *daba* das Unkraut auf den Feldern bearbeitet. Dort ist der Kommandant, auf dem Gipfel seines Hügels, wo er wie der große Adler der Lüfte thront, aber hier, im Tal, bin ich, dem Flußpferd gleich, das die Reisfelder verwüstet. Hier kommandiere ich, und nicht der Kommandant.« Und in seinem ›Schützenfranzösisch‹, dem sogenannten *forofifon naspa*, fügte er hinzu: *»Allez, travadjé travadjé* ! Travaillez – Los, arbeitet! *Sinon mon cochon, moi cochonner vous comme y faut!* Sonst mein Schwein, ich schweinen euch wie's muß!«

Ohne Gonfins Wissen setzte Kommandant de Courcelles seine geheimen Beobachtungen fort. Nach mehreren arbeitsreichen Monaten war die etwa fünfzehn Kilometer lange Straße fast fertig. Nur eine kleine Brücke war noch zu bauen. Plötzlich hatte Gonfin den Einfall, große leere Verpackungskisten kommen zu lassen, die alle zum Transport von zwölf Alkoholflaschen, die in Strohmänteln steckten, gedient hatten. Er verteilte die Kisten unter die Häftlinge und befahl ihnen, sie mit Erde zu füllen und zur Brücke zu bringen. »Ich verlange«, bellte er, »daß ihr noch heute, vor Sonnenuntergang, die Brücke fix und fertig aufgeschüttet und die Chaussée festgestampft habt.« Er lud sein Gewehr mit fünf Kugeln und lehnte es gegen einen Baum. »O Kamerad starker Furz«, sagte er zu seinem Gewehr, »du wirst dich da an diesem Baum ausruhen und abwarten, bis ein unkluger Häftling mich zwingt, mich deiner gegen ihn zu bedienen.« Dann drehte er sich zu den Häftlingen um: »Los!« schrie er, »die Picken, Schaufeln und Hacken sollen die Totengräbermelodie spielen und die Zwölferkisten sich mit Erde füllen... *Allez, travadjé travadjé! Sinon mon cochon, moi cochonner vous comme y faut!*«

Es waren etwa zehn Häftlinge. Tidjani gehörte zu denen, die hackten und schaufelten, während Tierno Kounta zum Transport der Kisten abkommandiert war, die die Häftlinge auf dem Kopf trugen. Nun wog jede dieser gut mit Erde gefüllten Kisten nicht weniger als dreißig bis fünfunddreißig Kilo. Nach ein paar Gängen war Tierno Kounta so erschöpft, daß er zusammenbrach und seine Kiste ihm beinahe den Schädel zermalmt hätte. Gonfin sprang auf und schwang drohend die Peitsche: »Du Krüppelaffe! Steh auf, nimm die Kiste und mach ein bißchen schneller, oder du wirst merken, daß Gonfins Hände nicht gerade weich sind...«

Tidjani, die Schaufel in der Hand, eilte herbei und versuchte, Gonfin daran zu hindern, daß er den alten Mann schlug. »Gonfin«, sagte er, »die Kiste ist zu schwer für einen mehr als sechzigjährigen Mann.

Laß ihn ein wenig zu Atem kommen...« Gonfin ballte die Faust und preßte die Zähne zusammen. Mit Stielaugen beugte er sich zu Tidjani, der, die Schaufel in der Hand, in Ruhe abwartete. »Du konntest dich rühmen, bisher noch nicht die Peitschentaufe aus meinen Händen empfangen zu haben, doch das ist jetzt vorbei. Hier, nimm! Dein erster Gottesdienst!« Und er hob die Peitsche. In dem Augenblick, als er sie auf ihn niedersausen lassen wollte, wehrte Tidjani den Schlag mit dem Stiel seiner Schaufel ab, dann griff er rasch nach der Peitsche und riß sie Gonfin aus den Händen. Wahnsinnig vor Zorn stürzte letzterer sich auf sein Gewehr, aber Tidjani warf ihm die Schaufel zwischen die Beine. Gonfin stolperte darüber und streckte sich ein paar Meter von der Waffe entfernt der ganzen Länge nach am Boden aus. Bevor er die Zeit fand zu merken, wie ihm geschah, war Tidjani über ihn hinweggesprungen, hatte das Gewehr genommen und es gegen seine Stirn gerichtet: »Steh auf! Hände über den Kopf, oder ich puste dir mit deinem eigenen Gewehr das Gehirn aus dem Schädel. Und wie du weißt, bin ich Manns genug, das zu tun...«

Die Häftlinge fingen, kopflos geworden, an zu schreien. Kommandant de Courcelles hatte oben von seinem Beobachtungsposten aus nichts von der Szene versäumt. Er schickte sofort fünf Wachen aus, die die Ordnung wiederherstellen sollten, und befahl dem Brigadier Toumani Kamara, Tidjani das Gewehr aus den Händen zu nehmen und zu warten, bis er selbst an Ort und Stelle erschiene.

Die Wachen nahmen die Beine in die Hand. Als sie am Ort des Geschehens ankamen, konnten sie die Häftlinge ohne Schwierigkeiten beruhigen, aber als Toumani Kamara Tidjani aufforderte, ihm das Gewehr auszuhändigen, weigerte der sich. »Wenn ich das Gewehr zurückgeben soll«, sagte er, »dann nur in die Hände des Kommandanten selbst.«

Jemand hatte Kadidja aufgesucht und ihr erzählt, daß ihr Mann sich aufgelehnt und Gewehr und Patronen des Hauptaufsehers an sich genommen hätte. Sie nahm sich nicht einmal die Zeit, ihren Kopf zu bedecken oder Schuhe anzuziehen, und stürzte aus dem Haus. Mit nackten Füßen, die Haare vom Wind zerzaust, lief sie zur Baustelle, wo sie fast gleichzeitig mit dem Kommandanten eintraf. Sie stürzte zu ihrem Mann, der ihr zitternd und mit verstörten Augen zurief: »Zurück, Kadidja, zurück! Geh weg, ich setze diesem höllischen, schändlichen Leben ein Ende!«

Sie warf sich auf ihn: »Naaba! Naaba! Hast du mich hierherkommen lassen, um in den Tod zu fliehen, wie ein Feigling zu verschwinden und mich allein und allen ausgeliefert in dieser Not zurückzulassen? Wenn du zu sterben beschlossen hast, dann schieße zuerst auf mich, damit ich nach deinem Tod nicht zu einer elenden Witwe werde.« Und dieweil sie so sprach, umarmte sie ihn kräftig, um ihn an der Ausführung seiner Absicht zu hindern.

Kommandant de Courcelles kam näher: »Los, armer Tidjani, gib mir dieses Gewehr. Ich habe alles gesehen, du hast nichts zu befürchten.«

Courcelles wußte nicht, daß er sich eines Ausdrucks bedient hatte, der, seit Charles de la Bretèche ihn auf der Straße von Luta ausgesprochen, stets in Tidjanis Ohren gesummt hatte. Es war, als hätte er eine Zauberformel gesprochen. Aller Zorn fiel von ihm ab, und Tidjani ging zu ihm, einem gezähmten Raubtier gleich. Instinktiv stand er stramm, die rechte Hand an der Schläfe, wie er es bei den Wachen, den Infanteristen und den Spahi gesehen hatte. Dann hielt er ihm die Waffe und den Patronengürtel hin und sagte auf Französisch: »Pardon, ma coumandan...«

Kadidja warf sich Courcelles zu Füßen. Auch sie wiederholte auf Französisch: »Pardon, pardon, ma coumandan!« und führte ihre Hände an jede Seite des Kopfes in einer unbeholfenen Nachahmung des militärischen Grußes. Der Kommandant lächelte. Er zog sie hoch und beauftragte dann den Brigadier Toumani Kamara, alle zur Residenz zu bringen. Dort gab er den Befehl, Tidjani ins Gefängnis zurückzubringen und Tierno Kounta, der offensichtlich sehr übel dran war, ins Hospital. Dann hatte er eine private Unterredung mit Gonfin. Danach ließ der Kommandant Kadidja eintreten: »Kehre zu deinem Campement zurück«, sagte er zu ihr, »und fürchte nichts. Deinem Gatten wird nichts Schlechtes geschehen.«

Als Kadidja das Büro verließ, fand sie sich Gonfin gegenüber, der, ohne sich zu rühren und wie in Habachtstellung erstarrt, vor der Tür geblieben war. Ihre Blicke kreuzten sich. Von jenem Augenblick an vergaß Kadidja niemals den Ausdruck in Gonfins Gesicht. Das fette

Schwein, das seine Peitsche mal ›kleiner Bruder‹, mal ›Reisebegleiter‹ nannte, sah aus, als hätte ihn der Blitz getroffen. Und was das Reisen angeht, so war er nun im Dorf ›Schicksalsschlag‹, an der ›Straße zum Unglück‹ angekommen... Was war zwischen ihm und dem Kommandanten geschehen? Man erfuhr es nie. Jedenfalls hat ganze acht Tage lang niemand Gonfin durch die Stadt schlendern sehen, wie es sonst so seine Art war, schwankend, sturzbetrunken und schreiend wie ein Irrer, der über glühende Kohlen geht. Am neunten Tag eilte Fambougouri Diaguité, ein Stallbursche des Kommandanten, zu Kadidja: »Zuckere meine Zunge«, sagte er zu ihr, »damit sie dir eine glückliche Nachricht verkünde!« – die Art eines Nachrichtenübermittlers, um ein Geschenk zu bitten. Kadidja gab ihm eine Zehncentimes-Münze, die man damals gegen achtzig Kaurimuscheln eintauschte. Damit konnte man sich allerlei Zuckerwerk kaufen und sogar einen ganzen Tag lang eine kleine Familie ernähren.

Fambougouri wickelte sein rotes Kupfermünzlein sorgfältig in einen Lappen und steckte das Ganze in die Tasche seines Bubu. Dann sah er Kadidja an und gab endlich seine Nachricht preis: »Heute morgen«, berichtete er, »als ich auf den Aufgang der Sonnenscheibe wartete, um ihr Ehre zu erweisen, da habe ich mit meinen Augen gesehen, ja, mit meinen eigenen Augen, wie der Brigadier Toumani Kamara Gonfin aus dem Gefängnisgebäude holte. Gonfins Frau hat einen mit Gepäckstücken beladenen Esel vors Tor gebracht. Der Brigadier Toumani übergab Gonfin einen großen Umschlag. Gonfin steckte ihn in sein Gepäck, und dann hat er mit seiner Frau und seinem Esel die Straße nach Bamako genommen. Ich habe sie solange mit den Augen verfolgt, bis der Horizont sie verschluckt hat. Sie sind fortgegangen, davongeflogen wie tote Blätter, wenn der Wind weht, der den Regen ankündigt. Ich habe den Eindruck, der Kommandant hat Gonfin entlassen oder ihn versetzen lassen. Wie sehr doch Koro Zan recht hatte, im Sprichwort zu meinen: *Die verfaulten Holzstücke aus dem modrigen Brunnen fallen schließlich immer wieder in den Brunnen zurück!* Oder: Die Folgen einer schlechten Tat fallen früher oder später auf ihren Urheber zurück. Gonfin nannte sich selbst ›Blüte eines giftigen Baums!‹ Wohlan, möge er seine Früchte dorthin bringen, wo selbst Gott kein Mitleid mit ihm hat. *Amine!* Amen!«

Als echte Fulbefrau verstand Kadidja es, ihre Freude zu zügeln. Ohne daß sie ihr im Gesicht geschrieben stand, gab sie Fambougouri eine zweite Zehncentimes-Münze und setzte ihm eine volle Kalebasse feinen, mit frischer, gezuckerter Milch begossenen Hirsecouscous vor. Von dem Tag an gehörte Fambougouri zu Kadidjas verläßlichen Informanten, der regelmäßig ihr Haus besuchte.

Aber kommen wir zu Tidjani zurück. Er hatte nicht nur in jungen Jahren gelernt, mit Schaufel, Spitzhacke, Axt und Bauernhacke umzugehen, er war nicht nur – und das hat man in Toïni gesehen – ein hervorragender Schütze und erfahrener Reiter, er konnte auch – was den europäischen Leser sicherlich überraschen wird – nähen und sticken wie die Afroaraber von Timbuktu. In den westafrikanischen, südlich der Sahara gelegenen, einst *Bafour* genannten Ländern hatten die noblen Tukulor und Fulbe nicht das Recht, handwerkliche Arbeiten – zum Beispiel Schmiedearbeiten, Weben, Schuhmacherei, Holzarbeiten – zu verrichten, dies war Sache der Handwerkerkasten.[27] Aber es war ihnen erlaubt, zu sticken und ihre Arbeiten zu verkaufen. Selbst Tierno Bokar konnte bemerkenswert sticken. Später werde auch ich diese Kunst lernen, und es wird mir gelingen, mit der Hand herrliche Bubus zu besticken, die heutzutage unbezahlbar wären!

Der Zufall wollte, daß Kommandant de Courcelles eine schöne Bettdecke besaß, die aus einem besonderen weißen Stoff gearbeitet war. Es war ein Familienandenken und ihm so wichtig wie eine heilige Reliquie. Eines Tages nagte ein Tierchen, eine Maus vielleicht, mitten an dieser Bettdecke und fraß ein sehr großes, fast kreisförmiges Loch hinein. Als der Kommandant das Unglück beklagte und nicht wußte, wie das störende Loch repariert werden könnte, da legte sein Diener Ousmane Ouaga ihm nahe, die Bettdecke Tidjani zu zeigen und ihn um Rat zu fragen. Tidjani prüfte das Stück, dann bat er den Kommandanten, drei kleine Spulen weißer, roter und blauer Seide nach Bougouni kommen zu lassen. Einen Monat später standen Tidjani Seidenspulen aller Farben zur Verfügung, desgleichen ein Necessaire für Schneider und Sticker. Er schnitt das Loch rund, um es in eine regelmäßige Form zu bringen, dann füllte er es mit feiner Schlingenstickerei aus. Schließlich faßte er das Ganze mit einer runden Tresse ein, die er mit Motiven in den Farben der französischen Flagge verzierte. Diese kunstvolle Stickarbeit betonte die Schönheit der Dekke auf die unerwartetste Weise und zur größten Zufriedenheit des Kommandanten.

Die Persönlichkeit seines seltsamen Häftlings erregte immer mehr seine Neugier, und zweifellos wünschte er, ihn besser kennenzulernen, denn er beauftragte den Gefreiten Toumani Kamara, ein ›Schaf‹ in seiner Zelle unterzubringen. Was daraus wurde, ist nicht bekannt, aber jedenfalls blieb die wohlwollende Einstellung des Kommandanten zu Tidjani auch in der Folge bestehen.

In der Zwischenzeit war die Straße, die von Bougouni-Stadt zur Residenz führte, fertiggestellt. Tidjani erhielt den Auftrag, rechts und links dieser schönen Straße junge Kapokbaumtriebe zu pflanzen, die er selbst einen nach dem anderen im Busch ausriß. Er leistete die Arbeit eines Titanen. Und sechsundfünfzig Jahre später sollten diese von Tidjani als Häftling gepflanzten Kapokbäume wegen ihres Alters abgesägt werden, und zwar auf den Befehl meines Cousins Ousmane Cissé hin, der nach der Unabhängigkeit Malis zum Kreiskommandanten von Bougouni ernannt werden wird! Ironie der Geschichte...

Bald hatten Tidjani und Tierno Kounta mehr als ein Jahr ihrer Strafe abgesessen. Vom Zwischenfall mit Gonfin abgesehen, waren sie nicht Gegenstand eines ungünstigen Berichtes geworden, weder seitens des Gefängnisverwalters noch seitens der Wachen. Kommandant de Courcelles gab Befehl, sie weniger hart arbeiten zu lassen. Tierno Kounta wurde abgestellt, den *Panka*, den Ventilationsfächer, im Büro des Distriktzahlmeisters zu betätigen. Und Tidjani wurde beauftragt, sich um den Garten der Residenz zu kümmern.

Mit der Zeit machte Kommandant de Courcelles ihn sich zum Freund. Kadidja hatte freien Zutritt zum Gefängnis. Tagsüber konnte Tidjani nach Belieben durch die Stadt spazieren, aber mit Ketten an den Füßen und in Begleitung einer Wache. Zweifellos hätte er, wenn es seine Absicht gewesen wäre, die Nacht zu Hause verbringen können, aber er machte von dieser Möglichkeit nie Gebrauch. Nach Kadidjabougou, in ›Kadidjas Dorf‹, kam er erst, wenn er die Tagesarbeit beendet hatte. Und um einundzwanzig Uhr ging er dann zum Gefängnis zurück.

Damals kam auf einer seiner Rundreisen der Gouverneur William Ponty nach Bougouni, der Begründer der berühmten Ecole Normale auf der Insel Gorée in Senegal, die seinen Namen trägt. Wie sich herausstellte, waren sein Butler und sein Koch, die ihn überallhin begleiteten, beide Tukulor und überdies Mitglieder der Bruderschaft Tidjaniya, wie Tidjani Thiam und unsere ganze Familie. Diese beiden Bediensteten, die den Gouverneur niemals verließen, wachten über sein Wohlergehen, sorgten dafür, daß er immer erstklassige Mahlzeiten erhielt, und dienten ihm unter Umständen als direkte Informationsquelle. Kadidja trat mit ihnen in Verbindung. Sie setzte ihnen die ganze Angelegenheit von Luta auseinander, dann ließ sie ihnen tausend Kolanüsse, Milch und gutes Hirsecouscous mit Hammelsoße schicken. Die beiden Männer trugen dem Gouverneur Ponty den Fall von Tidjani Thiam und seinem alten Gefährten vor. Sie ersuchten sogar um einen Gnadenerlaß der Reststrafe für die beiden Gefangenen.

Ponty kannte den König Aguibou Tall sehr gut. Er hegte ihm gegenüber sogar, wie man sich erzählte, einen hartnäckigen Groll, weil Aguibou zu seiner Zeit als erster Berater von Colonel Archinard – bevor er ›König‹ von Bandiagara wurde – ihm, William Ponty, keinerlei Höflichkeit erwiesen hatte, da er damals nur der kleine Privatsekretär des französischen Eroberers gewesen war.

Ponty fragte den Kommandanten de Courcelles, wie er das Verhalten und die Gesinnung von Tidjani Thiam und seinem Gefährten beurteile. Da de Courcelles' Bericht äußerst günstig ausfiel, gab Ponty ihm den Befehl, für die beiden Häftlinge eine Gnadenerlaßakte wegen ihrer Reststrafe zu eröffnen, aus Anlaß des bevorstehenden 14. Juli.

Während sich die Akte auf den langen und gewundenen Weg durch die Verwaltungshierarchie machte, erfuhr Kadidja vom Tod ihres großen Bruders Bokari Pâté, dem Jugendfreund von Tidjani und Tierno Bokar. Obwohl seit einigen Monaten schwanger, beschloß sie, sogleich nach Bandiagara zu reisen. Da ihr Handel so gut lief, besaß sie ansehnliche Ersparnisse, die ihr den Ankauf beträchtlicher Mengen reicher Stoffe und verschiedener Artikel gestatteten. Sie lud alles auf Lastochsen, packte Mundvorrat hinzu, nutzte die Gelegenheit, daß eine Karawane nach Bamako ging, und machte sich auf den Weg, von ihrer getreuen Batoma begleitet.

Kadidja betrat Bandiagara nicht als Frau eines Zuchthaussträflings, sondern als reiche Händlerin, die mit seltenen Reichtümern beladen von einer Reise zurückkehrt. An die Verwandten, Freunde und Notabeln der Stadt verteilte sie viele Stoffe und Nippes.

Nachdem sie dem Gedenken ihres Bruders die letzte Ehre erwiesen hatte, löste sie seinen Nachlaß auf. Dies war um so einfacher, als keiner ihrer beiden älteren Brüder, Amadou und Bokari, Kinder zurückließen – wie der Onkel Eliyassa es seinerzeit verkündet hatte. Von ihrer Familie blieb ihr nun nur noch der jüngere Bruder Hammadoun und die jüngere Schwester Sirandou, beide Anführer bedeutender Altersklassen in Bandiagara.

Kadidja verkaufte etwa fünfzig Rinder, um die Kosten der Rückreise zu bestreiten. Zunächst schickte sie in einem ersten Geleitzug ihre Mitehefrau Diaraw Aguibou, die Tochter des Aguibou Tall, nach Bougouni. Kadiatou Bokari Moussa, die erste Ehefrau, war nicht dabei. Tatsächlich hatte Tidjani vor seinem Gang ins ferne Exil allen seinen Frauen die Scheidung und die Freiheit angeboten; nur seine Kusine Kadiatou Bokari Moussa hatte dieses Angebot angenommen und sich entschieden, ein neues Leben zu beginnen.

Außer Diaraw Aguibou befanden sich in diesem Geleitzug auch Tidjanis drei Brüder: Abdoul Thiam, Bokari Thiam und Débé Thiam, desgleichen Gabdo Gouro, die Gemahlin von Tierno Kounta, die sich ihnen anschloß, um ihren Mann wiederzusehen.

Mit meiner Mutter nach Bougouni

Dieses Mal war meine Mutter entschlossen, mich mit nach Bougouni zu nehmen, koste es, was es wolle. Sie rief den Rat der Familie Hampâté Bâ zusammen, der sich im wesentlichen aus Beydari und den ehemaligen Sklaven meines Vaters zusammensetzte, und brachte ihren Wunsch zum Ausdruck. Mit Bestimmtheit widersetzte Beydari sich dem erneut: »Unser Herr und Vater Hampâté hat uns das

Schicksal dieser beiden Knaben, Hammadoun und Amadou, anvertraut und uns sein ganzes Vermögen hinterlassen. Wir sind einverstanden, daß du von seinem Vermögen nach Gutdünken Gebrauch machst, aber wir können Amadou nicht reisen lassen. Unsere jungen Herren sind uns so wichtig wie unser eigenes Leben, ja sogar wichtiger. Daß wir sie in eine andere Familie als die ihres Vaters gehen lassen, steht außer Frage.« Es muß gesagt werden, daß Beydari und seine Gefährten die Thiam kaum liebten, besonders, da Tidjani Thiam mich offiziell adoptiert hatte, während Hampâté noch lebte.

Kadidja blieb standhaft. Sie vertrat ihre Sache vor dem Kadi Amadou Khalil und wies auf mein Alter hin – ich war knapp fünf Jahre alt – und die bevorstehende sehr lange Trennung. Dieses Argument trug den Sieg davon. Der Kadi, der sich sowohl auf das muslimische Gesetz als auch gleichermaßen auf die afrikanischen Gewohnheiten stützte, die beide verlangen, daß ein Kind bis zum Alter von wenigstens sieben Jahren bei seiner Mutter bleibt, gab schließlich meiner Mutter recht und gestattete ihr, mich mit nach Bougouni zu nehmen, wo die Lebensbedingungen von nun an günstig waren.

Gezwungen, sich zu unterwerfen, beschloß Beydari, daß die junge Nassouni, die von meinem Vater unter ihrem ersten Namen Baya adoptiert und erzogen worden war, uns begleiten und sich ausschließlich mit mir beschäftigen sollte. Niélé war nunmehr zu alt, um diese lange Reise zu bewerkstelligen; sie hatte ihre eigene Familie am Ort, und um die Wahrheit zu sagen, sie legte kaum Wert darauf, das Gehöft der Familie Hampâté zu verlassen, wo sie immer gelebt hatte.

Mein großer Bruder Hammadoun, der sein siebtes Lebensjahr erreicht hatte, blieb in Bandiagara, wo er übrigens bei Tierno Bokar glänzenden Koranstudien nachging. Meine Mutter vertraute ihn insbesondere der Obhut von Beydari und Niélé an.

Kadidja verbrachte ungefähr zwei Monate in Bandiagara im Kreise der Ihren. Zu dieser Zeit wurde eine junge Fulbe namens Koudi Ali, die aus Bankassi stammte und eine entfernte Kusine meiner Mutter war, von ihren Eltern Tierno Kounta zur Ehefrau gegeben. Meine Mutter war einverstanden, sie nach Bougouni mitzunehmen. Alle rieten ihr, wegen ihrer fortgeschrittenen Schwangerschaft auf die Reise zu verzichten und in Bandiagara die Entbindung abzuwarten.

Nichts da! »Mein Mann braucht mich«, antwortete sie. »Gott wird mich entbinden, wo und wie er will, aber mein Platz ist in Bougouni bei meinem Gatten.«

Endlich war alles zur Abreise bereit. An einem Morgen des Jahres 1905, beim ersten Hahnenschrei, setzte sich der kleine Konvoi, der ein paar mit Gepäckstücken beladene Lastochsen vor sich hertrieb, in Bewegung. Außer meiner Mutter und mir gehörten Koudi Ali, die Verlobte von Tierno Kounta, Batoma und die junge Nassouni dazu. Beydari und Abidi lag sehr daran, uns bis Mopti zu begleiten, der Stadt, die am Zusammenfluß von Niger und Bani liegt, etwa siebzig Kilometer von Bandiagara entfernt. Dort mußten wir das Boot nach Koulikoro nehmen, einer Stadt in der Nähe von Bamako. Die ganze Strecke über trugen mich beide abwechselnd auf den Schultern.

Ich habe kaum genaue Erinnerungen an die ersten Jahre meines Lebens. Mein Erinnerungsvermögen wurde eigentlich erst durch ein Ereignis während dieser Reise geweckt, von dem ich ein wenig später erzählen werde.

Darum war ich mir der wirklichen Tragweite des ganzen Geschehens nicht bewußt. Ich nahm nicht wahr, daß ich für lange Zeit, vielleicht für immer, das Haus meines Vaters verließ, wo ich umhegt worden war wie ein kleiner König, und alle diejenigen, die mich mit ihrer Zuneigung eingehüllt hatten.

Gewiß war ich glücklich, wieder mit meiner Mutter vereint zu sein, aber am allermeisten belustigte es mich, auf den Schultern von Beydari und Abidi zu reisen und die neue Welt zu entdecken, die sich vor mir auftat.

In Mopti stieg meine Mutter bei Tiébéssé ab, einer Freundin aus ihrer Kindheit, bei der sie jedes Jahr zu wohnen pflegte, wenn Anta N'Diobdi ihre Herde nach Taykiri führte. Kadidjas erste Sorge bestand darin, uns auf einem Schleppkahn Plätze zu reservieren; dann beschaffte sie in der Stadt eine große Menge von Gegenständen und Artikeln, von denen sie wußte, daß sie in Bamako und Bougouni nicht zu finden waren und für die sie den zweifachen oder dreifachen Preis zu erzielen hoffte.

Sehr zeitig eines Morgens brachen wir auf. Beydari und zahlreiche Verwandte waren gekommen, um uns ans Flußufer, an den Landeplatz Simon, zu begleiten. Zum ersten Mal in meinem Leben befand ich mich vor einer großen Wasserfläche. Damals war am Zusammenfluß von Bani und Niger das Wasser so reichlich vorhanden, daß man kaum das andere Ufer erkennen konnte. Desgleichen entdeckte ich die soliden, am Ort selbst hergestellten Pirogen und die großen Kähne aus Holz oder Eisen, die mir riesig vorkamen.

An unsere Einschiffung erinnere ich mich nicht. Ich saß auf Nassounis Rücken und nehme an, daß ich eingeschlafen war, bevor ich irgend etwas hätte wahrnehmen können. Als ich erwachte, stand die Sonne schon hoch oben am Himmel. Wir fuhren am rechten Ufer des Niger entlang; das linke Ufer sah man kaum, es war fast eineinhalb Kilometer entfernt. Wir kreuzten lange, bis zum Rand vollgeladene Pirogen. Sie glitten durch die Fluten unter den kraftvollen Schlägen der Bozo-Ruderer, deren weit ausholende Bewegungen von seltener Eleganz sich dem Rhythmus ihres Gesangs anpaßten.

Die Schlacht zwischen Kadidja und dem Laptotchef

Unsere kleine Flotte setzte sich aus drei großen Lastkähnen zusammen, Booten mit flachem Bauch und ohne Brücke, die im Auftrag des Hauses *Deves-et-Chaumet* neben der Beförderung von Passagieren auch den Transport von Waren und lokalen Erzeugnissen auf dem Niger, zwischen Koulikoro (bei Bamako) und Mopti, sicherstellten. Jedes Boot zählte zehn Mann Besatzung, einschließlich der Matrosen, die man damals Laptots nannte.

Wir fuhren stromaufwärts und kamen daher nur sehr langsam voran. Etwa acht Tage lang verlief unsere Reise problemlos. Unsere Laptots vermieden es, vor den Häfen der großen Städte wie Sansanding, Segu oder Nyamina Halt zu machen; zweifellos hatten sie an Bord allerlei zu verbergen und befürchteten, von den Behörden kontrolliert zu werden.

Einige Tage vor Koulikoro, der letzten Flußetappe vor Bamako, brach zwischen meiner Mutter und dem Laptotchef eines der drei Lastkähne, der gleichzeitig Chef des ganzen Konvois war, ein heftiger Streit aus. Die anderen Laptots nannten ihn furchtsam ›Patron‹. Die

Schönheit von Koudi Ali und Nassouni, die damals in der Blüte ihrer Jugend standen, hatte ihn buchstäblich den Verstand verlieren lassen. Er hatte sie nacheinander belästigt. Zum Schluß versuchte er sogar, Nassouni zu mißbrauchen, aber sie wußte sich glücklicherweise zur Wehr zu setzen. Als meine Mutter von dem Zwischenfall erfuhr, beschwerte sie sich nachdrücklich gegenüber dem für unseren eigenen Kahn zuständigen Laptot. Der hatte jedoch eine höllische Angst vorm ›Patron‹, der in dem Ruf stand, ein sehr unverträglicher Mensch zu sein; er schwieg und wagte nicht, sich einzumischen. Da Kadidja es nicht gewohnt war, die Dinge schleifen zu lassen, nutzte sie den Augenblick, als der Kahn des Laptotchefs ganz nahe bei unserem war, stieg hinüber zu seinem Boot und befahl dem lüsternen Patron, seine unerträglichen Zudringlichkeiten zu unterlassen.

»Ach ja?« feixte der. »Wenn du deine Reise zu einem angenehmen Ende bringen willst, dann, das laß dir gesagt sein, mußt du mir eines deiner jungen Mädchen geben, sonst schicke ich euch alle miteinander zur Hölle, und dort ist niemand, der euch verteidigt!«

»Wenn es zu deinen Gewohnheiten gehört, die Frauen zu mißbrauchen, die sich deinem Konvoi anschließen«, entgegnete schlagfertig meine Mutter, »so mußt du wissen, daß meine Mädchen nicht zu diesen Frauen gehören! Ich rate dir, dich im Zaum zu halten, sonst kommt es dich teuer zu stehen!«

Verärgert, daß eine Frau ihm vor seinen Laptots die Stirn bot, beleidigte der Patron meine Mutter aufs schwerste. Keineswegs aus der Fassung gebracht, zahlte sie ihm seine Beleidigungen Schlag auf Schlag heim. Den Laptotchef packte die Wut, und ohne auf ihre fortgeschrittene Schwangerschaft Rücksicht zu nehmen, versetzte er ihr eine kräftige Ohrfeige. Sie taumelte und wäre sicher ins Wasser gefallen, wenn sie nicht ein junger Laptot rechtzeitig mit seinem Bubu aufgefangen hätte. Als sie ihr Gleichgewicht wiedergefunden hatte, ergriff sie einen sich in ihrer Reichweite befindlichen Tontopf und schleuderte ihn mit aller Kraft gegen die Brust des Laptotchefs. Bevor er sich von seiner Überraschung erholt hatte, war es ihr gelungen, auf unseren Lastkahn zurückzukommen.

Rasend vor Zorn ergriff der Laptotchef eine sehr lange Stange und versetzte meiner Mutter einen heftigen Schlag auf den Kopf, der zum

Glück durch ihr dichtes Haar abgeschwächt wurde. Unverzüglich zerbrach meine Mutter unseren Wassercanari aus Terrakotta, zerschlug ihn auf dem Boden, nahm eine große, ziemlich scharfe Scherbe und warf sie mit aller Kraft auf den Laptotchef. Das Wurfgeschoß traf ihn mitten in die rechte Seite und schnitt ihm tief ins Fleisch hinein. Es floß Blut. »Aah! Du Ausgeburt einer Kreuzung von Panther und Löwe«, brüllte er, »diesen Schnitt wirst du mir teurer bezahlen, als du denkst!« Und er bückte sich und hob seine Stange auf. Dieses Mal war meine Mutter auf der Hut. Sie griff sogleich zu einem Buschmesser, das dort herumlag und bestimmt zum Aufschneiden der Fische gedient hatte. Der Laptotchef, der die rasche Bewegung meiner Mutter nicht gesehen hatte, hob seine lange Stange, um ihr einen zweiten Schlag zu versetzen, aber in dem Augenblick, als die Stange auf ihren Kopf niederfuhr, machte sie einen Schritt zur Seite und zerschlug sie kurz und bündig mit einem kräftigen Buschmesserhieb. Verblüfft besah der Laptotchef den Rest der Stange in seiner Hand. Bevor er sich wieder gefaßt hatte, traf meine Mutter ihn mit einem anderen Canarischerben mitten auf der Brust. Dann zerbrach sie unseren Terrakottaherd, auf dem die Frauen unser Essen kochten, und schichtete die einzelnen Scherben vor sich auf. Und jedesmal, wenn ihr Gegner versuchte, sie erneut mit einer Stange zu treffen, schleuderte sie, von ihren jungen Mädchen unterstützt, große scharfe Scherben gegen ihn. Indessen gelang es ihm, sie mehrmals zu treffen und zu verletzen.

Das Scharmützel dauerte ziemlich lange. Keiner der Laptots auf den drei Schleppkähnen tat jedoch irgend etwas, um meine Mutter zu verteidigen, keiner versuchte, mäßigend auf den Angreifer einzuwirken. Durch die heftigen Bewegungen schwankten unsere beiden Boote gewaltig und hatten sich ein wenig voneinander entfernt. Zornestrunken schrie der Patron wie ein Verrückter seiner Besatzung zu: »Legt längsseits am Kahn dieser Frau an, damit ich ihrem Leben ein Ende setze!«

Er schickte sich an, auf unseren Kahn zu springen, und niemand weiß, wie alles geendet hätte, da rief ein Laptot ganz unverhofft: »Der Kahn des Kommandanten!« Dieser Ruf ließ alle erstarren. Tatsächlich zeichneten sich etwa einen Kilometer vor uns die Umrisse eines großen Kahns ab, der die Trikolore gehißt hatte. Von zahlreichen Laptots angetrieben, kam er direkt auf uns zu. Es war der Distriktkommandant von Koulikoro, der unterwegs war, um eine Volkszählung durchzuführen.[28]

Der Laptotchef gab den Befehl, die Richtung zu ändern und dem Kahn des Kommandanten auszuweichen. Aber er hatte nicht mit Kadidjas Wagemut und Einfallsreichtum gerechnet: Sie befahl ihren drei jungen Mädchen Koudi Ali, Batoma und Nassouni, um Hilfe zu rufen wie Menschen, die sich in Todesgefahr befinden. Bis zu diesem Zeitpunkt war ich im hinteren Teil des Kahns gewesen, wo meine Mutter mich aus Sicherheitsgründen untergebracht hatte, aber nun lief ich zu ihr hin, fasziniert von dem nahenden großen, mit einer im Wind flatternden Fahne geschmückten Boot. Instinktiv vereinte ich meine zarte Stimme mit denen der Frauen. Kadidja befestigte einen weißen Schleier am Ende einer Stange, schwenkte sie und rief: »Kommen Sie uns zu Hilfe, man will uns umbringen!« Alle Laptots fühlten sich bedroht. Sie flehten Kadidja an zu schweigen. Ihr Patron versuchte vergeblich, Kadidjas Stange und den unzweideutigen weißen Schleier einzuholen.

Der große Kahn kam näher. Am Bug, hoch aufgerichtet, war die Silhouette des Kommandanten zu sehen, eingezwängt in seine schöne Uniform und ein Fernglas in der Hand. Das alles legte die Vermutung nahe, daß er die Ereignisse seit einer Weile beobachtet hatte. Er gab unseren drei Kähnen den Befehl, am rechten Flußufer anzulegen. Der Laptotchef wußte nicht mehr, wohin er sich wenden sollte. All sein Ungestüm, seine ganze Anmaßung waren dahin, die Grausamkeit wie weggeblasen, seine Gliedmaßen nur noch zum Zittern gut. »Zittere nur, so viel du willst, zittere wie Palmwedel im Wind!« schleuderte Kadidja ihm ins Gesicht. »Du wirst nie mehr die Frau eines anderen schlagen, erst recht nicht, wenn sie ein Kind auf dem Schoß und ein zweites im Bauch hat!«

Sobald das amtliche Boot an unserem angelegt hatte, sprang der Kommandant auf unser Deck, von vier mit Karabinern bewaffneten Wachsoldaten gefolgt. Er sah, daß Kadidja voller Blutspuren, ihr Bubu zerrissen war und ihre Zöpfe sich gelöst hatten. Im Inneren des Kahns lagen Scherben umher, desgleichen andere Gegenstände, die sich wegen des heftigen Zusammenpralls der beiden Boote nicht mehr an ihrem Platz befanden. »Alle ans Ufer!« riefen die Wachen auf Bambara, wobei sie zweifellos die Befehle des Kommandanten übersetzten. Wir verließen alle das Boot. Ich sehe mich noch, wie ich, im Bubu meiner Mutter versteckt, die meinen Arm festhielt, die Szene wachsam beobachtete, insbesondere den Kommandanten, dessen Erscheinung am Bug seines Bootes mir fast wie ein Wunder vorkam.

Der Kommandant stellte Fragen, die sein Dolmetscher übersetzte. Meine Mutter hatte noch Tränen in den Augen, gab indes mit ruhiger und bedächtiger Stimme Antwort und schilderte präzise das Geschehene. Als sie von Koudi Ali und Nassouni sprach, wandten sich aller Augen den beiden jungen Mädchen zu, die schamhaft den Blick gesenkt hatten. Sie waren zwei außerordentlich schöne und liebenswürdige junge Damen. Man hätte gewiß ein Heiliger sein müssen, um dem Begehren zu widerstehen, das sie in einem Manne weckten. Der Kommandant fragte, wer sie seien. »Koudi Ali hier ist meine Kusine«, antwortete meine Mutter, »Nassouni Hampâté ist meine Dienerin und Tochter, ebenso Batoma Sow, die mich ebenfalls begleitet.« Sie holte den ihr in Bandiagara ausgestellten Passierschein hervor und hielt ihn dem Kommandanten hin. Dann befragte dieser die Laptots. Alle bestätigten Kadidjas Worte und belasteten ihren Chef, den sie wegen seiner Brutalität und seines schlechten Charakters verabscheuten.

»Warum hat keiner von euch dreißig Leuten, die ihr doch seid, versucht«, rief der Kommandant, »die Frauen und das Kind gegen die fette Bestie zu verteidigen, die ihr euren ›Patron‹ nennt, den ich hingegen von nun an meinen Gefangenen nenne?«

»Wir sind seiner Gnade ausgeliefert«, entgegneten die Laptots. »Er entläßt, wen er will und wann er will. Die Weißen des Hauses *Deves-et-Chaumet* haben unbegrenztes Vertrauen zu ihm. Sie machen alles, was er sie zu tun bittet. Ihnen gegenüber ist er nie im Unrecht. Für ein ja oder nein läßt er uns auspeitschen. Körperlich ist er stärker als wir, und er bringt den, der sich zu beklagen wagt, ins Gefängnis. Aber die Art und Weise, wie er diese Frau behandelt hat, hat uns so sehr empört, daß wir insgeheim beschlossen haben, uns zusammenzutun, um ihn zu schlagen und ihn bei unserer Ankunft in Koulikoro anzuzeigen.«

»Bande von Feiglingen!« schrie der Kommandant. »So wolltet ihr also abwarten, bis es zum Handeln zu spät gewesen wäre. Das französische Gesetz, das sollt ihr wissen, bestraft diejenigen mit Strenge, die einer Person in Gefahr Hilfe verweigern. Ihr werdet alle dreißig einen Monat im Gefängnis von Koulikoro verbringen und drei Monate lang von eurer Arbeit ausgeschlossen sein. Was euren gefährlichen ›Patron‹ angeht, so werde ich ihn ausführlich verhören. Sein Leben hängt nun von dieser schwangeren Frau ab, die er durchgeprügelt hat.«

Die Vernehmung dauerte nicht lange. Der Mann war eine Bestie, das hatte er hinlänglich bewiesen, aber, man weiß nicht durch welche Erscheinung, antwortete er, sobald seine Gliedmaßen zu zittern aufhörten, ruhig auf die Fragen des Kommandanten, ohne nach einer Entschuldigung zu suchen. Er erkannte all sein Unrecht an und gab sodann eine erstaunliche Erklärung ab, die ohne Zweifel das Ärztekorps interessiert hätte:

»Ich trinke nicht, ich rauche nicht, ich lüge nicht, ich stehle niemals, aber leider, meine große Krankheit, das sind die Frauen. Wenn ich eine sehe, die mich in Versuchung führt, dann bin ich fähig, jeden umzubringen, der sich zwischen sie und mich stellt. Meine Wut kann bis zu drei Tagen anhalten. Wie ein Orkan zerstöre ich alles, was mir in den Weg kommt, bis ich mit dieser Frau schlafe oder bis ich mich erbreche oder aus der Nase blute...« Und er fing an zu stöhnen: »Ich bin krank, ich bin krank...!«

Alle riefen: »*Allāhu akbar!* Gott ist der größte!«, wie die Muslimen es gewöhnlich tun, wenn ihnen eine Begebenheit unbegreiflich ist. Und ich, ich begann ohne Unterlaß die letzten Worte des Laptotchefs »Ich bin krank... ich bin krank« vor mich hin zu trällern wie eine Litanei, bis meine Mutter, ganz gereizt, mich mehrere Male schlagen mußte, um mich zum Schweigen zu bringen.

Der Kommandant schrieb etwas auf ein Papier. Er faltete es zusammen, goß ein wenig rotes Wachs darüber, dem er einen Stempel aufdrückte, hielt es dann meiner Mutter hin und ließ ihr durch den Dolmetscher sagen: »Wenn du in Bougouni ankommst, händige dieses

Papier dem Distriktkommandanten aus.« Er wandte sich an Koudi Ali:

»Wenn deine Kusine aus dem einen oder anderen Grund das, was ich ihr aufgetragen habe, nicht ausführen kann, dann wirst du es an ihrer Stelle tun.«

»Das tue ich,« antwortete Koudi.

Der Kommandant ließ dem Laptotchef ein Eisenband ums Handgelenk legen und ihn auf sein eigenes Boot bringen. Er bestimmte Bounâfou für die restliche Reise zum Chef der Laptots und vertraute ihm ein anderes Papier an, das er dem Direktor des Hauses *Deves-et-Chaumet* übergeben sollte.

Derart ging für meine Mutter dieses stürmische Abenteuer zu Ende, welches uns einen Tag lang strenges Fasten kostete... und alle unsere Kochutensilien aus Terrakotta! In der Folgezeit werde ich den Bericht über die Ereignisse dieses denkwürdigen Tages noch so manches Mal vernehmen, denn unter dem Titel *Kadidjas Prügelei mit dem Laptotchef* wird er zu einem der erlesenen Stücke unserer Familiengeschichten!

Endlich kam das Boot in Koulikoro an. Es fuhr nicht weiter. Danach mußten wir den Zug nehmen, um nach dem etwa fünfzig Kilometer entfernten Bamako zu gelangen. An diese erste Eisenbahnreise habe ich keinerlei Erinnerung, auch nicht an die Stadt Bamako. Wir kamen nach Sonnenuntergang an, und im Morgengrauen machten wir uns auf den Weg nach Bougouni. Wir hatten noch etwa einhundertsechzig Kilometer vor uns.

Die Geburt meines kleinen Bruders

Meine Mutter wurde immer erschöpfter. Als wir im großen Bambaradorf Donngorna ankamen, wünschte sie, sich ein wenig auszuruhen. Da wir weder Verwandte noch Freunde hatten, bei denen wir hätten wohnen können, sprach sie beim Dorfvorsteher vor. Dieser gewährte uns Gastfreundschaft und brachte uns in seinem großen Vorraum unter, der dem Empfang durchreisender Gäste diente.

Meine Mutter wäre gern zu Hause in Bougouni niedergekommen,

aber, wie man sagt, *kann des Menschen Wunsch Gottes Plan nicht ändern.* Kaum hatten wir uns eingerichtet, da wurde sie von heftigen Schmerzen gepackt. Mit verzerrtem Gesicht biß sie sich in die Unterlippe, stöhnte, krümmte sich und massierte ihren Bauch. Große Schweißtropfen liefen ihr übers Gesicht. Und dann ging sie, da sie nicht an einem Platz zu bleiben vermochte, im Hof hin und her und hielt sich mit beiden Händen den Rücken. Erschreckt eilte ich zu ihr, um ihr zu helfen, und schlang meine Arme um ihre Beine.

»Dadda! Dadda![29] Was hast du? Was ist los?«

Sanft schob sie mich zu Koudi Ali, die mich festhielt.

Ich fragte Koudi, worunter meine Mutter litt. Wer hatte sie bloß so krank gemacht? Was hatte ihren Bauch so sehr anschwellen lassen?

»Deine Mutter ist nicht krank«, antwortete sie. »In ihrem Bauch ist ein kleiner Bruder oder eine kleine Schwester, die sie dir bald schenken wird.«

»Warum hält sie sich den Rücken?«

Bevor sie mir antwortete, sah ich, wie meine Mutter auf die Knie sank. Dieses Bild meiner knienden Mutter wird nie aus meinem Gedächtnis verschwinden. Koudi brachte mich fort. Wahnsinnig vor Angst schlug ich um mich wie ein Hähnchen, dem man die Kehle durchschneiden will, aber sie hielt mich fest.

Der Dorfvorsteher, der erfahren hatte, daß sich meine Mutter in den Wehen befand, hatte eine alte Frau kommen lassen, um ihr beizustehen. Die Alte brachte ein Tongefäß mit ziemlich heißem Wasser. Der Sitte gemäß warf sie Baumrinde und eine Kugel Karitébutter hinein, vermischte alles und ließ Kadidja davon trinken; dann fing sie an, ihr den Rücken zu massieren. Ich wollte dableiben und sehen, was mit meiner Mutter geschah. Verlorene Mühe! Koudi übergab mich Nassouni, die mich ins Haus der Frau des Dorfvorstehers brachte. Um mich zu beruhigen, gab diese mir eine Handvoll gekochter Erdnüsse.

»Du bekommst einen kleinen Bruder oder eine kleine Schwester«, sagte sie lächelnd zu mir. »Du mußt hier warten.«

Ich hörte, daß Koudi wie eine Litanei wiederholte: »Yussufi Yussufi!« Unbewußt fing auch ich an »Yussufi! Yusuffi!« zu rufen. Später würde ich erfahren, daß Yussufi – der Prophet Joseph – der Schutzpatron der Gebärenden war und die Anrufung seines Namens die Mühen der Niederkunft erleichtern sollte.

Meine Mutter litt nicht lange. War es der Wirkung des Absuds, der wohltuenden Massage oder der Gnade Yussufis zu verdanken oder allen dreien gemeinsam? Jedenfalls war sie in weniger als einer Stunde befreit. Plötzlich vernahm ich die Schreie eines Neugeborenen. Koudi rief mich:

»Komm, Amkoullel! Du hast einen kleinen Bruder!«

Ich lief zu meiner Mutter. Sie litt nicht mehr. Ihr Gesicht lächelte. Der große Bauch war auf geheimnisvolle Weise verschwunden. Koudi hielt vor sich einen dicken Knaben mit heller Haut, hoher Stirn und üppigem Haar. Das Baby war offensichtlich wütend, es verzerrte sein kleines Gesicht und hörte nicht auf zu weinen. Koudi beruhigte es mit sanfter Stimme und rief es bei dem hübschen traditionellen Namen, den man allen Neugeborenen gibt, bevor sie ihren wirklichen Namen erhalten:

»O du glücklicher Wussu-Wussu! Sei uns willkommen! Bring uns ein langes Leben, Gesundheit und Glück. Weine nicht, weine nicht, Wussu-Wussu! Du bist zu Hause, unter den Deinen, nur bei den Deinen!«

Sie drehte sich zu mir um:

»Amkoullel, hier ist dein kleiner Bruder, den deine Mama extra für dich gemacht hat. Er gehört dir.«

»Warum weint er? Ist er nicht zufrieden? Hat er Angst?«

Bevor ich eine Antwort erhielt, merkte ich, daß mein kleiner Bruder noch mit der Plazenta verbunden war.

»Koudi!« rief ich, »warum hat mein kleiner Bruder einen Sack bei sich? Was will er da hineintun?«

Ich erinnere mich nicht mehr an Koudis Antwort, denn in diesem Augenblick sah ich, wie die alte Frau mit einem Messer und einer Kalebasse voll Wasser zurückkam. Sie hatte gleichfalls einen Sack, der die traditionellen Geschenke enthielt, die dazu dienten, das Kind zu waschen und zu massieren. Mit einem einzigen Schnitt trennte sie die Schnur durch, die meinen kleinen Bruder mit seinem ulkigen Sack verband, dann bot sie meiner Mutter ihre Geschenke dar: Seife, Steinsalz, Honig, Karitébutter und Kuhbutter. Meine Mutter traf ihre

Vorbereitungen, das Baby zu waschen und seinen kleinen Körper gemäß den Gepflogenheiten afrikanischer Mamas zu massieren.

Heute noch erinnere ich mich vollkommen und bis in die kleinsten Einzelheiten an dieses Ereignis. Es war, als ob ich aus einer Betäubung aufgetaucht wäre, die meinen Geist bis zu jenem Tage vernebelt und mich daran gehindert hatte, die Dinge klar zu erkennen. Vom Tag der Geburt meines kleinen Bruders an wurde ich mir deutlich meiner Existenz und der Welt, in der ich lebte, bewußt. Mein Gedächtnis setzte sich in Gang, und seither ist es nicht mehr stehengeblieben.

Der Dorfvorsteher schickte eilends den Ältesten der Gemeinde zu meiner Mutter. Er kam in Begleitung des ›Meisters des Messers‹ der Geheimgesellschaft Komo von Donngorna. Wie ich später erfahren sollte, ist der Komo eine alte religiöse, den Erwachsenen vorbehaltene Bambaragesellschaft, deren in einer heiligen Maske dargestellte Gottheit gleichfalls Komo genannt wird. Was den ›Meister des Messers‹ angeht, so ist er der Opferpriester und oft auch Initiationsmeister dieser Gesellschaft.

Der Meister des Messers untersuchte aufmerksam das Neugeborene. Er betastete die Knochen seines Kopfes, wobei er mit dem Nakken anfing und mit der Stirn aufhörte. Er betrachtete seine Finger, die Handflächen, die Zehen und die Fußsohlen. Dann zog er sich zurück, ohne etwas zu sagen.

Der Älteste, mit einer gelben Tunika aus zusammengehefteten Baumwollbändern bekleidet, stützte sich auf einen langen, mit Leder umhüllten Stab. Ein mit Glöckchen aus gelbem Kupfer verzierter Rinderschwanz hing an seinem linken Arm. Er ließ sich eine Kalebasse mit klarem Wasser bringen, nahm sie in die rechte Hand und ging bis zur Schwelle des Vorraums, wo meine Mutter sich aufhielt. Dort hockte er sich nieder, wandte sich an das Neugeborene und sprach:

»O Njî Donngorna! Gesandter von Donngorna! Du bist zu uns gekommen von Dem, der dich geschickt hat. Sei willkommen! Bringe uns eine erfreuliche Nachricht. Hier ist dein Wasser, nimm es an im Tausch für unser Wohlergehen und unser langes Leben.«

Er reichte meiner Mutter die Wasserkalebasse.

»Schütte ein paar Tropfen davon in den Mund deines Sohnes«, forderte er sie auf. Als das geschehen war, sprach er weiter: »Wir wissen nicht, wie dein Vater dich nennen wird. Für uns ist er Njî Donngorna, der den Einwohnern von Donngorna vom Himmel Gesandte.«

Bevor er aus dem Haus ging, ließ er die Frauen wissen:

»Eßt früh heute abend und schließt euch sogleich im Haus ein. Der Gott Komo von Donngorna wird ausnahmsweise ausgehen und seinen fremden Gast Njî Donngorna begrüßen, aber den Frauen, den Kindern und all denen, die nicht in den Komo initiiert sind, ist es nicht gestattet, ihn zu sehen. Würden sie ihn sehen, wären sie in Todesgefahr. Der Komo würde sie erbarmungslos töten... Schließt euch gut ein.«

Nach seinem Weggehen war es jeder Familie wichtig, dem kleinen Njî Donngorna etwas zu schenken: der ein Willkommenshähnchen, dieser eine Kugel Karitébutter, in feuchte Blätter eingerollt, damit sie nicht schmolz, jener ein Maß gestampfter Baobabblätter, Tamarinde, Tomaten, Hirse, Mais etc. Da Donngorna ein großes Dorf mit sechs- bis siebenhundert Einwohnern war, kann man sich die Menge der Geschenke für Njî Donngorna vorstellen.

Später eilte der öffentliche Ausrufer durch die Gassen des Dorfes und schrie, daß man früh zu Abend essen müsse, da der Gott Komo käme, um sich zu Ehren des Neugeborenen von Donngorna zu zeigen. Ein junger Fulbehirte, der uns während unseres ganzen Aufenthalts nicht verließ, übersetzte uns alles in die Fulsprache.

»Was ist der Komo?« fragte ich meine Mutter.

»Dieser Gott ist kein Kinderspielzeug!« beschied sie mich statt jeder Antwort. Ich mußte mich damit zufrieden geben.

Als der Abend nahte, stampften die letzten Stößel mit sanftem Klang im Mörser. Man sah, wie rundherum Rinder, Ziegen und Schafe von den Weiden heimkehrten. Muhen und Mähen vermischte sich mit dem Bellen der Hunde, die störrische Ziegen jagten. Nervöse Esel, auf denen Knaben oder staubbedeckte Männer saßen, trabten zum Dorf zurück, wobei sie sanft den Kopf im Rhythmus ihrer Gangart von rechts nach links wiegten, als ob dies ihre Last leichter mache. Keiner versäumte es, energisch zu schreien, dieweil er sich seinem Heim näherte, sicherlich, um seine Rückkehr von den Feldern freundschaftlich kundzutun. Das Kikeriki der Hähne, das hin und wieder ertönte, schien den Rand der im Westen sterbenden Sonne zu grüßen.

Mit einem Schlag verdunkelte die Finsternis die Donngorna umgebenden Hügel, die von den letzten Sonnenstrahlen einen Augenblick lang in Gold getaucht wurden. Ihres Schmuckes entkleidet, waren sie nunmehr nichts als unförmige, sich im zerklüfteten Tal Seite an Seite zusammendrängende Monster.

Nachdem er hastig gegessen hatte, holte unser Gastgeber seine Hühner und Zicklein herein. Meine Mutter schloß sich mit uns, den Dienerinnen und Kindern, im Vorraum ein. Wenige Augenblicke später vernahmen wir in der Ferne den Klang eines Horns. Dies war das Horn des Gottes Komo, das hinter einem der Hügel ertönte. In der Stille der Nacht verstärkte das Echo den Klang so sehr, daß er von überall her zu kommen schien. Ein großes Tam-Tam vermischte sich bald mit seinen tiefen Tönen, zu denen sich das erschreckende Dröhnen des Rhombus gesellte. Überall im Gehöft löschte man die Lichter. Jeder drückte sich in eine dunkle Ecke. Man mußte sich tot stellen, sonst würde der Gott Komo es nicht versäumen, alle die umzubringen, die nicht zu den Seinen gehörten.

Meine Mutter, die seitlich auf einer Matte lag, war gerade dabei, dem Neugeborenen die Brust zu geben, das, dem Lärmen der äußeren Welt gegenüber gleichgültig, gierig nuckelte und mit den Augen an ihrem Gesicht hing. Ich drückte mich an sie und klammerte mich an ihren Rücken. Den Klang der Instrumente übertönte die schöne Stimme des Vorsängers des Komo. Von einem Chor unterstützt, sang er auf Bambara, eine Sprache, die ich leider noch nicht verstand. Die Stimmen kamen näher. Das Lärmen der Hörner und des Tam-Tam störte die Dorfhunde auf. Von überall her machten sie sich daran, aus Protest laut zu bellen, manche langgezogen und trostlos, andere abgehackt, so als hätten sie vor zuzubeißen. Aber sicherlich wußten diese Hunde, daß der Komo nicht mit sich spaßen läßt, denn sobald der Gott im Dorf eintraf, schwiegen sie, als ob sie verzaubert, und wurden so still, als ob sie auf dem Grund von Hirsespeichern begraben wären.

Der Komo lief durch die Gassen des Dorfes und stieß seinen Ausgehschrei aus: »*Han-han-han-han-han-haan! n'fami'mba!*«[30], dessen rhythmischer Klang vom Atem des stark behauchten *h* getragen wurde und aus den Eingeweiden zu kommen schien. Während der ganzen Zeremonie leierte der Sänger des Gottes, der Träger der heiligen Maske, diese Litanei, die sich so tief in mein Gedächtnis einprägte, daß ich sie noch immer höre.

Als der Komo den Hof des Hauses betrat, war mir, als ob die Erde sich öffne. Zum Glück hatte meine Mutter sich aufgesetzt, mich auf ihre Beine gelegt und beugte sich nun über mich, um mich mit ihrem Körper zu schützen. Der Komo mußte sehr schwer sein, denn unter jedem seiner Schritte erbebte die Erde. Die Zeit, die er im Hof verbrachte, kam mir wie eine Ewigkeit vor. In seinen Gesängen kehrte ohne Unterlaß der Name wieder, den der Dorfälteste meinem kleinen Bruder gegeben hatte: Njî Donngorna. Er verkündete, wie wir später erfuhren, daß mein Bruder ein glückbringender Botschafter für die ganze Region sei, die zwischen den beiden Flüssen Niger und Bani liegt und deren Umrundung drei Tagesmärsche braucht.

Endlich entfernte sich der Gott und nahm das Lärmen mit. Alle entspannten sich und atmeten auf wie nach einem starken Tornado.

Wir konnten das Dorf nicht vor Ablauf einer Woche verlassen wegen eines Verbots, das jedes Baby von weniger als sieben Tagen daran hinderte, über den heiligen Fluß von Donngorna zu setzen, den wir aber überqueren mußten, um Bougouni zu erreichen. Ein Oberhaupt der Diola, ein Kunde meiner Mutter, zog gerade mit seiner mit Salz beladenen Eselskarawane von Bamako zurück nach Bougouni. Meine Mutter gab ihm den Auftrag, Tidjani und den Verwandten, die wir in der Stadt hatten, die Nachricht zu übermitteln, daß es uns gut gehe, aber sie bat ihn ausdrücklich, nichts von der Geburt meines kleinen Bruders zu sagen. Damit wollte sie ihren Gatten überraschen.

Ich war sehr glücklich, endlich einen kleinen Bruder zu haben. Bis dahin war ich der ›kleine Bruder‹ meines älteren Bruders Hammadoun gewesen, der durch die Tradition jedes Recht über mich besaß, und ich war sehr ärgerlich, selbst kein einziges zu haben. Nun fühlte ich mich also nicht mehr zurückgesetzt.

Schließlich blieben wir zehn Tage in Donngorna. Ich nutzte diese glückliche Zeit, um mich mit Bamoussa, dem Sohn der Dorfvorstehers, anzufreunden, einem Jungen, der vielleicht ein Jahr älter war als ich. Er lief ganz nackt herum und trug einen Sack aus Baumwollbändern, in dem er alles aufbewahrte, was ihm unter die Finger kam: Feldmäuse, die er in der Falle gefangen hatte, Heuschrecken, Eidechsen, wilde Früchte usw. Das war eine Abwechslung in meinem Leben als kleiner Fulbe, der gewöhnlich zwischen Kälbern, Zicklein und Lämmchen spielte und Milch trank, indem er unmittelbar an Ziegen und Mutterschafen saugte.

Ich fand die Beschäftigungen meines Freundes Bamoussa sehr unterhaltsam, wenngleich ein wenig eklig. So gab ich mich damit zufrieden, die Früchte zu essen, und ließ ihm seine Mäuse, Eidechsen und Heuschrecken. Er grillte sie auf einem Feuer aus winzigen Holz- und Strohstücken, die ich ihm einsammeln half. Er besaß eine winzige Hacke, die er zum Graben benutzte, ein kleines Messer, eine kleine Axt und, zum Feuermachen, ein afrikanisches Feuerzeug, das sich aus zwei Teilen zusammensetzte: einem Feuersteinchen und einem Stoßeisen. Mit seinem aus dem Flaum des Kapokbaums bestehenden Zundervorrat machte er nach Bedarf Feuer. Der Busch war sein liebstes Restaurant. Dort tafelte er oft. Einige mögen sich wundern, daß ein so kleines Kind – er mochte etwa sechs Jahre alt sein – zu so vielen Dingen fähig war. Doch die afrikanischen Kinder sind sehr früh reif, ihre Spiele bestehen meistens darin, die Arbeiten der Erwachsenen nachzuahmen, denen sie übrigens sehr früh bei ihren Aufgaben zur Hand gehen. Bamoussa war keineswegs eine Ausnahme.

Als der zehnte Tag kam, sah ich, daß drei Lastochsen beladen wurden. Das hieß Abreise. Großer Verdruß machte sich in meinem Herzen breit. Ich hatte keine Lust, Donngorna zu verlassen, wo Bamoussa mir gerade beigebracht hatte, das gelehrige Eselsfüllen seines Vaters zu besteigen. Gern hätte ich alle diese neuen Vergnügungen weiterhin wahrgenommen, aber ich mußte meine Wahl treffen: entweder in Donngorna zu bleiben oder aber meiner Mutter und meinem kleinen Bruder zu folgen, dessen Ankunft mich so stolz und glücklich machte...

Ich wollte nicht abreisen und Bamoussa mit leeren Händen zurücklassen. Also machte ich ihm, ohne meine Mutter zu fragen, meinen schönsten Bubu aus Baumwollflanell zum Geschenk. Bamoussa und seine Eltern trauten ihren Augen nicht. Ein gestickter Bubu aus dem feinen Baumwollgewebe eines Tubab! Nie hatte ein Kind aus Donngorna ein so prächtiges Geschenk erhalten. In ihren Augen konnte ich nur der Sohn eines großen Königs sein und nicht der eines Gefangenen.

Bamoussa gab mir seinerseits, ohne groß seine Eltern zu fragen, den kostbarsten Gegenstand, den ein kleiner Bambarajunge jener Zeit besitzen konnte: seinen *flé*, eine Flöte, deren Mundstück an den Seiten zwei Löcher hat, ein Instrument zum Spielen, das gleichzeitig die Möglichkeit bietet, um Hilfe zu rufen, und das jeder kleine Junge um den Hals hängen hatte.

Er nahm seinen *flé* ab und befestigte ihn in einer Art kindlicher Zeremonie, die unsere jeweiligen Eltern rührend fanden, an meinem Hals. Dies legte am besten Zeugnis ab von dem, was uns verband. Er sprach kein Ful, ich verstand kein Bambara, und wir konnten uns nur durch Gesten verständigen wie Taubstumme, aber das hat die Wärme unserer jungen Freundschaft nicht im geringsten beeinträchtigt.

Meine Mutter befahl den Aufbruch. Mein kleiner Bruder wurde in eine Wäschekalebasse gelegt, die mit weichen Tüchern gut ausgepolstert war und von Batoma auf dem Kopf getragen wurde, ganz so, wie Niélé mich einst kurz nach meiner Geburt getragen hatte.

Wie angenehm war meine Mutter überrascht, als sie sah, wie eine Abordnung von Notabeln aus Donngorna nahte und uns drei mit Lebensmitteln und Gewürzen beladene Esel brachte, dazu zwei junge Leute, die die Esel führten, und ein junges Mädchen, das Batoma helfen sollte, die Kalebasse mit meinem kleinen Bruder zu tragen! In der Folgezeit sollten die Notabeln von Donngorna es niemals versäumen, uns in jedem Jahr nach der Ernte drei mit Lebensmitteln beladene Esel für den ›glückbringenden Boten‹ zu schicken, und dies während der ganzen Zeit, die wir in Bougouni lebten.

Der Konvoi setzte sich auf der Straße in Bewegung. Ganz Donngorna war gekommen, um seinen kleinen Boten zu verabschieden und ihn bis zum heiligen Fluß zu begleiten.

Batoma ging bis zum Fluß an meiner Seite. Dort hob man mich auf einen der Lastochsen. Ich konnte nicht anders und mußte weinen. Bamoussa auch.

Ein Vater in Ketten

Nach einem Marsch von eineinhalb Tagen erreichten wir endlich ›Kadidjas Dorf‹. Die ganze Familie bereitete uns einen festlichen Empfang. Eine ordentliche Reinigung und ein wenig Ruhe waren willkommen, vor allem meiner Mutter. Wie gewöhnlich durfte Tidjani erst am Abend, nach seinem Arbeitstag, nach Hause kommen. Wir waren alle im Hof versammelt und warteten auf ihn. Ich hatte ihn noch nie gesehen, aber ich wußte, daß er mich gegen den Widerstand all der Seinen zu seinem ersten Sohn erkoren und sogar zu seinem Nachfolger bestimmt hatte. Er mußte mich also sehr lieben. Ich war glücklich, meinen neuen Papa zu Gesicht zu bekommen, und erwartete ihn ungeduldig.

Schließlich erschien er am Hofeingang, in Begleitung eines Wachsoldaten. Seine Füße waren aneinandergekettet. Als er seine Frau entdeckte, die mit seinem Letztgeborenen in den Armen dort stand, mit mir an ihrer Seite, hielt er inne; dann kam er unbeholfen auf uns zu, im Gehen durch die Kette behindert, die seine Füße fesselte. Dieses Schauspiel löste einen großen Schock in mir aus. Ich drehte mich zu meiner Mutter um:

»Dadda, wer hat Eisen um Naabas Füße gelegt?«

»Die Tubab von Frankreich«, antwortete sie. Sogleich war mein Herz voll Zorn gegen diese bösen Tubab. Ein paar Schritte weiter lag ein Beil am Boden. Ich lief hin, nahm es an mich, stürzte zu meinem Vater und versuchte, seine Kette zu zerschlagen sowie die Ringe, die seine Knöchel einzwängten. Sanft nahm mir der ihn begleitende Soldat das Beil aus den Händen. Er hatte Tränen in den Augen, desgleichen Tidjani.

»Wenn ich einmal groß bin, räche ich meinen Vater!« rief ich.

Von diesem kleinen Zwischenfall abgesehen, herrschte an jenem Abend eitel Freude in der Familie. Alle Verwandten und Freunde aus

Bougouni kamen, um meine Mutter zu begrüßen und meinem kleinen Bruder ein langes und glückliches Leben zu wünschen.

Sobald sie allein waren, übergab meine Mutter Tidjani den Brief des Kommandanten von Koulikoro, der dem Kommandanten von Bougouni übergeben werden sollte. Als sie meinem Vater erklärte, warum und auf welche Weise dieses Papier in ihre Hände gelangt war, weinte er wie ein Kind und biß sich in den Zeigefinger bis zum zweiten Glied.

»O Poullo! Poullo!« rief er, »erst wenn der Elefant fort ist, kann man seine Exkremente einsammeln!« Anders ausgedrückt: Es gibt Dinge, die man sich erst dann erlauben kann, wenn der Hauptbetroffene nicht da ist.

Kadidja beeilte sich, ihn zu beruhigen:

»Wenn Gott einen Menschen rächt, dann hat der nicht das Recht, irgend etwas in seinem Herzen zurückzubehalten. Was hast du dir seit meiner Abreise mehr gewünscht, als mich gesund wiederzusehen? Nun also bin ich mit deinen beiden Söhnen zurück: dem, der einen Namen hat, Amadou, und dem, dem du einen geben wirst und den die Leute von Donngorna bereits Njî Donngorna getauft haben. Danken wir Gott für seinen Schutz. Und morgen früh, wenn du dieses Papier dem Kommandanten überreichst, dann sage ihm, daß die Schläge des Laptotchefs mich nicht verunstaltet haben. Ich wurde befreit, ohne Schaden zu nehmen, und mein Kind ist ohne Schwierigkeiten zur Welt gekommen. Es geht ihm gut. Folglich ziehe ich meine Klage zurück und bitte darum, daß mein Angreifer freigelassen wird.«

Die Miene meines Vaters hellte sich auf, er nahm das Papier und kehrte in Begleitung seiner Wache ins Gefängnis zurück.

Koudi Ali wurde zu Mamadou Thiam gebracht, dem Cousin von Tidjani, damit sie bis zu ihrer Hochzeit mit Tierno Kounta dort bliebe.

Am nächsten Morgen stellte Tidjani sich im Büro des Kommandanten de Courcelles ein und überreichte ihm das Papier. Bevor er auch nur ein Wort sagen konnte, rief ihm der Kommandant mittels seines Dolmetschers entgegen: »Ach, da bist du ja, Tidjani! Komm her! Ich muß dir eine sehr, sehr schlechte Neuigkeit mitteilen.« Doch zur gleichen Zeit erhellte ein breites Lächeln sein Gesicht. Wie es seiner Gewohnheit entsprach, nahm Tidjani diese Worte ohne Verwirrung auf.

»Ich selbst«, sagte er, »bin gekommen, um meinem Kommandanten zu sagen, daß meine Frau, die schwanger von hier abreiste, in guter Gesundheit zurückgekehrt ist. Sie hat mir einen schönen Knaben geschenkt. Ihre Niederkunft ist ohne Schwierigkeiten verlaufen, obwohl man um ihr Leben und um das ihres Kindes fürchtete, nachdem ein tobsüchtiger Laptot sie während der Reise kräftig zusammengeschlagen hat. Der Kommandant von Koulikoro, der Zeuge des Ereignisses war, hat den Angreifer verhaftet. Er hält ihn in Haft und wartet darauf, von den Folgen der Schläge, die meine Frau bekommen hat, Kenntnis zu erhalten. Hier, mein Kommandant, ist der Brief, den er Ihnen schrieb. Ich bezeuge, daß es meiner Frau und meinem Kind gut geht und daß meine Frau wünscht, die Anzeige zurückzuziehen, die der Kommandant von Koulikoro in ihrem Namen erstattet hat.«

Kommandant de Courcelles las das Papier:

»Das Notwendige wird veranlaßt«, sagte er. Dann, nachdem er es sich in seinem Sessel bequem gemacht hatte, wandte er sich erneut mit seinem seltsamen Lächeln an meinen Vater: »Ich bedaure, daß ich nicht wie die alten Araber ein Astrolabium besitze, damit ich heute den Sonnenstand messen kann. Aber wo auch immer sie stehen mag, ich kann dir versichern, daß dies ein Glückstag für dich ist. Deine Frau hat dir einen Sohn geschenkt, und ich habe eben mit der Morgenpost einen Brief erhalten, der mir mitteilt, daß dir der Rest deiner Haftstrafe erlassen wird. Von nun an seid ihr frei, Tierno Kounta Cissé und du! Gleichwohl dürft ihr nirgendwohin außerhalb von Bougouni gehen, bis ein neuer Befehl eintrifft. Ihr seid keine Häftlinge mehr, aber euer Zwangswohnsitz ist nach wie vor der Kreis von Bougouni.« Mein Vater blieb unerschütterlich. »Aber sag mir doch endlich, Tidjani«, wunderte sich der Kommandant, »warum dich weder eine gute Nachricht noch eine schlechte Behandlung beeindrucken?«

»Mein Kommandant, man kann mir keine Neuigkeit verkünden, die schwerwiegender wäre als die, die das Schicksal am Tag meiner

Geburt für mich festgelegt hat, als es mir sagte: ›Du bist in eine Existenz eingetreten, die du nicht lebend verläßt, was immer du tun magst‹, und die Kraft keines Menschen wird mich jemals fester auf dieser Erde einquartieren können, als ich es in meinem Grab sein werde. Darum kann mich keine schlechte Nachricht wirklich betrüben. Ich habe gelernt, mit derselben Ruhe dem Tod entgegenzusehen, mit der ich zusehe, wie die Nacht herniedersinkt, wenn der Tag zur Neige geht. Bei jedem Aufwachen betrachte ich mich als einen zum Tode Verurteilten, dem man Aufschub gewährt. Aber ich bin deswegen nicht pessimistisch, mein Kommandant, und ich wäre keineswegs überrascht, wenn ich eines Tages wieder die hohe Stellung erlangte, die ich einst innehatte. Das Leben ist ein Drama, das man gelassen erdulden muß.«

An diesem Punkt seines Lebens war Tidjani soweit, daß er seine Freude und seinen Zorn gleichermaßen zu beherrschen verstand. Das Gute und das Böse, das ihm widerfuhr, nahm er in der gleichen Weise hin. Er schrieb beides Gott zu und nahm vom Leben sowohl das Bittere als auch das Süße entgegen. Diese Philosophie, die er in Bandiagara zu Füßen seines Lehrers Tierno Amadou Tapsîrou Bâ – der auch der Lehrer von Tierno Bokar war – erworben hatte, gab ihm zweifellos die Kraft zu widerstehen, ohne sich von den schrecklichen Prüfungen zu Fall bringen zu lassen, die sein Leben prägten und von denen eine jede den Kräftigsten um den Verstand gebracht hätte...

Mein Vater und Tierno Kounta waren also frei und kamen am selben Tag mit ihrem ganzen ›Kram‹, der sich auf recht wenige Sachen beschränkte, nach Kadidjabougou zurück. Die erste Tat meines Vaters bestand darin, ein Datum festzusetzen, an dem sowohl die Zeremonie der Namensverleihung für meinen kleinen Bruder als auch die Hochzeit von Tierno Kounta und Koudi Ali stattfinden sollte. Das Doppelfest wurde unter der Teilnahme aller einheimischen Beamten von Bougouni gefeiert. Jeder brachte ein Geschenk mit. Den Vorsitz über beide Zeremonien führte Moustapha Dembélé, der ›Hilfskraft beim Unterrichten‹ war und bei dem mein Vater, trotz seines Alters, Französisch lesen und schreiben lernte. Tiemokodian, das große Oberhaupt der Bambara von Bougouni, schickte eine Abordnung der angesehensten Notabeln aus seinem Umkreis und eine

Menge Geschenke. Meine Mutter ließ zahlreiche Gerichte zubereiten, einschließlich eines wunderbaren Couscous mit Hammelfleisch, an dem sich alle gütlich taten.

Was meinen Bruder angeht, so gab mein Vater ihm den Namen ›Cheik Mohammed el Ghaali‹, den Namen des Lehrers, bei dem El Hadji Omar mehrere Jahre in Medina in Arabien verbracht hatte und der ihn in sein Amt als ›Hauptkalif der Tidjaniya für Schwarzafrika‹ eingesetzt hatte.

Die Nachricht von Tidjani Thiams Freilassung verbreitete sich in ganz Massina. Die meisten seiner Freunde und Altersgefährten aus Bandiagara ergriffen die Gelegenheit, um die Stadt zu verlassen und nach Bougouni zu eilen. Zuerst erlebte man die Ankunft von Koullel, der immer sein Freund gewesen war, begleitet von Tidjani Daw und Abdallah Kolâdo, auch sie hervorragende ›Kenner‹ zahlreicher traditioneller Gebiete, sodann viele andere, die sich alle in Kadidjabougou ansiedelten. Meine Mutter, die schon früher ihre Mitehefrau Diaraw Aguibou, die drei Brüder von Tidjani, sowie Gabdo Gouro, die erste Frau von Tierno Kounta, hatte kommen lassen, ließ nunmehr den berühmten Gitarristen Ali Diêli Kouyaté, den persönlichen Griot Tidjanis, und seine nächsten Diener holen: Sambourou, Kolâdo, Bolâli und Salmana, dann seine Lieblingsdienerin, die stets seine Mahlzeiten auftrug, die sanfte Yabara. Tidjanis Brüder blieben eine gewisse Zeit bei uns, dann schickte Tidjani sie zurück nach Bandiagara, damit sie für den Rest der Verwandtschaft Sorge trugen.

So war die Familie zum Teil in Bougouni wiedervereint. Um meinen Vater versammelte sich bald wieder ein richtiger kleiner Hof. Gewiß nicht so zahlreich und glanzvoll wie in Luta, aber schenkt man dem Glauben, was alle erzählten, so war er, dank meiner Mutter, besser geführt, besser genährt und angenehmer zu leben. Jeden Abend füllte der Hof des Hauses sich mit Fulbe, mit Tukulor und Bambara, die zuhörten, wie der Griot Ali Diêli sang, oder lauschten, wenn Koullel erzählte, der ›Meister der Großen Rede‹ der Fulbe. Diese Menschen mußten alle ernährt werden, aber, Gott sei dank, verstand meine Mutter sich aufs Geldverdienen. Ihr Gaststätten-Campement lief wunderbar, und ihre verschiedenen Handelsgeschäfte blühten. Hatten Kadidja und ihre Brüder sich nicht dereinst geschworen, daß Tidjani mit ihrer Hilfe den Hof wiedererhalten sollte, den er in Luta verloren hatte?

Mehr als zwanzig Personen nahmen ihre drei täglichen Mahlzeiten im Haus ein. Die Gastfreundschaft meiner Mutter war so groß, daß die Leute von Bougouni die Maxime prägten: *Die Mahlzeit wird bei Tidjani Thiam bis auf die Straße eingenommen* – ihre Art, um auszudrücken, daß das Haus immer voll war. Nie hatte meine Mutter ihren Beinamen mehr verdient: *Debbo diom timba* – die Frau in Hosen!

Tidjani hatte sein traditionelles Metier als Schneider und Sticker wiederaufgenommen. Parallel dazu spielte er, dank seiner islamischen und arabischen Bildung, für die Leute aus Bougouni mehr oder weniger die Rolle eines Marabuts. Die gering islamisierte Region zählte nämlich noch sehr wenige geschulte Muslimen und noch weniger Gelehrte; so sah man jeden Tag muslimische Diolas zu meinem Vater kommen, der bald ein angesehener religiöser Führer wurde, und ihn um Gebete oder Ratschläge bitten.

Eine Glut, die nicht brennt

Einige Zeit nach unserer Rückkehr nach Bougouni kam Kommandant de Courcelles, der eine Volkszählung durchführte, zu uns nach Hause. Ich hatte gehört, daß die Weiß-Weißen – wie man die Europäer nannte, im Gegensatz zu den Weiß-Schwarzen oder europäisierten Afrikanern – ›Söhne des Feuers‹ wären und daß ihre Haut wegen einer in ihnen brennenden Glut so hell sei. Nannte man sie nicht auch ›entflammte Häute‹? Die Afrikaner hatten sie so getauft, weil sie beobachtet hatten, daß die Europäer ganz rot wurden, wenn sie sich ärgerten; aber ich war davon überzeugt, daß sie brannten. Von Neugier gepeinigt, bat ich Nassouni, mich in den Schößen ihres großen Bubu zu verstecken. Jeder zog am Kommandanten vorbei, der die Namen in ein großes Register eintrug. Als Nassouni an der Reihe war, legte ich, gut hinter ihr versteckt, so sachte wie ich konnte die Spitze meines Zeigefingers auf die linke Hand des Kommandanten, die am Rand des Tisches lag. Entgegen meiner Erwartung spürte ich kein Brennen. Ich war außerordentlich enttäuscht. Von nun an war der Weiße für mich ›eine Glut, die nicht brennt‹. Um die Wahrheit zu sagen, so hatte ich, in Nassounis Bubu gut versteckt, nicht viel vom Kommandanten erblickt; ich hatte kaum seine Hand gesehen. Unsere richtige Begegnung sollte etwas später stattfinden.

Mein kleiner Bruder Mohammed el Ghaali, genannt Raali, entwickelte sich mit jedem Tag weiter. Ich liebte es, auf ihn aufzupassen, seine Wangen zu kitzeln, seine kleinen, drallen Arme, seinen runden Bauch, und zu hören, wie er laut lachte. Manchmal ging ich mit ihm außerhalb des Anwesens spielen. Eines Tages, als wir uns gerade am Straßenrand vergnügten, sah ich, wie ein Weiß-Weißer vor uns auftauchte, der einen ungewöhnlichen Anzug trug und von zwei weißschwarzen Gefolgsleuten begleitet wurde, einem Wachsoldaten und einem Dolmetscher. Die Weißen, das ist bekannt, sind mächtige Hexenmeister, die unheilvolle Kräfte ausstrahlen, und es ist besser, nicht in ihrer Gesellschaft zu verweilen. Aber hier war kein Entkommen möglich, und wir saßen in der Falle. Ich packte also meinen kleinen Bruder und setzte ihn zwischen meine Beine, um ihn gegen den bösen Blick zu schützen, der vom Weiß-Weißen und seinen weißschwarzen Begleitern ausging, die zwangsläufig seine Komplizen waren, wie die Eule, die, wie man sagt, den Hexenmeister überallhin begleitet. Mit schluchzender Stimme schrie ich aus Leibeskräften nach meiner Mutter, Allah und dem Propheten Mohammed.

Der Weiß-Weiße sprach in einer geheimnisvollen Sprache mit seinen Gefährten, und jedesmal, wenn er schwieg, wiederholten die Weiß-Schwarzen gleichbleibend und unermüdlich: *»Oui ma coumandan! Oui ma coumandan!«* Diese Worte gruben sich sogleich tief in meine Seele ein. Das konnte nur ein *moolorgol* sein, eine Formel, geeignet, das von den Weiß-Weißen kommende Übel zu bannen. Unbewußt fing auch ich an, sie zu wiederholen, um das drohende Unheil von meinem kleinen Bruder und von mir selbst abzuwenden. Ich war davon überzeugt, daß wir dem Teufel in die Falle gegangen waren, die geheimnisvolle Formel uns aber schützen werde. Doch ach, anstatt den Weiß-Weißen fernzuhalten, zog sie ihn zu uns hin wie ein Magnet, der Eisen anzieht! Mein Bruder, der sich der Gefahr ganz und gar nicht bewußt war, lächelte, streckte unschuldsvoll dem

Weiß-Weißen seine beiden kleinen Arme entgegen und klatschte ab und zu in einer Gebärde freudiger Ungeduld mit den Händen auf die Erde. Der völlig verzauberte Weiß-Weiße bückte sich und streichelte ihm den Kopf, die Wangen und das Kinn. Diese Geste, offensichtlich eher väterlicher denn teuflischer Natur, beruhigte mich. Ich faßte mich, sofort gewann meine angeborene Neugier Oberhand, und ich schickte mich an, den Weiß-Weißen in allen Einzelheiten zu studieren.

Sein Anzug war bemerkenswert weiß, aber anstatt zu flattern und die Luft sich frei um den Körper bewegen zu lassen wie die afrikanische Kleidung, schmiegte er sich eng an die Formen des Weißen an, so als ob er für ihn ein Schutzpanzer sei. Auf der Stelle kam mir eine alte Legende in den Sinn, die ich gehört hatte, welche auf die Zeit zurückging, als die ersten Weißen auf dem Seeweg angekommen waren. Die Weißen, so sagte man damals, waren ›Söhne des Wassers‹, Wasserwesen, die auf dem Meeresgrund in großen Städten lebten. Ihre Verbündeten waren die aufrührerischen Djinn, Geister, die der Prophet Salomon dereinst in die Tiefen des Ozeans hinabgeschleudert hatte und denen der Aufenthalt auf der Erde für immer verboten war. Diese Djinn stellten in ihren Werkstätten wunderbare Dinge für sich selbst her. Von Zeit zu Zeit kamen diese Söhne des Meeres aus ihrem Wasserkönigreich, legten einige von ihren wunderbaren Dingen am Gestade nieder, sammelten die Gaben der Bewohner ein und verschwanden sogleich wieder.[31]

»Der Anzug beweist, daß die Weiß-Weißen Söhne des Wassers sind«, sagte ich mir. »Sie sind eine Art Riesenkrebse in Menschengestalt, und wie jeder gute Krebs, der sich selbst achtet, brauchen sie einen Panzer, so leicht er auch sein mag.« Durch diese Beweisführung überzeugt, prüfte ich alle Einzelheiten des leichten Panzers des Weiß-Weißen, dessen Bild sich in mein Gedächtnis einprägte wie auf ein Fotonegativ. Er setzte sich aus drei Teilen zusammen: einen für seinen Kopf, einen für den Rumpf und einen für die Gliedmaßen.

Der Panzer für den Kopf hatte die Form eines halbierten Kürbis. Er war mit einer weißen Materie bemalt, ähnlich derjenigen, die afrikanische Frauen herstellen, indem sie Tierknochen zerstampfen und womit sie sich dann die Finger einreiben, um ihre Spindel besser drehen zu können. Der Kopf des Weiß-Weißen in seinem Panzer ließ mich an den von *Kumba jubbel* denken, dem Schattenvogel, einem Stelzvogel im tropischen Afrika; aber der Kopf von *Kumba jubbel* war besser ausgerichtet und wurde von ihm auf stolzere Art nach hinten gereckt. Den Schalk im Nacken, kam mir ein boshafter Gedanke, den ich übrigens wenig später, als ich meinen Weiß-Weißen besser kannte, bedauern sollte: Ich wünschte, daß auf der Stelle ein scheußlicher Gecko, die Eidechse, die durch die Tradition als so unsauber angesehen wird, daß sie den Beinamen *geddel Allāh* – Feind Gottes – trägt, sich in seinem Kopfpanzer einniste und in den langen Strähnen herumwühle. Allein bei dem Gedanken bekam ich Lust zu lachen.

Der Panzer seines Körpers war mit Sachkenntnis zugerichtet. Er hatte zwei Arme, zwei senkrechte Lippen, die in der Mitte des Körpers aufeinandertrafen, und vier paarweise übereinandergesetzte Taschen. Die linke Panzerlippe war durchbrochen von fünf gleichen Schlitzen mit kleinen, halbgeschlossenen Lidern. Auf der rechten Lippe waren fünf große, vergoldete Knöpfe befestigt, die der Weiß-Weiße durch die fünf kleinen Schlitze gesteckt hatte. Er hatte zwei weitere vergoldete Knöpfe auf den Schultern und einen auf jeder Tasche.

Was den Panzer der unteren Gliedmaßen angeht, so war er am merkwürdigsten, er reichte an beiden Beinen bis zu den Knöcheln hinab, die er eng umschloß. Die Füße waren in schwarzen, geschlossenen Schuhen verborgen, die wie geöltes Ebenholz leuchteten. Ganz eindeutig glichen diese Schuhe in nichts denen der Schwarzen, der normalen Bewohner des Festlandes.

In seinem Gesicht trug der Weiß-Weiße einen Schnurrbart, dessen dichte Haare an die abgeschnittene Mähne eines Fohlens erinnerten. Sein mittellanger Bart war sehr gut gekämmt.

Dieweil ich ihn beobachtete, beugte sich der Weiß-Weiße zu mir herab, um meinen kleinen Bruder in die Arme zu nehmen. Sein Körper verströmte eine für meinen Geruchssinn ungewohnte Ausdünstung. Obwohl dieser Geruch eigentlich nicht übel war, würgte es mich in der Kehle, und ich hätte mich beinahe erbrochen. Ich war überzeugt, daß der Weiß-Weiße mich soeben mit einem Weihrauch, den sein Körper absonderte, verhext hatte. Ich machte mir zunutze, daß er mit meinem kleinen Bruder beschäftigt war, nahm spornstreichs Reißaus Richtung Haus und rief meine Mutter zur Hilfe:

»Dadda! Dadda! Der Weiß-Weiße hat Mohammed el Gaali genommen, dann hat er mich mit dem Dunst von seinem Zauberweihrauch angeblasen! Ich habe versucht, ihn durch den Mund auszuspeien, aber ich konnte es nicht, der Weiß-Weiße hat meinen Rachen mit einem Zauber versperrt. Dadda, komm schnell! Komm und befreie meinen kleinen Bruder und mach mir schnell eine heilende Waschung, damit ich nicht sterbe!«

Während ich derart heulend zu meiner Mutter rannte, folgte mir der Weiß-Weiße mit meinem kleinen Bruder im Arm auf dem Fuße, gefolgt von seinen beiden weiß-schwarzen Hilfskräften.

Meine Mutter, von meinen Schreien alarmiert, war rasch bei mir, aber trotz ihrer beruhigenden Gegenwart fehlte mir der Mut stehenzubleiben. Ich rannte bis zu ihrem Haus und versteckte mich hinter ihrer Schlafstelle am anderen Ende des Raumes. Dort störte ich aus Versehen eine Glucke auf, die dort einen Platz zum Brüten gefunden hatte. Wütend und ohne Zweifel aus ihrem Mutterinstinkt heraus schnellte sie hoch, sprang auf mich und ließ eine Salve von Schnabelhieben auf mich los. Ich weiß nicht, wie ich wieder in den Hof gelangte, den Körper mit etlichen Daunen geschmückt, die meine Gegnerin dort hinterlassen hatte, gewiß, um mich zu zwingen, mich an unser Gefecht zu erinnern. Ich schämte mich sehr, im Haus meiner Mutter von einem Huhn geschlagen und verjagt worden zu sein. Es mußte wohl so sein, daß der Weiß-Weiße einen machtvollen Zauber über mich gesprochen hatte, auf daß mir eine solche Unbill widerfuhr, und das noch dazu im Schoß meiner Mutter, wohin ich mich verkrochen hatte, um vor seinen Zaubereien Zuflucht zu finden!

Plötzlich sah ich, wie meine Mutter mit meinem kleinen Bruder auf den Armen in den Hof kam, hinter ihr der Weiß-Weiße und sein Geleit. Das wunderte mich nicht. Meine Mutter, das wußte ich, hatte vor nichts Angst, und sie war sehr wohl in der Lage, sogar europäische Teufel zu bezwingen. Damit der Weiß-Weiße und seine Gefährten ihr derart folgten, gelehrig wie gemästete Hausschafe, hatte sie bestimmt deren unheilvolle Kräfte zunichte gemacht!

In der Mitte des Hofes angelangt, wandte sich der Weiß-Weiße mir zu. Über seinen Dolmetscher ließ er mich fragen, warum ich mich gerettet hätte, ohne mir darüber Gedanken zu machen, was aus meinem kleinen Brüder würde. Vor Verblüffung wußte ich nicht zu antworten. Ich biß mir auf die Lippen und senkte peinlich berührt den Kopf. Der Weiß-Weiße sagte dann, er hätte gar nicht gewußt, daß Tidjani Thiam zwei so schöne Jungen hatte. Er ließ uns wissen, daß er de Courcelles hieß, in Frankreich zu einem sehr alten Chefclan gehörte und daß seine Vorfahren zu einer Zeit, die er ›Revolution‹ nannte, genauso wie Tidjani ihrer Chefferie beraubt worden wären. Einige Mitglieder seiner Familie waren sogar hingerichtet und andere, nachdem man ihre Güter konfisziert hatte, in den Kerker geworfen worden. Das sollte heißen, daß er Tidjani verstand und sich ihm nahe fühlte!

In dem Maße, wie der Weiß-Weiße redete, beruhigte ich mich. In meinem Herzen verspürte ich ihm gegenüber sogar eine Anwandlung von Sympathie. Er machte mir keine Angst mehr, und ich bereute aufrichtig meinen Wunsch, daß ein scheußlicher Gecko sich in seiner Frisur einniste und seine Haare abfresse. Es drängte mich, ihn wegen des schlechten Gedankens um Verzeihung zu bitten, aber die Angst, von meiner Mutter streng bestraft zu werden, hielt mich zurück. Tatsächlich empfahl sie uns immerwährend: »Schlagt euch, wenn es sein muß, aber niemals sollt ihr schlechte Gedanken hegen, gegen wen es auch sein mag. Allah will es nicht, und die Regeln der *ndimaaku,* der noblen Fulbe, verurteilen es auch.«

Nachdem der Kommandant einige Augenblicke mit meiner Mutter gesprochen hatte, wandte er sich erneut an mich:

»Dein kleiner Bruder ist mein großer Freund«, sagte er. »Und du, du bist nur mein Freund, weil du vor mir geflohen bist. Ein echter Nobler stirbt, aber er flieht nie.«

Wie ich es beim Wachsoldaten beobachtet hatte, wenn er mit dem Weiß-Weißen sprach, nahm ich unbeholfen Habachtstellung an und sagte:

»Oui ma coumandan!« Und auf Ful fügte ich hinzu: »Vom Vater und von der Mutter her bin ich nobel. Ich werde nie mehr vor einem Weiß-Weißen fliehen, selbst wenn er nicht de Courcelles heißt. Ich bitte dich, mach mich zu deinem großen Freund, denn ich darf nicht kleiner sein als mein kleiner Bruder. Sonst will Binta Diafara mich nicht mehr als Mann.« – Binta Diafara, eine Freundin meiner Mutter, war die Tochter des großen, für seinen Mut und seine Verwegenheit berühmten Recken Diafara Aïssata. Ich hatte ihr gesagt, daß ich sie heiraten wollte. Um mich zu trösten, hatte sie versprochen, sich für mich aufzuheben, bis ich groß war. Ich betrachtete mich als ihr ergebener Ritter.

Nachdem de Courcelles die Übersetzung des Dolmetschers vernommen hatte, lachte er schallend. Er streichelte meinen Kopf und erhob mich sofort in den Rang eines großen Freundes, genauso wie meinen kleinen Bruder.

Dieses sind bis in die Einzelheiten hinein die Umstände meiner ersten wirklichen Begegnung mit einem Weiß-Weißen, der zu einem Menschengeschlecht gehörte, welches ich bis zu jenem Tag aus Verbitterung über alles, was es meinem Vater Tidjani angetan hatte, überhaupt nicht liebte. Als er fortging, fragte ich meine Mutter:

»Dadda, ist der Kommandant de Courcelles kein Tubab?«

»Doch«, antwortete sie, »aber er ist ein guter Tubab.«

Diese Antwort verwirrte mich. Ich hatte beschlossen, alle Tubab zu hassen, aber wie konnte ich diesen so freundlichen Kommandanten verabscheuen, der, wie ich gehört hatte, alles tat, um meinen Vater freizulassen? Zum ersten Mal erfuhr ich, daß die Realitäten dieser Welt niemals weder ganz und gar gut noch ganz und gar schlecht sind und daß man den Dingen gerecht werden und sich vor jedem vorgefaßten Urteil hüten muß.

De Courcelles liebte Pferde und die Jagd. Nun war mein Vater nicht nur ein hervorragender Reiter, sondern auch einer der besten Schützen von Bougouni – obwohl der Ort als Domäne traditioneller Jäger galt – und ein guter Treiber von Raubtieren und Großwild. Zwei gemeinsame Ausritte überzeugten den Kommandanten, in meinem Vater den Gefährten gefunden zu haben, den er brauchte.

Kommandant de Courcelles liebte uns, ohne Berechnung und ohne Hintergedanken. Grund genug für uns, ihn lieben und durch ihn auch sein Land, dem er eine wahrhafte Verehrung entgegenbrachte. Zu Hause war es uns nicht mehr zuwider, von Frankreich und den

Franzosen zu sprechen. Wir verfluchten sie nicht mehr. Eines Tages, als mein Vater von Frankreich sprach, sagte er zu uns: »Das Königreich Frankreich hat zwei Köpfe: der eine ist sehr gut und der andere sehr schlecht.« Ich begriff damals nicht, was er sagen wollte. Erst später, mit der Erfahrung und wachsendem Wissen von den Lebewesen und Dingen, lernte ich, einen Unterschied zu machen zwischen dem Volk von Frankreich und dem Verhalten einiger seiner Repräsentanten außerhalb seiner Grenzen und insbesondere in den Kolonien. War es das, was er hatte sagen wollen?

Ich fing an, mich zu langweilen, wenn ich den ganzen Tag zu Hause verbrachte, wo mein kleiner Bruder mein einziger Spielgefährte war. Gewiß, wir verstanden einander wie Milch und Couscous, und gutherzig teilte er mit mir alle Leckereien, die ihm der Kommandant sonntagmorgens immer mitbrachte, aber er war recht klein, und die Gesellschaft von Kindern meines Alters fehlte mir. Eines Tages nahm meine Mutter mich mit in die Stadt, um unseren Cousins Galo Bâ und Mamadou Thiam guten Tag zu sagen. Der erste hatte zwei Jungen in meinem Alter, Mamadou und Issiaka, und der zweite eine kleine Tochter, Kadjalli. Als Kameraden waren sie für mich geeignet. Von da an verließ ich jeden Morgen nach dem Frühstück das Haus und ging zu ihnen. Ein junger Bambaraknabe, Sirman Koné, gesellte sich bald zu unserer kleinen Gruppe.

Zu jener Zeit, glaube ich, schloß ich mich, ebenso wie meine kleinen Spielkameraden, der Bambaragesellschaft für die Initiation der Kinder, *Tiebleni*, an. Da wir nun einmal im Bambaramilieu lebten, war es unerläßlich, dort Mitglied zu werden, denn andernfalls wäre es nicht möglich gewesen, unsere Kameraden in Bougouni zu besuchen, da sie alle solchen Vereinigungen angehörten, und wir wären gezwungen gewesen, jedesmal im Haus eingeschlossen zu bleiben, wenn die heilige Maske des Komo ihre Abgeschiedenheit verließ und anläßlich von Festen oder Zeremonien durch die Straßen lief. Für die kleinen Muslimen war es eine reine Formsache, dazuzugehören. Man lehrte uns die Geheimnisse des Rituals, die Erkennungszeichen und ein paar kleine Geschichten, aber kaum mehr. Gleichermaßen zählten – wahrscheinlich seit dem im dreizehnten

Jahrhundert durch Sundiata Keïta gegründeten Mandéreich, dem Reich Mali – auch die muslimischen Erwachsenen, die im Bambaraland lebten, rein formal zum Komo, damit sie nicht von der Gemeinschaft, in der sie lebten, abgeschnitten waren. Man erließ es ihnen, den Fetischen zu opfern, sie aßen nicht die geopferten Speisen, tranken keinen Alkohol und wohnten den Zeremonien nicht bei, aber sie waren jedenfalls nicht verpflichtet, sich einzuschließen, wenn Komo ausging. Solche Beziehungen guter Nachbarschaft und gegenseitiger Anerkennung beruhten auf der alten Grundlage religiöser Toleranz im traditionellen, animistischen Afrika, das alle Formen religiöser oder magisch-religiöser Praktiken zuließ und von daher keine Religionskriege kannte.

Tidjani war ein frommer und überzeugter Muslim, dessen Beispiel in Bougouni und anderswo sogar recht zahlreiche Konvertierungen auslöste, aber das hinderte ihn nicht daran, äußerst tolerant zu sein. Für ihn bedeutete meine Verbindung zu den kindlichen Initiationen der Bambara eine zusätzliche Gelegenheit, mir Wissen anzueignen. Von dieser Zeit an habe ich gelernt, die Menschen so zu akzeptieren, wie sie sind, ob Afrikaner oder Europäer, und dabei ganz ich selbst zu bleiben. Dem anderen Achtung entgegenzubringen und ihm zuzuhören, gleich, wer er ist und woher er kommt, von dem Augenblick an, da man in seinem eigenen Glauben und im Bewußtsein seiner selbst fest verwurzelt ist, das wird später übrigens eine der Hauptlektionen sein, die ich von Tierno Bokar erhalte.

Der Tod meiner frühen Kindheit

Als ich sieben Jahre alt war, rief mein Vater mich eines Abends nach dem Essen zu sich. Er sagte zu mir:

»In dieser Nacht wird deine frühe Kindheit sterben. Bisher hat deine frühe Kindheit dir völlige Freiheit geschenkt. Sie hat dir Rechte zugestanden, ohne dir irgendeine Pflicht aufzuerlegen, nicht einmal die, Gott zu dienen und ihn anzubeten. Von dieser Nacht an trittst du in deine Kindheit ein. Du bist angehalten zu bestimmten Pflichten, zunächst der, die Koranschule zu besuchen. Du lernst lesen und du lernst die Texte des Heiligen Buches auswendig, des Koran, den man auch die Mutter der Bücher nennt.«

In dieser Nacht konnte ich nicht schlafen. Ich war erfüllt von den geheimnisvollen Worten ›Tod meiner frühen Kindheit‹. Was bedeutete das? Wenn Menschen sterben, hebt man ein Loch im Boden aus und gräbt sie wie Getreidekörner unter der Erde ein. Würde mein Vater meine frühe Kindheit eingraben? Ich wußte, daß Hirse, Mais und Erdnüsse, die man in die Erde legt, anschließend in der Form neuer Halme wiedererscheinen, aber ich hatte weder gesehen noch gehört, daß ein Mensch wie Getreide gekeimt hätte und aus seinem Grab herausgewachsen wäre. Wie würde das mit meiner frühen Kindheit sein? Entstünde daraus ein neuer Keim? Ich schlief schließlich ein, den Kopf voll unlösbarer Gedanken. Ich hatte einen Traum, den ersten, an den ich mich lebhaft erinnere: Ich sah mich auf einem Friedhof, und aus allen Gräbern kamen Büsten von Menschen hervor.

Am nächsten Morgen weckte meine Mutter mich zeitig. Sie ließ mich ein Bad nehmen. Während sie mich wusch, bekam ich Lust, ihr meinen Traum zu erzählen, aber ich weiß nicht warum, ich zögerte. Am Ende sagte ich ihr nichts. Nach dem Bad kleidete sie mich in einen weißen Bubu, dann holte sie zwei kleine Kalebassen, die eine mit Ziegenmilch, die andere mit gedämpften Hirsemehlkugeln gefüllt.

Mein Vater kam, nahm mich an der Hand und führte mich durch Kadidjabougou zum Haus von Tierno Kounta. Meine Mutter folgte uns mit den beiden Kalebassen. Als wir am Hauseingang angekommen waren, sprach mein Vater die islamischen Grußworte: »*As-salām aleikum!* Friede sei mit euch!« Tierno Kounta, der Tidjanis Stimme erkannt hatte, kam heraus und antwortete: »*Wa aleikum es-salām!* Und mit euch sei Friede! *Bissimillāhi! Bissimillāhi!* Im Namen Gottes, seid willkommen!«

Während Tierno Kounta und mein Vater die bei Begrüßungen üblichen langen Litaneien austauschten, breitete Koudi Ali auf dem Boden vor dem Haus eine mit Ornamenten geschmückte Matte aus Massina aus, auf die sie ein schönes Schaffell legte. Auf ein Zeichen von Tierno Kounta nahm mein Vater dort Platz. Er ließ mich neben ihm niedersitzen, meine Mutter rahmte mich auf der anderen Seite ein.

»Tierno Kounta«, sagte mein Vater, »unser Kommen zu so früher Stunde hat nichts Böses an sich.«

»So soll es sein! Mit offenen Händen empfange ich euren Besuch.«

»Unser Sohn Amadou hat sein siebtes Jahr erreicht. Wir bringen ihn zu dir, damit du ihn den Buchstaben des Koran lehrst, wie das islamische Gesetz es verlangt.«

Meine Mutter hielt ihm die beiden Kalebassen hin:

»Hier sind die Speisen, die die Tradition vorsieht: Ziegenmilch und Hirsekugeln.«

Tierno Kounta nahm die beiden Kalebassen, stellte sie neben sein Gebetsfell und ging dann in sein Haus. Als er wieder herauskam, hielt er in der rechten Hand eine kleine Holztafel und in der linken eine mit feinem Sand gefüllte Schale, in der er eine Flasche befestigt hatte, die schwarze, aus Holzkohle und Gummiarabikum hergestellte Tinte enthielt, außerdem ein paar in Federform geschnittene Schilfstengel. Er legte diese Gegenstände auf die Erde, dann wandte er sich mit geöffneten Handflächen gen Osten und sprach die *fātiha*, die erste Sure des Koran, die die ›Eröffnende‹ genannt wird, der rituelle Grundlagentext des Islam. In eine kleine Kalebasse schüttete er ein wenig Tinte und Ziegenmilch, tauchte eine Schilffeder in die Mischung und schrieb einen langen Korantext auf die Tafel. Dann wusch er sie mit Milch ab, fing sorgfältig die mit Tinte vermischte Milch auf und tunkte dahinein die drei Kugeln aus Hirsemehl, die er mir zu essen gab. Dann ließ er mich drei Schlucke von der Mixtur trinken. Der Geschmack war angenehmer, als ich befürchtete hatte.

Nach dieser kleinen Zeremonie ließ Tierno Kounta mich die *shahāda* aufsagen, das heißt, das zweifache muslimische Glaubensbekenntnis: *Ach-hadu an lā ilāha ill'Allāh* – Ich bezeuge, daß es keinen Gott gibt außer Gott[32] – *wa Mohammad rasul-Allāh* – und daß Mohammed von Gott geschickt ist. So nahm er meinen Übertritt zum Islam entgegen, ein Bekenntnis, das bei vollem Bewußtsein zu erneuern mir vorbehalten war, sobald ich volljährig wäre.

Dann ergriff er die Tafel und schrieb darauf sieben Buchstaben des koranischen Alphabets. Anschließend ließ er mich auf den Fersen in der traditionellen islamischen Haltung niedersitzen, bei der das Körpergewicht wesentlich auf dem linken Fuß ruht. Er ließ mich so die Tafel halten, daß der obere Teil auf meinem linken Unterarm ruhte und der untere auf meinem rechten Schenkel. Mit meinem rechten Zeigefinger mußte ich jeden der sieben Buchstaben, die er groß aufgeschrieben hatte, nachzeichnen. Nun war ich rituell auf die Unterweisung im Heiligen Buch vorbereitet.

In religiöser Ehrerbietung folgte auch Tierno Kounta mit dem rechten Zeigefinger jedem der sieben Buchstaben des Koran und sprach bei jedem den Namen aus, den die Fulbe ihm gegeben haben. Bei den sieben Buchstaben handelte es sich um diejenigen, welche die Koranworte *Bismillāh* – in Gottes Namen – bilden, die man zu Beginn einer jeden Koransure findet und die die Muslimen vor jeder wichtigen Geste oder vor jeder wichtigen Tat ihres Lebens sprechen.

Siebenmal wiederholte Tierno Kounta die Lektion, und siebenmal sprach ich sie ihm nach, danach verabschiedete er meine Eltern. Ich mußte in einer Ecke seines Hofes bleiben und vierhundertachtmal die Lektion wiederholen, indem ich ihr mit dem Finger folgte. Das nahm etwa zwei Stunden in Anspruch. Als ich fertig war, sagte Tierno Kounta zu mir, ich solle meine Tafel im Inneren des Hauses an die Wand lehnen und dann heimgehen. Der nächste Tag war ein Donnerstag, der traditionell schulfreie Tag; ich brauchte also erst am Freitag wiederzukommen. Ich räumte meine Tafel sorgfältig weg und rannte in Luftsprüngen zur Wohnung meiner Eltern, wobei ich den ganzen Weg über einen kleinen, recht rhythmischen Gassenhauer summte, der den Lehrer ein wenig verspottet und den alle muslimischen Fulbekinder lernen, lange bevor sie in die Koranschule gehen.

Ich war sehr glücklich, frei zu sein, und dennoch war ich tief beeindruckt von den feierlichen Begleitumständen meiner ersten Lektion. Nach Hause zurückgekehrt, war ich stolz, meine erste Lektion zu kennen, und im Begriff, allen lauthals damit in den Ohren zu liegen. Erst der Einspruch meines Vaters brachte mich zum Schweigen.

Seit Naaba mit mir über den Tod meiner frühen Kindheit gesprochen hatte, kam ich mir in meinen eigenen Augen übertrieben wichtig vor, um so mehr, als meine Mutter mir von nun an eine große Freiheit einräumte. Sie hatte nichts mehr dagegen, daß ich ganz allein in die Stadt Bougouni ging. Meine kleinen Kameraden Mamadou, Issiaka und Sirman holten mich am Mittwochnachmittag ab. Da der nächste Tag frei war, schlief ich zuweilen bei ihnen, und so verbrachten wir gemeinsam zwei volle Tage, liefen in den Busch und in die umliegenden Wälder. Wir bildeten bald eine Gruppe von vier richtigen kleinen Teufeln, unbelehrbaren Fallenstellern für Mäuse und Eidechsen und unverbesserlichen Plünderern der kleinen Gemüsegärten. Ich hütete mich sehr wohl, meine Beute, die sich im allgemeinen aus kleinen Vögeln, verschiedenem Kleingetier und stibitztem Kleingemüse zusammensetzte, nach Hause mitzubringen, denn meine Eltern hätten nicht versäumt, mir tüchtig den Hintern zu versohlen. Sie mochten es nicht, wenn irgend jemand Tiere mißhandelte, und niemals hätten sie mir den geringsten Diebstahl verziehen!

Danfo Siné, der Spieler des dan

Tiemokodian, das große Oberhaupt der Bambara und der Beschützer meiner Mutter, seit sie hier angekommen war, trat mit Tidjani in freundschaftliche Beziehungen. Jedesmal, wenn er den Kommandanten de Courcelles begrüßen ging – was er beinahe täglich tat – , versäumte er es nicht, bei uns hereinzuschauen und der Familie guten Tag zu sagen. Er befand sich stets in Begleitung einer Gruppe von Dienern, Höflingen und Freunden, unter ihnen zuweilen ein Mann, der sich von ihnen abhob und bei dem man spürte, daß er anders war. Er war mittelgroß und von mittlerem Leibesumfang, hatte ein recht rundes Gesicht und eine dickliche Nase, nicht eben eine Zierde, aber seine Augen waren so ausdrucksvoll und der Blick so durchdringend, daß er beinahe erschreckend wirkte. Eine Art geheimnisvoller Kraft ging von diesem Mann aus. Wie ich später erfahren habe, war er ein ›Mann der Erkenntnis‹ der Bambara, ein *doma*, ein ›großer Erkenner‹ also – was im Französischen in Ermangelung eines Besseren oft übersetzt wird mit dem Ausdruck ›traditionaliste‹ (Traditionalist) im Sinne von *Gelehrter in der Materie der traditionellen Erkenntnisse*.[33] *Doma* gibt es in jedem Wissenszweig oder Sachgebiet des Wissens, aber er war ein universalgelehrter *doma*, der über die gesamten traditionellen Kenntnisse seiner Zeit verfügte, was Geschichte angeht, die Wissenschaft vom Menschen, die Wissenschaften von den Religionen, der Symbolik und der Initiation sowie die Naturwissenschaften – Botanik, Arzneikunde, Mineralogie –, gar nicht zu reden von Mythen, Erzählungen, Legenden, Sprichwörtern usw. Er war auch ein wundervoller Erzähler. Bei ihm habe ich zum ersten Mal zahlreiche Geschichten und Legenden der Bambara und Fulbe aus der Gegend von Wassulu gehört, wo diese beiden Ethnien ziemlich vermischt leben.

Als Dichter und großer Meister des Wortes war er im ganzen Landstrich zwischen Sikasso und Bamako berühmt. Aber vor allem war er ein bedeutender Meister der Initiation des Komo, ein ›Meister des Messers‹ – das heißt, ein ritueller Opferer und Lehrer, damit zwangsläufig von seinem Stand her Schmied – und einer der berühmtesten Sänger des Komo, den man je in der Gegend kannte.

In einigen Dörfern durfte die heilige Maske des Komo nur in seiner Anwesenheit herauskommen. Als er meinen Vater kennenlernte, hatte er gerade seine sieben Jahre *Korojuba* beendet, eine der höchsten Initiationsschulen der Bambara und Senufo in der Savanne des westlichen Sudan, deren Name ›der große Stamm der Sache‹ oder der ›große Stamm der Erkenntnis‹ bedeutet und deren Zentrum damals im Kreis Bougouni lag.

Man nannte ihn Danfo Siné, das heißt, Siné, der *dan* – Spieler, denn er war nie ohne seinen *dan*, eine Art Laute mit fünf Saiten, die aus einer halben Kalebasse angefertigt wird. Er spielte sie mit erstaunlicher Virtuosität, doch war er kein gewöhnlicher Musiker; wenn er die Saiten seines *dan* zupfte und dabei bestimmte Beschwörungsformeln deklamierte, die die Eigenart hatten, ihn in Trance zu versetzen, dann schickte er sich an, die Zukunft mit einer Genauigkeit vorherzusagen, die alle Bewohner in der Gegend und in den umliegenden Landstrichen bestürzte, und seine Vorhersagen wurden unverzüglich im weiten Umkreis erzählt, bis hin zu den Ufern des Flusses Baoulé.

Einmal weissagte er sogar ein Jahr vorher, daß die Reiter des Königreichs von Kenedougou M'Pegnasso, Bolona und die umliegenden Dörfer überfallen würden. Er kündigte an, daß der Landstrich von Tengrela in Brand gesteckt werde von vier Kriegsherren aus dem Sikasso, und er sagte die spätere Niederlage von Samory Touré voraus. Meinen Vater schließlich unterrichtete er vom bevorstehenden Tod des Königs Aguibou Tall von Bandiagara und von seiner endgültigen Befreiung, Ereignisse, die genauso eintrafen, wie er sie angekündigt hatte.

Danfo Siné reiste landauf, landab mit einer Gruppe von Anhängern, die er lehrte. In Bougouni veranstaltete er fast jeden Abend ein Treffen mit Gesängen und Tänzen; wenn er sich derart zeigte, dann nicht nur, um die Bevölkerung zu unterhalten, und weniger noch, um daraus Nutzen zu ziehen, denn nichts von dem, was er unternahm, war im eigentlichen Sinne profan. Seine Tänze waren ritueller Art, seine Gesänge oft eine Erleuchtung und seine Sitzungen stets reich an Belehrung.

Als virtuoser Musiker machte er mit seinen Händen, was er wollte, aber auch mit seiner Stimme. Er war imstande, seine Zuhörer zum Zittern zu bringen, indem er das wütende Brüllen eines Löwen nachahmte, oder sie einzulullen, indem er ganz allein einen Chor von Trompetenvögeln imitierte. Er konnte wie ein Frosch quaken oder trompeten wie ein Elefant. Ich kenne keinen Tierruf und keinen Ton eines Musikinstruments, den er nicht nachzuahmen vermocht hätte. Und wenn er tanzte, so hätte er damit selbst den Straußenvogel neidisch machen können, den König der Buschtänzer, wenn er seiner Schönen den Hof macht. Geschmeidig wie eine Liane, war ihm keine Akrobatik unmöglich.

Dieser außergewöhnliche Mann faßte eine Zuneigung zu dem kleinen Jungen, der ich damals war. Ich war in einem Alter, wo mein Gehirn, wie er sagte, noch ›formbarer Tonerde‹ glich, er wies mir stets, wenn er redete, einen Platz neben sich zu, und manchmal nahm er mich mit der Erlaubnis meiner Eltern mit, damit ich auch außerhalb an seinen Veranstaltungen teilnehmen konnte. Oft handelte es sich um Darbietungen von Gesang und Tanz, die symbolisch die verschiedenen Phasen der Erschaffung der Welt durch *Maa n'gala* nachzeichneten, dem höchsten Schöpfergott aller Dinge.[34] Danfo Siné nahm seinen *dan* und begann sein Spiel mit geschlossenen Augen und ohne ein Wort zu sprechen. Seine Finger flogen über die Saiten seines Instruments. Sein Gesicht bedeckte sich allmählich mit leuchtenden Tröpfchen, und er hörte zu spielen auf. Und dann, wie ein Taucher, der sich lange in der Tiefe des Wassers aufgehalten hat, ließ er geräuschvoll die Luft aus den Lungen, nahm seinen *dan* und deklamierte ein Lied aus unverständlichen Worten, die vom Geheimnis der Schöpfung sprachen, in der Einheit des Uranfangs ihren Ausgang nahmen. Wenn er in diesem Lied den Ausruf *Ee Kelen* – O du Einer! durch den göttlichen Namen *Maa n'gala* ersetzte, fiel er in Trance und weissagte. Es geschah auch, daß er in der Öffentlichkeit allerlei recht eindrucksvolle Wunder vollbrachte, deren Erinnerung manchmal meine Nächte aufwühlt.

An beinahe jedem Abend wurden im Hof des Hauses meiner Eltern große Zusammenkünfte abgehalten, wo sich die besten Erzähler, Dichter, Musiker und Traditionalisten sowohl der Fulbe als auch der Bambara trafen und bei denen Koullel und Danfo Siné unbestritten den ersten Rang einnahmen. Meine Familie sprach nun perfekt Bambara; die Neuankömmlinge eigneten es sich gleichfalls rasch an. Danfo Siné hatte seinerseits in der Gegend von Wassulu, wo Bambara und Fulbe zusammenlebten, Ful gelernt.

Schon in meiner frühen Kindheit hatte ich viele historische Erzählungen vernommen, die sowohl mit meiner Familiengeschichte väterlicherseits wie auch der mütterlicherseits verknüpft waren, und ich kannte die Erzählungen und Geschichtchen, die man an die Kinder weitergab. Aber da entdeckte ich nun die wunderbare Welt der Mythen und großen phantastischen Geschichten, deren initiatorischer Sinn sich mir erst später offenbaren würde, den Rausch der großen Epen, die von den Taten der Helden unserer Geschichte berichteten, und den Zauber der großen Darbietungen von Musik und Dichtung, wo alle miteinander in Stegreifdichtung wetteiferten.

Anläßlich mancher Feste brachte Danfo Siné maskierte Tänzer zu uns, die der großen Initiationsschule *Korojuba* angehörten, in der er selbst ein bedeutender Lehrer war. Aber es gab noch eine andere Art Tänzer, die ich allen anderen vorzog: Man nannte sie die *Hammulé*. Sie waren, wie die *Korojuba*, durch die Tradition von allen unseren Anstandsregeln befreit, sie stellten die Gewohnheiten in Frage, sagten alles verkehrt herum und stellten alles auf den Kopf, sie erlaubten sich allerlei Scherze, die den Zuhörern viel Spaß bereiteten. So wie ich Danfo Siné ein wenig fürchtete, so belustigten mich die *Korojuba* und die *Hammulé*. Wenn ich ihnen zusah, vergaß ich manchmal meine Lektionen aus der Koranschule.

Eines Tages wurde ich gefragt, wann ich angefangen hätte, die oralen Traditionen zusammenzutragen; ich antwortete, daß ich seit meiner frühen Kindheit nie aufgehört habe, dies zu tun, da ich das Glück hatte, in einem Milieu geboren worden und aufgewachsen zu sein, das für mich so etwas wie eine große, immerwährende Schule darstellte für alles, was die Geschichte und die Traditionen Afrikas betrifft.

Alles, was ich abends im Hof meiner Eltern hörte, gab ich am Tag darauf an meine kleinen Spielkameraden weiter, und so verdiente ich mir die ersten Sporen als Erzähler; aber in systematischer Weise sollte ich mich dem erst ein paar Jahre später widmen, nachdem wir nach Bandiagara zurückgekehrt waren und ich dort meine erste Vereinigung – *waaldé* gründete, die bis zu siebzig Jungen meines Alters umfassen sollte.

Das Ende des alten Lehrers

Meinem alten Lehrer Tierno Kounta, der von Haft und Zwangsarbeit erschöpft war, gelang es nicht, sich von den Strapazen und Entbehrungen zu erholen, die er erlitten hatte. Er war kaum mehr in der Verfassung, mir eine ernsthafte Bildung zu vermitteln. Nachdem ich die Buchstaben des Koranalphabets und ihre Namen auf Ful gelernt hatte, gelang es mir gerade eben, zusammenhängende Buchstaben zu lesen und Wörter zu buchstabieren.

Allmählich verließen ihn die Kräfte. Sein Appetit wurde von Tag zu Tag geringer. Man konnte ihm beim Sterben zusehen. Sein Vermögen, sich an Menschen und Dinge zu erinnern, bröckelte ab. Er war schon sehr schwach, da empfing er den Gnadenstoß, als er ganz unvermittelt vom Tod seiner einzigen Tochter Fanta erfuhr, die er zärtlich liebte und die ihm von einem französischen Militär ›entführt‹ worden war.

Fanta Kounta Cissé war eins der schönsten Mädchen von Bandiagara gewesen. Zwanzig Söhne aus großen Tukulorfamilien zählten sich zu ihren Verehrern und hatten offiziell um ihre Hand angehalten. Der Wettstreit, der viel Gold und Tiere kostete, dauerte ein ganzes Jahr. Schließlich trug Badara Thiam, der jüngste Bruder von Tidjani Thiam, den Sieg über seine Rivalen davon, aber sein tragischer Tod in Toïni setzte, zumindest zeitweise, jedem weiteren Heiratsvorhaben ein Ende. Da sah der als Militärkommandant zum Hofstaat des Königs Aguibou Tall beorderte Hauptmann Alphonse Fanta Kounta. Ich weiß nicht, wie die Dinge abliefen; jedenfalls verliebte er sich wahnsinnig in das junge Mädchen, gebrauchte das Recht des Stärkeren, wie bei hohen Kolonialbeamten üblich, und machte sie zu seiner ›kolonialen Frau‹.

Empört und gedemütigt schmiedeten Fantas junge Tukulorverehrer ein Komplott mit der Absicht, den Hauptmann Alphonse zu ermorden. Gerüchteweise kam dies dem König Aguibou Tall zu Ohren. Um eine Tragödie zu vermeiden, schrieb er an seinen Freund, den Colonel Archinard, der damals in Paris weilte, und bat ihn, bei den Behörden vorstellig zu werden, damit sie den Hauptmann Alphonse so schnell als möglich aus Bandiagara entfernten.

Es war damals üblich, daß die kolonialen Administratoren und Militärs, wenn sie versetzt wurden, die Frauen zurückließen, die sie sich am Ort mit oder ohne ›koloniale Eheschließung‹ genommen hatten; sie vermachten sie sogar häufig ihrem Nachfolger. König Aguibou Tall rechnete mit dieser Sitte, um Fanta wiederzubekommen und die Gemüter friedlich zu stimmen. Unglücklicherweise bildete der Hauptmann Alphonse eine Ausnahme von der Regel. Er hatte Fanta nicht geheiratet, um eine vorübergehende Begierde zu befriedigen, sondern weil er sie wirklich liebte. Somit, als aus Paris der Befehl kam, ihn nach Lobi-Gaoua zu versetzen, nahm er Fanta mit, zum großen Ärger der jungen Tukulor von Bandiagara. An dem Tag, als Tierno Kounta davon erfuhr, befand er sich bereits im Kerker. Er hegte deswegen einen hartnäckigen Groll gegen alle Franzosen, nicht ganz ohne Grund übrigens, zunächst einmal, weil sie ihn ins Gefängnis geworfen und dann, weil sie seine Tochter entführt hatten.

Indes ein heimtückisches Leiden an meinem alten Lehrer zehrte, raffte ein anläßlich ihrer ersten Niederkunft aufgetretenes bösartiges Fieber Fanta innerhalb von vierundzwanzig Stunden in Lobi-Gaoua dahin. Wahnsinnig vor Schmerz hätte sich Hauptmann Alphonse beinahe selbst umgebracht; übrigens mußte er aus gesundheitlichen Gründen bald darauf nach Frankreich entlassen werden. Er telegraphierte dem Distriktkommandanten von Bougouni, desgleichen auch Tierno Kounta, um ihnen die traurige Nachricht zu übermitteln.

Eines Nachmittags, als Tierno Kounta mir gerade meinen Unterricht erteilt hatte, betrat der Briefträger den Hof, ein blaues Papier in der Hand. Ich hatte im Schatten des Hauses Schutz gesucht, wo ich nachlässig und stockend die Worte aufsagte, die er soeben mühsam auf meine Tafel geschrieben hatte. Der Briefträger hielt ihm die Depesche hin: »Ein dringliches blaues Papier aus Gaoua«, sagte er. Tierno Kounta rief meinen Vater, der es aber, da sein Französisch noch bruchstückhaft war, vorzog, eilends den Hilfslehrer Moustapha Dembélé kommen zu lassen.

Sobald dieser eingetroffen war, las er den Inhalt des blauen Papiers, dann erklärte er auf Ful:

»Fanta Kounta ist gestern morgen in Gaoua verstorben. Der Hauptmann Alphonse muß nach Frankreich zurückkehren. Er bittet, daß Fantas Mutter die Sachen ihrer Tochter abholt.«

Plötzlich hörte ich beiden Ehefrauen Tierno Kountas schrille Schreie ausstoßen. Ich sah, wie Gabdo Gouro, Fantas Mutter, aus dem Haus lief und sich stöhnend auf der Erde wälzte. Auf die seit jeher übliche Weise der Fulbefrauen trug sie aus dem Stehgreif ein gesungenes Gedicht vor, in dem sie ihren Schmerz zum Ausdruck brachte. Dazu gab sie regelmäßig den langen Schrei von sich: *»Mi héli yooyoo! Mi héli!* – Ich bin gebrochen, oh Héli Yooyoo!«, den die Fulbe ausstoßen, wenn sie sich in Bedrängnis befinden[35], im Gedenken an das Ursprungsland von Héli und Yooyoo, das verlorene Paradies, wo sie in der Morgendämmerung der Zeiten glücklich und im Schutz vor jeglichem Unheil der Existenz lebten, bevor sie in alle Winde Afrikas zerstreut wurden. Hier einige Auszüge aus diesem Gedicht, das ich in der Folgezeit noch oft hören sollte, denn die Leute aus meiner Familie prägten es sich sofort ein:

Mi hêli yooyoo, mi hêli!
O Gott, was habe ich gegen dich gesagt oder getan?
O Himmel, steige auf die Erde herab,
Die soeben meine Tochter verschlungen hat.
Entreiße ihr meine Fanta,
mein Gold, meine Hoffnung, meinen Grund zu leben!
Ach, die Erde hat sie verschlungen...
(...)
Mi hêli yooyoo, mi hêli!
Warum nur bin ich nicht taub,
Auf daß ich eine solche Nachricht nicht hören muß,
Eine Nachricht, die wie ein scharfes Messer
Mir die Eingeweide aus dem Leib schneidet?
Mi hêli yooyoo, mi hêli!
O Samstag des Unheils,
Von der Schmerzenssonne erhellt!
O Samstag, der sich wiederholt![36]
Deine Nacht wird ihr Dunkel über mich ausbreiten,
So dicht wie die Finsternis des Inneren der Erde,
In der meine Fanta liegt!
(...)

Ihre Klage, von langen Verzweiflungsschreien *Mi hêli yooyoo...* unterbrochen, zerriß einem das Herz. Der alte Tierno Kounta, durch die Nachricht wie versteinert, wurde schließlich ohnmächtig. Mein Vater versuchte, ihn wiederzubeleben, doch vergebens.

»Naaba, wer hat meinen Lehrer geschlagen?« fragte ich.

»Niemand, er ist krank.«

Der eilig herbeigerufene Hilfsarzt Baba Touré untersuchte Tierno Kounta und erklärte, daß kein Herzstillstand vorliege. Er machte mit ihm Atembewegungen, und es gelang ihm, ihn wiederzubeleben. Aber in dem Augenblick, als Tierno Kounta wieder zu sich kam und versuchte, sich aufzurichten, überfiel ihn ein heftiger Krampf. Ein unartikuliertes Geräusch entrang sich seiner Brust. Er keuchte gewaltig, und aus seinem Mund schoß ein Strahl roten Blutes. Entsetzliche Angst packte mich! Zum ersten Mal sah ich, wie jemand Blut spuckte. Ich hörte, wie meine Mutter zu ihrer Mitehefrau Diaraw Aguibou sagte:

»Tierno Kounta wird seine Tochter nicht überleben, er hat sie zu sehr geliebt. Die Nachricht hat ihm das Herz gebrochen.«

Die ganze Familie umringte den Sterbenden. Ich wurde nicht weggeschickt und nahm großen Anteil am Zustand meines Lehrers, den ich recht traurig fand, aber in der Tiefe meines Ich flüsterte meine *nafs*, meine verborgene Seele, ganz leise: »Von nun an bist du frei und kannst dich jeden Tag mit Sirman und deinen anderen kleinen Freunden amüsieren. Die Krankheit von Tierno Kounta bietet dir die Gelegenheit, Ferien zu machen...«

Man ließ Danfo Siné kommen. Er streute am Lager des Kranken eine Schicht feinen Sandes auf die Erde und drückte Zeichen hinein, die er lange studierte. Er biß sich auf die Unterlippe, schüttelte nachdenklich den Kopf und sah meinen Vater lange an; dann erhob er sich und führte ihn hinaus, um mit ihm zu reden. Etwas später ging Batoma unauffällig zu meiner Mutter:

»Naaba hat gesagt, daß Danfo Siné Tierno Kounta noch zwei Wochen, höchstens drei gibt; aber diese schlechte Nachricht wollen wir vor seinen Frauen geheimhalten.«

Meine Mutter versuchte, so gut sie es vermochte, die Frauen von Tierno Kounta durch Worte des Trostes und der Hoffnung zu beruhigen.

Eine Zeitlang gingen die Dinge im Haus ohne große Begeisterung ihren gewohnten Gang. Die Frauen von Tierno Kounta hatten, um ihrem Gatten besser beistehen zu können, aufgehört zu weinen. Sie hatten Fanta ein wenig vergessen, die endlich ruhig in ihrem Grab schlafen konnte. Denn sagt man nicht, daß Klagen, Tränen und Schreien den Verstorbenen davon abhalten, in Ruhe zu schlafen, und ihn an seiner Himmelfahrt hindern, weil sie ihn an seine Neigungen und Erschütterungen erinnern, von denen er sich befreien muß? Darum wird in muslimischen Kreisen empfohlen, für einen Verblichenen nicht unter Tränen zu beten, sondern mit einem von Frieden, Liebe und Vertrauen erfüllten Herzen.

Die Pflege und die Heilmittel, die Danfo Siné Tierno Kounta zukommen ließ, zeigten keine Wirkung. Mein Vater begab sich zum

Kommandanten de Courcelles, um ihn vom Gesundheitszustand seines Gefährten in Kenntnis zu setzen. »Ein weißer Heiler soll morgen in Bougouni vorbeikommen«, sagte ihm der Kommandant. »Ich werde ihn bitten, deinen Kranken zu besuchen und ihn zu behandeln.« Am nächsten Tag, gegen Ende des Vormittags, stellte der weiße Heiler sich bei uns vor. Zu seinem Empfang wurde Tierno Kounta aufgerichtet, damit er in seinem Bett sitzen konnte, den Rücken von Kissen gestützt und von seiner Frau gehalten.

Der ›weiße Heiler‹ war der zweite Tubab, den ich aus der Nähe beobachten konnte. Seine Gesten, die denen unserer Heiler in nichts glichen, versetzten mich in Erstaunen. Er untersuchte zuerst die Hände, Augen, Zunge, Ohren und die Füße des Kranken. Danach breitete er ein Tuch über seinen Rücken und legte seine linke Hand flach auf das Tuch, dann klopfte er mit seinem rechten gekrümmten Zeigefinger ganz sachte auf seine Hand, während er sie in alle Richtungen über den Rücken des Kranken schob. Er forderte Tierno Kounta mehrere Male auf, kräftig zu atmen und dann zu husten. Aufmerksam lauschte er. Dann legte er ihn auf den Rücken, betastete seinen Bauch und ließ ihn mehrere Male die Beine beugen.

Schweigend, wie in Nachdenken versunken, betrachtete er lange Zeit den Kranken; dann erhob er sich, gab der Familie einige Medikamente und erklärte, wie sie einzunehmen seien. Als er das Haus verließ, sah er mich hinter meinem Vater stehen, von wo aus ich die Geschehnisse verfolgt hatte. Er strich mir ein paarmal mit der Hand über den Kopf, hob mein Kinn an und tauchte seine farbigen Augen in die meinen. Schließlich ging er, nicht ohne einen letzten Blick auf Tierno Kounta geworfen zu haben, der vergebens versuchte, die rechte Hand zu heben und ihm den militärischen Gruß zu entbieten, wie die Afrikaner es jedesmal taten, wenn sie einem Weißen begegneten.

Die ganze Woche über blieb der Zustand des Kranken unverändert. Am Freitag, als mein Vater sich in die Stadt begab, um am gemeinsamen Gebet teilzunehmen, bat er die Getreuen, für den Mann zu beten, der Rezitator des Koran am Tor von Tidjani Tall, dem ersten König von Bandiagara, gewesen war, später Kadi der Provinz Luta und endlich ein Gefährte des Unglücks in den Tagen des Unheils und des Leidens.

Die Nacht von Freitag auf Samstag verlief sehr traurig; die beiden Ehefrauen Tierno Kountas konnten kein Auge schließen. Am Samstagmorgen gegen neun Uhr kam Gabdo Gouro in unser Haus gelaufen, die Haare aufgelöst, die Augen gerötet und die Lippen von Schlaflosigkeit ausgetrocknet. Mit einer vom vielen Weinen ganz heiseren Stimme rief sie meinen Vater:

»O Naaba! Komm schnell zu Tierno Kounta. Ich erkenne seinen Gesichtsausdruck nicht mehr. Er redet in einer unverständlichen Sprache mit Koudi Ali und mir. Er blickt nur noch zur Decke.«

Mein Vater und meine Mutter eilten hinter Gabdo her. Ich folgte ihnen unauffällig. Mein alter Lehrer lag auf einer Matte mitten im Raum, öffnete und schloß die Finger, die scheinbar etwas greifen wollten. Er fing an, einen kehligen Laut von sich zu geben, so als ob er leise gurgelte. Mein Vater setzte sich neben ihn auf die Matte und streckte die Beine in ihrer ganzen Länge aus. Sanft hob er den Kopf des alten Mannes und legte ihn auf seine Beine. Dann sprach er für ihn, wie man es für Sterbende tut, die nicht mehr sprechen können, die *shahāda: »Lā ilāha ill'Allāh, wa Mohammad rasul-Allāh.* – Es gibt keinen Gott als den einen Gott, und Mohammed ist sein Abgesandter.« Tierno Kountas Atmung schien auszusetzen. Er öffnete den Mund und röchelte noch tiefer. Seine Augen schienen aus den Höhlen zu treten. Die Brust schwoll an und fiel mit einem Mal in sich zusammen. Mit der letzten Luft seiner Lungen hatte der alte Mann seine Seele ausgehaucht.

Mein Vater schloß ihm den Mund, der offen stand, als ob seine Seele durch ihn den Körper verlassen habe, und er schloß ihm die Augen. Mit lauter Stimme sprach er dann weiter die *shahāda*, die er ununterbrochen rezitiert hatte, während Tierno Kounta im Todeskampf lag, der so kurz war, wie ein Todeskampf nur sein kann. Ich sah, wie zwei dicke Tränen meinem Vater über die Wangen liefen und sich in seinen Barthaaren verloren.

Als Gabdo hörte, daß mein Vater mit lauter Stimme die *shahāda* sprach, sprang sie, als hätte sie einen Stoß erhalten, in einem Satz auf, fiel aber gleich einem Sack auf den Boden zurück, wälzte sich im Staub und schrie ihren Schmerz hinaus. Etwas später, als sie sich ein wenig beruhigt hatte, klagte sie leise. Und dann, wie an dem Tag, als sie vom Tod ihrer Tochter erfuhr, erhob sich ihre Stimme, halb weinend, halb singend zu einer erneuten, herzzerreißenden Klage:

O Samstag, der sich wiederholt,
du kommst pünktlich zum Stelldichein!
Fanta hat dir nicht genügt,
du brauchtest auch Tierno Kounta.
Mi hëli yooyoo, mi hëli!
O Kounta, warum bist du dem Ruf derer gefolgt,
Die deine Tochter mitgenommen hat?
(...)
Wir, deine Witwen,
sind wie zwei Gefäße ohne Deckel,
Zwei Körper ohne Atem,
Zwei Türen ohne Flügel,
Zwei Gärten ohne Wasser
Mi hëli yooyoo, mi hëli!

Meine Mutter, die ebenfalls weinte, trocknete ihr die Tränen. Sie nahm Gabdo in die Arme, wiegte sie sanft und forderte sie auf, ihren Schmerz zu bezähmen: »Tröste dich, o *Inna Fanta*, Mutter von Fanta. Kehre zurück zu deinem Herrn, denn du bist im Begriff, dich von ihm zu entfernen. Muslim sein, das heißt, sich dem Ratschluß Gottes zu fügen und die Prüfung entschlossen auf sich zu nehmen, ohne ihn zu lästern. Tierno Kounta und seine Tochter haben dem Ruf des Herrn Folge geleistet. Wenn die Zeit gekommen ist, werden wir denselben Ruf folgen und unter den gleichen Bedingungen fortgehen wie die, die vor uns waren. Tierno Kounta und Fanta sind nicht die ersten, die gehen mußten, und sie werden nicht die letzten sein. Laß deinen Gatten und deine Tochter in Frieden ziehen. Vergißt du denn, daß Tränen und Schreie die Seele des Verstorbenen stören bei ihrer Auffahrt zu Gott und den Engeln beschwerlich sind, die sie begleiten?«

»Tierno Kounta läßt euch nicht allein zurück«, sprach sie weiter. »Tidjanis Familie und die meine werden immer mit euch sein, im

Guten wie im Bösen. Und selbst wenn Gott uns nur einen Hirsekolben und zehn Kaurimuscheln gewährt, werden wir sie mit euch teilen.«

Wenig später strömten die Trauergäste aus der Stadt herbei. Jede ankommende Frau trat mit den Worten ein: *»Mi hèli yooyoo, mi hèli!«* Dann fiel sie Gabdo um den Hals oder meiner Mutter, die sie in die Arme schloß. Ihnen oblag es, die ergreifendsten Worte zu sprechen und ein Loblied auf den Verstorbenen anzustimmen. Die Männer wurden von Bokari Thiam in Empfang genommen, dem Halbbruder Tidjanis, der sich damals bei uns aufhielt. Koullel und zwei oder drei Männer des Hauses übernahmen es, das Grab auszuheben. Unterstützt von ein paar Dienern, rammte mein Vater im Hof eine Reihe von Pflöcken in den Boden, die er mit Matten behing, um eine Art offener Halle herzurichten. Dahinein legte man den Leichnam Tierno Kountas. Die Frauen erhitzten im Hof Wasser, gossen das Wasser in große Kalebassen und trugen diese hinter die Matten, wo Ibrahima Sawané, der Totenwäscher, gemeinsam mit meinem Vater Tierno Kounta zur letzten Ruhe herrichtete.

Um mich kümmerte sich niemand. Ich tat so, als ob ich spielte, doch ich beobachtete alles und ließ mir niemandes Bewegungen entgehen. Ich hätte gern gesehen, was hinter den Matten geschah, aber ich hatte zu große Angst vor meinem Vater, um mich dorthin zu wagen.

Endlich wurde Tierno Kountas Leichnam sichtbar, der in seine Totengewänder gehüllt und in eine Matte aus Palmblättern gerollt war und von Männerarmen getragen wurde. Die Menge murmelte eine Litanei von Koranworten: »Gott ist der größte! Nur bei Ihm sind Zuflucht und Kraft! Ihm gehören wir und zu Ihm kehren wir zurück! Gelobt sei er, sein Wille geschehe! *Amin!«*

Man legte den Körper in die Mitte des Hofes, vor den Imam. Alle Männer erhoben sich und verrichteten das Totengebet. Die Frauen, die zu weinen aufgehört hatten, blieben schweigend sitzen. Nach Beendigung des Gebets nahmen ein paar Männer den Leichnam auf und trugen ihn zum Grab, das in etwa fünfhundert Metern Entfernung ausgehoben worden war.

Ich wollte dem Trauerzug folgen, aber Sambourou, Tidjanis oberster Diener, jagte mich fort. Leise begann ich zu weinen. Mein Onkel Bokari Thiam ging an mir vorbei und fragte mich, was ich hätte.

»Ich will meinen Lehrer Tierno Kounta begleiten wie die anderen auch«, schluchzte ich, »aber Sambourou hat es mir verboten.«

Mein Onkel sah Sambourou streng an, dann beugte er sich zu mir hinab:

»Gib mir deine Hand und komm mit«, sagte er. »Sambourou ist ein Dummkopf.«

Und er nahm mich mit zum Rand der Grube, wo Tierno Kounta begraben werden sollte. Zwei Männer hielten sich in der Hauptgrube auf, der, die man ›Muttergrab‹ nennt. Sie nahmen den Leichnam vorsichtig in Empfang und legten ihn in eine seitliche Nische, die direkt in die östliche Wand der Grube gegraben worden war und ›Tochtergrab‹ genannt wird. Tierno Kounta wurde auf die rechte Seite gelegt, das Antlitz nach Mekka gewandt; sein Gesicht machte man ein wenig frei, um ihm, wie es üblich war, ein paar grüne Jujubeblätter in den Mund zu stecken, als Symbol der Unsterblichkeit.

Beim Ausheben der Grube hatte man die erste und die letzte Schaufel Erde beiseite getan. Nun, da der Leichnam darin lag, warf man die erste Schaufel auf ihn und dann die letzte, so daß, was oben gewesen, nun nach unten kam, und das Untere nach oben. Dann füllte man die Grube auf.

Als das Grab zugeschüttet war, zeichnete mein Vater auf den Hügel in Arabisch die Buchstaben, aus denen sich der Name *Fātima bint Asadin* zusammensetzt, der Name der Mutter Alis, des Cousins und Schwiegersohns des Propheten und vierten Kalifen des Islam. Der Tradition zufolge sollen die elf Buchstaben dieses Namens die Eigenschaft besitzen, die Erde auf dem Körper des Verstorbenen leichter zu machen und sein Herz zu stärken für die Begegnung mit den Engeln Munkari und Nākir, die ihn befragen werden.

Die Anwesenden nahmen um das Grab herum Platz und sprachen elfmal die einhundertzwölfte Sure des Koran, die da heißt *Ikhlas* – Reinigung, welche man gewöhnlich für die Toten rezitiert. Dann kamen alle in den Hof. Mein Vater dankte der Menge und entließ einen jeden, nachdem er Sorge getragen, die Gläubiger und Schuldner des Erbes Tierno Kountas aufzufordern, sich im Laufe des Tages oder spätestens sieben Tage nach dem Dahinscheiden zu erkennen zu geben.

Alle begaben sich nach Hause. So endete das Begräbnis meines Lehrers Tierno Kounta Cissé, Gott sei ihm gnädig!

Die beiden Witwen lösten ihr Haar, legten ihren Schmuck ab und machten sich so häßlich, wie sie konnten. Sieben Tage lang lebten sie völlig abgesondert, danach gingen sie wieder ihren Beschäftigungen nach, wobei sie weiterhin ihr Witwenkleid trugen. Insgesamt dauerte ihre Trauer einhundertdreißig Tage.

Die erste Geburt, deren Zeuge ich geworden, war die meines kleinen Bruders Mohammed el Ghaali und die erste Heirat die von Koudi Ali. Der Tod meines Lehrers Tierno Kounta stellte meine erste Begegnung mit dem Tod dar.

Seit dem Tode Tierno Kountas hatte ich keinen Koranschullehrer mehr; ich befaßte mich mehr oder weniger damit, meine Lektionen zu wiederholen. Da es keinen Marabut gab, der fähig gewesen wäre, meine Erziehung fortzusetzen, übernahm mein Vater Tidjani Thiam die Aufgabe, mir Unterricht zu erteilen. Unglücklicherweise daran gewöhnt, im Umgang mit sich selbst unerbittlich zu sein, behandelte er mich sehr hart, und, um die Wahrheit zu sagen, wenig erfolgreich; es gelang ihm gerade einmal, mir das Lernen zu verleiden. Meine Mutter, den Anstandsregeln der Fulbe verpflichtet, die es untersagten, gegenüber den eigenen Kindern Gefühle zu zeigen, konnte sich nicht bei ihrem Gatten beschweren. Daher übernahm ihre Mitehefrau Diaraw Aguibou diese Pflicht. Energisch vertrat sie meine Sache und setzte bei meinem Vater durch, daß er darauf verzichtete, mich solange zu unterrichten, bis man einen tüchtigen Lehrer für mich fände – was sich erst bei unserer Rückkehr nach Bandiagara ergab, als ich Tierno Bokar anvertraut wurde.

Nunmehr freigestellt, nutzte ich die Gelegenheit und ging mit meinen kleinen Kameraden spielen, aber ich verbrachte auch viel Zeit mit Koullel, der meine traditionelle Erziehung als Fulbe fortsetzte, und mit Danfo Siné, der mich oft abholte und mit sich nahm.

Ungefähr zu jener Zeit forderte mein Vater eine Mutprobe von mir, die ein bezeichnendes Licht auf sein Erziehungssystem wirft. Ich mochte sieben oder acht Jahre alt sein. Eines Abends, nach dem Essen, es war gerade dunkel geworden, rief er mich zu sich, hielt mir ein Paket hin und trug mir auf, es sofort eigenhändig seinem Cousin Mamadou Thiam zu überbringen, der in Bougouni-Stadt wohnte. In der Annahme, daß sein Cousin mich für die Nacht dabehalten würde, trug er mir auf: »Du teilst mir seine Antwort mit.«

Mitten in der Nacht die zwei Kilometer zurückzulegen, die unsere Wohnung von Bougouni trennten, und von dort wieder nach Hause zu gehen, war für einen kleinen Jungen meines Alters keine geringe Sache. Meine Mutter sagte wie gewöhnlich nichts, aber ihre Mitehefrau empörte sich: »Du machst dir wohl keine Vorstellung davon, was es heißt, einen so kleinen Jungen mitten in der Nacht nach Bougouni zu schicken!«

Naaba antwortete ganz einfach: »Er geht.«

Und er sprach extra ein Gebet für mich.

Mein Paket in den Händen, ging ich in die Nacht hinaus und zögerlichen Schrittes die Straße nach Bougouni entlang. Bei jedem Geräusch fuhr ich zusammen, manchmal erbebte ich, aber ich war von der Gewißheit beseelt, das Gebet meines Vaters werde mich gegen jede Gefahr schützen. Und ich kam voran... Außer den jungen Kapokbäumen, die Tidjani damals als Sträfling entlang der Straße gepflanzt hatte, standen dort noch andere große, mit Fledermäusen bevölkerte Bäume. Nun war es zu der Stunde, da diese Bastarde, die den Flügeln nach Vögel, vom Kopf her Hunde und dem Ruf nach mehr oder weniger Vampire sind, ausfliegen und sich Nahrung suchen, die sie in unaufhörlichem Hin- und Herfliegen ihren Kleinen bringen. Das Geräusch ihres nächtlichen Flügelschlags machte mir Eindruck; aber wir lebten damals derart inmitten der Natur, daß kein Tier, auch keines mit schlechtem Leumund, uns soweit erschrecken konnte, daß wir gelähmt gewesen wären. Körperlich verspürte ich Angst, gewiß, und ich zitterte am ganzen Leib, aber mein Verstand blieb ruhig. Es waren jedenfalls zwei recht lange Kilometer...

In Bougouni angekommen, brachte ich das Paket zu Mamadou Thiam, der mich beglückwünschte und mir ein mit Bonbons in allen Farben gefülltes kleines Fläschchen reichte. Als ich ihm erklärte, daß ich auf der Stelle zurückkehren müsse, beauftragte er mich, meinem

Vater für das Paket zu danken, und auch er segnete mich für meinen Rückweg.

Ohne Zwischenfälle gelangte ich nach Kadidjabougou. Die Lichter brannten noch. Ich betrat das Haus meines Vaters und fand ihn im Gebet. Meine Tante Diaraw Aguibou sagte zu mir:

»Geh schlafen, du siehst ihn morgen.«

»Das geht nicht«, antwortete ich. »Ich muß ihm berichten, wie ich meinen Auftrag ausgeführt habe.«

Und ich blieb dort stehen und wartete, bis Naaba damit fertig war, seinen Tidjanigebetsschnur oder *wird* herzubeten, das heißt, die lange Reihe von Gebeten und Anrufungen des Namens Gottes, die die Mitglieder der Bruderschaft Tidjaniya jeden Abend rezitieren müssen. Solange er das Hauptgebet dieser Pflicht nicht gesprochen hatte, durfte er weder reden noch sich bewegen, ja nicht einmal den Kopf drehen. Ich mußte beinahe eine Stunde warten. Als er zu Ende gebetet hatte, ging ich zu ihm:

»Naaba«, sagte ich, »ich habe dein Paket meinem Vater Mamadou Thiam übergeben. Er dankt dir.«

Er sah mich lange an:

»Seit der Zeit in Luta«, sagte er – es war das erste Mal, daß ich ihn von Luta reden hörte –, »hat sich mir gegenüber niemand mehr so verhalten; niemand hat abgewartet, bis ich nicht mehr beschäftigt bin, um mir dann Bericht zu erstatten.«

Er schickte mich schlafen. Ich war sehr zufrieden mit mir.

Im Schatten großer Bäume

Diaraw Aguibou, die ich *Gogo Diaraw*, Tante Diaraw, nannte, litt in regelmäßigen Abständen unter sehr schwerem polyartikularem Rheumatismus, und jedesmal, wenn sie einen Anfall hatte, wurde sie unerträglich. Für meine Mutter, mit der sie sich nicht verstand, war sie wie eine Gräte im Hals. Aber seltsam: Je weniger Diaraw meine Mutter leiden konnte, und dies seit ihrer Heirat, desto mehr liebte sie mich von ganzem Herzen, und immer, wenn sie glaubte, ich würde schlecht behandelt, übernahm sie meine Verteidigung. Ihre heftigen, täglich sich ergebenden Streitigkeiten mit meiner Mutter hielten sie keineswegs davon ab, des Abends in ihr Haus zu kommen und herrisch zu verlangen: »Gib mir mein Kind!« Und sie entriß mich Kadidja, die sich mit der Antwort begnügte »Ist ja gut, Tall! Nimm dein Kind, aber morgen geht's weiter mit der Streiterei!« Diaraw nahm mich mit zu sich, stopfte mich mit Leckerbissen voll und erzählte mir wunderbare Geschichten oder Anekdoten aus dem Leben ihres Vaters, des Königs. Auch sie, das muß ich sagen, war in meiner frühen Kindheit eine der großen Quellen, aus denen ich Auskünfte und Lehren schöpfte, vor allem in bezug auf alles, was die Herrschaft von Aguibou Tall betraf.

Von den Anekdoten, die sie mir erzählte, werde ich eine wiedergeben, die es, wie ich glaube, gestattet, die vielschichtige Persönlichkeit von Aguibou Tall zu begreifen; denn wenn er sich oft auch unerbittlich zeigte in seinem Groll und in seiner Rachsucht, so verstand er es doch, bei seinen Regierungspflichten Weisheit an den Tag zu legen.

Eines Tages wollte ihn ein durchreisender Fremder, dem der König bei dessen Ankunft in Bandiagara einen herzlichen Empfang bereitet hatte, aus Dankbarkeit vor einem Komplott warnen, das man gegen ihn angezettelt und jener durch Zufall entdeckt hatte. Heimlich vertraute er ihm die Namen von zwanzig Verschwörern an, allesamt Notable der Stadt. Um ihm zu danken, bot der König diesem unverhofften, ihm wohlwollenden Informanten einen sehr schönen, in der Art der Araber von Timbuktu bestickten Bubu zum Geschenk.

Nachdem der Mann Abschied genommen hatte, rief einer der Höflinge:

»*Fama!* König! Wahrhaftig, in diesem Fremden hast du einen verläßlichen Freund!«

»Ich leugne nicht«, erwiderte der König, »daß ein Fremder der Freundschaft fähig ist, aber wenn ein Freund, wer er auch sei, fremd oder nicht, mich dazu drängen will, die Meinen zu töten oder sie von mir zu entfernen, dann ist er für mich gefährlicher als ein erklärter Feind!«

Wenig später wurde eine große Zusammenkunft abgehalten, zu der die Notabeln der Tukulor vollzählig erschienen. Der König nutzte die Gelegenheit und erklärte:

»O Leute aus dem Futa! Mir wurde von einem Freund, der nicht aus unserer Gegend stammt, jedoch sehr wachsam ist, hinterbracht, daß ihr gerade ein Komplott gegen mich anzettelt. Wie es scheint, wünscht ihr meine Absetzung oder meinen Tod. Jener Freund hat mir geraten, die Anführer zu liquidieren, und nannte mir ihre Namen. Wenn ich egoistisch wäre und nur auf meinen Wunsch, König zu bleiben, hörte, dann würde ich diese zwanzig Notabeln ohne Zögern opfern! Viele Herrscher vor mir haben so gehandelt, und viele andere werden es nach mir tun. Ich bin zwar als Herrscher geboren, ich bin es gewohnt zu befehlen. Der Prunk des Tam-Tam und die Lobreden der Schmeichler berauschen mich jedoch nicht so stark, daß ich das Maß verlöre. Die Gefahren, denen ein jeder Herrscher in dieser niederen Welt ausgesetzt ist, verwirren mich auch nicht so sehr, daß ich wissentlich ein Verbrechen beginge.

Eines aber weiß ich gewiß, und auch ihr, Brüder, wißt es: *In einer Gegend, wo Audienzen im Schatten großer Bäume gegeben werden, hält der König, der ihre Äste absägt, seine Sitzungen in der prallen Sonne ab.* Ein Lebewesen vom Leben zum Tod zu bringen, das sich nicht verteidigen kann, ist einfach; doch das ist Henkerskunst. Die Kunst eines Königs besteht darin, Leben und Gedeihen zu befördern, und diese Kunst ist nicht immer leicht.«

Endlich die Freiheit!

Vier Jahre waren seit Tidjanis Exilierung vergangen. Weder Gefangener noch wirklich frei, konnte er die Grenzen des Distrikts von Bougouni nicht überschreiten. Meine Mutter hatte hingegen mehrfach Reisen nach Bamako unternommen, von wo sie afrikanische, lokal hergestellte Waren mitbrachte und Handelsgüter europäischer Herkunft, die sie mit Gewinn weiterverkaufte. Dank ihrer unterschiedlichen Handelsgeschäfte und dem Erfolg der Quartiere für Gäste, dank auch der Tätigkeit meines Vaters als Schneider und Sticker lebte die ganze Familie – der ganze ›Hof‹, müßte ich sagen, denn weiß Gott, es waren viele Menschen im Haus! – in reichlichem Auskommen.

Inzwischen hatte der Kommandant de Courcelles, dem wir so viel verdankten, Bougouni verlassen müssen. Nicht ohne Trauer hatten wir ihn ziehen sehen. Als Abschiedsgeschenk hatte er mir einen wahren Schatz überreichen lassen: drei dicke Kataloge der Waffen- und Fahrradmanufaktur von Saint-Etienne. Meine kleinen Kameraden besuchten mich oft, um den ganzen Tag im Haus zu verbringen und in den mit Wundern bedeckten Seiten zu blättern, aber sie waren nicht die einzigen; auch manche Erwachsene kamen und betrachteten die schönen, bunten Bilder, die sie zum Träumen anregten. Die Fahrräder, die Waffen und die mechanischen Werkzeuge faszinierten sie ganz besonders.

Eines Morgens im Jahre 1908 spielte mein kleiner Bruder Mohammed el Ghaali im Sand sitzend im Hof. Plötzlich fing er zu singen an:

»O Gott! Mach, daß mein Vater heute frei wird... heute noch... heute noch...« Und immerzu wiederholte er diesen kleinen Refrain. Meine Mutter machte ihre Mitehefrau auf das, was ihr Sohn sang, aufmerksam.

»Kleine Kinder sind oft Boten Gottes«, meinte Diaraw Aguibou, »ich habe das meinen Vater mehr als einmal sagen hören.«

Am selben Nachmittag eilte der Wachposten des neuen Kommandanten gegen siebzehn Uhr von der Spitze des Hügels herab, auf dem sich der Palast der Residenz befand, der bis zu der Felswand reichte, die unser Anwesen überragte. »Tidjani Thiam! Tidjani Thiam!« rief er. »Komm schnell, der Kommandant will dich sehen. Laß alles stehen und liegen und ihn nicht warten!« Mein Vater, der die Obrigkeit sehr achtete, raste los wie eine Feuerkugel. Die ganze Familie fiel in schreckliche Unruhe. Was geschah da? Würde man Naaba erneut verhaften?

Als mein Vater beim Kommandanten ankam, empfing der ihn mit einem Lächeln.

»Tidjani Thiam«, erklärte er, »dein Schwiegervater Aguibou Tall, der ehemalige König von Bandiagara, ist kürzlich verstorben. Von nun an bist du frei und kannst nach Bandiagara zurückkehren oder dich sonstwo niederlassen. Jetzt kann ich dir sagen, daß bei deiner Verurteilung aus politischen Gründen ein geheimer Beschluß gefaßt wurde, der dir Bougouni zum Zwangsaufenthalt bestimmte, solange der ehemalige König Aguibou Tall leben würde. Darum hat man dir nach der Revision deiner Verurteilung trotz allem hier deinen Zwangswohnsitz zugewiesen. Diese Maßnahme, die vor dir geheimzuhalten beschlossen wurde, wurde von der Furcht geleitet, du würdest dem *Fama* nach dem Leben trachten, falls du nach Bandiagara zurückkehrtest.«

»Ich danke Ihnen für die gute Nachricht, mein Kommandant, aber gestatten Sie mir Ihnen zu sagen, daß man mich hier vier Jahre lang umsonst festgehalten hat. Ich bin Muslim. Ich habe nicht einmal das Recht, meinen Feind zu ermorden, wieviel weniger dann einen sehr nahen Verwandten. Darüber hinaus war Aguibou Tall nicht nur mein Schwiegervater, sondern auch der Sohn von El Hadji Omar, meinem geistigen Lehrer, und ich hätte ihm nie auch nur das geringste Übel zugefügt; um ihn nicht zu belasten, habe ich mich sogar verurteilen lassen, ohne mich zu verteidigen. Ich bin sprachlos, wenn ich nun höre, was für Absichten man mir unterstellt hat. Aber ich werde mich damit abfinden, denn hier auf Erden ist die menschliche Ungerechtigkeit, da bin ich durch Schaden klug geworden, unermeßlich und wird es bleiben. Ich billige diesen Stand der Dinge nicht, aber ich nehme ihn an.«

Ungefähr eine Stunde, nachdem er fortgegangen war, kam mein Vater nach Hause zurück, mit einem eher strengen als freudig erregten Gesichtsausdruck. Seiner Angewohnheit nach lächelte er, wenn alles schlecht lief, und pflegte ein mürrisches Gesicht zu machen, wenn sein Herz voll Freude war. Vielleicht hatte er diese Selbstbeherrschung erworben, um sich nicht von den Umständen, seien sie nun glücklich oder unglücklich, fortreißen zu lassen? Als alle, die im Hof verharrten und auf ihn warteten, seinen Gesichtsausdruck sahen, wurden sie von Angst gepackt. Meine Mutter war gerade in ihrem Haus beschäftigt. Diaraw Aguibou eilte zu ihr: »Poullo! Poullo!« rief sie. »Dein Mann ist mit einem sehr garstigen Gesicht zurückgekommen. Er ist sofort in sein Haus gegangen, ohne auch nur einen Ton zu sagen. Komm schnell, nur du kannst ihn zum Reden bringen!« Meine Mutter stürzte hinaus und hätte mich fast über den Haufen gerannt. Ich folgte ihr.

Sie betrat das Haus meines Vaters, den sie auf seinem Gebetsfell antraf, wo er gerade seine große Gebetsschnur mit den tausend Perlen herbetete. Ich schlüpfte hinter sie. Als Naaba mich erblickte, zog er mich an der Hand, ließ mich neben sich niedersitzen und fing an, sanft mit seiner linken Hand meinen Kopf zu streicheln. Als er seine Gebete beendet hatte, fragte meine Mutter ihn, was geschehen sei. »Die Sonne ist gerade untergegangen«, antwortete er. »Es ist die Stunde des Gebets von *Maghreb*. Erweisen wir zunächst Gott die Ehre, wie wir es ihm schuldig sind; danach sprechen wir über das, was der Kommandant mir mitgeteilt hat.«

Man brachte sein Gebetsfell in den Hof. Wie gewöhnlich reihte die ganze Familie sich hinter ihm auf, um das vierte Gebet des Tages zu begehen, eines der feierlichsten des Islam, das das ›Gebet der untergehenden Sonne‹ genannt wird. Als die letzten Gruß- und Segensworte ausgetauscht waren, nutzte Naaba die Gelegenheit, daß wir alle gehorsam um ihn herum saßen, und sagte mit immer noch finsterem Gesicht:

»Heute mehr noch als gestern müssen wir Gott unsere Dankbarkeit bezeugen. An jenem Tag, da ich als Häftling Bandiagara verließ, wußte ich nicht, wohin man mich brachte und welches Schicksal Tierno Kounta und mir beschieden war. Beim Tod meines treuen Gefährten stellte ich mir die Frage, ob man mich eines Tages hier an seine Seite betten würde. Niemand wußte, wie lange ich in Bougouni festgehalten werden sollte. Nun, heute hat mir der Kommandant verkündet, daß die Sonne meiner Haft gleichzeitig mit der Sonne dieses gesegneten Tages, den wir erleben, untergehen würde. Wir sind frei und können, wenn wir wollen, morgen nach Bandiagara aufbrechen...«

Das war ein einziger Aufschrei, ein endloses Umarmen und Tränenvergießen, vermischt mit frommen Ausrufen: *»Hamdulillāh!«* Gott sei Dank, gelobt sei Gott! *»Allāhu akbar!«* Gott ist der größte! Man erinnerte sich der Worte, die mein kleiner Bruder noch am selben Morgen gesagt hatte. Mein Vater schwieg lange, zweifellos, um den Herzen Zeit zu geben, ihr Zuviel an Erregung auszuschütten. Da Diaraw Aguibou glaubte, daß er nichts mehr zu sagen habe, stürzte sie aus dem Gehöft und lief Richtung Bougouni, wobei sie aus vollem Halse sang: »Glücklicher Tag, gesegneter Tag!...« Sie wollte die erste sein, die Mamadou Thiam die gute Nachricht verkündete. Mein Vater tat nichts, um sie aufzuhalten. Dann fuhr er in seiner Rede fort:

»Im Heiligen Buch steht geschrieben: *Das Glück ist dem Unglück nahe.* (XIV, 5/6). Wenn wir darüber glücklich sind, daß wir unsere Freiheit wiedergefunden haben, so ist es gleichzeitig vonnöten, daß wir uns auf eine große Trauer vorbereiten. Diaraw ist wie ein Pfeil davongeschossen, singend und ohne zu wissen, daß unsere Freude durch einen großen Schmerz getrübt wird: Ich habe nämlich erfahren, daß ihr Vater, der *Fama* Aguibou tot ist.«

Bei dem Wort ›tot‹ erhob sich wie von einer Stimme der große Schrei der Fulbe: *»yooyoo... mi hĕli yooyoo!...«* und verbreitete sich in den Lüften. Als einige Zeit später, im Laufschritt fast, Mamadou Thiam und seine ganze Familie zu uns kamen, an ihrer Spitze Diaraw, standen sie verständnislos vor den Schreien und Tränen an einem Ort, an dem sie nur Freudenkundgebungen erwartet hatten. Batoma warf sich Diaraw zu Füßen. Mit tränennassem Gesicht stieß sie zwischen zwei Schluchzern aus:

»O Tochter des Aguibou! Weine, zerreiße deine Kleider, löse deine Zöpfe, du hast keinen Vater mehr.«

»Ich habe keinen Vater mehr?« wiederholte Diaraw. »Wie kann das sein?...« Als sie die Wahrheit erkannte, stieß sie ihrerseits den trostlosen Schrei *»yooyoo...«* aus, lief zu ihrem Mann und warf sich in seine Arme.

Nun löste die angeborene rheumatische Erkrankung, an der Diaraw litt, bei der geringsten Verstimmung einen so heftigen Anfall aus, daß sie vor Schmerz imstande war, sich ins Feuer oder in einen Brunnen zu stürzen. Sie wurde schrecklicher als ein tollwütiges Tier. Darum ließ man sie übrigens, soweit als möglich, nie irgendwo allein.

Der Schmerz überfiel sie mit einem Schlag. Dadurch, daß sie den Kopf in unbeherrschten Bewegungen hin und her warf, lösten sich ihre Zöpfe. Nach wenigen Minuten sah sie aus wie eine Irre. Mit struppigen Haaren und verstörten Augen wirkte sie mitleiderregend. Man brachte sie in ihr Zimmer, wo man sie nur bändigen konnte, indem man sie fest an die hölzernen Pfosten ihres Bettes band. Die ganze Familie versammelte sich um ihr Haus und verbrachte, wie man sagt, eine ›Nacht ohne Herdfeuer‹, das heißt, eine Nacht, in der man nichts zu essen zubereitet. Die Fulbe und die Tukulor von Bougouni, die man von der Trauer der Diaraw Aguibou und von ihrer Krankheit in Kenntnis gesetzt hatte, eilten nach Kadidjabougou und brachten Töpfe voller Speisen für alle dort Versammelten; aber mit Ausnahme meines kleinen Bruders und mir verzehrte niemand etwas.

Die ganze Nacht über wurde Diaraw von ihren Schmerzen gepeinigt. Tidjani und Kadidja blieben an ihrer Seite. Am Morgen beruhigte sie sich ein wenig. Der Anfall war vorüber, aber sie brauchte eine gute Woche, um sich zu erholen.

Die Familie traf Vorbereitungen für die Abreise. Und eines schönen Morgens im Jahre 1908 machte sich, ohne einen Gedanken an Rückkehr und alle die Fulbe, Tukulor und Bambara von Bougouni, die gekommen waren, um sie zu verabschieden, hinter sich lassend, eine wahre Karawane auf den Weg, der uns nach Bandiagara führte.

RÜCKKEHR NACH BANDIAGARA

Ich erinnere mich nicht, daß es während unserer Rückreise besondere Vorkommnisse gegeben hätte. War dies eine Zeit, in der mein Verstand schlummerte, ein Anfall kindlicher Amnesie? Ich weiß es nicht. Hingegen erinnere ich mich sehr gut an unsere Ankunft in Doukombo, ungefähr sieben Kilometer von Bandiagara entfernt. Da es, wollte man in eine Stadt zurückkehren, üblich war, erst bei Sonnenuntergang dort einzutreffen, lagerten wir unter dem großen Hangar der Dogon, der sich am Ortseingang befindet. Ein Abgesandter, der unsere Ankunft in Bandiagara verkünden sollte, wurde eilends in die Stadt geschickt. Zu ungeduldig, um auf uns zu warten, lief mein älterer Bruder Hammadoun Hampâté uns auf der Straße nach Doukombo entgegen und stieß dort am Nachmittag zu uns.

Man kann sich vorstellen, welche Freude meine Mutter empfand, als sie ihren ältesten Sohn, schön wie ein Engel und mit strahlendem Gesicht vor ihr stehend, wiedersah. Er war ein großer Junge von elf oder zwölf Jahren und begrüßte die ganze Familie; dann umarmte er herzlich meinen kleinen Bruder. Man ließ mich vor ihn hintreten. Ich besaß nur wenige Erinnerungen an unser gemeinsames Leben in Bandiagara und betrachtete ihn mit einem gewissen Mißtrauen, denn ich sah in ihm einen Rivalen, der meine Mutter in Beschlag nehmen würde, die ich schon unter so mancher Beschwer mit meinem kleinen Bruder Mohammed el Ghaali teilte. Aber mein älterer Bruder war so schön und freundlich, daß er mich eroberte, noch bevor er ein Wort sprach; ich warf mich in seine Arme, und wir lachten laut, zur großen Zufriedenheit unserer Mutter.

Er ließ mich rittlings auf seinen Schultern sitzen und trug mich zum Ufer des Flusses Yaamé, der von Bandiagara kommend durch Doukombo fließt, bevor er in seinem weiteren Verlauf in den Niger mündet. Wir blieben dort eine Weile und ließen Steine über das Wasser hüpfen, dann pflückte mein Bruder Früchte von der Jujube, mit denen er mir die Tasche füllte. Er war ganz glücklich darüber, daß ich so an ihm hang, als ob wir uns nie getrennt hätten.

Als die Sonne allmählich unterging, kam Sambourou und holte uns, da wir aufbrechen wollten. Alle, die zur Karawane gehörten, groß und klein, hatten ihre schönsten Festtagsgewänder angelegt. Etwa vier Kilometer vor der Stadt erwartete uns eine gewichtige Abordnung von Verwandten und Freunden. Nach endlosen Begrüßungen und guten Wünschen für unsere glückliche Rückkehr setzte sich der Zug in Bewegung, und endlich gelangten wir nach Bandiagara. Die Sonne war gerade untergegangen.

Tidjani wandte sich mit seinem Gefolge zum Anwesen seiner Familie, wo immer noch seine Mutter, die alte Yaye Diawarra, lebte. Für Kadidja war dort keine Unterkunft vorgesehen; sie begab sich mit Batoma und Nassouni, ihren drei Söhnen und ihrem jüngsten Bruder Hammadoun Pâté zum Anwesen ihres Vaters Pâté Poullo.

In der ganzen Stadt sprach man von nichts anderem als der unerwarteten Heimkehr des Tidjani Thiam, von seiner Freundlichkeit und von seiner prächtigen Karawane. Man fragte sich, ob er wirklich im Zuchthaus gewesen sei.

Am nächsten Tag begab sich Tidjani, wie es die Gebote der Höflichkeit verlangten, zur Distriktresidenz, um sich dem neuen Kommandanten – der Charles de la Bretèche abgelöst hatte – vorzustellen, ihm seine Reisepapiere vorzulegen und den Wunsch zum Ausdruck zu bringen, bei den Seinen in Bandiagara zu bleiben. Der Kommandant lehnte es ab, ihn zu empfangen. Er ließ ihm durch seinen Adjutanten ausrichten, er möge sich in Bandiagara ruhig verhalten und in seinem eigenen Interesse dafür sorgen, daß man ihn vergesse. Mein Vater, der empfindlich war wie eine Schnecke, deren Fühler man berührt, nahm diese Worte schlecht auf. Erbittert kam er zu dem Schluß, daß die, die alles getan hatten, um seine Absetzung und Verurteilung, beziehungsweise seinen Tod zu bewirken, ihm offenbar auch beim neuen Kommandanten einen Bärendienst erwiesen hatten.

Aber unser neues Leben mußte gestaltet werden. Tidjani ließ meiner Mutter in seinem Anwesen eine behagliche Wohnung von mehreren Räumen einrichten und bat sie, dorthin umzuziehen. Sie wollte mich mitnehmen, aber Beydari Hampâté, Abidi, Niélé und Nassouni widersetzten sich dem entschieden. »Amadou ist kein kleines Kind mehr, das nicht von seiner Mutter getrennt werden darf«, erklärte Beydari. »Wir sind hier, und wir repräsentieren die Familie seines Vaters, in die er eigentlich gehört. Wir können ihn nicht für immer Tidjani Thiam überlassen. Es reicht, daß du ihn für all die Jahre nach Bougouni mitgenommen hast, denn da war er klein, und das Gesetz der Religion hat dir gestattet, ihn bei dir zu behalten, aber jetzt muß er wieder in der Familie seines Vaters leben. Er wohnt also bei uns, was ihn jedoch nicht daran hindern soll, euch zu besuchen, wann immer er will.«

Das islamische Gesetz wie auch der Brauch standen der Familie des Vaters mehr Rechte über einen mehr als sieben Jahre alten Knaben zu als der Familie der Mutter. Beydari Hampâté, von meinem Vater zu seinem Nachfolger bestimmt, hatte also mehr Rechte über mich als mein Adoptivvater Tidjani. Meine Mutter rief erneut den Rat der Ältesten und Verantwortlichen in religiösen Fragen an, aber dieses Mal setzte sie sich nicht durch. Der Rat beschloß in Anbetracht meines Alters, daß ich von nun an ausschließlich der Familie meines Vaters unterstand, die mich zurückerhalte. Ich hatte darauf verzichtet, mich in irgendeiner Weise zu dieser Angelegenheit zu äußern, aber im Grunde genommen hatte ich von Tidjanis zu strengem Koranschulunterricht einen Schock erlitten und nun große Lust, wieder bei Beydari und Niélé im alten Haus meines Vaters zu leben, wo ich sicher war, daß ich stets Wärme und Nachsicht fände, was für Streiche auch immer ich aushecken mochte. Dieses Abkommen sollte sich als sehr angenehm für mich erweisen, denn in Anbetracht der Freiheit, deren sich afrikanische Kinder erfreuen, werde ich mich nach Belieben zwischen beiden Haushalten aufteilen.

Bei seiner Rückkehr hatte Tidjani einen Pferch ohne Vieh vorgefunden und Verwandte ohne Einnahmequellen, die in verfallenen Wohnungen hausten. Da sie die Kosten für die Reise einer so großen Karawane aufgebracht hatte, besaß meine Mutter zwar nicht mehr viele Mittel, aber sie verkaufte einen Teil dessen, was ihr verblieb, um das Anwesen ihres Mannes in Ordnung zu bringen, damit er dort, wie sie es sich vorgenommen hatte, ein seines Namens und seiner Abstammung würdiges Leben führen könnte. Also nahm sie ihre Handelsgeschäfte wieder auf.

Einige Monate später hauchte die alte Yaye Diawarra ihre Seele aus und legte sie zufriedenen Herzens in die Hand Gottes, so als ob sie nur wegen der Freude, ihren Sohn wiederzusehen, solange am Leben geblieben wäre.

Bevor Tidjani Thiam ins Exil gegangen war, hatte er seinen drei Ehefrauen angeboten, ihnen die Freiheit zurückzugeben. Nur die erste Ehefrau und Kusine, Kadiatou Bokari Moussa, beschloß, darauf einzugehen und die Scheidung aussprechen zu lassen. Später heiratete sie einen Fulbehändler, Mamadou Bâ, und bekam von ihm einen Sohn. Unglücklicherweise starb ihr Mann kurze Zeit später. Als Tidjani nach Bandiagara zurückkam, traf er sie an, wie sie ganz allein ihre gemeinsame Tochter und den kleinen Jungen von Mamadou Bâ aufzog. Es war damals in Afrika undenkbar, daß man eine Frau gleich einem Blatt im Wind sich selbst überlassen hätte, vor allem nicht, wenn sie Kinder hatte. Denn sie wäre dazu verdammt gewesen, Not zu leiden oder ihrer eigenen Familie, in der Regel einem ihrer Brüder, auf der Tasche zu liegen. Die klassische Lösung bestand darin, sie auf dem Wege der Heirat in einen neuen Haushalt aufzunehmen, wo sie wieder die legitimen Rechte einer Ehefrau erhielt und ihre Kinder einen Vater. Die Ehe spielte also für verwitwete oder geschiedene Frauen die Rolle eines sozialen Schutzes. Wenn niemand um die Hand der Frau anhielt, wurde nach einer Zusammenkunft des Familienrates ein Cousin oder Verwandter, der noch nicht die vom islamischen Recht zugestandenen vier Ehefrauen hatte, damit beauftragt, sie zu heiraten. – In traditionellen afrikanischen Gesellschaften heiraten die Witwen gewöhnlich einen der Brüder des verstorbenen Gatten.

Tidjani als Kadiatous ehemaliger Ehemann, als ihr Cousin und Vater ihrer Tochter, beschloß, sie wieder zu sich zu nehmen. Nachdem er das Einverständnis von Diaraw Aguibou und Kadidja eingeholt hatte, heiratete er also erneut Kadiatou Bokari Moussa, die in sein Haus zurückkehrte.

Der Tag eines Kindes

Als unser Leben wieder seinen gewohnten Verlauf nahm, brachte meine Mutter mich im Einvernehmen mit Tidjani und Beydari zu Tierno Bokar, damit ich bei ihm meine bei Tierno Kounta Cissé in Bougouni aufgenommenen Studien fortsetzte.

Tierno Bokar hatte gerade in Bandiagara eine kleine Koranschule eröffnet, die erst von zwei Schülern besucht wurde: von meinem älteren Bruder Hammadoun und der kleinen Dikoré, der Tochter von Kadiatou Bokari Moussa. Ich wurde ihr dritter Schüler. Man nannte uns die ›drei Herdsteine von Tiernos Schule‹, in Anspielung an die drei Herdsteine der afrikanischen Küche, auf denen der Topf steht. Später kamen zahlreiche andere Schüler und gesellten sich zu uns.

Tierno Bokar, der über meine ersten Jahre gewacht hatte, war für mich Vater und Lehrer zugleich; aber in meinem damaligen Alter war ich in Wahrheit mehr daran interessiert, mit meinen kleinen Kameraden zu spielen als die Schule zu besuchen und zu lernen, vor allem, seit ich einen Gefährten meiner frühen Kindheit wiedergefunden hatte, der mein ganzes Leben lang mein Freund sein sollte: Daouda Maïga.

Meine Tage verliefen sehr abwechslungsreich. Niélé weckte mich vor Sonnenaufgang. Ich wusch mich, sprach mein Morgengebet und lief dann zur Schule, wo meine Tafel mit dem Korantext auf mich wartete, den ich am Vortag geschrieben hatte. Ich hockte mich in eine Ecke und sagte ihn mit lauter Stimme auf, um ihn auswendig zu lernen. Ohne Rücksicht auf die anderen brüllte jeder Schüler nach Leibeskräften seine Lektion, und es entstand ein unbeschreiblicher

Lärm, der seltsamerweise niemanden störte. Gegen sieben Uhr, wenn ich meinen Text gut beherrschte, nahm ich meine Tafel und begab mich zu Tierno. Er hielt sich gewöhnlich im Vorraum seiner Wohnung auf, seltener in seinem Zimmer. »*Modi!* Lehrer!« begrüßte ich ihn, »ich habe meine Lektion gelernt.« Ich hockte mich neben ihn und sagte meinen Text auf. War er zufrieden, konnte ich gehen und meine Tafel abwischen, um dann neue Verse darauf zu schreiben, die er mir vorgab. Andernfalls bewahrte ich meine Lektion vom Vortag auf und wiederholte sie, aber dann geriet ich einen Tag in Rückstand mit der Zeit, die mir zur Verfügung stand, um die Koranschulung zu beenden – ein Zeitplan, der traditionsgemäß sieben Jahre, sieben Monate und sieben Tage umfaßte, doch begabte Schüler, wie mein großer Bruder Hammadoun, konnten ihre Studien sehr viel früher abschließen. Jedes Nichtlernen einer Lektion bestrafte Tierno mit ein paar leichten Lianenschlägen oder, schmerzhafter, mit Kneifen in die Ohren. Aber dies schien mir recht mild im Vergleich zur Behandlung, die ich in Bougouni bei meinem Vater Tidjani kennengelernt hatte – und sicherlich im Vergleich dazu, wie eine große Anzahl von Koranschullehrern damals mit den Schülern umging.

Nachdem ich meinen neuen Text abgeschrieben hatte, zeigte ich ihn Tierno vor. Er korrigierte ihn, dann las er ihn laut vor, während ich ihm mit dem Zeigefinger folgte. In meine Ecke zurückgekehrt, wiederholte ich ihn zehn- oder fünfzehnmal, was bis etwa acht Uhr morgens dauerte. Tierno gab mir dann die Erlaubnis, nach Hause zu gehen.

Sobald ich dort eingetroffen war, trug Niélé mein Frühstück auf: aufgewärmte Reste vom Abendessen des Vortags, in Soße getunkte Reiskrapfen, Krapfen mit frischer Milch oder auch Hirsepüree mit Dickmilch. Ich hängte sorgfältig den Bubu auf, den ich für die Schule angezogen hatte, dann ließ ich mich nieder und aß mit gutem Appetit. Wenn ich mich gestärkt hatte, legte ich sämtliche Kleidungsstücke ab, und völlig nackt, wie alle meine kleinen Gefährten, lief ich los und holte Daouda Maïga, um mit ihm außerhalb der Stadt zu spielen. Der Islam gebot zwar, daß Kinder Kleider trugen, nicht aber die afrikanische Tradition, nach der es erst nach der Beschneidung erforderlich war, Kleidung zu tragen.

Bis zu meiner Heimkehr nach Bandiagara hatte Douda Maïga, obgleich jünger als mein Bruder Hammadoun, sich an diesen angeschlossen; tatsächlich war mein älterer Bruder Vorsitzender der bedeutendsten *waaldé*, Jugendvereinigung, der ganzen Stadt, denn in ihr waren die Kinder aus sieben Vierteln Bandiagaras vereint. Aber seit er in mir den Spielgefährten seines Alters wiedergefunden hatte, trennte Daouda sich nicht mehr von mir. Von dem Tag an waren wir ein unzertrennliches Freundespaar, und dies um so mehr, als auch unsere Familien miteinander verbunden waren: Daoudas Mutter war eine Jugendfreundin meiner Mutter und in derselben Altersklasse wie sie, und unsere beiden Häuser lagen in derselben Gasse. Als emsige Schüler der Buschschule betätigten Daouda und ich uns vor allem als unverbesserliche Fallensteller für kleine Tiere sowie als Gemüsegartendiebe, was mir zuweilen seitens Tierno Bokar Hiebe mit der Gebetsschnur auf den Rücken eintrug.

Nackt wie Regenwürmer liefen wir zum Ufer des Flüßchens Yaamé, jeder mit einem langen Hirsestengel bewaffnet, an dessen Spitze wir eine aus Roßhaar gefertigte Schleife befestigten. Wir benutzten sie, um Geckos zu fangen, die kleinen, flachen Eidechsen, die nachts dank ihrer haftenden Füße über die Wände und Decken der Häuser laufen und deren gutturaler Schrei Unheil bringen soll. Mehr brauchte es nicht, um dieses unglückliche Tierchen zum Tode zu verurteilen; der Volksmund behauptete sogar, daß das Töten eines Geckos Glück bringe! Wir hatten also ein ruhiges Gewissen, wenn wir, mit unserem langen Halm mit Schlinge bewaffnet, sie bis tief in ihre Schlupfwinkel verfolgten. Bei der Gelegenheit verschonten wir auch keine Mäuse und Ratten oder Marguillaten, eine Art Eidechse mit hübsch gefärbten Schuppen. Dann wuschen wir uns im Fluß, wie um uns von all dem zu reinigen.

Kamen andere Kameraden, veranstalteten wir einen Kampf, angefeuert durch die Ermutigungen vorübergehender Erwachsener. Wie die meisten Fulbekinder war ich von schwächlicher Statur und einer der schwächsten unter meinen Gefährten, aber ich handhabte den Stock sehr gewandt und hatte keine Angst vor Schlägen. Ohne Stock gab ich eine leichte Beute ab, aber sobald ich einen in der Hand hielt, verschaffte ich mir Achtung und wurde sogar zu einem kleinen

Schrecken! Der gutgebaute Daouda war stärker als ich und mehr für den Zweikampf begabt. Immer zu Spott aufgelegt und fröhlichen Charakters, suchte er zwar keinen Streit, aber wenn es dazu kam, schlug er sich tapfer.

Wir spielten auch oft *tèlè*, ein Spiel, das ein bißchen dem Golf ähnelt: Mit einem Stock schlägt man einen Ball, damit er nicht ein Loch, sondern ein Ziel trifft, und jede Mannschaft versucht die andere am Punktemachen zu hindern.

Gegen Mittag kehrten wir zum Essen in unsere Familien zurück, gemeinsam oder getrennt. Jedenfalls trafen wir uns nach dem Essen wieder, um hinter dem Dorf Hirsehalme zu sammeln, von denen wir zwei Bündel für die Koranschule mitnahmen. Damit machte man abends im Hof von Tierno ein großes Feuer. In seinem Licht lernten, sobald es dunkel war, die ›großen Schüler‹ ihre Lektionen, denn es gab Abendkurse für die, die am Ende ihrer Studien *hafiz* werden, also den ganzen Koran im Gedächtnis behalten wollten – was die Familien mit einem Fest feierten. So brachten junge Leute es fertig, den ganzen Text des Heiligen Buches ohne einen einzigen Fehler zu schreiben und aufzusagen, wohingegen sie seinen Sinn nicht verstanden; allein diejenigen, die später Arabisch lernten, erhielten einen Zugang zu seiner Bedeutung.

Für uns, die kleinen Jungen, begann der Unterricht um vierzehn Uhr wieder. In den Schatten der Wand des Lehrerhauses gekauert, lernten wir die Lektion, die wir am nächsten Tag aufsagen mußten. Gegen sechzehn oder siebzehn Uhr, nach dem Nachmittagsgebet, waren wir frei. Wir liefen nach Hause, um unsere Kleider abzulegen, und kehrten unverzüglich zu unseren kleinen Spielen zurück.

Wir hatten die Angewohnheit, uns des Abends ans Flußufer zu begeben, um dort auf die von der Weide zurückkehrenden Esel- oder Ziegenherden zu erwarten. Ganz besonders liebte ich die Eselskarawane, die Malaw Wâki gehörte, einem dicken Haussahändler, der sich in Bandiagara niedergelassen hatte, und die von ein paar Hütern zurückgebracht wurde. Jeder von uns nahm sich einen Esel und ritt ihn vom Fluß bis zu Malaw Wâkis Anwesen. Mein Lieblingsreittier war ein sehr friedliches, kleingewachsenes Eselchen, das ich gern mit

Fersentritten zum Trippeln brachte. Eines Abends beschloß der kleine, zweifellos durch meine tägliche Behandlung verärgerte Esel, mir einen Streich zu spielen. Er wartete in Ruhe ab, bis ich mich auf seinem Rücken niedergelassen hatte, dann schlug er plötzlich und unvermutet so heftig aus, daß er mich zwei Meter entfernt auf den staubigen Boden warf. Danach galoppierte er laut schreiend davon, als wolle er sich über mich lustig machen. Voller Prellungen, aber vor allem furchtbar gekränkt, stand ich auf. In mir blieb ein Widerwillen, nicht nur gegen die Esel, sondern auch gegen die Eseltreiber, die mir gleichwohl nichts getan hatten. Ich besuchte sie nicht mehr.

Ich wandte mich also den Ziegenherden zu, die Séga hütete, ein alter, halbblinder Ziegenhirte. Wenn es an der Zeit war, sie zu melken, zog er die Ziege zu sich, indem er einen ihrer Füße in ihrem über seiner Hüfte angewinkelten Bein gefangenhielt, dann melkte er sie mit der rechten Hand. Die Milch lief in eine Kalebasse, die er in der linken Hand hielt. Kam es vor, daß eine Ziege sich plötzlich befreite und die Kalebasse umkippte, dann bogen sich die Jungen vor Lachen und sprangen vor Freude in die Luft, was ihnen eine hübsche Flut von Schimpfwörtern einbrachte, denn wie jeder gute Ziegenhirt, der sich selbst achtet, besaß der alte Séga ein scharfes Mundwerk und einen reichen Schatz an Schimpfworten. Wenn er völlig mit Melken beschäftigt war, schlich ich mich manchmal in die Herde, griff mir eine Ziege und begann, an ihr zu saugen. Der alte Séga, durch seine Stellung daran gehindert, mich zu verfolgen, schickte einen Hagel von Flüchen hinter mir her, gewürzt mit Beleidigungen jeglicher Art. Ich zahlte ihm mit gleicher Münze zurück und entwischte, gut gesättigt, Hals über Kopf. Dieser kleine Trick gelang eine Zeitlang, bis ich mich für etwas anderes begeisterte.

Wie alle Kinder aus der Stadt mußte ich unbedingt vor Sonnenuntergang, bevor der Ruf zum *maghreb*, dem Gebet zum Sonnenuntergang, erklungen war, zu Hause sein. Die Abenddämmerung, und vor allem genau der Augenblick, in dem die letzten Strahlen der Sonne aufleuchten, bevor sie im Unbekannten versinkt, gilt seit jeher als zwielichtig und gefährlich, da finstere Kräfte plötzlich freigesetzt werden. In der alten Überlieferung der Fulbe wird die Sonne als Symbol für das Auge Guénos angesehen, des Ewigen, des höchsten Gottes.

Wenn dieses Auge sich öffnet, breitet sich das Licht aus über die Welt und erlaubt den Menschen, ihren Geschäften nachzugehen; die bösen Geister, Hexen, Vampire oder Menschen mit bösem Blick ziehen sich dann in ihre Schlupfwinkel zurück, dieweil Wichtelmännchen und Kobolde sich in geheimen Unterschlüpfen verbergen. Aber wenn das gesegnete Auge sich schließt und Dunkelheit die Erde einnimmt, dann sucht das geängstigte Küken Zuflucht unter den Federn seiner Mutter, Kalb und Lämmchen kuscheln sich an ihre Mama, die Frauen nehmen ihr Baby auf den Rücken oder auf den Schoß, um ihr ›Doppel‹ gegen blutsaugende Vampire zu schützen; die Insekten lassen ihren Amboß erklingen, und die Nachttiere aus dem Busch schicken sich an, tausend Rufe auszustoßen, die die Nacht beleben.

Es ist die Stunde, in der jede Mutter das ›böse Auge‹ des Abends beschwören muß. Niélé versäumte es nie, auf glühenden Kohlen ganz besondere Stoffe zu verbrennen. Während der Rauch seine Spiralen entwickelte, sang sie auf Ful eine alte Beschwörungslitanei, wobei sie mich fest an sich drückte. Sobald der Rauch verflogen war, ließ sie mich frei.

Die Exkremente der Weißen und das Dorf der Abfälle

Am Mittwochnachmittag, den ganzen Donnerstag über und am Freitagmorgen keine Schule! Wir hatten Ausgang. Allein oder in Begleitung anderer kleiner Kameraden, die anfingen, sich uns anzuschließen, nutzten Daouda und ich die Gelegenheit, um uns unseren üblichen Expeditionen in den Busch oder an die Ufer des Yaamé zu widmen: wilde Früchte sammeln, kleinen Tieren Fallen stellen oder Fische fangen, die wir an Ort und Stelle brieten und uns schmecken ließen, und vor allem Erde von Termitenhügeln abtragen, die wir am Flußufer durchkneteten und die dazu diente, Spielsachen und kleine Figuren zu formen. Aber bald würden wir uns auf gefährlicheres Terrain wagen.

Damals war von den neunundzwanzig Verwaltungsbezirken, die das Territorium *Haut-Sénégal-et-Niger* zählte, Bandiagara einer der wichtigsten, wenn auch nicht aufgrund der Anzahl der Einwohner, so doch wegen seiner politischen und ökonomischen Lage und der Dichte der europäischen Bevölkerung. Die Stadt beherbergte nämlich ein Bataillon, was die Anwesenheit einer aus zehn französischen Offizieren und Unteroffizieren bestehenden Militärverwaltung mit sich brachte, sowie eine Zivilverwaltung, die einen Distriktkommandanten, einen Adjutanten des Kommandanten und sechs oder sieben französische Zivilbeamte umfaßte. So beachtlich war die französische Präsenz, verglichen mit der in Bougouni, wo es insgesamt nur einen Distriktkommandanten, einige Angestellte und ein paar Polizisten gab.

Alles, was die Weißen und ihre Angelegenheiten direkt oder indirekt betraf, einschließlich ihres Kehrichts oder ihrer Abfälle, war für die Schwarzen tabu. Man durfte sie nicht anrühren, ja nicht einmal ansehen! Nun, eines Tages hörte ich, wie der Schuster Ali Gomni, ein Freund von Hammadoun Pâté, meinem Onkels müttlicherseits, erklärte, daß die Exkremente der Weißen, anders als die der Afrikaner, nicht die gleiche Farbe wie ihre Haut hätten. Ich hinterbrachte diese sonderbare Information unverzüglich meinen kleinen Kameraden. Daraus ergab sich eine so heftige Diskussion, daß sie fast zu Handgreiflichkeiten führte. Daouda und ich waren wie immer derselben Meinung, während unsere Freunde Afo Dianou, Hammadoun Boïnarou und Mamadou Gorel uns aufs entschiedenste widersprachen.

»Gut«, brüllten sie, »man darf manchmal lügen, aber das sollte die erlaubten Grenzen nicht überschreiten! Eine Lüge, die bis zum siebten Himmel aufsteigen will, purzelt zum Schluß auf die Nase des Lügners herab!«

Daouda und ich waren durch die beleidigende Kritik unserer Kameraden zutiefst verletzt. Die einzige Möglichkeit, sie in die Enge zu treiben, bestand darin, uns selbst des wirklichen Tatbestands zu vergewissern, und wenn wir dann quitt waren, eine Abrechnung mit den Rebellen zu fordern. Eigentlich lag eine Tracht Stockhiebe in der Luft...

Die Weißen hatten ihr Wohnviertel auf dem linken Ufer des Yaamé, und die Einheimischen von Bandiagara wohnten auf dem rechten Ufer. Eine große Steinbrücke trennte beide Siedlungen. Das

Viertel der Weißen nannte man ›Sinci‹, das heißt ›errichtet‹. Dort lebten nur die Weißen selbst sowie ihre wichtigsten einheimischen Hilfskräfte: die Distriktwachen – Sicherheitsagenten der Zivilverwaltung mit Polizeifunktionen – und die Schützen, das einheimische Militär zur territorialen Verteidigung. Die Schützen unterstanden dem Befehl eines Hauptmanns, dem ein Leutnant, zwei Unterleutnants und vier europäische Sergeanten, weiterhin zwei Adjutanten, vier einheimische Sergeanten und acht Korporale zur Seite standen. Was die einheimischen Zivilbeamten und das Hauspersonal – Boys, Köche und andere – der Weißen betrifft, so mußten sie jeden Abend gezwungenermaßen zur ›Eingeborenenstadt‹ auf dem rechten Yaaméufer zurückkehren.

Sinci war scharf bewacht: das zivile Viertel von den Distriktwachen und das militärische Viertel von den Schützen, zwei Gattungen Afrikaner, die wie bissige Wachhunde gezähmt und abgerichtet waren. Einheimische, die sich ohne offizielle Einladung nach Sinci wagten, liefen Gefahr, verhaftet zu werden, oder ihnen wurden zumindest schwere Peitschenhiebe versetzt. Nun, Exkremente von Weißen konnte man nur in Sinci finden, und Daouda und ich wollten um jeden Preis mit eigenen Augen prüfen, welche Farbe sie hatten. Wir entschieden uns rasch: Wir würden uns nach Sinci wagen, in die Höhle des Löwen, komme, was wolle! Wenn unser Unternehmen unseren Eltern bekannt gewesen wäre, hätten sie es uns mit Sicherheit verboten und uns daran gehindert, das Haus zu verlassen; aber wir hüteten unser Geheimnis wohl.

Eines Morgens, es ist sehr früh, wandern wir, Daouda und ich, den Weg entlang, der zum Yaamé führt. Damit wir unentdeckt bleiben, überqueren wir ihn im Westen, ziemlich weit von der Brücke entfernt. Am anderen Ufer biegen wir auf einen Pfad ein, an dem sich links der Friedhof der Weißen erstreckt – blühend wie ein Garten! – und rechts der Rennplatz und der uns auf die Straße bringt, die zum Dorf Dimbolo führt. Sobald wir die Straße erreichen, schlagen wir die andere Richtung ein und gehen in den Busch hinein, der am Südrand von Sinci anfängt, hinter dem vornehmen Wohnviertel. Etwa zweihundert Meter von der Stadt entfernt befindet sich ein Wäldchen. Im hohen Gras versteckt, schleichen wir darauf zu und beziehen Posten, um die Örtlichkeit zu erkunden, als ein unerwartetes Ereignis unser Unternehmen erleichtert. Eine Kolonne von Kettensträflingen kommt näher, auf dem Kopf trägt jeder einen großen Eimer. Von einem bewaffneten Wachsoldaten begleitet, gehen sie auf ein großes Loch zu, das wir ein wenig weiter weg ausmachen. Der Wind bläst in unsere Richtung und weht einen aufschlußreichen Geruch in unsere Nüstern, der wahrhaftig nichts mit den Küchendüften der Weißen gemein hat. Verdutzt sehen wir uns an: »Das sind doch die Exkremente der Weißen, die die Gefangenen da transportieren!« Und tatsächlich, wir sehen, wie die Sträflinge reihum den Inhalt ihres Eimers ausleeren – wie übrigens jeden Tag – in das große Loch, das eigens ausgehoben wurde, um die Exkremente der Weißen aufzunehmen, die zweifellos zu kostbar sind, um mit denen der Schwarzen vermengt zu werden.

Schon der Blick aus der Ferne überzeugt uns: Die Weißen drücken ›weich‹ und ›schwarz‹ ab. Damit ist der Beweis dafür erbracht, daß wir recht hatten, aber das genügt nicht: Wir müssen unseren aufrührerischen Kameraden ein Beweisstück mitnehmen. Sobald die Gefangenenkolonne sich von der Örtlichkeit entfernt hat, verlassen wir vorsichtig unser Versteck. Tief gebeugt nähern wir uns dem ekelerregenden Loch. Da sehen wir etwas Sonderbares: Die Exkremente sind mit einer unglaublichen Menge Papier vermischt, so daß wir uns einen Augenblick lang fragen, ob die Weißen auch Papier sch... . Daraus ergibt sich eine sehr stürmische Diskussion zwischen Douda und mir, aber wir haben keine Zeit, uns aufzuhalten. Da wir etwas weiter weg eine herrenlose Zeitung finden, packen wir, so gut es geht, etwas vom ›Corpus delicti‹ ein, um es in die Stadt mitzunehmen.

Gerade als wir die Örtlichkeiten verlassen wollen, entdeckt Daouda ein Stückchen weiter mehrere ›Abfalldörfer‹, anders ausgedrückt, große Haufen Haushaltsabfälle, die sich hinter der Umfassungsmauer des Wohnviertels ausbreiten. Von Neugier getrieben, gehen wir hin, einen Blick darauf zu werfen. Zu unserer größten Überraschung finden wir eine Schatzkammer! Die Weißen werfen dort alle Arten von besonders kostbaren Gegenständen hin: leere Streichholzschachteln, Blechdosen verschiedener Größe, Fläschchen und Flaschen in allen Farben, vergoldetes und silbernes Papier, farbige Stoffstücke, nicht zusammengehörige oder zerbrochene Gedecke – darunter Messer, was für ein unverhofftes Glück! –, hübsch verzierte Geschirrscherben, alte Töpfe, Rasierapparate mit zerbrochenem Griff, rissige Pfeifenköpfe, Brettchen, Nägel, leere Garnspulen, Bleistiftstummel, Brillengestelle und vor allem dicke, illustrierte Kataloge, unter anderem der Katalog der Fahrrad- und Waffenmanufaktur von Saint-Etienne, mit dem ich mir in Bougouni bei meinen Kameraden einen gewissen Namen gemacht hatte. Wir sammeln ein, was unsere Arme tragen können, fest entschlossen, ein andermal wiederzukommen, um unsere Sammlung zu vervollständigen. Dann gehen wir mit unserer Beute beladen triumphierend nach Bandiagara zurück.

Nachdem unsere Kameraden mit eigenen Augen die Farbe unserer ›Beweismittel‹ geprüft haben, sind sie gezwungen zuzugeben, daß wir die Wahrheit sagten. Daouda und ich lassen ihnen die Wahl: Entschuldigungen oder Stockschläge. Sie entschuldigen sich bei uns... Am selben Tag noch sind alle Kinder im Viertel auf dem laufenden: »Amkoullel und Daouda haben aus Sinci Exkremente der Weißen geholt! Seht sie euch an, sie sind kohlrabenschwarz!«

In der Folgezeit werden Daouda und ich oft nach Sinci gehen, um in den Abfalldörfern neue Schätze zu heben und auf diese Weise, ohne uns dessen bewußt zu sein, ein wahres Museum für Haushaltsabfälle von Weißen zusammenzustellen. Unsere Sammlung brachten wir bei Daouda unter, wo seine Mutter Moïré die Hälfte eines Hangars für uns freigemacht hatte.

Bei der Rückkehr von jeder Expedition sichteten wir voller Freude unsere Prise. Der ganze bunt zusammengewürfelte Kram wurde bestimmt, gereinigt und nach unserem Gutdünken geordnet. Aus den Stoffstücken fertigten wir zum Beispiel Kleidungsstücke für unsere kleinen Tonfiguren an, die Daouda, ein hervorragender Modellierer, mit eigenen Händen knetete: kleine, den wirklichen in zum Himmel schreiender Weise ähnliche Soldaten, Personen aus verschiedenen sozialen Klassen, aber auch Ziegen, Kühe, Pferde usw.

Mit diesen Tonpuppen stellten wir im Spiel reale oder erfundene

Szenen des Lebens in Bandiagara nach: Soldaten in Reih und Glied für den Aufmarsch des 14. Juli, Pferderennen, Empfang von einheimischen Oberhäuptern durch den Kommandanten... Der verstorbene König Aguibou Tall und sein tapferer erster Sohn Alfa Maki Tall – der als traditionelles Oberhaupt der Tukulor von Bandiagara seine Nachfolge angetreten hatte – erfreuten sich großer Beliebtheit. Wir sprachen auch die Dialoge: Daouda hatte die Rolle des Königs und ich die des Prinzen. Auch die großen Imams von Bandiagara und die bedeutenden Marabuts – unter ihnen Tierno Bokar – vergaßen wir nicht.

Gelegentlich kam unser Kamerad Afo Dianou, ein streitlustiger Schelm, und spielte mit, aber das endete stets in einer Schlägerei. Da er viel stärker war als wir, konnten wir nicht darauf hoffen, ihn zusammenzuschlagen; in der Regel genügten unsere Stöcke, um ihn in Schach zu halten, aber wenn wir sie zufällig vergessen hatten, dann machte unser Gefährte sich ein boshaftes Vergnügen daraus, unsere Anlagen umzuwerfen, ein paar Figürchen zu zerbrechen und vor allem, welche zu klauen, was unfehlbar einen wilden Kampf herausforderte, aus dem immer er als Sieger hervorging. Uns blieb in unserer ohnmächtigen Wut nichts anderes übrig, als unsere Bubus zu zerreißen, zur großen Empörung unserer Mütter.

Zu jener Zeit wagten Daouda und ich uns noch immer als einzige nach Sinci. Die Expedition war nicht ohne Gefahr. Ab und zu hatten wir nämlich das Pech, daß wir auf Wachen stießen oder auf besonders eifrige Schützen, die uns auf üble Weise vertrieben. Und wenn sie Hand an uns legten, dann war es um die Haut unserer Hintern geschehen... Mehr als einmal wurden Daouda und ich von den Wachen ausgepeitscht und eingesperrt, weil wir es gewagt hatten, auf der Müllkippe der Weißen herumzuwühlen. Wir wurden erst nach einem Hagel erbarmungsloser Ohrfeigen freigelassen; aber nichts vermochte uns zum Verzicht auf unseren Lieblingssport zu bewegen. Erst viel später, älter geworden, werden wir aufhören, im Dorf der Abfälle der Weißen herumzustöbern wie Hennen, die auf dem Müll scharren, um etwas zu finden, womit sie ihre Küken füttern können.

Unser Museum, einzig in seiner Art, war zum Treffpunkt zahlreicher Jungen aus dem Viertel geworden. Um sie im Schwimmen, im Pflükken, im Plündern von Gemüsegärten zu trainieren, mit ihnen Fußmärsche zu veranstalten, Tänze im Mondschein und Sitzungen, auf denen Geschichten erzählt wurden, scharten Daouda und ich schließlich eine kleine Gruppe um uns, die fest entschlossen war, uns überallhin zu folgen, manchmal auch gegen den Willen ihrer Eltern. Der Augenblick war gekommen, um unsere eigene Altersklasse oder *waaldé* zu gründen. Zu Beginn waren wir elf Gründungsmitglieder, und hier sind ihre Namen und Spitznamen, die wir in freundschaflicher und schelmischer Absicht unter uns benutzten: Daouda Maïga, genannt Kinel – die kleine Nase, Mamadou Diallo, genannt Gorel – das kleine Kerlchen, Seydou Sow, genannt Kellel – die kleine Ohrfeige, Amadou Sy, genannt Dioddal – der schlecht anfängt, Afo Dianou, genannt N'Goïré – die Peniseichel, Hammel, genannt Bagabouss – langer Lulatsch, Oumar Goumal, genannt Nattungal – der Faule, Madani Maki, genannt Gorbel – das Eselchen, Mouctar Kaou, genannt Polongal – der große Nagel, Bori Hamman, genannt Tiaw-Tiaw – der Störer und schließlich Amadou Hampâté, genannt Amkoullel – der kleine Koullel.

Meine Kameraden beschlossen, mich zum Vorsitzenden zu wählen. Daran war nichts Überraschendes, denn alle Mitglieder meiner Familie sind oder waren Vorsitzende von Vereinigungen. Mein Vater Hampâté hatte gegen 1870, nach seiner Rehabilitierung durch den König Tidjani Tall, die erste *waaldé* junger Fulbe in Bandiagara gegründet; meine Mutter Kadidja Pâté, ihr älterer Bruder Amadou Pâté, ihr jüngerer Bruder Hammadoun Pâté, ihre jüngere Schwester Sirandou Pâté und sogar Beydari, unser Vormund, waren alle Vorsitzende ihrer jeweiligen Altersklassen, was ihnen zu der Zeit eine recht große Macht verlieh.

Einstweilen mußte unsere Waaldé anerkannt werden, und es war erforderlich, ihrer Existenz einen offiziellen Charakter zu geben. Der erste Schritt bestand darin, mit einer älteren Vereinigung in Beziehung zu treten. Denn es war in der Tat üblich, daß jede jüngere Altersklasse unter der Schirmherrschaft einer älteren stand, die ihr gegenüber die Rolle einer Ratgeberin spielte und im Krisenfall die einer Beschützerin. Unsere Wahl fiel ganz selbstverständlich auf die Vereinigung meines großen Bruders Hammadoun.

Wir mußten auch einen Ältesten, einen ›Vater‹ wählen, der unser *mawdo* sein sollte, eine Art Ehrenpräsident, der immer aus einer Vereinigung von Erwachsenen ausgesucht wird und traditionellerweise die Rolle eines Ratgebers und öffentlichen Repräsentanten spielt, sowie im Falle von Schwierigkeiten mit der Bevölkerung die Verteidigung der Vereinigung übernimmt. Wir erwählten Ali Gomni aus der Kaste der Schuster, einen Freund Hammadoun Pâtés, meines Onkels mütterlicherseits, und Mitglied seiner Vereinigung. Moïré Koumba, die Mutter von Daouda Maïga, ging zu ihm und überbrachte ihm unsere Bitte. Nach dem üblichen Zögern nahm er an und setzte das Datum unserer ersten feierlichen Zusammenkunft fest, in deren Verlauf wir unsere Führer wählen und die Geschäftsordnung unserer Waaldé festsetzen sollten. Jede Vereinigung war nämlich hierarchisch aufgebaut und ein Abbild der Gesellschaft des Dorfes oder des Gemeinwesens. Außer dem *mawdo,* dem Ältesten und Ehrenpräsidenten, der die Vereinigung nach außen vertrat, mußte sie ein *amîru* – Oberhaupt, einen oder mehrere Stellvertreter oder *diokko,* einen alkaali – Richter oder Kadi, einen oder mehrere Kommissare für die Disziplin oder öffentliche Ankläger – *mutassibi* haben und schließlich einen oder mehrere Griots, die die Stellung von Abgesandten oder Wortführern einnahmen.

Am festgesetzten Tag, als wir alle im Hof versammelt waren, ergriff Ali Gomni das Wort:

»In erster Linie«, sagte er, »müssen wir unserer Waaldé einen Vorstand und Führer geben sowie einen Namen, um sie aus der Anonymität zu holen. Wen wollt ihr als Vorsitzenden benennen?«

»Unser Vorsitzender wird auf ganz natürliche Weise bestellt«, antworteten die Gefährten, »es ist Amkoullel. Bei der Hälfte der Vereinigungen von Bandiagara steht ein Mitglied seiner Familie an der Spitze. Wenn er sich als würdig erweist, werden wir ihm folgen und für ihn kämpfen. Aber wenn er sich wie ein Idiot verhält, peitschen wir ihn aus, bis er Blut pißt, und keiner wird uns dazu bringen, aus Angst zu furzen!«

Ich wurde also zum Vorsitzenden gewählt, und die Waaldé erhielt den Namen ›Waaldé von Amkoullel‹. Mit dem Ausruf, den die Erwachsenen bei ihren großen Versammlungen zu benutzen pflegen, stimmten alle zu: *»Allāhu townu dīna!* – Gott erhöhe die Gemeinschaft!«

Die Versammlung wurde ohne Zwischenfall fortgesetzt, abgesehen davon, daß ein Teil der Mitglieder sich der Ernennung von Daouda Maïga zum Kadi widersetzte. Diese aufsässigen Kameraden hätten lieber einen Diallo, einen Cissé, einen Sow oder einen Dicko, die alle von vornehmerer Herkunft waren, als Kadi gesehen. Ali Gomni, unser *mawdo,* Ältester, der Daoudas Meister im Schuhmacherhandwerk war, übernahm seine Verteidigung. Er machte geltend, daß der alte Modibo Koumba, der Lehrer von Daoudas Mutter, der als sein Großvater angesehen wurde, selbst Kadi der mächtigen Vereinigung gewesen war, die Amadou Ali Thiam, der Vater von Tidjani Thiam, in den ersten Jahren des Königreichs von Bandiagara, bevor er Chef der Provinz Luta wurde, gegründet hatte. Zu ihrer Zeit hatte diese sich der Waaldé von Noumoussa Dioubaïrou widersetzt, einem der Generäle des Königs; sie vereinigte in ihren Reihen alle tapferen und edlen Söhne des Tukulorkönigreichs von Bandiagara.

Da ich Vorsitzender war, gab meine Meinung den Ausschlag. Ich konnte keinen sozialen Unterschied zwischen Daouda und mir sehen und gab ihm meine Stimme. Er wurde also als Kadi gewählt, trotz des Gejammeres eben jener Kameraden, die in Wirklichkeit selbst gern seinen Rang eingenommen oder notfalls lieber einen der Ihren als Kadi gesehen hätten. Mamadou Diallo, genannt Mamadou Gorel – ›das kleine Kerlchen‹ wurde zum zweiten Vorsitzenden gewählt. Madani Maki und Mouctar Kaou, Söhne von Griots, wurden zu Griots unserer Vereinigung ernannt. Ihre Aufgabe bestand darin, Zusammenkünfte einzuberufen und Beiträge einzutreiben, von denen sie selbst befreit waren. Sie würden Nachrichten übermitteln und bevollmächtigte Botschafter zwischen unserer Waaldé und den anderen Vereinigungen in der Stadt sein. Sie würden, kurz gesagt, die Rolle von Wortführern und Vermittlern spielen, genauso wie die erwachsenen Griots in der damaligen afrikanischen Gesellschaft. Alle anderen Mitglieder unserer Waaldé, deren Väter Griots waren, hatten die Verpflichtung, ihnen gegebenenfalls bei ihrer Aufgabe zu helfen.

Bori Hamman wurde unser *mutassibi*, das heißt unser Schnüffler und öffentlicher Ankläger. Der *mutassibi* war in allen Vereinigungen der bestgehaßte Mensch. Als einer Art Detektiv und Sittenkommissar oblag es ihm, bei allen Gelegenheiten auf die Einhaltung der Regeln zu achten und jede Verfehlung gegen Disziplin und Anstand anzuprangern. Afo Dianou, von der Stellung seiner Familie her *dimadjo* – Hausssklave, wurde zum zweiten *mutassibi* und Assistenten Bori Hammans ernannt.

Nachdem der Rat eingesetzt war, arbeiteten wir unsere Geschäftsordnung aus, die denen anderer Altersklassen ziemlich glich. Zuwiderhandlungen wurden in erster Instanz vom Kadi verurteilt; der Angeklagte konnte beim Vorsitzenden Einspruch einlegen und dann, in einem dritten Schritt, bei der Generalversammlung unter Vorsitz des Ältesten. Die vorgesehenen Strafen waren abgestuft.

Bei den leichtesten Zuwiderhandlungen bestanden sie darin, daß man Strafen in Form von Kaurimuscheln oder Kolanüssen zahlen mußte, daß man völlig angezogen ins Moor geworfen oder mit Kalebassen voll Wasser geduscht wurde. Bei sehr schweren Delikten konnte die Strafe ein bis zu zehn Peitschenhiebe betragen – beziehungsweise zeitweisen oder endgültigen Ausschluß.

Die Sitzungen fanden unter Leitung des Vorsitzenden statt, dem der zweite Vorsitzende oder der Kadi zur Seite standen. Vollversammlungen wurden in der trockenen Jahreszeit wöchentlich und in der Regenzeit, genannt ›Überwintern‹, monatlich abgehalten. Auf Beschluß des Vorsitzenden und von den Griots kundgemacht, konnten auch außerplanmäßige Zusammenkünfte einberufen werden.

Unsere Waaldé hatte sich ordnungsgemäß konstituiert und konnte mit der Arbeit beginnen. Alle jüngeren Mitglieder aus der Waaldé meines älteren Bruders Hammadoun verstärkten nun die unsere, da sie besser ihrem Alter entsprach. Im Laufe der Zeit gewann sie ziemliche Bedeutung. Später, gegen 1912, wenn wir eine gegnerische Vereinigung aus einem anderen Viertel geschluckt haben werden, sollte sie sogar bis zu siebzig aus allen ethnischen und sozialen Schichten Bandiagaras stammende Jungen umfassen.

Manche westlichen Leser werden sich vielleicht darüber wundern, daß Jungen im Durchschnittsalter von zehn bis zwölf Jahren so regelmäßig Versammlungen abzuhalten und eine solche Sprache zu führen imstande waren. Das kommt daher, daß alles, was wir unternahmen, darauf abzielte, das Verhalten der Erwachsenen nachzuahmen, und daß vom zartesten Alter an der Boden, der uns nährte, das Wort war. Es fand keine Zusammenkunft, kein Palaver, keine Gerichtssitzung statt – mit Ausnahme von Kriegsversammlungen oder Zusammenkünften der Geheimgesellschaften – ohne unsere Anwesenheit, unter der Bedingung, daß wir uns ruhig verhielten und schwiegen. Die Sprache von damals war blumig, üppig, mit beziehungsreichen Bildern beladen, und die Kinder, die weder Ohren noch Zunge in der Tasche trugen, hatten keine Mühe, sie wiederzugeben; soweit ich konnte, habe ich eher versucht, ihre Reden zu vereinfachen, um den Leser nicht allzusehr zu verwirren. Auch die Vorschriften waren der Welt der Erwachsenen entliehen. Das Leben der Kinder in den Altersklassen stellte tatsächlich eine echte Schule des Gemeinschaftslebens und der Verantwortlichkeiten dar, unter dem unauffälligen, aber wachsamen Blick der Älteren, die die Schirmherrschaft innehatten.

Eine Handvoll Reis

Wie alle Kinder jener Zeit erfreute ich mich einer großen Freiheit, vor allem, seit ich eine Waaldé leitete. Ich nahm meine Mahlzeiten ein, wo ich wollte: im Haus meines Vaters mit Beydari, meinem Bruder Hammadoun oder Niélé, im Haus von Tidjani oder bei der Mutter von Daouda. Aber meistens, insbesondere abends, aß ich bei meinem Vater Tidjani, wo ich meine Mutter traf, Koullel und alle, die die abendlichen Zusammenkünfte mit Leben erfüllten.

Wir speisten in zwei getrennten Gruppen: die Gruppe der Männer und die der Frauen. Hohe Gäste wurden gesondert bedient, außer wenn sie den Wunsch äußerten, mit den anderen zu essen. Es wurden regelmäßig Speisen aufgehoben und zu Verwandten, Freunden oder Personen, die geehrt werden sollten, geschickt. In der Tat war es üblich, daß eine wohlhabende Familie stets eine Schüssel für einen Armen aufhob, eine verheiratete Frau ihrer Familie eine Schüssel schickte und der Sohn seinen Eltern.

Bei Tidjani war die mit den Mahlzeiten betraute Dienerin immer die sanfte Yabara. Sie legte die Matten in den großen Salon und verbrannte Weihrauch, um die Luft zu reinigen. Wenn die Schüsseln gefüllt bereitstanden, stellte sie sie auf die Matten und holte Tidjani: »Naaba, das Essen ist fertig!« – »Rufe die Gäste«, antwortete mein Vater. Also rief Yabara alle Männer und Knaben des Hauses. Nur Tidjani nahm einen ihm vorbehaltenen, durch ein Schaffell, das auf eine mit Ornamenten geschmückte und mit Fransen verzierte Haut aufgenäht war, gekennzeichneten Platz ein. Sobald er saß, brachte Yabara eine Kalebasse mit Wasser, Seife und ein Handtuch. Er wusch sich sorgfältig die Hände, dann ging die Kalebasse bei den Gästen herum.

Tidjani bediente sich stets als erster. Er nahm eine Handvoll Nahrung aus der Schüssel, danach lud er die anderen ein, es ihm gleichzutun, und sagte: *»Bissimillāhi!* – Im Namen Gottes!« Dann fing jedermann zu essen an. Das Familienoberhaupt wusch sich stets als erster die Hände und begann mit dem Essen, um ein Beispiel zu geben; am Ende der Mahlzeit hatte er sich als letzter die Hände zu reinigen und sich zu erheben, damit jeder Zeit genug hatte, sich satt zu essen.

Während des Essens waren die Kinder einer strengen Disziplin unterworfen. Wer dagegen verstieß, wurde, je nach der Schwere seiner Verfehlung, mit einem strengen Blick, einem Schlag des Fächers auf den Kopf, einer Ohrfeige oder aber ganz einfach mit Wegschikken und Nahrungsentzug bis zur nächsten Mahlzeit bestraft. Wir hatten sieben strenge Vorschriften zu beachten:

- nicht sprechen;
- den Blick während des Essens senken;
- vor sich hin essen – und nicht nach rechts oder links in die große gemeinsame Schüssel greifen;
- nicht eine neue Handvoll Nahrung nehmen, solange die vorhergehende nicht aufgegessen war;
- den Rand der Schüssel mit der linken Hand halten;
- jede Hast vermeiden, die Nahrung mit der rechten Hand nehmen;

– und schließlich sich nicht selbst von den Fleischstücken nehmen, die in der Mittel der Schüssel lagen. Die Kinder mußten sich damit begnügen, eine Handvoll Getreide – Hirse, Reis oder etwas anderes – mit Soße zu nehmen; erst am Ende der Mahlzeit bekamen sie eine gute Handvoll mit Fleischstücken, was als Geschenk oder Belohnung angesehen wurde.

Diese Maßnahmen beabsichtigten keineswegs, das Kind sinnlos zu quälen, sondern es Lebenskunst zu lehren. Die Augen in Gegenwart von Erwachsenen, vor allem der Väter – das heißt auch der Onkel und der Freunde des Vaters – gesenkt zu halten, das bedeutete, zu lernen, sich zu beherrschen und der Neugier zu widerstehen. Vor sich hin zu essen, das bedeutete, sich mit dem zufriedenzugeben, was man hat. Nicht zu sprechen, das heißt die Zunge zu hüten und sich im Schweigen zu üben: Man muß wissen, wo und wann man spricht. Keine neuerliche Handvoll Essen zu nehmen, wenn die vorige noch nicht aufgegessen ist, das heißt Mäßigung zu beweisen. Den Schüsselrand mit der linken Hand zu halten war eine Höflichkeitsgeste und lehrte Demut. Sich nicht aufs Essen zu stürzen, das hieß Geduld zu lernen. Und endlich zu warten, bis man das Fleisch am Ende der Mahlzeit erhielt, und sich nicht selbst zu bedienen, das führte dazu, den Appetit und die Eßlust zu bezähmen.

Tatsächlich war damals die Mahlzeit auch für die Erwachsenen – und in gewissen traditionell eingestellten Familien ist es auch heute noch so – in ein ganzes Ritual eingebunden. Im Islam wie auch in der afrikanischen Überlieferung galt Nahrung als heilig, und die große gemeinsame Schüssel, ein Symbol der Gemeinschaft, enthielt, wie man glaubte, in ihrer Mitte einen Quell göttlichen Segens.

Tidjani bemerkte eines Tages, daß die meisten Kinder sich erhoben, bevor sie sich an der Getreidenahrung richtig satt gegesssen hatten, und daß sie hastig die Hand ausstreckten, um ihre Fleischration zu bekommen aus Angst, die besten Stücke verschwinden zu sehen, bevor sie an der Reihe waren. Sogleich begriff er unsere List. An diesem Tag beschloß er, jedem Jungen seinen Fleischanteil im voraus zu geben. Wir mußten das Fleisch links von uns hinlegen und mit dem Aufessen bis zum Ende der Mahlzeit warten.

Grundlage der Ernährung war damals in Bandiagara Hirse. Reis wurde in unserer Region nicht angebaut, eine Schüssel Reis stellte einen großen Luxus dar, den man sich anläßlich großer Freudentage leistete. *Reis ist die Nahrung der Könige*, besagt ein Sprichwort aus den Bergen von Bandiagara. Aber dank des Vermögens meiner Mutter aßen wir zweimal im Monat welchen und später sogar jeden Freitag. An diesen Tagen hütete ich mich davor, mir am Ende der Mahlzeit die Hände zu waschen. Ich lief auf die Straße und holte einen kleinen Kameraden. Wenn ich ihn gefunden hatte, versteckte ich die rechte Hand hinterm Rücken und forderte ihn auf: »Sag mir, was ich heute zu Hause gegessen habe, wenn du kannst.« Zögerte er, knallte ich ihm die Hand auf die Nase: »Was ist das?« Er geriet in Entzücken: »Das ist Reis! Oh! Reis!« Vor Hochmut aufgeblasen wie eine Kröte, lachte ich schallend: »Das da, das ist kein Reis, das ist königliches Getreide!« Und ich eilte davon und suchte einen anderen Kameraden, um ihm die Hand auf die Nase zu drücken.

Eines Morgens kam mein Freund Abdallâh, und wir vergnügten uns im Vorhof von Tidjanis Anwesen. Als es Zeit war für das Mittagessen, stand er auf, um nach Hause zu gehen. Ich hielt ihn zurück. »Nein, bleib bei mir, meine Mutter hat heute Reis zubereitet.« – »Ach, wenn ich nur eine Handvoll davon haben könnte, dann wäre ich der glücklichste Junge von Bandiagara«, sagte er. »Aber ich würde mich nie trauen, im Besuchszimmer deines Vaters zu essen; seine Sklaven würden mich sofort schlagen und mich meine Kühnheit teuer bezahlen lassen. Daß ich mit dir im Vorhof spiele, geht ja noch, aber mit deinem Vater essen, niemals!« – »Gut«, erwiderte ich, »wenn Yabara kommt und mich zum Essen ruft, bleibst du hier und wartest, bis ich wiederkomme.«

Als Yabara rief, ging ich ins Besuchszimmer. Ich aß, so schnell ich konnte. Als ich aufstand, nahm ich eine große Handvoll Reis, die ich unter meinem Bubu zu verstecken suchte. Die Handbewegung war meinem Vater nicht entgangen. »Wenn du nicht satt bist, warum stehst du dann auf? Und wenn du keinen Hunger mehr hast, was willst du dann mit dieser Handvoll Reis? Das ist ein echter Reiseproviant, den du da mitnimmst!« Ich wußte nicht, was ich antworten sollte, und fing an zu zittern. Ich verspürte Naaba gegenüber immer eine außergewöhnliche Angst, denn er machte mit seinen Kindern keine Späße. »Es ist gut«, sagte er, »geh nur mit deiner Handvoll Reis.« Glücklich wie ein zum Tode Verurteilter, der plötzlich begnadigt wird, begab ich mich fast im Laufschritt zu Abdallâh. Ich hielt ihm die Handvoll Reis hin. Er schnupperte daran, dann aß er ihn mit Wonne. Kaum hatte er seinen letzten Happen verspeist, da erschien Sambourou am Eingang zum Vorraum, dem mein Vater den Auftrag gegeben hatte, mir unauffällig zu folgen, um zu sehen, für wen mein Reis bestimmt war. Wie von einer Tarantel gestochen, stand Abdallâh auf und ergriff die Flucht; ich nahm mit ihm Reißaus, ohne nachzudenken, und kam erst spät am Abend nach Hause. Mein Vater wartete im Vorraum auf mich. Ich tat mein Bestes, um unbemerkt an ihm vorbeizukommen, doch vergeblich. Ich war zumindest auf eine Ohrfeige gefaßt, aber er begnügte sich damit zu sagen:

»Warum hast du deinen Freund nicht zum Essen eingeladen? Und warum seid ihr beide beim Anblick Sambourous davongelaufen?«

»Naaba«, stammelte ich, »ich habe ihn eingeladen, aber er hat sich nicht getraut, hereinzukommen und mit dir zu essen. Und als er Sambourou gesehen hat, da dachte er, daß er käme, ihn zu schlagen, und hat die Flucht ergriffen. Ohne nachzudenken bin ich hinter ihm her, und dann hatte ich Angst, zum Essen nach Hause zu kommen.«

Mein Vater lachte laut. »Von morgen an«, versprach er, »wird eine Schüssel extra für dich reserviert. Lade von deinen kleinen Kameraden ein, wen du willst, und teile sie mit ihm.«

Danach ließ meine Mutter für meine Gefährten und mich eine sehr große Hütte herrichten. Wir konnten uns dort versammeln, unsere Mahlzeiten einnehmen und sogar schlafen. Man nannte sie *walamaru,* den ›Schlafraum der Vereinigung‹. Seit dem Zeitpunkt fing ich wirklich an, im Mittelpunkt zu stehen und meine Rolle als Vorsitzender der Waaldé einzunehmen.

In der Schule der Meister des Wortes

Nach dem Essen, ob wir es nun gemeinsam oder getrennt eingenommen hatten, gingen Daouda, meine Gefährten und ich manchmal zum großen Platz Kérétel, wo die jungen Männer und Mädchen mehrerer Viertel von Bandiagara sich abends versammelten und schwatzten, sangen und im Mondschein tanzten. Wir tanzten gern mit den Mädchen der Waaldé, die von Maïrama Jeïdani geleitet wurde, und ich dachte bereits daran, unsere Waaldé mit ihrer in einer Art symbolischer Heirat zu ›verkuppeln‹, wie die Sitte es gestattete.

In der schönen Jahreszeit kam man abends nach Kérétel, um zuzusehen, wie Kämpfer gegeneinander antraten, um Musikgriots singen zu hören oder Erzählungen, Epen und Gedichten zu lauschen. Geriet ein junger Mann in poetische Stimmung, sang er seine Stegreifdichtungen. Man behielt sie im Gedächtnis, und wenn sie schön waren, verbreiteten sie sich vom nächsten Tag an in der ganzen Stadt. Das war eine Seite dieser großen traditionellen Schule des Wortes, in der zu allen Zeiten die Volkserziehung stattfand.

Meistens blieb ich nach dem Abendessen bei meinem Vater Tidjani, um an seinen Abendgesellschaften teilzunehmen. Für uns Kinder waren diese Abende eine wahre Schule des Lebens, denn ein afrikanischer Meistererzähler beschränkte sich nicht darauf, Geschichten zu erzählen, er war auch in der Lage, die unterschiedlichsten Gegenstände zu unterrichten, vor allem, wenn er ein erfahrener Traditionalist war wie Koullel, sein Lehrer Modibo Koumba oder Danfo Siné aus Bougouni. Solche Männer verstanden es, beinahe alle Bereiche der damaligen Erkenntnis anzusprechen, denn ein ›Erkenner‹ war niemals ein Spezialist im modernen Sinn des Worts, eher eine Art ›Verallgemeinerer‹. Die Erkenntnis war nicht in einzelne Bereiche unterteilt. Ein- und derselbe Greis – ›der die Erkenntnis hat‹ im afrikanischen Wortsinn, selbst wenn nicht alle seine Haare weiß sind – konnte tiefe Kenntnisse sowohl in Religion als auch in Geschichte oder in allen Naturwissenschaften haben. Es handelte sich, je nach Begabung, um ein mehr oder weniger globales Wissen, eine Art umfassender ›Lebenswissenschaft‹, wobei das Leben als eine alles miteinander verknüpfende Einheit aufgefaßt wird, wo alles in gegenseitiger Abhängigkeit oder Wechselwirkung steht, wo das Materielle und das Spirituelle nie getrennt sind. Die Vermittlung dieses Wissens geschah nie systematisch, sondern den Umständen, einem günstigen Augenblick oder der Aufmerksamkeit der Zuhörerschaft angepaßt.

Daß es keine Schrift gab, hat Afrika also niemals seiner Vergangenheit, seiner Geschichte und Kultur beraubt. Mein Lehrer Tierno Bokar wird es sehr viel später so ausdrücken: *Die Schrift ist eine Sache und das Wissen eine andere. Die Schrift ist die Fotografie des Wissens, aber nicht das Wissen selbst. Das Wissen ist ein Licht, das sich im Menschen befindet. Es ist das Erbe von allem, was die Vorfahren erkennen konnten und uns im Keim übermittelt haben, ganz so wie der Affenbrotbaum, der im Samenkorn in all seiner Mächtigkeit enthalten ist.*

Koullel ließ zu den Abendgesellschaften zuweilen seinen Lehrer Modibo Koumba kommen. Dieser, ein Zeitgenosse von El Hadji Omar, klärte uns sehr umfassend über die Ereignisse jener Zeit auf, in der er selbst eine Rolle gespielt hatte. Von den beiden hörte ich zum ersten Mal zuverlässige Erläuterungen der großen Initiationserzählungen der Fulbe, die ich später veröffentlichen werde und die unter einem gefälligen und unterhaltsamen Äußeren wichtige Lehren enthalten. Kollegen von Koullel, gleichfalls in vielen Bereichen Traditionalisten, begleiteten ihn häufig. Wenn einer von ihnen erzählte, begleitete ihn leise ein Gitarrist. Oft war dies Ali Dîeli Kouyaté, Tidjanis persönlicher Griot; aber auch andere Griots – Sänger, Musiker oder Genealogen – prägten die Abende, an denen Musik und Poesie niemals fehlten.

In diesem augenscheinlichen Chaos lernten und behielten wir vieles mühelos und mit großer Freude, weil es außerordentlich lebhaft und unterhaltsam zuging. *Durch Freude lernen* galt den malischen Lehrern von einst stets als wichtiger Grundsatz. Mehr denn je war meine familiäre Umgebung für mich nun immerzu eine große Schule, die Schule der Meister des Wortes.

Wie in Bougouni saß ich in einer Hofecke bei Koullel, still, wie jedes Kind sich unter Erwachsenen verhalten mußte, und verlor kein Krümelchen von dem, was mir zu Ohren kam. Bevor ich überhaupt schreiben konnte, lernte ich dort, alles in meinem Gedächtnis zu speichern, das durch die Technik, sich über das Gehör alles einzuprägen, die ich aus der Koranschule kannte, schon sehr geübt war. Gleichgültig, wie lang eine Erzählung oder ein Bericht auch sein mochte, ich speicherte ihn ganz, und am nächsten Tag oder ein paar Tage später trug ich ihn wortgetreu meinen Kameraden von der Vereinigung vor. Daouda Maïga, Afo Dianou, Mamadou Gorel und einige andere, die ebenfalls oft an diesen Abendgesellschaften teilnahmen, waren meine Gewährsleute.

In jenen Tagen erhielt mein Beiname ›Amkoullel‹ wirklich den Sinn von ›kleiner Koullel‹, und allmählich verschaffte er mir ein gewisses Ansehen unter den Jungen der Stadt. Dazu kam die Großzügigkeit meiner Eltern, die uns beherbergten, speisten und alle unsere Bedürfnisse befriedigten, was nicht wenig dazu beitrug, meine Autorität über meine Gefährten zu festigen.

In unsere Betten gingen wir gegen dreiundzwanzig Uhr, erschöpft, aber glücklich, was uns keineswegs daran hinderte, am nächsten Morgen vor Sonnenaufgang zu erwachen und es mit einem neuen, ziemlich ausgefüllten Tag aufzunehmen.

Der Garten von Sinali

Die Kinder von Bandiagara waren wie die in allen großen Städten für ihre Wildheit bekannt. Sie waren richtige Straßenkinder, witzige, spottlustige, schalkhafte Gören, aber tapfer und großzügig. Daouda und ich stachelten sie gerne dazu an, sich tapfer zu zeigen und Gefahren auf sich zu nehmen. Wir hatten ihnen nicht nur beigebracht, Beutezüge ins Dorf der Abfälle von Sinci zu unternehmen, sondern wir übten auch mit ihnen, die Gärten von Leuten zu plündern, die für ihre Gemeinheit oder einflußreiche Stellung bekannt waren, so den Garten des ehemaligen Korporal Sinali Fabéré, einem *sofa*, ehemaligen Krieger der königlichen Truppen, oder sogar den Garten des Distriktkommandanten. In der feuchten Jahreszeit räuberten wir während der Regenfälle in den Hirsefeldern, die den Dogon gehörten. Daouda war kühner als ich. Wenn wir uns mitten in einem Hirsefeld befanden und uns gerade damit beschäftigten, uns über die zuckrigen Halme herzumachen, lachte er gern laut. Ich hatte stets Angst, daß sein Lachen die Aufmerksamkeit der Dogon auf uns lenken würde, und überdies wurden wir mehr als einmal überrascht und verfolgt. Aber Gott sei dank waren wir ebenso geschwind wie eine Hindin, und man holte uns nie ein. Damals wurden die schlechten Sitten der Kinder geduldet. Man begnügte sich damit, diejenigen unter ihnen ein wenig auszupeitschen, die sich hatten erwischen lassen, und das war's.

Eines unserer Abenteuer wäre beinahe übel ausgegangen: Es ging um die Plünderung des Gartens von Sinali, einem Infanteristen, der in Bandiagara gestrandet war, nachdem er den Franzosen geholfen hatte, das Land zu erobern. Der arme Sinali hatte von seiner langen Berührung mit dem französischen Militär, für das er so etwas wie ein ›Mädchen für alles‹ gewesen war, keinen Gewinn davongetragen. Die öffentliche Meinung sah in ihm, vielleicht übertrieben, einen finsteren Rohling, der imstande sein sollte, frisches Blut zu trinken.

Seine dreizehn Dienstjahre in der Kolonialarmee hatten ihm keinen einzigen Ärmelstreifen eingebracht, ihn jedoch so gut abgerichtet, daß er immer ganz automatisch Habachtstellung – garde-à-vous – annahm und egal wen militärisch grüßte. Man hatte ihm die Beinamen *bi-gardabu* – von der Habachtstellung gezeugt – und *Hammadi gardabu* – ältester Sohn der Habachtstellung – gegeben.

Bis zum Ende seiner Karriere blieb er Infanterist zweiter Klasse, was ihn außerordentlich kränkte. Er hatte sich mehrere Male weiterverpflichtet und endlich die drei Korporalswinkel bekommen, die den Ärmel seiner alten Khakijacke schmückten. Er versäumte nie, diese Jacke immer dann zu tragen, wenn er einen Beamten treffen sollte, insbesondere wenn es sich dabei um einen Weiß-Weißen handelte, einen reinen Franzosen aus Frankreich. Seine Jacke war ihm zu eng geworden, aber darauf pfiff er.

Wenn er es mit Gesprächspartnern zu tun hatte, die von militärischen Fragen nichts verstanden, dann brüstete er sich mit seinen drei Winkeln, als ob sie ein Ruhmeszeichen wären, und er ging so weit zu behaupten, daß sie denen überlegen seien, die man weiter unten auf dem Ärmel trage! Eines Tages, als er einem Kreis von Gaffern gerade seine Heldentaten erzählte, kam Dianou hinzu, ein Hitzkopf aus unserem Viertel – der Vater unseres Kameraden Afo Dianou.

»He, Sinali!« rief er. »Kannst du uns sagen, warum deine angeblich höheren Winkel kleiner sind als die niedrigeren Winkel und warum sie auf ihren Arsch gefallen sind? Heda, Freunde, glaubt mir, Sinali will euch was weismachen! Wollt ihr wissen, was er in den dreizehn Jahren Sklaverei im französischen Militärlager getan hat? Ich will es euch sagen:

Erstens: Den lieben langen Tag lang strammstehen.

Zweitens: Jeden grüßen, indem er ordentlich die Pobacken zusammenkniff, um nicht aus Angst zu furzen, und Gott weiß, wie oft das passiert ist!

Drittens: Laufen, sich auf die Erde legen, aufstehen und über ein paar Hindernisse springen, die auf einer Piste herumlagen.

Viertens: Jeden Tag seine Ration abholen, die aus einer Handvoll Hirse, einer Prise Salz, viel rotem Pfeffer und einem Stück Fleisch bestand. Und weil Sinali nie etwas anderes gemacht hat, haben ihm die Franzosen, die ja sehr schlau sind, am Ende seiner Dienstzeit unauffällig drei kleine Winkel in Form der Beine eines auf den Hintern gekippten Straußenvogels auf den Ärmel geklebt.«

Schäumend vor Wut stürzte sich der alte Soldat auf Dianou. Aber der war härter als Stahl; er fing Sinali mit den Armen auf, packte ihn mit aller Kraft, hielt ihn wie einen Strohhalm in die Luft und fing an, aus Leibeskräften zu brüllen:

»Wo ist ein schöner flacher Stein, damit ich diesen alten Kerl von einem Sklaven der kleinen Franzosen zermalme?«

Tapfere Leute gingen rechtzeitig dazwischen und trennten sie. Die Jungen aus dem Viertel, das muß man nicht extra sagen, hatten jede Einzelheit mitbekommen.

Von Zeit zu Zeit gönnten wir uns das Vergnügen, die sogenannte ›Dianou-Sinali-Szene‹ nachzuspielen. Ich weiß nicht, wie Sinali davon erfahren hat. Jedenfalls belauerte er unsere kleine Truppe mit der Geduld des Raubtierjägers, und eines schönen Tages überraschte er uns schließlich auf frischer Tat im Vorhof eines Hauses in der Stadt. Mit einer scharfen Peitsche aus geflochtenen Lianen bewaffnet, stürzte er sich auf uns: »Hurenpack«, heulte er, »ich werde euch beibringen, euch über Sinali lustigzumachen und ihn zu beleidigen!« Und mit der ganzen ihm eigenen Brutalität ließ er Schläge auf uns niedersausen, die uns die Haut zerfetzten. Offenbar erinnerte er sich daran, daß Fußtritte in den Hintern bei den Infanteristen seiner Zeit besonders geschätzt waren, und bedachte uns großzügig damit. Mit Blut befleckt, heulten wir, wie die kleinen weißen Kolonialbeamten schreien, und schwirrten auseinander wie ein Schwarm verängstigter Spatzen.

Nun, ganz anders, als Dianou es behauptete, hatte Sinali sich während seiner dreizehn Dienstjahre nicht damit begnügt, Leibesübungen auszuführen und jedesmal, wenn ein unterer französischer Dienstgrad vorbeikam, aus Angst zu furzen; er hatte vor allem auch Gärtnern gelernt, und als er ins zivile Leben zurückkehrte, seine Kenntnisse gewissenhaft in die Praxis umgesetzt. Nach jeder Regenzeit, wenn das Wasser langsam zurückging, legte er im Flußbett des Yaamé einen der Jahreszeit entsprechenden Garten an, der in seiner Schönheit nur von den Gärten der weißen Beamten des Stützpunktes übertroffen wurde oder vom Garten des Oberhauptes Alfa Maki Tall, dem Sohn des ehemaligen Königs Aguibou Tall, den der *sofa* Fabéré pflegte. Als in jenem Jahr die Regenfälle aufgehört hatten und die Wasser des Yaamé versiegt waren, legte Sinali, wie in jedem Jahr, seinen Garten an. Er pflanzte europäische und viele einheimische Gemüsesorten: Tomaten, Süßkartoffeln, Kürbis, Gombos, eßbare Kalebassen, Melonen der Region usw.

Daouda schlug mir vor, uns an Sinali zu rächen und seinen Garten zu plündern.

»Ich habe Angst vor Sinali«, gestand ich.

»Du bist also kein echter Sohn der Fulbe!« erwiderte er. »Wohlan, ich, Daouda Maïga, ich räche mich an Sinali. Mamadou Gorel und Afo Dianou machen mit. Und ich sage Maïrama Jeïdani, daß du ein Feigling bist!«

Indem er die Namen von Mamadou Gorel, meinem Konkurrenten in der Waaldé, und den von Maïrama Jeïdani, der Anführerin der Vereinigung der Mädchen, der gegenüber ich ganz besonders glänzen wollte, aussprach, fiel all mein Zögern in sich zusammen. »Und überhaupt«, sagte ich mir, »macht Afo Dianou mit, dessen Vater der

Schrecken Sinalis ist. Sinali wird es sich also zweimal überlegen, bevor er dieselbe Behandlung wiederholt, die er uns kürzlich zugedacht hat.«

Wir stellten einen Schlachtplan auf. Bevor wir irgend etwas unternehmen könnten, müßten wir erst einmal Sinali an den Anblick gewöhnen, daß wir in der Nähe seines Gartens umherstreiften. Daouda Maïga, Afo Dianou und ich machten es uns zur Gewohnheit, allwöchentlich an den schulfreien Tagen – also Mittwochnachmittag, Donnerstag und Freitagmorgen – auf die Jagd nach Eidechsen und anderen kleinen Reptilien zu gehen, die in den Steinen am Yaaméufer dem Garten gegenüber lebten. Nach der Jagd gingen wir hinunter und badeten im Fluß. Sinali gewöhnte sich an unsere Anwesenheit.

Bald brachte sein Gemüsegarten erste Erträge. Es war an der Zeit zu handeln. Unsere Expedition würde sich aus Daouda Maïga, Afo Dianou und mir selbst zusammensetzen. Wir verabredeten uns für die nächste Nacht von Mittwoch auf Donnerstag; denn da wir am Donnerstag frei hatten, könnten wir uns im Bedarfsfall den ganzen Tag über im Busch verstecken.

Am Mittwochabend nach dem Essen holten Afo Dianou und Daouda mich ab. Unbemerkt erreichten wir das Yaaméufer. Zu unserem Pech erhellte ein wundervoller Mond die Landschaft. Ein paar Frauen, die während des Tages zu sehr beschäftigt waren, um ihr Gehöft zu verlassen, nutzten den schönen Abend, um ihre Canari zu füllen und sich im Wasser des Flusses zu erfrischen, das durch die am Uferrand wachsenden Vetiverwurzeln fein parfümiert war. Sie redeten, sangen und jagten einander mit fröhlichem Lachen. Unsere kleine Gruppe nahm einen kleinen Umweg in Kauf, um ihnen auszuweichen, dann schlich sie so leise wie möglich hinter die Büsche und gelangte schließlich zum Garten, der von einer Hecke mit stachligen Zweigen eingefaßt war. Afo Dianou flüsterte: »Wir müssen sicher sein, daß Sinali sich nicht irgendwo versteckt hat. Wartet hier, ich kundschafte es aus.« Er lief um die Einfriedung, entdeckte aber keine Seele. Er trieb seinen Wagemut sogar so weit, daß er große Kieselsteine in den Garten warf. Da sich nichts rührte, schloß er daraus, daß Sinali ins Dorf zurückgegangen war. »Das alte Krokodil ist nach Hause gegangen«, berichtete er uns. »Laßt uns losgehen, bevor er, vom

Lärm der Frauen angezogen, wiederkommt.« Dazu wäre er fähig, dachten wir, denn in der Armee hat er sich daran gewöhnt, des Nachts wachsam zu sein und seine Runden zu drehen.

Einer von uns sollte auf der Lauer liegen und die anderen bei Gefahr im Verzug warnen. Da jeder beim Plündern dabeisein wollte, blieb uns nichts anderes übrig, als den Wachposten auszulosen. Es traf Afo Dianou.

Um in den Garten zu gelangen, mußten wir die mit Stacheln gespickte Hecke auseinanderbiegen. Das nahm Zeit in Anspruch und trug uns hübsche Schrammen ein, aber endlich drangen Daouda und ich zum verbotenen Ort vor. Es war wirklich ein herrlicher Garten, was uns allerdings nicht viel bedeutete. Von der Wut getrieben, die die Erinnerung an die Schläge vor einigen Monaten in uns wachrief, verwüsteten wir ihn ohne Bedauern, rissen alles aus, zerschlugen und zertrampelten alles bis auf die kleinste Tomate, so ähnlich wie verrückte Affen, die man auf ein Maisfeld losläßt. Bevor wir davonliefen, öffneten wir einen Teil der Hecke in der schlauen Hoffnung, daß eine Ziege oder ein verirrter Esel bei Tagesanbruch käme, die Erde umwühlen und auf diese Weise mögliche Verdächtigungen von uns abwälzen würde.

Am nächsten Morgen, als Sinali die Verwüstung seines Gartens entdeckte, seiner einzigen, in Stücke geschlagenen Hoffnung, waren wir nicht zugegen und konnten die Szene nicht miterleben, aber mühelos stellten wir uns seine Wut und die Fluchtiraden vor, die er dem Himmel ins Antlitz geschleudert haben mußte! Zu unserem Unglück entdeckte er auf der Erde Spuren von Kinderfüßen. Daraus zog er den Schluß, daß nur Gören, mit denen er aneinander geraten war, eine solche Zerstörung hatten bewerkstelligen können, und diesbezüglich hatte er so seine Idee. Da er die Mentalität der Einwohner von Bandiagara kannte, klagte er uns nicht alle auf einmal an, sondern besuchte nacheinander unsere Wohnungen und tat so, als ob er unseren Eltern aus Höflichkeit guten Tag sagen wollte. Insgeheim rechnete er damit, uns zu überraschen, und hoffte, daß wir uns bei seinem Anblick durch eine verräterische Reaktion bloßstellten, was es einfacher machen würde, uns anzuklagen. Seine Erwartung wurde erfüllt, denn Daouda, Afo Dianou und ich waren nicht nach Hause gekommen; wir verbrachten den Rest der Nacht in unserem *walamaru,* dem gemeinsamen Schlafraum, den meine Mutter für uns hatte herrichten lassen.

Als Sinali zu Moïré Modi Koumba, der Mutter von Daouda, kam und auch dort keinen von uns antraf, konnte er nicht länger an sich halten und platzte heraus:

»Dein Sohn und seine Gefährten sind heute nacht in meinen Garten eingedrungen! Sie haben ihn völlig verwüstet! Darum hat sich keiner von ihnen heute nacht nach Hause getraut! Aber ich zahle es ihnen heim, sobald sie mir in die Hände geraten, und das wird nicht lange dauern!«

Wie alle Eltern der von Sinali geschlagenen Kinder hatte Moïré nur darauf gewartet, ihn zu erwischen. »Ach ja, sicher, du bist ein Meister an Brutalität«, entgegnete sie, »ein Mann, der es gewohnt ist, Kinder auszupeitschen. Aber wenn du Streit willst, dann können wir dir den Krieg erklären, und zwar einen Krieg, bei dem du deinen Garten vergißt. Du Miststück von einem Infanteristen, du Herz aus Stein, du Eisenlunge, wir verachten dich! Nicht zufrieden damit, daß du unsere unschuldig spielenden Kinder verprügelt hast, kreuzt du hier auf, behängt mit deinen Fetzen, deiner alten Hose, die mehr von Läusen als von Garn zusammengehalten wird, mit deiner stinkigen roten Mütze aus der Zeit von General Faidherbe, und du willst mich dazu bringen, eine Schildkröte zu schlucken!... Ich weiß nicht, was die anderen Eltern tun werden, aber ich, ich warne dich: Wenn du Daouda auch nur ein Haar krümmst, dann spalte ich dir den Schädel mit einem Schlag meines Stößels! Du ›Dreizehn-Jahre-Militärdienst-ohne-Streifen‹! Wenn du nicht sofort von hier verschwindest, dann hole ich Dianou. Er weiß, wieviel du wiegst. Aber wenn er dich diesmal hochhebt, dann sage ich ihm, wo er den flachen Stein findet, auf dem er dich so feste aufklatschen kann, daß deine Knochen sich ins Fleisch pressen!«

Blind vor Zorn wollte Sinali Moïré schlagen. Zum Glück wurden unser *mawdo* Ali Gomni und Kaou Daouda, die Kameraden von Hammadoun Pâté, meinem Onkel mütterlicherseits, die beide unweit von dort in ihrer Schuhmacherwerkstatt arbeiteten, durch die lauten Stimmen alarmiert. Sie rannten herbei und drohten Sinali, ihn auf die Straße zu werfen, wenn er nicht von sich aus verschwinde, und ihn niederzuschlagen, wenn er es wage, Moïré anzurühren.

Gezwungen, sich gegen seinen Willen zurückzuziehen, begab sich Sinali geradewegs zum *sofa* Fabéré, dem Gärtner des Oberhaupts Alfa Maki Tall. Er erzählte ihm von seinem Mißgeschick, unterstrich, in welcher Gefahr alle Gärten in Bandiagara schwebten, besonders der von Fabéré selbst, sofern die Plünderer nicht demaskiert und ernstlich bestraft würden. Fabéré ließ sich von seinen Worten überzeugen und nahm es auf sich, das Ohr Alfa Maki Talls für Sinalis Sache, die er nunmehr als die seine ansah, zu gewinnen.

Den ganzen Vormittag dieses bewegten Donnerstags über waren Afo Dianou, Daouda und ich im Busch geblieben. Wir beschäftigten uns damit, Früchte zu pflücken und Vogelnester auszuheben, wobei wir sogar bis zum Dorf der Abfälle der Weißen in Sinci vordrangen. Gegen Mittag kehrten wir fröhlich und schwitzend, mit wilden Früchten, diversen Gegenständen und Tonerde, die wir zum Töpfern brauchten, beladen, in die Stadt zurück, waren jedoch, um die Wahrheit zu sagen, ziemlich beunruhigt wegen des Geschicks, das uns erwartete. Wir begaben uns zuerst zu Moïré, Daoudas Mutter. Sie erzählte uns bis in alle Einzelheiten den Auftritt, den sie mit Sinali erlebt hatte, dann bat sie uns, ihr unter dem Siegel der Verschwiegenheit anzuvertrauen, ob wir, ja oder nein, die Plünderung im Garten des alten Infanteristen zu verantworten hätten. Afo Dianou, der mitunter eine erstaunliche Naivität an den Tag legte, rief:

»Mutter Moïré, wir dürfen nichts sagen! Wir haben alle drei bei den Seelen unserer Vorfahren geschworen, niemals zuzugeben, daß wir die Plünderei im Garten von Sinali veranstaltet haben!«

Moïré sah uns streng an.

»Da habt ihr etwas Häßliches getan«, meinte sie, »aber Sinali hat nur bekommen, was ihm für seine Bosheit zusteht. Jetzt hört mir einmal gut zu: Ihr dürft nie zugeben, auch nicht wenn ihr ausgepeitscht werdet, daß ihr die Schuldigen seid. Wenn ihr gefragt werdet, dann sagt, daß ihr die Nacht in eurem Schlafraum verbracht habt. Ihr sagt weiterhin, daß ihr euch zeitig schlafen gelegt habt, weil ihr heute sehr früh in den Busch aufbrechen wolltet, um eure Ernte einzuholen, und anschließend nach Sinci, um euren Kleinkram einzusammeln.

Verstanden?«

Wir nickten alle drei von unten nach oben mit dem Kopf, was ›ja‹ bedeutet.

Fabéré hatte die Angelegenheit vor das Oberhaupt Alfa Maki Tall gebracht, der Sinali zu sich rief, um seine Informationen zu vervollständigen. Sinali nannte ihm die Namen aller Kinder, die er im Vorhof verprügelt hatte: Daouda Maïga, Mamadou Gorel, Madani Maki, Abdallâh, Afo Dianou und Amkoullel. Alfa Maki Tall beauftragte den *sofa* Koniba Kondala, den Vorsteher unseres Viertels, eine Untersuchung durchzuführen und herauszufinden, womit wir uns in der Nacht von Mittwoch auf Donnerstag beschäftigt hatten. Dieser erfuhr, daß Madani Maki, der Enkel von Kaou Diallo, dem großen Grioten des Alfa Maki Tall, die Nacht mit seinem Großvater im Anwesen des Oberhaupts selbst verbracht und sich keinen Schritt von da fortbewegt hatte; die Ehefrauen von Alfa Maki Tall bezeugten es. Mamadou Gorel war nicht in Bandiagara gewesen. Abdallâh war seit drei Tagen krank. Und von uns dreien hatte Koniba Kondala sagen gehört, daß wir die Nacht in unserem Schlafraum verbracht hatten mit der Absicht, am nächsten Morgen früh in den Busch zu gehen, wie wir es gewöhnlich taten.

Als Koniba Kondala dem Oberhaupt von seinen Untersuchungsergebnissen berichtete, versäumte er nicht, ihn auf die Brutalität aufmerksam zu machen, mit der Sinali uns behandelt, und die blutigen Schläge, mit denen er uns bedacht hatte, weil wir unsere kleine Komödie auf seine Kosten spielten. Alfa Maki Tall war von gütiger Wesensart, und ganz besonders liebte er ritterliche Taten. Zweifellos rührte ihn unsere Entschlossenheit, und er erklärte Koniba Kondala:

»Geh und sage Sinali, er solle die Höhe des Schadens schätzen, der in seinem Garten angerichtet wurde. Ich werde ihn entschädigen. Sage ihm, ich sei froh, daß unsere Jungen, die noch nach der Milch ihrer Mütter riechen, bewiesen haben, daß sie eine Kränkung nicht auf sich sitzen lassen wollen, ohne sich zu rächen. Wenn sie größer wären, davon bin ich überzeugt, hätten sie sich nicht versteckt, um ihre Rechnung mit Sinali zu begleichen. Schließlich gibst du ihm diesen meinen Rat: Er soll ab sofort seinen Garten besser bewachen, denn das, was er jetzt erlebt, ist nur der Anfang einer Reihe von Plünderungen, die zwei oder drei Jahre lang dauern werden. Es handelt sich um eine Angewohnheit, die die Kinder zur Zeit von Tidjani Tall, dem ersten König von Bandiagara, angenommen haben.«

Und tatsächlich versuchten wir während besagter drei Jahre immer wieder, in den Garten von Sinali zu gelangen, oder wir haben Dornen auf dem Pfad vergraben, der zu ihm führte. Aber Sinali paßte auf wie ein Höllenhund. Ob wir tagsüber oder nachts hinkamen, er war immer da. Und sobald er uns erblickte, lieferte er uns eine rasende Jagd, die den Wasserträgerinnen spöttische Rufe entlockte: »He...! Seht mal, Sinali im Ansturm auf Kinder! He Sinali! Aufhören! Aufhören!«

Es hätte nicht viel gefehlt, und wir hätten den armen Sinali vollends wahnsinnig gemacht. Er gelangte an den Punkt, da ihn allein der Anblick eines Jungen, selbst in der Stadt, in einen kritischen Zustand versetzte. Er konnte nicht anders und mußte ihn verfolgen, ihm Erdklumpen und Beschimpfungen hinterherschleudern. Man sah ihn, wie er ganz allein in den Straßen gestikulierte und sprach und unzusammenhängende Reden vor sich hin brabbelte, in denen es um Kinder und ihre Eltern ging. Eines schönen Tages, ich weiß nicht mehr wie und warum, hörten wir auf, Sinali, den alten Infanteristen mit den drei Streifen, zu schikanieren.

Valentin und Valentina

Unsere Waaldé wurde von Tag zu Tag größer, aber es war immer noch eine ›Junggesellenwaaldé‹. Um als richtige Waaldé Anerkennung zu finden, fehlte uns nur noch, wie es Brauch war, die Partnerschaft mit einer Vereinigung junger Mädchen unserer Altersgruppe, deren auserwählte Ritter und ständige Beschützer wir werden müßten, sie hingegen, ganz platonisch, unsere ›Herzensdamen‹. Nach einem Ausdruck, den manche französische Ethnologen verwenden, wären sie unsere ›Valentinas‹ und wir ihre ›Valentins‹. Dieser bis in eine ferne Vergangenheit zurückreichende Brauch bestand nach meiner Kenntnis im ganzen subsaharischen Afrika.

Gegen 1911 – für diese Zeitangabe ich kann mich nicht aufs Jahr genau verbürgen – beschloß ich, den Vorschlag dem Votum meiner Gefährten zu unterbreiten, und ließ eine Vollversammlung einberufen. Unsere Sitzung wurde eines Abends nach dem Essen in einer Vollmondnacht abgehalten, in einer dieser afrikanischen Nächte, wo Mensch und Tier Glück empfinden ob des sanften Lichtes, das sie umflutet, und den Abend gern ein wenig verlängern. In der Ferne ertönten Gesänge, Händeklatschen, das den Schritten der Tänzer Rhythmus gab, Rufen von Kindern, Hundegebell, kurz, das ganze Konzert freudiger und friedlicher Stimmen, das meine Erinnerung an die schönen Abende meiner Kindheit in Bandiagara prägt.

An jenem Abend goß der Mond ein so helles, milchiges Licht auf die grauen Mauern und die sich windenden Gassen, daß man eine auf dem Boden liegende Nadel hätte erkennen können. Die besiegte Dunkelheit hatte sich in die Höhlungen der Türen und Vorräume verflüchtigt. Auf den Mauern lagen nur noch schwarze Schatten, die die vorspringenden Dachrinnen warfen, der Öffnung dunkler Münder oder geheimnisvoller Löcher ähnlich.

Meine Kameraden waren zwei Tage vorher von den *mutassibi* und den Griots benachrichtigt worden und warteten auf mich.
Die *mutassibi* kamen immer als erste, um die Identität der Eintreffenden zu überprüfen und gegebenenfalls Verspätete und Abwesende zu melden, die Strafen zu erwarten hatten. Die zwischen Kameraden üblichen Scherze konnten sich frei entfalten, bis der Vorsitzende die Sitzung eröffnete, was in Anwesenheit des Kadi möglich war.

Bei meiner Ankunft rief der *mutassibi* Bori Hamman: »*Amiru wari!* – Der Vorsitzende ist gekommen!« Alle Anwesenden antworteten im Chor: »*Bissimillāhi amiru!* – Willkommen, Vorsitzender!« Ich setzte mich mit gekreuzten Beinen bequem auf die Erde. Mamadou Gorel, der stellvertretende Vorsitzende, kam und setzte sich rechts und Daouda Maïga, der Kadi, links neben mich. Mit plötzlich geschwellter Brust, aus einem gewissen Gefühl meiner Bedeutung heraus rief ich nun: »*Waaldé joodiima!* – Die Waaldé hat Platz genommen!« – was mit dem traditionellen: ›Die Sitzung ist eröffnet!‹ westlicher Versammlungen gleichbedeutend ist.

Afo Dianou, der stellvertretende *mutassibi,* brüllte: »*Sukumek!*«, ein ein wenig unschicklicher Ausdruck, der wörtlich bedeutet: ›Schließt sie!‹ – wobei der Plural die beiden Hauptausgänge des Körpers bezeichnet, den oberen und den unteren. Als völlige Stille herrschte, wandte Bori Hamman, der wichtigste *mutassibi,* sich mir zu:

»Wir hören dich, Vorsitzender.«

Ich sprach den Grund unserer Versammlung an:

»O Mitglieder! Die Versammlung von heute abend hat das Ziel, euch einen Gedanken zu unterbreiten, der mir gekommen ist. Ich wünsche, daß ihr ihn zu dem Euren macht. Prüft ihn, seht, ob er es wert ist, und wenn ihr einverstanden seid, ihn in die Tat umzusetzen, dann teilt es uns mit.

Wie ihr wißt, fehlt unserer männlichen Waaldé eine weibliche Vereinigung, die ihr als Gattin dient. Sie ist also ledig. Das sollte nicht allzu lange so bleiben. Von allen Waaldés junger Mädchen in unserem Alter scheint mir die, welche Maïrama Jeïdani gegründet hat, die geeignetste zu sein, unsere Partnerin zu werden. Um sie wurde bereits von drei mit uns rivalisierenden Jungenvereinigungen angehalten, mit denen wir Rechnungen zu begleichen haben. Damit hätten wir eine Rechnung mehr, aber diese Aussicht bringt uns nicht dazu aufzugeben.«

»Der Kadi hat jetzt das Wort.«

»Ich pflichte dem Gedanken bei«, erklärte Daouda Maïga, »und bitte alle, die dafür sind, zu rufen: *Allāhu toownu dīna!* Gott erhöhe die Dina!«

»Warum sollen wir ans andere Ende der Stadt gehen, um uns Valentinas zu suchen?« fragte unser Kamerad Amadou Sy. »Können wir keine in Reichweite finden?«

»Amadou Sy«, entgegnete Gorko Mawdo, »zu dem, was du da sagst, treibt dich eine Verbitterung, die ich kenne...«

»Lügner mit Lippen, scharf wie eine Rasierklinge!« ging Amadou Sy in die Luft. »Welche Beleidigung wurde mir je zugefügt, daß in mir eine solch unangenehme Erinnerung sein sollte? Durch wen, wo und wann wurde sie ausgesprochen? Sehe ich übrigens wie ein Junge aus, den man folgenlos kränken darf?«

Ich mußte eingreifen und den beiden Streithähnen unter der Androhung, sie müßten eine Strafe zahlen, zu schweigen gebieten. Amadou Sy wandte sich an mich:

»Vorsitzender, ich werde Gorko Mawdo, diesem Sohn eines x-beinigen und besonders ungeschickten Webers, nie erlauben, mich vor der Versammlung zu verunglimpfen!«

»Kadi«, rief sogleich unser stellvertretender *mutassibi* Afo Dianou. »Ich lade vor dich Amadou Sy, weil er als erster Gorko Mawdo beleidigt hat, und zwar in der Person seines Vaters!«

»Ich habe deine Vorladung vernommen«, gab Daouda Maïga von sich.

Im Laufe der Sitzung fanden noch fünf oder sechs Wortgefechte von derselben Art statt, die der stellvertretende *mutassibi* sogleich festhielt. Zum Schluß nahm man meinen Vorschlag an und beauftragte mich, die ersten Schritte in Richtung auf die Partnerschaft einzuleiten. Amadou Sy und die anderen Unruhestifter wurden abgeurteilt und dazu verdammt, wegen unordentlichen und unflätigen Benehmens Strafen in Form von Kolanüssen an die Versammlung zu zahlen.

Am nächsten Tag begab ich mich zu Ali Gomni und bat ihn, bei Martou Nawma, der Ältesten und Ehrenpräsidentin der Waaldé von Maïrama Jeïdani, die üblichen Schritte zu unternehmen. Ali Gomni unterbreitete ihr unseren Antrag, dem er durch ein Geschenk von einhundert Kolanüssen Nachdruck verlieh, die er aus seiner Tasche bezahlte. Martou Nawma nahm die Kolanüsse an, was bereits einem Einverständnis gleichkam.

»Ich persönlich habe der Waaldé von Amkoullel nichts abzuschlagen«, antwortete sie. »Ich bin eine Freundin und Altersgefährtin von Kadidja, Amkoullel ist also mein Sohn. Aber ich verhehle dir nicht, daß die Waaldé von Maïrama Jeïdani sehr begehrt wird. Sie hat schon drei Anträge erhalten. Eurer ist der vierte. Die Sitte will, wie du weißt, daß die Mädchen selbst ihre Entscheidung treffen; ich darf sie in nichts beeinflussen. Aber wenn sie mich je um meinen Rat fragen sollten, dann weiß ich, wen ich empfehlen werde: die Waaldé von Amkoullel, das ist selbstverständlich.«

Ali Gomni riet uns, zur Verbesserung unserer Chancen mit allen Kameraden so oft wie möglich zu den jungen Mädchen zu gehen, um mit ihnen zu spielen und zu tanzen und mit allen Mitteln zu versuchen, ihnen zu gefallen und uns nützlich zu machen.

Am gleichen Abend rief ich eine außerordentliche Versammlung aller Kameraden ein und informierte sie vom Ergebnis unserer Anfrage und von den Ratschlägen unseres *mawdo*. Ich stellte ihnen anheim, auf der Stelle einen großen Festabend zu veranstalten, für die eine sogenannte ›Kavaliers‹-Spendenaktion durchgeführt werden mußte. Das zu zahlende Minimum wurde auf vierzig Kaurimuscheln festgesetzt. Am Ende brachten wir, dank der Gaben aller unserer Eltern, achttausend Kaurimuscheln und vierhundert Kolanüsse zusammen, was uns erlaubte, für die jungen Mädchen ein großes sogenanntes ›Großzügigkeits‹-Fest zu geben, zu dem auch unsere Gegner kommen würden, um uns die den großzügigsten Spendern zukommenden Ehren streitig zu machen.

Das Fest fand ein paar Tage später statt. Die Unterhaltung des Abends übernahmen Gitarre spielende und singende Griots und solche, die den Familien als Genealogen und Lobredner verbunden waren. Zum Auftakt sangen Griots das Lob der Maïrama Jeïdani und ihrer Familie. Zu Ehren des jungen Mädchens überreichten die Vorsitzenden der drei mit uns rivalisierenden Vereinigungen den Griots, wie es Brauch ist, beachtliche Mengen Kolanüsse und Kaurimuscheln. Wie jeder gute Vorsitzende bediente ich mich eines Sprechers, und durch unseren *mutassibi* Bori Hamman ließ ich erklären, daß ich den Griots nicht nur eine sehr viel größere Menge zu Maïramas Ehren anbot, sondern daß ich auch für die Angehörigen der Kasten, die den Familien der jungen Mädchen verbunden waren, ein Schaf und den Preis für die Gewürze gäbe, damit sie sich ein gutes Meschui bereiten könnten. Ich setzte dem Ganzen die Krone auf, indem ich den Griots ein weiteres bedeutendes Geschenk machte, diesmal zu Ehren aller Gefährtinnen von Maïrama. Unsere Rivalen hatten weder an die anderen jungen Mädchen noch an die Angehörigen der Kasten ihrer Familien gedacht. Meine Ankündigung wurde mit Begeisterungsrufen seitens der Griots bedacht, die sofort aus dem Stegreif Lobreden zu Ehren meiner Person und meiner Familie dichteten. So ging es den ganzen Abend über weiter, sie sangen in ihrer traditionellen Art bald Lobreden auf die einen, bald auf die anderen.

Die öffentliche Meinung stimmte der Kandidatur unserer Waaldé zu, aber die Entscheidung der jungen Mädchen stand noch aus; noch waren wir nicht ihre offiziellen Valentins. Bis dahin gingen meine Kameraden jeden Abend in kleinen Gruppen los und paßten auf, daß kein anderer mit unseren künftigen Valentinas scherzte. Nach der Tradition waren wir nunmehr für ihre Tugend verantwortlich, mußten sie verteidigen und ihnen unter allen Umständen beistehen. Wir stellten mit Stöcken und Peitschen aus geschmeidigen Lianen bewaffnete Wachen auf. Aber es ist klar: Je mehr wir anstrebten, unsere Rivalen zu entmutigen, desto mehr waren diese entschlossen, sich an uns zu rächen – was sie ein wenig später versuchen würden.

Der Zufall wollte, daß Maïrama Jeïdani, die herkömmlicherweise als Vorsitzende ihrer Waaldé dazu bestimmt war, meine eigene Valentina zu werden, eine aufrechte Zuneigung zu mir faßte. Sie war eine Charifa, eine Nachfahrin des Propheten von der Seite ihres Vaters her, der zu einer Familie gehörte, in die Araber aus Timbuktu eingeheiratet hatten, und der sich des großen Rufes erfreute, ein Heiliger zu sein. Und außerdem, was gar nichts schadete, war sie besonders hübsch, charmant und eine starke Persönlichkeit. Und was die zweite anging, Aye Abbasi, so hatte sie nur Augen für Daouda Maïga, den sie sehr liebte. Da es sich bei diesen beiden Mädchen schließlich um die Anführerinnen der anderen handelte, war uns der Sieg gewiß.

Unsere Rivalen begriffen schnell, daß ihr Platz anderswo war. Unsere Waaldé war nicht nur besser ausgestattet als ihre, sie zählte auch mehr streitbare und gut trainierte Jungen. Einige Scharmützel, bei denen unsere Gegner übel zugerichtet wurden, bewiesen, daß wir nicht zu denen gehörten, denen man eine Eroberung streitig macht.

Einen Monat nach jenem denkwürdigen Fest trafen die Gefährtinnen von Maïrama Jeïdani ihre Entscheidung: Sie erwählten uns zu ihren Valentins. Martou Nawma, ihre Ehrenpräsidentin, benachrichtigte unseren *mawdo* Ali Gomni. Es war üblich, daß die Jungen den Mädchen eine symbolische Mitgift schickten: zwei Körbe Mais, einen Korb Reis, ein fettes Schaf, zweitausend Kaurimuscheln und tausend Kolanüsse. Meine Mutter bezahlte alles.

Aus diesen Vorräten bereiteten unsere Valentinas ein großes Couscous und luden uns ein, mit ihnen zu essen und zu tanzen. Abends wurden überall in der Stadt Speisen verteilt, um die Ehe zwischen unseren beiden Vereinigungen bekanntzugeben.

Am nächsten Abend fand eine Generalversammlung der Mädchen und Jungen statt, die bei Martou Nawma in Gegenwart von Ali Gomni abgehalten wurde. Unsere beiden Ehrenpräsidenten schritten zur offiziellen Vermählung der Jungen und Mädchen. Der Sitte gemäß wurde jeder ein führendes Amt einnehmende Junge der Valentin eines leitenden Mädchens. Ich wurde also der Valentin von Maïrama Jeïdani, Daouda Maïga der von Aye Abbasi und so fort. Was die übrigen Mitglieder beider Vereinigungen angeht, so wurde jedem Mädchen durch das Los sein Valentin zugesprochen. Anfangs waren die Mädchen zahlreicher als die Jungen, und unsere Präsidenten meinten für kurze Zeit, daß sie als Gemeinschaft die Valentinas unserer ganzen Waaldé werden könnten, aber neue, begeisterte Beitrittserklärungen stellten das Gleichgewicht rasch wieder her. Tatsächlich legte jeder Junge Wert auf seine ganz persönliche Valentina, so klein und häßlich sie auch sein mochte, damit er eine hatte, der er den Hof machen, der er dienen, die er beschützen konnte und die ihn persönlich für verantwortlich hielt. Und wirklich: Wenn die Tradition es auch zuließ, daß der Valentin auf galante Weise mit seiner Valentina scherzte – heute würde man von Flirten sprechen –, so war es doch ausdrücklich Bedingung, ihre Keuschheit zu achten. Er konnte die Schönheit seiner Valentina in Gedichten besingen, ihre Tugenden und Verdienste rühmen, ihr seine Heldentaten widmen und ihr in der Gesellschaft eines Griot einen poetischen und musikalischen Abend darbringen, die Gemeinschaft sah ihn immer als den persönlichen Bürgen für die Reinheit des jungen Mädchens an, und das bis zur Heirat. Für ihn und für seine ganze Familie ging es dabei um eine Ehrensache.

Da schon in der Kindheit die Ehen zwischen Cousins und Kusinen abgemacht wurden, kam es recht selten vor, daß ein Valentin seine Valentina heiraten konnte – man nannte das ›Honig in die Milch geben‹. Es war also eine Frage seiner Ehre und seines Ruhms, seine ›Dame‹ als Jungfrau in die Ehe zu führen. Man sagte von ihm: »An der Seite eines köstlichen Mahls ist er imstande, Hungers zu sterben, anstatt es anzurühren.« Ihm wurde, als Herr seiner Triebe, bestätigt, daß er sich des in ihn gesetzten Vertrauens würdig erwies, und so wurde er von Rechts wegen der beste Freund der Eheleute.

Gewiß würde ich mich nicht für die Tugendhaftigkeit aller Valentins und Valentinas durch die Jahrhunderte hinweg verbürgen, aber ich bin mir sicher, daß ich während meiner ganze Jugendzeit in Bandiagara nie auch nur von einem Fall gehört habe, wo ein Valentin die Ehre seiner Valentina nicht respektiert hätte – und wie die Dinge nun einmal liegen, man hätte davon erfahren!

Der Sieg, den unsere Vereinigung durch die Vermählung mit den jungen Mädchen über die anderen davontrug, machten ebenso wie ihr Wohlstand und einige unserer Glanzleistungen natürlich viele eifersüchtig, die schließlich zu ernstzunehmenden Feinden wurden, doch das werden wir später noch sehen. Bis dahin dachten wir vor allem daran, sobald wir keine Koranschulstunden hatten, uns zu vergnügen und in den Augen unserer Valentinas zu glänzen. Unsere großen Darbietungen pantomimischer Szenen und das Vortragen von Geschichten halfen uns dabei sehr.

Kadidja und Tidjani: das Drama

Ich teilte mich auf zwischen meinen beiden Familien, in denen ich gleichermaßen glücklich war, zwischen meinem älteren Bruder Hammadoun, den ich bewunderte, und meinem liebreizenden kleinen Bruder Mohammed el Ghaali, als dessen Beschützer ich auftrat, zwischen meinen beiden Lehrern Tierno Bokar und Koullel, die mir beide, jeder auf seinem Gebiet, alles gaben, was den Verstand eines Kindes am meisten zu bereichern vermochte, zwischen meinen männlichen Kameraden und unseren bezaubernden Valentinas, und ich war wirklich eines der glücklichsten Kinder in Bandiagara, der Stadt, wo die Kinder kleine Könige waren. Ein unerwartetes Drama brachte alles in Wanken.

Die Tukulorfrauen der Tall und Thiam in Tidjanis Familie, ob Ehefrauen oder Verwandte, hatten Kadidja immer noch nicht verziehen, daß sie als letzte in den Schoß der Familie gekommen war und als ›ersten Sohn‹ ihren Fulbesprößling eingebracht hatte, und vor allem, daß sie, dank ihrer hartnäckigen Arbeit und der ihr von Tidjani entgegengebrachten Zuneigung, die Herrin des Hauses geworden war. Da die alte Yaye Diawarra, die Kadidja verteidigt hatte, nicht mehr lebte, nahmen sie ihre Feindseligkeiten wieder auf und warteten nur auf eine günstige Gelegenheit, um den großen Treffer zu landen. Diese Gelegenheit ergab sich mit Tidjanis Abreise nach Timbuktu, wo er für recht lange Zeit aus geschäftlichen Gründen verweilen mußte.

Faman N'Diaye, die Älteste von Tidjanis Verwandten, nutzte seine Abwesenheit und zettelte eine wahre Intrige gegen meine Mutter an. Sie versicherte sich der Unterstützung aller weiblichen Familienmitglieder und ging zu Kadidja. »Wir alle, Tidjanis nahe Verwandte und Ehefrauen«, sprach sie, »wir haben dich lange genug vor Augen gehabt und ertragen. Wir haben beschlossen, daß, wenn dein Mann dich nicht verstößt, wir alle uns von ihm trennen werden. Wir haben es ihm vor seiner Abreise erklärt und bei ihm deine Scheidung erwirkt, aber er hat sich nicht getraut, es dir offen ins Gesicht zu sagen. Darum hat er mich beauftragt, dir seine Entscheidung kundzutun. Ab sofort ist dein Platz sowie der deines Sohnes Amadou Hampâté nicht mehr in unserem Haus. Tu, was alle verstoßenen Frauen zu tun haben, suche dein Gepäck zusammen, treibe dein in einem anderen Bett geborenes Kind vor dir her und kehre ins Haus deines Vaters zurück oder in das des Vaters deines Sohnes. Adieu!...«

Ohne eine Wort zu antworten, suchte Kadidja ihre Sachen zusammen und kehrte ins Haus ihrer Familie zurück. Faman N'Diaye jubelte. Hatte sie nicht mit dem ersten Schlag und ohne jeglichen Widerstand die Fulbefrau in die Schranken gewiesen, welche bis dahin kein Mann und kein Mißgeschick in die Knie hatten zwingen können?

Sie schrieb auf Arabisch einen langen Brief an Tidjani, in dem sie ihm mitteilte, daß infolge einer einstimmigen, von der Gesamtheit der weiblichen Familienmitglieder gefällten Entscheidung Kadidja verstoßen worden war, daß sie die Scheidung angenommen, das eheliche Anwesen verlassen hatte und ins Haus ihres Vaters zurückgekehrt war. Unglücklicherweise verhielt sich der angesichts eines widrigen Geschicks so mutige Tidjani den Seinen gegenüber sehr schwach. Anstatt zu protestieren, blieb er wegen seiner Geschäfte ewig in Timbuktu, dachte, es handle sich nur um einen Zwischenfall und die Zeit werde die Dinge schon in Ordnung bringen. Wie wir bereits gesehen haben, war er von geringer diplomatischer Begabung und beging die Ungeschicklichkeit, kein Wort zu Kadidja zu sagen, weder direkt noch durch eine Mittelsperson.

Zutiefst verletzt, beschloß meine Mutter, Bandiagara endgültig zu verlassen. Sie verkaufte Vieh aus ihrer Herde und bereitete ihre Abreise vor. Meinen kleinen Bruder Mohammed el Ghaali, ihre treue Dienerin Batoma und einige Diener nahm sie mit. Da mein älterer Bruder Hammadoun und ich selbst der Vormundschaft unserer väterlichen Familie unterstanden, mußte meine Mutter uns in Bandiagara lassen, wo Hammadoun Pâté, unser Onkel mütterlicherseits, und unsere Tante Sirandou Pâté ein Auge auf uns haben sollten. Sie vertraute uns Tierno Bokar an, der unsere moralische und religiöse Erziehung fortsetzen sollte, dann reiste sie ab nach Mopti. Aber ach, kaum war sie dort angekommen, schlug das Unglück zu: Mein geliebter, fröhlicher Bruder, damals sechs oder sieben Jahre alt, erkrankte an Masern und starb.

Tidjani wurde verständigt und begab sich eilends nach Mopti. Meine Mutter rüstete sich gerade für die Abreise nach Bamako, um dort ein wenig Frieden zu suchen. Sie brauchte Ruhe für ihre zerrütteten Nerven – die übrigens mehr Schaden genommen hatten durch das Schweigen ihres Mannes und durch den Tod ihres Kindes, als durch das Verhalten von Tidjanis Verwandten. Letztere hatten seit dem Beginn ihrer Ehe niemals etwas versäumt, wovon sie sich versprachen, sie zu demütigen und unterzukriegen, und Kadidja war es gewohnt, allem die Stirn zu bieten; aber die letzten Ereignisse hatten sie bezwungen.

»Wie kannst du ohne meine Erlaubnis nach Bamako reisen, wo du meine Frau bist?« fragte Tidjani.

»Nein«, antwortete Kadidja, »deine Frauen, welche alle Töchter von Königen sind, leben in Bandiagara. Und ich, die Tochter des Fulbehirten Pâté Poullo, ich war dir eine dienende Frau, und jetzt bin ich geschieden. Die Einspruchsfrist ist verstrichen, ich bin also frei. Sogar das Band, das uns vereint hat, ist zerrissen: Cheik Mohammed el Ghaali war dein Sohn. Du hast sein Grab gesehen... Morgen schiffe ich mich nach Bamako ein. Ich wünsche dir ein langes und glückliches Leben mit deinen Ehefrauen und Faman N'Diaye, der Herrin deiner Familie, die das Recht hat, an deiner Statt und auf deine Kosten deine Frauen zu heiraten und zu verstoßen!«

Tidjani versuchte das Menschenmögliche, um Kadidja von ihrer Entscheidung abzubringen, aber sie wollte nichts hören. Am selben Tag ging er zum Marabut Alfa Oumarou Hammadi Sanfouldé und bat ihn, sich einzuschalten, aber als sich der Marabut am nächsten Tag beim Vermieter meiner Mutter einstellte, erfuhr er, daß sie sich bereits bei Morgengrauen an Bord eines einrädrigen Bootes in Richtung Bamako eingeschifft hatte.

Verzweifelt traf Tidjani in Bandiagara ein. Bei seiner Ankunft versammelten sich seine nahen Verwandten, allen voran Faman N'Diaye, und wollten ihn begrüßen. Im Vertrauen darauf, daß sie durch ihr Ältestenrecht Einfluß auf Tidjani ausüben könnte, hatte Faman N'Diaye die ganze Verantwortung für Kadidjas Verstoßung auf sich genommen; wenn sich einige ihrer Gefährtinnen wegen Tidjanis möglicher Reaktion beunruhigt zeigten, so antwortete sie: »Das ist meine Sache!«

Sie hieß Tidjani willkommen, aber sobald sie die Rede auf Kadidja brachte, unterbrach er sie:

»Ihr habt alle gehandelt, wie es einem langgehegten Wunsch von euch entsprach. Gebt mir keine Erklärung, gebt sie *eurem* Tidjani. Ich gelte nichts mehr bei euch. Ihr wollt Kadidja nicht, weil ihr auf sie eifersüchtig seid. Ich war ein Baum, unter dem ihr euch ausgeruht und geschlafen habt und worunter ihr aufgewacht seid, um seine Früchte zu essen; aber was ihr überhaupt nicht zur Kenntnis nehmen wollt, das ist, daß Kadidja der belebende Saft des Baumes war, der ich bin. Kann ein Baum ohne seinen Saft leben? Ich kann nicht ohne Kadidja leben. Daher werde ich mich in der nächsten Woche zu meiner Frau begeben, zu der, die den Soldaten und der Finsternis trotzt, die Blut und Schweiß vergießt, auf daß ich esse und anderen zu essen gebe.

Geht mir aus dem Licht! Formt euch einen Tidjani nach eurem Gutdünken! Der Mensch ist aus Schlamm gemacht, wie man sagt. Nun, im großen Sumpf von Bilal Samba Lâna in Bandiagara findet ihr davon genug. Bedient euch. Ihr habt euch Rechte angemaßt, die nicht einmal Gott selbst sich angemaßt hätte: die Scheidung zwischen einem Mann und seiner Frau auszusprechen!«

Zum Erschrecken seiner ganzen Familie machte sich Tidjani sogleich daran, alle seine Geschäfte in Bandiagara zu regeln. Als alles geordnet und die Einnahmequellen seiner Familie gesichert waren, nahm er Abschied von Tierno Bokar und verließ die Stadt. Er begab sich zunächst nach Mopti und dann nach Bamako, wo er Kadidja fand. Es gelang ihm, ihre Vergebung zu erlangen. Da ihre Ehe dem Gesetz nach nicht aufgelöst war, nahmen sie ihr gemeinsames Leben wieder auf. Von nun an werden sie, vor familiären Verwicklungen sicher, bis zum Ende ihrer Tage glücklich miteinander leben.

In der Tat hatte Tidjani Bandiagara ohne Bedauern verlassen, denn abgesehen von einer Gruppe Verwandter und treuer Freunde, dic ihn besuchten, hatte ihn die Tukulorgesellschaft der Stadt seit seiner Rückkehr aus Bougouni nicht seinem Rang entsprechend behandelt, und schweigend litt er darunter. Daher beschloß er, anderswo sein Leben neu zu beginnen, was ihm in Kati gelang, einer kleinen Stadt, einer Militärgarnison in der Nähe von Bamako, in der er sich mit Kadidja niederließ und wo ihr Haushalt um drei neue Kinder reicher wurde.

Kadidja nahm in Kati ihre Handelsgeschäfte wieder auf – die sie übrigens von Zeit zu Zeit nach Bandiagara führen würden – und Tidjani seine Tätigkeiten als Marabut und als Schneider und Sticker, die er um einen kleinen Handel mit einem gängigen, wegen des nahen Militärlagers sehr reichhaltigen Warenangebot erweiterte. Ich werde im Jahre 1915 zu ihnen gehen, wenn ich von der französischen Schule fliehe...

Und so nahm mein Adoptivvater Tidjani Amadou Thiam seine Füße von den silbernen Steigbügeln der Chefferie von Luta und stellte sie, ohne sich deswegen minderwertig zu fühlen, auf den Fußtritt einer Nähmaschine, die gegenüber einer Auslage von Tand oder Bonbons, Streichhölzern, Zuckerstücken und Keksen in der Nachbarschaft von Ballen blauen Tuches stand. Er verkaufte ein bißchen von allem, mit Ausnahme von Likör und Wein, die der Koran verbietet, und von Tabak, den ein guter Adept der Tidjaniya weder aus der Nähe noch Ferne berühren durfte!

Die Abreise Kadidjas hatte uns schmerzlich getroffen, Hammadoun und mich, aber mein älterer Bruder war womöglich noch betrübter. Während der langen Jahre des Exils in Bougouni unserer Mutter beraubt, hatte er sich, als er sie wiederfand, nur um so mehr an sie geklammert. Wie ich lebte er mit Beydari, Niélé und deren Gefährten im Haus unseres Vaters, aber er sah Kadidja jeden Tag und ging oft zu ihr, um dort zu essen oder zu übernachten. Die Leere, die die Abreise unserer Mutter hinterließ, und der Tod unseres kleinen Bruders brachte uns einander näher. Ob in der Koranschule oder im Haus, wir waren immer zusammen, und wenn ich die Nacht nicht mit meinen Kameraden aus der Vereinigung verbrachte, richtete er es immer so ein, daß er an meiner Seite schlief. Man nannte uns schließlich die ›Söhne derselben Decke‹. Die Zuneigung, die uns verband, half uns sehr, diese schwierige Zeit durchzustehen.

Zu Tidjanis Anwesen, von dem wir verbannt worden waren, gingen wir nicht mehr. Überdies war der Hof des Hauses, der so oft des Abends im Rhythmus der Gesänge, der Gedichte und Gitarren geschwungen hatte und widergehallt vom Bericht der großen Taten der Vergangenheit, dieser Hof, wo wir uns berauscht hatten am Zauber des Wortes, auf traurige Weise still geworden. Aber Koullel war immer noch da; er kam und nahm mich zu den Abenden mit, die er da und dort mit seinen Freunden und Kollegen veranstaltete. Meine Ausbildung im traditionellen Wissen wurde also nicht unterbrochen. Und dann fanden immer noch die Abende auf dem Platz Kérétel statt, dem wahren nächtlichen Herzen der Stadt, des immerwährenden Spektakels...

Einige Zeit später wurde unsere Aufmerksamkeit von einem wichtigen Ereignis in Anspruch genommen, das alle unsere Sorgen hinwegfegte: Hammadouns Beschneidung.

Nach der Taufe – der Zeremonie der Namensgebung – stellt die Beschneidung die zweite öffentliche Zeremonie im Leben des Mannes dar, die dritte ist die Heirat. Wie die Taufe verursacht sie erhebliche Kosten. Die Familie bereitet sich, von Verwandten und Freunden unterstützt, lange darauf vor. Nach der Ernte, wenn die Speicher voll sind und die kühlen Winde zu wehen beginnen, beraten sich die Alten des Dorfes oder des Viertels, wie die Zeremonie gestaltet werden soll.

Im allgemeinen sind die Kinder bei der Beschneidung sieben bis vierzehn Jahre alt. Bei den Bambara gilt einundzwanzig Jahre als das ideale Alter, das heißt, das Ende des ersten Zyklus von drei mal sieben Jahren. Aber in Wirklichkeit findet sie oft sehr viel früher statt, besonders, wenn das Kind sich bereit fühlt und selbst darum bittet, weil es von den anderen nicht mehr spöttisch als *bilakoro,* Unbeschnittener, behandelt werden will, ein Ausdruck, der die schwerste Beleidigung darstellt, wenn man ihn an einen Erwachsenen richtet, weil ihm damit unterstellt wird, daß er kein Mann ist.

Bei den Fulbe im Busch sieht man es gern, daß, wer beschnitten werden soll, seinen Mut bereits unter Beweis gestellt hat, indem er zum Beispiel ein Kalb befreit hat, das von einer Hyäne, einem Panther oder einem Löwen geraubt worden ist.

Im Islam findet die Beschneidung des kleinen Jungen am siebten Tag nach seiner Geburt statt, zur selben Zeit wie die Taufe. Die zum Islam übergetretenen Fulbe haben die Beschneidung auf das Alter von sieben Jahren verschoben, manchmal sogar auf einen späteren Zeitpunkt.

In dem Jahr, von dem ich erzähle, war in Bandiagara die Ernte auf den Hirsefeldern beendet; die Tiere, die in die Überschwemmungsgebiete getrieben worden waren, um dort zu weiden, waren wieder in das bergige Gelände zurückgekehrt, wo es von nun an genug Wasser und Weiden gab, um sie zu nähren; die Herden meiner Familie kamen, geführt von unserem ›ersten Hirten‹ Allaye Boubou, der schon der Hirte meines Großvaters Pâté Poullo gewesen war, nach Bandiagara zurück. Es war die Zeit der Fülle.

Unter dem Vorsitz Beydaris versammelte sich ein Familienrat. Man beschloß, nun die Beschneidung Hammadouns in die Wege zu leiten. Als die Entscheidung Boudjedi Bâ, dem Ältesten der Bâ von Bandiagara, überbracht wurde, stellte er sich dagegen, daß ich zugleich mit meinem älteren Bruder beschnitten wurde. »Das hieße alte Gewohnheiten brechen«, erklärte er. »Denn die zur selben Zeit beschnittenen Jungen sind für ihr ganzes Leben lang Kameraden, ohne

Ansehung ihres Alters, der Hierarchie und ihrer Stellung, und sie genießen im Umgang miteinander eine vollkommene Freiheit. Das liefe aber dem Gehorsam und der Hilfsbereitschaft zuwider, die ein kleiner Bruder dem älteren schuldet, vor allem, wenn sie denselben Vater und dieselbe Mutter haben.«

Meine Beschneidung wurde also ausgeklammert und auf zwei Jahre später verschoben.

Der sehr enttäuschte Hammadoun fragte, ob ich wenigstens in meiner Eigenschaft als Verwandter an seiner Seite bleiben dürfte.

»Ich kann auf meinen kleinen Bruder nicht verzichten«, erklärte er, »und auch er nicht auf mich.«

Er vertrat meine Sache so gut, daß man mir gestattete, bei ihm zu bleiben, zwar nicht während der eigentlichen Operation und auch nicht in der ersten Woche, in der die Beschnittenen streng zurückgezogen und abgeschieden leben, aber während der zwei folgenden Wochen der Abgeschiedenheit im Busch.

Etwa fünfzehn Kinder des Viertels sollten gleichzeitig beschnitten werden. Wie gewöhnlich ging der Zeremonie ein großes Fest voraus, das die ganze Nacht über, von Sonnenuntergang bis Sonnenaufgang, dauern sollte. Alle Verwandten und Freunde der Familie wurden benachrichtigt. Die Festvorbereitungen nahmen einen guten Monat in Anspruch. Meine Mutter, die damals in Kati lebte, war zu weit entfernt, um rechtzeitig zu uns zu kommen. Sie gab Anordnung, zehn zehnjährige Stiere aus ihrer Herde zu verkaufen, um Beydari bei den Ausgaben zu helfen. Ihre jüngere Schwester, unsere Tante Sirandou Pâté, lieferte die Kalebassen, deren Scherben, wenn sie zerbrochen waren, dazu dienten, eine Art von Kastagnetten für die künftig Beschnittenen herzustellen. Hammadoun Pâté, unser Onkel mütterlicherseits – nach der Tradition unsere ›männliche Mutter‹ – sollte auf alles ein Auge haben.

Endlich war die große Nacht gekommen. Nach einem wahren Festessen stellten die Dienerinnen die Wasser-Tam-Tam auf – eine große, mit Wasser gefüllte Kalebasse, über der man eine zweite, kleinere Kalebasse ausgießt, was eine tiefe Resonanz erzeugt –, die von Trommlern und Trommlerinnen im Takt der Tänze und Gesänge geschlagen wurde. Die künftig Beschnittenen mußten in ihrem gemeinsamen Schlafraum, dem *walamaru*, übernachten und durften sich erst im Morgengrauen zu den Anwesenden gesellen.

Beydari hatte fünf Griots geladen, drei Männer und zwei Frauen, die sowohl Genealogisten als auch Sänger waren. Eine davon war die berühmte Griotin Lenngui, eine der wenigen, die mit ebenso zarter wie machtvoller, schriller wie dunkler Stimme zu singen vermochte. Neben ihrem Gesang wirkten die Lieder der anderen monoton. Da sie die Familie meines Vater Hampâté sehr gut kannte, war sie die geeignetste Griotin, unsere Genealogie und die Heldentaten unserer Vorfahren zu besingen.

Die Anwesenden setzten sich in einem großen Kreis um die Griots herum. Einige schickten sich an zu spielen und Lobreden zu deklamieren. Lenngui führte die Darbietung an. Sie sang die ganze Nacht über abwechselnd Hirtengesänge, Hochzeitslieder, Kriegs- oder Liebeslieder, epische oder nostalgische Lieder. Die Trommler gaben den Takt an. Die Menge klatschte dazu rhythmisch in die Hände. Von Zeit zu Zeit erhob sich ein Griot und Genealogist und trat in den Kreis. Nach Art der Fulbe wiegte er leicht Körper und Kopf von vorne nach hinten und ging von einem Anwesenden zum nächsten. Mit der damals üblichen Lautmalerei stimmte er zuerst die Weise einer alten, von ihm ausgewählten Leitmusik an, langsam oder schnell, heiter oder traurig, und die Menge sang sie im Chor mit. Nach der Leitmusik begann er seinen improvisierten Sprechgesang.

Nach jedem der Gesänge trat ein Verwandter eines der Jungen in den Kreis; und anläßlich des einzigartigen Ereignisses sprach er, im Widerspruch zur sonstigen Gewohnheit, Sätze, die seine eigene Familie herausstellten, damit der Stolz des Jungen angespornt werde. Unsere Sitten erlauben es den Noblen in der Tat nicht, über sich selbst und ihre Vorfahren Gutes zu sagen; sie sind in Sprache und Gestus stets zu äußerster Zurückhaltung verpflichtet, mit Ausnahme der Beschneidungsfeste und am Vorabend des Aufbruchs in den Krieg. Unter allen anderen Umständen müssen sie schweigen: Die Griots sprechen für sie.

»Diese Nacht wiegt schwer für die Meinen«, sang Allaye Boubou, unser erster Hirte, dessen Sohn Ali am nächsten Tag beschnitten werden sollte. »Sie geht einem feierlichen Tag voraus, einem Tag des Mutes, an dem Ängstliche ihren Vätern und Müttern Schande bereiten. Morgen unterzieht mein Sohn Ali sich dem Schnitt des scharfen Messers. Wenn er weint, sterbe ich vor Scham; wenn er nicht mit der Wimper zuckt, bedeckt er mich mit Ruhm!«

Dann verteilte er Geschenke an die Griots und ging zu seinem Platz. Tanten, Onkel, ältere Brüder und Verwandte lösten einander im Kreis ab, sangen, tanzten und überhäuften Griots, Kastenangehörige und Haussklaven mit Geschenken. Das Fest dauerte die ganze Nacht. Bei Morgengrauen spürten etliche Väter und Mütter, wie sie beim Gedanken an die Prüfung, die ihr Sohn zu bestehen hatte, und an die immer noch mögliche Schande die Unruhe überkam: »Wenn unser Sohn weint, werden wir unser Gesicht verlieren?«

Beim ersten Hahnenschrei, die Morgenröte war noch nicht mehr als ein fernes und loses Versprechen, holte man die Jungen, die beschnitten werden sollten, in den Hof. Sie kamen im Gänsemarsch, angeführt von meinem Bruder Hammadoun, der als Vorsitzender der Waaldé ausersehen war, als erster beschnitten zu werden.

Als die jungen Leute im Hof erschienen, stimmte Lenngui eine gesungene Ansprache an, die ihren Mut anstacheln sollte:

O ihr jungen Knaben, seid tapfer!
Verhaltet euch nicht wie scheuende Hengste.
Euer Fleisch kennt bald
Den Stich des scharfen Messers.
Das Eisen läßt euer rotes Blut aufspritzen,
Doch möge es nicht eure Tränen zum Fließen bringen!
(...)
Wenn der Schmied schneidet, scherzt mit ihm!
Schlagt ihm leicht auf die Schläfe,
Weil er gewagt hat, euch zu berühren
An einem Glied, das er hätte achten müssen
Wie das seines eigenen Vaters.
Und um zu beweisen, daß ihr keine Angst habt,
Sagt ihm, er solle von vorn beginnen!
(...)

Beweist morgen, daß ihr Männer seid,
Und die Gemeinschaft wird eure Mündigkeit anerkennen!

Wieder erhob sich jeder Verwandte, um dem künftig Beschnittenen Mut zuzusprechen, und versprach ihm, sofern er die Prüfung ohne einen Muckser über sich ergehen lasse, eine oder mehrere Milchkühe zu schenken, die den Anfang einer kleinen eigenen Herde bilden würden.

Die jungen Leute betraten nun selbst den Kreis und deuteten ein paar Tanzschritte an. Die Griots stachelten sie an:

»Erster Sohn deines Vaters, hast du Angst vor der Erde? Wenn du keine Angst hast, dann springe, tanze, tritt sie mit den Füßen, auf daß ich sehe, wie deine Fersen den Staub aufwirbeln!...«

Als sich der Himmel langsam erhellte, wurden die jungen Leute, immer noch im Gänsemarsch, an die Ufer des Yaamé geführt. Sie überquerten den Fluß. Jeder Junge wurde von einem ihm verwandten Zeugen begleitet und trug einen Backstein aus Erde, der ihm während der Operation als Sitz dienen sollte. Frauen und Kinder nahmen an diesem Zug nicht teil.

Am Fuß der beiden großen Balanzabäume, die Generationen von Beschnittenen mit ihrem Schatten geschützt hatten, setzten sich alle Jungen mit dem Rücken zur aufgehenden Sonne auf die Steine. Bougala, der Beschneider und Schmied, forderte sie auf, ihre Beine anzuspannen und so weit wie möglich zu spreizen. Mein Bruder Hammadoun sollte als erster operiert werden. Bougala stellte sich vor ihn hin. Er öffnete eine Kolanuß und teilte sie in zwei Hälften, dann legte er meinem Bruder die Hälften zwischen die hinteren Backenzähne in den Mund, eine rechts, eine links, damit man seinen Mut hinterher am Abdruck seiner Zähne messen könne. Er nahm sein Glied, zog so an der Vorhaut, daß die Eichel soweit wie möglich nach hinten geriet, dann band er den Ansatz der Vorhaut mit einem Faden möglichst fest ab und brachte so das Fleisch der Eichel außer Reichweite der Klinge. Dann ergriff er sein Messer, sah meinen Bruder fest an und sprach:

»Hammadoun, Sohn des Hampâté Bâ, du wirst der erste sein, der sein Blut als Preis für die Aufnahme ins Lager der Erwachsenen vergießt. Du wirst ein Mann sein, es ist an dir, dich dessen würdig zu erweisen. Wende die Augen ab, damit ich abtrenne, was dich den unbeschnittenen Knaben zuordnet.«

»O alter Vater Bougala«, erwiderte Hammadoun, »willst du, daß ich dir am Tage meiner ersten Begegnung mit dem Eisen den Rücken zeige? Was würdest du dann wohl von mir sagen? Bin ich nicht der Vorsitzende, der seine Gefährten anführen muß? *Wallayē!* Bei Gott! Mit meinen weit geöffneten Augen will ich sehen, wie du die Vorhaut abschneidest, die meine Mündigkeit zur Gefangenen macht und mich bei den Kindern festhält. Schneide, o alter Vater, und schneide gut!...«

Bougala lächelte, und während er die muslimische Formel *Bismillāhi errahman errahimi!* – Im Namen des gütigen und barmherzigen Gottes! sprach, schnitt er Hammadouns Vorhaut sauber ab. Der lachte laut auf, drückte seine rechte Hand auf die Wange des alten Schmiedes, als wolle er ihm einen Schlag versetzen, spuckte seine beiden Kolanüsse aus und rief:

»Filla fa fillo Bandiagara! Fang noch einmal an, und möge es dauern, bis Bandiagara umrundet ist! Fang noch einmal an, alter Vater, ich befehle es dir!« und er schickte sich an, mit klarer Stimme die Hymne Bandiagaras zu singen.

Der alte Bougala zeigte den Verwandten Hammadouns Vorhaut und beide Hälften der Kolanuß, auf denen seine Zähne nur einen leichten Abdruck hinterlassen hatten. *»Kulu diam! Hurra!«* rief er aus. Der Sohn von Hampâté ist trotz der Krokodile durch den Fluß der Prüfung geschwommen!« Und er ging daran, die anderen Jungen zu operieren, die Wert darauf legten, Hammadouns Haltung nachzuahmen.

Während die Operationen ihren Fortgang nahmen, hatten die Verwandten der Jungen unter dem Balanzabaum ein großes Dach errichtet. Die Beschnittenen ließen sich dort unter der Aufsicht ihres *bawo*, des dafür Verantwortlichen, nieder, der im allgemeinen zur Kaste der Weber gehörte und unter anderem den Auftrag hatte, sie in den drei Wochen ihrer Abgeschiedenheit die ›Lieder der Beschnittenen‹ zu lehren – diese Zeit dauert bei den Bambara und den Dogon drei Monate.

Nach der Operation wurden alle Vorhäute vergraben. In der alten afrikanischen Überlieferung wird die Vorhaut als Symbol der Weiblichkeit betrachtet, da sie den Penis bedeckt und in Dunkelheit einhüllt, denn alles, was weiblich und mütterlich ist und einen Keim in sich trägt, erfüllt und entwickelt sich im Geheimnis der Dunkelheit geschlossener Orte, sei es im Schoß der Frau oder im Schoß der Mutter Erde. Ist der Knabe einmal des Zeichens seiner ursprünglichen Weiblichkeit ledig, die er später bei seiner Gefährtin wiederfindet, dann gilt er als Träger einer ausschließlich männlichen Kraft.

Im Laufe der ersten Woche stopft man die Beschnittenen wie Hausschafe mit Speisen voll, aber sie dürfen nur bei den Hauptmahlzeiten ihren Hunger stillen. Sie schlafen mit gespreizten Beinen auf dem Rücken. Beim ersten Hahnenschrei weckt sie ihr *bawo*. Ein großes Feuer wird entfacht, um das sie im Kreis laufen. Dabei stimmen sie im Chor Gesänge an, die man sie für diesen Anlaß lehrt und deren Rhythmus sie mit ihren Kastagnetten schlagen. Das Ganze ergibt bei den Fulbe einen sehr harmonischen Chor, der bei den Dogon allerdings noch schöner klingt. Während der ganzen ersten Woche bleibt das operierte Glied mit einem medizinischen Verband bedeckt, der eine ziemlich dicke Kruste bildet.

Mit der Nacht vom siebten auf den achten Tag endet für die beschnittenen Fulbe die Abgeschiedenheit, und Frauen und Kinder dürfen ihnen wieder nahekommen. In diesem Augenblick konnte ich endlich zu Hammadoun, dem ich von da an keinen Schritt mehr von der Seite wich, mit dem ich aß, schlief und spazierenging. Meine Kenntnis all dessen, was vorher geschehen war, verdanke ich teilweise Hammadoun selbst, aber auch meinem Onkel Hammadoun Pâté, der auf die Haltung meines Bruders so stolz war, daß er nicht müde wurde, alle Einzelheiten dieses großen Tages zu erzählen, insbesondere in Kreisen der Männer.

In dieser Nacht ließ man die Beschnittenen nach dem Abendessen im Kreis Platz nehmen. Zu diesem Anlaß geladene Griotinnen fingen, von einigen Musikern begleitet, zu singen an. Jeder Junge erhob sich und tanzte, so gut er es vermochte, den *dippal* genannten rhythmischen Tanz, bei dem die Erde mit den Füßen geschlagen werden muß; dann kam der nächste an die Reihe. Der *bawo* hatte zuvor das verletzte Glied mit Seifenwasser gewaschen und es dann mit einer Schicht Kuhbutter bestrichen, um den Verband langsam aufzuweichen. Die Jungen vergaßen einen Augenblick lang den Schmerz, und vom Rhythmus beschwingt, tanzten sie und schlugen die Erde mit den Füßen. Zum Umfallen müde, gingen sie später zu ihrem Schlafraum, der etwas weiter weg in unmittelbarer Nähe der Stadt lag. Sie mußten sich ausruhen, um sich auf den morgigen großen Tag vorzubereiten, an dem ihr rituelles Bad und die erste Waschung der Wunde stattfinden würde.

In der Morgenröte des achten Tages begeben sich die Beschnittenen zum Flußufer. Sie stellen sich so ins Wasser, daß die Strömung die Wunde reinigt und sie allmählich von ihrem Verband befreit. Später gehen sie ans Ufer zurück, legen sich auf den Sand und bleiben dort, auf dem Rücken ausgestreckt, bis etwa um zehn Uhr liegen.

Ältere Männer, unter ihnen der Schmied, versuchen sodann, die Reste des Verbandes abzunehmen. Wenn die am Vorabend aufgetragene Butter und das Eintauchen ins Wasser die Kruste aus Staub und hart gewordenem Blut nicht genügend aufgeweicht haben, wird ein Eingriff nötig. Diese Prüfung ist sehr viel schmerzhafter als die Abtrennung der Vorhaut. Glücklicherweise verlangt man von den Jungen nun nicht mehr, daß sie über ihre Kräfte hinaus die Fassung bewahren, aber die mutigsten erfreuen sich großer Ehre, und man wird bis in den letzten Winkel von ihnen reden. Wenn alles vorbei ist, werden die Verbände erneuert, die nun leichter sind als zuvor. Gut gewaschen, schön sauber und sich sichtbar wohler fühlend, begeben sich die Beschnittenen gegen elf Uhr unter das Dach zu Füßen der beiden Balanzabäume.

Das Mittagessen am achten Tag ist ein wahres Festessen. Nachdem die Jungen sich gut gestärkt haben, halten sie Siesta, und dann, gegen fünfzehn Uhr, wenn sie sich von den Prüfungen erholt haben, unternehmen sie unter der Führung ihres *bawo* und einiger Alter einen langen Spaziergang in den Busch, den sie jeden Tag wiederholen. Bei diesen Spaziergängen erhalten sie von den Alten, die über ein großes

Wissen von der Pflanzenwelt, den Mineralien und der einheimischen Fauna verfügen, Unterricht in einem Fach, das man ›Naturwissenschaften‹ nennen könnte.

Alle diese Belehrungen gehen von konkreten, für Kinder leicht zu begreifenden Beispielen aus. Das, was man beobachten kann, bietet Gelegenheit zu vertieften Erläuterungen: Zum Beispiel gestattet ein Baum, der seine Zweige in den Raum hinausstreckt, zu erklären, wie sich, von der Einheit ausgehend, alles im Universum vielfältig gestaltet; ein Ameisenhaufen, ein Termitenhügel geben Anlaß, von den Tugenden der Solidarität und den Regeln des sozialen Lebens zu sprechen. Von Beispielen, von gelebter Erfahrung ausgehend, lehren der *bawo* und die Alten die Knaben, wie sie sich im Leben zu verhalten haben und welche Regeln sie gegenüber der Natur, ihresgleichen und sich selbst beachten müssen. Sie lehren sie, Menschen zu sein.

Jeden Abend, nach dem Essen, kommen Erzähler und Griots und beleben das Beisammensein, tragen abwechselnd Märchen vor, witzige und glorreiche historische Geschichten, die sie mit den Heldentaten unserer großen Männer ausschmücken. Und wie spät es auch sein mag, die Augen bleiben offen, und niemand schläft ein!

Vom Beginn der zweiten Woche an verbringen die Beschnittenen den Vormittag am Rand des Weges, der in die Stadt führt, und führen bei den Vorbeigehenden eine Art Sammlung durch. Die gesammelten Vorräte und Kaurimuscheln sind für das große Abschiedsessen, das zu Ehren der Teilnehmer der Beschneidung gegeben wird, bestimmt.

In der dritten Woche ist die Wunde verheilt, oder fast. Die Jungen haben das Recht, am hellichten Tag die Stadt zu betreten und eine wahre Geflügelrazzia durchzuführen. Schon am Morgen stürmen sie, mit Stöcken bewaffnet und unter dem Klappern ihrer Kastagnetten, die Viertel und machen Jagd auf alle Hühnchen oder anderes Geflügel, das in den Gassen pickt. Sie verfolgen es sogar bis in die Höfe, die sie ungestraft betreten dürfen. Sobald der die Ankunft der kleinen Räuber ankündigende Lärm ertönt, versucht jeder, sein Geflügel einzusperren, bis das Unwetter vorbeizieht. Aber sperren Sie einmal ein Heer von Hühnchen ein, die gewöhnt sind, überall ein bißchen zu picken!... Bald hört man in den Gassen nur noch das Gackern kopfloser Hühner, das schrille Jammern alter Frauen, die ihre besten Legehennen verschwinden sehen, das aufgeregte Schreien der Stadtjungen, die ganz glücklich sind, den Beschnittenen als Treiber zu dienen. Und jeden Morgen hallt die Stadt aufs neue wider von dieser fröhlichen Kakophonie.

Endlich ist der zweiundzwanzigste Tag da! Früh am Morgen nimmt die Jungengruppe ihr letztes Bad im Fluß. Währenddessen wird das Dach abgebaut, das ihnen bei den Balanzabäumen als Unterkunft diente. Man legt die Überbleibsel zu drei getrennten Haufen zusammen, wirft alle Gegenstände darauf, die den Beschnittenen nützlich waren – außer den Kleidungsstücken, die traditionsgemäß dem Schmied zukommen, der sie operiert hat –, und zündet sie dann an. Wenn die Jungen von ihrem Bad zurückkommen, müssen sie über die drei Feuerstellen springen, deren Flammen zwar nicht mehr ganz so heftig, aber immer noch beachtlich hoch lodern. Das ist ihre letzte Prüfung, doch nicht die ungefährlichste.

Nach dieser Prüfung begeben sie sich wieder zu ihrem Schlafraum. Jeder findet dort in einer großen Kalebasse, die man für ihn auf den Boden gestellt hat, einen vollständigen, ganz neuen Anzug: eine Pluderhose, einen Unterbubu und einen Überbubu, eine weiße Mütze, den ›Rachen des Kaiman‹ – eine Phrygiermütze, seit altersher die Kopfbedeckung der erwachsenen Männer im ganzen Mandingo-Gebiet –, einen gestickten Schal, ein Paar Schuhe oder Stiefel, einen Säbel oder einen schönen Rohrstock, Schmuck oder, je nach dem traditionellen Umfeld, Gris-Gris[37]. In ihren schönen Festtagsgewändern gehen sie in die Stadt und dort von Tür zu Tür, um Verwandten und Freunden für alles, was diese in den drei vergangenen Wochen für sie getan haben, zu danken. Wessen Wunde noch nicht verheilt ist, bleibt zu Hause, um die Behandlung fortzusetzen. Der Rundgang dauert mehrere Tage. Bei den Fulbe beschränkt man sich darauf, seinen Dank auszudrücken; bei den Dogon wird der Rundgang von Gesängen und Tänzen begleitet.

Elf Tage noch bleibt der Jahrgang zusammen und teilt denselben Schlafraum, dann kehrt jeder zu seinem Zuhause zurück und nimmt die seinem Alter entsprechenden Beschäftigungen wieder auf, aber nun im Status eines Mannes. Mit dem Verlust seiner Vorhaut hat der

Junge auch das Recht eingebüßt, nackt herumzulaufen. Sein männliches Glied, nunmehr zum Agens menschlicher Fortpflanzung geweiht und folglich das Behältnis einer geheiligten Kraft, darf nicht mehr den Blicken aller ausgesetzt werden.

Ein mächtiges Band der Kameradschaft, der Bruderschaft gar, durch die Pflicht zur wechselseitigen Hilfe gefestigt, entsteht zwischen den Beschnittenen desselben Jahrgangs, und zwar fürs ganze Leben. Sie haben untereinander Rechte, die denen der sogenannten ›Scherzverwandtschaft‹ oder *sanankunya,* in Ful *dendiraku*, entsprechen. Wie der alte Boudjedi Bâ anmerkte, dürfen sie ohne Ansehen von Alter und sozialer Klasse miteinander scherzen und ›sich auf den Arm nehmen‹, sogar ziemlich derb und in aller Öffentlichkeit, ohne daß das Folgen zeitigt; sie dürfen auch nackt an derselben Stelle baden, gegenseitig ihre Reitpferde benutzen, ohne es vorher anzukündigen, sich auf ihre jeweiligen Lager setzen – ein Verhalten, das bei jedem anderen als sehr unpassend gilt –, und schließlich dürfen sie sich gegenüber den Ehefrauen ihrer Mitbeschnittenen in Worten galant zeigen – wie in der *sanankunya* von Schwagern zu Schwägerinnen –, und ihr Verhalten darf vom Gatten nicht einmal als Beweis ehelicher Unehre vedächtigt werden, was übrigens für den Schuldigen hieße, daß alle seine Kameraden ihn ächteten und auch seine Mitbürger, sofern der Ehemann ihn nicht schon mit der Lanze aufgespießt hätte!

Der große Kampf

Seit unserer Vermählung mit unseren Valentinas hatte kein Junge, der nicht zu unserer Vereinigung gehörte, mehr das Recht, mit ihnen seine Späße zu treiben. Jeder Verstoß gegen diese Regel wurde schleunigst mit einer Lawine von Stockhieben oder Schlägen mit der Lianenpeitsche geahndet, aber so ein Zwischenfall konnte auch zu einem großen Kampf rivalisierender Vereinigungen führen. Dieser wurde nach sorgfältiger Vorbereitung öffentlich erklärt und fand dann nach genauen Regeln unter der Kontrolle von Älteren statt. Das widerfuhr uns im Jahr 1911.

Eines Abends überraschten wir eine Gruppe Jungen aus dem Viertel Gan'ngal dabei, wie sie auf den Matten saßen, die unsere Valentinas für uns angefertigt hatten. Die Gruppe hatte die jungen Mädchen eingeladen, sich zu ihnen zu gesellen, sich aber nur eine ironische Abfuhr geholt. Bei unserer Ankunft tauschten sie gerade beleidigende Reden mit ihnen aus. Unser *mutassibi* Afo Dianou, auch bei Kämpfen unser großer Star, ging auf sie zu:

»Wer seid ihr, daß ihr unsere Matten beansprucht und unsere Valentinas belästigt?«

»Wir sind aus dem Viertel Gan'ngal.«

»Ist der Vorsitzende eurer Waaldé bei euch?«

»Wozu? Sind wir nicht groß genug, um allein auszugehen und ›Taillenschmuck‹[38] zu suchen, den wir necken, und Rundungen, die wir tätscheln dürfen? Wir trafen hier auf schöne Mädchen, die pralle Formen und schlanke Taillen zeigen und mit feinen, angenehm klimpernden Perlen behängt sind, sich auf Brachland verirrten Stutfüllen gleich. Uns wandelte die Lust an, mit ihnen zu scherzen, und da diese unbesetzten Matten unsere Hintern zur Ruhe einluden, ließen wir uns hier nieder.«

Ich ging nun selbst auf sie zu:

»Hat euer Vorsitzender euch erlaubt, in unser Gebiet einzudringen und vor unseren Gefährtinnen Reden zu halten, die vor Schamlosigkeiten strotzen?« Ohne ihnen Zeit zur Antwort zu lassen, wurde ich lauter: »Los, steht auf! Schüttelt schnellstens den Saum eurer Bubus aus und dreht euch um, damit man eure runden Fersen sieht und den Umfang eurer Rücken. Sagt eurem Vorsitzenden, er möge seine Entschuldigungen vorbringen, sonst schicke ich euch morgen abend, sobald der Mond sich zeigt, zwei Griots. Die Worte, die sie ihm sagen werden, kommen aus meinem Mund. Die Rede wird kurz sein, aber gesalzen. Ich habe gesprochen, im Namen aller meiner Kameraden.«

Wenn der Vorsitzende einer Waaldé sich im Recht sieht und Rechtsbrechern einen Befehl gibt, dann müssen sie ihn ausführen, bei Strafe einer auf der Stelle fälligen Tracht Prügel. Unsere Rivalen murrten, räumten aber sofort das Feld, zur größten Zufriedenheit unserer Valentinas, die ihren Abgang mit einer Salve spöttischen Lachens begrüßten.

Mit stolzgeschwellter Brust ließen wir uns auf unseren Matten nieder. Die jungen Mädchen gesellten sich zu uns. Unser gewohntes, mit Spielen, Lachen und Geschichten gewürztes Schwätzchen dauerte bis spät in den Abend. Meine Freunde und ich hatten beschlossen, nach der Sitzung zusammenzukommen, um über den Wortlaut der Botschaft zu beraten, die am nächsten Tag an Si Tangara, den Vorsitzenden der Waaldé von Gan'ngal, geschickt werden sollte. Es war bereits tiefe Nacht, als wir endlich unsere Lager aufsuchten.

Am nächsten Tag begab sich unser Griot Mouctar Kaou in Begleitung dreier Kameraden, unter ihnen Afo Dianou, zu Si Tangara. Allein Mouctar Kaou hatte als Griot und Sprecher das Recht, unsere Botschaft zu überbringen und zu reden; seine Gefährten nahmen nur als Zeugen daran teil. Sobald Mouctar Kaou Si Tangara gegenüberstand, ergriff er das Wort:

»Ich, Mouctar, Sohn des Kaou Diêli Sissoko, komme im Auftrage von Amkoullel, dem Sohn des Hampâté Bâ und Vorsitzenden der Waaldé des Viertels von Ddendé Bôdi, um Si Tangara, den Vorsitzenden der Waaldé von Gan'ngal, folgendes zu fragen:

Erstens: Ist Si Tangara hinsichtlich des Übergriffs auf dem laufenden, den sich einige Mitglieder seiner Waaldé letzte Nacht geleistet haben?

Zweitens: Ist er nicht auf dem laufenden, so teilen wir ihm jetzt alles mit und erwarten eine feste Zusage der Wiedergutmachung, wie der Brauch es verlangt.

Drittens: Ist er auf dem laufenden, so erwarten wir von ihm eine Erklärung und die Darlegung der Absicht, die er mit seinem Vorgehen verfolgt.

Viertens: Wir teilen Si Tangara und den Seinen mit: Die Waaldé der Jüngsten von Deendé Bôdi ist nicht der Meinung, daß Palaver so dauern sollten wie mehrere Marschtage, noch weniger schätzt sie Palaver in trübem Grund, die mit ›Kohlenmilch‹ eingefärbt sind. Unsere Waaldé wird von Amkoullel befehligt, einem echten ›rotohrigen‹ Fulbe, dem Abkömmling der Hamsallah aus Fakala und von Alfa Samba Futa Bâ, der General war in der Armee von Seku Amadu. Ich habe seine Botschaft überbracht. Nach uns wird Amkoullel niemanden mehr zu dir schicken, Si Tangara.«

Si Tangara ergriff nun das Wort:

»Ich, Si Tangara, Sproß der Tangara, der Herrscher des Landes von Pâmaye, erkläre, daß ich nur mit meinem linken Ohr – denn mein rechtes verweigert mir den Gehorsam – die Worte vernommen habe, die Amkoullel dir, Mouctar Kaou vom Stamme der Minnesänger und Griots, der schamlosem Possenreißer, frechen Bettler, dreisten Großmäuler, aufgetragen hat und die du wie eine aussätzige Katze vor meinen Ohren miaust. Gehe zurück und sage deinem Vorsitzenden, daß ich über den schönen Ausflug meiner Kameraden nicht unterrichtet war. Aber ich bin ihnen deswegen überhaupt nicht böse, und heute abend noch, bevor der Schlaf die Zunge der Gnade der Zähne ausliefert, gebe ich ihnen nicht den Rat, sondern den Befehl, es noch einmal zu tun.

Sage Amkoullel, daß Maïrama Jeïdani, Aye Abbassi, Mouminatou Oumarou, Aïssata Demba, Aminata Mâli und all ihre Gefährtinnen allzu schöne Stutfüllen sind, als daß die Weide, auf der sie grasen, uns Stoßhengsten, meinen Kameraden und mir, verboten werden könnte.

Ich denke, daß meine Worte klar sind wie Felswasser und daß sie scharf genug auf das Trommelfell deines Innenohrs eines Riesenkamels getroffen sind. Gewähre meinen Worten, sich in der tiefsten Tiefe deines Verstandes einzunisten wie eine Henne, die in ihrem Nest Eier ausbrütet.«

Mit diesem beleidigenden Abgang gab sich Si Tangara aber nicht zufrieden, sondern er schrie nach seinem *mutassibi*:

»He, Bila Hambarké! Bringe mir das, was ich Amkoullel durch die Hand seines Lulatsch von einem Griot schicken muß.«

Bila Hambarké verschwand. Eine Minute später tauchte er wieder auf und hielt in der Hand einen Kalebassenscherben, darinnen eine Kaurimuschel mit einem gespaltenen Ende, folglich ohne Wert – wie eine Banknote, der die Nummer fehlt. »Hier, nimm das!« spuckte Si Tangara verächtlich. »Das ist alles, was ich Amkoullel als Wiedergutmachung schulde. Bring ihm das von mir und richte ihm aus, daß ich es ihm leichten Herzens überlasse.«

Beim ehrenrührigen Anblick der zerbrochenen Kauri in einem Kalebassenscherben verlor Afo Dianou die Kontrolle über seine ohnehin schon leicht reizbaren Nerven. Die Anweisungen und seine Rolle als einfacher Zeuge vergessend, brach es aus ihm heraus:

»O Si Tangara! Um so zu handeln, wie du es getan hast, mußt du die Brut eines ehebrecherischen Paares sein oder einer Ehe, die El Wass-wass selbst, der schamloseste unter den Söhnen des gesteinigten Satan, eingesegnet hat!«

Und er hob den Stock in der drohenden Haltung eines Menschen, der bereit ist, einen Schlag auszuteilen oder zu parieren.

Mouctar Kaou rief ihn, ohne mit der Wimper zu zucken, leise zur Ordnung:

»He, Afo Dianou, es ist nicht nötig, daß du aus meiner Schüssel ißt und an meiner Stelle sprichst. Der Spalt in meinem Mund ist weit genug und meine Kaufähigkeit nicht gestört. Hör also auf, mir das Wort zu stehlen. Im Namen unseres Vorsitzenden befehle ich dir, ebenso stumm zu bleiben wie die Dünen der Wüste. Unsere einzige Pflicht besteht darin, unser Gedächtnis anzuhalten, für Amkoullel alle Worte von Si Tangara, der sich brüstet, ein reinblütiger Bambara zu sein, aber die Zunge eines Geiers hat, zu bewahren.«

Er wandte sich zu Si Tangara und fuhr mit lauter Stimme fort:

»Als Griot, der ich bin, schäme ich mich für dich, Si Tangara, für dich, dessen Name ›Si‹ in Bambara sieben Dinge bedeutet: Karité, Haar, Natur, mahlen, die Nacht verbringen, viel und Alter.

Nun, ich stelle fest, daß du kein Si-*Karité* bist, denn dieser Baum liefert eine köstliche Butter, auch kein *Si*, der *Natur* bedeutet, und kein *Si* im Sinne von *mahlen*, denn Amkoullel wird dich mahlen und aus seinem Weg ausreißen wie man ein überflüssiges Haar ausreißt. *Si* heißt *die Nacht verbringen*? Mache dich darauf gefaßt, daß Amkoullel dich, *Si* Tangara, die schlimmste Nacht deines unglücklichen Lebens verbringen läßt. Und was *Si* als *viel* angeht, so sage dir, daß du von heute an auf deinem Weg viel mehr Dornen finden wirst als eßbare Früchte. Endlich bedeutet *Si Alter*. Nun, du wirst bald erfahren, daß Amkoullel und du zwar dasselbe Alter habt, daß ihr jedoch, was Herkunft, Kenntnisse und euer Schicksal betrifft, recht verschieden seid!«

Nach dieser heftigen und ein wenig überzogenen Rede – doch nehmen die Söhne der Griots nicht ebenso wie die Söhne von Herrschern die Kunst des Wortes mit der Muttermilch auf? – entriß Mouctar Kaou den Händen Bila Hambarkés das beleidigende Geschenk, welches für mich bestimmt war. »*Si* bedeutet *Natur*?...« meinte er noch einmal. »Wohlan, Amkoullel wird von der Natur dieser Botschaft erfahren und Si Tangara in Kürze zu seinem Schaden die Natur Amkoullels kennenlernen!« Nachdem er diesen letzten Pfeil abgeschossen hatte, trat er, gefolgt von seinen beiden Kameraden und Zeugen, den Rückweg an.

Als sie wieder an unserem Versammlungsort eintrafen, sahen sie abgekämpft aus, und ihre Stimme war erloschen. Vor meinen vollzählig versammelten Kameraden zog Mouctar die Kalebassenscherbe und die zerbrochene Kaurimuschel aus seinem Bubu.

»Wir sind zu Si Tangara gegangen«, erzählte er. »Wir haben ihn im Kreise von Mitgliedern seiner Waaldé angetroffen. Er hat uns feindselig und verächtlich empfangen. Nachdem er mir ›mit dem linken Ohr‹, wie er sagte, zugehört und mit Beleidigungen geantwortet hat, übergab er mir für dich dieses symbolische Geschenk und beauftragte mich, dir seine Botschaft zu übermitteln.«

Und Mouctar Kaou berichtete mir getreu alle Worte Si Tangaras.

Ich saß wie versteinert. »Eine Kaurimuschel ohne Nase in einem Kalebassenscherben!...« Mehr zu sagen war ich nicht imstande. Im Zeitraum eines Augenzwinkerns stieg mir das Blut in den Kopf und sauste durch meinen Körper. Ein ganzer Ameisenhaufen lief mir von den Fußsohlen bis zur Schädeldecke. Mein Blick trübte sich. Ich konnte nur mehr eine Art Finsternis, von tausendfachem Flimmern durchbrochen, wahrnehmen. Ich wollte sprechen, aber meine Stimme blieb mir im Halse stecken.

Während ich wie vor den Kopf geschlagen dasaß, gerieten meine Kameraden völlig außer sich. Daouda Maïga und Mamadou Gorel wetterten und fluchten wie Infanteristen. Ihre Ausrufe holten mich in die Wirklichkeit zurück, und endlich fand ich die Sprache wieder:

»Keine Beleidigung könnte frecher sein, als die, die Si Tangara auf uns abgeschossen hat. Sie verdient eine große Tracht Stockhiebe, wenn nicht gar Messerstiche.«

Meine sicherlich maßlosen Worte lösten ein zustimmendes Geheul aus, so laut, daß es mich erschreckte. Ich mußte meine Freunde mäßigen. Ich gedachte der Worte meiner Mutter: »Ein guter Waaldévorsitzender hat immer geduldig und versöhnlich zu sein. Er darf nicht zu Schlägereien ermuntern, aber auch nicht zurückweichen, wenn sie unvermeidlich sind. Und im Kampfgetümmel, falls es denn dazu kommt, darf er niemals fliehen, wie zahlreich und heftig die Schläge auch immer sein mögen, die er einsteckt. Die einzige unheilbare Wunde für ein Oberhaupt«, erklärte sie weiter, »ist die Flucht vor dem Feind.« Von diesen Lehren durchdrungen, bemühte ich mich stets um Versöhnung, aber wenn es nötig war, nahm ich Herausforderungen an, und wenn ich mich in einen Kampf begab, brachte ich ihn zu Ende.

Für den Augenblick mußte ich etwas sagen, um meine Freunde zu beruhigen und sie daran hindern, zu wilden Vergeltungsmaßnahmen zu schreiten. Ich gab das Zeichen, daß ich sprechen wollte. Alle schwiegen.

»Wir werden gegen die Waaldé von Si Tangara kämpfen«, erklärte ich, »und zwar aus drei Gründen: *Erstens,* um uns von der Beleidigung reinzuwaschen, die er uns angetan hat, und um ihn zwingen, sich selbst zu beleidigen, indem er besiegt wird; *zweitens,* um vor unseren Valentinas das Gesicht zu wahren und ihrem Ruf nicht zu schaden; *drittens,* um ein für allemal denen den Spaß zu verderben, die künftig, aus welchem Grund auch immer, Lust bekommen sollten, uns anzugreifen.«

Die zustimmenden Rufe meiner Kameraden drückten immer noch Begeisterung aus, klangen aber schon weniger beunruhigend.

Ich beschloß, daß ein den Regeln entsprechender, öffentlich erklärter Kampf stattfinden sollte, und beauftragte Moucatar Kaou und seine Begleiter, auf der Stelle zu Si Tangara zurückzukehren und ihm folgende Botschaft zu überbringen:

»Ich, Amkoullel, und meine vollzählig versammelten Freunde haben das Geschenk erhalten, das Si Tangara und seine vollzählig versammelten Freunde uns sandten. Wir sind keine Hunde, die auf ihr Bellen mit Bellen Antwort geben, denn für uns sind Si Tangara und seine Bande nichts als Hunde mit riesigen Schwänzen. Dennoch fordern wir sie, wie es üblich ist, zu einem guten und vorschriftsmäßigen Kampf auf. Wir überlassen ihnen die Aufgabe, unter den Ältesten der anderen Waaldés ihre und unsere Zeugen zu wählen sowie Tag und Ort unseres Treffens festzusetzen.«

Si Tangara wählte den folgenden Donnerstag. Er weigerte sich, Zeugen für uns auszusuchen, benannte aber die seinen: Mouda Diourou und Nouhoun Allahadji, die beide zur Vereinigung meines großen Bruders Hammadoun gehörten. Die Entscheidung über den Ort des Treffens überließen sie uns. Ich wählte ein Tal, das im Westen der Stadt am linken Ufer des Yaamé in der Nähe des Militärschießplatzes zwischen den roten Dünen und dem Akazienwäldchen lag, und bezeichnete unsere Zeugen: Allaye Gombel und meinen großen Bruder Hammadoun persönlich.

Für die Vorbereitungen standen uns drei volle Tage zur Verfügung. Als der Donnerstag da war, brachen meine Freunde gleich nach dem Mittagessen in kleinen Gruppen auf, damit die Aufmerksamkeit der Erwachsenen und unserer in der Stadt wohnenden Verwandten nicht geweckt wurde. Wir waren mit biegsamen, geflochtenen langen Riemen bewaffnet und mit Ersatzstöcken.

Als wir an Ort und Stelle anlangten, stellten unsere jeweiligen Zeugen uns in einer Reihe auf, von Angesicht zu Angesicht. Es war üblich, daß der Kampf mit einem Nahkampf der Vorsitzenden anfing, bevor er sich in ein allgemeines Getümmel verwandelte. Nouhoun Allahadji erklärte mit lauter Stimme: »Das Wort hat das Lager der Kläger.« Ich trat aus dem Glied. »Si Tangara!« rief ich, »warst du es, der mir stinkende Worte geschickt hat, zusammen mit einer Kaurimuschel ohne Nase in einem Kalebassenscherben?«

»Ja, was du da sagst, habe ich getan. Und ich folge deiner Aufforderung, um dir zu beweisen, daß du mit mir noch nicht fertig bist.«

»Also los, tritt vor und wiederhole, was du gesagt hast, auf daß ich mit dir umgehe wie der Eselstreiber mit seinem Esel, du Abkömmling einer blöden Eselin!«

Si Tangara stürzte sich auf mich, wobei er mit seiner langen Liane durch die Luft peitschte. Es gelang ihm, mir auf der rechten Seite einen schweren Hieb zu versetzen, aber ich schaffte es, ihn mit meinem Stock abzufangen. Das Geräusch war schlimmer als der Schaden. Dennoch hatte das Ende seiner Liane meine Hüfte erwischt, die mit einem blutigen Striemen gezeichnet war. Um die Meinen zu ermutigen, vor allem aber, um die Wahrheit vor ihnen zu verbergen, prahlte ich:

»He du, Si Tangara, du schlechter Peitscher! Du wolltest einen, der deinem Vater gleichgestellt ist, auspeitschen, und du hast deinen Hieb verfehlt. Nimm jetzt das hier, das wird dir dein Schweinefleisch zerreißen!...«

Ich hob die rechte mit der Liane bewaffnete Hand. Si Tangara, der glaubte, daß ich auf seine linke Seite zielte, die in meiner Reichweite war, bedeckte diese schnell mit den Armen. Blitzschnell nahm ich die Liane in die linke Hand, mit der ich recht geschickt umzugehen verstand, und versetzte seiner rechten Seite einen so heftigen Hieb, daß er auf seinen Beinen ins Wanken geriet.

Er war sehr viel stärker als ich. Im Nahkampf hätte er mich in wenigen Minuten zusammengeschlagen, und er war sich dessen genau bewußt. Er überwand seinen Schmerz und warf sich auf mich in der offenkundigen Absicht, mich zu packen, auf die Erde zu werfen und durchzuprügeln; da er allein auf die Kraft seiner Arme zählte, hatte er unvorsichtigerweise seinen Stock und seine Liane fallen lassen. Aber ich hatte seine Bewegung kommen sehen. Dank meines geringen Gewichts behende wie ein Affe, sprang ich, mich nach links abstoßend, nach hinten, so daß ich im selben Augenblick, als er auf mich stürzte, einen heftigen Stockhieb auf seinem rechten Schienbein landen konnte. Der Schmerz war so stark, daß er zusammenbrach. Ich setzte ihn außer Gefecht, indem ich ihm eine Tracht Stockhiebe auf die Vorderarme verpaßte, mit denen er sich schützend zu bedecken versuchte.

Als seine Kameraden sahen, in welch schlimmer Lage er sich befand, fielen sie über mich her, aber meine Gefährten warteten nur darauf, sich in dem Kampf zu werfen. Es kam zu allgemeinem und blindwütigem Getümmel. Afo Dianou, stämmig und kräftig gebaut, Mamadou Gorel, ein hervorragender Kämpfer und Stockschläger und darüber hinaus von unvergleichlicher Flinkheit, und der robuste Daouda Maïga hatten die Weisung erhalten, mich zu decken und jeden Feind anzugreifen, der versuchen sollte, mich in der Absicht eines Nahkampfs zu ergreifen.

Si Tangara war aufgestanden, aber ich ließ einen solchen Hagel von Schlägen auf ihn niedergehen, daß er keinen Vorteil mehr bekam. Ich schlug ihn nach Leibeskräften, ohne daß es mir jedoch gelang, ihm auch nur einen Schrei oder Hilferuf zu entlocken, der meinen Sieg deutlich gemacht hätte. Ich hatte ihn geschlagen, gewiß, aber was ich nicht erreicht hatte, war, ihn zu bezwingen und zu nötigen, mich um Verzeihung zu bitten. So angeschlagen und blutbedeckt er auch vor mir stand, seine Haltung blieb großartig. Ich bewunderte seinen Mut und zog daraus eine Lehre für mich selbst.

Afo Dianou, den sein Widerstand rasend machte, schrie:

»He, du Sohn eines *banmana*, eines Bambara, ich bin dein Mann!«

Und er warf sich auf Si Tangara, den ich freiließ. Diesem war die Körperkraft und Brutalität von Afo Dianou wohl bekannt, und er entriß gewandt einem seiner Kameraden den Stock. Nun wußte ich zwar, daß Afo Dianou ein Mann des Nahkampfs war, aber nicht gut mit dem Stock oder der Liane kämpfen konnte, Waffen, die ich besser beherrschte als er. Ich machte mir die Bewegung von Si Tangara zunutze, stellte mich zwischen sie und schlug ihm in die Seite. Aber er kam wieder zu Kräften. Mit einer Drehung gelang es ihm, mir einen so heftigen Stockhieb auf die Stirn zu versetzen, daß meine Kopfhaut aufriß. Das Blut spritzte heraus, machte mich blind und beraubte mich meiner Möglichkeiten. Si Tangara hätte sich bestimmt in diesem Augenblick an mir gerächt, wenn sich nicht Daouda Maïga zwischen uns geworfen und eine Lawine von Schlägen auf ihn hätte niedergehen lassen, die ihn außer Gefecht setzten. Afo Dianou, der von hinten kam, umklammerte ihn mit seinen mächtigen Armen und schaffte es, ihn hochzuheben. Der Stock fiel Si Tangara aus den Händen. Mit meinem Stock grün und blau geschlagen, hatten seine Arme nicht mehr genug Kraft, die Umklammerung von Afo Dianou zu lockern. Der hielt seinen Hals, in den linken Arm eingeklammert, fest und brachte ihn mit einem raschen Hüftschwung zu Fall, setzte sich auf ihn und drückte ihn mit seinem Gewicht nieder. Er wollte ihm gerade das Gesicht mit der Faust einschlagen, da, endlich, sprach Si Tangara die so heiß ersehnten Worte: »*Aan jey!* Er ist deiner!« – was soviel heißt wie: Der Sieg ist dein. Das war die Bitte um Frieden, mit der man sich außer Gefecht erklärte.

Sogleich griffen die Schiedsrichter beider Lager ein und stoppten den Kampf. Die Hälfte der Kameraden von Si Tangara war im allgemeinen Getümmel ziemlich übel zugerichtet worden und geflohen, die einen waren hinter die roten Dünen gelaufen und versteckten sich dort, die anderen ins Akazienwäldchen; wieder andere hatten den Fluß durchquert und sich nach Bandiagara zurückgezogen. Wir hatten den Sieg davongetragen, jedoch zu einem hohen Preis: Etliche von uns waren ernsthaft verletzt.

Wir schleppten Si Tangara als Gefangenen zur Öffnung eines Wasserlochs, wo der heilige Kaiman von Bandiagara lebte, den alle *Mamma Bandiagara*, Ahne von Bandiagara,[39] nannten.

»Schwöre beim heiligen Kaiman, daß du uns niemals mehr provozieren wirst«, forderte ich ihn auf, »und daß du dich nicht mit einer anderen Waaldé verbündest, um uns zu schlagen. Im Ausgleich dafür sind wir bereit, uns mit deiner Waaldé zusammenzuschließen. Wir alle zusammen, wir bilden eine gefährliche Kraft, die imstande wäre, allen gegnerischen Waaldés in den nördlichen Vierteln die Stirn zu bieten.«

Si Tangara erklärte tapfer, nichts ohne die Zustimmung seiner Kameraden entscheiden zu können. Er bat um eine Frist von drei Tagen, damit er Rat halten könne. Die Zeugen erklärten uns zu Siegern, räumten Si Tangara die erbetene Frist aber ein.

Drei Tage später, zum verabredeten Zeitpunkt, stellten Si Tangara und seine Kameraden sich beim Wasserloch ein, dem Unterschlupf des Kaimanahnen. Meine Freunde und ich erwarteten sie. Unsere jeweiligen Zeugen waren auch anwesend; sie hatten beschlossen, daß die Forderung nach einem Schwur entfalle, wenn die Waaldé von Si Tangara die Vereinigung mit uns beschlösse, aber dann müßten unsere beiden Vereinigungen sich wechselseitige Treue schwören und ihre Mitglieder sich als Brüder mit gleichen Rechten und Pflichten anerkennen.

Als Si Tangaras Gefährten den Zusammenschluß annahmen, schworen wir einander mit folgenden Ausdrücken die Treue:

»Wir, die Mitglieder der Vereinigungen der Jüngsten aus den Vierteln Ddendé Bôdi und Gan'ngal, wir schwören bei den Wassern des Yaamé in Bandiagara, daß wir vereint sind und von nun an eine einzige Waaldé bilden, deren Mitglieder sein werden wie Brüder, die aus denselben Eingeweiden gekrochen sind. O Kaiman und Ahne von Bandiagara, sei Zeuge unseres Bundes! Wenn einer von uns seinen Schwur bricht, dann untersage du ihm, o Kaiman und Ahne, den Zugang zum Yaamé, und er soll niemals mehr darin baden dürfen, seine Wasser mögen ihm Koliken verursachen, er soll nie mehr darin fischen dürfen, und wenn er es tut, dann mögen die Fische ihm die Lepra bringen! Und wenn er trotzdem kommt, dann, o Kaiman und Ahne, mache, daß dein böser Sohn Ngudda-mit-dem-Stummelschwanz mit seinen Kinnladen und den spitzen, giftigen Zähnen sein Bein schnappt. O Kaiman und Ahne, tu dies, um das gegebene Wort zu schützen! Ein Mund ohne Wort ist wie eine Königin ohne Krone.«

Unsere beiden Vereinigungen schlossen sich also zusammen. Si Tangara wurde zum stellvertretenden Vorsitzenden unserer neuen Waaldé gewählt und ersetzte Mamadou Gorel, der zweiter Stellvertreter wurde. Von diesem Tag an zählten zu unserer Waaldé die besten Kämpfer, Peitscher und Stockschläger von ganz Bandiagara. Sie erreichte die eindrucksvolle Zahl von siebzig Mitgliedern. Keine andere Waaldé unseres Alters konnte hoffen, uns zu besiegen. In der Stadt erhielten wir bald den wenig schmeichelhaften Titel *Bonndé unanndé* – ›Was schlecht gestampft ward‹, eine Anspielung auf ein Hirsecouscous, unter das man bittere und scharfe Zutaten mischt. Um der Wahrheit willen muß gesagt werden, daß unsere Raubzüge in die Gärten der Notabeln oder der Militärs manchmal so große Schäden anrichteten wie eine Rattenkolonie oder eine Heuschreckenplage und daß selbst die prächtigen Tomaten im Garten des Distriktkommandanten unseren Plünderungszügen nicht entgingen...

IN DER SCHULE DER WEISSEN

Zwangsweise dienstverpflichtet

Dieweil ich zwischen der Koranschule, meinem großen Bruder und meinen Kameraden aus der Altersklasse glückliche Tage verbrachte, tauchte unerwartet auf, was eine große Wende in mein Leben bringen sollte. Und wirklich, jedesmal, wenn mein Leben gerade einen angenehmen Weg nahm, der immer geradeaus führte, dann schien das Schicksal seine Freude daran zu finden, dagegen zu kicken und zu bewirken, daß es die genau entgegengesetzte Richtung einschlug, wobei die Zeiten des Glücks und Unglücks einander regelmäßig abwechselten. Das begann schon lange vor meiner Geburt mit meinem Vater Hampâté, der das Herrscheramt von Fakala hätte erben sollen – und nach ihm seine Kinder – und der sich als einziger Überlebender seiner gesamten Familie und namenloser Flüchtling mitten in einer Schlachterei wiederfand. Später vom König, der alle die Seinen hatte niedermetzeln lassen, rehabilitiert, stirbt er viel zu früh, als daß ich ihn wirklich hätte kennenlernen können, und das Schicksal macht aus mir ein kleines dreijähriges Waisenkind. Kommt dann nicht ein reicher und nobler Provinzchef, heiratet meine Mutter, adoptiert mich als mutmaßlichen Erben und Sohn und läßt über meinem Kopf den Turban der Herrscher von Luta schweben? Krach! Bumm! Bauz! Und wir befinden uns alle im Exil, und da bin ich nun der Sohn eines Zuchthäuslers. Dann kommen wir endlich wieder nach Bandiagara, wo das Leben seinen gewohnten Verlauf zu nehmen scheint, und da entreißt man mich in brutaler Weise meinen traditionellen Beschäftigungen, die mich zweifellos zur klassischen Laufbahn eines Marabuts und Lehrers geführt hätten, und schickt mich amtlicherseits in die ›Schule der Weißen‹, die damals von den meisten Muslimen als der direkteste Weg zur Hölle betrachtet wurde!

Zu jener Zeit hatten die Distriktkommandanten auf dem Wege schulischer Ausbildung drei Bereiche zu versorgen, und zwar einmal den öffentlichen Sektor, das heißt Lehrer, subalterne Beamte der Kolonialverwaltung, Hilfsärzte usw., wohin die besten Schüler gingen; dann den militärischen Sektor, da man wünschte, daß die Infanteristen, Spahis und Goumiers über Grundkenntnisse des Französischen verfügten, schließlich den Sektor des Hauspersonals, für den die am wenigsten begabten Schüler abfielen. Für die beiden ersten Sektoren wurden vom Generalgouverneur jährliche Quoten festgelegt; die Distriktkommandanten führten die ›Bestellung‹ aus, indem sie den Kantonchefs und den traditionellen Oberhäuptern angaben, wieviele Kinder für die Schule requiriert werden mußten.

So kam es, daß Camille Maillet, der Distriktkommandant von Bandiagara, eines schönen Tages im Jahre 1912, als ungefähr zwei Drittel des Schuljahres vorüber waren, Alfa Maki Tall, dem traditionellen Stadtoberhaupt und Sohn des ehemaligen Königs Aguibou Tall, den Befehl gab, ihm zwei Knaben aus guter Familie, die noch nicht achtzehn Jahre alt waren, zu liefern, um die Schülerzahl der Grundschule von Bandiagara zu vervollständigen.

Alfa Maki Tall rief die Vorsteher der achtzehn Viertel von Bandiagara zusammen und fragte sie, welches Viertel jetzt an der Reihe sei, Schüler zu liefern. Koniba Kondala, der Vorsteher unseres Viertels Deendé Bôdi, schlug sich mit den Fingerspitzen gegen die Stirn, die übliche Art, ohne Worte zu erklären: »Ich bin an der Reihe, ich bin dran.«

Zum besseren Verständnis der Ereignisse muß ich erklären, wer Koniba Kondala war. In Kondala geboren, einem Dorf in Fakala, dem Land meiner väterlichen Vorfahren, war er eigentlich ein ehemaliger *dimadjo* der Familie von Alfa Samba Futa Bâ, einem meiner Großonkel väterlicherseits, der in der Zeit des Fulbereichs von Massina, unter der Herrschaft von Seku Amadu, Armeegeneral und Provinzchef war. Als König Tidjani Tall, der Neffe von El Hadji Omar, das Land eroberte, das Dorf Kondala einnahm und meine ganze Familie väterlicherseits dezimierte, schlug sich Koniba auf die Seite der Tukulor und überantwortete sich dem König. Er wurde sein ›freiwilliger Sklave‹ und zur gleichen Zeit gewissermaßen ein Agent seines Geheimdienstes, der in dieser Phase des Krieges und der Unterdrükkungsmaßnahmen gegenüber den notabeln Fulbe des Landes außerordentlich nützlich für ihn war.

König Tidjani Tall nutzte seinerzeit die Dienste von Koniba Kondala, ohne ihm jedoch einen wichtigen Rang in seinem Gefolge einzuräumen. Ich weiß nicht, welche Rolle er später am Hof von Aguibou Tall spielte, in der Zeit von Alfa Maki Tall war Koniba Kondala jedenfalls Vorsteher unseres Viertels.

Seit einiger Zeit war unser Beschützer Beydari sein ›schwarzes Schaf‹ geworden. Beydari hatte, wie wir uns erinnern, bei meinem Vater Hampâté und dem alten Allamodio den Beruf eines Schlachters erlernt und widmete sich dem Fleischhandel, womit er den Lebensunterhalt der ganzen Hausgemeinschaft bestritt: nicht nur für meinen Bruder Hammadoun und mich, sondern auch für sich selbst, seine eigene Familie und die Familien seiner Gefährten, der ehemaligen Sklaven meines Vaters, die geheiratet hatten und alle im Anwesen der Familie lebten. Nun hatte Koniba Kondala die Gewohnheit angenommen, sich umsonst am Marktstand Beydaris zu bedienen, und er trug immer die besten Stücke davon. Eines Tages ärgerte es Beydari, dabei zuzusehen, wie sich seine schönsten Keulen und fettesten Schulterstücke für nichts und wieder nichts verflüchtigten, und in dem Augenblick, als die Hand Konibas sich seines schönsten Stücks bemächtigen wollte, hielt er sie überm Stand fest. »Da dir das rechte Maß fehlt«, sagte er, »bin ich gezwungen, es dir beizubringen. Von heute an nimmst du hier nicht mehr das kleinste Stückchen Fleisch weg, ohne es zu bezahlen. Geh und betreibe deine Plünderungen anderswo.«

Konibo Kondala konnte sich dem nur fügen, aber er schwor sich, daß Beydari diese Abfuhr teuer zu stehen sollte. Und von dem Tag an lag er auf der Lauer, bereit, sich unter dem erstbesten Vorwand zu rächen. Die ersehnte Gelegenheit stellte sich ein, als er den Befehl erhielt, zwei Jungen für die Schule der Weißen einzuziehen. Was konnte er Beydari Schlimmeres antun, als ihm an einem Tag die beiden kleinen Waisen, die er anbetete, zu entreißen und sie auf die Schule der ›Schweinefleischesser‹ zu schicken? Und was für eine schöne letzte Rache an der Familie seiner ehemaligen Herren aus Fakala! Darüber hinaus hätte er das außerordentliche Vergnügen, Beydari in eine unmögliche Lage zu bringen. Er zweifelte nämlich nicht daran, daß dieser versuchen würde, wenigsten einen von uns vor dem Los zu bewahren, das ihn erwartete, und dazu boten sich ihm nur zwei Möglichkeiten: entweder vor ihm, Koniba Kondala, in die Knie zu gehen und ihn anzuflehen, wenigstens einen der beiden Söhne Hampâtés zu befreien und ihm im Austausch dafür täglich die schönsten Stücke seines Standes kostenlos zu liefern, oder den Schullehrer, beziehungsweise den Dolmetscher anzuflehen, einen der beiden Jungen von der Liste der Schüler zu streichen, was ihn ein seine Mittel übersteigendes Vermögen kosten würde. In beiden Fällen, so dachte er, verlöre Beydari gezwungenermaßen sein Gesicht und wäre sich nicht einmal sicher, ob seinem Wunsch Genüge getan werde.

Um der Wahrheit willen muß ich sagen, daß ich selbst meinen Beitrag dazu geleistet hatte, der Feindseligkeit Koniba Kondalas gegen uns Nahrung zu geben. Er unterhielt nämlich mit großer Sorgfalt einen schönen Gemüsegarten, den er mit schützenden Fetischen bestückt hatte, einer schrecklicher als der andere, vor denen alle Angst hatten. Und wir, die Waaldékameraden und ich, hatten alle Fetische weggeschafft und zerstört, bevor wir uns, unserer Gewohnheit entsprechend, ein Vergnügen daraus machten, seinen Garten auszuräubern. Und er wußte genau, wer für diese Missetat verantwortlich war...

Damit ist erklärt, mit welchem Frohlocken Koniba Kondala nach der Versammlung der Viertelvorsteher zu Beydari stürzte und ihm mit erfreuter Miene mitteilte, daß seine beiden Mündel Hammadoun Hampâté und Amadou Hampâté bestimmt waren, die Schule der Weißen zu besuchen.

»Gottes Wille geschehe; wie es Gott gefällt, so soll es sein!« erwiderte Beydari ruhig.

Das war die letzte Antwort, auf die Koniba gefaßt war! Die Enttäuschung malte sich auf seinem Gesicht ab. Um das Schauspiel betrogen, das er sich erhofft hatte, konnte er nicht an sich halten und rief aus:

»Nun, um so besser für deine kleinen Herren! Was sie in der Schule der Weißen lernen, wird sie dazu bringen, ihren Glauben zu verleugnen; aus ihnen werden Ungläubige und Nichtsnutze, die Gesellschaft wird sie verstoßen!«

Beydari bemühte sich nicht einmal um eine Antwort. Immer enttäuschter bellte Koniba: »Wo sind sie?« – in der festen Überzeugung, daß Beydari es ihm nicht verriete und er somit Gelegenheit hätte durchzugreifen.

Ohne seine Ruhe zu verlieren, antwortete Beydari:

»Heute sind sie in der Koranschule von Alfa Ali.«

Wie ein Wirbelwind stürmte Koniba Kondala zu Alfa Ali, dem alten Lehrer, bei dem Tierno Bokar uns untergebracht hatte, bevor er auf eine kleine Reise gegangen war. Hammadoun und ich saßen unterm Hofdach und lernten unter der Anleitung des alten Aushilfslehrers unsere Lektionen. Alfa Ali hielt sich im Inneren des Hauses auf.

Sobald Koniba auftauchte, sprach jeder automatisch die Koranformel, die man sagt, wenn ein Unglück geschieht: »*Gewiß, wir gehören Gott, und zu ihm kehren wir zurück.*« Der Anblick, wie Koniba auf einen zuging, wurde wirklich wie die Ankündigung eines unvermeidlichen Unglücks betrachtet, denn er kam zu den Leuten nur, um sie auszuheben oder amtlicherseits zu einer Zwangsarbeit einzuziehen, sei es für die Armee, sei es für die Schule. Das geringste Unglück, das er anrichten konnte, bestand in der Beschlagnahme von Lasttieren für den quasi kostenlosen – oder sehr gering bezahlten – Transport von Personal oder Material für die zivile oder militärische Kolonialverwaltung, wenn nicht gar für die großen französischen Handelsgesellschaften vor Ort – in welchem Falle die Leistungen der Bevölkerung als ›Beitrag zur Entwicklung der Kolonie‹ angesehen wurden.

Koniba war ein hochgewachsener Mann von enormen Ausmaßen. Alles an ihm war hart und kräftig. Man hatte ihn den ›rotäugigen schwarzen Löwen‹ genannt, ein beredtes Bild, wenn man weiß, daß der schwarze Löwe immer ein Menschenfresser ist. Ohne die mindeste Rücksicht auf Ammoussa, den Hilfslehrer, der uns unsere Lektionen gab, erteilte Koniba meinem Bruder und mir den Befehl, ihm zu folgen. Irgend jemand hatte den alten Meister Alfa Ali unterrichtet, der hastig herbeieilte. Er empörte sich:

»Es ist das erste Mal, daß ich sehe, wie zwei Brüder von einem Vater und einer Mutter gleichzeitig für die Schule eingezogen werden. Was ist los, Koniba Kondala?«

»He du, Marabut!« grinste Koniba ihn höhnisch an. »Vielleicht steht es nicht im Koran, aber merke dir, daß hienieden die Gewalt dem Recht vorangeht. Wenn die Gewalt dir den Finger abschneidet und du das ungerecht findest, schneidet sie dir die ganze Hand ab, dann den ganzen Arm, und darum werden doch Tag und Nacht nicht aufhören, einander zu folgen, Paare werden sich paaren, der Wind wehen, die Flüsse fließen und die Pflanzen wachsen.

Bringe deinen Turban in Ordnung und kehre zu deinen Büchern zurück, zu deinen Täfelchen und deinen Schilffedern!«

Der alte Meister antwortete mit dem Beschwörungssatz, dann wandte er sich an uns:

»Folgt ihm, meine Kinder, und Gott lasse Gerechtigkeit über euch walten.«

Koniba Kondala lachte schallend:

»Wenn der Tubab befiehlt, schließt Gott die Augen und läßt es geschehen. Vergeude also deine Spucke nicht.«

Hammadoun und ich, wir hatten oft gesehen, wie Koniba Kondala sich mit Beydari auseinandersetzte, und wir fürchteten uns, mit ihm zu gehen. Wir trödelten. Als wir an eine Gassenecke kamen, rasten wir, so schnell wir konnten, zum Markt, wo Beydari das Geschäft führte. Als Koniba Kondala sah, wie wir Reißaus nahmen, begriff er sofort, wohin wir uns wandten, und holte uns dort wenig später ein, wobei er vor Wut schäumte und laut fluchend Drohungen ausstieß. Er versuchte uns zu ergreifen, aber Beydari, der selbst von eindrucksvollem Wuchs war, stellte sich dazwischen und schwang sein großes, zweischneidiges Messer. Ein sehr schlechter Gedanke schoß mir durch den Kopf: Ich wünschte mir zu sehen, wie Beydari Koniba Kondala den Bauch aufschlitzte wie seinen Schlachttieren; aber die Vorstellung, daß man ihn sogleich in schweren, wie einst bei meinem

Vater Tidjani an seinen Füßen klirrenden Ketten ins Gefängnis werfen würde, verjagte diesen Gedanken aus meinem Kopf! Tief in mir flüsterte eine zarte Stimme: »Wenn Beydari ins Gefängnis kommt, wer kümmert sich dann um die ganze Familie?« Meine Angst war so groß, daß ich aus einer unbewußten Reaktion heraus rief: »Nein, Beydari kommt nicht ins Gefängnis!«

»Doch, Beydari kommt wohl ins Gefängnis!« erwiderte Koniba Kondala böse; und er stieß uns hinaus, meinen Bruder und mich, und untersagte Beydari, uns zu folgen. Er hieß uns den Weg nehmen, der zum Palast des Oberhaupts Alfa Maki Tall führte.

»Los, schneller!« schrie er. »Haltet ihr mich für ein Chamäleon, den Cousin eures Vaters, daß ihr dermaßen trödelt? Wenn ihr euch nicht beeilt, verpasse ich euch so deftige Ohrfeigen, daß eure Vorfahren sich im Grab umdrehen, um zu erfahren, was mit ihren Abkömmlingen geschieht.«

»Wo bringen Sie uns hin?« wagte Hammadoun zu fragen.

»Wohin ihr es verdient, zum Schweinestall der Tubabs! Dort werdet ihr in Schweine verwandelt, oder besser noch, in kleine Reisigbündel, die dazu dienen, die Höllenfeuer zu nähren!« Derart, unter einem Schwall von Beleidigungen und Drohungen, gelangten wir zum Palast des Oberhaupts, und unsere Seele war erfüllt mit der Angst der zum Tode Verurteilten.

Der Vorraum war voller Diener und Besucher, die darauf warteten, empfangen zu werden. Koniba Kondala, der bei Alfa Maki Tall freien Zugang hatte, brachte uns direkt in den inneren Hof. Dort vertraute er uns einem wachhabenden *sofa* an, dem er auftrug, uns im Auge zu behalten, weil wir fähig wären, uns in Sicherheit zu bringen. Er ließ uns unter dessen Obhut zurück und stieg die Treppe hinauf, die zum ersten Stock führte. Einige Augenblicke später kam er wieder herunter, ihm voran das Oberhaupt Alfa Maki Tall. Sobald der uns erblickte, wandte er sich an Koniba Kondala:

»Was denn! Sind diese beiden Jungen nicht die Söhne von Kadidja Pâté?«

»Ja, *Fama*, das sind ihre beiden Söhne.«

»Und du willst, daß ich am selben Tag zwei Brüder von demselben Vater und derselben Mutter für die Schule bestimme?«

»*Fama*, diese beiden Jungen sind nicht wie andere: Sie sind die einzigen männlichen Nachkommen der Hamsalah und des Alfa Samba Futa Bâ, durch Tayru Hammadun, Bori Hammadun und Hudu Hammadun; nun handelt es sich hier um die Familie, von der einst Seku Amadu, der Fulbekönig von Massina, sagte, sie sei das Gold von Fakala, und wenn man ihre Mitglieder wie Hirse aussäen könnte, so hätte er es getan, damit es sie in den Landstrichen des Nigerbogens in jeder Generation gäbe. Diese Jungen sind die letzten Nachfahren einer Familie, die mit deiner verfeindet ist.«

Der *Fama* setzte sich auf einen erhöhten Platz aus schwarzer Erde, auf dem bestickte Decken lagen; sogleich umringten ihn Höflinge, *sofas*, Diener und Besucher in prunkvollen Bubus. Er wandte sich an uns: »Kommt näher, meine Kinder«, sagte er. Instinktiv spürte ich, daß dieser Mann uns nichts Böses wollte. »Wer von euch beiden ist in den Koranstudien am weitesten fortgeschritten?«

Die Frage belustigte mich. Wie konnte denn fraglich sein, ob ein Eselchen oder ein Vollbluthengst schneller ist? Neben meinem großen Bruder Hammadoun war ich, was den Verstand anging, wie ein Esel, den man mit einem gut trainierten Rennpferd vergleicht. Unter Berücksichtigung sämtlicher Gesichtspunkte war mein Bruder Hammadoun ein Meisterwerk der Natur. Er war der schönste Junge von ganz Bandiagara, und wenn er auch nicht die Statur eines Kämpfers hatte, so war er doch mit einer solchen physischen Kraft begabt, daß kein Kamerad ihn je niederzustrecken vermochte und man ihm den Beinamen ›der Unbeugsame‹ gegeben hatte. Und er hatte ein so bemerkenswertes Gedächtnis, daß er es bereits im Alter von elf Jahren fertigbrachte, den Koran in Gänze auswendig zu kennen. Als Koniba kam, um uns einzuziehen, war mein Bruder bei seinem zweiten ›Durchgang‹ durch das Heilige Buch, während ich noch in der ersten Hälfte herumhaspelte.

Nachdem wir beide Alfa Maki Tall erklärt hatten, auf welcher Stufe wir uns befanden, wandte das Oberhaupt sich an meinen Bruder:

»Geh nach Hause und mache dich wieder an deine Studien«, sagte er zu ihm. »Und wenn du mit dem zweiten Durchgang des Koran fertig bist, dann werde ich dir persönlich deine *walima*, dein Festmahl, bezahlen.«

Hammadoun dankte dem Oberhaupt, und da er mich allein zurücklassen mußte, machte er sich schweren Herzens auf den Weg.

Alfa Maki Tall rief einen der Diener:

»Geh und sage meiner Gemahlin Ta-Selli, sie möge meinen Sohn Madani zu mir schicken.«

Während wir auf Madani warteten, von dem ich annahm, er sei ein großer Würdenträger des Palastes, betrat den Hof eine reich geschmückte Griotin und Sängerin, deren Ohrläppchen riesige, gedrehte goldene Ohrringe beschwerten und deren Ohrmuscheln an den Rändern mit kleinen kostbaren Ringen aufs feinste eingefaßt waren. Sie hob die Arme und ließ ihre zahlreichen Armbänder klirren, und mit erhobener, machtvoller Stimme stieß sie, statt eines Grußes, in langgezogenem Ton den Namen Tall aus, dann stimmte sie einen Gesang an, der die Zeit der Tukulor verherrlichte. Plötzlich schwieg sie. Madani war gerade erschienen. Zu meiner großen Überraschung erblickte ich einen Siebenjährigen, mit einem schönen Bubu aus schwarzem Tuch, dem Guineatuch, gekleidet. Auf der einen Seite des Kopfes trug er einen großen Haarzopf; der Rest des Schädels war sauber geschoren, wie es bei den Kindern der Tall bis zu ihrer Beschneidung Sitte ist.

Man führte ihn vor seinen Vater. Da er nicht wußte, was jener von ihm wollte und warum er ihn hatte rufen lassen, zitterte der kleine Junge. Alfa Maki wandte sich an Koniba Kondala:

»Da der Kommandant zwei Schüler aus guter Familie anfordert«, sprach er, »schicke ich meinen Sohn. Er wird die Stelle von Hammadoun Hampâté einnehmen, den ich zurückgesandt habe. Bringe meinen Sohn ebenso wie Amadou zum Kommandanten und sage diesem, daß ich, falls er auf den Gedanken käme, einen von ihnen freizulassen, ihn aus familiären Gründen auffordere, nicht den einen ohne den anderen gehen zu lassen. Ich will, daß sie beide dasselbe Schicksal erleiden. Er wird mich verstehen.«

Koniba Kondala geriet in helle Aufregung. Er verlor jeden Sinn für Maß und Schicklichkeit und rief:

»O *Fama*, behalte deinen Sohn! Laß Hammadoun zurückkommen und schicke ihn mit seinem jüngeren Bruder zur Schule der Weißen! Gib ihnen nicht die Gelegenheit, sich durchs Koranstudium auszuzeichnen. Die Abkömmlinge der Hamsalah werden bestimmt zu großen Marabuts, zu Persönlichkeiten, und die Familie erhielte religiöses Ansehen!«

Alfa Maki wurde zornig:

»Vater Koniba!« wetterte er. »Wisse, daß die Vergangenheit für mich vergangen ist. Ich wünsche nicht, und die Moral des Islam verbietet es mir, daß die Schuld der Vorfahren auf die Enkel zurückfällt. Erinnere mich nie an das, was einst zwischen uns und unseren muslimischen Fulbebrüdern aus Massina geschah. Wir sind alle *Halpular*, Menschen, die Ful sprechen. Ich habe nichts gegen diese Kinder. Sie sind, wie einige meiner Kinder und eure auch, in Bandiagara geboren. Sie haben vor Gott dieselben Rechte und Pflichten. Sie gleichen Reisenden, die ein und dieselbe Piroge bestiegen haben, die sich derselben Landschaft erfreuen und denselben Gefahren ausgesetzt sind.«

Anwesend war auch Kaou Dîeli, der ehemalige große Marabut und Griot vom Hofe des Königs Aguibou Tall – und der Großvater unseres Gefährten Mouctar Kaou –, der dem Oberhaupt Alfa Maki Tall als Ratgeber diente.

»O du, Koniba Kondala!« rief er. »Höre auf, dem Wind zu befehlen, wenn wir dem Wasser befehlen, den Brand zu löschen. Geh, nimm Madani Alfa Maki und Amadou Hampâté mit dir und wiederhole, ohne ein Wort hinzuzufügen oder wegzulassen, vor dem Kommandanten getreulich, was der *Fama* dir zu sagen befohlen hat. Der beste Diener ist derjenige, der an der ihm gesetzten Grenze innehält und getreu berichtet, was zu sagen man ihm aufgetragen hat. Unangemessenheit ist niemals ein guter Ratgeber.«

Koniba Kondala schämte sich offensichtlich, von dem, dem er hatte gefallen wollen, öffentlich derart gemaßregelt worden zu sein; er ergriff plötzlich meinen Arm und stieß mich vor sich her, dieweil er Madaini mit hochachtungsvoller, sanfter Stimme zuflüsterte: »Kommt, *Maké*, mein Herr! Folgt mir...«

Wenn ich darüber nachdenke, was manche Tall meiner Familie angetan haben, dann gedenke ich des so vornehmen Verhaltens eines Tall wie Alfa Maki und sage mir, daß man die Augen schließen muß angesichts der Schwächen der Menschen und von ihnen nur das Gute annehmen soll. Das Gute ist uns allen gemein; was die Schwächen angeht, so haben wir alle die unseren, und auch ich habe meine. Noch heute bin ich Alfa Maki Tall dankbar für seine große Geste, und das Bild seines Wohlwollens ist mir im Gedächtnis geblieben.

Kaum waren wir auf den Weg zur Residenz des Distriktkommandanten eingebogen, als das Gewitter ausbrach, das sich in Koniba Kondala gegen mich zusammengebraut hatte. Während ich, so gut ich konnte, hinter ihm hertrottete und aufpaßte, daß meine Zehen nicht an seine Fersen stießen, die so runzlig waren wie lehmige Erde nach dem Abfluß des Wassers, da schüttete der ehemalige *dimadjo* seinen umfangreichen Vorrat an Pöbeleien über mich aus. Auf meine Leute, auf meine Eltern und mich ließ er die schlimmsten Beleidigungen niedergehen, schmähte mich als kleine, von einem einäugigen Kaiman ausgebrütete Viper, als Dreckschleuder, die ein zahnloser Löwe und eine Tigerin ohne Fangzähne und Krallen hervorgebracht hätten, außerdem mit einigen gemeinen Namen, die ich nicht wiedergeben kann. »Du Sohn eines zahnlosen Krokodils!« tobte er. »Deinetwegen wird ein Nachfahre von El Hadji Omar zur Schule der Schweinefleischfresser geschickt. Was für ein Unglück!«

Den ganzen Weg über tat er nichts anderes als zu fluchen und mich zur Hölle zu schicken. Ich nahm all diese Beleidigungen ohne sichtbare Reaktion hin, unbeweglich wie eine Lehmmauer, die die glühenden Strahlen der Mittagssonne schweigend aufnimmt, aber innerlich zerriß mich jedes Wort und verbrannte mein Herz. Mehr als ein Mal wäre mir aus Empörung fast der Atem gestockt.

Der Kommandant und das Hundertsousstück

Schließlich gelangten wir zur Brücke, die den Yaamé überquert, etwa einhundert Meter von der Residenz des Kommandanten entfernt. »O Gott!« jammerte Koniba weiter, »dieser verfluchte Sohn des verfluchten Hampâté ist schuld daran, daß mein kleiner Prinz Tall zur Schule der schnurrbärtigen Trinker von mit Schweinemilch verschnittenem Wein geschickt wird, anstatt sich ausführlichen Koranstudien zu widmen und ein großer Marabut zu werden!« Er versetzte mir einen kräftigen Schlag auf den Kopf und stieß mich vorwärts, wobei er all seinen Groll in einem letzten Fluch ausspuckte: »Möge Gott dich in den siebten Schlund seiner stinkigen Hölle schicken!«

Am Ende der Brücke gingen wir auf der schönen Straße weiter, die zu den Treppen der Residenz führt und dank der von der Bevölkerung erzwungenen ›Dienstleistungen‹ von Menschenhand festgestampft wurde. An beiden Rändern war sie mit Flamboyants gesäumt, Bäumen, die wegen ihrer schönen roten Blüten so heißen und ihres erfrischenden Schattens wegen gern aufgesucht werden. Um die Residenz herum sitzen unter den Bäumen oder im Mauerschatten Besuchergrüppchen; sie warten darauf, daß das Büro des Kommandanten seine Türen öffnet und der Dolmetscher ihnen das Zeichen gibt näherzukommen. Alle diese Leute reden leise miteinander. Niemand wagt es, die Stimme zu erheben oder laut zu lachen. Bestimmt darf der Distriktkommandant, der gefährlicher ist als ein Raubtier, in seinem Schlummer nicht gestört werden.

Offensichtlich gehört Koniba Kondala auch hier zu den Privilegierten, denn er geht direkt und ungehindert die wenigen Stufen hinauf, die zur Veranda vorm Büro des Kommandanten führen. Madani stets hinter mir, folge ich ihm auf dem Fuße und setze mich im Hintergrund der Veranda neben ihm auf den nackten Boden.

Ein Mann scheint über diese Räumlichkeit zu wachen. Mit großen Schritten geht er die Veranda in ihrer ganzen Länge unablässig auf und ab, in sichtlichem Stolz auf seinen schönen Anzug: Sein Haupt ist mit einem roten Fez geschmückt, der wie die Blüten des Flamboyant leuchtet, er trägt eine marineblaue Matrosenbluse, eine weiße Hose, blaue Wickelgamaschen und gelbe Sandalen aus echtem Leder aus Frankreich. Seine Taille umschließt stolz ein breiter, gelber Gürtel mit einer Silberschnalle. Das ist bestimmt die wichtigste Persönlichkeit in der Residenz, nach dem Kommandanten!

Einige Augenblicke später bemerke ich meinen Irrtum. Ein beleibter Afrikaner in einem gut gestärkten, prächtigen, bestickten weißen Bubu, die Füße in bestickten Stiefeln, auf dem Kopf einen Tropenhelm in sehr gutem Zustand und die Finger mit dicken silbernen Ringen beladen, kommt majestätischen, gelassenen Schrittes die Stufen zur Veranda herauf. Kaum ist er auf der Veranda angelangt, erstarrt der Mann mit dem roten Fez, nimmt mit untadeligem militärischem Gruß Habachtstellung an, dann eilt er, um den Helm entgegenzunehmen und ihn an einer Garderobe aufzuhängen. Der Mann im bestickten Bubu läßt sich neben dem Büro des Kommandanten auf einem Stuhl nieder. Beim geringsten Geräusch springt er wie von einer Tarantel gestochen auf und wirft einen verstohlenen Blick ins Büro. Später begreife ich, daß er der Dolmetscher, der ›Mundantworter‹ des Kommandanten, ist und sehr viel wichtiger als die vorherige Persönlichkeit, die ›Ordonnanzbursche‹ genannt wird.

Kaum hat der Mann im Bubu auf seinem Stuhl Platz genommen, da erscheint eine dritte Persönlichkeit, die ebenso gelassenen Schrittes wie der Dolmetscher die Stufen heraufkommt. Sie trägt den Anzug der Weiß-Schwarzen: eine auf Taille geschnittene Jacke aus weißem Drill, ein weißes Hemd, eine schokoladenbraune Hose aus marokkanischem Tuch, spitze Lackschuhe und schwarze Socken, das Ganze von einem fast neuen Tropenhelm gekrönt.

Der Ordonnanzbursche steht erneut stramm, grüßt den Neuankömmling, nimmt eilends seinen Helm entgegen und hängt ihn neben den des Dolmetschers. Dann, immer noch im Laufschritt, öffnet er die Tür eines Raums, der auf dem Flur dem Büro des Kommandanten gegenüberliegt. Der Weiß-Schwarze in der weißen Jacke – ich erfahre später, daß es der einheimische Verwaltungssekretär des Kommandanten ist – drückt dem Dolmetscher rasch die Hand und betritt das Büro, ohne sich im geringsten um Koniba Kondala zu scheren und noch weniger um die beiden Jungen in dessen Begleitung.

Diese Welt ist mir völlig neu, stürzt mich in Ratlosigkeit. Was ist das bloß für ein Haus, wo alle Welt mittels Gebärden spricht und sich gedämpften Schrittes fortbewegt? Welche Rolle hat eigentlich jeder genau?... Plötzlich hört man im Inneren des Gebäudes auf Ziegelsteinen feste Schritte. Das Geräusch kommt näher. Im Büro des Kommandanten rückt jemand den Stuhl, hüstelt mehrmals, räuspert sich und schnäuzt sich laut. Eine laute Stimme ruft:

»Ordonnanzbursche!«

»Oui, ma coumandan!« antwortete dieser und stürzt Richtung

Büro, in das sich der Kommandant offenbar von seinen innen gelegenen Wohnräumen her begeben hat.

Unvermittelt hält er vor der Tür inne und salutiert, dann erstarrt er in dieser Haltung, einer Bronzestatue gleich.

Drinnen brüllt der Kommandant etwas. Bevor der Ordonnanzbursche antworten kann, springt der Dolmetscher von seinem Stuhl auf, als ob ein Skorpion ihn geärgert hätte, und stürzt vor die Tür. »Da ich bin, ma coumandan!« ruft er aus. Er lauscht einen Augenblick, dann dreht er sich zu Koniba Kondala um und sagt auf Bambara:

»Der Kommandant fordert dich auf, ihm die beiden neuen Schüler vorzustellen.«

Im Vorbeigehen läßt der Ordonnanzbursche die kleine Bemerkung fallen: »Beeile dich, Koniba Kondala! Die Weißen gehören zur Rasse der ›schnell-schnell‹.« »Die Gangart ›schnell-schnell‹ führt zum Dorf ›Halsbruch‹«, zischt Koniba Kondala zurück.

Er stößt uns vor sich her, und alle miteinander, einschließlich Dolmetscher, finden wir uns im Büro des Distriktkommandanten von Bandiagara, Camille Maillet, wieder. Ich beobachte ihn aufmerksam: ein langer Mittelscheitel teilt seine sauber gekämmten, sehr platten schwarzen Haare, und sein Gesicht wird von einem üppigen Bart geschmückt, dem sich aufs trefflichste ein Schnurrbart zugesellt, dessen beide Enden nach oben zeigen wie der Schwanz eines Skorpions. Er trägt eine Jacke aus weißem Stoff mit Stehkragen, mit fünf vergoldeten Knöpfen von allerschönster Wirkung geschlossen und mit vier Taschen verziert, zwei oben und zwei unten, die gleichfalls mit vergoldeten Knöpfen verschließbar sind. Insgesamt, die Verzierung der Epauletten eingeschlossen, zähle ich elf vergoldete Knöpfe. Seine Hosen und Socken sind weiß, aber seine hochglänzenden Schuhe merkwürdigerweise schwarz.

Der alte Koniba stellt uns vor, indem er die Rede von Alfa Maki Tall wortwörtlich wiedergibt, ohne seine Bitte zu vergessen, in der er darum ersucht, für seinen Sohn Madani dasselbe Los vorzusehen wie für mich. Der Dolmetscher übersetzt seine Erklärung.

Beim Zuhören streicht der Kommandant langsam seinen Bart und starrt mit nachdenklichem Ausdruck auf den kleinen Madani. Dieser ist verwirrt, weiß nicht mehr, wohin er schauen soll, und dreht die Augen in alle Richtungen.

»Bist du froh, zur Schule zu gehen?« fragt der Kommandant ihn mittels des Dolmetschers.

»Nein, ich würde lieber sterben als zur Schule gehen«, entgegnet Madani. »Ich will nach Hause, zu meiner Mutter. Ich mag die Schule nicht, und die Schule mag mich auch nicht!«

»Aber dein Vater und ich legen Wert darauf, daß du zur Schule gehst«, erwidert der Kommandant. »Du wirst dort lesen, schreiben und Französisch sprechen lernen, diese schöne Sprache, die jeder Sohn eines Chefs kennen muß, weil sie ihm gestattet, Macht und Reichtum zu erwerben.«

»Mein Vater und meine Mutter wollen, daß ich die Koranschule und nicht die Schule der Weißen besuche!« jammert der kleine Madani. Und plötzlich wirft er sich schluchzend auf den Boden, krümmt sich, zerreißt dabei seinen Bubu und stößt gellende Schreie aus: »Yaa-yaa-yaaye!... Gebt mir meine Mutter wieder, gebt mir meine Mutter wieder! Yaaye! Ich will in die Koranschule zurück!...«

»Aber du kannst jeden Donnerstag und jeden Sonntag zur Koranschule gehen und frühmorgens auch«, versucht ihm der Kommandant zu erklären. Vergebliche Liebesmüh. Madani wälzt sich weiterhin auf der Erde und weint.

Zweifellos entmutigt, wendet sich der Kommandant dann mir zu und starrt mich mit seinen großen grauen Augen an. Eher neugierig als eingeschüchtert, halte ich seinem Blick stand, betrachte seine schöne, gerade Nase, seine Augenbrauen, seine dünnen Lippen, die hohe Stirn und die großen Ohren. Vielleicht durch meine Haltung stutzig geworden, stellt er mir die Frage:

»Wer bist du?«

»Ich bin ich.«

Er lacht laut auf.

»Einverstanden, aber wie heißt du, und wie heißen dein Vater und deine Mutter?«

»Ich heiße Amadou Hampâté. Meine Väter, denn ich habe zwei, heißen Hampâté Bâ und Tidjani Amadou Ali Thiam. Meine Mutter nennt sich Kadidja Pâté Diallo.«

»Und wie kommt es, daß ganz allein du zwei Väter hast, während die anderen Kinder nur einen haben?«

»Keine Ahnung, aber so ist es, und ich bin damit sehr zufrieden, denn einen, Hampâté, habe ich verloren, und einer ist übriggeblieben, Tidjani. Wenn ich nur Hampâté gehabt hätte, wäre ich jetzt vaterlos. Und wen sollte ich dann Vater nennen?«

Als der Kommandant die Übersetzung des Dolmetschers hört, lacht er so sehr, daß er sich in seinen Sessel zurücklehnt und mit den Händen auf die Armlehnen schlägt. Und als der Kommandant lacht, lacht auch der Dolmetscher, und als der Dolmetscher lacht, tun der Ordonnanzbursche und die anderen es ihnen gleich. Dergestalt, daß alles im Büro zu lachen beginnt, nur ich selbst nicht, ich bleibe ernst, und Madani nicht, der immer noch weint.

Als er sich wieder beruhigt hat, fragt der Kommandant weiter:

»Willst du zur Schule gehen und lesen, schreiben und Französisch reden lernen, das eine Sprache für Chefs ist, eine Sprache, mit der man Macht und Reichtum erwerben kann?«

Ich antworte energisch: »Ja, Papa Kommandant! Und ich beschwöre dich bei Gott und seinem Propheten Mohammed, schicke mich nicht zurück, behalte mich hier und schicke mich so schnell wie möglich zu deiner Schule!«

Offenbar ist der Kommandant von dieser so unerwarteten Antwort seitens eines kleinen Schwarzen verblüfft, insbesondere hier, in dieser sehr muslimischen Region. Wie sollte er auch nicht überrascht sein, wenn er sieht, wie der eine Junge sich auf dem Boden wälzt und stöhnt, weil er nicht zur Schule will, und der andere ihn anfleht, ihn hinzuschicken?

»Warum, mein Kleiner, ist es dir so wichtig, zur Schule zu gehen, ganz im Gegensatz zu allen anderen Kindern in Bandiagara?«

»Dolmetscher, sage dem Kommandanten, daß ich zweimal verpaßt habe, ein Chef zu werden: einmal als Sohn von Hampâté und einmal als Sohn von Tidjani. Nun, Letztgenannter hat mir gesagt, daß eine Gelegenheit sich stets dreimal bietet, bevor sie endgültig vorübergeht. Der Kommandant gibt mir meine dritte Gelegenheit, ein Chef zu werden, ich möchte sie nicht versäumen wie die beiden anderen. Darum will ich zur Schule gehen.«

»Und warum willst du Chef werden? Was willst du dann machen?« fragt der Kommandant.

»Zuerst will ich die Sprache des Kommandanten lernen, damit ich direkt mit ihm reden kann und keinen Dolmetscher mehr brauche. Dann möchte ich ein Chef werden, damit ich Koniba Kondala verprügeln kann, den einstigen Sklaven meiner Vorfahren, der sich herausnimmt, meine ganze Familie mit Beleidigungen zu überschütten, nur weil er vom Kommandanten geschickt wurde. Im Haus meines Vaters Hampâté habe ich neun *rimaybé*, die, hätten sie nicht Angst vorm Kommandanten, Koniba Kondala dazu bringen könnten, daß er seine Zunge und sein Zäpfchen verschluckt!

Koniba Kondala hält sich für den Kommandanten persönlich. Er wollte uns beide, meinen Bruder und mich, an ein und demselben Tag zur Schule schicken. Der *Fama* hat sich dem widersetzt; er hat statt meines Bruders seinen eigenen Sohn Madani hergegeben. Und außerdem ist Koniba Kondala böse auf meinen großen Bruder Beydari Hampâté, weil der ihn nicht mehr die größten Stücke Fleisch nehmen läßt, ohne daß er bezahlen muß. Darum also will ich ein Chef werden: um den Beleidigungen und Schikanen von Koniba Kondala zu entkommen und direkt mit dem Kommandanten sprechen zu können.«

Ich drehe mich zu dem alten *dimadjo* um und zeige mit dem Finger auf ihn:

»Koniba Kondala! Wenn ich jemals ein Chef werde, besteht meine erste Tat darin, dich auszupeitschen, du böser Kerl! Du wirst dafür bezahlen, daß du vom Hause des Alfa Maki bis zur Brücke meinen Vater und meine Mutter beleidigt hast, und das alles, weil du mich dafür verantwortlich machst, daß Madani zur Schule der Tubab geschickt wird, die du ›schnurrbärtige Trinker von mit Schweinemilch verschnittenem Wein‹ nennst und die, deiner Auffassung nach, aus uns Ungläubige machen werden, die der Hölle versprochen sind!«

Als ich endlich meinem Herzen Luft gemacht habe, schweige ich. Je weiter die Übersetzung dieser langen Rede durch den Dolmetscher gedeiht, desto mehr steigt, wie ich sehe, der Zorn im Kommandanten hoch. Am Ende ist er wütend wie ein Dämon, schlägt kräftig mit der Hand auf den Tisch und fängt so laut zu schreien an, daß mich Angst packt. Da ich glaube, eine große Dummheit begangen zu haben, suche ich mit den Augen nach einem Ort, wo ich mich verstecken kann, aber ich finde rasch meine Geistesgegenwart wieder, als ich sehe, wie der Dolmetscher sich mit wütendem Gesicht nicht an mich, sondern an Koniba Kondala wendet:

»Unheil über dich, du alter Dummkopf!« schreit er. »Der Kommandant wird dich für dein Benehmen gegenüber diesem zwölfjährigen Kind, das zu deinem Unglück seine Zunge nicht in der Tasche trägt, bezahlen lassen, ebenso für die beleidigenden Reden, die du gegen Frankreich gehalten hast.«

Plötzlich stürzt der mit der Peitsche bewaffnete Ordonnanzbursche wie ein Wirbelwind ins Büro, ohne daß man ihn dazu aufgefordert hat, ganz offensichtlich bereit zuzuschlagen. Alarmiert durch den Klang der Stimmen, hat er gespürt, daß Schläge und Ohrfeigen in der Luft liegen, und ist zu Prügeln bereit, was offenbar in seinem Zuständigkeitsbereich liegt. Ich begreife nun, daß es sich bei diesem Mann, den ich zunächst für eine hohe Persönlichkeit gehalten habe, nur um einen Subalternen handelt, der darauf abgerichtet ist, zu laufen, Türen zu öffnen, für ein Ja oder ein Nein stramm zu stehen und bereit zu sein, seine Peitsche gegen jeden zu gebrauchen, auf den der Kommandant zeigt. Alles in allem ist er ein bedingungsloser Vollstrecker der unerquicklichen Urteile des großen weißen Chefs.

Das plötzliche Eintreten des Ordonnanzburschen bewirkt eine gewisse Beruhigung beim Kommandanten.

»Warum«, fragt er Koniba Kondala, »hast du dieses Kind, das sich nicht verteidigen kann, beleidigt und mißhandelt, wo du doch nichts anderes tun solltest, als es hierher zu bringen? Du alter Heuchler! Du schwörst uns in unserer Gegenwart Liebe und Treue, und wenn wir dir den Rücken kehren, behandelst du uns als Trinker von mit Schweinemilch verschnittenem Wein. Damit du weißt, wovon du sprichst, habe ich Lust, dir ein Glas mit diesem Getränk anzubieten...«

Bei den Worten legt Koniba Kondala zum Zeichen seines Unglücks beide Hände auf den Kopf, dann verneigt er sich tief, die Arme hinter dem Rücken, in der traditionellen Haltung demütigen Flehens und der Bitte um Vergebung:

»O Dolmetscher«, seufzt er, »sage dem Kommandanten, daß ich der unglücklichste unter den Menschen bin. Ich habe einen schweren Fehler begangen. Ich bitte den Kommandanten tausendmal um Vergebung. Er möge mich ins Gefängnis werfen, mich auspeitschen lassen, aber ich flehe ihn an, mich nicht zu zwingen, jenes Glas zu trinken! Ich schwöre bei Gott, bei seinem Propheten, bei den Engeln, die den göttlichen Thron tragen, bei den Engeln, die die Verblichenen in ihren Gräbern prüfen, bei den beiden Engeln, die die sieben Paradiese und die sieben Höllen bewachen, daß ich niemals mehr irgend jemanden mißhandeln und vor allem nichts Schlechtes mehr über meine Tubabmütter und Tubabväter sagen werde!«

Seine faltiges, durch sein Mienenspiel und seine Grimassen verzerrtes Gesicht spricht eine beredte Sprache davon, wie sehr ihn die Vorstellung aufwühlt, daß man ihn zwingen werde, unter Androhung der Peitsche des Ordonnanzburschen oder gar des Bajonetts des Wachsoldaten, ein Glas Wein, verschnitten mit Schweinemilch, zu trinken! Zu seinem Glück ist Kommandant Maillet kein ›Negerfresser‹. Vom aufrechten Entsetzen des armen Mannes gerührt, gibt er sich damit zufrieden, ihm mit der Bleistiftspitze zu drohen:

»Sollte jemals einer eine Klage gegen dich vorbringen oder mich auch nur auf einen Fehler von dir aufmerksam machen, dann bekommst du es mit mir zu tun. Ich werde dich nicht ein, sondern drei Gläser von diesem Getränk schlucken lassen und dann ins Gefängnis von Bougouni schicken, damit du dort vermoderst!«

Der Name Bougouni weckt in mir zweierlei Erinnerungen: Die einen sind angenehm, weil sie mir die Jahre meiner frühen Kindheit ins Gedächtnis rufen, die anderen schmerzlich, weil sie mich an die Gefangenschaft meines Vaters erinnern. Vor meinem geistigen Auge sehe ich, wie Tidjani in den Hof kommt, an den Füßen schleppt er schwere Ketten, er ist müde, weil er den ganzen Tag über auf den Straßen Steine behauen, mit der Axt Bäume gefällt oder Holzklötze gespalten hat. Gewiß, es ist mein lebhafter Wunsch, daß ich Koniba Kondala eines Tages auspeitschen lassen kann, aber ich möchte eigentlich nicht, daß er nach Bougouni gehen muß – und auch nicht, daß er mit Schweinemilch versetzten Alkohol trinken soll!

Der Kommandant wendet sich an mich:

»Und du, mein kleiner Freund, kommst jeden Sonntagnachmittag auf meinen Tennisplatz und sammelst die Bälle ein, die im Gebüsch verlorengehen.« Dann öffnet er seine Schreibtischschublade, holt ein schönes, glänzendes Hundertsousstück aus Silber heraus und hält es mir hin: »Nimm«, sagt er, »und kaufe dir damit als Sonntagsstaat einen Kittel, eine Hose, einen roten Fez und Schlappen. Ich möchte, daß du gut gekleidet und sauber zum Tennisplatz kommst.«

Koniba Kondala sperrt die Augen weit auf. Damals waren hundert Sous ein Vermögen, der Gegenwert für eine schöne Färse! Neugierig betrachte ich die Münze. Ein Mann, eine Frau und ein Kind sind darauf zu sehen, alle drei nackt. Wie seltsam! Ist das ein Symbol? Ein Fetisch? Ich habe die Fulbe sagen hören: *Wer sich an diese Münzen hängt, entblößt seine Seele.* Währenddessen hat der Kommandant ein paar Zeichen auf ein Blatt Papier gekritzelt. Er hält es Koniba Kondala hin und sagt mit kalter Stimme:

»Bringe die beiden Kinder jetzt zum Schulmeister.«

Wir verlassen die Residenz und nehmen den Weg zur Schule. Sie befindet sich gleichfalls auf dem linken Ufer des Yaamé, wie das Viertel Sinci, aber etwas weiter. Unterwegs, zweifellos durch meine hundert Sous schönen Geldes geködert, erklärt Koniba mit süßer Stimme und im Ton eines freundschaftlichen Vorwurfs:

»Ich habe mit dir gescherzt, denn als *dimadjo* und als Großvater[40] habe ich ein Recht dazu, aber du hast mein Scherzen falsch aufgefaßt und bist mir beim Kommandanten übel in die Quere gekommen. Du bist ein schlimmer kleiner Herr, ein schlechter Sohn der Fulbe! Vertraue mir dein Geldstück an, damit ich dir beweise, daß ich immer noch dein Sklave bin und bereit, dir zu dienen, dir und den Deinen. Ich werde es sofort Beydari Hampâté bringen. Ich möchte nicht, daß du es fallen läßt, auch nicht, daß es dir von einem älteren Schüler gestohlen wird.«

»Ach, Koniba Kondala!« antworte ich lachend. »Wenn du noch einmal mein Geld haben willst, dann gehe ich sofort zum Kommandanten zurück und sage ihm, daß du mir sein Geschenk abnehmen willst.«

»Hoh!« schimpft er. »Der kleine Nager erbt von seinen Eltern lange, spitze, scharfe Zähne. Laß mich in Frieden!«

Von diesem Augenblick an schwieg er den Rest des Weges über.

So also wurde ich zur Schule eingezogen und bekam mein erstes Geldstück.

Die erste Klasse

Für die Schule gab es kein besonderes Gebäude. Der Unterricht wurde unter einem Vordach des ehemaligen königlichen Marstalls, der zum überdachten Schulhof hergerichtet worden war, abgehalten. Als wir dort anlangten, erteilte der Lehrer gerade den dreiundzwanzig Schülern seiner Klasse Unterricht. Er war ›Hilfslehrer an der Grundschule für Eingeborene‹, das heißt, er hatte die Berufsschule von Bamako besucht, denn nur diejenigen, die an der Ecole Normale von Gorée ihr Diplom gemacht hatten, waren berechtigt, den Titel eines Lehrers zu tragen. Er hieß Monsieur Moulaye Haïdara und war ein Afromaure aus einer charifischen Familie aus Sokolo in Mali. Als er uns herankommen sah, unterbrach er seinen Unterricht und wandte sich uns zu. Koniba Kondala überreichte ihm die Notiz des Kommandanten und stellte uns vor, dann machte er sich davon, so als befürchte er, daß meine lose Zunge ihm auch an diesem Ort irgendwelche Unannehmlichkeiten bereiten werde.

Madani und ich standen vor dem Lehrer. Der öffnete ein großes, eher hohes als breites Register und schrieb sorgfältig unsere Namen hinein. Dann fragte er uns in unserer Sprache, welchen Beruf unsere Eltern hätten. Madani antwortete, daß sein Vater Oberhaupt sei. Ich wußte nicht, was ich sagen sollte, und gab als Beruf meines Vaters den an, den Beydari Hampâté ausübte, also Schlachter. Monsieur Moulaye Haïdara drehte sich zu seinen Schülern um und sagte laut auf Französisch, wobei er mit dem Finger auf mich wies:

»Amadou ist ein Schlachter. Wiederholt!«

Die Schüler wiederholten im Chor:

»Amadou ist ein Schlachter.«

»Noch einmal«, ordnete der Lehrer an.

Die Schüler wiederholten es, zunächst gemeinsam, dann jeder für sich:

»Amadou ist ein Schlachter.«

Das war der erste Satz, den ich in der französischen Sprache lernte und behielt.

Der Lehrer erhob sich und brachte uns in die letzte Reihe der Klasse. Er ließ mich auf dem vorletzten und Madani auf dem letzten Platz niedersitzen, wobei er uns aufforderte, unsere Arme brav auf dem Tisch gekreuzt zu halten. Ich begann zu überlegen. Warum hatte er mich vor Madani gesetzt, den Sohn des Oberhauptes der Region, und warum saß Daye Konaré, einer seiner Sklaven, in der ersten Reihe? Vielleicht handelte es sich um einen Irrtum? Ich stand also auf, überließ meinen Platz Madani und ließ mich auf seinem nieder.

»Wer hat euch erlaubt, die Plätze zu tauschen?« rief der Lehrer auf Bambara.

Ich erhob mich und antwortete in derselben Sprache, die übrigens von den meisten Kindern gesprochen wurde:

»Madani ist mein Prinz, Monsieur, und ich kann mich nicht vor ihn setzen.«

»Hier bin ich es, der die Plätze verteilt, ihr sucht sie euch nicht aus. Verstehst du?«

»Ich verstehe, Monsieur.«

»Nehmt wieder die Plätze ein, die ich euch angewiesen habe. Hier gibt es weder Prinzen noch Untertanen. Die müßt ihr alle zu Hause lassen, auf dem anderen Flußufer.«

Diese Worte prägten mich tief. Wie war das möglich? In unseren Altersklassen waren wir alle gleichwertige Kameraden, aber unsere jeweiligen Aufgaben spiegelten doch mehr oder weniger die Klassen wider, denen wir angehörten, und niemand schämte sich dessen. Hier stand hinter dem Lehrer nichts mehr. Ich versuchte, mir eine Welt vorzustellen, in der es weder Könige noch Untertanen gab, folglich keine Befehle mehr, keine Handwerkerkasten und Griots mehr und letztendlich keinerlei Unterschiede mehr. Es gelang mir nicht.

Monsieur Moulaye Haïdara fuhr in seinem Unterricht fort. An jenem Tag mußten die Schüler einen Text auswendig lernen und aufsagen, den der Lehrer sehr deutlich auf Französisch vorsprach, zuerst Wort für Wort, dann Satz für Satz. Nach ihm wiederholten die Schüler jedes Wort, dann jeden Satz, zunächst alle im Chor, dann nacheinander jeder für sich. Das dauerte ungefähr eine halbe Stunde. Dann forderte der Lehrer jeden einzelnen auf, ihm den Text nachzusprechen, die Klasse nahm ihn im Chor wieder auf, so als ob jetzt der Schüler Lehrer sei. Ich hörte aufmerksam zu und wiederholte ihn nach den anderen, wobei ich mir Mühe gab, die Worte zu behalten, auch wenn ich den Sinn nicht begriff. Mein auditives Gedächtnis war, wie bei jedem guten Schüler der Koranschule, auf diese Art von Übungen abgerichtet, denn wir waren ja daran gewöhnt, ganze Seiten aus dem Heiligen Buch auswendig zu lernen, ohne ihren Sinn zu verstehen. Diese einfache Gedächtnisübung stellte für mich keinerlei Schwierigkeit dar, vor allem nicht, da ich aus dem Wunsch heraus, so schnell wie möglich die Sprache meines ›Freundes, des Kommandanten‹ zu lernen, meinen ganzen Eifer hineinlegte.

Die Lektion nahm einen guten Teil des Vormittags in Anspruch. Ich hatte reichlich Zeit, sie im Kopf zu behalten. Als der dreiundzwanzigste Schüler mit dem Aufsagen fertig war, wobei er etwas stotterte, und die ganze Klasse sie danach im Chor wiederholt hatte, stand ich meinerseits auf. Der Lehrer fing an zu lachen:

»Nein, du nicht. Setz dich.«

»Monsieur, ich kann alles wiederholen, was meine Kameraden gerade aufgesagt haben.«

Er hörte auf zu lachen.

»Du hast alles behalten?«

»Ja.«

»Dann sage es auf, damit ich es höre.«

Alle Gesichter wandten sich mir zu, die Augen waren auf mich geheftet, die Ohren gespitzt. Meines Gedächtnisses gewiß fing ich an, mit einförmiger Stimme und im Singsang, wie ich es bei den anderen Schülern gehört hatte, den Text der Lektion aufzusagen, an den ich mich noch heute erinnere:

»Mein Heft ähnelt meinem Buch... aber es ist nicht so dick... Es ist dünner ... Es ist rechteckig... Sein Umschlag ist nicht aus Pappe... Er ist aus dickem, buntem Papier... Mein Heft hat zweiunddreißig Seiten... »

»Kaa koo Jeydani!« rief der Lehrer, »Wunder des Abd-el-Kader el Djilani!« – das ist ein großer heiliger Muslim aus den Anfangszeiten des Islam, der für seine Wundertaten Berühmtheit erlangte.

Sehr zufrieden kam er zu mir, nahm mich bei der Hand und ließ mich auf sein Podest steigen. Er sprach lange auf Französisch zu den Schülern und wies dabei auf mich, aber ich habe niemals erfahren, was er zu ihnen sagte. Am Abend, als die Schule beendet war, schenkte er mir ein schönes bebildertes Album, einen roten, mit einer blauseidenen Quaste verzierten Fez und eine kleine Fahne mit den französischen Farben.

Am nächsten Morgen brachte er mich zum Schatzmeister des Distrikts, zu Monsieur Delestré, einem ehemaligen Adjutanten der Marineinfanterie im Ruhestand, der dem Zivilpersonal als ›Beauftragter für Belange der Eingeborenen‹ zugeteilt war. Es gehörte zu seinen Aufgaben, die mittellosen guten Schüler in eine Liste aufzunehmen, die für ein monatliches Stipendium von drei Francs vorgeschlagen werden konnten, welche an ihre Familie gezahlt wurden. Da ich väterlicherseits als Waise galt, wurde ich ohne Schwierigkeit aufgenommen. Der Schatzmeister setzte meinen Namen auf die Liste.

Zu dem Zeitpunkt, als das alles geschah, weilte meine Mutter in Bandiagara. Sie kam manchmal, um uns zu sehen, meinen Bruder und mich, um ihre eigene Familie zu besuchen und auch, um im Auge zu behalten, ob ihre Herde richtig versorgt wurde. Da sie nicht die Frau war, eine Reise nicht gewinnbringend zu nutzen, brachte sie aus Kati Bambarawaren nach Bandiagara, die sie hier verkaufte, dann nahm sie aus Massina Spezialitäten mit nach Kati, die sich dort großer Nachfrage erfreuten.

Sie saß friedlich im Hof des Familienbesitzes, als sie sah, wie Beydari plötzlich schweißbedeckt herbeieilte, der, so schnell er es vermochte und die gute Sitte es ihm erlaubte, seine einhundert Kilo bewegte, denn für einen Erwachsenen galt Laufen als ungesund, wenn nicht gar als lächerlich. Er machte ihr Mitteilung von der ›Entführung‹, deren Opfer wir geworden waren, Hammadoun und ich, durch Koniba Kondala, der uns alle beide gleichzeitig für die Schule der Weißen zwangsverpflichtet hatte. Ein wenig später erschien Hammadoun. Er erklärte meiner Mutter, daß er dank des Einschreitens des Oberhauptes Alfa Maki Tall nach Hause geschickt worden, ich jedoch dort geblieben war; sonst wußte er nichts.

Wenn es darum ging, Erkundigungen einzuziehen, war meine Mutter nie um Möglichkeiten verlegen. Wenig später kannte sie das Geschehen in allen Einzelheiten: die großzügige Haltung von Alfa Maki Tall, meinen Weg zum Kommandanten und mein Eintritt, zusammen mit Madani, in die Schule der Weißen.

Für sie gab es eine einfache Lösung. Wie bei wohlhabenden Familien damals üblich, wollte sie mich von der Schule der Weißen freikaufen, gleich zu welchem Preis. Transaktionen dieser Art wurden vorgenommen zwischen den Verwandten einerseits, dem Dolmetscher und dem Schullehrer andererseits, wobei letztere den Preis des ›Freikaufs‹ unter sich aufteilten. Für eine Entlassung kamen mehrere Gründe in Frage: eine körperliche oder geistige Krankheit, Disziplinlosigkeit und einige andere, an die ich mich nicht mehr erinnere. Der Dolmetscher unterbreitete dem Kommandanten die Ursache für die Entlassung, und der stimmte ihm im allgemeinen ohne Schwierigkeiten zu, denn er zog die Verlautbarungen seines Schuldirektors und vor allem die seines Dolmetschers nie in Zweifel: Als gute Weiß-Schwarze, die sie waren, das heißt, als halbeuropäische Afrikaner, waren sie zwangsläufig über jeden Verdacht erhaben!

Die Wahl meiner Mutter fiel auf ›Disziplinlosigkeit‹, da sie die anderen Gründe entwürdigend fand. Mein Ruf als Vorsitzender einer Vereinigung von siebzig Lausbuben und die Plündereien, derer ich mich mit meinen Kameraden regelmäßig befleißigte, rechtfertigten diese Wahl voll und ganz. Meine Mutter wollte genügend Vieh verkaufen und den Dolmetscher sowie den Schullehrer aufsuchen, um ihnen meinen ›Freikauf‹ vorzuschlagen. Zuvor aber suchte sie meinem Lehrer Tierno Bokar auf, der ein wenig die Gewissensangelegenheiten der ganzen Familie lenkte.

Sie machte ihm Mitteilung von dem, was mir widerfahren war, dann ließ sie ihrer Empörung freien Lauf:

»Amadou wird nicht in die Schule der Weißen gehen, wo man aus ihm einen Ungläubigen macht! Ich widersetze mich dem mit allen Mitteln! Ich kaufe ihn frei, und wenn nötig verkaufe ich dafür die Hälfte meiner Viehherde!«

Tierno wirkte mäßigend auf sie ein:

»Warum sollte die Tatsache, daß Amadou zur Schule geht, einen Ungläubigen aus ihm machen? Der Prophet selbst hat gesagt: *Die Kenntnis einer Sache, gleich welcher, ist der Unkenntnis vorzuziehen;* und auch: *Sucht Wissen von der Wiege bis zum Grab, und sei es in China!* Kadidja, meine Schwester, stelle dich nicht zwischen Amadou und seinen Herrn. Der ihn geschaffen hat, ist besser über sein Schicksal im Bilde als wir; laß Amadou also in seinen Händen. Er möge ihn stellen, wohin Er will, und über ihn verfügen, wie Er es versteht. Wenn Er beschlossen hat, daß Amadou sich nicht auf der französischen Schule bilden soll, dann wird Amadou entlassen, was auch geschehen mag; und wenn Er beschlossen hat, daß dort sein Weg ist, dann wird Amadou ihm folgen. Ich bitte dich, meine Schwester, kaufe Amadou nicht frei und hindere ihn nicht daran, in die Schule der Weißen zu gehen. Behalte deine Tiere für einen anderen Zweck.«

Meine Mutter konnte sich dem nur beugen, denn in ihrer Familie vertrauten alle Tiernos Urteilskraft. So kam es, daß sich an diesem Tag die Bahn meines Schicksals dank der dreifachen Wirkung der Rachsucht von Koniba Kondala, der Weisheit meines Lehrers und zweifellos des göttlichen Willens wendete. Ich wurde vom vorgezeichneten Weg abgebracht, der mich zur Laufbahn eines Marabuts und Lehrers hatte führen sollen – und gleichzeitig sicherlich zur Tätigkeit eines Schneiders und Stickers wie mein Vater Tidjani und Tierno Bokar selbst –, um mich auf einen neuen Weg zu stoßen, von dem zu jener Zeit niemand wußte, wohin er mich bringen würde.

Von nun an machte ich mich jeden Morgen zeitig auf den Weg zur etwa zwei Kilometer vom Haus entfernten Schule. An einem Umhängeriemen trug ich eine Stofftasche, die meine neuen Schätze enthielt: meine Hefte und Bücher, meine Schiefertafel, einen schönen, mit der Feder eines Rechnungsführers versehenen Federhalter aus weißem französischem Holz, Bleistifte, einen Griffel, zwei Radiergummis – für Tinte der eine, der andere für Bleistift –, ein Löschblatt, einen Brummkreisel mit Kordel, ein kleines Messer und einen von Niélé vorbereiteten Beutel mit etlichen Leckereien: Erdnüssen, Süßkartoffeln, Erderbsen usw.

Gegen sechs Uhr fünfundvierzig kam ich in der Schule an.
Um fünf vor sieben stürzte der Schüler Mintikono Koulibaly – dessen Vorname ›der, auf den man nicht wartet‹ bedeutet – auf ein Zeichen des Lehrers hin, ohne zu zögern, zu einer langen Metalleiste, die an einem Querbalken hing und als Glocke diente.

Mintikono, dem die Schüler wegen seiner Beleibtheit den Beinamen ›kleines Hippo‹ bzw. ›kleines Flußpferd‹ gegeben hatten, griff nach einem Eisenstab und versetzte der Leiste drei heftige Schläge, so als wolle er sie für eine Missetat bestrafen, die er allein kannte. Er hatte die Klingelanlage von Amts wegen an sich gerissen und bestrafte schärfstens jeden, der es sich herausnahm, an seiner Statt zu läuten oder auch nur seine geliebte Eisenleiste zu berühren, die die Buben boshaft ›Mintikonos Geliebte‹ nannten. Selbst der Lehrer war da machtlos.

Bei den ersten Schwingungen der Glocke unterbrachen die Schüler, die umherliefen, lachten oder im Hof, gleich einer Herde junger Affen, die man auf ein Erdnußfeld losgelassen hat, Luftsprünge machten, ganz plötzlich jedwede Bewegung und wandten sich dem Lehrer zu. »Aufstellen!« rief der. Sie eilten herbei und stellten sich in zwei untadeligen Reihen rechts und links des großen Tores auf. »Arme geradeaus!« befahl der Lehrer. Jeder streckte seinen rechten Arm waagerecht aus und legte ihn auf die Schulter des vor ihm stehenden Kameraden. Wenn der Lehrer »Achtung!« rief, dann führten wir schwungvoll den Arm zur Hüfte zurück, die offene Handfläche nach vorn, und marschierten im Gänseschritt in die Klasse, wo sich jeder zu seinem Platz begab und schweigend hinsetzte, die Arme auf dem Tisch verschränkt.

Monsieur Moulaye Haïdara kletterte auf sein Podest und nahm hinter seinem Schreibtisch Platz. Er schlug sein großes Register auf und schritt zum Aufrufen der Anwesenden, wobei er ihre Namen abhakte; als diese kleine tägliche Zeremonie beendet war, fing er mit dem Unterricht an. Die Klasse war in zwei Gruppen aufgeteilt: eine

Abteilung, die sich aus den fortgeschrittensten Schülern zusammensetzte, und eine zweite, die noch lesen und schreiben lernte. Die einen arbeiteten an ihren Aufgaben, während der Lehrer sich mit den anderen befaßte.

Seit langem daran gewöhnt, meine Koranlektionen auf eine Holztafel zu übertragen, hatte ich in einem Monat mein Alphabet auswendig gelernt und konnte fehlerfrei schreiben. Am Ende des zweiten Monats beherrschte ich meine Fibel. Meine Lernmethode erwies sich besonders wirksam: Ich redete zu Hause jedem die Ohren voll, indem ich aus Leibeskräften Wortreihen mit demselben Konsonanten aufsagte wie: *au loin, du foin, un coin, des liens, les miens, un chien, un point, des soins...* oder: *qui, quoi, c'est toi, ma foi...*, wobei ich die Stimme erhob und sie auf dem Artikel oder dem ersten Wort verweilen ließ, wie die Schüler es taten. Damit alle Welt, einschließlich der Nachbarschaft, an meinen neuen Kenntnissen teilhaben konnte, kam es sogar vor, daß ich mich aufs Dach hockte, von wo aus ich lauthals diese neuartigen Litaneien herunterbrüllte, was selbst dem geduldigen Beydari auf die Nerven ging!

Ich könnte den Vorgang nicht beschreiben, durch den es den neuen Schülern gelang, rasch Französisch zu sprechen, denn der Lehrer übersetzte von den uns erteilten Lektionen absolut nichts in die einheimische Sprache. Von irgendeinem Notfall einmal abgesehen, war es uns übrigens strengstens verboten, unsere jeweilige Muttersprache in der Schule zu sprechen, und wer auf frischer Tat ertappt wurde, sah sich mit einem schimpflichen Zeichen ausstaffiert, das wir ›Symbol‹ nannten.

Die gebräuchlichste Methode war die der ›Sprache in Aktion‹: Jeder Schüler mußte ganz laut die – anfangs vom Lehrer vorgesprochenen – Wörter aussprechen, die seine augenblicklichen Bewegungen und sein Tun schilderten. Anfangs geschah dies sehr begrenzt, doch mit der Zeit wurden die Sätze reicher und komplexer. Der Lehrer befahl zum Beispiel einem Schüler, zur Tafel zu gehen. Der Junge stand auf und meldete mit singender, leiernder Stimme: »Der Lehrer befiehlt mir, zur Tafel zu gehen... Ich erhebe mich... Ich kreuze die Arme über der Brust... Ich trete aus der Bank... Ich wende mich der Tafel zu... Ich nähere mich dem Podest, auf dem der Schreibtisch des

Lehrers steht... Ich steige auf das Podest... Ich nehme den nassen Wischlappen in die linke Hand und ein Stück Kreide in die rechte Hand... Ich wische die Tafel ab... Ich höre dem Lehrer zu... Er diktiert mir einen Satz... Ich versuche, ihn fehlerfrei zu schreiben... Der Lehrer verbessert mein Diktat... Er ist zufrieden... Er streicht mir über den Kopf... Ich bin sehr froh... Der Lehrer befiehlt mir, wieder an meinen Platz zu gehen... Stolz gehe ich zu meinem Platz...« usw.

Dank dieser Methode brauchte ich nur wenig Zeit, um mich auf Französisch ausdrücken zu können. Das ist nicht verwunderlich, wenn man bedenkt, daß die meisten afrikanischen Kinder, die in einer Umgebung groß wurden, wo mehrere ethnische Gemeinschaften zusammenlebten – in Bandiagara gab es Fulbe, Bambara, Dogon, Haussa...-, mehr oder weniger vielsprachig aufwuchsen und daran gewöhnt waren, eine neue Sprache ebenso leicht aufzunehmen, wie ein Schwamm sich voll Flüssigkeit saugt. In Abwesenheit jeglicher Methode genügte es ihnen, sich einige Zeit bei einer fremden Ethnie aufzuhalten, um deren Sprache zu sprechen – was übrigens heute noch so ist. Viele Erwachsene, die nach europäischer Auffassung als ›ungebildet‹ galten, sprachen vier oder fünf Sprachen, auf jeden Fall wenigstens zwei oder drei; Tierno Bokar beherrschte sieben. Dazu kamen mitunter Arabisch und jetzt Französisch – letzteres wurde oft in der witzigen Art der Schützen gesprochen, die man das *forofifon naspa* nannte.

Aber wie immer gab es Ausnahmen. Zwei unserer Kameraden, ein Bambara und ein Dogon, die nicht wie die meisten Kinder der Fulbe oder Tukulor ans intensive, gedächtnisstärkende Lernen der Koranschulen gewöhnt und, davon abgesehen, geistig langsam waren, hatten sehr viel größere Mühe, die Unterweisungen des Lehrers in sich aufzunehmen. Eines Tages forderte er, nachdem er das Gelesene erklärt hatte, jeden Schüler auf, sich ein Verb auszusuchen und es im Präsens des Indikativ zu konjugieren. Jeder kam dem nach, so gut er es vermochte. Als unser Bambarakamerad Moussa P. an der Reihe war, stand er eiligst auf.

»Hast du ein Verb gefunden, das du konjugieren willst?« fragte ihn der Lehrer.

»Ja, Monsieur.«

»Und welches Verb nimmst du?«

»Das Verb... das Verb... klosetten!«

Monsieur Moulaye Haïdara sperrte Augen und Mund auf.

»Ja wirklich?« sagte er. »Nun denn, so konjugiere dieses Verb von der ersten Person Singular an im Indikativ Präsens und im Futur.«

Voller Stolz konjugierte Moussa:

»Ich klosette, du klosettest, er klosettet, wir klosetten, ihr klosettet, sie klosetten!«

Der Lehrer, der alles andere als einen geduldigen Charakter hatte und dessen Nerven rasch gereizt waren, fing an, auf seiner Unterlippe herumzukauen, ein deutliches Zeichen von Zorn, und die Liane zu kneten, die er in der Hand hatte. Moussa bemerkte nichts davon. Glücklich ging er zum Futur über: »Ich werde klosetten, du wirst klosetten...« Der Lehrer stürzte sich auf ihn:

»Du wirst ganz sicher klosetten!«

Und er schickte sich an, den armen Moussa so kräftig mit der Liane zu schlagen, daß der sich unter dem Ansturm der Aufregung in die Hose machte und zu stöhnen begann:

»Yaa-yaa-yaaye... Monsieur! Ich habe klosettet! *Wallayē* – bei Gott, ich habe klosettet!...«

Der andere Kamerad, ein Dogon namens Sagou K., mußte eines Tages, wie jeder Schüler, einen Satz aufsagen, welcher lautete: *Le corps humain se compose de trois parties: la tête, le tronc et les membres.* – Der menschliche Körper setzt sich aus drei Teilen zusammen: dem Kopf, dem Rumpf und den Gliedern. Als Sagou, der große Mühe hatte, die französischen Wörter zu behalten, an die Reihe kam, improvisierte und brummelte er in einem ungefähren, lautähnlichen Französisch: »Le cor himen si kon foossi (se compose) troa frati (parties): la tete, soreeje (oreilles), ne... fufee!« Da ihm das Wort *bouche* – Mund nicht einfiel, hatte er, ausgehend vom Verb *souffler* – blasen, das ihn an ›bouche‹ erinnerte, eine Art lautmalerisches Wort erfunden. Monsieur Moulaye Haïdara ließ ihn mehrere Male von vorn anfangen, aber der Unglückliche gelangte nie ans Satzende, ohne sein ewiges *fufee* herauszubringen. Der Lehrer geriet außer sich. Überflüssig zu sagen, daß auch Sagou eine ordentliche Bestrafung zustand.

Glücklicherweise gab es auch Augenblicke der Entspannung. Eines

Morgens, nach der kleinen Zeremonie, mit der die Anwesenden namentlich aufgerufen wurden, schrieb der Lehrer das Tagesdatum an die Tafel und unmittelbar darauf auf französisch eine Maxime, die er uns laut und langsam vorsprach: »*Ni le grenier ni la mansarde ne s'emplissent à babiller.* – Speicher und Dachkammer werden nicht vom Schwatzen voll.« Sobald er die Wörter *à babiller* ausgesprochen hatte, brachen alle Kinder, die Bambara sprachen – also der größte Teil der Klasse –, in schallendes Gelächter aus:

»Hahaa! Monsieur, Monsieur!...«

Überrascht und ärgerlich drehte der Lehrer sich zu uns um:

»Worüber lacht ihr, ihr Dummköpfe?«

Daye Konaré, aus zweifachem Grunde der Lieblingsschüler – er war Klassenbester und außerdem der kleine Bruder des Boys, der beim Gouverneur der Kolonie die Funktion eines Haushofmeisters ausübte –, beruhigte sich als erster wieder.

»Verzeihen Sie, Monsieur«, erklärte er, »aber die beiden letzten Wörter, die Sie gerade gesagt haben, sind auf Bambara eine schwere Beleidigung gegen uns, die wir nicht verdient haben.«

Erstaunt drehte Monsieur Moulaye Haïdara sich wieder um und las noch einmal aufmerksam die Wörter, die er geschrieben hatte. Da er sich so sehr auf den Sinn der französischen Wörter konzentriert hatte, war er sich des Wortspiels, das auf Bambara möglich war, nicht bewußt. Plötzlich wurde auch er von einem unbändigen Lachen gepackt. Die ganze Klasse und er konnten sich vor Lachen nicht halten. In der Tat, wenn *à babiller* auf Französisch ›einfach so und über nichts schwatzen‹ heißt, so bedeuten die Laute dieses Ausdrucks auf Bambara ›das Geschlechtsteil eurer Mütter‹ – um es höflich zu sagen. Eine solche Flegelei aus dem Mund des Lehrers und vor allem in aller Unschuld geäußert, gehörte für die Kinder zum Komischsten überhaupt. Mehr brauchte es nicht, um ihrer Heiterkeit zum Ausbruch zu verhelfen. Monsieur Moulaye Haïdara lachte, bis ihm die Tränen kamen! Als er sich endlich wieder gefaßt hatte und in der Klasse Schweigen eintrat, erklärte er ausführlich die diesem Ausspruch zugrundeliegende Grammatik und leitete eine Morallehre aus ihm ab. Der Satz mußte auswendig gelernt und am Ende des Nachmittags aufgesagt werden.

Mittags gingen alle zum Essen nach Hause, mit Ausnahme derer, die in der Schule eine Strafe absitzen mußten. In Reihen führte der Lehrer uns zur großen Straße, weit weg von den Wohnungen der Weißen. Dort rief er: »Halt!« und dann: »Wegtreten!« – was auf der Stelle eine fröhliche, wilde Flucht auslöste.

Der Unterricht wurde um vierzehn Uhr fortgesetzt. Um siebzehn Uhr abends befreiten uns Mintikonos kräftige Glockenschläge von unserer Pein. Wir stellten uns in zwei Reihen auf: auf der einen Seite die, die bestraft worden waren und nun die Nacht beim Lehrer verbringen mußten, wo ein besonderer Raum auf sie wartete – ihre Eltern, denen man Bescheid gesagt hatte, brachten ihnen etwas zu essen –, auf der anderen Seite alle die, die nach Hause gehen durften und sich mit den Kameraden aus ihrer Vereinigung die Zeit vertreiben oder den Abend mit ihren Valentinas im Mondschein verbringen konnten.

Der größte Teil des Unterrichts – wie in allen lokalen ›Volksschulen für Eingeborene‹ – diente dazu, uns das Lesen und Schreiben beizubringen und insbesondere, richtig Französisch zu sprechen. Der Anfangsunterricht in Mathematik beschränkte sich auf die vier Grundrechenarten: Addieren, Subtrahieren, Multiplizieren und Dividieren. Nach ein oder zwei Jahren wurden die Schüler, die eine ausreichende Punktzahl gesammelt hatten, zu einer regionalen Schule geschickt, wo sie auf die Prüfungen für das Abschlußzeugnis der ›Volksschule für Eingeborene‹ vorbereitet wurden, welches die Voraussetzung für den Besuch der Berufsschule in Bamako war.

Ich selbst sollte erst mit dem Beginn des Schuljahres 1913 zur Regionalschule nach Djenné geschickt werden. Was die Schüler anging, die über die Volksschule nicht hinauskamen, so kehrten sie entweder zu ihren Familien zurück, oder aber sie wurden wegen ihrer, wenn auch notdürftigen, Französischkenntnisse von Weißen als Hauspersonal eingestellt: als Köche, Boys oder Pankas – das ist der Name des beweglichen, an der Decke hängenden Schirms, der hin und her bewegt wurde, indem man an einer Kordel zog, wobei seine Bewegung ein wenig frische Luft brachte.

Zu Beginn des Sommers 1912 habe ich die Bekanntschaft einer ungewöhnlichen Persönlichkeit gemacht, die später in meinem Leben eine Rolle spielen sollte, wenn auch auf mittelbare Weise, denn die Veröffentlichung ihres Lebensberichts brachte mir im Jahre 1974 einen Literaturpreis ein: Ich will von jemandem reden, dem ich auf seine eigene Bitte hin einen seiner Decknamen gegeben habe: ›Wangrin‹, ein Mann, dem es allein durch List und Intelligenz gelang – was bei einem Einheimischen zu jener Zeit äußerst selten vorkam –, den Gipfel des sozialen und finanziellen Erfolges zu erklimmen. Denn er häufte ein mit dem Kapital der größten französischen Gesellschaften der Zeit vergleichbares Vermögen an, indem er schamlos die Reichen und Mächtigen von damals anschmierte und betrog, waren es nun Afrikaner oder Franzosen – einschließlich der fürchterlichen, ›Buschgötter‹ genannten Kolonialbeamten sowie der allmächtigen Handelskammer selbst –, befreite sich dann mit einer Pirouette aus den schlimmsten Verwicklungen, die er selbst zu seinem Vergnügen geschaffen hatte, wobei er seine Kühnheit mitunter soweit trieb, daß er einige seiner künftigen Opfer von dem ›mutwilligen Streich‹ wissen ließ, den er ihnen spielen wollte, und verteilte schließlich an alle möglichen Armen, Schwachen und Enterbten einen Großteil dessen, was er gewonnen hatte, indem er die Reichen prellte.

Indessen ist es nicht dieser erste Abschnitt seines Lebens, der Interesse verdient, sondern der zweite, in dem er infolge eines Verrats an einem einzigen Tag Ruhm und Vermögen verlor und in tiefstes Elend, ja sogar in Verderben sank. Zu jener Zeit zeigte er sich am größten. An einem Punkt, wo andere wahnsinnig geworden oder äußerst verbittert gewesen wären, erlangte er Weisheit. Ohne Groll gegen irgendwen, ohne daß er seinem verlorenen Vermögen nachtrauerte, verteilte er weiterhin die paar Sous unter die Armen, die er da oder dort verdiente, vermochte er, über das Leben zu lachen, über sich selbst und seine eigene Geschichte. Er wurde so etwas wie ein philosophischer Clochard, hielt in Wirtshäusern Sitzungen ab, wohin man von weit her kam, um seinen Erzählungen voll Witz und Humor und seinen köstlichen Auslassungen über die menschliche

Natur zu lauschen. Kurz nach seinem Ruin, gegen 1927, sollte ich ihn erneut in Obervolta treffen, wo ich als junger Kolonialbeamter einen Auftrag durchzuführen hatte. Dort wird er mir ganze Abende lang, auf der Gitarre leise von seinem getreuen Griot Diêli Maadi begleitet, der ihm ins Unglück gefolgt war, all die unglaublichen Wechselfälle seines Lebens erzählen. Und er selbst wird mich eines Tages bitten, die Geschichte aufzuschreiben und zu veröffentlichen, damit sie, so sagte er, *den Menschen gleichermaßen als Lehre und Zerstreuung diene* – unter der Bedingung, daß er mit einem seiner Decknamen bezeichnet werde, um seiner Familie, der gegenwärtigen oder zukünftigen, nicht das Gefühl von Überlegenheit oder Minderwertigkeit zu vermitteln.[41]

Als Wangrin gegen 1911 oder 1912 nach Bandiagara kam, um dort seinen Pflichten als Hilfslehrer nachzugehen, war er noch ein ganz junger Mann. Ich muß zugeben, daß ich nicht weiß, wo er unterrichtete – vielleicht gab es noch andere Klassen als die von Monsieur Moulaye Haïdara?... Übrigens wird er diese bescheidene Stellung bald aufgeben und die viel ehrenvollere und einträglichere eines Dolmetschers beim Distriktkommandanten annehmen. Nach einem denkwürdigen Kampf entriß er den Posten dem alten Dolmetscher und ehemaligen Schützen, den ich beim Kommandanten sah, dem Mann mit den vielen Ringen an den Fingern, der nur *forofifon naspa* sprechen konnte.

Als ich Wangrin zum ersten Mal begegnete, hatte der Kommandant ihn gerade vorübergehend einem durchreisenden Beamten für ›Angelegenheiten der Eingeborenen‹ in Bandiagara zugeteilt, einem Monsieur François-Victor Equilbecq, der eine Reise durchs ganze Land unternahm, um möglichst viele Geschichten aus dem Sudan zusammenzutragen. Als Monsieur Equilbecq im Juni 1912 in Bandiagara eintraf, ließ der Distriktkommandant das Oberhaupt Alfa Maki Tall zu sich kommen und forderte ihn auf, alle Männer, Frauen, Greise oder Kinder, die Geschichten zu erzählen wüßten, zu dem Neuankömmling zu schicken. Ich gehörte zu den ausgewählten Kindern.

Für jede aufgeschriebene Geschichte wurden dem Übermittler zehn, fünfzehn oder zwanzig Centimes gezahlt, je nach ihrer Länge und Bedeutung. Anfangs übersetzte Wangrin sie für Monsieur Equilbecq, der sie dann aufschrieb. Aber bald übertrug letzterer ihm die Aufgabe, die meisten Texte direkt zusammenzutragen. Wangrin fertigte eine erste Übersetzung auf Französisch an und übergab sie Monsieur Equilbecq, der gegebenenfalls Verbesserungen oder von ihm für nötig befundene Veränderungen beitrug. Er sollte dann einen großen Teil der im Jahre 1913 gesammelten Geschichten bei E. Leroux in der *Collection des contes et chants populaires* veröffentlichen, ein Text, der 1972 vom Verlag Maisonneuve et Larose unter dem Titel *Contes populaires d'Afrique occidentale* neu herausgegeben wurde. Es ist nicht uninteressant zu wissen, daß Wangrin einer der wichtigsten Mitarbeiter war. Sein Name ist unter den meisten Erzählungen angegeben mit der vorangestellten Bemerkung ›übersetzt von‹ oder ›übertragen von‹ Mein Name erscheint auch an manchen Stellen, und zwar unter der seltsamen Bezeichnung ›Amadou Bâ, *Rimadio*schüler der Schule von Bandiagara‹ – seltsam deshalb, weil es das Wort *rimadio* nicht gibt; hingegen kann man sagen, daß er merkwürdigerweise die beiden Wörter *dimadjo* und *rimaybé* vermischt, also den Singular und Plural von ›Haussklave‹.

Als die anderen Kinder, die Geschichten erzählten, und ich Wangrin vorgestellt wurden, sagte jemand zu ihm, ich sei der Neffe seines guten Freundes Hammadoun Pâté, des jüngeren Bruders meiner Mutter und Vorsitzenden der mächtigen Erwachsenenvereinigung, der Wangrin sich gleich nach seiner Ankunft in Bandiagara angeschlossen hatte. Er betrachtete mich bald als seinen eigenen Neffen, entsprechend der afrikanischen Tradition, wo der Freund des Vaters ein Vater und der Freund des Onkels ein Onkel ist usw. Ob ich ihm Geschichten vorzutragen hatte oder nicht, ich ging von nun an fast jeden Tag, wenn ich aus der Schule kam, zu ihm und entrichtete ihm meinen Gruß, und es kam auch häufig vor, daß ich den Abend bei ihm verbrachte.

Später, um das Jahr 1915 oder 1916, nach der berühmten ›Rinderaffäre‹, in der er, dank seiner Geschicklichkeit und entgegen jeder Erwartung, über einen ›Buschgott‹ – anders ausgedrückt, über einen leitenden Kolonialbeamten – vor Gericht den Sieg davontrug, wird Wangrin Bandiagara verlassen und in Obervolta seinen überwältigenden Aufstieg fortsetzen. Uns mangelt es jedoch nie ganz an Neuigkeiten von ihm, denn seine Ehefrau, eine Dogon aus Bandiagara, deren Familie in nächster Nachbarschaft zu meiner wohnte, schrieb von Zeit zu Zeit an ihre Eltern, die uns auf dem laufenden hielten.

Der Tod meines großen Bruders

Zu Beginn des Sommers 1913 konnte mein Bruder Hammadoun dem Wunsch nicht widerstehen, unsere Mutter wiederzusehen, die recht lange nicht nach Bandiagara gekommen war. Er bat Beydari um die Erlaubnis, nach Kati reisen zu dürfen, wo sie damals mit Tidjani lebte. Beydari war dem Plan wegen der Schwierigkeiten und Länge der Strecke – etwa siebenhundertfünfzig Kilometer – nicht sonderlich gewogen, vor allem nicht bei einem so jungen Mann von fünfzehn Jahren, der seinen Heimatort noch nie verlassen hatte. Aber Hammadoun bestand so hartnäckig darauf, sein Bedürfnis, unsere Mutter wiederzusehen, war so stark, daß Beydari sich am Ende erweichen ließ und seine Erlaubnis gab. Es stand indessen außer Frage, daß mein Bruder eine solche Reise nicht allein machen sollte. Gerade in dem Augenblick hatte einer unserer Nachbarn, ein Griot namens Madani Oumar S., die Absicht, auf dem Landweg nach Segu zu reisen. Beydari gab ihm eine bestimmte Summe Geldes und vertraute ihm meinen Bruder an, in der Überzeugung, daß er auf seiner ersten langen Reise in guten Händen wäre. Von Segu aus könnte Hammadoun nach Bamako gelangen, indem er auf dem Niger eine Piroge mietete. Die zwölf letzten Kilometer, die Bamako von Kati trennten, wären ein Spaziergang...

Seit meiner Rückkehr nach Bandiagara war dies das erste Mal, daß mein Bruder und ich uns trennen sollten. Wir waren einander so nah wie ›zwei Söhne derselben Decke‹; ich erwies ihm mit Vergnügen all die kleinen Dienste, die ein kleiner Bruder seinem großen Bruder normalerweise schuldet, und er wiederum umgab mich mit seiner Zuneigung und seinem Schutz. Er war mein Vorbild, und ich bewunderte ihn. Er würde mir sehr fehlen.

Aber so war das Leben. Ich wurde rasch wieder von den vielfältigen

Beschäftigungen in Anspruch genommen, die meine Tage ausfüllten: die französische Schule, der Unterricht bei Tierno Bokar, die Abende mit Koullel und den Alten, die Versammlungen mit meinen Gefährten und unseren bezaubernden Valentinas.

Die großen Ferien kamen schnell. Ich war erneut mir selbst überlassen sowie meinen Aktivitäten als Vorsitzender der mächtigen Waaldé der Jüngsten in den Südvierteln von Bandiagara. Daouda Maïga und ich bildeten mehr denn je ein unzertrennliches Paar. Ich wußte nicht, daß ich meine letzten glücklichen Ferien in Bandiagara erlebte.

Eines Abends – es war im Monat August, glaube ich –, als Daouda und ich nach einer unserer Expeditionen in den Busch nach Hause kamen, fanden wir die ganze Familie weinend vor. Die Frauen stießen Klagen aus, die von dem langen Schrei *Yooyoo... mi hèli!* unterbrochen wurden, der Unheil verkündete. Beydari hielt den Kopf gesenkt und bedeckte die Augen mit der Hand. Niélé war in sich zusammengesunken und schien mit ihrer Kraft und den Tränen am Ende. Sobald sie mich erblickte, stieß sie einen lauten Schrei aus und stürzte auf mich zu. Sie nahm mich fest in ihre Arme, und zwischen zwei Schluchzern sagte sie mir, daß mein Bruder Hammadoun tot war. Meine Mutter hatte ein Telegramm geschickt und teilte uns mit, daß er kurz nach seiner Ankunft in Kati gestorben war. »Weine nicht, weine nicht!« sagte Niélé, und ihr eigenes Gesicht war naß von Tränen. »Man soll die Toten nicht beweinen...« Sie tröstete mich, so gut sie konnte.

Ich vermag den Schock, den ich erlitt, nicht zu beschreiben. Man hätte meinen können, daß mein Verstand nicht in der Lage war, eine solchen Nachricht aufzunehmen. Ich verharrte bewegungslos, ohne Tränen, ohne Worte. Noch lange danach konnte ich nur sagen: »Ich werde ihn also niemals wiedersehen?... Und seine Vereinigung?«

Daouda stand ebenso unter Schock wie ich. Erst einige Tage später, als wir beide allein waren, kamen endlich die Tränen. Wir schluchzten: »Wir haben keinen Verteidiger mehr... Der da hat einen großen Bruder... und der auch... und wir, wir haben unseren nicht mehr... wir werden ihn niemals wiedersehen...«

Was war geschehen? Was hatte diesen schönen jungen Mann im

besten Alter in den Tod zu führen vermocht? Hammadoun hatte, bevor er starb, alles unserer Mutter erzählt.

Dem Griot Madani Oumar S., dem Beydari meinen Bruder anvertraut hatte, war nichts Besseres eingefallen, als ihn als Träger zu benutzen, wohingegen er selbst bequem zu Pferde reiste. Er hatte all sein Gepäck in zwei riesigen Säcken verstaut, die er meinen Bruder tragen ließ, so als ob der sein Reitknecht wäre. Trotz der langen Tagesmärsche und obwohl man in einer Zeit, da die wilden Tiere sich rasch und stark vermehrten, gefährliche Begegnungen riskierte, ritt er auf dem Pferd voraus und ließ meinen Bruder sich ganz allein unterwegs zurechtfinden. Es war zu Beginn der Regenzeit. Gebeugt unter der Last des Gepäcks, watete er mit den Füßen durch den Dreck, die Kleidung war auf seinem Rücken durchgeweicht, so marschierte mein Bruder allein zum nächsten Dorf. Und bevor er sich dort stärken und ausruhen konnte, mußte er noch überall Erkundigungen einziehen, um zu erfahren, wo Madani Oumar S. abgestiegen war. Am nächsten Morgen reiste Madani wieder zu Pferde weiter, ohne sich um ihn zu kümmern. Die erschöpfenden Märsche im Regen, die Einsamkeit und Angst höhlten die Kräfte meines Bruders aus: Er erkrankte an einer bösen Bronchitis, die zweifellos durch einen Malariaanfall verschlimmert wurde. Als er endlich Segu erreichte, zitterte er vor Fieber, und seine Beine trugen ihn kaum noch.

In Segu gab Madani meinen Bruder in die Obhut eines befreundeten Laptot, den er bat, seine Reise auf dem Fluß bis nach Koulikoro zu organisieren. Hammadoun machte diese lange Fahrt in einer offenen Piroge. Regen, Kälte und der Mangel an Pflege verbesserten seinen Zustand kaum. In Koulikoro nahm er die Eisenbahn, um die letzten fünfzig Kilometer zu überwinden, die ihn von Bamako trennten. Dort stieg er bei Abdallah ab, einem alten Freund von Tidjani und Kadidja. Von seiner Erschöpfung erschreckt, ließ Abdallah eilends meine Mutter in Kati davon in Kenntnis setzen. Sie kam am selben Tag, um ihren Sohn abzuholen, aber angesichts seines Zustands beschloß sie, daß er sich noch ein paar Tage in Bamako ausruhen solle, wo sie hoffte, ihn behandeln lassen zu können.

Eines Tages, als er weniger erschöpft wirkte, wollte sie ihn hinausführen und ihm ein wenig die Stadt zeigen. Trotz seiner Krankheit war mein Bruder noch von ergreifender Schönheit – er war, das habe ich schon erwähnt, einer der schönsten Knaben im Umkreis von Bandiagara, und Gott weiß, daß es in der Gegend die schönsten jungen Fulbe gab! Als sie auf dem großen Markt ankamen, wo man Kadidja kannte, umgab sie ein Schwarm Neugieriger. Griots riefen: »Heda! Da ist ein echter Fulbe, und von der schönsten Sorte! *Wallayē!* Bei Gott! Er wurde nicht hastig zur Welt gebracht, man hat ihn mit Sorgfalt hergestellt...« Hammadoun fand es sehr unangenehm, die Zielscheibe aller Blicke darzustellen, und bat Kadidja um die Erlaubnis, nach Hause zu gehen, da er nicht mehr könnte. Als sich sein Zustand nach einigen Tagen nicht besserte, beschloß sie, ihn nach Kati zu sich nach Hause zu bringen. Sie machten die kurze Reise im Zug.

Seit seiner Ankunft in Kati war mein Bruder ans Bett gefesselt. Und da erzählte er meiner Mutter in Bruchstücken seine Geschichte. In seinem Fieberwahn erlebte er noch einmal die Leiden seiner Reise und stöhnte: »He, Madani, man hat mich dir anvertraut, und du läßt mich im Busch ganz allein, mitten unter den wilden Tieren!... Ach, was für ein langer Weg!... Ich komme nie im Dorf an... Was soll ich essen?... Madani, wo bist du?... Wie soll ich dich finden?... Ach, ich bin müde... ich bin müde...«

Meine Mutter ließ ihm alle nur irgend mögliche Pflege zuteil werden, aber es war zu spät. Nach ein paar Wochen gab er seine Seele zu Gott zurück. Seine einzige große Freude, abgesehen von dem Glück, daß er seine Mutter wiedergefunden hatte, war die, unsere kleine in Kati geborene Schwester Aminata in den Armen zu halten und zu küssen. Er band einen Faden um ihre kleine Hand und sagte: »Ich bewahre meine Schwester für eine Heirat mit meinem Freund Maki Tall.« Später verfolgte Maki Tall den Plan nicht weiter, aber andernfalls hätten weder Aminata noch sonst jemand in der Familie für sie einen anderen gewollt als den, den ihr mein Bruder Hammadoun auf seinem Totenbett bestimmt hatte.

Als sein Tod bekanntgegeben wurde, legte fast ganz Bandiagara Trauer an. In jeder Familie beweinte man meinen Bruder. Er war für alles begabt und äußerst geschickt mit den Händen – seine kleinen Skulpturen und Stickereien stellten wirkliche Kunstwerke dar – , ein Junge, der sich allen gegenüber ehrerbietig und liebenswürdig zeigte und dem es ganz und gar am Gefühl der Überlegenheit fehlte. Wenn seine Kameraden im Fluß badeten, blieb er oft am Ufer sitzen, um auf ihre Kleider aufzupassen, und nahm sich so selbst das Badevergnügen. Afrikanische Kinder sind daran gewöhnt, das, was sie besitzen, zu teilen, aber er gab alles her. Und niemals duldete er, daß ein stärkerer Junge einen schwächeren angriff, sofort übernahm er dessen Verteidigung.

Zu mir, das habe ich erzählt, war er voller Zuneigung; aber das hinderte ihn nicht daran, in manchen Fragen sehr fordernd zu sein. Wenn man mich im Nahkampf, in dem ich nicht sehr stark war, niederschlug, wurde er sehr ärgerlich und machte mir Vorwürfe; aber sobald ich besiegt war, lief ich einen Stock holen, und der, der mich zusammengeschlagen hatte, erhielt genug Stockhiebe für eine ganze Woche, so daß man sagte: »Wenn Amkoullel dich niederstreckt, ist das eine Schande; aber wenn du ihn niederstreckst, dann hast du für eine Woche reichlich Händel; es ist besser, sich nicht mit ihm zu schlagen.« Da war mein Bruder sehr stolz auf mich.

Wenn ein Kamerad mich angriff, verteidigte er mich nicht, er wollte, daß ich allein zurechtkam; aber er erlaubte nicht, daß ein Älterer mich angriff. Das hat zu seinen Lebzeiten niemand gewagt.

Die Schule von Djenné: das erste Abschlußzeugnis

Gegen Ende der Ferien, als wir eben anfingen, uns mit Hammadouns Hinscheiden abzufinden, rief Monsieur Moulaye Haïdara mich zu sich. Er teilte mir mit, daß ich die für die Regionalschule von Djenné erforderliche Punktzahl erreicht hatte, dort den ›Volksschulabschluß für Eingeborene‹ vorbereiten und, wenn alles gut ging, in zwei Jahren erlangen konnte. Ich sollte zum Schuljahresbeginn im September in der Schule antreten. Er benachrichtigte meine Familie.

Beydari war darüber so betrübt, daß er erkrankte. Er berief einen Familienrat ein, um ihm die schlechte Nachricht mitzuteilen und die notwendigen Maßnahmen ins Auge zu fassen. Djenné lag etwa zweihundert Kilometer von Bandiagara entfernt, was zu jener Zeit einen Weg von mindestens drei oder vier Tagen bedeutete, zunächst bis Mopti zu Fuß und dann im Schiff. Nun, in Djenné hatten wir keinen einzigen Verwandten, dem man mich anvertrauen konnte. Also wurde beschlossen, daß Niélé mich begleiten sollte, um sich vor Ort um mich zu kümmern und auf mich aufzupassen.

Diese Entscheidung paßte mir gar nicht. Ich brach auf in ein neues Leben, ich war ein großer Junge und verspürte Lust auf die Freiheit; aber ich wußte genau, daß ich, wenn Niélé bei mir lebte, unter ihrer ständigen Aufsicht stünde. Von der Höhe meiner dreizehn Jahre herab verweigerte ich entschieden ihre Begleitung. »Ich muß mit meinen sechs Kameraden nach Djenné gehen«, erklärte ich ihnen. »Keiner wird von einem Verwandten begleitet; warum wollt ihr, daß ich mich begleiten lasse, als ob ich gerade erst laufen lernte? Ich habe keine Angst, in die Fremde zu gehen.« Man flehte mich an, Niélé weinte, aber ich blieb standhaft. Schließlich gaben Beydari, Niélé und ihre Gefährten, den Tod in der Seele, meinem Wunsch nach und erklärten sich damit einverstanden, mich allein ziehen zu lassen. Sie wußten, daß sie mich erst in den großen Ferien im nächsten Sommer wiedersehen würden.

Die sechs anderen Kameraden, die man zur selben Zeit wie mich benannt hatte, waren Maki Tall, der Freund Hammadouns, Tégué Ouologuem, Yagama Tembély, Moussa Koulibaly, Mintikono Samaké und Badji Ouologuem.

Drei Tage vor unserer Abreise aus Bandiagara rief der Distriktkommandant uns zu sich. Er beglückwünschte uns, daß wir durch unseren Fleiß eine so beneidenswerte Beförderung verdient hatten und damit eine erste Etappe auf dem Weg hinter uns brächten, der uns zu Macht und Reichtum führen würde. Als Ausdruck seiner Zufriedenheit schenkte er jedem von uns zwei vollständige Anzüge, eine Decke und die sehr beträchtliche Summe von sieben Francs. Koniba Kondala erhielt den Befehl, für jeden Schüler einen Träger zu verpflichten, denn wir sollten die siebzig Kilometer, die uns von Mopti trennten, zu Fuß zurücklegen, und dort könnten wir das Schiff nehmen, um auf dem Niger Djenné zu erreichen.

Aus reiner Bosheit lehnte ich dreimal den Träger ab, den Koniba

Kondala mir vorschlug. Ich fand jedesmal einen mehr oder weniger aus der Luft gegriffenen Fehler, und dies einzig und allein, um Koniba Kondala spüren zu lassen, daß ich bereits eher ein ›Chef‹ war als er. Auf der Suche nach dem idealen Träger ließ ich ihn einen ganzen Tag lang herumlaufen. Zum Schluß wandte er sich erschöpft an Beydari und bat ihn, mich zur Vernunft zu bringen.

»Wenn ich das gewußt hätte«, jammerte er, »hätte ich diese kleine Rotznase Amkoullel nie zur Schule geschickt! Ich zerbeiße mir die Finger bis zum zweiten Glied!«

Beydari war entzückt. Er antwortete mit einem Sprichwort: *Wenn man einen Frosch, der einen anekelt, zu weit wegwerfen will, fällt er schließlich in einen guten Tümpel,* anders ausgedrückt: Wenn man jemandem allzuviel Böses will, kann es geschehen, daß man schließlich die Bedingungen schafft, die sein Glück begründen. »O Koniba Kondala«, fügte er hinzu, »mit Amkoullel widerfährt dir, was einem übel gesinnten Menschen geschieht, der sich auf den Rücken legt und in die Luft pißt, um zu versuchen, den Himmel zu beschmutzen. Nicht nur, daß sein Urin nie das Ziel erreicht, sondern es fällt schließlich auf seinen eigenen Bauch zurück.«

Ich hatte damit meine erste Rache an Koniba Kondala genommen. Zufrieden geruhte ich, mich mit dem vierten Träger einverstanden zu erklären. Beydari war ganz glücklich zu sehen, daß ich, kaum hatte ich meinen linken Zeh in den Steigbügel der Befehlsgewalt gesteckt, ein Raubtier wie Koniba Kondala, den Schrecken der Stadt, aus der Ruhe bringen konnte. Darum hörte er auf, sich wegen meiner Abreise Sorgen zu machen. »Ich glaube, wir können beruhigt sein«, sagte er zu Niélé. »Amadou ist in seinen eigenen Händen in guten Händen.«

Ich verwandte die mir verbleibende Zeit, um mich in der Stadt von meinen Onkeln und Tanten und den treuen Freunden meiner Eltern zu verabschieden, von denen einige bis zu diesem Tag eine so wichtige Rolle in meinem Leben gespielt hatten. Sie hatten mich geliebt, belehrt, erzogen, angeleitet. Alle waren sie für mich Väter gewesen: Balewel Diko, der unzertrennliche Freund meines Vaters Hampâté; Hammadoun Pâté, mein Onkel mütterlicherseits; und mein ›Onkel‹ Wangrin; Koullel, dessen Namen ich trug; und vor allem Tierno Bokar, der mich auf seinen Schultern hatte hüpfen lassen, als ich klein war, und der nun geduldig darauf wartete, daß ich ein Mann wurde. Er segnete mich, vertraute mich Gott an, und das genügte, um alle meine Befürchtungen wegzuwischen. Ich verließ ihn voller Vertrauen und bewahrte im Herzen die Erinnerung an sein gutes Lächeln und an seine glänzende Stirn, in der man sich fast spiegeln konnte.

Beydari hatte beschlossen, sich ein wenig später nach Kati zu begeben, um meiner Mutter seine Anteilnahme an ihrer Trauer um Hammadoun zu bezeugen. Er hatte die Absicht, die Reise bis Segu zu Fuß zu unternehmen und dafür genau denselben Weg zu wählen wie mein Bruder, um sich selbst die großen Leiden bewußt zu machen, die dieser ertragen hatte.

Eines schönen Morgens, zu sehr früher Stunde, nach den letzten Abschiedsgrüßen und Tränen, machten meine sechs Kameraden und ich uns in Begleitung unserer Träger und einiger Wachsoldaten auf den Weg nach Mopti, wobei wir ausreichend mit Wegzehrung und Segenswünschen aller Art versorgt waren. Ich legte diese Strecke zum vierten Mal zurück. Beim ersten Mal, im Alter von gerade eineinhalb Monaten, thronte ich wie ein kleiner König gemütlich in einer großen Kalebasse auf dem Kopf von Niélé: Meine Mutter brachte mich zu meiner Großmutter, um mich ihr vorzustellen. Beim zweiten Mal trug Niélé mich in der klassischen Art auf dem Rücken: Wir gingen zurück nach Taykiri, wo meine Großmutter gerade gestorben war. Das dritte Mal war die Abreise nach Bougouni: Ich war vier oder fünf Jahre alt, bald auf den Rücken von Nassouni gebunden, bald auf den Batomas, und betrachtete im Rhythmus ihrer Schritte die Landschaft. Heute bin ich dreizehn Jahre alt. Ich habe keinen Bruder mehr, meine Mutter ist weit weg, ich lasse all die hinter mir, die über meine Kindheit gewacht haben, und ich weiß nicht, was mich erwartet, aber festen Schrittes marschiere ich die Straße entlang: Ich bin unterwegs, um zu studieren und ein Chef zu werden.

Zehn Kilometer von der Stadt entfernt hält ein plötzliches Hochwasser des Yaamé, das die über ihn führende leichte Holzbrücke davongetragen hat, uns alle an dessen Ufer fest; ebenso plötzlich schwillt es zwei Tage später ab und erlaubt uns, den Fluß durch eine

Furt zu überqueren. So etwas ist zu dieser Jahreszeit selten, und in jenem Jahr war die Niederschlagsmenge gering; die Bevölkerung sorgt sich um die bevorstehende Ernte. Wir marschieren noch zwei Tage und sind endlich in Mopti. Jeder Schüler wird bei einem Verwandten oder einem Freund seiner Familie untergebracht. Ich selbst begebe mich zu Tiébéssé, einem Freund meiner Mutter aus den Kindertagen. Man gibt uns zwei Tage Urlaub, die Zeit, die gebraucht wird, um die elf Schüler aus Mopti zusammenzubringen, die unseren Geleitzug nach Djenné verstärken sollen. Ich nutze diesen Urlaub, um in Gesellschaft einiger Kameraden die Stadt zu entdecken.

Mopti liegt am Zusammenfluß des aus Guinea kommenden Niger und des Bani, der von der Elfenbeinküste kommt – die wegen der mehr oder weniger dunklen Farbe ihrer Wasser ›weißer Fluß‹ der eine, ›schwarzer Fluß‹ der andere genannt werden –, und Mopti hat ein Auge darauf, wie der große Niger entsteht, der von dort ein wahres Netz von Armen und Kanälen auswirft, mit dem er eine Vielzahl an Tümpeln und Seen umfließt und zu einer langen Biegung ansetzt, die der ganzen Gegend den Namen ›Nigerbogen‹ gibt.

Nicht umsonst hat man Mopti ›das Venedig des Sudan‹ genannt: Alles, was es tut, ist mehr oder weniger mit dem Leben des Flusses und dem Rhythmus seiner Hochwasser verbunden. Die Bozo, die den Ort als erste besiedelten, stellen in Handarbeit die langen und wundervollen Pirogen her, die ruhig das Wasser zerteilen und von denen einige ganze Tonnen von Waren befördern können. Als Volk von Fischern und Jägern sind sie seit altersher die ›Herren des Wassers‹ der ganzen Region.

Wo die schwarzen und weißen Wasser zusammenfließen, trifft man auf Ethnien unterschiedlicher Herkunft, von den hellhäutigsten bis zu den dunkelhäutigsten. Nach den Bozo sind die Songhai und die Fulbe die ältesten; die Bambara und die Dogon kamen erst später dorthin.

Der gesamte Nigerbogen stellte einst in seinem westlichen Teil ein wahres Reservoir an Reichtümern des Landes dar, was Ackerbau, Viehzucht, Fischfang und Jagd angeht, von den religiösen und kulturellen Überlieferungen gar nicht zu reden. Der Mensch lebte in Wohlstand, und das traditionelle Handwerk war dort besonders hoch entwickelt. Massina, wo die Fulbe sich einstmals wegen des fruchtbaren Weidelandes niedergelassen hatten, liegt im Herzen dieser Region, und Mopti ist eines ihrer Kleinodien.

Am Morgen des Aufbruchs gesellten sich die elf Schüler aus Mopti zu uns, was unsere Zahl auf achtzehn erhöhte. Der Distriktkommandant von Mopti ließ uns zwei mit allen notwendigen Vorräten bestückte Pirogen zur Verfügung stellen. Sie warteten am Flußufer auf uns, gegenüber den Etablissements Simon. Auf jeder Piroge ließen sich neun Jungen nieder. Die Schüler aus Mopti standen an Deck eng beieinander, weinten und winkten ihren am Ufer zurückbleibenden Verwandten.

Auf ein Zeichen hin tauchten die Laptots ihre Staken ins Wasser und gaben der Piroge einen kraftvollen Schwung. Ich schob ein paar Kameraden beiseite und streckte den Kopf vor, um nach der an der Böschung zusammengeströmten Menge zu sehen. Plötzlich packte mich ein Schwindel: Die Leute schienen sich von uns zu entfernen, indem sie nach hinten zurückwichen, allerdings ohne sich zu bewegen. Ich brauchte einige Augenblicke, um mir zu vergegenwärtigen, daß unsere Piroge es war, die sich von ihnen entfernte, und nicht umgekehrt. An meine weit zurückliegende Reise auf dem Fluß mit meiner Mutter hatte ich keine Erinnerung; ich entdeckte alles neu, als wäre es das erste Mal.

Als unsere Pirogen in der Mitte des Stromes anlangten und wir uns der Stelle näherten, wo die Wasser des Niger und des Bani sich treffen, rief der Laptotchef »Öffnet eure Pakete und werft von jedem Lebensmittel, das ihr besitzt, etwas ins Wasser!« Das war der traditionelle Tribut, der in dem Augenblick, da man den ›schwarzen Fluß‹, den Bani, verließ und auf den weiten, majestätischen Wassern des ›weißen Flusses‹, des Niger, dahinglitt, an Maïrama, die Göttin der Wasser, entrichtet werden mußte. Jeder von uns nahm seine kleine Gabe in die Hand, und als der Augenblick kam, warf er sie so weit wie möglich ins plätschernde Wasser.

Unsere Piroge, die bislang mühelos den Bani hinabglitt, stieß plötzlich gegen die Wellen, die sich beim Aufeinandertreffen mit den Wassern des Niger bilden, den wir stromaufwärts bis Kouakourou befahren mußten. Sie bäumte sich auf, um sie zu überwinden. Der Schiffsrumpf machte einen Sprung und schüttelte Passagiere und Gepäck durcheinander. Ich glaubte einen Augenblick lang, daß Maïrama, die Fürstin der Wasser, sich aus einem düsteren Grund gegen uns erzürne und unserem Schiff einen kräftigen Fußtritt versetze. Aber sobald die Laptots die Biegung hinter sich hatten und wir auf dem breiten Fluß fuhren, kehrte wieder Ordnung ein. Der Rest der Reise verlief ohne Schwierigkeiten.

In Kouakourou mußten wir das Hauptbett des Niger verlassen und die Wasser eines Nebenarms befahren, der uns nach Djenné brachte. Das ruhige Wasser dieses Arms floß träge durch eine endlose Ebene, eine weite Senke, die, je nach Gegend, unterschiedliche Namen trägt und sich bis Timbuktu erstreckt. Obwohl es in jenem Jahr während der Überschwemmungszeit erst wenig geregnet hatte, lag die Ebene noch weithin unter Wasser. In der Ferne sah man Dörfer, die auf der Wasseroberfläche so etwas wie ockerfarbene oder graue Inselchen bildeten. Fast immer wurden sie von Gruppen schlanker Borassuspalmen mit struppigen Büscheln, kraus wie die Haarmähne einer Irren, überragt und herrschten so über ein Meer von Grün; das über die Ebene gegossene Wasser war mit einem riesigen Teppich aus Gras und Wasserpflanzen bedeckt. An manchen Stellen leuchteten von der üppigen Pflanzenwelt verschonte Flecken in der Sonne. Sie erinnerten an große, mit Teppichen aus Silberplättchen geschmückte Waldlichtungen.

Der Laptotchef rief:

»Sobald wir die nächste Biegung des Überschwemmungsgebiets hinter uns haben, seht ihr die großen Türme der Moschee von Djenné.«

Alle Schüler stürzten aus dem Deckshaus:

»Gleich sehen wir Djenné! Gleich sehen wir Djenné!‹

Hieß es nicht, daß diese Stadt, die schönste im ganzen Nigerbogen, genau unterhalb von *Al-Djennat* lag, dem Garten Allahs – dem Paradies –, dessen Namen sie trug?

Sobald wir die Biegung hinter uns hatten, erblickten wir, wie über einer Masse von Grün, das noch die Stadt und den Korpus der Moschee verbarg, die Spitzen der pyramidenförmigen drei Türme auftauchten, deren Wände gespickt waren mit kunstvoll angeordneten Stäben aus Borassuspalmen, denen die Aufgabe zukam, die Haltbarkeit des Baumaterials zu sichern. Diese zart ockerfarbenen Turmspitzen hoben sich ab vom wolkenlosen, scheinbar von der Hand Gottes selbst gewaschenen und in Blau getauchten Himmel; das waren also die Pinakel der drei hohen Türme der großen Moschee von Djenné, die damals als die schönste in ganz Schwarzafrika galt, von Khartum im Osten bis Conakry im Westen.

Je näher wir kamen, desto mehr schien sich der Vorhang aus Grün zu öffnen und extra für uns Löcher zu bekommen, damit wir die Schönheiten der Stadt entdecken konnten. Bald tauchte die majestätische Ostfassade der Moschee auf, die durch so viele Illustrationen und Fotografien in der ganzen Welt bekannt geworden ist; dann kamen die Terrassenhäuser der Stadt in Sicht, die sich durch dekorative Muster von ungewöhnlicher Schönheit auszeichnen und von sattgrünem Laubwerk umrahmt sind.

Unsere Pirogen legten im Osten der Stadt an, im kleinen Hafen von El Gazba. Er war ungemein belebt. Frauen wuschen sich am Flußufer, andere reinigten ihre Wäsche oder ihr Geschirr, Kinder nahmen ihr Bad. Man hatte Tiere zum Trinken hergeführt, so daß das Iah der Esel sich mit dem Wiehern der Pferde und dem Blöken der Schafe mischte. Von überall ertönte lautes Gelächter. Jeder redete laut und diskutierte, ohne sich allzusehr um die weinenden Kinder zu kümmern. Im Trocknen an der Uferböschung lagen große Pirogen, die man gerade neu baute oder reparierte. Sie glichen großen schlafenden Krokodilen, die gerade Luft schnappten.

Die Laptots ließen uns unweit des Hauses von Chékou Hassey an Land gehen, dem Songhaioberhaupt der Stadt, der den Auftrag hatte, die Kinder aus der Region Djenné zu beherbergen. Was uns, die Kinder aus Bandiagara, betraf, so wurden wir von Amadou Kisso Cissé erwartet, dem Vorsteher der Fulbegemeinde, den der Kommandant mit unserer Unterbringung beauftragt hatte. Die beiden Männer führten uns zum Anwesen des Fulbevorstehers, wo für uns Unterkünfte reserviert waren. In Gruppen von fünf oder sechs Schülern wurden wir auf diese Unterkünfte verteilt. Maki Tall, Yagama Tembély – ein Dogon, dessen Vater ein Freund Beydaris war –, Badji

Ouologuem, Mintikono Samaké, Moussa Koulibaly und ich sollten dasselbe Zimmer bewohnen und die Mahlzeiten miteinander teilen.

Am selben Nachmittag führte uns der Fulbevorsteher Amadou Kisso Cissé persönlich zum Amtssitz des Distriktkommandanten. Der Dolmetscher Mamadou Sall, genannt ›Papa Sall‹, ein Veteran der Zeit der kolonialen Eroberung, führte uns zum Büro des Kommandanten, einem Kolonialbeamten namens Max Brizeux. Er lebte in wilder Ehe mit Fanta Bougalo, einer sehr schönen Frau aus der Kaste der Schmiede von Bandiagara, die der von meiner Mutter geführten Vereinigung angehörte. Als sie von der Ankunft der Kinder aus Bandiagara hörte, kam sie aus dem Stockwerk, wo ihre Räume lagen, herunter, um zu sehen, ob welche aus ihrem Bekanntenkreis dabeiwären. Sie erkannte mich. Auf der Stelle empfahl sie mich Amadou Kisso Cissé und gab ihm Auskunft über meine Familie, eine Empfehlung, die mir später eine bevorzugte Behandlung einbrachte.

Der Kommandant ließ Monsieur Baba Keïta kommen, den einheimischen Lehrer, der das Amt eines Direktors der Regionalschule innehatte. Er hatte sein Diplom in der Ecole Normale William Ponty auf Gorée im Senegal gemacht und galt als ein sehr gelehrter Mann. Er ergriff von seinen achtzehn neuen Rekruten Besitz, ließ uns in Reih und Glied antreten und führte uns zur Regionalschule, nach der Moschee eines der schönsten und weitläufigsten Bauwerke der Stadt. Der ganze Nachmittag verging damit, daß wir unsere Anmeldebögen ausfüllten und uns auf die vier Klassen, die die Schule zählte, verteilten.

Monsieur Baba Keïta wurde von zwei Hilfslehrern unterstützt, und zwar von Tennga Tiemtoré, einem Mossi mit in der Form einer Säge gefeilten Zähnen und von dem originellen Allassane Sall, dem Sohn des alten Dolmetschers Papa Sall. Er war körperlich schwerfällig und geistig von etwas schlichter Art, an der ›Volksschule für Eingeborene‹ hatte er nur wenig gelernt und verdankte seine Ernennung sehr viel mehr dem politischen Einfluß seines Vaters als seinen eigenen Fähigkeiten. Er war der ewige Hilfslehrer für Schulanfänger, für die ABC-Schützen, denen er die Anfangsgründe der französischen Sprache eintrichterte. Unglückseligerweise füllte seine dicke Zunge seinen

Mund derart aus, daß die Töne nur verstümmelt oder seltsam verformt herauskamen. Besonders gern ließ er seine Schüler den folgenden Satz aufsagen: ›Ich esse Couscous, du ißt Couscous, alle essen Couscous...‹, aber mit seiner merkwürdigen Stimme sagte er ›Koss-Koss‹, was die Kinder eilends nach Herzenslust wiederholten und was ihm den Beinamen ›Monsieur Koss-Koss‹ eingetragen hatte.

Der Schulaufseher hieß Fabarka. Er war ein hochgewachsener Mann mit sehr dunkler Haut und mürrischem Gesicht; mit den Kindern ging er äußerst streng um und schämte sich nicht, sie mit einer Peitsche aus zwei Lianen zu schlagen, die er ständig auf seiner rechten Schulter trug. Die Fulbekinder nannten ihn *Baa-dorrol* – ›Papa Peitsche‹.

Und was unseren Direktor angeht, so war er ein Musterbeispiel für den großen Weiß-Schwarzen. Er war stets europäisch gekleidet und hatte eine Afroeuropäerin der Herkunft ›weißer Vater – schwarze Mutter‹ geheiratet, die helle Haut und lange glatte Haare hatte. Sie gingen selten aus, lebten zurückgezogen nach Art der Tubab zu Hause und ernährten sich, mittels Metallbestecken, von europäischen Gerichten, die sie vor einem Tisch sitzend einnahmen. Monsieur Baba Keïta trieb die feine Lebensart so weit – was wir äußerst komisch fanden! –, sich in ein Stück Stoff zu schneuzen, in welchem er sorgfältig seine Absonderungen einpackte, bevor er sie, sicherlich um sie nicht zu verlieren, ganz tief in seiner Tasche vergrub. Er hatte ständig einen Schlüsselbund in der Hand, den er von Zeit zu Zeit zu seiner Unterhaltung klimpern ließ. Er war wenig gesprächig und von nachlässigem Wesen, dabei hatte er eine näselnde Stimme, was dem Reiz seiner stets sehr belehrenden Reden abträglich war. Die Schüler von Bandiagara gaben ihm rasch den Spitznamen ›Monsieur verstopfte Nase‹.

Zwei Monate nach unserer Ankunft wurde Monsieur Baba Keïta trotz seiner Befähigung durch einen weißen Volksschullehrer ersetzt, Monsieur François Primel. Dessen erste Sorge galt sofort der Neuordnung der Schule, der er eine fünfte Klasse hinzufügte. Er behielt sich die beiden ersten vor, vertraute die dritte Tennga Tiemtoré und die vierte Allassane Sall an; und was die fünfte angeht, die sich ganz und gar aus ABC-Schützen zusammensetzte, so gab er Schülern der ersten und zweiten den Auftrag, im Rollenwechsel und unter der Kontrolle von Tennga Tiemtoré von ihm persönlich vorbereitete Lektionen zu unterrichten.

Unser neuer Direktor richtete eine Schulklasse ein, die ›Kantine‹ genannt wurde. Jeder Stipendiat mußte einen Franc fünfzig als monatlichen Beitrag einzahlen. Da unser monatliches Stipendium sieben Francs betrug und die Pension, die wir unserem Vermieter zahlten, fünf Francs, blieben jedem Schüler für dreißig Tage noch fünfzig Centimes Taschengeld, das entspricht einem Gegenwert von sechzehn Kaurimuscheln täglich und einundzwanzig für den Sonntag. Als Hinweis: Ein Schütze bekam fünfzehn Francs im Monat, und ein Franc entsprach ungefähr tausend Kaurimuscheln.

Ich persönlich war sehr privilegiert, ein wahrer ›Papas Liebling‹ – oder besser ›Mamas Liebling‹ –, denn meine Mutter schickte mir regelmäßig alle zwei Monate fünfzehn Francs. Monsieur Primel behielt zehn Francs für mich ein, um meine Rücklagen aufzufüllen, und über die fünf verbliebenen Francs verfügte ich nach Gutdünken. Damit erreichten meine monatlichen Mittel die Menge von beinahe dreitausend Kaurimuscheln, also etwa hundert pro Tag, mehr als vielen Familien zur Verfügung stand. Dieses Vermögen brachte mir Freunde ein, aber auch Neider, die im allgemeinen stärker waren als ich; sie bestürmten mich mit Bitten um Kauris, und wenn ich mich weigerte, zögerten sie nicht, mich durchzuprügeln. Zu meiner Verteidigung fehlte mir mein Stock und auch meine Kameraden aus der Waaldé, die mich im Nahkampf beschützten.

In unserer Zimmergemeinschaft mit den fünf Kameraden aus Bandiagara war meine Lage kaum beneidenswerter. Unser Anführer Maki Tall, älter und stärker als wir alle und gegenüber jüngeren sehr herrschsüchtig, verfuhr mit uns, wie er wollte. Wir waren wirklich seine kleinen Boys. Er zwang jeden von uns, ihm Kauris zu geben, wovon er sich Butter kaufte, um damit seine Mahlzeiten schmackhafter zu machen. Wenn Schüsseln mit Reis oder mit einer anderen Getreidenahrung kamen, teilte er den Inhalt in zwei Teile, behielt für sich die eine, aus der Butter und der ganzen fetten Soße bestehende Hälfte und überließ uns die andere Hälfte ohne Soße. Zum Ausgleich hatten wir das Recht, seine Reste zu essen, falls er welche übrigließ.

Eines schönen Tages beschloß er, daß ich nunmehr allein die Kosten des Butterkaufes tragen sollte. Ich hatte mich ihm eine Zeitlang gefügt, aber auf Dauer empörte ich mich dagegen, ich begehrte auf und verweigerte die Zahlung. Da Maki Tall mich nicht dazu bringen konnte, Vernunft anzunehmen, lieferte er mich dem kräftigen Mintikono Samaké aus. Dieser verprügelte mich nach Leibeskräften und schlug mich wie erwartet zu Boden. Als ich immer noch nicht klein beigab, machte er sich daran, mich am Boden festzuhalten und mir die Ohren mit feinem Staub vollzustopfen, von dem ich mich hinterher nur unter großen Schmerzen befreien konnte.

Kochend vor Empörung begab ich mich am selben Abend in den Hof, wo der Fulbevorsteher Amadou Kisso eine Versammlung abhielt. Da Kinder nicht das Recht hatten, diesen Hof zu betreten, vor allem nicht, wenn Erwachsene dort versammelt waren, wandten sich alle Gesichter mir zu. Mit lauter Stimme grüßte ich:

»*As-salām aleīkum!* Friede sei mit euch, versammelte Alte!«

Erstaunt antworteten die Alten unwillkürlich:

»*Aleīka es-salām!* Friede sei mit dir. *Bissimillāh!* Willkommen! Was willst du?«

»Ich möchte den Vorsteher Amadou Kisso sprechen.«

»Warum?«

»Ich komme, um Anzeige zu erstatten, weil ich von den Zimmergenossen mißhandelt worden bin.« Sofort ließ man mich vor Amadou Kisso treten. Er hob die Sitzung auf, um mich anzuhören. Ich zeigte meine Ohren und die Spuren der Schläge, die ich bekommen hatte; ich erklärte, wie uns die Stärksten der Gruppe behandelten. »Ich erstatte Anzeige«, fügte ich heftig hinzu, »denn ich will das nicht mehr mitmachen.«

Die ganze Versammlung brach in lautes Gelächter aus.

»Das ist einer, der weiß, was er will!« prusteten einige Alte.

»Aus welcher Stadt kommst du?« fragte mich Amadou Kisso.

»Aus Bandiagara.«

»Wer sind deine Eltern?«

»Mein Vater, der nicht mehr lebt, hieß Hampâté. Er war ein Nachkomme der Bâ und der Hamsalah aus Fakala. Meine Mutter heißt Kadidja Pâté und ist die Tochter von Pâté Poullo Diallo.«

Als ich die Namen Hamsalah und Pâté Poullo aussprach, ging ein Raunen durch die Versammlung. Amadou Kisso erkannte in mir den Jungen, von dem Fanta Bougalo ihm beim Distriktkommandanten erzählt hatte.

»Was!« rief er aus, »da kommt ein Abkömmling der Hamsalah und des Pâté Poullo in unsere Stadt, sogar in unser Gehöft, und wird mißhandelt? Das ist eine Schande für uns!« Er wandte sich an mich: »Von nun an wirst du bei meiner Frau wohnen und mit mir das Essen teilen.«

Er ließ auf der Stelle meinen Koffer und meine Schlafsachen holen und schickte mich zu seiner Lieblingsfrau, die auch sein Essen zubereitete. Durch einen glücklichen Zufall trug diese Frau, die Aïssata hieß, den Namen einer meiner Großmütter mütterlicherseits aus Fakala; sie war eine entfernte Verwandte seitens meiner Großmutter Anta N'Diobdi.

Es versteht sich, daß mein unerwarteter Aufstieg die Zahl meiner Feinde noch vergrößerte und den Zorn von Maki Tall und Mintikono Samaké gegen mich anfachte. Da hatte ich die gute Idee, mir mittels etwa zwanzig Kaurimuscheln täglich und einiger Leckereien eine Leibwache in der Person von Koroba Minkoro und Hansi Koulibaly zuzulegen. Das waren zwei sehr starke Jungen, dazu entschlossen, jedem, der mich anzugreifen wagte, das Leben sauer zu machen. Aus den anfänglichen Leibwachen wurden schnell Freunde und bedingungslose Helfer. Nachdem jeder von ihnen einzeln über Mintikono, den großen Schrecken, gesiegt hatte, war über meine eigene Sicherheit das letzte Wort gesprochen.

Von dem Augenblick an, da ich im Haus von Amadou Kisso lebte, brach für mich das große Glück aus. Ich aß an seiner Seite, jeden Abend wohnte ich allen Gesprächen und Versammlungen bei, die im Hof abgehalten wurden, und zuweilen sogar am Tage, wenn ich keine Schule hatte. Es war, als ob ich den Hof meines Vaters Tidjani nur verlassen hätte, um an diesem zu verweilen. Auch hier gaben sich Erzähler und Traditionalisten ein Stelldichein, die, mit musikalischer Begleitung, die ganze Geschichte des Landes heraufbeschworen, die Gründung der Stadt Djenné, ihre alten Überlieferungen, ihre vergnüglichen Chroniken, die Eroberung durch die französische Armee... Ich habe auch viel gelernt über die Bozo, die Songhai, die Bambara aus der Region Saro – einem Fürstentum, das stets dem Bambarakönig von Segu die Stirn bot – und über die Fulbe selbst. Das gestattete mir, zu vervollständigen oder zu vertiefen, was ich schon wußte.

Zwölf Ethnien lebten damals einvernehmlich in den zwölf Vierteln der Stadt: Die Bozo, Bobo, Nono, Songhai, Fulbe, *Dimadjo* – die Kaste der Fulbesklaven –, Bambara, Malinke, Mauren, Araber, Mianka und Samo; die beiden letztgenannten Gruppen waren zahlenmäßig klein. Die Stadt wurde von einem Triumvirat verwaltet, dem Bozo, Songhai und Fulbe angehörten und das von zwei Kollegien unterstützt wurde: einem Kollegium der Alten und einem Kollegium der Marabuts. Die Kaste der Hausgefangenen stellte die Polizei, während sich die Handwerker eher um die Überwachung der Sitten kümmerten. Die traditionellen handwerklichen Berufe – Schmiede, Weber, Schuhmacher usw. – waren in *tennde*, Werkstätten, genannte Körperschaften aufgeteilt und wurden von einem Komitee angeführt. An ihrer Spitze stand ein Ältester.

Überall in der Stadt fanden sich kleine Friedhöfe mit Gräbern von Heiligen, deren Fürsprache man erflehte, doch innerhalb wie außerhalb der Stadtmauern gab es auch alte heilige heidnische Orte, wo immer noch einige Leute Opfer darbrachten, so zum Beispiel die Mauer der Jungfrau Tapama oder aber das heilige Wäldchen von Toulaa-Heela, die Wohnstätte des großen Geistes Tummelew, des Herrn der Erde und Beschützer der Orte.

An einem Tag des Jahres 1913 führte der Schulrat Jean-Louis Monod – der Verfasser der *Livrets de lecture*, aus denen ich meine ersten Lektionen gelernt hatte – in Djenné eine Unterrichtsprüfung durch. In Begleitung unseres Direktors betrat er die Klasse und nahm eine kleine Befragung vor, um unsere Kenntnisse und unseren Wissensstand zu prüfen. In einem gegebenen Moment stellte er die Frage:

»Was ist die Hauptstadt von Frankreich?«

Zahlreiche Arme gingen in die Höhe. Unser Kamerad Aladji Nyaté, der in der Klasse der größte, doch geistig nicht der regste war, hob seine Hand, die alle anderen überragte, und begann zu rufen:

»Ich, Monsieur! Ich, ich, Monsieur!«

Er strengte sich an, bis seine Stimme und Gestalt schließlich die Aufmerksamkeit des Schulrats auf sich zogen:

»Du da hinten, der Lange.«

Im Gefühl großen Glücks schickte Aladji Nyaté sich an, sich in zwei Ansätzen auseinanderzufalten und seinen großen Körper aus unseren kleinen Schulbänken herauszuziehen; als er endlich stand, verschränkte er seine Arme und fing an zu summen:

»Die Hauptstadt von Frankreich... die Hauptstadt von Frankreich... Das ist Djenné!«

Er war so zufrieden, daß ein breites Lächeln eine Hälfte seines Gesichts überzog. Unser Lehrer Monsieur Primel faßte sich mit beiden Händen an den Kopf, als habe ihn ein heftiger Schmerz befallen.

»Setz dich, du langer Lulatsch von Djenné!« rief der Schulrat im Übermaß der Empörung. »Wisse, daß Djenné nicht die Hauptstadt Frankreichs ist. Die Hauptstadt von Frankreich, das ist Paris: P-A-R-I-S, Paris!«

Die große Hungersnot von 1914: eine Horrorvision

Im Laufe des Sommers 1913 wurde offensichtlich, daß der Himmel mit Wasser geizte. In der Regenzeit hatte es fast im ganzen Nigerbogen viel zu wenig geregnet, und das galt gleichermaßen für das Überschwemmungsgebiet zwischen Diafarabé und Gao wie auch für das wasserarme Gebiet zwischen San und Douentza. Wenn die Abfolge der Jahreszeiten normal verläuft, beginnen die Regenfälle im Juni, das ist die Zeit, da man zur Aussaat schreitet. In Laufe der Zeit, wo alles wächst, gibt es noch einmal im September, Oktober und manchmal gar im November Regen; dann werden Mais und Hirse geerntet, auch vorher schon ein wenig Frühmais und Frühhirse. Aber in diesem Jahr waren die Regenfälle der ersten Regenzeit spärlich und während der Zeit des Wachstums blieb der Regen ganz aus. Kammu, der Schutzgeist der himmlischen Wasser, hatte offenbar seine Schleusen geschlossen und stellte sich taub gegenüber den Formeln der Fetischbeschwörer, die nicht mehr Wirkung zeigten als das Flehen und die Gebete der muslimischen Marabuts. Die Tränen der Quellen weigerten sich, aus ihren unterirdischen Höhlen zu fließen. Die Wasser der Bäche und Flüsse, die begonnen hatten, schüchtern ihre Betten zu verlassen, flüchteten rasch wieder dahin zurück. Selbst in den fruchtbarsten Regionen reichten die Überschwemmungen nicht an frühere heran.

In Ermangelung der erwarteten Regenfälle mußten die Reisfelder, die Weiden und die Felder im Busch zusehen, wie ihre jungen Triebe unter einer glühenden, durch keine Wolke gemilderten Sonne verbrannten und zusammenschrumpften. Den Weiden erging es wie den Ernten. Die Kühe, die kein Gras zu fressen hatten, sahen zu, wie ihre Milch versiegte, die kleinen Kälber starben, und der Viehbestand wurde zum Teil dezimiert. Selbst die Fische blieben nicht verschont. Mangels eines ausreichend hohen Wasserstandes konnten die Weibchen die Ufer der Wasserläufe nicht überqueren, um, wie sie es alljährlich taten, in die überschwemmten Ebenen auszuwandern, wo sich ihre natürlichen Laichplätze befanden. Kopflos legten sie auf gut Glück ihre Eier ins Bett der Flüsse, den Wohnsitz ihrer Gatten. Ihres Schutzes beraubt, wurden die Eier vom Strom davongetragen. In jener Trockenheit sanken die landwirtschaftlichen Erträge um fünfzig Prozent.

Um sich zu ernähren, griffen die Bauern erst ihre Reserven an, dann das Saatgut. Bald gab es nichts mehr.

Die unheilvolle Regenzeit des Sommers 1913 erzeugte somit eine entsetzliche Hungersnot, die 1914 in den Ländern des Nigerbogens den Tod von beinahe einem Drittel der Bevölkerung verursachen sollte. Die westlichen Regionen der Kolonie, das Gebiet von Sansanding und Segu bis Bamako, waren reich genug an Nahrungsmitteln und hatten kaum gelitten, aber zu jener Zeit gab es weder Fahrzeuge noch befahrbare Straßen, um die überschüssigen Nahrungsmittel in die vom Hunger betroffenen Gebiete zu transportieren. Nur der Bani und der Niger verbanden damals den Westen und den Osten von *Haut-Sénégal-et-Niger* miteinander; nun waren diese beiden natürlichen Transportwege aber bald auf den niedrigsten Wasserstand abgesunken, wenn nicht gar durch bewegliche Sandbänke versperrt, was die Schiffahrt mit den Pirogen, selbst geringer Tonnage, beträchtlich erschwerte.

Dieweil hatten meine Kameraden und ich keine richtige Vorstellung von der schrecklichen Hungersnot, die sich um uns herum unter der Bevölkerung ausbreitete. Wir wußten, daß es Hunger gab, aber wir litten nicht darunter. Djenné blieb teilweise verschont, und unsere Vermieter konnten sich gut versorgen, zweifellos dank der Tatsache, daß der Distriktkommandant in der Stadt residierte.

Als die Lage sich im Laufe des Jahres weiterhin verschlechterte, beschloß Beydari, ob es mir nun paßte oder nicht, Niélé nach Djenné zu schicken, damit sie darüber wache, daß es mir an nichts fehle. Und ich freute mich wirklich, meine gute Niélé wiederzusehen. Lange umarmte sie mich und weinte.

Niélé suchte zunächst eine passende Unterkunft, die sie im Viertel Al Gazba fand und für uns beide einrichtete. Als alles zu unserem Empfang bereit war, ging sie zum Fulbevorsteher Amadou Kisso und dankte ihm im Namen der ganzen Familie, daß er mich bei sich beherbergt und wie einen Sohn behandelt habe. Dann holte sie mich zu sich und brachte mich in unserer neuen Wohnung unter. Sie ließ sich bei dem ›großen Dolmetscher‹ Papa Sall als Köchin einstellen und diente seiner Lieblingsfrau. Letztere lebte nicht bei ihrem Mann, sondern etwas weiter weg in einem schönen Haus mit mehreren Stockwerken und zahlreichen geräumigen, luftigen, hellen Zimmern. Das Haus war stets verschlossen und von einem bewaffneten Portier bewacht. Niemand außer den Bediensteten und Papa Sall selbst durfte hinein. Dank Niélé war ich im Besitz einer besonderen Erlaubnis und konnte kommen und gehen, wie ich wollte; und ich wurde mit Naschereien überhäuft. Ich trauerte also der Unterbringung bei Amadou Kisso nicht allzusehr hinterher, wohin ich aber weiterhin ab und zu ging, um meinen Wohltäter zu begrüßen. In materieller Hinsicht war ich aus einem mittleren Paradies in einen höheres gelangt, denn Amadou Kisso mochte noch so sehr ein Fulbevorsteher sein, die Lebensführung seiner Lieblingsfrau konnte in keiner Weise verglichen werden mit der der Lieblingsfrau von Papa Sall, dem ›großen Dolmetscher des Kommandanten‹ und somit der zweitwichtigsten Persönlichkeit im Distrikt – nach dem Kommandanten –, an dem jeder vorbei mußte, um eine Eingabe vorzutragen oder eine Rechtsangelegenheit zu verteidigen, was nicht ohne die diskrete Gabe einer ›nächtlichen Chose‹ ging, das Geschenk, das man nachts machte, um sich des ›guten Mundes‹ des Dolmetschers zu versichern...

Man stellte mich Papa Sall als ›Niélés Sohn‹ vor. Er duldete mich bei seiner Frau, richtete aber nie das Wort an mich.

Jedes Jahr am 15. Juni schlossen sämtliche Schulen Französisch-Westafrikas für drei Monate die Pforten. Wenn sich dieses Datum näherte, verdoppelte sich die Betriebsamkeit von Lehrern und Schülern wegen der Jahresabschlußexamen und hinsichtlich der Vorbereitungen, die die Abreise in die Ferien erforderlich machte. Die Schüler, die das Ende ihrer Schulzeit erreicht hatten, bereiteten sich nun auf das Abschlußzeugnis der ›Volksschule für Eingeborene‹ vor, welches denen, die erste Preise bekamen, die Möglichkeit bot, entweder zur Berufsschule von Bamako geschickt oder aber zu untergeordneten Büroaufgaben in der Kolonialverwaltung abgestellt zu werden.

Monsieur Primel bereitete unsere Reise mit großer Sorgfalt vor. Nachdem er unsere Ersparnisse abgerechnet hatte, kaufte er für jeden Schüler, je nach der Höhe seines Guthabens, Kleidungsstücke und einige Souvenirs. Da meine Rücklagen eine beträchtliche Höhe erreicht hatten, bat ich ihn, auch für Niélé Kleidung einzukaufen. Ich selbst erhielt eine reiche Wäscheausstattung, die sich aus mehreren Ensembles guter Qualität zusammensetzte. Das Ganze befand sich in einem schönen, mit einem Vorhängeschloß versperrten Holzkoffer. Mir blieb noch eine Summe von fünfzehn Francs; das zeigt, wie gut meine Ersparnisse verwaltet worden waren!

Ich war sehr stolz auf meine schönen Kleider, stolzer aber noch auf meine Mutter Kadidja und auf meine Dienerin-Mutter Niélé, die alle beide soviel getan hatten, um mich glücklich zu machen. Und gewiß, ich war es! Vor der Abreise gab ich jedem meiner Leibwächter einen Franc, um ihnen für ihre Unterstützung zu danken und sie zu ermutigen, bei der Rückkehr ins neue Schuljahr bei mir zu bleiben.

Am Tag der Abreise erhielt Niélé die Erlaubnis, mit mir eine der beiden Pirogen zu besteigen, die die Schüler von Mopti in die Heimat brachte. Das war eine gute Idee, denn in Mopti sollten wir Beydari treffen, der von einem langen Aufenthalt in Kati zurückkam, wohin er gereist war, um Kadidja wegen des Todes meines Bruders Hammadoun sein Beileid auszusprechen.

Unsere mit großen, miteinander verbundenen Deckshäusern ausgestattete Piroge wurde von acht Bozofischern vorwärtsgetrieben, die unter dem Befehl des ehemaligen Unteroffiziers der Infanterie Bouna Pama Dianopo standen, des ältesten Bruders unseres Kameraden Tiebary Dianopo, eines der glänzendsten Schüler unseres Jahrgangs. Das Flußbett war nicht mehr als ein Rinnsal, das sich zwischen den Windungen der hohen Böschungen und den gelben Sandbänken dahinschlängelte. Das Wasser war so klar und durchsichtig, daß man, abgesehen von einigen mit Schlamm bedeckten Wasseransammlungen, auf die man gelegentlich traf, überall den Grund des Flusses sah. Die Fische schienen sich darin zu bewegen wie in einem Aquarium.

Bouna Pama, der die Harpune mit wunderbarer Gewandtheit handhabte, rief uns von Zeit zu Zeit zu: »Meine Brüder, welche Art Fisch möchtet ihr heute zu eurem Reis essen?« Und mit Meisterhand harpunierte er so viele Fische, wie nötig waren, um uns alle zu sättigen. Niélé kochte, was uns, sie und mich, von unserem Beitrag zu den Nahrungsmitteln befreite. Da wir dank unserer Reisvorräte und den von Bouna Pama gefangenen Fischen gut mit Nahrung versorgt waren, brauchten wir nicht anzulegen, bevor wir Sofara erreichten. Auf diesem Abschnitt des Bani gab es im übrigen nur selten Dörfer. Wir wußten also nichts von dem Drama der Bewohner dieser Gegend.

Endlich bemerken wir in weiter Ferne in der Ebene die Spitzen der Borassuspalmen, die den Ort Sofara beschatten. Die Fischer lassen unsere Piroge anlegen. Glücklich, uns die Beine vertreten zu können, stürmen wir von dannen. Um die Wette laufen wir zur Stadt, so eilig haben wir es, den berühmten Markt von Sofara zu sehen, der so gut bestückt und so berühmt ist, daß die Leute von Kong kommen, ja selbst aus In-Salah, um sich dort mit allem Nötigen zu versehen und ihre Geschäfte zu tätigen.

Plötzlich, als wir eine Art länglicher Anhöhe überqueren, die die

Landschaft vor uns verbarg, gelangen wir zu einer tiefen Senke, deren Anblick uns erstarren läßt. Wir sehen ein entsetzliches, unglaubliches Massengrab unter freiem Himmel. Tote und Sterbende sind aufeinander geschichtet. Einige Körper sind so aufgebläht, als ob sie gleich platzen wollten, andere entleeren sich ihres Inhalts, um sie herum verstreute Glieder und Fleisch, um das sich die Geier streiten.

Entsetzen überwältigt uns, wir sind weder imstande, uns zu bewegen noch zu reden. Bei unseren Näherkommen fliegen die Geier mit schwerem Flügelschlag davon, aber nicht weit weg. Sie sitzen auf dem das Loch umgebenden Erdwall und beobachten uns. Vor den Menschen haben sie keine Angst mehr. Fressen sie sich nicht den ganzen Tag über an ihnen satt?

Auf dem Höhepunkt des Grauens, als wir betäubt sind und erstickt von einem unglaublichen Gestank, der uns in Nase und Kehle dringt, werden wir Zeugen einer Szene, die wir nur mit Mühe zu fassen vermögen. Wir sehen zwei Männer näherkommen, wobei jeder den Körper eines menschlichen Wesens an den Füßen hinter sich herzieht. Nun ist der eine zwar schon tot, aber der andere offensichtlich noch im Sterben begriffen. Die beiden Totengräber, vielleicht durch die Gewohnheit hart geworden, lachen und reden laut, als ob sie nichts anderes hinter sich herzögen als gewöhnliche Baumzweige. Als sie am Rande des Massengrabs ankommen, werfen sie die beiden Körper hinein, kehren auf dem Absatz um und gehen schwatzend davon, als ob sie eine der alltäglichsten Arbeiten hinter sich gebracht hätten.

Was sich nun vor unseren Augen abspielt, das wird keiner von uns je vergessen können. In einem letzten Aufbegehren seines Wunsches zu leben, stößt der Sterbende einen heiseren Seufzer aus. Sein Mund öffnet sich, er reißt die Augen weit auf, so, als ob er eine entsetzliche Erscheinung auf sich zukommen sähe. Seine verkrampften Finger versuchen vergebens, sich irgendwo festzuhalten. Sein Körper zuckt zusammen, eine Flüssigkeit sickert aus seinem Mund. Plötzlich wird er steif wie ein trockenes Stück Holz, dann, wenige Sekunden später, sackt er schlaff in sich zusammen. Seine starren, beinahe weißen Augen bleiben gen Himmel gerichtet. Der Unglückliche hat das Leben ausgehaucht, währenddessen er bereits unter den Toten lag.

Laut schreiend fliehen wir nach Sofara, weinen und rufen um Hilfe. Im Laufen denke ich an das friedliche Sterben meines Lehrers Tierno Kounta in Bougouni und wie mein Vater Tidjani ihm sanft die Augen schloß. Gibt es denn keinen, der diesen armen Menschen die Augen schließt? Warum sterben sie in so großer Zahl und auf so schreckliche Weise? Warum sind ihre Leichname den Händen zweier Rohlinge überlassen, die mit ihnen umgehen wie Müllmänner, die Abfälle fortkarren?

Als wir in Sofara ankommen, entdecken wir fast leere Straßen. Nur dann und wann treffen wir auf skelettartige Passanten, abgezehrte Kinder mit geschwollenen Bäuchen, zerlumpte, zitternde Alte und ausgemergelte Hunde. Manche sind vom Hunger so erschöpft, daß sie nicht einmal mehr die Kraft haben zu laufen. Sie legen sich auf die Erde, in ihren Vorraum, in den Schatten einer Mauer, egal wohin, und rühren sich nicht mehr. Und überall, überall Leichen, die die Leichenträger nacheinander einsammeln.

Die vom Umfang der Katastrophe überforderte Verwaltung vermag nichts zu tun, um der Bevölkerung zu helfen; es gelingt ihr gerade einmal, die zu ernähren, die für sie arbeiten. Da niemand die Kraft hat, die Leichen fortzuschaffen, die in den Vorräumen oder Gassen herumliegen, sind die Behörden gezwungen, Mannschaften von ›Leicheneinsammlern‹ aufzustellen und zu ernähren. Vom Morgen bis zum Abend räumen sie die Stadt von ihren Toten frei. Bei den beiden Männern, die wir am Massengrab am Werk gesehen haben, handelte es sich um zwei von ihnen.

Wie von selbst lenken wir unsere Schritte zum Markt, dem Herzstück der Stadt, in der verrückten Hoffnung, daß er verschont geblieben sei und wir dort das Lärmen, Schreien und Lachen fänden, das alle afrikanischen Märkte belebt. Aber ach, der Platz ist leer. Zwischen verwaisten Ständen bieten nur einige wenige Verkäufer magere gekochte Blätter, Früchte der Borassuspalme und ein paar wilde Früchte an. Gewiß haben wir von der Hungersnot im Lande gehört, aber keiner von uns hat sich ein Bild davon gemacht, was das wirklich heißt. Hier in Sofara habe ich sie in ihrem ganzen entsetzlichen Ausmaß kennengelernt.

Völlig benommen, verblüfft und erschüttert von dem Schauspiel des Todes irren wir durch die Stadt, bis Bouna Pama Dianopo, der uns gesucht hat, uns schließlich findet. Als der für unsere Piroge Verantwortliche erteilt er uns den Befehl, diesen Ort zu fliehen, zum Boot zurückzukommen und uns so schnell wie möglich einzuschiffen. Vorsichtshalber läßt er das Abendessen im Inneren des Deckshauses zubereiten, aber keiner von uns ist in der Lage, etwas zu sich zu nehmen. Nicht wenige haben in dieser Nacht im Schlaf geschrien oder nach ihrer Mutter gerufen, weil sie von entsetzlichen Bildern verfolgt wurden.

In Mopti wohnte ich mit Niélé bei Tiébéssé, der Freundin meiner Mutter seit den Tagen der Kindheit. Dort traf ich Beydari, der aus Kati zurückkehrte. Ich hatte sogar die Freude, bei ihm den Gefährten meiner Kindheit, Daouda Maïga, wiederzufinden, den seine Mutter in der Hoffnung auf ein wenig Nahrung nach Mopti gebracht hatte. Beydari hatte Daouda entdeckt, als er gleich vielen anderen sich selbst überlassenen Kindern durch die Stadt geirrt war, denn dort hielten sich sehr viele Flüchtlinge auf. Das war etwas, was er nicht ertragen konnte: Daouda und ich waren beinahe gemeinsam zur Welt gekommen, hatten wie Brüder zusammengelebt, und er fühlte sich für uns beide gleichermaßen verantwortlich. So nahm er Daouda und seine Mutter mit.

Wie Djenné war Mopti gleichzeitig Hafenstadt und die offizielle Residenz eines Distriktkommandanten und somit privilegiert. Pirogen legten an. Hirsevorräte waren eingelagert, die die Verwaltung mangels Transportmöglichkeiten nicht in die Dörfer im Landesinneren schicken konnte. Außerdem waren der Fluß und die Teiche im Umkreis der Stadt sehr fischreich. Die Bozo fingen dort jeden Tag reichlich Fisch, der einen Teil der Bevölkerung ernährte. Flüchtlinge aus allen Dörfern des Nigerbogens strömten in Massen herbei, vor allem die Dogon, die wußten, daß sie auf die althergebrachte und vorbehaltlose Solidarität der Bozo zählen konnten. Die beiden Ethnien waren nämlich durch die heiligen Bande der *sanankunya* – wovon ich früher schon gesprochen habe – miteinander verbunden, die die Ethnologen ›Spaßverwandtschaft‹ nennen, weil sie gestattet, Späße miteinander zu treiben und sich übereinander lustig zu machen und sich zu beschimpfen, ohne daß das jemals zu Konsequenzen führt. In Wirklichkeit geht es um alles andere als um einen Spaß; diese Beziehung stellt ein sehr ernsthaftes, tiefes Band dar, das einstmals aus einer unbedingten Verpflichtung zur Unterstützung und gegenseitigen Hilfe geknüpft war, die ihren Ursprung in einem sehr alten Bündnis hat zwischen den Mitgliedern oder Vorfahren zweier Dörfer, zweier Ethnien, zweier Clans – beispielsweise zwischen den Serere und den Fulbe, den Dogon und den Bozo, den Tukulor und den Diawambe, den Fulbe und den Schmieden, den Fulbeclans der Bâ und der Diallo usw. Dieses Bündnis hat sich mit der Zeit weiterentwickelt, und oft ist nur die Tradition des gegenseitigen Sichlustigmachens übriggeblieben, außer zwischen den Dogon und den Bozo, deren *sanankunya* eine der stärksten im Afrika der Savanne ist, ähnlich vielleicht der Verbindung zwischen den Fulbe und den Schmieden.

Durch die Hungersnot aus den Bergen verjagt, fielen die Dogon in Mopti ein, wo der erstbeste Bozo, den sie zufällig trafen, nicht zögerte, sein Essen mit ihnen zu teilen. Aber es kamen so viele, daß sie sich längs des ganzen Flusses verteilen mußten, dessen Ufer die bevorzugten Wohnstätten der Bozofischer waren. Viele schwärmten aus bis in die verschont gebliebenen Regionen von Segu und Bamako und sogar bis Kati, wo sie sich um meinen Vater Tidjani scharrten, was dem erlaubte, um sein Anwesen herum das ›Dogonviertel‹ zu gründen.

Wir blieben einige Tage in Mopti, lange genug, daß Beydari unsere Rückkehr in die Wege leiten konnte, bei der er so unauffällig wie möglich Vorräte an Hirse und getrocknetem Fisch mitnahm. Zusammen mit Daouda und Niélé brachte er mich nach Bandiagara. Die Mutter von Daouda war, ich weiß nicht warum, in Mopti geblieben.

In Bandiagara war die Lage, zumindest in einigen Vierteln, nicht anders als in Sofara. Die Juniregen hatten zu fallen begonnen, aber bis zu den ersten Ernten des Frühmais würde man den Monat August abwarten müssen; wenn alles gut ging, könnte im September der Mais geerntet werden sowie die erste Frühhirse. Die große Hirseernte fand erst im Oktober statt. Zumindest hatten die Zuchttiere dank der ersten Regenfälle wieder ein wenig Gras als Nahrung gefunden und die Hühner etwas zum Picken.

Unser Viertel Deendé Bôdi, in dem größtenteils Schlachter, Fulbehirten und Viehzüchter wohnten – und wo sich alle Mitglieder meiner Familie befanden, sowohl väterlicher- als auch mütterlicherseits –, hatte weniger als die anderen gelitten, zumal jede Familie, die über etwas zu essen verfügte, stets den Verwandten oder Nachbarn Mahlzeiten zukommen ließ. Ich kann sagen, daß es dem Viertel Deendé Bôdi dank der afrikanischen Solidarität gelang, während der großen Hungersnot ohne allzuviel Elend zu überleben, was in anderen Vierteln nicht der Fall war, insbesondere nicht in den Stadtteilen der Dogon und der Ethnien aus dem Süden, die sich tätowieren[42], die wirklich furchtbar gelitten haben.

In unserem Haus herrschte kein Überfluß, aber Beydari gelang es immer, uns zu ernähren. Ich erinnere mich, daß wir sehr viele Schlachtabfälle gegessen haben. Ich weiß nicht, wie er es schaffte, aber manchmal brachte er uns sogar Reis mit! Alle benachbarten Gehöfte erhielten von ihm etwas zu essen. Er schickte Nahrung auch an Tierno Bokar, dessen Schule es dank seiner und der Unterstützung anderer Eltern an nichts fehlte. Und da Tierno einige gute Legehennen hielt, gar nicht davon zu reden, was die Schüler auf seinen kleinen Feldern ernteten, gelang es ihm, um den Preis einiger eigener Opfer, unglücklichen Haussa und Dogon zu helfen.

Wangrin, damals der große Dolmetscher des Kommandanten, ließ es ebenfalls nicht an Hilfe für die Armen fehlen, und zwar entweder ganz unmittelbar oder indem er ihnen durch die Verwaltung Unterstützung zukommen ließ. Viele haben nur dank seiner Unterstützung überlebt.

Während meines ganzen Aufenthalts in Bandiagara litt ich keinen Hunger, aber mir wurde mehr oder weniger untersagt, das Haus zu verlassen. Manchmal entwischten Daouda und ich doch und liefen zum ungefähr dreihundert Meter entfernten Fluß, um uns zu waschen, aber dort trafen wir so ausgemergelte Menschen, daß uns bald die Lust daran verging. Jedenfalls geschah in der Waaldé nichts mehr. Ich hatte erfahren, daß nur ungefähr ein Drittel meiner alten Kameraden in Bandiagara verblieben war. Von den restlichen zwei Dritteln waren viele tot, andere mit ihrer Familie aus der Stadt geflohen.

Eines Tages, indes die Lage in der Stadt noch dramatisch war, saß ich im Vorraum mit Niélé, der ersten Ehefrau Beydaris, und Biga, einem alten Gerber, der bei uns wohnte. Ein Hungernder, der sich nicht mehr aufrecht halten konnte, kroch in unseren Vorraum und schleppte sich auf allen Vieren auf uns zu. Er war so dürr, daß man nicht hätte sagen können, zu welcher Ethnie er gehörte. »Gebt mir etwas zu essen«, brachte er mit schwacher Stimme heraus, »sonst sterbe ich in eurem Vorraum, und das Wegtragen meiner Leiche wird euch Unannehmlichkeiten bereiten.« Niélé hatte sich bereits erhoben, um im Haus etwas zu essen zu holen. Sie kam mit einer Schüssel Hirsepüree zurück, den sie für den Abend beiseite gestellt hatte. Diese hielt sie dem armen Mann hin, der die Hirse mit erschreckender Eile hinunterschlang. Als er fertig war, bot Niélé ihm eine Kalebasse mit frischem Wasser an. Er trank einen großen Schluck, rülpste und dankte uns. Wir waren alle recht froh. Aber plötzlich wurde sein Gesicht fahl, und er taumelte. »Ich spüre, daß der Tod kommt«, keuchte er, »ich muß euch von meinem Leichnam befreien.« Ich weiß nicht, wie er die Kraft fand, auf die Füße zu kommen. Schwankend ging er hinaus, überquerte die Gasse und fiel am Fuß der Mauer, unserem Haus gegenüber, nieder. Niélé schrie auf, rief um Hilfe... »Sinnlos, meine gute Mutter«, sagte der Sterbende zu ihr, »ich habe soeben die Mahlzeit verzehrt, die mir auf dieser Erde noch zustand.« Und sogleich begann sein Todeskampf. Er verschied wenige Minuten später.

Da er auf einem öffentlichen Weg verstorben war, mußte sich die Verwaltung um seinen Leichnam kümmern. Ein Totengräber mit einer Armbinde ging gerade durch die Straße. Er griff sich die Leiche am Fuß und schleppte sie hinter sich her, wie er es mit dem Gerippe einer Ziege gemacht hätte. Wir sahen, wie er um die Ecke der Gasse verschwand. Zweifellos warf er die Leiche ins Massengrab unter freiem Himmel, das es auch in Bandiagara neben dem Friedhof gab und welches jemals zu besichtigen ich mich hütete.

Der 14. Juli nahte. In den vorangegangenen Jahren gab der *katran zulié*, wie die Leute sagten, Anlaß zu prachtvollen Festen, zu denen die gesamte Bevölkerung ihren Beitrag leisten mußte. Jeder Kanton mußte ein bedeutendes Kontingent Pferde, Tänzer, Musiker und Teilnehmer nach Bandiagara entsenden. In den fünfundzwanzig Tagen vor dem Fest fand im ganzen Land ein richtiges ›Klarmachen zum Gefecht‹ statt, und um den 12. Juli herum begann die städtische Bevölkerung anzuwachsen. Die Könige aus der Umgebung und die Chefs der Kantone erschienen in ihrem schönsten Gepränge, in der Begleitung von traditionellen Orchestern und Tanzgruppen und mit prachtvoll angeschirrten Pferden im Gefolge. In manchen Jahren zählte man bis zu zweitausendfünfhundert Menschen! Selbstverständlich mußten die zur Teilnahme am Fest oder zu den Vorbereitungen herangezogenen Männer ihre gewohnten Tätigkeiten aufgeben.

In der Nacht vom 13. auf den 14. Juli bewegte sich ein riesiger Fakkelzug durch die Stadt und begab sich zur anderen Seite des Yaamé, unterhalb der Residenz des Kommandanten. Jeder Teilnehmer, ob Reiter oder Fußgänger, Zivilist oder Militär, Mann, Frau oder Kind, war mit einer brennenden Fackel ausgerüstet. Man hätte meinen können, es handele sich um eine marschierende Feuersbrunst. Die Alten stellten über den Sinn dieser rituellen Zeremonie ihre eigenen Überlegungen an: »Jedes Jahr müssen die Weißen dem Feuer opfern. Bestimmt verdanken sie dem Feuer das Geheimnis ihrer mörderischen Waffen, mit denen sie unser Land erobern und uns zu ihren Gefangenen und zu ihrem Eigentum machen konnten.« Für die Jungen und Mädchen handelte es sich eher um einen Anlaß für Spiele und Vergnügungen.

Die berühmte Sängerin Flateni, die ehemalige Griotin des Königs Aguibou Tall, pflegte den Zug gewöhnlich zu begleiten. Mit ihrer ergreifenden, machtvollen, die Menge bezwingenden Stimme sang sie die alten, feierlichen Kriegsgesänge, in denen die Taten der Tukulorhelden aus El Hadji Omars Armee in den Schlachten von Medina,

Tyayewal oder anderswo gefeiert wurden. Ihre Gesänge entlockten selbst den Verstocktesten Tränen. Aber es geschah auch, daß sie sie dazu brachte, vor Lachen zu weinen, denn mit den Tubab, den ›entflammten Häuten‹ oder ›Eierschlürfern‹ ging sie nicht sehr zart um. Zum Glück verstanden die kolonialen Würdenträger die Fulsprache nicht! Die Bevölkerung konnte nicht anders, sie mußte die Kolonialherrschaft erdulden, aber jedesmal, wenn es ihr möglich war, gönnte sie sich den Kopf der Kolonialherren, von der Nase bis zum Bart!

Am nächsten Morgen fand die Militärparade statt, die Vorführungen der Musiker und Sänger, die verschiedene Ethnien vorstellten, auch Spiele für die Jugend – vor allem am Klettermast – und schließlich ein Pferderennen, welches grenzenlose Begeisterung hervorrief und die Leidenschaften entfesselte.

In diesem Jahr hatte es zum 14. Juli keine Feierlichkeiten gegeben. Der Distriktkommandant von Bandiagara hatte alle Kantonchefs für den 13. Juli zusammengerufen, aber wegen der Hungersnot durfte jeder nur von zwei oder drei Notabeln begleitet werden. Dafür waren auch alle ehemaligen, aus dem Dienst entlassenen Infanteristen im einheimischen Unteroffiziersrang – der nie über den des Chefadjutanten hinausging, außer bei den einheimischen Soldaten der ›ersten Eroberungsstunde‹ und bei den Bürgern der bevorrechtigten vier Kommunen von Dakar, Saint-Louis, Rufisque und Gorée – einberufen worden.

Gewiß, die Hungersnot dauerte an, aber der wahre Grund, der die prunkvolle, festliche Begehung der Feier des Sturms auf die Bastille verhinderte, war ein völlig anderer. Seit dem 28. Juni 1914, dem Datum der Ermordung des Erzherzogs Franz Ferdinand von Österreich und seiner Gemahlin in Sarajewo, schwebte Kriegsgefahr am Himmel Europas, insbesondere über Frankreich, Deutschland und England. In Afrika lebten alle Vertreter der französischen Obrigkeit in Besorgnis. Die militärischen Führer waren in heller Aufregung. Die Spitzen der zivilen Verwaltung – der Distriktkommandant und sein Stellvertreter – und der militärischen Verwaltung – der Bataillonshauptmann und sein Stellvertreter – kamen unablässig zusammen und hielten Palaver ab, was alle einheimischen Beamten erstaunte, denn Militär und Zivilbeamte hatten nicht unbedingt die Angewohnheit zusammenzuarbeiten; meistens benahmen sie sich eher wie Hund und Katze.

Am Morgen des 14. Juli fand nur ein bescheidener Fahnensalut statt, verbunden mit einer umfangreichen Lebensmittelverteilung an alle, die noch Hunger litten. Die Chefs der Kantone, die Notabeln und die einheimischen ehemaligen unteren Dienstgrade befanden sich in Bandiagara. Im Laufe der vorangegangenen Nacht, zu der Stunde, als der traditionelle Fackelzug hätte stattfinden sollen, hatten der Distriktkommandant und der Hauptmann sie zu einer vertraulichen Mitteilung zusammengerufen. Der Kommandant vertraute seiner Zuhörerschaft ein ›männliches Geheimnis‹ an, das heißt, ein sehr großes Geheimnis, ein Geheimnis, dessen Bekanntgabe unvermeidlich ernsthaften Ärger mit sich bringen würde. Er bat sie, es gut für sich zu behalten.

Aber Geheimnisse ähneln dem Rauch. Wie dick das Strohdach auf dem Haus auch sein mag, der Rauch geht hindurch, breitet sich im Raum aus und verrät, daß ein Feuer brennt. Das Geheimnis, das der Distriktkommandant und der befehlshabende Bataillonshauptmann nicht hatten verschweigen können, vermochten auch diejenigen, denen sie es anvertrauten, nicht für sich zu behalten. Zwei Tage später wußten alle, daß ein Feuersturm sich anschickte, über Frankreich hinwegzufegen, und daß die Kolonien zweifellos nicht davon verschont bleiben würden.

Unserer Familie diente als wichtigste Informationsquelle ein Dogon, Baye Tabéma Tembély, der Vater meines Schulkameraden Yagama Tembély. Als einheimischer Unteroffizier wurde er der ›männlichen Geheimnisse‹ der Obrigkeiten teilhaftig und kam gleich zu seinem alten Freund Beydari, um sich ihm anzuvertrauen. Da ich mich immer mehr oder weniger in ihrer Nähe herumtrieb, hörte ich ihre Gespräche manchmal zufällig mit.

Am Tag nach der Zusammenkunft hatte er eine lange Unterredung mit Beydari. »Ich habe Angst«, meinte er. »Ich kenne die Europäer und alle ihre Umschweife beim Reden genau, und was der Kommandant gestern zu uns gesagt hat, läßt mir keine Ruhe. Mein Eindruck ist, daß in Frankreich über kurz oder lang das Pulver spricht.«

Am Morgen des 15. Juli redete er mit seinem Sohn Yagama und bereitete ihn auf die Geschehnisse vor. »Es könnte sein«, erklärte er ihm, »daß ich eine lange Reise mache, die mich nicht nur in den Senegal und an die Ufer des großen ›Salzflusses‹, des Ozeans, führt, sondern sogar jenseits dieses großen Flusses bis ins Land der ›entflammten Häute‹. Sie stehen kurz davor, das Pulver sprechen zu lassen. Nun, das ist ein Palaver, das die tötet oder zum Krüppel macht, die es abhalten. Es kann sein, daß ich als französischer Soldat der Reserve einberufen werde. Wenn das geschieht, so sei mutig, wie es sich für jeden Sohn eines Schützen gehört. Aber sprich bis dahin zu niemandem von all dem.«

Sehr erregt kam Yagama sogleich zu mir und hinterbrachte mir die Worte seines Vaters, wobei er mich aufforderte, kein Wort weiterzusagen. Aber das Geheimnis war zu schwer, als daß ich es für mich ganz allein behalten konnte; kaum war Yagama fort, holte ich Daouda und erzählte ihm alles, wobei ich ihm meinerseits nahelegte, völlig unnützerweise, alles für sich zu behalten.

Ein dumpfes Kopfschütteln ging durch die Bevölkerung, und das nicht nur in Bandiagara. Jeder fühlte, daß im Land der Weißen etwas nicht in Ordnung war. Man befürchtete das Schlimmste.

In der Nacht vom 3. zum 4. August 1914 begannen die Hörner zu tuten und Töne von sich zu geben, die wie ein schlechtes Vorzeichen klangen. Einige Augenblicke später ertönte das große königliche Kriegstamtam der Tukulor in einem Rhythmus, der großes Unheil ankündigte. Sogleich hallten alle Gehöfte vom Fulberuf *»Djam! Djam!* Frieden! Frieden!« wider, von dem man meint, daß er das Unglück zurückweise. Jeder spitzte die Ohren und wartete auf eine neue verschlüsselte, das Wesen des angekündigten Unglücks genauer bestimmende Botschaft. Man brauchte nicht lange zu warten. Nach dem letzten der sieben Schläge des Tamtam, die im Abstand von wenigen Sekunden ertönten, folgten weitere, abgehacktere und schnellere Schläge, vom hastigen Gebimmel der Metallzylinder unterbrochen. Das war das traditionelle Klangsignal, das den Beginn eines Krieges mit Fremden verkündete. In der ganzen Stadt wurde sogleich ein Schrei laut: »Es ist Krieg! Es ist Krieg!«

In den frühen Morgenstunden rief der Distriktkommandant alle

Oberhäupter und Notabeln des Landes zusammen und erklärte ihnen: »Deutschland hat soeben in Europa das Pulver gezündet. Sein Kaiser, Wilhelm II., will die Welt beherrschen. Aber ihm entgegen steht unser ewiges Frankreich, Vorkämpfer der Freiheit!« Die französischen Territorien in Übersee wurden aufgerufen, sich aktiv an den Anstrengungen zu beteiligen, die Frankreich sowohl im Hinblick auf Menschen als auch auf Rohstoffe unternahm, um den Krieg zu gewinnen. Es wurde verkündet, daß die Männer einberufen und Beschlagnahmungen von Hirse, Reis, Fetten und Schlachttieren eingeführt würden. Glücklicherweise hatten die reichlichen Regenfälle des Monats August und die ersten Ernten von Mais und Frühhirse das Gespenst der Hungersnot gebannt, und im allgemeinen trug man den Ressourcen jeder einzelnen Region Rechnung.

Ein ehemaliger Kriegsherr des Tukulorheeres, der alte Youkoullé Diawarra, durch die französische Eroberung so verarmt, daß er darauf angewiesen war, sein Essen und seine täglichen Kolanüsse zu erbetteln, erfuhr, daß Krieg in der Luft lag. Überglücklich eilte er nach Hause, holte das einstige Kriegsarsenal aus seinen alten Kisten hervor und begab sich zu Alfa Maki Tall, um sich ihm zur Verfügung zu stellen.

Alfa Maki Tall erklärte ihm, daß es sich nicht etwa um einen afrikanischen Krieg handele, sondern um ein rein europäische Auseinandersetzung zwischen ›entflammten Häuten‹. Der alte Youkoullé Diawarra, der gehofft hatte, daß sich ihm eine neue Gelegenheit bieten werde, um Krieg zu führen und Beute zu machen, mit der er von seiner Armut genesen könne, war äußerst enttäuscht. In der Vergangenheit hatte er nur von Kriegen gelebt, die ihm immer etwas eingebracht hatten, aber seit der französischen Besetzung besaß er nichts mehr. Wenn er mit leeren Händen und Taschen auf den Markt von Bandiagara kam, hörte man ihn traurig rufen: »*Wallayē*. Bei Gott! Für mich ist die traurigste Sache der Frieden, denn er beraubt mich sogar der Mittel, mir eine Kolanuß zu kaufen!«

Da seine Hoffnungen nun vereitelt waren, wurde er wütend und schickte sich an, alle Europäer aller Sorten und mit ihnen ihre ganze ›Zivilisation‹ zu verfluchen. Auch auf die Gefahr hin, daß er wegen aufrührerischer Reden verhaftet werden könnte, ging er kreuz und quer durch die Straßen und brüllte seine Wut heraus: »Sollen die ›entflammten Häute‹, diese verfluchten Eierschlürfer, sich alle umbringen lassen, bis daß kein einziger mehr auf der Erdoberfläche weilt!« Und jeder rief traurig: »*Wanā djam! Allāh dom!* – Es ist kein Friede, Gott beschütze uns!« Youkoullé zeterte weiter: »O Gott! Töte alle ›entflammten Häute‹! Mache die Eingeweiden ihrer Frauen unfruchtbar, damit sie niemals mehr eine Leibesfrucht tragen!« In seinen Zorn bezog er die Gesamtheit der Europäer ein, die für ihn die Ursache seines sozialen und materiellen Niedergangs waren und ihn nun um eine Gelegenheit betrogen, ein wenig von seiner einstigen Größe zurückzugewinnen.

Um ihn zum Schweigen zu bringen, brauchte es nicht weniger als die Autorität von Kaou Diêli, des großen Griots und Marabuts des Königs.

In Bandiagara hatte jeder seine eigene kleine Erklärung. In meiner Familie lebte ein alter pensionierter Spahi, Mamadou Daouda, der am Feldzug der französischen Armee gegen den Almany Samory teilgenommen hatte. »Es klappt nicht zwischen den Franzosen und den Deutschen. Das kracht! Ich habe erlebt, wie die ›entflammten Häute‹ sich mit dem Almany Samory geschlagen haben, ich kenne sie. Sie werden sich gegenseitig ihre Städte und Dörfer kaputtschlagen. Glaubt mir, das gibt ein einziges Durcheinander aus Feuer und Blut! Sie sind dermaßen gelehrt, daß es ihnen gelungen ist, die Materie zu unterjochen und sie an ihrer Statt arbeiten zu lassen. Seht nur das Eisen: Sie haben aus ihm einen seelenlosen Sklaven gemacht, der jedoch eine so große Kraft besitzt, daß er in der Lage ist, schneller und kraftvoller zu arbeiten als der Mensch.«

»Und warum sollten solche Menschen sich untereinander bekämpfen?« fragte Biga, der alte Gerber.

»O Biga! Es ist so, wie der Vorfahr Aga Aldiou gesagt hat: *Wenn man abends eine Hose wäscht, die man morgens sauber angezogen hat, dann hat das sicher seinen Grund...* Es muß einen Grund geben, und eines Tages werden wir ihn erfahren. Warten wir es ab...«

Bereits vor vierzehn Uhr hatte die Nachricht vom deutsch- französischen Konflikt sich in der Bevölkerung verbreitet wie Rauch im Raum. Um zwanzig Uhr trafen sich Fulbe und Tukulor zu einer großen Versammlung auf dem Kérétel, dem berühmten Platz in Bandiagara, wo wir vor noch nicht allzu langer Zeit so viele angenehme Abende verbracht hatten. Da der Platz in der Nähe unseres Hauses lag, schlich ich mich hin, um zu hören, was gesprochen wurde.

Die Männer saßen in Gruppen zusammen und redeten miteinander. Sie fragten sich vor allem, warum die Franzosen und die Deutschen zu den Waffen gegriffen hatten. Für die einen handelte es sich mit Sicherheit um einen Streitfall, bei dem es um Land ging: den Grenzverlauf zwischen Feldern, zwischen Jagd- oder Sammelgründen, zwischen Fisch- oder Weideplätzen oder etwas anderes in der Art; vielleicht waren die deutschen Truppen ohne Erlaubnis in die Weidegründe der Franzosen eingedrungen? Für andere wiederum konnten nur Frauen die Ursache sein. Die Chefs der ›entflammten Häute‹ waren, das wußte jeder, hitzige Karnickel, ihr männliches Glied bewahrte die Hitze gut und geriet in Verzückung, sobald sich eine schöne Frau mit schmaler Taille und runden Hüften vor ihren Augen wiegte. Man äußerte auch die Ansicht, daß die Frauen in Frankreich sehr selten wären – eine Meinung, die auf der Tatsache beruhte, daß die Kolonialbeamten sehr selten ihre Ehefrauen in die Kolonien mitbrachten und sich in der einheimischen Bevölkerung Gefährtinnen suchten – und daß sie eher ein Temperament hätten wie friedliche Kühe und nicht wie eine Katze – diese Auffassung hatte ihren Ursprung darin, daß sie nur wenige Kinder gebaren wie die Kuh, die nur ein Kalb auf einmal zur Welt bringt, während die Katze eine zahlreiche Nachkommenschaft hat. Sagte man nicht auch, daß sie dreimal mehr Jungen als Mädchen das Leben schenkten? In einem Land, in dem ein so großer Frauenmangel herrschte, konnte alles, was mit dieser Frage zu tun hatte, nur Krieg auslösen...

In einer anderen Gruppe erhob sich Diawando Guéla M'Bouré, den man den ›großen Redner‹ nannte. Er gebot allen Schweigen und erklärte dann mit lauter Stimme:

»Seit einer Weile schon diskutieren wir, weil wir begreifen wollen, warum die Franzosen, unsere Herren, und die Deutschen, die wir nicht kennen, einen Krieg angefangen haben. Die einen sagen, es ginge um Frauen. Für die anderen geht es um Felder. O Brüder meiner Mutter, begreift ihr denn nicht, die Wahrheit liegt woanders! Hier findet ihr sie, ohne Windungen und Unebenheiten, einheitlich und platt wie die Ebene im Überschwemmungsgebiet: Für die ›entflammten Häute‹ stellen wir ein sehr wichtiges materielles Gut dar. Die einen von uns haben sie ihre Sprache gelehrt, die anderen ihre Art des Ackerbaus, wieder andere das Kriegshandwerk und so weiter. Warum das alles? Sie sind keine Apostel, die gekommen wären, um sich eines Auftrags der Barmherzigkeit zu entledigen, und keine sofortige Belohnung erwarteten; sie arbeiten ausschließlich für das Leben hienieden, sie erwarten nichts von der anderen Welt. Es gibt unter ihnen sogar welche, die weder an Gott noch an ein künftiges Leben glauben. Man sagt, die Chefferie habe die Brücken zu Gott eingerissen; ihre Marabuts haben in ihren Ratsversammlungen keinen Platz, und sie machen eine deutliche Trennung zwischen ihrer Moschee (der Kirche) und ihrem Palaverhaus (dem Staat oder dem Parlament).

Warum sind die Tubab gekommen und haben sich über uns hergemacht, warum haben sie uns gefangengenommen und uns zu ihren Haustieren gemacht? Einzig und allein, um sich im Bedarfsfall unserer zu bedienen, wie der Jäger sich seines Hundes bedient, der Reiter seines Pferdes und der Herr seines Sklaven: Um ihnen bei der Arbeit zu helfen oder bei der Bekämpfung ihrer Feinde. Das ist nicht erstaunlich. Auch wir haben einstmals Kriegsgefangene gemacht, bevor wir selbst welche wurden.

Und warum haben die Tubab von Europa sich gegenseitig den Krieg erklärt? Ich will es euch sagen, meine Brüder: Die Franzosen sind in den Krieg eingetreten, um uns zu behalten, nichts weiter, und die Deutschen, um uns zu bekommen. Ihr braucht nach keiner anderen Erklärung zu suchen. Und wozu sollte es übrigens gut sein, daß wir unsere Zeit damit verschwenden, uns nach den Gründen für ihre Händel zu fragen? Es wäre besser, wenn wir eine Möglichkeit fänden, dieses große Unheil von seiner Bahn abzubringen, denn welchen Grund es auch für diesen Krieg geben mag, sein Gewicht werden wir auf die eine oder andere Weise sowieso zu tragen haben. Schon wurden Baye Tabéma Tembély, der Unteroffizier Kassoum, Tiassarama Coulibaly, Mamadou Aïssa zu den Fahnen gerufen. Gestern sind sie als Soldaten eingekleidet worden, und übermorgen ziehen sie mit all ihren Kameraden, den ehemaligen Schützen, in die Garnisionsstadt Kati und von da zum *hee- hee-hedjala,* dem schrecklichen ›man weiß nicht recht was‹.

Wenn der Brand nicht sehr schnell erlischt, also morgen, übermorgen oder in einem Jahr, dann werden die ›entflammten Häute‹ alle unsere Söhne und unser Hab und Gut eintreiben, um ihren Krieg zu führen, denn dafür sind wir da. Darum, meine Brüder, bitten wir gleich morgen unser Oberhaupt Alfa Maki Tall, öffentliche Gebete abhalten zu lassen, um Gott anzuflehen, daß er die Schleusen des Unglücks wieder schließe, die er soeben geöffnet hat. Nach Meinung des großen Marabuts Tierno Sali besteht bei diesem Krieg die Gefahr, daß er viele weiße und schwarze Länder überflutet und zahllose Opfer fordert.«

An dieser Stelle von Guéla M'Bourés Rede schlief ich ein.

Am nächsten Tag berief Alfa Maki Tall, wahrscheinlich auf das Ersuchen des Kommandanten hin, die Marabuts und Notabeln der Stadt ein. Die Versammlung fand der Moschee gegenüber statt. Ich begleitete Tierno Bokar und meinen Onkel Bokari Thiam, den Bruder meines Vaters Tidjani, dorthin.

Als die Versammlten vollzählig erschienen waren, kamen der Distriktkommandant und der Bataillonshauptmann auf den Platz, auf der einen Seite von Mamadou Bokary und Brahime Soumaré, den Chefbrigadiers der Wachsoldaten, flankiert, auf der anderen vom Sergeanten Kassoum Kaba und dem Adjutanten Bia Djerma. Der Kommandant ergriff das Wort:

»Seit gestern befinden wir uns im Krieg mit Deutschland. Das Pulver hat heute nacht gesprochen, und es wird an allen folgenden Tagen sprechen, bis der Feind geschlagen ist und um Frieden bittet. Nun braucht der Mensch im Unglück Gottes Hilfe. Darum verlangt die Französische Regierung, daß in allen unseren Territorien öffentliche Gebete gesprochen werden, damit Gott Frankreich beschütze und ihm den Sieg schenke.«

Trotz der bedrohlichen Lage neigte sich ein alter ›Hausgefangener‹, spottlustig wie viele *rimaybé,* zu Bokari Thiam und flüsterte ihm ins Ohr: »*Die zügellose Eidechse macht sich erst wieder auf den Weg zu ihrem*

Loch, wenn sie sich gegen den schützen muß, der daran geht, ihr den Schwanz abzuschneiden.« Anders ausgedrückt: Wenn einige Ungläubige zu Gott zurückkehren, dann, weil das Unglück sie trifft. Es war ein bitterer Scherz.

Die Notabeln wählten unter denen, die im Kreis den besten Ruf hatten, siebzig Marabuts; diese wiederum suchten sechs aus, die die Gebete anleiten sollten. Sie veranstalteten zu Frankreichs Ehren einen Koranabend, der in der Nacht vom 11. zum 12. August 1914 feierlich begangen wurde. Von dreiundzwanzig Uhr an mußte jeder der siebzig Marabuts im Laufe der Nacht den Koran in Gänze vortragen.

Die Verwaltung machte zuerst die Reservisten mobil, dann erging ein Aufruf an Freiwillige. Später ging man dazu über, die jungen Leute klassenweise aufzurufen. In Bandiagara bereitete dies nicht allzu große Schwierigkeiten; letztlich nahmen die Leute die Aushebungen nicht sonderlich ablehnend auf – zumindest, solange sie sich in einem bestimmten Rahmen hielten –, denn für viele war es eine Ehre, in den Krieg zu ziehen, eine Gelegenheit, Mut und Todesverachtung zu beweisen, und weiß Gott, im Laufe der beiden letzten Kriege haben sie das getan! Damals wurden die Tukulor aus Bandiagara, vielleicht wegen des alten Bündnisses von Aguibou Tall mit den Franzosen, recht selten eingezogen, ganz anders als die Dogon. In meiner eigenen Familie war kein einziger Jungen im Alter, in dem man zu den Fahnen eilt.

Die Zwangsabgaben an Lebensmitteln und Schlachttieren bereiteten in manchen Regionen die größten Schwierigkeiten. In Bandiagara hatte der Kommandant zunächst ins Auge gefaßt, den Kantonchefs ganz schlicht und einfach den Befehl zu erteilen, diese oder jene Menge an Vieh oder Nahrungsmitteln abzuliefern und ihnen aufzugeben, daß sie den Befehl auf die Familienoberhäupter in den Dörfern ihres Kantons abwälzen sollten. Wie ich später erfuhr, hat Wangrin Einspruch erhoben. »Mein Kommandant«, sagte er im wesentlichen, »das ist ungeschickt, so darf man nicht vorgehen. Wenn Sie ohne weitere Erklärungen einen Befehl ausgeben, verursachen Sie Panik. Aus Angst, alles zu verlieren, werden die Leute über die Grenze an die Goldküste fliehen und all ihr Hab und Gut mitnehmen. Es kann auch zu Aufständen kommen. Was Sie tun müssen, ist, die Verantwortlichen zusammenrufen, ihnen erklären, daß Frankreich sie braucht und daß jeder von ihnen Mühen auf sich nehmen muß, um die Truppen zu ernähren, die an der Front kämpfen. Denn es gibt in diesen Truppen ja Afrikaner, Verwandte vielleicht.«

Der Kommandant war weise genug, auf Wangrin zu hören. Die in dieser Weise vorbereiteten Leute nahmen die Beschlagnahmungen auf sich; manchmal leisteten sie sogar spontan Abgaben für die Kriegslasten. Statt ihnen zu sagen: »Beschlagnahme«, erklärte man ihnen: »Wir brauchen euch!« – ein feiner, aber wesentlicher Unterschied für die alten Afrikaner. Und da viele von ihnen Söhne hatten, die in Frankreich als Soldaten dienten, hatten die Gaben ihrer Meinung nach den Zweck, ihre Kinder zu ernähren. Wäre der Kommandant anders vorgegangen, hätte es einen Exodus an die Goldküste gegeben, der das Land seiner Substanz beraubt hätte, und vielleicht sogar Aufstände, denen schreckliche Repressionen gefolgt wären, wie es in anderen Regionen der Fall war.

Bald kam der Monat September. Die Ferien gingen zu Ende, sofern man einer derart mit schmerzlichen Ereignissen belasteten Zeit diesen Namen überhaupt geben kann. Mit der Hungersnot, dem entsetzlichen Schauspiel, dessen Zeuge ich wurde, dann der Kriegserklärung und ihren Begleiterscheinungen von Angst und Zwangsmaßnahmen waren dies gewiß die traurigsten Ferien meines Lebens.

Am 8. September rief der Distriktkommandant alle Schüler der Regionalschule von Djenné zusammen, um ihre Rückreise zu bewerkstelligen. Lebensmittel wurden verteilt und Träger zur Verfügung gestellt. Wir mußten die siebzig Kilometer bis Mopti an zwei Tagen zu Fuß zurücklegen, von einem Wachsoldaten begleitet, der den Auftrag hatte, uns vor möglichen Plünderern zu beschützen, denn trotz der ersten Ernten gab es überall im Land noch Hungernde, die durch unsere Vorräte in Versuchung geführt werden mochten. Die Hungersnot sollte tatsächlich erst mit den großen Hirseernten des Monats Oktober zu Ende gehen.

Ein weiteres Mal verließ ich meinen Freund Daouda Maïga und alle meine Verwandten, ohne zu ahnen, daß ich sie erst in etlichen Jahren wiedersehen sollte. Am Tag unserer Abreise schlossen sich uns drei aus Sanga kommende Schüler an, einer Stadt im Dogonland. Dieses Mal begleitete mich Niélé nicht.

In Mopti schifften sich auf mehreren Pirogen mit uns die dort gebliebenen Kameraden ein und zusätzlich neue Schüler, die aus dem Distrikt von Niafounké kamen. Ein paar Tage später gelangten wir ohne Schwierigkeiten nach Djenné und hatten Mühe zu glauben, daß wir den Ort vor knapp drei Monaten froh und unbekümmert verlassen hatten...

Offensichtlich hatte die Stadt nicht gelitten. Es gab Lebensmittel im Überfluß, denn das Überschwemmungsgebiet bot viel mehr Möglichkeiten zum Ernten und Pflücken als das gebirgige Land, vor allem die Felsen des Dogonlandes oberhalb von Bandiagara, wo die Bevölkerung länger als anderswo am Hunger litt.

Auch in Djenné hatte die Kolonialverwaltung damit begonnen, Getreide und Tiere zu beschlagnahmen, um ›einen Beitrag zu den Anstrengungen des Krieges zu leisten‹, aber offenbar, zumindest soweit ich es beurteilen konnte, hatte dies keine Einschränkungen für die Bevölkerung mit sich gebracht. Wir befanden wir uns ja auch erst im ersten Kriegsjahr.

Bei Freunden meiner Familie fand ich Unterkunft. Und wieder begann für uns das eintönige Schulleben, nun mit der beklemmenden Aussicht auf die Prüfungen für das Zertifikat am Ende des Schuljahres.

Die einzige neue Begebenheit bestand darin, daß Monsieur Primel uns jeden Nachmittag die Kommuniqués der Agence Havas, die die neuesten Meldungen über die Entwicklung der Kriegsoperationen in Europa herausgab, vorlas und kommentierte. Wir erfuhren, daß die Leute dort im Dreck und in der Kälte der Schützengräben starben. Aber uns Kinder berührte das kaum; es hinderte uns nicht daran weiterzuspielen. Hingegen waren wir lebhaft an der Gestalt Wilhelms II. interessiert, den man uns als großen Zauberer schilderte, als einen Teufel in Menschengestalt, einen verfluchten Fürsten, der die ganze Menschheit seiner Gnade oder Ungnade unterwerfen wollte. Man zeigte ihn uns auf Abbildungen mit einem Helm auf dem Kopf, auf dem sich ein spitzes Horn befand, welches an das Horn eines Rhinozeros erinnerte. Seine Brust war mit kleinen Schnüren gespickt; das waren, daran gab es keinen Zweifel, Gris-Gris und Zauberornamente, die der Teufel extra für ihn und einige seiner Kriegsführer geflochten hatte. Wilhelm II., so erklärte man uns, wollte die ganze Welt beherrschen, und darum hatte er einen Pakt mit dem Teufel geschlossen, der ihm alles einflüsterte und ihm zur Seite stand.

Die alten Fulbe von Djenné ließen sich nicht an der Nase herumführen. »Die weißen Chefs«, meinten sie, »stellen ihre Feinde unseren Kindern und damit auch uns selbst so dar, als seien sie Zauberer oder Teufel; aber es ist undenkbar, daß eine ganze Rasse allein aus schlechten Leuten besteht. Die Menschen sind wie die Kräuter und Pflanzen auf den Feldern: Giftige Arten wachsen neben heilenden und eßbare Pflanzen neben nichteßbaren. Schließlich ist allen Menschen, von den Weisen und Heiligen einmal abgesehen, ein Zug gemein: Ein jeder ist versucht, seinen Feind oder Gegner zu verleumden und ihn als einen Taugenichts hinzustellen. Hingegen sind sich wenige bewußt, daß sie nur ihren eigenen Wert herabsetzen, wenn sie den Wert ihres Rivalen mindern.«

Was die alten Bozo, Bambara und Songhai in der Stadt angeht, so schenkten sie den Vorwürfen von Barbarei und Zauberei, die gegen die Deutschen Wilhelms II. und seines Sohnes, des Kronprinzen, vorgebracht wurden, keinen Glauben. »He he!« sagten sie und schüttelten den Kopf. »Sachte! Sachte!... Das ist alles Familienklüngel; das ist wie zwischen den Tukulor und Fulbe...«

Immerhin gelang es unserem Schullehrer auf lange Sicht, daß wir die Deutschen unbändig haßten und sie nur noch mit dem beleidigenden Namen ›Boches‹ belegten. Unser Haß ihnen gegenüber war so groß, daß wir schon beim Anblick einer Schlange oder eines Skorpions zu johlen anfingen: »Heh! Da ist ein dreckiger Boche! Bringt ihn um, bringt ihn um, bevor er entwischt!« Hatten wir nicht selbst auf dem Porträt Wilhelms II. die Spitzen seines Schnurrbartes gesehen, die sich gegenüberstanden wie zwei Skorpione, mit böse aufgerichteten Schwänzen, bereit zuzustechen?

Im Laufe des Jahres wurde Monsieur M'Bodje, ein einheimischer Volksschullehrer mit dem Diplom der Ecole Normale William Ponty von Gorée, Djenné zugewiesen. Er ersetzte Tennga Tiemtoré und brachte mir freundschaftliche Gefühle entgegen, aber das genügte nicht, um das Heimweh zu vertreiben, das mich allmählich erfaßte. Ich weiß nicht genau warum, aber ich mochte die Schule überhaupt nicht mehr. Wie ein paar Jahre zuvor mein Bruder Hammadoun hatte ich nur noch einen einzigen Wunsch, nämlich meine Mutter wiederzusehen, und zwar nicht durch einen kurzen Besuch, sondern ich wollte bei ihr in Kati leben. Meine Arbeit erledigte ich mit Leichtigkeit, aber ohne Anteilnahme und ohne die anfängliche Begeisterung.

Ausreißen

Am Ende des Schuljahres erhielt ich mein Abschlußzeugnis. Wenn ich den Dingen ihren Lauf ließe, das wußte ich, befände ich mich in den ersten Ferientagen sofort auf dem Weg nach Bandiagara, bevor ich ins Internat der Berufsschule von Bamako geschickt würde oder aber unverzüglich auf einen unbedeutenden Verwaltungsposten, der vielleicht sehr weit von Kati entfernt wäre. Der Gefahr konnte ich mich nicht aussetzen, ich mußte vorher abreisen. Durch ein Telegramm ließ ich meine Mutter von meiner Absicht, zu ihr zu kommen, in Kenntnis setzen und bat sie, Beydari Bescheid zu geben. Sie schickte mir fünfzehn Francs, um die Unkosten meiner Reise zu bestreiten. Normalerweise hätte ich abwarten müssen, bis ich erfuhr, welches Los die Verwaltung mir zugedacht hatte, oder mich zumindest vor der Abreise um die Genehmigung des Schuldirektors bemühen müssen. Ich tat nichts dergleichen, und das kam ganz einfach einem Ausreißen gleich.

Ich fand heraus, daß Monsieur M'Bodje Vorbereitungen traf, um in Gesellschaft seines Neffen abzureisen und die Ferien im Senegal zu verbringen. Da wir in guten Beziehungen zueinander standen, fragte ich ihn, ob er damit einverstanden sei, wenn ich mich seinem Konvoi anschlösse. Monsieur M'Bodje, der nichts von meinem Vorhaben wußte und annahm, ich verhielte mich vorschriftsgemäß, war guten Glaubens einverstanden, mich mitzunehmen, aber unter gewissen Bedingungen. Die erste bestand darin, daß ich die eventuellen Kosten für meine Beförderung, sei es auf dem Schiff, sei es im Zug, selbst aufbringen müßte. Das Essen sicherte er mir zu, denn er wußte, daß wir es unterwegs erhalten würden – und in der Tat versorgten uns die Vorsteher der Dörfer, durch die wir kamen. Damals genügte es, daß man ein aus Europa importiertes Gewand oder eine Kopfbedeckung trug, um als Bevollmächtigter der Kolonialverwaltung zu gelten und das Recht zu haben, nach Lust und Laune zu essen, zu trinken und bei einem Einwohner untergebracht zu werden. Nun, Monsieur M'Bodje trug einen prachtvollen Tropenhelm! Ich zeigte ihm die fünfzehn Francs, die mir meine Mutter geschickt hatte, eine Summe, die vollkommen zur Deckung eventueller Kosten ausreichte. Er war beruhigt.

Seine zweite Bedingung war, daß ich die Strecke zu Fuß zurücklegen mußte. Er erklärte mir, daß er nur über ein einziges Pferd verfüge und seinen Neffen hinter sich aufsitzen lassen müsse, da dieser zu jung und schwächlich sei, um wie ich zu Fuß marschieren zu können. »Aber du mußt nur bis Segu laufen«, sagte er, um mich zu trösten. »Dann kannst du per Schiff bis Bamako reisen.« Das waren damals etwas mehr als dreihundert Kilometer, aber die Strecke machte mir keine Angst. Allein bei der Vorstellung, meine Mutter wiederzusehen, verzehnfachten sich meine Kräfte. Ich fühlte mich imstande, den ganzen Weg von Djenné bis Kati, falls nötig, zu Fuß zurückzulegen, um so mehr, als Monsieur M'Bodje eine Trägermannschaft eingestellt hatte; ich mußte also nicht befürchten, daß ich mit schweren Gepäckstücken beladen wäre wie vor zwei Jahren mein armer Bruder Hammadoun. Ich sagte ihm, daß ich auf seine zweite Bedingung einginge, und wir waren uns einig. Ich ging meinen Koffer packen.

Eines Morgens sehr früh, zu Beginn der zweiten Junihälfte im Jahre 1915, schwankt unser kleiner Konvoi Richtung Westen. Zu ihm gehören acht Träger, ein ihnen vorgesetzter Träger, ein Reitknecht, Monsieur M'Bodje, sein Neffe Cheik M'Bodje und ich selbst. Die Sonne ist gerade erst aufgegangen. Monsieur M'Bodje läßt seinen Neffen hinter sich aufsitzen und reitet mit seinem Pferd voraus. Die Reihe der Träger verläuft sich auf der Straße. Ich trabe zu Fuß hinterher. Bevor wir aufbrechen, legt Monsieur M'Bodje mich dem verantwortlichen Träger nachdrücklich ans Herz; dieser hat es so eingerichtet, daß mein Koffer von einem seiner Männer getragen wird, wobei ein paar Geldstücke behilflich sind. Wir rechnen damit, daß wir zehn Tage brauchen, um die dreihundert Kilometer bis Segu zurückzulegen.

Nachdem wir einige Tage marschiert sind, von Pausen in kleinen Dörfern unterbrochen, gelangen wir in die Nähe von Say – ›Soka‹ in der Fulsprache –, einer größeren Bambarastadt zwischen Bani und Niger. Wie immer ist Monsieur M'Bodje uns dank seines Pferdes voraus. Etwa zwei Kilometer vor Say treffen wir ihn, mit seinem Neffen im Schatten eines großen Baumes sitzend und auf uns wartend. Um seinem Einzug ins Dorf feierlicher zu gestalten, legt er Wert darauf, daß wir alle zusammen dort eintreffen. Say ist keine gewöhnliche Stadt; das mächtige Königreich Segu hat sich in der Vergangenheit stets die Zähne an ihr ausgebissen. Nicht nur ist sie nie erobert worden, sondern sie war auch niemals dazu bereit, auch nur die Oberherrschaft Segus anzuerkennen. Ein Sprichwort der Fulbe besagt: *Segu hat Macht, aber Segu kennt die Macht von Soka. Wenn Soka hustet, schüttelt es Segu.* Es wäre für einen Weiß-Schwarzen von der Art eines Monsieur M'Bodje, der sich so korrekt kleidet wie die Weiß-Weißen selbst, ihre Schuhe und ihre Kopfbedeckung trägt, unpassend, gleichsam namenlos in eine Stadt einzudringen, der es gelang, der Krone von Segu die Stirn zu bieten. Auf seinem Vollblutpferd und eine Reihe von acht Trägern vor sich, die von einem mit einer Peitsche bewaffneten Chefträger angeführt werden, erregt er sicherlich mehr Aufsehen als ein einsamer Reiter, hinter dem ein mageres Kerlchen sitzt, mag er auch einen Tropenhelm auf dem Kopf haben! Nach kurzer Ruhepause schlängelt sich unser Konvoi weiter durch den Busch, mit Monsieur M'Bodje als Schluß.

Say gehört zu den wenigen Bambarastädten, die von einer Meute Hunde, die für den Krieg abgerichtet sind, bewacht werden. Diese wachsamen Posten, die sich weder von Schlaf noch Ablenkung überrumpeln lassen, streifen unablässig um die Stadtmauern und sind bereit, jeden gierig zu verschlingen, der sich in ihre Reichweite trauen sollte.

Als wir uns der Stadt nähern, wittern die Hunde unseren Geruch und fangen zu bellen an, wie ich es noch nie bei Hunden gehört habe. Es ist ein betäubender, unharmonischer Chor, in dem sich dumpfes Knurren mit näselndem Schreien und dem kreischendsten Jaulen mischt. Bei diesem entsetzlichen Gebell verharren wir wie angenagelt, halten die Luft an, das Herz wie in einem eisigen Schraubstock. Unser Chefträger, der die Gewohnheiten der Hunde offensichtlich kennt, ruft uns zu: »Habt keine Angst, geht weiter, geht festen Schrittes weiter!« Im selben Augenblick kommen junge, wie traditionelle Jäger gekleidete Leute aus der Stadt und laufen vor uns her. Sie rufen den Hunden zu: *»Kaba! Mah! Mah!«* Die drei Worte wirken wahrhaftig wie Zauberei! Die Hunde sind sofort still, legen die Ohren an, klemmen den Schwanz zwischen die Hinterpfoten, als wollten sie sich für den Lärm entschuldigen, dann setzen sie sich ruhig auf die Hinterläufe und lassen eine lange, rosafarbene Zunge aus ihrer sabbernden Schnauze hängen.

Ein schöner, gut gebauter Mann mit zu kleinen Zöpfen geflochtenen Haaren löst sich aus der Gruppe der jungen Leute. Er geht auf Monsieur M'Bodje zu, verneigt sich und spricht ihn auf Bambara an

»Ich bin der Sohn des Dorfvorstehers. Sei willkommen in Say, o ehrenwerter Fremder. Fühle dich hier wie zu Hause. Es ist mein Vater, der aus meinem Mund redet.«

Monsieur M'Bodje, der nur Wolof, die Sprache des Senegal, Ful und Französisch spricht, bittet mich, ihm als Dolmetscher zu dienen. Infolgedessen spüre ich, wie ich in den Augen der anderen und in meinen eigenen aufrücke. Mit meiner Vermittlung dankt er dem Sohn des Vorstehers und bittet ihn, uns zu seinem Vater zu bringen.

Von unserer Eskorte angeführt, betreten wir die Stadt. Die Gassen sind so eng und gewunden, daß keine zwei Männer nebeneinander gehen können, ohne sich gegenseitig zu behindern. Die Gasse, die wir entlanglaufen, mündet mit einem Mal auf einem ziemlich weiten Platz, der von *douhalens* gesäumt wird, Bäumen mit dichtem Blattwerk, die das ganze Jahr über Schatten spenden. Das Haus des Vorstehers steht genau gegenüber. Sein Sohn läßt uns in den Vorraum treten, einen großzügig bemessenen Saal, dessen Wände mit überall aufgehängten Jagdtrophäen und Fetischen geschmückt sind.

Wir werden dem Dorfvorsteher vorgestellt. Dieser, ein Kantonchef in den Augen der Kolonialverwaltung, ist auch Ältester, ›Meister des Messers‹ und Opferer sowie einer der sieben großen Fetischmeister des Pondori und des Djenneri – das heißt, fast ein lebendes Idol. Unter einer Krone weißen Haares hat er eine breite Stirn, hoch und strahlend, seine Augen blicken wohlwollend und ernst zugleich, und seine Nase ist so lang und gerade, daß man ihm den, wenn auch ehrerbietigen, Beinamen *fulanun*, Fulbenase, gegeben hat. Sehr große Ohren, die als Zeichen von Weisheit und Erkenntnis gelten, geben diesem Bambarapatriarchen vollends ein höchst ehrfurchtgebietendes Aussehen.

Da er seine Beine seit Jahren nicht mehr gebrauchen kann, verbringt er seine Tage auf einer gegerbten Rinderhaut sitzend im Vorraum seiner Wohnstätte, welcher zugleich als Aufenthaltsraum, Palaversaal, Sitz des Volksgerichts und Heiligtum der altüberlieferten Götter dient. Er hat sich auf einem erhöhten Platz aus Erde eingerichtet, von wo aus er sich mit Meisterhand den Angelegenheiten der Stadtbewohner widmet und alle Probleme regelt, die untereinander und mit den Göttern und Vorfahren auftauchen, aber auch mit den ›Göttern des Buschs‹, den Weiß-Weißen, den Eroberern und höchsten Chefs des Landes.

Dieser Bambarapatriarch steht dem Islam so feindselig gegenüber, daß er Sorge trägt, sein Gesicht niemals nach Osten, in die Richtung Mekkas, zu wenden, wohin die Muslimen während ihrer Gebete blicken. Obwohl er seinerzeit von Seku Amadu, dem Begründer des islamischen Reichs der Fulbe von Massina, besiegt wurde, hatte der Bambaravorsteher von Say stets nur vor einem einzigen Mann Angst: dem Colonel Archinard, dem Chef der ›entflammten Häute‹. Denn war es diesem großen weißen Zauberer mit den ›fünf Schnüren‹ nicht gelungen, einen Pakt mit dem großen Geist Tummelew zu schließen, der ihm das Geheimnis des Tamarindenwäldchens im Süden von Djenné überließ, des einzigen Ortes, von dem aus es möglich war, die Stadt einzunehmen?[43]

Zwischen dem Vorsteher und Monsieur M'Bodje entwickelt sich durch meine Vermittlung ein Gespräch:

»Welchen Rang hat unser *tubabufin*, unser weiß-schwarzer Gast, der so gut wie ein Weiß-Weißer aus dem weißen Frankreich gekleidet ist?« fragt der Vorsteher.

»Er ist ein großer Marabut in der Schule, wo man von links nach rechts zu schreiben lernt und nicht von rechts nach links wie in den Koranschulen. Er wurde weit weg im Westen geboren, im Land, wo die Sonne im großen salzigen Fluß versinkt.«

»Sage dem Schulmarabut, ich bin sehr glücklich darüber, daß er von links nach rechts schreibt und nicht in der anderen Richtung wie die Muselmanen!«

Monsieur M'Bodje erwidert diese Höflichkeit. Der Vorsteher fährt fort:

»Frage den Schulmarabut, wie es dem großen schnurrbärtigen Kommandanten geht.«

»Es geht ihm gut, und ich danke Euch an seiner Statt«, läßt Monsieur M'Bodje mich antworten.

»Und der kleine bartlose Kommandant?...«

Dieselbe Antwort.

»Und der dickbäuchige Geldbewacher – der Schatzmeister?«

Jedesmal antwortet Monsieur M'Bodje, dessen Ungeduld, wie ich spüre, wächst, dasselbe.

»Und Mamadou Sall, der Antwortmund – Papa Sall, der Dolmetscher?... Und der Federhalter – der Sekretär?... Der Türbewacher – der Ordonnanzbursche?... Der Heiler – der Arzt?... Der Meister des Nachrichtendrahts – der Postbedienstete?... Die Pfostenkletterer – die Monteure der P.T.T., der Post, die die Oberleitung überwachen?... Um nicht den Essenkocher, den Essenauftrager, den Wäschewascher und den Bettmacher zu vergessen... Und auch nicht den Töpfewäscher, den Luftgeber – den Panka und den Pferdeäpfeleinsammler – den Reitknecht...«

Monsieur M'Bodje, der gewohnt ist, Wiederholungen und Längen bei seinen Schülern mit einem rächenden Strich zu ahnden, gerät außer sich. Er flüstert mir von Zeit zu Zeit auf Französisch ins Ohr: »Ist er nicht bald damit fertig, seine Gebetsschnur von Namen herzubeten?« Zum Glück ist er ein Mann, der seine Ungeduld zu zügeln weiß, und er antwortet jedesmal so höflich, wie die Sitte es verlangt. Trotz allem ist er hinreichend schwarz geblieben, um zu wissen, daß die Begrüßungslitaneien bei uns endlos weitergehen und daß es die größte Unhöflichkeit wäre, sich ihnen zu entziehen.

Als er am Ende seiner Aufzählung anlangt, holt der alte Vorsteher einen Tabakbehälter aus der Tasche. Er nimmt eine Prise Tabakpulver zwischen die Finger und zieht es mit einem kurzen Atemzug durch beide Nasenlöcher ein, worauf er niest. Dann dankt er dem Himmel, der seinem Vater und seiner Mutter gestattet habe, ihn unter einem guten Stern zu zeugen, und fährt ohne jede Unterbrechung fort:

»Frage den Schulmarabut auch, wie es all denen geht, die ich jetzt nicht genannt habe, ja, wie geht es ihnen in dieser schönen Stadt Djenné, von der die Muselmanen sagen, daß sie zur gleichen Zeit ein *djenna*, ein Paradies, ein *djuna*, ein Schild und eine *djinna*, eine Verrücktheit ist. Was ich am verrücktesten finde und was mich am meisten ärgert, das sind diese Schreie, die die Marabuts fünfmal am Tag von den Türmen ihrer Moschee herabrufen!«

Monsieur M'Bodje nutzt eine kurze Pause und wendet sich an mich:

»Amadou, sage dem ehrfurchtgebietenden und ehrenwerten großen Vorsteher, daß es in Djenné allen gut geht, vom Kommandanten bis zu den kleinen Küchenjungen, und daß alle mich beauftragt haben, ihm Grüße auszurichten, desgleichen seinen Untergebenen, seinen Frauen und Kindern, ohne irgendwen zu vergessen. Sage dem Vorsteher, daß wir nur heute nachmittag und heute nacht seine Gäste sind. Sobald morgen früh das erste Licht der Morgendämmerung die Finsternis im Orient zerteilt, setzen wir unseren Weg nach Mounia fort und von da nach Segu.«

Nachdem er mir zugehört hat, erwidert der Vorsteher, wobei er einen kleinen Teil meines Namens verschluckt:

»Adou! Sage dem Marabut der Schule der ›entflammten Häute‹, daß seine Rede dem schönen Stamm der Borassuspalme gleicht, so aufrecht und schlank, und daß ich ihm meinen Dank ausspreche. Sage ihm auch, daß er morgen im ersten Tageslicht alles erhält, was er braucht, um seinen Weg fortzusetzen.«

Monsieur M'Bodje kann sich endlich vom alten Vorsteher verabschieden, der uns am Abend ein ausgezeichnetes, von einer seiner Ehefrauen zubereitetes Couscous mit Hammel auftragen läßt.

Die Nacht war herrlich. Am frühen Morgen, noch bevor die Hähne zum ersten Mal krähen, wird in den Hof des Campements ein hübsch angeschirrtes Pferd geführt, festgehalten von einem Jungen, der kaum älter ist als ich. Dort wartet ein Mann mit einer Meute von zwölf Hunden, denen ähnlich, die wir am Vorabend gesehen haben. Monsieur M'Bodje, der immer als erster auf den Beinen ist, kommt als erster heraus und erblickt das Schauspiel. Mit lauter Stimme ruft er nach mir. Ich fahre aus dem Schlaf auf, springe auf den Hof, wo ich nun auch das schöne Pferd und den von seiner Meute umringten Hundeführer sehe. Der Mann trägt einen mit Amuletten aus Leder und Metallscheiben buchstäblich übersäten Jagdanzug, den traditionellen Anzug der Wärter der Meute, wie es scheint. Auf dem Kopf trägt er einen eindrucksvollen Helm: Auf einer Schale aus geschnitztem Holz in der Form seines Schädels hat man einen Löwenkopf mit üppiger Mähne derart befestigt, daß die riesigen Haarmassen seinen Kopf wie ein Glorienschein umgeben und auf beiden Seiten des Gesichts herabfallen, welches ein langer, falscher Bart aus einem Pferdeschweif verlängert. Zwei an Schulterriemen getragene Quersäcke kreuzen sich vor der Brust. Ein mit kleinen Glöckchen versehener Kuhschwanz hängt an seinem rechten Handgelenk. Er sitzt geduldig wartend in der Hocke, von seinen gut abgerichteten zwölf Kriegshunden umringt, die der Vorsteher uns offensichtlich zur Verfügung gestellt hat. Es sind riesige, stämmige Hunde mit gewaltigem Kopf. Um alle ihre Gelenke sind kleine Schnüre geknotet. Den Kopf bedeckt ein schwarzes Stück Stoff mit Löchern für die Ohren, befestigt durch farbige, um die Schnauze und den Hals führende Fäden. Ein mit scharfen Spitzen verziertes Gris-Gris-Halsband ziert gleichfalls ihren Hals. Schwer zu sagen, wer von beiden, Hunde oder Wärter, furchterregender ist. Diese Hundeart, die für den Krieg abgerichtet und nur in der Gegend von Say gezüchtet wurde, ist heute vollkommen verschwunden.

Wie ein Polizist trägt Monsieur M'Bodje immer eine Trillerpfeife bei sich, die ihm zuvor in der Schule dienlich war und die er jetzt benutzt, um die Träger zu rufen. Er führt sie an die Lippen: »Frrr!

Frrr! Fittt!« pfeift Monsieur M'Bodje. Sogleich stehen alle Träger Gewehr bei Fuß, jeder neben seinem Bündel.

Monsieur M'Bodje geht und begrüßt den Hundeführer, dann fragt er ihn durch mich als Mittler:

»Warum läßt uns der alte Vorsteher von einer Meute eskortieren?«

Der Mann antwortet:

»Seit Colonel Archinard mit dem Geist Tummelew einen Pakt schloß, um Djenné einzunehmen, sind alle bösen Geister, die vorher im heiligen Wäldchen von Toula-Heela eingesperrt waren, aus ihrem Gefängnis entkommen. Sie halten sich zwischen Say und Segu auf, wo sie sich austoben und schutzlose Reisende angreifen, die sie wahnsinnig oder krank machen. Nun, diese aufrührerischen Geister fürchten nur die abgerichteten Hunde von Say und die Kräfte, die die von den Hunden getragenen Gris-Gris ausströmen. Darum hat der Vorsteher beschlossen, daß sie euch bis zur Grenze seines Landes eskortieren sollen. Die Tradition will es so.«

Der junge Reitknecht kommt näher und sagt zu Monsieur M'Bodje:

»Der Vorsteher stellt dieses Pferd zu eurer Verfügung, damit es euren beiden Kindern als Reittier diene« – das heißt, dem Neffen von Monsieur M'Bodje und mir selbst. Dies ist der einzige Reiseabschnitt, den ich auf dem Rücken eines Pferdes zurücklege.

›Monsieur Frrr-Frrr-Fittt!‹, wie die Träger ihn nennen, gibt mit seiner Pfeife das Zeichen zum Aufbruch. Mit vierzehn Mann, zwölf Hunden und zwei Pferden verläßt unser Konvoi Say und wendet sich Richtung Segu. Der Weg ist schmal. Dem Schleichen einer großen Boa vergleichbar, windet und schlängelt er sich durchs dichte Buschwerk, das eine angenehme Morgenbrise hin und her wiegt.

Bald eilt eine Art Zittern durch den Busch. Er scheint sich in seinem Bett zu strecken, um die letzte Starre der Nacht abzuschütteln. Zu unsrer Linken gurrt leise eine Taube, als wolle sie ihre faule Gefährtin wecken. Von rechts gibt eine andere ihr Antwort. In der Ferne hört man das Krähen der Hähne. Das ist das Signal. Die Tagtiere, die begreifen, daß sie sich ohne Gefahr bewegen und rascheln können, verlassen ihren Unterschlupf. Die Spatzen piepen in den Zweigen um die Wette, springen von einem zum anderen, ohne mit dem

Schwatzen aufzuhören. Alles beginnt sich zu regen und zu leben, und die Ängste, die der Schatten gebiert, verziehen sich wie Nebel bei den ersten Sonnenstrahlen.

Solange im Halbdunkel der Morgen- oder Abenddämmerung noch der Schatten regiert, vermittelt jedes Dornengestrüpp, das man in der Ferne wahrnimmt, den Eindruck eines gedrungenen Monsters mit phantastischen Formen, welches auf seinen Fersen hockt, bereit, jeden, der ihm in die Nähe kommt, anzuspringen. Die Träger erzählen so viele Geschichten von Geistern und Teufeln, daß ich schließlich, sobald die Nacht hereinbricht, hinter jeder Baumgruppe welche erblicke.

Im Laufe der Tage habe ich bemerkt, daß die Dunkelheit unseren Trägern Schweigen auferlegt, wohingegen das Tageslicht sie zungenfertig und eher laut dröhnend reden läßt, zumindest bis die unmäßige Hitze, die Müdigkeit und der Hunger von ihren Kräften ihr Recht fordern. Es geht nichts über Dunkelheit oder Hunger, um einem Menschen den Mund zu schließen.

Nur unsere Kriegshunde, die als vorgeschobene Posten vor unserem Konvoi herlaufen, machen keinerlei Lärm, und als gut abgerichtete Zöglinge der Jägerschule der Bambara des Sarro, deren Devise lautet: *Riechen, hören, sehen und schweigen,* gewähren sie ihre Aufmerksamkeit nur dem, was ihr Gehör, ihre Augen oder ihren Geruchssinn beeindruckt.

Wir marschieren meistens ohne Mittagessen und warten mit dem Ausruhen und der Stärkung, bis wir an einem Etappenziel ankommen. In jedem Dorf sind die Empfänge bis in alle Einzelheiten hinein gleich. Überall wird Monsieur M'Bodje, der ›große Marabut der Schule der Weißen‹, als echter Bevollmächtigter der ›entflammten Häute‹ aufgenommen und behandelt. Couscous, Reisgerichte, Hirsepüree mit Milch, frische Milch, flüssiger Honig und reife Früchte, alles wird uns in Mengen und unentgeltlich, versteht sich, dargeboten.

Ein Dorfvorsteher ging sogar soweit, daß er sich demütig bei Monsieur M'Bodje bedankte, daß dieser sich herabgelassen habe, sich in seinem Dorf auszuruhen und, um ihm einen Gefallen zu erweisen, seine Nahrung anzunehmen, die er aus Bescheidenheit als ›schlecht zubereitet‹ bezeichnete; und um den schlechten Nachgeschmack, den seine Speisen möglicherweise bei uns hinterließen, vergessen zu machen, überreichte der Vorsteher Monsieur M'Bodje fünftausend Kaurimuscheln – die im Jahre 1915 den Gegenwert von fünfzehn Sous hatten –, damit wir uns unterwegs Hirse kaufen konnten!

Mochte die uns bezeugte Hochachtung und Großzügigkeit angesichts der Beziehungen, die man Monsieur M'Bodje zur allmächtigen Kolonialverwaltung unterstellte, auch manchmal zweideutig sein, sie beruhte aber immer auf einer seit jeher üblichen Gastfreundschaft gegenüber jedem durchziehenden Reisenden. Einstmals, im Afrika der Savanne – nur von ihm kann ich wirklich reden, weil ich es gut kenne –, genügte es, wenn sich ein x-beliebiger Reisende an der Schwelle des erstbesten Hauses vorstellte und sagte: »Ich bin der Gast, den Gott euch schickt«, damit man ihn mit Freuden aufnahm.[44] Die beste Kammer, das beste Bett und die besten Happen waren ihm gewiß. Oft überließen ihm das Familienoberhaupt oder der älteste Sohn sogar die eigene Kammer und schliefen selbst auf einer Matte im Vorraum oder im Hof. Im Gegenzug bereicherte der durchziehende Fremde die Abende, indem er geschichtliche Chroniken aus seinem Land erzählte oder von den Begebenheiten berichtete, die ihm während seiner Wanderungen zugestoßen waren. Da man im Afrika der Savanne viel reiste, ob zu Fuß oder zu Pferd, ergab sich daraus von Region zu Region ein ständiger Austausch von Kenntnissen. Dieser Brauch der ›offenen Häuser‹ gestattete es, selbst ohne Mittel durchs ganze Land zu reisen, eine Erfahrung, die ich selbst später recht häufig machen werde.

Etwa zehn Tage nach unserer Abreise aus Djenné kommen wir eines Morgens gegen zehn Uhr in Sichtweite von Segu, ohne auch nur einer einzigen Gefahr begegnet zu sein. Zweifellos aus Angst, von unserer Meute gierig verschlungen zu werden, haben schlechte Menschen und böse Geister es offenbar vorgezogen, sich vorsichtig von unserem Weg fernzuhalten.

Zum Dank schenkt Monsieur M'Bodje dem Führer der Meute eine gebrauchte rote Mütze und zwei Einfrancstücke. Der Mann nimmt die rote Mütze, lehnt die beiden Münzen jedoch kategorisch ab. Er entschwindet quer durch den Busch mit seinen Hunden und dem schönen Pferd, das uns trug, den kleinen M'Bodje und mich.

Wir betreten Segu von Osten her. Die außergewöhnliche Stadt war nacheinander die Hauptstadt der Bambara- und der Tukulorkönige und ist zugleich von mythischer, politischer, sozialer und wirtschaftlicher Bedeutung. Sie zieht sich längs des rechten Nigerufers im Schatten jahrhundertealter Akazien dahin. Ihr gegenüber breitet sich der Fluß majestätisch in der Ebene aus. An keiner anderen Stelle des Nigerbogens erreicht er, glaube ich, eine ähnliche Breite.

Monsieur M'Bodje hofft darauf, das Schiff *Le Mage* – nach dem berühmten Forscher – besteigen zu können, dessen Abfahrt für dreizehn Uhr vorgesehen ist, aber vorher muß er seine Papiere in der Distriktresidenz mit einem Sichtvermerk versehen lassen. Unter Zeitdruck heißt er uns, eilig die Stadt zu durchqueren. Da mir eine ausführliche Besichtigung unmöglich ist, betrachte ich mit aufgerissenen Augen alles, was sich darbietet. Die große Verkehrsader, der wir folgen, ist breit, luftig und von herrlichen Bäumen gesäumt. Häuser in rosigem Ocker erinnern an die Gebäude in Djenné oder Mopti. Sonnenstrahlen spielen im Laub. Zu unserer Rechten fließt der Strom träge dahin. Alles in dieser Stadt ist friedlich und schön. Was mich überrascht: Die Frauen Segus, deren Weg wir kreuzen, tragen fast alle einen goldenen Ring zwischen den Nasenlöchern. Einer unserer Träger erklärt, dies sei der Schmuck koketter Frauen und ein ausschließlich Frauen vorbehaltenes Zeichen für ein ansehnlichen Vermögen.

Endlich erreichen wir den Residenzpalast, ein elegantes, mehrstökkiges Gebäude, dessen ganze Fassade mit Arkaden und hübsch durchbrochenen Mauern geschmückt ist.

Die drei Farben Frankreichs

Nach Erledigung aller Formalitäten bewegt unser kleiner Konvoi sich Richtung Hafen. Verblüfft sehe ich, wie ein gigantisches Schiff aus Metall sanft auf den Wellen schaukelt. Durch einen seitlichen Anus läßt es in regelmäßigen großen Stößen lange Wasserstrahlen austreten, *pch-pch-pchpch,* während aus zwei dicken, schrägen Schornsteinen Rauchspiralen entweichen. Zum ersten Mal sehe ich ein Dampfschiff. Neben den langen, eleganten und stillen Bozopirogen kommt es mir vor wie ein großes, gepanzertes Flußungeheuer aus Eisen, das unablässig pinkelt und raucht.

Auf den Uferstraßen breitet sich ein kleiner Markt aus, denn jeder hofft, den Abreisenden eine Wegzehrung oder ein Andenken an Segu zu verkaufen. Unbeirrbar wird gehandelt, da und dort brechen Streitigkeiten aus. Monsieur M'Bodje muß gar seine ganze durch seinen Anzug und seinen weiß-weißen Kneifer bezeugte Autorität eines ›Marabuts der Schule der Weißen‹ einsetzen, um zwei starrköpfige Streithähne zu trennen. Träger und Laptots transportieren Säcke und Koffer aufs Schiff. Monsieur M'Bodje läßt sein Gepäck von den Trägern an Bord bringen, dann bezahlt und entläßt er sie.

Plötzlich sieht man, wie ein riesiger Mensch im offiziellen europäischen Anzug die zur Uferstraße führende Böschung hinuntereilt; er ist so dick, daß sein halsloser Kopf unmittelbar auf seinem stierähnlichen Oberkörper zu sitzen scheint und seinen Armen verwehrt ist, an den Seiten herabzufallen; er trägt sie ausgebreitet wie ein großer Vogel, der gerade davonfliegen will. Das ist Monsieur Monnet, der Bordkommissar des Schiffes *Le Mage*, gefolgt von einigen mit dem Mundvorrat für die weißen Passagiere beladenen Trägern. »Achtung! Achtung!« rufen die Händler auf Bambara, »Herr Dickbauch kommt, sein Wanst schleppt ihn heran...« Jeder tritt, so gut er es vermag, zur Seite, um die riesige Fleischmasse durchzulassen, die anscheinend nur von schlechter Laune angetrieben wird. Der Kommissar ist offensichtlich wütend, daß die Uferstraße so verstopft ist, und wie ein Wirbelsturm reißt er alles um, was ihm im Wege steht, ohne sich darum zu kümmern, daß er auf seinem Durchmarsch mit seinen großen Schuhen die kleinen Waren oder den auf der Erde ausgebreiteten Trödel zermalmt, die aus dem Weg zu räumen die Händler nicht immer Zeit haben. Monsieur Monnet, ein ehemaliger Adjutant der Afrikaarmee, gehört zu jenen Angehörigen der Kolonialmacht, die an die Wirksamkeit von Brutalität glauben, um die französische Herrschaft zu festigen und ihr Dauer zu verleihen, die Herrschaft, die Borgnis-Desbordes, Archinard und andere weiße Herren mit Ärmeln, die Goldstreifen zieren, mittels Gewehr- und Kanonenfeuer im westlichen Afrika begründet haben.

In eben diesem Augenblick sind auf der schrägen Planke, die als Steg dient, zwei Laptots damit beschäftigt, ein riesiges Faß emporzuhieven. Als sie sehen, wie der Kommissar armwedelnd den Abhang hinunterrast, schreit der Laptotchef ihnen zu: »Macht schnell, oder ihr landet mit eurem Faß im Wasser. Dickbauch stürzt direkt auf euch zu. Wenn ihr ihm im Weg steht, trompetet er wie ein verwitweter Elefant und schmeißt euch ins Wasser wie krepiertes Vieh!« Nie zuvor hat eine Prophezeiung sich so augenblicklich und so genau erfüllt. Als Monsieur Monnet unten am Steg anlangt, bleibt den Laptots noch ungefähr ein Meter, bis sie ihre Last vollends hochgehievt und den Weg freigemacht haben. Die Wut des Kommissars entlädt sich mit der Gewalt des ersten tropischen Wirbelsturms im Jahr. Er spuckt einen Hagel von Schimpfworten aus wie: »Ihr Faulpelze! Dreckige Neger! Hurensöhne! Kranke Schweine!...« – um nur die maßvollsten Ausdrücke zu zitieren, mit denen er die unglücklichen Laptots eindeckt. Brüllend steuert er direkt auf sie zu. Die Laptots, die seine Kraft und seinen gewalttätigen Charakter kennen, stürzen sich samt ihrem Faß ins Wasser, ziehen also vor, dies von sich aus zu tun, als daß sie der jähzornige Kommissar *manu militari* hineinbefördert. Der überquert den Steg und verschwindet im Schiff.

»Das ist ungerecht, wirklich ungerecht!« wettert Monsieur M'Bodje. Aber bei wem soll man sich beschweren? Damals hatte der Weiße, ob er nun unrecht hatte oder recht, immer recht, zumindest in der Regel. Und doch werde ich etwas später Gelegenheit zu der Feststellung haben, daß es selbst in einem Rohling einen Funken Güte geben kann und daß man niemals an einem Menschen verzweifeln soll.

Geräuschvoll gehen wir, uns gegenseitig anrempelnd, an Bord. Vor unserer Abreise aus Djenné habe ich mit Monsieur M'Bodje ja vereinbart, daß ich hinsichtlich der Reisekosten allein zurechtkommen muß. Also trennen wir uns. Er begibt sich mit seinem Neffen in eine Kabine Dritter Klasse – das Schiff hat Kabinen der Ersten, Zweiten und Dritten Klasse –, während ich an Deck bleibe, dem Ort, der den schwarz-schwarzen ›Negern‹ und den Tieren vorbehalten ist. Jeder richtet sich dort ein, und sucht sich ein Plätzchen, wo er seine Matte ausbreiten kann. Wir müssen erst bezahlen, wenn das Schiff ablegt.

Ein erstes verschnupftes Pfeifen zerreißt stockend die Luft; ich höre das Geräusch von gegen die Schiffswände schlagenden Ketten; die stark beschäftigten Laptots rennen von einem Ende zum anderen. Beim zweiten Pfeifen spüre ich, wie das Schiff sich bewegt und schaukelt. Die Räder beginnen sich zu drehen und ihre Schaufeln das Wasser des Flusses umzupflügen, das dann rundum in langen, schaumigen Fontänen wieder herabfällt. Das Schiff entfernt sich immer weiter vom Ufer und gelangt in tiefes Gewässer. Sein Bug scheint den Fluß in zwei Hälften zu schneiden, wobei er auf jeder Seite eine mächtige Woge hochhebt, die auf die Uferböschung zurollt und die Bozopirogen wie aufgescheuchte Hühner zum Tanzen bringt. Bei manchen zerreißen die Haltetaue. Bald verlieren wir den Hafen aus den Augen.

Ich stehe auf und studiere die Tafel mit den Tarifen. Als ich die Preise für die Fahrkarten sehe, packt mich die Angst: Für Reisende an Deck kostet die Fahrt bis Koulikoro – der Endstation vor Bamako – sieben Francs. Hastig hole ich aus meiner Börse mein ganzes restliches Geld hervor. Aber ach, dadurch, daß ich in allen Dörfern, durch die wir gezogen sind, kleine Summen verteilt habe, sind mir von den fünfzehn Francs, die meine Mutter mir geschickt hat, nur mehr zwei übriggeblieben! Ich hätte nicht gedacht, daß der Fahrpreis so hoch wäre, vor allem nicht an Deck.

Es steht nicht zur Debatte, Monsieur M'Bodje um Hilfe anzugehen, die Dinge sind zwischen uns klar geregelt. Und ich kann nicht einmal mehr an Land zurück, um die Reise zu Fuß zu machen!...

Genau in diesem Augenblick ertönt die Glocke und fordert die Reisenden auf, sofort den Fahrpreis zu entrichten. Da ich mir unterwegs durch einen Sonnenstich eine böse Augenentzündung zugezogen habe, nehme ich dies zum Vorwand, mich als letzter einzufinden. Als ich an der Reihe bin, blinzele ich mit den Augen, und ohne über das, was ich tue, weiter nachzudenken, halte ich dem Mann vor mir meine Börse hin und bitte ihn, den Betrag für meine Fahrkarte herauszunehmen. Während der Mann alle Winkel meiner Geldtasche durchwühlt – wo er selbstverständlich nur zwei Francs findet –, schlägt mein Herz so stark, daß meine Ohren sausen! Wie soll das nur enden? Was wird der schreckliche Kommissar mit mir machen?

Der Mann hebt den Kopf und erklärt, daß meine Börse nur zwei elende Francs enthalte. Ich stoße einen Schrei aus und werfe mich auf den Boden, schluchze und stöhne: »Ich hatte sieben Francs! Ich hatte sieben Francs! Ich weiß nicht, wie ich meine fünf Francs verloren habe, es war ein großes Silberstück! O meine Mutter!...« Je mehr mir mein Gewissen wegen der frechen Lüge grollt, desto mehr drängt mich die Angst zu stöhnen und das letzte aus meiner Rolle als beklagenswertes Opfer des Schicksals herauszuholen. Natürlich weiß Monsieur M'Bodje, der sich in seiner Kabine aufhält, nichts von der Lage, in der ich mich befinde.

Durch meine Schreie alarmiert, verläßt der Kommissar sein Büro. Er kommt auf mich zu und fragt mich, warum ich wie ein Verdammter jammere. Da erzähle ich ihm mein Märchen mit einer Kaltblütigkeit, die keinen Zweifel zuläßt.

»Wohin willst du?« fragt er mich.

»Ich will nach Kati, um in den Ferien meine Eltern zu besuchen.«

»Wer bist du und was machst du hier allein, so weit weg von deinen Eltern?«

»Ich bin ein Fulbeschüler von der Regionalschule in Djenné.«

»Ach! Das ist ja gut! Und was bringt man dir auf der Schule bei?«

»Man lehrt mich Lesen, Schreiben, Französisch zu reden, zu singen und vor allem, Frankreich zu lieben und ihm zu dienen, und sei es um den Preis meines Lebens und des Lebens der Meinen.«

»Gut! Gut! Hast du französische Lieder gelernt?«

»Ja, Monsieur.«

»Welche?«

»Die *Marseillaise* und *Die drei Farben.*«

»Sing für mich *Die drei Farben.*«

Ich lasse mich nicht lange bitten, voller Kraft und Überzeugung stimme ich an:

»Kennst du sie, die drei Fa-a-arben,
Die drei Farben von Fra-a-ankreich!
Sie bringen zum Träumen die He-e-e-rzen,
Von Hoffnung und von Ru-u-u-hm.

Himmelsblau, Farbe des Ta-ages,
Blutrot, Farbe der Li-iebe,
Weiß, Freimut und Tapferkeit!
Weiß, Freimut und Tapferkeit!«

Der ehemalige Adjutant gerät durch die edlen Worte ganz aus dem Häuschen, und vom Rhythmus mitgerissen, nimmt er meine beiden Arme und zieht mich in eine Art Tanz, wobei er mich um sich kreisen läßt und mit seiner mächtigen Stimme mitsingt:

»*Weiß, Freimut und Tapferkeit!*
Weiß, Freimut und Tapferkeit!«

Unser Tanz zu zweit wird weder von Querpfeifen noch von Trommelflöten begleitet, sondern vom Händeklatschen der Menge der Passagiere, die zu jedem Vergnügen bereit ist und glücklich über eine so unerwartete Unterhaltung. Zum Schluß bleibt der frühere Adjutant atemlos stehen und sagt zu mir:

»Aah! Du bist wirklich ein guter Sohn Frankreichs! Du bist hier auf einem Schiff, das dem ewigwährenden Frankreich[45] gehört, für das bedeutende Wissenschaftler, große Soldaten gestorben sind und noch viele andere Helden sterben werden. Höre also auf zu weinen, mein Kleiner, auf diesem Schiff wirst du umsonst reisen und ißt an meinem Tisch.«

»Danke, mein guter Weißer, danke, vielen Dank!« Ich hatte nicht damit gerechnet, so glimpflich davonzukommen, und sogleich bedauere ich die bösen Gedanken, die mir hinsichtlich des dicken Kommissars durch den Kopf gegangen sind.

Der auf Deck herrschende Lärm lenkt schließlich die Aufmerksamkeit der Reisenden der oberen Klassen auf sich. Einige kommen herunter, um zu sehen, was los ist. Plötzlich stürzt eine sehr schöne junge Fulbefrau auf mich zu:

»Amkoullel! Amkoullel! Sohn meines Onkels! Woher kommst du, und was machst du auf diesem Schiff?«

Ich sperre die Augen auf: Es ist Fanta Hamma, meine Kusine mütterlicherseits, die in Gesellschaft des französischen Beamten, dessen

›koloniale Ehefrau‹ sie nun ist, nach Bamako zurückkehrt. Durch einen glücklichen Zufall kennt der Kommissar sie gut. Er erzählt ihr von meinem Mißgeschick und sagt ihr, wie er die Dinge für mich zu regeln gedenkt. Meine Kusine, die sich von den Weißen nicht im geringsten beeindrucken läßt, klopft freundschaftlich auf seinen dicken Bauch und lächelt ihn an:

»Laß meinen Cousin in meiner Erster-Klasse-Kabine reisen«, sagt sie zu ihm. »Wir sind nur zu zweit, und dort ist Platz für drei.«

Monsieur Monnet willigt ein. Mit meinem Mal bin ich in einen höheren Rang aufgestiegen als mein Lehrer Monsieur M'Bodje, der selbst nur Dritter Klasse reist!

Einige Zeit danach befiehlt der Kommissar die auf Deck ausgebreiteten Planen wegzunehmen, um es mit großen Eimern voll Wasser zu putzen. Jeder nimmt seine Matten und Pakete, man nimmt die Planen weg und, oh Wunder, ein hübsches Fünffrancsstück! Der Fund wird bekanntgemacht, damit der mögliche Besitzer der Münze sich zu erkennen gebe. Da niemand sie beansprucht, schließen alle daraus, daß es die Münze ist, die ich als verloren gemeldet habe, und man erstattet sie mir zurück. Weil ich mich nicht verraten will, bin ich zu meiner größten Schande gezwungen, sie anzunehmen. Die folgende Nacht verbringe ich damit, mir meine Lüge vorzuwerfen, die noch durch den gegen meinen Willen begangenen Diebstahl erschwert wird, als ich das Geld annahm, das, wie ich sehr gut weiß, nicht mir gehört. Mein Kopf steckt voller unbeantworteter Fragen: »Warum brachte Gott die Dinge so gut für mich in Ordnung? Vielleicht deshalb, weil ich meine eigenen fünf Francs während der Reise an die Armen verteilt habe? Hätte ich nicht viel mehr für meine Lüge bestraft werden müssen?« Keine Beweisführung gibt mir meinen Frieden wieder. Mein Gewissen schimpft mich unablässig aus und flößt mir Selbstverachtung ein. Im Verlaufe unserer ganzen drei Tage auf dem Schiff sollte ich zwischen den Genüssen einer äußerst bequemen Reise und meinen inneren Qualen hin- und hergerissen werden.

In Koulikoro müssen wir den Zug nach Bamako nehmen. Aus Koulikoro, der ehemaligen Hauptstadt des Schmied-Königs Sumanguru Kanté, der das Reich von Ghana unterwarf, bevor er selbst von Sundiata Keïta, dem Gründer des Reichs von Mandé (Mali), besiegt wurde, ist unter der französischen Besatzung ein einfacher Verwaltungsbezirk geworden. Eine Spahischwadron und eine Kavallerieschule liegen dort in Garnison.

Am Bahnhof herrscht ein unbeschreibliches Gedränge. Die Menge, die nicht weiß, daß man auf die Abfahrtszeit des Zuges warten muß, drückt gegen die große Tür in die Halle, wo die Fahrkarten verkauft werden. Vier für den Bahnhofsvorsteher arbeitende Polizisten drängen die Unglücklichen zurück, indem sie mit Rinderrippen kräftige Schläge austeilen:

»Uns egal! Wir Dienst machen! Dienst ist Dienst! Ihr andern da, haut ab! Haut alle ab da!«

Da wir für unsere armen Brüder nichts tun können, warten wir in Ruhe, bis die Türen geöffnet werden. Ich treffe Monsieur M'Bodje und seinen Neffen wieder, die ebenfalls warten.

Mit einem gellenden Pfeifen fährt der Zug von Bamako in den Bahnhof ein. In großem Durcheinander springen die Reisenden heraus. Jemand öffnet die Türen zur Halle, und Fanta Hamma kauft unsere Fahrkarten.

In Segu hatte ich mein erstes ›Dampfschiff‹ erblickt. In Koulikoro entdecke ich meine erste ›Metallpiroge zu Land‹, so nennen die Leute die Eisenbahn. Eine auf dem Wasser schwimmende Dampfpiroge, das ist äußerstenfalls vorstellbar, denn Wasser fließt und trägt; aber daß es einer langen und schweren Metallpiroge gelingt, sich von selbst auf festem Boden von der Stelle zu rühren, das ist mit größter Sicherheit hohe Magie, Zauberei weißer Teufel, die die größten Zauberer im Busch verblüfft!

Wir pferchen uns in oben offenen Wagons zusammen. Ich sehe, wie sich in der Ferne die beiden stählernen Lineale erstrecken, auf denen der Zug – wie ich es im zweiten Büchlein von Jean-Louis Monod und in der Broschüre *In den Kolonien* gelesen habe – gleich in größerer Geschwindigkeit dahingleiten wird als die vor einem ausgehungerten Panther fliehende Sahelgazelle. Ich bin nicht gerade gelassen. »Und wenn der Zug stolpert und die Wagons auf den Schienen ihr Gleichgewicht verlieren, was wird dann aus den Reisenden und ihrem Gepäck?« Ich frage meine Kusine, welches Gebet aufzusagen angebracht sei, bevor wir uns auf ein so zweifelhaftes Abenteuer einlassen. Sie lacht mir ins Gesicht: »Das wirksamste Gebet ist, keine Angst zu haben. Sei ein Fulbe und habe keine Angst, und alles wird gut. *In sha Allāh* – wenn es Gott gefällt.«

Als alle Reisenden ihre Plätze eingenommen haben, pfeift der Bahnhofsvorsteher die Abfahrt an, der Zugführer bläst in ein Horn, der Mechaniker zieht am Warnsignal, und die Maschine selbst gibt einen langgezogenen, heiseren Schrei von sich. Die Lokomotive schickt sich an, eine Rauchwolke auszustoßen, die ruckweise aus ihrem großen Schornstein emporschießt, mit Staub und Feuerreisig gemischt, die uns von Zeit zu Zeit ins Gesicht peitschen. Dann entweichen ihren Seiten immer wieder Dampfstrahlen. Die Bremsen lösen sich, die Kolben und Triebräder treten in Aktion, die Maschine bäumt sich auf, die Wagons prallen gegeneinander, und das alles mit einem entsetzlichen Kreischen und Getöse. Endlich setzt sich der Zug in Bewegung; er nimmt langsam an Geschwindigkeit zu und beginnt, durch die Landschaft zu brausen. Und dann folgt das rhythmische Lied von *apss-apss! gan-gan! – apss-apss! gan! gan! – opss-opss! gan-gan! – opss-opss! gan-gan!* – von schnellen *tschu-ku-tschu- gan-gan-gan! tschu-ku-tschu-gan-gan-gan!* gefolgt und ab und an von einem vergnügten langen Pfeifen unterbrochen. Menschen, Bäume und Tiere scheinen auf uns zuzurasen. Bald vergesse ich meine Befürchtungen und denke nur noch daran, das an unseren Augen vorüberziehende Schauspiel zu betrachten.

Für die fünfzig Kilometer, die uns von Bamako trennten, benötigte der Zug ungefähr eineinhalb Stunden,. Es war gerade dunkel geworden. Seit 1908 war Bamako die Hauptstadt von *Haut-Sénégal-et-Niger* und als solche der Ort, wo der Gouverneur des Territoriums residierte. Da sie elektrisch beleuchtet wurde, bot die Stadt aus der Ferne einen märchenhaften Anblick. Eine große Lichterschärpe schien um den Hügel gelegt, der die Stadt beherrschte: Das war die Straße, die von Bamako nach Koulouba, der Residenz des Gouverneurs, führte. Als wir näherkamen, ließen mich die Lampen, die sie erleuchteten, an große, in Baumzweigen hängende Sterne denken.

In Bamako nahmen meine Kusine und ihr Mann mich mit zu sich nach Hause. Sie brachten mich in einem Zimmer mit fließendem Wasser und elektrischem Licht unter. Ich war hingerissen, Wasser aus einer steinernen Wand springen zu lassen, indem ich einfach an einem Wasserhahn drehte, oder Dunkelheit oder Licht zu schaffen, indem ich auf einen Knopf drückte! Am Abend, bevor ich schlafenging, gestand ich meiner Kusine meine ganze Geschichte. Sie fragte mich, ob ich das Fünffrancsstück immer noch bei mir habe. Ich hielt es ihr hin. Sie nahm es mir ab und tauschte es am nächsten Tag in kleine Münzen um, die sie vor meinen Augen an durch die Straßen ziehende Bettler verteilte. Da erst verschwand das Gewicht, das mich erdrückte.

Im Laufe des Vormittags schickte meine Kusine jemanden nach Kati, um meine Eltern von meiner Ankunft in Kenntnis zu setzen. Mein Vater Tidjani machte sich höchstpersönlich auf den Weg und holte mich ab. Diese Geste bewies mir viel mehr als jeder Freundschaftsbeweis, der seine Sache nicht war, seine Zuneigung, und ich war gerührt. Er kam am Nachmittag an und beschloß, am selben Abend mit mir nach Kati aufzubrechen, wo meine Mutter und meine anderen Verwandten ungeduldig meiner harrten. Gegen achtzehn Uhr, als die Sonne ihre letzten Strahlen über den Horizont schickte, gab er das Zeichen zum Aufbruch, Das hieß, daß wir in der Nacht den größten Teil der zwölf Kilometer, die uns von Kati trennten, zurücklegen mußten.

Der Schlund der großen schwarzen Hyäne

Zu jener Zeit war das Land noch stark bewaldet. Der größte Teil der Strecke führte durch einen dichten Wald, den Hyänen und Panther unsicher machten. Auf halber Strecke mußten wir zu unserer Linken an einer dunklen Grube entlanggehen, die Dounfing genannt wurde.

Dieser mit einer undurchdringlichen Pflanzenwelt bewachsene Abgrund, der dafür berühmt war, daß er von den boshaftesten Geistern heimgesucht wurde, war, so die Tradition, die Bleibe von Diatroufing, der mythischen großen, schwarzen Hyäne, die weiße Pfoten und auf der Stirn einen Stern haben sollte und deren Schweif in finsterer Nacht von tausend glühenden Teilchen funkelte.

Dem Volksglauben nach – den religiöse Bruderschaften, die das Kommen und Gehen auf diesem Weg bei der Ausübung ihres Kultes störte, geschickt in diese Richtung gedrängt hatten – sollte man lieber dem Tod ins Antlitz schauen, als das Risiko auf sich nehmen, Diatroufing zu begegnen, wenn sie nach Sonnenuntergang frische Luft schnappen ging. Nach Einbruch der Dunkelheit war der Ort mit Leuchtkäfern und Glühwürmchen übersät, die aus Diatroufings Fell kommen sollten. Demnach war eine Reise zwischen Bamako und Kati nach Sonnenuntergang also damit gleichbedeutend, sich geradewegs in den Schlund der großen schwarzen Hyäne, der Herrin über diesen finsteren Ort, zu stürzen.

Fanta Hamma hatte unseretwegen so große Angst, daß sie heiße Tränen vergoß, weil sie meinte, daß wir geradewegs in den Tod gingen oder in einen von den Teufeln bewirkten Wahnsinn. Wir liefen Gefahr, das ist richtig, von einem der in den Höhlen des Hügels hausenden Raubtiere angegriffen oder gar von Wegelagerern ausgeraubt zu werden, von denen es im Wald wimmelte. Aber weder Gott noch Teufel hätten Tidjani von seiner Absicht abhalten können. Sein Sinnspruch war: *Weder kann man vor der Zeit sterben, noch kann man leben, wenn der Zeitpunkt des Todes gekommen ist. Warum sich also ängstigen?...* »Ich habe meiner Frau versprochen, noch heute nacht mit unserem Sohn heimzukehren«, sagte er zu meiner Kusine. »Es steht also gar nicht zur Debatte, daß wir die Nacht in Bamako verbringen. Und außerdem ist Amadou jetzt fünfzehn Jahre alt. Es ist höchste Zeit, daß er lernt, der Finsternis, den Teufeln, den Zauberern, den Räubern und wilden Tieren die Stirn zu bieten.«

Immerhin war er nicht ohne Waffe gekommen: Er trug einen großen, scharfen Säbel am Schulterriemen und hielt in der rechten Hand eine Partisane, eine Art kleiner Lanze mit dreieckiger Klinge. So gerüstet, stark und muskulös, jedoch schlank und von feinem Gesicht, fand ich ihn von sehr stolzem Aussehen. Ein Eindruck von Kraft und ruhiger Sicherheit ging von ihm aus. Er gab mir einen maurischen Dolch und sagte mir, wie ich gegebenenfalls damit umgehen müsse.

Ein Griot aus Bandiagara, der an diesem Tag zu Fanta gekommen war, um sie zu begrüßen, sah uns dort. Er nahm seine Gitarre und fing an, den Wahlspruch der Thiam zu rühmen und einen Lobpreis auf den Mut und die Großherzigkeit Tidjanis zu singen. Er dichtete aus dem Stegreif:

»O Tidjani Amadou Ali Thiam,
Du läßt mich heute ein neues Kapitel
Dem ruhmreichen Wahlspruch deiner Familie zufügen!
Teufel, Zauberer, wilde Tiere und Briganten,
Hütet euch, der Sohn von Amadou Ali kommt
Mit seinem ältesten Sohn an der Hand.
Ihr könnt ihn nicht aufhalten,
Einer Sternschnuppe gleich
Wird er durch euer Reich gehen...«

Als er den Wahlspruch der Thiam, den er soeben besungen, genug geehrt hatte, gab meine Kusine ihm fünf Francs, wie es gegenüber Griots Sitte ist. Sie hatte einen Träger angeworben, der sich meinen kleinen Koffer auflud. Wir tauschten letzte Abschiedsworte und Danksagungen, und dann waren wir fort!

Mein Vater ging kraftvollen Schrittes vor mir her. Der Träger folgte uns. Die Sonne stand am Horizont. Alle, denen wir auf der Straße begegneten und die in die Stadt zurückkehrten, riefen aus: »Heda, Mann der Fulbe! So spät trittst du deine Reise nach Kati an, als ob es Dounfing nicht gäbe?« – »*Allāhu akbar!* Gott ist der größte!« antwortete mein Vater.

Vier Kilometer von Bamako entfernt blieb er unter einem großen Feigenbaum stehen. Er riß eine Anzahl Blätter vom Baum, sprach bei jedem einige Verse aus dem Koran, die einer festgelegten Ziffer entsprachen, dann warf er sie in die acht Richtungen des Raums, die

Haupt- und Nebenhimmelsrichtungen. Eines behielt er in der Hand. »Jetzt«, so sagte er, »trägt das Maul des Busches einen Maulkorb. Mit Gottes Hilfe werden wir bis Kati unsere Ruhe haben.« Und festen Schrittes setzte er beinahe fröhlich den Weg fort und sang mit lauter Stimme das große Gedicht, das El Hadji Omar erdacht und dem er den Namen *Der Säbel* gegeben hatte, weil es, so behauptet man, wie ein Säbel kurzen Prozeß macht mit der Hexerei und die Werke der bösen Geister vernichtet...

Die Finsternis war nahezu vollkommen. Je weiter wir kamen, desto tiefer drangen wir ein in eine Dunkelheit, die wegen der Bäume, die in dieser mit Hügeln und Bergketten – den letzten Ausläufern der Mandingoberge – übersäten Gegend besonders dicht beieinanderstehen, immer undurchdringlicher erscheint. Das Unterholz hallte wider vom Knirschen, Klappern und Zirpen der Insekten, die zuweilen von noch beunruhigenderen Schreien der Nachttiere unterbrochen wurden.

Trotz der Frische der Nacht spürte ich, wie mir der Schweiß über die Stirn lief. Ich hatte Angst, natürlich, und jeder Winkel schien mir ein Hinterhalt des Teufels oder eine Räuberfalle, aber ich war mir gewiß, daß mir nichts Böses widerfahren konnte, so sehr vertraute ich meinem Vater.

Die Dunkelheit zerteilte ein Weg aus roter Erde, den die Hände von Heerscharen amtlicherseits requirierter afrikanischer Hilfsarbeiter festgestampft hatten; denn es war wichtig, die Militärgarnison von Kati durch eine Straße mit Bamako zu verbinden. Plötzlich, als bäume sie sich auf vor einer Gefahr, kletterte sie mühsam eine Erdschwelle hinauf. Da entdeckten wir zu unserer Linken einen düsteren Abgrund, mit riesigen Bäumen bewachsen, um die sich Lianen und dorniges Geäst flochten, als wollten sie sich mit einem undurchdringlichen Panzer aus Pflanzen umhüllen. Das war der südliche Eingang von Doufing.

Unzählige Leuchtwürmer flimmerten und zogen Lichtstriche in die Luft, wie kleine, vom Himmel gefallene Sterne. Aus der Tiefe des Abgrunds stieg ein Konzert nächtlichen Lärmens auf, dem ein Echo beunruhigende Fülle verlieh. Das Quaken von Fröschen mischte sich mit dem lauten Gejammer der Eulen und wurde manchmal vom

Miauen der Wildkatzen unterbrochen. Wir hörten das Tosen einer Kaskade, deren Wasser aus Dutzenden Metern Höhe herabstürzten und sich mit Getöse in der Schlucht brachen. Wir befanden uns an der Schwelle des verfluchten Ortes. Ein Beben lief durch meinen Körper, aber das war nur eine unwillkürliche Reaktion meiner Nerven, mein Geist blieb ruhig. Der schmale Weg, der am Abgrund entlangführte und diesen überragte, zeichnete sich als ein Kreisbogen von ungefähr zwei Kilometern Länge ab. Mein Vater nahm mich an der Hand. Etwa eine halbe Stunde später, als wir das letzte Hindernis nahmen, miaute weit hinter uns kraftvoll ein Panther, der bestimmt enttäuscht war, daß er ein so schönes Abendessen verpaßt hatte. Mein Vater stieß einen Seufzer der Erleichterung aus und pries Gott. Am Ende waren weder der Teufel noch Raubtiere oder Räuber auf die Idee gekommen, uns übel mitzuspielen. Wir hatten, ohne Schaden zu nehmen, mitten in der Nacht das Reich von Diatroufing durchquert, der furchtbaren schwarzen Hyäne, die die Herzen mit Entsetzen erfüllte.

Von Dounfing an wurde der Weg breit und bequem. Bald schimmerten in der Ferne die Lichter von Kati. Endlich erreichten wir das Haus, wo alle Mitglieder der Familie im Kreise unserer Freunde auf uns warteten.

Da war meine lächelnde Mutter, aufrecht und schön wie immer. Ein einfaches Samtband um den Hals genügte ihr als Schmuck. Sie umarmte mich, doch mehr nicht, denn die Anstandsregeln der Fulbe erlauben Müttern nicht, ihren Kindern allzu deutlich ihre Gefühle zu zeigen, insbesondere nicht in der Öffentlichkeit und wenn es sich um einen fünfzehnjährigen, großen Jungen handelte! Die afrikanische Tradition von ehedem mied – zumindest in meiner Umgebung – Herzensergüsse; für uns waren Taten wichtiger als Worte, und die große Reise, die ich einzig und allein unternommen hatte, um meine Mutter zu sehen, sowie ihre unablässige Fürsorge, die sie mir in den Jahren der Trennung hatte angedeihen lassen, sprachen für sich.

Zum Ausgleich stürzte ich mich auf meine beiden neuen kleinen Schwestern: Aminata – die mein Bruder Hammadoun vor seinem Tod verlobt hatte – und Fanta, die letztgeborene. Aminata war erst ganz eingeschüchtert, aber als ich sie in meine Arme fliegen ließ, vergaß sie schnell ihre Ängste und lachte laut. Dann nahm ich die kleine Fanta und band sie mir auf den Rücken, wie eine große Schwester es getan hätte.

Nach dem Essen wurde ich mit Fragen bestürmt. Jeder wollte wissen, was mir in den verflossenen Jahren zugestoßen war, man fragte mich aus über Bandiagara, über Djenné, über die Gegenden, durch die ich gekommen war, die Leute, die ich getroffen hatte, ihre Sitten usw., wie man es zu tun pflegt, wenn jemand ankommt, der weit gereist ist. Dies war das erste Auditorium für einen Bericht meiner persönlichen Erlebnisse. Mir mangelte es nicht an Anekdoten, die ich erzählen konnte, auch nicht an Worten, um sie zum Ausdruck zu bringen... Das nächtliche Beisammensein war lang und glücklich. Es dauerte bis spät in die Nacht.

KATI, DIE GARNISONSSTADT

Kati, ein altes Bambaradorf im Norden von Bamako, wo der Bélédougou beginnt, ist auf allen Seiten von roten Hügeln aus Sandstein umgeben, wo einstmals, als sie noch richtig bewaldet waren, Herden kreischender Affen und Schwärme vielfarbiger Vögel hausten. Die Hügel, die letzten Ausläufer der Mandingoberge, steigen hinab zu einer kleinen, in der Mitte gelegenen Erhebung, auf der das heutige Militärlager errichtet wurde, welches aus dem Plateau von Kati so etwas eine natürliche Festung macht.

Bis zur Besetzung des Landes durch die Franzosen war Kati nur ein kleiner Weiler, der für die Fruchtbarkeit seiner Böden bekannt war, die von einem niemals versiegenden und sich tief durchs Tal schlängelnden Fluß bewässert wurden, der dann in Bamako in den Niger mündet. Die Franzosen machten aus dem Dorf einen Militärposten, der in der Folgezeit wachsende Bedeutung erlangte, bis er sogar Sitz des 2. Regiments der Senegalschützen[46] wurde – das 1. Regiment war in Saint-Louis im Senegal stationiert.

Zu der Zeit, von der ich spreche, lagen dort wegen des Krieges und der umfassenden Aushebungen mindestens zweitausend Schützen in Bereitschaft, die entweder auf ihre Abreise zur Front warteten oder einen Militärlehrgang machten. Die Mehrzahl der nach Frankreich aufbrechenden Soldaten ließ ihre Frauen in Kati zurück. Sie erhielten eine kleine Pension, aber um ihren Lebensunterhalt aufzubessern, wurden sie oft Händlerinnen, Straßenköchinnen, Schankwirtinnen,

Färberinnen, Schneiderinnen... Die afrikanischen Frauen zeichnen sich durch Mut und Erfindungsreichtum aus, und es ist sehr selten, daß sie im Notfall nicht eine kleine Tätigkeit finden, die das Überleben erleichtert, besonders in schwierigen Zeiten.

Ausgesprochen dicht bevölkert, war die Stadt nunmehr ein Treffpunkt von Handwerkern und kleinen Händlern jedweder Herkunft. Auch die gesamte Unterwelt war vertreten: Betrüger, Kartenspieler, Prostituierte, Hochstapler, Diebe jeglichen Kalibers und vor allem massenweise Scharlatane, Fetischverkäufer, Wahrsager und Phantasiemarabuts, die um die Wette Zauber und schützende Gris-Gris verkauften, welche die armen Kerle, die in den Krieg gingen, erstanden wie warme Semmeln.

In den überfüllten Straßen der Stadt, wo Militärs und andere Leute in den verschiedenartigsten Gewändern umherschlenderten, hörte man so ziemlich alle Sprachen des Sudan, gewürzt mit französischen Wörtern und Redensarten, die man, nach ›Art des Ortes‹ angerichtet, damals nicht ›petit nègre – kleiner Negerslang‹ nannte, sondern ›moi ya dit toi ya dit – ich schon gesagt du schon gesagt‹. Diese Menge Leute ballte sich dort zusammen, arbeitete und tummelte sich den ganzen Tag; abends wurde getrunken, gesungen und bis spät in die Nacht getanzt.

Nach Bandiagara und Djenné war diese übervölkerte, buntgemischte, fieberhafte Stadt für mich ein überraschendes Schauspiel. Da ich völlige Bewegungsfreiheit hatte, tauchte ich mit einem Mal in eine Welt ein, wo das gute Beispiel nicht gerade an jeder Straßenecke Bewunderer fand. Zu meinem Glück hatte ich die Kraft und das Beispiel meiner Eltern vor Augen, die mich daran hinderten, den Halt zu verlieren.

1915, als ich nach Kati kam, war die Stadt in drei große Siedlungsbezirke aufgeteilt: das oben auf dem Hügel gelegene Militärlager, einen Sananfara genannten Wohnbezirk, der am Flußufer lag, und Katibougou-koro, das ›alte Kati‹. Meine Eltern wohnten in Sananfara, wo mein Vater ein neues Viertel geschaffen hatte. Als er mit meiner Mutter nach Kati gekommen war, hatte er in einem unbebauten Gebiet in der Nähe des Militärlagers ein paar Lehmhäuser errichten lassen, die seine Familie beherbergten. Später hatten anläßlich der großen Hungersnot von 1914 Dogon aus der Region von Bandiagara in Kati Zuflucht gesucht, wo sie ihre Arbeitskraft jedem anboten, der sie haben wollte. Da sie Tidjani Thiam und seine Eigenschaften als ehemaliger Provinzchef kannten, sammelten sie sich verständlicherweise um ihn, und andere stießen bald zu ihnen. Damals gründete und ordnete mein Vater für sie das Viertel, das man *Kadobougou* oder das ›Dorf der Dogon‹ nannte, ein Viertel, das heute *Kadokoulouni* heißt – *kado* ist ein anderer Name für Dogon. Hier auf dem Boden des Exils wurde er für sie zu einer Art Ratgeber und natürlicher Verteidiger.

Die Bedeutung des Viertels zog bald die Aufmerksamkeit der Militärbehörden auf sich. Insbesondere Colonel Molard, der den Befehl über die Garnison der Stadt führte, sowie Kommandant Bouery sind zu nennen, die meinen Vater für das Amt des Viertelvorstehers vorschlugen. Durch eine seltsame Wende des Geschicks übernahm er diese Aufgabe mit der Unterstützung eines Inspektors für Verwaltungsangelegenheiten des *Haut-Sénégal-et-Niger*: Es handelte sich um keinen anderen als den Verwaltungsbeamten Charles de la Bretèche, den ehemalige Distriktkommandanten von Bandiagara, eben den, der nach den traurigen Ereignissen von Toïni nichts anderes hatte tun können, als ihn zu Zuchthaus und Exil zu verurteilen...

Wie überall, wo sie gelebt hatte, war es meiner Mutter auch in Kati gelungen, einen recht bedeutenden Handel mit Stoffen und verschiedenen in der Region hergestellten Waren aufzubauen; sie war sogar, dank einer für sie völlig neuen Tätigkeit, nämlich der einer Modeschöpferin, berühmt geworden. Eines Tages hatte der Direktor der C.F.A.O., der Compagnie française de l'Afrique occidentale – Französischen Gesellschaft für Westafrika, tief beeindruckt von der Schönheit ihres Kleiderstoffes, sie gefragt, wer das Motiv entworfen habe. Sie antwortete, daß sie selbst es sich ausgedacht und dann von ihren Webern habe anfertigen lassen. Der Direktor bat sie sodann, ihm von allen Modellen, die sie anfertigen ließ, kleine Muster zu liefern. Falls sie ihm gefielen, würde er sie nach Frankreich schicken und in großen Mengen produzieren lassen. Von dem Tag an entwarf meine Mutter viele Modelle, die alle von der C.F.A.O. genommen wurden und denen sie die Namen der schönsten oder berühmtesten Frauen der Stadt gab. Diese Modelle waren fast fünfzehn Jahre lang in Mode.

Die C.F.A.O. bezahlte ihr nicht nur für jedes neue Modell fünf Francs, sondern – und das war bei Einheimischen, besonders bei Frauen, damals sehr selten – sie räumte ihr sogar einen Kredit ein. Zu Beginn eines jeden Monats übernahm meine Mutter, ohne zu bezahlen, eine bestimmte Menge an Waren, die sie in der Stadt weiterverkaufte; am Ende des Monats bezahlte sie die fällige Summe und nahm einen neuen Warenvorrat mit. Ich brauche nicht ausdrücklich zu erwähnen, daß sie im Wohlstand lebte.

Dank der Frauen der Senegalschützen in Kati fehlte es nicht an Käuferinnen. Viele von ihnen machten es sich zur Gewohnheit, auf ein Schwätzchen zu meiner Mutter zu kommen, ihr von ihren Schwierigkeiten zu erzählen, sie um Rat zu fragen und im Bedarfsfall Geld bei ihr zu leihen. Für alle diese vereinsamten, von ihrem familiären Milieu abgeschnittenen Frauen, die oft die Verantwortung für Kinder trugen, wurde Kadidja zu einer Art Mama. Widerfuhr einer von ihnen ein Unglück, rieten ihr ihre Gefährtinnen: »Geh zu *flamusso*« – ›Fulbefrau‹ auf Bambara. Und wenn es ein Mann war, sagte man ihm: »Geh zu Tidjani.«

Nach und nach entwickelten sich die Dinge so, daß mein Vater, ohne jeden Bekehrungseifer, allein kraft seiner guten Eigenschaften und seines Beispiels zahlreiche Bambara zum Islam bekehrte. Er tat dies, glaube ich, als einer der ersten in der Region.

Der kleine Laden, den er eröffnet hatte, lag gegenüber dem Militärlager, was zu vielen freundschaftlichen Beziehungen mit afrikanischen und auch französischen Soldaten Gelegenheit gab. Er übte immer noch seinen Beruf als Schneider und Sticker aus und stellte bestickte Bubus von großer Schönheit her, aber vor allem zog sein großes moralisches und religiöses Ansehen die Menschen in seine Nähe. Wie einst in Bougouni betrachteten die Leute ihn ein wenig als Marabut und kamen zu ihm, um ihn um Rat zu bitten oder um Gebete.

Er hatte eine denkwürdige Fähigkeit – ob angeboren oder erlernt, das weiß ich nicht –, und zwar wußte er Wahnsinnige zu behandeln. Wenn man ihm einen Geisteskranken brachte, behielt er ihn bei sich zu Hause, bis der Unglückliche eine Krise durchmachte, zu schreien anfing und auf den Boden fiel. Dann zog Tidjani ihm eine Sandale vom Fuß, rezitierte darüber bestimmte Koranverse, nahm sie und versetzte dem Unglücklichen damit einen Schlag aufs Ohr. Durch ein seltsames Phänomen sank der sofort in einen tiefen Schlaf, der einen halben Tag lang dauern konnte. Manchmal floß ihm reichlich Speichel aus dem Mund, und aus der Nase kam Schleim. Wenn er aufwachte, ließ mein Vater ihn ein Bad nehmen, und alles war gut. Er kehrte geheilt nach Hause zurück.

Ein befreundeter Marabut sagte eines Tages zu ihm:

»Vorsicht, Tidjani! Deine Art, Wahnsinnige zu heilen, wird sich eines Tages gegen deine Familie kehren. Die bösen Geister rächen sich immer, wenn man sie mit Gewalt vertreibt. Und das tust du.«

»Um so schlimmer!« antwortete mein Vater. »Ich möchte lieber so viele Wahnsinnige wie möglich heilen, selbst auf die Gefahr hin zu erleben, wie meine eigenen Kinder wahnsinnig werden, als daß ich die Unglücklichen in ihrem Zustand lasse.«

Leider wurde die Vorhersage des Marabuts zu großen Teilen bestätigt. Eine der in Kati geborenen Töchter von Tidjani und Kadidja wurde wahnsinnig, und Tidjani war nicht in der Lage, sie zu heilen. Auch ihr jüngster Sohn, mein Halbbruder, wurde wahnsinnig; mein Vater hat für seine Heilung alles getan, aber vergebens. Die Kinder aus der Ehe meiner Halbschwester hatten alle irgendwann in ihrem Leben Probleme dieser Art, zum Glück manchmal nur zeitweilig.

Selbstverständlich ließ mein Vater sich seine Dienste und Hilfe in religiösen Dingen nie bezahlen. Das hätte nicht nur seinem Wesen widersprochen, sondern auch der strikten göttlichen Anordnung des Koran: *Verkauft meinen Namen nicht zu einem Spottpreis.* (II, 41) Heutzutage nehmen allzu viele Marabuts oder solche, die sich so nennen – manchmal genügt ein dürftiger Abklatsch von Kenntnissen des Islam, um sich mit diesem Titel zu schmücken –, nicht nur Geld, um für irgend jemanden ›eine Arbeit zu tun‹, ja schlimmer noch, um Schaden anzurichten, sondern häufig setzen sie sogar den Preis selbst fest und machen ein richtiges Gewerbe daraus. Ein solches Verhalten, das unglücklicherweise in der muslimischen Gesellschaft des heutigen Afrika gang und gäbe ist, steht ausdrücklich im Widerspruch zum Islam und wurde übrigens niemals bei einem Alfa Ali, bei einem Tierno Bokar oder einem Tierno Sidi beobachtet, den drei für ihr Wissen und ihr hohes spirituelles Niveau berühmten Marabuts aus Bandiagara.

Die neue Waaldé

In den Tagen, die meiner Ankunft in Kati folgten, fühlte ich mich ein wenig heimatlos und einsam. Zum Glück wohnte im Haus ein junger Dogon aus Bandiagara, der zwei Jahre älter war als ich. Oumarou Tembély war, wenn man so will, im Gepäck des Hauptmann Minary nach Kati gekommen. Letzterer, dem er als Boy diente, hatte ihn im Jahre 1914 nach Kati mitgenommen. Oumarou führte mich ein wenig durch die Stadt; er nahm mich sogar ins Haus des Hauptmann mit. Aber seit meiner Kindheit daran gewöhnt, mich im Kreis von Jungen meines Alters aufzuhalten, fehlte mir rasch das Leben in einer Gruppe von Jugendlichen. Ich fing an, nach Gefährten Ausschau zu halten.

Da hörte ich von einer Vereinigung junger Bambara im Viertel Sananfara, die von jemandem namens Bamoussa angeführt wurde. Dieser war gleichzeitig ›Meister des Messers‹ oder ritueller Opferer der Initiationsgesellschaft N'Tomo der Bambara, der noch nicht beschnittene junge Leute angehörten. Bamoussa war also eine mächtige Persönlichkeit unter den Jungen. Ich wollte mich bei ihm um die Aufnahme in seine Vereinigung zu bemühen – die man auf Bambara *ton* nennt, was dasselbe wie *waaldé* bedeutet. Man ließ mich wissen, daß er sich im heiligen Wald N'Tomo befinde. Ich ließ mir den Weg dorthin erklären und brach auf, um ihn zu treffen. Das kam mich teuer zu stehen!

Als ich ihn fand, opferte er gerade N'Tomo ein Huhn. Bei meinem Kommen blickte er auf und erkannte an meiner Fulbehaut und der Art, mich der Opferstätte zu nähern, daß ich kein Initiierter seiner *ton* war. Um sicher zu gehen, daß er sich nicht irrte, erhob er sich und kam auf mich zu. »Halt!« gebot er. Dann stellte er mir rituelle Fragen, indem er die in der Vereinigung vereinbarten Zeichen mimisch darstellte. Aus gutem Grunde begriff ich nichts und konnte weder eine Frage beantworten noch irgendein Zeichen deuten. Da rief er: *»Bussan-tigi!* Auspeitscher! Da habt ihr einen, der ist blind, taub und stumm. Gebt es ihm!« Sogleich stürzten sich zwei mit biegsamen Lianen bewaffnete junge Leute auf mich. Ohne jede Vorwarnung versetzten sie mir eine solche Tracht Prügel, daß ich die Flucht ergreifen mußte, nicht ohne sie wegen ihres ungerechtfertigten Angriffs kräftig zu beschimpfen. Zu meinem Schaden hatte ich gelernt, daß im Bambaraland nicht jeder gehen konnte, wohin er wollte.

Gedemütigt kehrte ich nach Hause zurück. Eine ganze Woche dachte ich nur darüber nach, wie ich mich rächen oder einen Weg finden könne, um von den jungen Leuten von Bamoussas *ton* aufgenommen zu werden. Unterdessen machte ich die Bekanntschaft eines Bambarajungen meines Alters, der in unserem Viertel Kadobougou wohnte. Er hieß Famory Keïta. Er war körperlich stärker als Bamoussa, und auch er war Opferer des N'Tomo. Nachdem ich ihm von meinem Mißgeschick erzählt hatte, bot er mir nicht nur seine Freundschaft an, sondern auch ein Bündnis gegen die von Bamoussa befehligten Jungen des Viertels Sananfara. Die Zeit war reif für die Gründung unserer eigenen Vereinigung. Mit den Jungen aus unserem Viertel und außerdem den Kindern aus den Familien der Senegalschützen, die immer meinen Vater und meine Mutter besuchten, wäre es leicht, Mitglieder anzuwerben, wenn nur meine Eltern ihre Genehmigung gäben.

Ich wußte, daß Tidjani als ehemaliger Provinzchef immer glücklich wäre, Leute bei sich zu empfangen, und mir keine Schwierigkeiten bereiten würde; doch mußte ich meine Mutter überzeugen, die, und das kann man im mindesten sagen, nicht gerade geschmeidig und formbar wie Tonerde war... Ich beschloß, einen günstigen Augenblick abzuwarten. Eines Tages fragte sie mich, was mir Freude machen würde. Ich ergriff die Gelegenheit beim Schopf und gab ihr zur Antwort:

»Meine Mutter – Gott möge die Kette deiner Tage verlängern! –, was mir wirklich Freude machte, wäre, daß du mir deine Erlaubnis gibst, hier eine Waaldé zu gründen.«

»Bitte zuerst deinen Vater um Erlaubnis«, ewiderte sie. »Wenn er einverstanden ist, bin ich es auch. Ich gebe dir dann das nötige Geld für die damit verbundenen Kosten.«

Sogleich ging ich zu meinem Vater. Wie ich es erwartet hatte, nahm er meinen Vorschlag sehr günstig auf. Er gab mir sogar Ratschläge:

»Veranstalte ein großes Fest, um aus dem Viertel so viele Kinder wie möglich zusammenzubringen«, schlug er vor, »und nutze die Gelegenheit, um ihnen deinen Plan zu verkünden. Ich gebe dir ein oder zwei Schafe für ein gutes Meschui.«

Meine Mutter gab mir ihrerseits zehn Francs. Also sprach ich Einladungen an die Jünglinge und jungen Mädchen des Viertels aus, ebenso an die Kinder aus den Familien der Senegalschützen. Als der Tag gekommen war, bereitete meine Familie ein großes Festessen. Zwanzig Jungen und zehn Mädchen unterschiedlicher Herkunft versammelten sich in unserem Hof. Nachdem alle gut gegessen und alle möglichen afrikanischen Tänze getanzt hatten, ergriff ich in der allgemeinen Hochstimmung das Wort:

»O Sohn meiner Mutter! Ich habe eine Idee. Unsere gemeinsame Freude, heute abend zusammenzusein, gab sie mir ein. Ich schlage vor, daß wir uns in einer offiziellen Vereinigung zusammenfinden, um uns regelmäßig zu versammeln, unsere Vergnügungen zu gestalten und stark genug zu sein, den Jungen aus anderen Vierteln die Stirn zu bieten.« Diese Erklärung wurde mit einer Ovation begrüßt. »Und da wir uns in Kriegszeiten in einer Garnisonsstadt befinden, schlage ich vor, daß unsere *ton* nach dem Muster einer Armee organisiert wird. Ich selbst melde mich als erster. Amadou Hampâté Bâ, genannt Thiam. Wer will sich freiwillig verpflichten?«

»Ich melde mich!« rief Oumarou Tembély, dem sogleich Famory Keïta und alle anderen folgten. Famory Keïta, der älteste und auch stärkste von uns allen, ergriff das Wort: »Ich schlage vor, daß Amadou Bâ-Thiam, der Papier und Feder kennt und in dessen Kopf die Idee geboren wurde, unser Colonel Molard wird. Jeder, der sich verpflichtet, möge Amadous rechte Hand erheben und sagen: ›Du bist mein Oberst Molard, und ich bin ein Soldat deines Regiments!‹«

Jeder der Kameraden kam, hob meine rechte Hand und leistete derart den neuartigen Huldigungseid. Ich kletterte auf einen umgekippten Mörser und schwor, meinen Kameraden und Brüdern unter allen Umständen beizustehen und sie niemals zu verraten. Die erste Vereinigung von Jugendlichen des Viertels Kadobougou war ins Leben gerufen.

Zur Leitung unserer *ton* wählte ich sieben Jungen aus, deren Aufgaben militärischen Rängen entsprachen. Da ich selbst Colonel war, erhielt mein Zweiter, der nur Famory Keïta sein konnte, den Rang eines Bataillonskommandeurs. Nach ihm kam Oumarou Tembély, Hauptmann des Verpflegungsamtes, dann ein Hauptmann als Chef des Stabes, ein Leutnant, der die Abteilung ›Rekrutierung von Eingeborenen‹ befehligte, ein Unterleutnant, Adjutanten, Sergeanten, Korporale usw.

Im August des Jahres 1915 vereinigte unsere *ton* schon beinahe fünfzig Jungen und dreißig Mädchen aus unterschiedlichen Ethnien, die aus verschiedenen Vierteln kamen. Jedes Viertel stellte ein ›Regiment‹ mit Offizieren und Mannschaften. Als Streifen trugen unsere Offiziere selbstgefertigte Schnüre, die mittels Kolasaft gelb gefärbt und auf schwarzen Grund genäht waren. Man hätte schwören mögen, es handele sich um französische Offiziersstreifen! Was unsere Abzeichen und andere Dekorationen betraf, so wurden sie aus Keksdosen der Marke *Petit Beurre* hergestellt, auf denen man, aus ziemlich fester Pappe und in Originalgröße, alle Ehrenzeichen der französischen Republik fand.

Wir organisierten ›militärische Aufmärsche‹ durch den Busch, mit einem Holzgewehr auf der Schulter, und drangen mitunter bis zur Schlucht von Dounfing vor, um der bösen Diatroufing am äußersten Rand ihres Schlupfwinkels entgegenzutreten. Wir veranstalteten auch gestellte Schlachten, die wir geschwollen ›Kriegsübungen‹ nannten. Unsere militärischen Parodien fanden die echten Militärs von Kati sehr amüsant. Und die Küchenchefs des Offizierskasinos machten sich ein Vergnügen daraus, mir so viele leere *Petit-Beurre*-Dosen zu schenken, wie nötig waren, um unsere tapferen Soldaten zu dekorieren.

Sobald unsere Truppen im Kampf geübt waren, erklärte ich Bamoussa und seiner Vereinigung offiziell den Krieg. Das Treffen wurde nach den üblichen Regeln ausgerichtet und fand eines Nachts im

Mondenschein auf dem Lingué-Koro-Platz von Kati statt. Bamoussa und seine jungen Leute wurden geschlagen, und wir liefen los und ergriffen Besitz von ihrem heiligen Wald. Erst das Einschreiten der Alten nötigte uns, die Kultgegenstände wieder in Ordnung zu bringen, denn sie durften durch niemanden entweiht werden, nicht einmal durch die Sieger!

Unsere Vereinigung wird bis zum Jahre 1918 bestehen, dem Zeitpunkt der Ankunft von Blaise Diagne im Sudan, den Clemenceau durch ganz Französisch-Westafrika schickte, um eine Massenaushebung durchzuführen, namentlich von jungen Leuten. Das ganze gesellschaftliche und traditionelle Leben der Jugend sollte dadurch gestört werden. Ich werde später noch einmal davon sprechen.

Einige Zeit nach diesen Ereignissen wurde ich in die Bambaragesellschaft des N'Tomo aufgenommen, die die noch nicht beschnittenen jungen Leute vereinigte. In Bougouni hatte ich nur die Gesellschaft Tiebleni gekannt, die den kleinen Kindern vorbehalten war. Wie ich schon früher erwähnte, waren damals die Muslimen, die als Minderheit in einer Gesellschaft lebten, in der Bambara und Malinke die Mehrheit bildeten, damit einverstanden, daß ihre Kinder pro forma den Initiationsgesellschaften für Kinder beitraten – die sich hier übrigens mit den Altersklassen vermischten. Sonst wäre für diese Kinder kein Leben in der Gemeinschaft mit anderen Kindern möglich gewesen. Selbstverständlich nahmen wir weder an Kult- noch Opferhandlungen teil, aber wir waren doch wenigstens nicht gezwungen, uns anläßlich der rituellen Ausgänge der großen Masken zu verstecken, und da wir die vereinbarten Zeichen kannten, konnten wir uns den heiligen Wäldern nähern, ohne Gefahr zu laufen, mit Peitschenhieben daraus vertrieben zu werden.

Damals gab es in Kati drei Heiligtümer: die christliche Kirche mit ihrer Schule und ihrer Krippe; die Moschee mit ihrer *Medersa* – Schule – und ihrer *Zauïa*, dem Versammlungs- und Gebetsort für die Mitglieder der *Sufi*-Bruderschaft, schließlich den *djetu*, den Heiligen Wald der Bambara, wo diese ihre Kulte feierten.

Obwohl mein Vater Tidjani, sich selbst und seine Familie betreffend, ein sehr strenger Muslim war, so zeigte er sich doch immer sehr tolerant. Er hatte sich den folgenden Satz aus dem Koran zu eigen gemacht: *Keinerlei Zwang in der Religion, die Wahrheit unterscheidet sich von selbst vom Irrtum.* (II, 256.) Ich hatte einen kleinen christlichen Kameraden mit Vornamen Marcel, der sonntags regelmäßig zur Messe ging. Von meiner ewigen Neugier getrieben, begleitete ich ihn eines Tages, um zu sehen, was in der Kirche geschah. Wieder zu Hause, machte ich meinem Vater Mitteilung von dieser Erfahrung und beschrieb ihm in allen Einzelheiten das Zeremoniell, die Lieder, die Worte und die Handlungen des Priesters, den ich sorgfältig beobachtet hatte. Ich wußte, daß er mich nicht schelten würde, denn wie Tierno Bokar widersetzte er sich keiner Erfahrung, die dazu beitragen konnte, die Kenntnisse zu mehren, und vor allem keiner, die es ermöglichte, eine Sache von innen her zu beurteilen und nicht nach dem Gerede der Leute. Er hörte mir ruhig zu, und als ich ihn fragte, ob ich wieder dorthin gehen könne, antwortete er mir:

»Begleite deinen Kameraden, wenn du es möchtest. Lausche allem, was der Priester sagt, und nimm es an, außer, wenn er sagt, daß es drei Götter gebe und Gott einen Sohn habe. Es gibt nur einen Gott, und Er hat keinen Sohn. Davon abgesehen, entnimm seinen Worten alles, was gut ist, behalte es und lasse das Übrige.«

Eine heimliche Beschneidung

Zu Beginn des neuen Schuljahres im September 1915 stand meine Rückkehr nach Djenné erst gar nicht zur Debatte, und zwar weil ich, ohne jemanden davon in Kenntnis zu setzen, getürmt war. Um die Wahrheit zu sagen, beschäftigte mich diese Frage wenig, und das nicht nur, weil ich meiner Mutter nicht mißfallen wollte, die meine Studien an der ›Schule der Weißen‹ nicht sehr gern sah. Was meinen Vater anging, so schien er mir zu diesem Thema keine besondere Meinung zu haben.

Ein anderes Problem beschäftigte mich sehr viel mehr: meine Beschneidung. Nach der Sitte der Fulbe und auch der Tukulor hätte ich spätestens mit zwölf Jahren beschnitten werden müssen, als ich noch in Bandiagara lebte, aber die Tatsache, daß ich zur Schule eingezogen worden war, hatte mich daran gehindert: Der Zeitpunkt für die Beschneidung fiel nämlich stets in die kalte Jahreszeit, also mitten in die Schulzeit. Später, in Djenné, war es mir gleichfalls unmöglich, so daß ich, als ich im Juli des Jahres 1915 nach Kati kam, trotz meines Alters immer noch ein Unbeschnittener war, ein *bilakoro* – wörtlich ›laßt reifen‹. Der Tradition entsprechend wurde ich den ›Lausbuben mit den schmutzigen Händen‹ zugeteilt, denjenigen also, die noch keinerlei Rechte, sondern nur Pflichten haben. Jeder x-beliebige beschnittene Junge, mochte er auch nur acht Jahre alt sein, hatte das Recht, mich loszuschicken, für ihn Besorgungen zu machen, mich zu beleidigen, beziehungsweise mich zu schlagen, ohne daß es mir erlaubt war, dagegen aufzubegehren. Und wenn ich das getan hätte, dann hätten mich die Beschnittenen gewaltsam in einen Wald gebracht und mich wegen meiner Aufsässigkeit halbtot geschlagen.

Ich quälte meine Eltern unablässig damit, mich beschneiden zu lassen, aber mein Vater wich aus. Gegen Ende des Jahres 1915, als die kalte Jahreszeit kam, erfuhr ich, daß alle meine Kameraden sich auf die Beschneidung vorbereiteten. Ich wäre also unter ihnen der letzte große *bilakoro* gewesen. Da ich dann verpflichtet gewesen wäre, ihnen in allem den Vortritt zu lassen, hätte ich nicht nur nicht länger ihr Vorsitzender sein können, sondern auch nicht einmal mehr zu ihrer Vereinigung gehören. Ich flehte meine Eltern an, mich gleichzeitig mit Bamissa, Youba Sidibé und anderen Kameraden beschneiden zu lassen. Mein Vater antwortete, die Familie sei nicht bereit, sich auf ein solches Ereignis einzulassen. Die Beschneidung eines Jungen meiner Familie hätte nämlich, das begriff ich später, alle Tukulor- und Fulbesiedlungen zusammengetrommelt, auch die Dogon aus Kati, Bamako und Bandiagara, gar nicht zu sprechen von allen möglichen Griots und Höflingen. Und all diese Leute, die kämen, um dem großen Abend vor der Beschneidung beizuwohnen, wären zweifellos während der ganzen Dauer meiner Zurückgezogenheit im Haus geblieben, um auch am ›Ausgangsfest‹ teilzunehmen. Das hätte ein Vermögen gekostet.

Mein Vater drängte mich, bis zum nächsten Jahr zu warten. Verbittert und völlig entmutigt, bat ich meine Mutter um die Erlaubnis, in

Bamako meine Kusine Fanta Hamma zu besuchen. Meine Mutter gab mir das Geld für einen Eisenbahnfahrschein hin und zurück von Kati nach Bamako, der sechzig Centimes kostete. Für fünfunddreißig Centimes kaufte ich eine einfache Fahrt.

Bei meiner Kusine angekommen, offenbarte ich ihr meine Lage und fragte sie, ob sie mich in der Krankenstation in Bamako beschneiden lassen könne. Anschließend wollten wir jemanden zu meinen Eltern schicken, der ihnen mitteilen sollte, daß ich mich beschneiden lassen hätte und auf alle üblichen Zeremonien verzichtete.

Meine Kusine, die mich sehr gern hatte, war von der Vorstellung, daß ich, sofern ich noch ein Jahr lang *bilakoro* bliebe, meinen Kameraden gegenüber jegliches Ansehen verlöre und sogar auf Gnade oder Ungnade ihren Spötteleien, ihren Sarkasmen, beziehungsweise ihren Grobheiten ausgesetzt wäre, unangenehm berührt.

Sie ging zu einer ihrer Freundinnen, der ehemaligen Konkubine eines Arztes, die Krankenschwester war und *Fatouma Dogotoro* – Fatouma Doktor genannt wurde. Sie legte ihr meinen Fall dar und versicherte ihr, daß es seitens meiner Eltern zu keiner verärgerten Reaktion kommen werde. *Fatouma Dogotoro* sprach mit dem Doktor Griewand darüber. Er gab dem Obersanitäter den Auftrag, mich am nächsten Tag um elf Uhr zu beschneiden.

Am nächsten Tag war ich pünktlich zur Stelle. Meine Kusine hatte mir einen besonderen Bubu und eine wie der Rachen des Kaiman geformte Kappe nähen lassen, die traditionelle Kleidung der Beschnittenen. Die Operation verlief glatt, zumindest fürs erste. Ein Freund unserer Familie, Abdallah – folglich der Tradition nach mein ›Vater‹ – legte Wert darauf, sich selbst nach Kati zu begeben und meine Eltern davon zu unterrichten, daß ich mich, ohne ihnen vorher Bescheid zu sagen, hatte beschneiden lassen. Als er Tidjani die Neuigkeit mitteilte, soll der ihn starr angesehen und den Kopf geschüttelt haben. »Amadou ist wahrhaftig dein Sohn«, sagte er, »er ist ebenso stur wie du!« Dann lachte er laut. Meine Mutter hingegen bekam Zustände, da sie sich um die Aussicht auf ein großes Fest gebracht fühlte. Ich hatte wirklich nicht begriffen, daß meine Eltern das Ereignis um ein Jahr verschieben wollten, damit sie Zeit genug hatten, die Mittel für sehr große Feierlichkeiten zusammenzubringen, die der

Bâ, der Diallo – dem Clan meiner Mutter – und der Thiam gleichermaßen würdig gewesen wären.

Nach einer Operation auf der Krankenstation hätte meine Heilung nur vier oder fünf Tage in Anspruch nehmen dürfen. Unglücklicherweise hatte der Sanitäter, als er den Verband anlegte, keine Öffnung gelassen, um den Urin abfließen zu lassen, so daß die Wunde sich entzündete. Man ließ mir die nötige Pflege angedeihen, aber ich mußte etwa vierzehn Tage lang in Bamako bleiben. Das machte mir nichts aus. Wesentlich war für mich, daß ich vor meinen Kameraden beschnitten worden war, die der Bambarasitte entsprechend noch drei Monate lang in der Abgeschiedenheit leben mußten. Bei meiner Rückkehr nach Kati trüge ich also als erster die traditionelle Mütze und wäre als *kamalenkoro* – Erwachsener im traditionellen Sinn – in Amt und Würden. Ich wahrte also den Vorsprung vor meinen Kameraden und könnte ihr Vorsitzender bleiben.

Als ich wieder nach Hause kam, warfen meine Eltern mir nichts vor. Sie hatten schließlich begriffen, warum ich mich ihnen nicht gefügt hatte, und verziehen mir. Zur Feier meiner Beschneidung überhäuften sie mich mit Geschenken. Mein Vater kaufte zwei sehr schöne Pferde und begann, mich nicht nur das ganze Wissen von den Pferden – Anatomie, Krankheiten, Namen und die symbolischen Bezeichnungen ihrer Färbungen und Merkmale – zu lehren, sondern auch alle Finessen der Reitkunst. Wie jeder junge Fulbe in Bandiagara wußte ich, wie man aufsitzt, aber ich betrachtete mich nicht als einen echten, dieses Namens würdigen Reiter. In Kati erwarb ich mein Wissen über Pferde um den wahrlich schmerzhaften Preis mehrerer schwerer Stürze und zahlreicher Brüche, durch die mein linkes Bein etwas unförmig wurde.

Mein Vater lehrte mich auch sticken und nähen, damit ich eines Tages, wie er selbst und wie Tierno Bokar, den Beruf eines Schneiders und Stickers ausüben könne; und er fand auch noch Zeit, meine religiösen Kenntnisse zu vertiefen.

Mir fehlte es also nicht an Beschäftigungen, um so weniger, als sich unsere Vereinigung, je älter wir wurden, immer mehr den üblichen Anforderungen wechselseitiger Hilfe stellen mußte, die jungen Leuten in der Gemeinschaft angetragen wurden: Hilfe beim Verputzen von Häusern, unterschiedliche Hilfeleistungen für alte oder alleinstehende Menschen usw.

Das alles hielt mich nicht davon ab, regelmäßig meinen jungen Dogon-Landsmann Oumarou Tembély zu besuchen, der damals als Boy beim Leutnant Cottelier diente, dem Nachfolger des Hauptmann Minary. Als letzter abgereist war, um auf seine eigene Bitte hin an die Front versetzt zu werden, hatte er seinem Nachfolger, in der guten kolonialen Tradition von vor 1936, seinen Geschirrschrank, seine Zeltausrüstung und seine Küchengeräte vererbt, außerdem seine Hausbediensteten in voller Zahl: einen Schützen, der als Ordonnanzbursche diente, einen Koch, einen Küchenjungen, zwei Boys – darunter Oumarou –, einen kleinen Träger, einen Panka, einen Auskehrer und zwei kleine freiwillige Helfer. Das eine oder andere Mal begleitete ich Oumarou zu seiner Arbeit; ich half ihm, das Bett zu machen und den Tisch zu decken, ich zog den Panka und spülte manchmal das Geschirr. Natürlich wußten meine Eltern nichts von meinen freiwilligen häuslichen Tätigkeiten, für die es keinen anderen Lohn gab als die Befriedigung meiner Neugier auf die Art und Weise, wie die Weißen lebten, die Kostproben von Essensresten und einige Weißbrotbrocken. Welche Strafe mir wohl mein Vater auferlegt hätte, und vor allem meine Mutter, die mit der Ehre keine Scherze trieb, wenn sie gewußt hätten, daß ich die Töpfe der Weißen auskratzte! Meine Mutter wäre imstande gewesen, mir die Zungenspitze abzuschneiden!

Auch wenn sie sich nicht so glanzvoll gestalteten wie in Bandiagara, so fehlte es doch nicht an unterhaltenden abendlichen Zusammenkünften, und ich nährte mich weiterhin an traditionellen Erzählungen.

Diese unterschiedlichen Beschäftigungen erweiterte ich bald um die Tätigkeit eines öffentlichen Schreibers für die Frauen der Senegalschützen, die sich wünschten, mit ihren Männern Briefe auszutauschen. Ich las ihre Briefe und ließ mich mit einigen kleinen Münzen dazu überreden, ihre Antworten zu verfassen und zu schreiben. Bei jenen Frauen, die von einem Tag zum anderen Witwe werden konnten, erlebte ich, was Angst und Unglück sind, aber auch Hoffnung und Freude, Mut und Sorglosigkeit, Keuschheit und schamloses Betragen, denn die schwächsten stellten eine leichte Beute dar für Verführer jedweder Art, die in der Stadt ihr Unwesen trieben.

Rückkehr zur Schule

Die Zeit verging... An einem Tag des Jahres 1917 war es, glaube ich, als ich mich zum Bahnhof von Kati begab, um die Ankunft der Reisenden zu erwarten, die mit dem wöchentlichen Schnellzug zwischen Kayes und Bamako – dem sogenannten ›K.-B.-Zug‹ – von Westen her eintrafen. Zu meiner großen Überraschung erblickte ich in einem Wagen meinen ehemaligen Mitschüler und Rivalen in der Schule von Bandiagara und der Regionalschule von Djenné in der prächtigen Kleidung der Schüler der Ecole Normale von Gorée: Yaga Tembély – dessen Vater Baye Tabéma Tembély uns im Laufe des tragischen Sommers 1914 von der bevorstehenden Kriegserklärung unterrichtet hatte.

Er stellte einen Anzug aus marineblauem Tuch zur Schau, welcher mit Kragenspiegeln und goldenen Knöpfen geschmückt war, und die Mütze, die er stolz trug, verzierte ein Abzeichen in Form einer goldenen Biene. Und welch seltener Luxus, er trug Schuhe aus echtem Leder, die bis zu den Knöcheln geschnürt waren. »Wie! »sagte ich zu mir selbst, »dein ehemaliger Kamerad aus Bandiagara studiert an der Ecole Normale und ist fast schon wie ein Unteroffizier gekleidet, und du selbst, du stehst da, verlierst deine Zeit, machst den kleinen Boy für die Frauen der Senegalschützen?« Das war wie ein Schock. Mit einem Mal überfiel mich der Wunsch, wieder zur Schule zu gehen.

Zu Hause vertraute ich mich meinem Vater an. Er führte mich unverzüglich zu dem einheimischen Hilfslehrer, der die Grundschule von Kati leitete, und wenig später fand ich mich auf der Schulbank wieder. Sicher, es stellte für mich einen Rückschritt dar, wieder zur Grundschule zu gehen, wo ich doch bereits die Regionalschule absolviert und das Abschlußzertifikat erhalten hatte, aber da ich das nicht beweisen konnte, blieb mir leider nichts übrig, als mit dem Unterricht von Grund neu auf beginnen. Das war der Preis, den ich für meine Flucht bezahlen mußte...

Monsieur Traoré trug meinem Wissensstand Rechnung und nahm mich in die erste und damit höchste Klasse auf. Obwohl das Schuljahr bald zu Ende ging, hatte ich keine Mühe, Klassenbester zu werden. Yagamas Bild ließ mir keine Ruhe. Ich wollte wie er Schüler der Ecole Normale werden und nicht Schneider, Sticker und Reiter, und noch weniger wollte ich als unbezahlter Boy Tellerwäscher oder öffentlicher Schreiber für Frauen von Senegalschützen sein. Ich war wild entschlossen, mit Eifer zu büffeln und den Unterrichtsstoff doppelt so schnell in mich hineinzustopfen, um die verlorene Zeit nachzuholen. Unglücklicherweise lernte ich nicht viel Neues, denn unser Hilfslehrer wußte kaum mehr als ich selbst; erst im folgenden Jahr, als Monsieur Molo Coulibaly kam, ein echter Volksschullehrer mit einem Abschluß der Ecole Normale – Monsieur Traoré war eingezogen worden –, nahm die Schule von Kati einen wahren Aufschwung, und ernsthafter Unterricht fand statt.

Kaum hatte ich meine Studien wiederaufgenommen, da bat der für die Postverteilung zuständige Unteroffizier des 2. Regiments, der Adjutant Fadiala Keïta, ihm möge ein gebildeter Schüler zugewiesen werden, der ihm bei seiner Arbeit helfen könne. Der Umfang der Post, die zwischen den an die Front geschickten Senegalschützen und ihren Ehefrauen ausgetauscht wurde, wuchs unaufhörlich an, und er schaffte es nicht mehr allein, die Briefe zu sortieren und zu verteilen. Man vertraute mir diese Aufgabe an, und so wurde ich ›ziviler Posthilfsunteroffizier der Armee‹. Einmal in der Woche half ich dem Adjutanten, die Briefe zu sortieren und ihren Empfängern zuzustellen. Gelegentlich diente ich auch bei der Auszahlung der Überweisungen an die Frauen der Senegalschützen als zweiter Zeuge. Gleichzeitig setzte ich meine Tätigkeit als öffentlicher Schreiber fort, die wegen meiner neuen Arbeit noch wichtiger wurde und mir ein alles andere als geringes Einkommen sicherte. Es kam vor, daß ich fünf bis sechs Francs in der Woche verdiente, während ein afrikanischer Soldat fünfzehn Francs im Monat erhielt! Mit einen Teil des verdienten Geldes kaufte ich mir Kleidung – man sagte mir nach: »Er ist wie ein Maiskolben gekleidet« – und mit dem anderen Teil unterstützte ich die Mitglieder meiner Vereinigung.

Damals lernte ich alle ›eingeborenen‹ Offiziere und Unteroffiziere

– die man so nannte, um sie von den französischen Offizieren und Unteroffizieren zu unterscheiden – des 2. Regiments von Kati kennen. Es erübrigt sich anzumerken, daß ich ein Fachmann für militärische Signale wurde – und geblieben bin...

Der Adjutant und der Sohn des Königs

Mein freier Zugang zum Militärlager und besonders meine Beziehungen zum Adjutanten Fadiala Keïta brachten es mit sich, daß ich Zeuge, Augenzeuge zumeist, einer Angelegenheit wurde, deren Folgen dramatisch hätten sein können und die man sich, wie mir scheint, heute noch in Kati erzählt. Die beteiligten Personen waren der Adjutant Fadiala Keïta selbst und Abdelkader Mademba Sy, der Sohn von Mademba Sy, dem König von Sansanding, einer nordwestlich von Segu am Niger gelegenen Stadt.

Um die Wahrheit zu sagen, Mademba Sy war kein richtiger König. Er war im Senegal geboren und in Saint-Louis groß geworden und zur Schule gegangen. Wie alle, die in den vier bevorrechtigten Kommunen Saint-Louis, Rufisque, Dakar und Gorée geboren wurden, erfreute er sich des Status ›französischer Staatsbürger‹, seinerzeit ein königlicher, heiß begehrter Titel, denn er gab seinen Trägern dieselben Rechte wie den Franzosen aus der Metropole und bot ihnen Schutz gegen die willkürliche und demütigende Behandlung, der sich alle anderen Afrikaner, die nur ›französische Untertanen‹[47] waren, ausgesetzt sahen.

Er war von Berufs wegen Postbeamter und hatte sich auf die Politik gestürzt. Dank seiner Eigenschaft als französischer Staatsbürger war er sogar Chef des politischen Büros des Sudan. Gut bekannt mit Colonel Archinard, hatte er seinen Beitrag zum französischen Vordringen ins Land geleistet, indem er Telegraphenleitungen einrichtete in dem Maße, wie die Eroberung voranschritt. Es war Mademba Sy, der die Telegraphenleitung von Kayes nach Bamako legte, und zwar mit Waffengewalt und wegen der häufigen Angriffe, die gegen ihn unternommen wurden, unter besonders schwierigen und gefährlichen Bedingungen.

Als Belohnung für seine guten und treuen Dienste hatte Colonel Archinard ihm das Land Sansanding geschenkt und ihn ›im Namen der französischen Republik‹ zum König dieses Landes ernannt – genauso wie er es in Bandiagara mit seinem Freund Aguibou Tall getan hatte. So kam es, daß der einfache Postbeamte Mademba Sy sich als König des Landes Sansanding wiederfand. Da die Franzosen ihm bedingungslose Unterstützung angedeihen ließen, war er stark und übte über seine Untertanen eine so unumschränkte Herrschaft aus, daß man ihn den ›Pharao des Nigerbogens‹ nannte.

Als der Krieg ausbrach, schickte Mademba Sy zum Zeichen der Dankbarkeit gegenüber Frankreich seinen Sohn zu den Fahnen, wie so viele andere große, Frankreich mehr oder weniger verbundene Familien im Sudan.

Abdelkader, der eine seiner Söhne, hatte die Schulzeit wie alle seine Brüder in Maison-Carrée in Algerien verbracht. Von da war er als Lizenziat zurückgekehrt und hatte sich dann in sehr einträgliche Handelsgeschäfte gestürzt. Er besaß vier Niederlassungen: eine in Sansanding, die anderen in Segu, Barmandougou und Djenné. So schnell es ihm möglich war, brachte er seine Angelegenheiten in Ordnung und ließ sich für die Dauer des Krieges als Soldat einziehen. Er verpflichtete sich in Segu und wurde von dort zur militärischen Ausbildung zum 2. Regiment nach Kati geschickt.

Hatte sein Vater auch die französische Staatsbürgerschaft, so war er selbst doch nicht in einer der vier bevorrechtigten Kommunen des Senegal geboren und daher, wie übrigens alle seine Brüder, nur ›französischer Untertan‹. Er kam also als einfacher Senegalschütze zu einem mir nicht bekannten Zeitpunkt nach Kati. Man verabfolgte ihm vorschriftsgemäß zwei Uniformen zum Wechseln, zu denen, wie üblich, die klassische rote Quastenmütze gehörte, das unvermeidliche Kennzeichen des einheimischen Soldaten.

Im Lager der Senegalschützen brachte man ihn in einer runden, strohgedeckten Hütte unter, die er mit drei anderen Kameraden teilte. Die Tagesration bestand damals aus zweihundert Gramm Reis, fünfhundert Gramm grober Hirse, feiner Hirse oder Mais, einer Handvoll Salz und Piment und einem Stück Rindfleisch. Abdelkader, als Prinz und großer reicher Händler daran gewöhnt, sich von erlesenen Gerichten zu ernähren und in einem großen, schönen Bett zu schlafen, fand sich von einem Tag auf den anderen aller Bequemlichkeiten beraubt, schlief gar auf einer dünnen Matte direkt auf der Erde – die in der Regenzeit sehr feucht war – und ernährte sich meist von mit Salz und Piment gewürztem Hirsepüree. Er geriet darüber so außer sich, daß er dem Wahnsinn nahe war. Man sah ihn wie einen Automaten auf und ab gehen; er führte Selbstgespräche, so als ob er die Leere befrage. Er, der gehofft hatte, sich glorreich einzuschiffen, an der Front zu kämpfen und im Bedarfsfall sein Leben hinzugeben, vertraute einigen Kameraden an: »Wie konnte ich mich nur freiwillig auf einer solchen Galeere einschiffen?«

Eines Tages ruhte der Adjutant Fadiala Keïta auf einem Liegestuhl unter dem Hangar, wo mein Vater Tidjani, um Käufer zu finden, seine Waren auslegte, genau dem Lagerausgang gegenüber. Abdelkader trat gerade heraus. Ganz in Gedanken ging er, ohne ihn wahrzunehmen, am Adjutanten vorbei; er grüßte ihn also nicht. Fadiala Keïta, dem die Verletzung der Dienstpflicht mißfiel, befahl dem gerade vorübergehenden Sergeanten Mari Diarra, den Schützen zurückzurufen und ihn im Stechschritt antreten zu lassen.

Der Sergeant lief hinter Abdelkader her, der schon etwa hundert Meter weiter war. Da er sich nicht mehr an dessen Namen erinnerte, rief er:

»Heda, du Schütze!«

Alle Senegalschützen, die die Straße entlanggingen, drehten den Kopf, mit Ausnahme von Abdelkader, der weiterging, in seine inneren Beschäftigungen versunken. Als Sergeant Mari Diarra ihn einholte, schlug er ihm fest auf die Schulter und brüllte:

»Stillgestanden!«

Abdelkader, den man so plötzlich aus seinen Träumen gerissen hatte, schreckte zusammen. Er drehte sich um, sah den Sergeanten und nahm Haltung an.

»Bist du nun Schütze, ja oder nein?« schrie Mari Diarra außer Atem auf Bambara.

»Das bin ich, Sergeant.«

»Warum antwortest du dann nicht, wenn man dich mit diesem Titel ruft?«

»Ich habe nicht mitbekommen, daß ich gemeint war.«

»Ja, gewiß,« feixte der Unteroffizier, »die Bezeichnung Schütze steht dir schlecht... Achtung, kehrt marsch marsch! Der Adjutant Fadiala Keïta erwartet dich.«

Abdelkader rannte so schnell los, daß der Sergeant gleichfalls laufen mußte, um Schritt zu halten. Der Adjutant Fadiala Keïta lag immer noch auf seinem Liegestuhl unter dem Hangar meines Vaters, der persönlich zugegen war. Als Abdelkader vor ihm stand, blickte er ihn, ohne aufzustehen, streng von oben bis unten an:

»Nun, Senegalschütze, du gehst also an deinem Adjutanten vorbei und grüßt ihn nicht, und wenn er dich anruft, dann antwortest du nicht? Zweifellos, weil der Adjutant eine Belanglosigkeit darstellt, wenn nicht gar der Verachtung wert ist?«

»Nein, mein Adjutant«, erwiderte Abdelkader. »Aber ich habe Sie nicht gesehen. Ich möchte mich dafür entschuldigen und Sie um Vergebung bitten.«

»Sicher«, fuhr der Adjutant fort, »der Prinz von Sansanding, ein Lizenziat in ich weiß nicht was, ist nicht in der Lage, einen winzigen Adjutanten der kolonialen Infanterie zu sehen, vor allem, wenn dieser Adjutant nur ein Erdnußfresser von einem Malinke[48] ist!... Wohlan, Abdelkader Mademba! Wisse, daß es hier weder Söhne der Haïdara, der Tall, der Ouane noch der Sy gibt, sondern einzig und allein Söhne von *dem hier*« – er wies mit dem Zeigefinger seiner rechten Hand auf seinen Adjutantenstreifen auf dem linken Ärmel, indem er mit dem Finger ums Handgelenk fuhr. »Um dich zu lehren, in Zukunft aufmerksamer zu sein«, sprach er weiter, »kommst du drei Tage lang in Einzelarrest!«

Der Adjutant befahl Sergeant Mari Diarra, den Schützen Abdelkader Mademba zum Polizeiposten zu bringen, wo er jeden Tag mehrere Male einen Kreis von sechs Metern im Durchmesser laufen sollte, mit seiner ganzen Ausrüstung auf dem Rücken: Gewehr, Bajonnet, Patronentaschen und allen seinen Siebensachen für den Geländemarsch und einem Ziegelstein obendrauf.

Da wurde also der arme Abdelkader wie ein Schuldiger zum Polizeiposten geführt, wo er stoisch drei Tage lang seine Strafe auf sich nahm. Sobald er wieder frei war, schrieb er seinem Vater, dem König, und berichtete ihm von seinem Drama. Er erinnerte ihn daran, daß er sich freiwillig gemeldet habe, und zwar nicht, um Strafdienst im Wald abzuleisten oder Abfälle einzusammeln, sondern um an der Front zu kämpfen und Frankreich zu dienen. Da es so sei, fügte er hinzu, daß er seine Verpflichtung bis zum Kriegsende nicht rückgängig machen könne, und da es für ihn nicht in Frage komme zu desertieren, habe er beschlossen, daß er sich umbringen werde, falls man ihn nicht innerhalb von drei Monaten an die Front schicke.

Gewiß, als einfacher französischer Untertan hatte Abdelkader keinerlei Rechte auf eine bevorzugte Behandlung, aber der König von Sansanding hatte einen langen Arm. Er schrieb seinem ehemaligen Chef und Wohltäter, dem Ex-Colonel Archinard, der inzwischen General und Militärgouverneur der Stadt Paris geworden war, und schilderte ihm die Patsche, in der sein Sohn Abdelkader, den er hatte zur Welt kommen sehen, sich befand. Sogleich machte Archinard all sein Gewicht geltend, welches bedeutend war. Er legte die Angelegenheit dem Ratspräsidenten und dem Kriegsminister vor. Die Situation des Senegalschützen Abdelkader Mademba Sy wurde als eine eingeschätzt, die den Dienstweg außer Kraft setzte, und innerhalb von vierzehn Tagen geregelt: ›Monsieur‹ Abdelkader Mademba Sy – und nicht ›Besagter‹, wie man die einfachen französischen Untertanen nannte – wurde amtlicherseits als Franzose eingebürgert, was ihm das Recht gab, diese Eigenschaft an seine künftigen Abkömmlinge weiterzugeben.

Ein an den Generalgouverneur in Dakar und an den obersten kommandierenden General der Truppen des Verbandes gerichtetes Kabeltelegramm bestimmte, daß der Ex-Schütze zweiter Klasse Abdelkader Mademba Sy, der im 2. Regiment der Senegalschützen in Kati in Garnison lag, als französischer Staatsbürger den Reihen der französischen Armee mit allen Rechten und Vorrechten, die dieser Stellung zukamen, zugeteilt werde.

Am selben Tag vertauschte Abdelkader die Hose des einfachen Schützen mit einer schönen französischen Uniform. Man wies ihm eine bequeme Stube zu und trug ihn auf der Liste der französischen Soldaten ein, mit denen er von nun an zusammenarbeiten, sich seine Zeit vertreiben, essen und schlafen sollte. Von ›eingeborenen‹ Unteroffizieren auf Gnade oder Ungnade bestraft oder zwangsverpflichtet werden konnte er nun nicht mehr.

Aber der materiellen Bequemlichkeit galt Abdelkaders Hauptsorge nicht. Er wollte an die Front, vorzugsweise in die erste Gefechtslinie. Es ging dabei um seine Ehre und um die seiner Vorfahren. Lange warten mußte er nicht. Ein zur Abreise bereites Bataillon stand oben auf der Liste. Eine Woche nach seiner Beförderung in die französischen Reihen brach er auf in den Kampf.

So sehr auch der Adjutant Fadiala Keïta sich daran gestoßen hatte, daß er nicht gegrüßt worden war, so sehr schien er die Änderung des Ranges von Abdelkader normal zu finden. Jedenfalls reagierte er nicht. Jeder kannte die Macht des Königs Mademba, von den intellektuellen Fähigkeiten seines Sohnes gar nicht zu reden. Sicherlich war er auf etwas in der Art gefaßt gewesen. Die Zeit verging. Der Adjutant schien den Zwischenfall vergessen zu haben.

Eines schönen Tages im Sommer 1917, glaube ich, ging der Adjutant Fadiala Keïta zum Rapport. Ich begleitete ihn. Hauptmann Gastinelle verlas den Rapport, und so erfuhr man von der bevorstehenden Ankunft des ›Unterleutnants‹ Abdelkader Mademba Sy. Für diesen Inhaber eines auf Sansanding ausgestellten Urlaubsscheins waren, so hieß es weiter, vom 2. Schützenregiment die Unterhaltskosten zu übernehmen. Ein größerer Ziegelstein hätte nicht auf das Haupt des Adjutanten fallen können! So war also aus dem Rekruten, den er so brutal bestraft und dem er nach Herzenslust zugesetzt hatte, ein Unterleutnant geworden, und noch dazu in den französischen Reihen, wohingegen er, Fadiala Keïta, immer noch Briefe und Pakete an die Frauen verteilte! Und er war Adjutant bei den Senegalschützen geblieben, das heißt also, Abdelkader doppelt unterlegen, im Rang und auch in bezug auf das Korps.

Sehr verdrossen verließ er vor Ende des Rapports die Räumlichkeiten und wandte sich geradewegs zur Post, um die Briefe abzuholen. Ich marschierte hinter ihm her. Er war so nervös, daß der Postvorsteher mich beiseite nahm und fragte, ob der Adjutant nicht plötzlich verrückt geworden sei. Von da begab er sich zu dem Platz, wo wir gewöhnlich hinter einem Tisch saßen und die Verteilung der Post vornahmen. Mit schroffer Geste warf mir der Adjutant die Pakete und

Briefe hin: »Ruf sie auf!...« Mit lauter Stimme fing ich an, die auf den Umschlägen stehenden Namen vorzulesen: »Aminata Traoré... Kadia Boré... Naa Diarra... Koumba So...« Er wurde immer unruhiger, schlug auf den Tisch und brüllte: »Du kotzt mich an mit deiner Flötenstimme, die mir ins Trommelfell sticht!« Ich senkte die Stimme und bemühte mich, so tief wie möglich zu sprechen: »Denin Koné... Aïssata Diallo... Koumba Coulibaly...«

»Und jetzt machst du dich über mich lustig mit diesem dumpfen Klang! Los, hau ab! Geh zum Teufel! Ich will dich hier vor der nächsten Woche nicht wieder sehen!« Zur großen Überraschung aller Frauen sammelte er alle Briefe ein, einschließlich derer, die schon den Empfängerinnen ausgehändigt worden waren. »Ich unterbreche die Verteilung der Briefe bis zur nächsten Woche«, schrie er. »Ich bin Adjutant, ich mache, was ich will!«

Die verblüfften Frauen sahen sich an. He! Was für eine schlechte Nachricht mochte den Adjutanten verärgert haben, daß er derart gegen alle Welt wütete? Es mußte etwas sehr Unangenehmes sein, um die Stimmung eines Mannes, der gewöhnlich so geduldig und fröhlich mit ihnen umging, dermaßen zu verändern!

Eine Woche vor der Ankunft des Unterleutnants Abdelkader Mademba in Kati kam der Adjutant und offenbarte seine Sorge meinem Vater, den er als einen Freund und guten Ratgeber betrachtete. Er befürchtete, daß Unterleutnant Abdelkader in Erinnerung an die einstmals verhängte Strafe Vergeltung üben werde, und wenn dem so wäre, dann müsse er, Fadiala Keïta, etwas dagegen unternehmen, und das Drama wäre da.

Mein Vater nahm ihn mit zum Chefadjutanten Mara Diallo, der die Verantwortung für das Lager hatte, und legte ihm die Angelegenheit dar. Als er mit seiner Rede am Ende war, mischte Fadiala sich ein:

»Mein Chefadjutant, ich gebe dir, du Mann der Fulbe, mein Wort als Malinke und Nachfahre des Sundiata Keïta, daß ich, sollte Abdelkader Mademba jemals beabsichtigen, mich für die Strafe, die ich über ihn verhängt habe, bezahlen zu lassen, zuerst ihn töten und dann Selbstmord begehen werde. Das schwöre ich bei den Manen meiner Vorfahren, vorneweg beim Kaiser Sundiata.«

Chefadjutant Mara Diallo versicherte Fadiala, daß er über die Sache nachdenken werde, dann schickte er ihn nach Hause. Er besprach sich lange mit meinem Vater. Am Ende riet dieser ihm, bei seinen Vorgesetzten zugunsten des Adjutanten vorzusprechen und ihnen die Gefahren eines Aufeinanderprallens der beiden Männer darzulegen. Der Chefadjutant trug die Angelegenheit Hauptmann Lavalée vor, der es für richtig erachtete, Colonel Molard persönlich Mitteilung zu machen. Um jeden Zwischenfall zu vermeiden, entschied letzterer, daß Adjutant Fadiala Keïta zum Zeitpunkt der Ankunft des Unterleutnants Abdelkader Mademba mit einem Sonderauftrag nach Ouagadougou (im heutigen Burkina Faso) geschickt werde, um junge Rekruten auszuheben und auszubilden.

Sobald der Adjutant die Nachricht erhielt, fand er seine gute Laune wieder und bat alle um Verzeihung, die er während seiner Krise ungerechterweise schlecht behandelt hatte: »Ich muß verrückt geworden sein«, sagte er, um sich zu entschuldigen. Er reiste im selben Zug via Bamako nach Ouagadougou ab, aus dem gerade, von Dakar kommend, der Unterleutnant Abdelkader Mademba ausgestiegen war. Der hielt sich eine Woche lang in Kati auf, begab sich dann nach Segu, um seine Geschäfte zu ordnen, und reiste schließlich nach Sansanding, wo er den Rest des Urlaubs bei seiner Familie verbringen wollte. Adjutant Fadiala Keïta kehrte mit einem Kontingent Rekruten nach Kati zurück und bildete sie dort aus.

Das Ende der Ausbildungszeit fiel mit Abdelkaders Rückkehr aus dem Urlaub zusammen, und dieses Mal wurde der Adjutant mit einem neuerlichen Aushebungsauftrag nach Dori (heute Burkina) geschickt. Abdelkader kam also in seiner Abwesenheit nach Kati. Drei Tage später brach er wieder zu seinem Regiment auf und zog zur Front, wo der Krieg wütete. Frankreich war in einer verzweifelten Lage. Abdelkader, von unverbesserlicher Kampfeslust, beteiligte sich als Freiwilliger an allen Sonderkommandos, bei denen man Gefahr lief, nicht mehr zurückzukehren.

Einmal mehr brachte der Adjutant Fadiala Keïta sein Kontingent neuer Rekruten nach Kati und widmete sich ungestört seiner doppelten Pflicht als Ausbilder und Postverteiler, mit Ihrem Diener als Sekundanten. Alle waren erleichtert. Das kleine Spiel des Bäumchenverwechsel-dich hatte wunderbar geklappt, und auf lange Sicht schien nichts die beiden Männer zusammenführen zu müssen. Bei uns nahm alles seinen Gang.

Wir konnten die Wende nicht vorhersehen, die die Ereignisse mit der Ankunft von Blaise Diagne nehmen würden, dem einzigen schwarzen Abgeordneten im französischen Parlament – da er aus Gorée stammte, war er vollberechtigter französischer Staatsbürger –, der im Auftrage der französischen Regierung in Westafrika unterwegs war, um in großem Umfang schwarze Truppen anzuwerben, die Frankreich bitter nötig hatte.

Die französische Regierung hatte zunächst den damaligen Generalgouverneur von Französisch-Westafrika, Joost van Vollenhoven, aufgefordert, eine neuerliche Massenaushebung von mindestens fünfundsiebzig bis hunderttausend Männern durchzuführen. Der im Juni des Jahres 1917 auf diesen Posten gelangte van Vollenhoven hatte sich bis dahin vor allem darum gekümmert, die Anstrengungen in der Lebensmittelversorgung zu vermehren, und für den intensiveren Anbau bestimmter Produkte gesorgt. Aus mehreren Gründen zögerte er, die umfassende Rekrutierung in die Tat umzusetzen, deren Unerträglichkeit er in einem Rapport mit Datum vom 25. September 1917 aufzeigte. Französisch-Schwarzafrika war bereits, anders als die britischen Kolonien, durch zahlreiche Aushebungen in schmerzlicher Weise zur Ader gelassen worden, was übrigens im Jahre 1916 in manchen Regionen zu heftigen Aufständen geführt hatte.

Anfang Januar 1918 reiste van Vollenhoven nach Frankreich, um sich deswegen mit den Verantwortlichen in der Regierung zu besprechen. Am 11. Januar 1918, dem Tage seiner Ankunft, unterzeichnete der Präsident der Republik das Dekret zur *Durchführung einer Delegation mit dem Auftrag, die Aushebungen in Französisch-Westafrika und Französisch-Äquatorialafrika zu intensivieren.* Darin stand: »Monsieur Diagne, Abgeordneter des Senegal, steht an der Spitze der Delegation, erhält den Titel eines Hochkommissars der Republik in Westafrika und den Rang eines Generalgouverneurs .«

Sogleich ließ van Vollenhoven den Kolonialminister wissen, daß das Dekret völlig unvereinbar sei mit dem Wortlaut des Dekrets von 1904, welches in Französisch-Westafrika ein Generalgouvernement einsetzte und den Generalgouverneur zum *einzigen Treuhänder* der staatlichen Gewalt der Republik machte. »Die staatliche Gewalt der Republik kann man nicht wie einen Kuchen aufschneiden«, erklärte er, »und kein Generalgouverneur könnte eine solche Aufteilung akzeptieren.«[49] Folglich ersuchte er darum, aus seinem Amt entlassen und der Armee überstellt zu werden, damit man ihn sogleich an die Front schicke.

Eine Unterredung mit Clemenceau, dem Ratspräsidenten und Kriegsminister, änderte daran nichts. ›Der Tiger‹ beschloß, seiner Persönlichkeit treu, daß beide Dekrete gleichzeitig wirksam wären, weil dies seine Wille war. »Ich führe Krieg, verstehen Sie? Ich brauche Schützen, und ich brauche viele, um dem Boche in den A... zu treten, und ich will dem Boche in den A... treten und ihn hinauswerfen, begreifen Sie mich?«[50] Er forderte van Vollenhoven auf, die Entscheidung, seinen Abschied zu nehmen, zu revidieren, aber das änderte nichts mehr. Als er am 26. Januar 1918 sich im Hauptmannsrang wieder in die Reihen der Armee eingereiht hatte, reiste er wenig später ab zur Front, wo er am folgenden 20. Juli den Heldentod starb. Der Generalgouverneur van Vollenhoven hinterließ bei den Afrikanern die Erinnerung an einen integren Mann, der es gewagt hatte, sich einer maßlosen Aushebung zu widersetzen, weil er, wie man sagte, es nicht hinnehmen konnte, daß Menschen sich umbringen lassen, ohne dieselben Rechte wie andere zu besitzen und als ›halbe Soldaten‹ angesehen werden – der Sold der einheimischen Soldaten betrug tatsächlich die Hälfte des Lohns, den Franzosen im entsprechenden Rang erhielten, dasselbe galt bei den den Kriegsauszeichnungen zugeordneten Pensionen und bei anderen Verdiensten.

Blaise Diagne landete also in Dakar, umgeben von einem glanzvollen Stab junger Offiziere, allesamt schwarz, mit Goldstreifen und weißen Handschuhen, sowie mit Kriegsorden und anderen Auszeichnungen übersät. Sie waren alle von guter Herkunft, und jeder von ihnen konnte sich rühmen, einen traditionellen Familienwahlspruch zu besitzen, was den Wappen und Schildern der alten europäischen Adelsfamilien gleichkam. Der Hochkommissar wurde mit nie dagewesenem Prunk empfangen. Ihm zu Ehren wurden mehr Kanonenschüsse abgefeuert als an einem gewöhnlichen Gefechtstag.

Verwaltungsbeamte aller Ränge, höhere Offiziere, Offiziere im Generalsrang der Verbände zu Land und zu Wasser fanden sich in Gesellschaft europäischer, orientalischer und asiatischer Kaufleute jedweden Vermögens und einer Menge unvermögender Schwarzer am Hafen von Dakar ein. Der Hohepriester dieser Zeremonie war der neue Generalgouverneur von Französisch-Westafrika, Angoulvant, van Vollenhovens Nachfolger.

Da erschien Blaise Diagne in seiner Paradeuniform, feierlich, mit rätselhaftem, gleichermaßen beunruhigendem wie anachronistischem Gesichtsausdruck, gleich einem Kreuz in der Nische einer Moschee. In Dakar wie anderswo sprach dieser große schwarze Tenor des Parlaments Französisch. Man hörte ihm gewissenhaft zu. Sein bebender Ton hob die Herzen und feuerte den Mut an. Er verstand es, an den Sinn der Afrikaner für Ehre zu appellieren, indem er ihnen versicherte, daß Frankreich, welches bis in sein Herz hinein von Barbaren angegriffen werde, sie brauche – eine Zauberformel, die einer der Ihren aussprach, dem selbst die Weißen Ehre erwiesen! Es wurde auch von der Verleihung der französischen Staatsbürgerschaft gesprochen. Mehr brauchte es nicht. Massen junger Leuten machten sich von allem frei und meldeten sich zu den Fahnen. Die Delegation, mit der der senegalesische Abgeordnete betraut worden war, befand sich auf dem rechten Weg, ihr Ziel zu erreichen: eine Rekrutierung großen Stils zustandebringen und dabei frühere Wirren und Aufstände gänzlich vermeiden.

Blaise Diagne beschloß, daß Französisch-Sudan (das heutige Mali) nach Dakar das erste Binnenterritorium sein sollte, das er besuchen werde. Instruktionen wurden ausgegeben, damit es an nichts fehle und ihm ein großartiger Empfang bereitet werde. Alle europäischen und einheimischen Offiziere und Unteroffiziere der Truppen sollten sich in Kati einfinden.

Beim Rapport erschien Kommandant Bouery höchstpersönlich, las die Befehle und erklärte den Sinn der Delegation. Da erst wurde die Neuigkeit bekannt: ›Leutnant‹ Abdelkader Mademba Sy, Ritter der Ehrenlegion, Träger des Kriegskreuzes mit Palme und anderer Auszeichnungen, mehrfach im Tagesbefehl der Armee erwähnt und folglich Träger einer Schultertresse, nahm in der Eigenschaft eines

Dolmetschers im Offiziersrang des Hochkommissars der Republik in Schwarzafrika, des Monsieur Blaise Diagne persönlich, an der Delegation teil!

Für den Adjutanten Fadiala Keïta war das ein schwerer Schicksalsschlag. Die Erregung ließ ihn schwanken, so daß er sich gegen das Mäuerchen eines Gebäudes lehnen mußte. Niedergeschlagen kam er nach Hause.

Chefadjutant Mara Diallo ging zu ihm und versicherte ihm, daß er seitens Abdelkader Mademba keine Rache befürchten müsse. »Chefadjutant«, antwortete ihm Fadiala Keïta, »mir reicht's, wie ein Hase querfeldein zu fliehen. Ich werde hier auf Abdelkader Mademba warten, und dann komme, was wolle!« Übrigens wäre es dieses Mal schwierig gewesen, ihn anderswohin zu schicken, denn alle Sergeanten und Adjutanten des Regiments, Einheimische wie Franzosen, mußten sich zum Empfang des Hochkommissars der Republik bereithalten, in Kati wie in Bamako.

Eines Tages, im Februar 1918, machte der Zug des Hochkommissars, der wie noch kein offizieller Zug zuvor in Schwarzafrika beflaggt war, kurz in Kati halt, wo er mit einundzwanzig Kanonenschüssen begrüßt wurde. Von dort fuhr er nach Bamako weiter, wo jede Tür, jedes Fenster, jeder Baumzweig mit einer Trikolore oder mit einer Blumengirlande geschmückt war.

Am Bahnhof von Bamako wartete der Gouverneur des Territoriums, unter dem Beistand aller kolonialen Verwaltungsräte, der Angestellten für ›Angelegenheiten der Eingeborenen‹ und der höheren Offiziere des 2. Regiments der Senegalschützen, auf den illustren Gast. Alle trugen ihre Streifen, ihre Dekorationen und Rangabzeichen. Die ganze Stadt feierte ein Fest. Man tanzte und sang in den Straßen, wie man es bei einem traditionellen Fest noch nie getan hatte. Als der Zug hielt, begab sich der Hochkommissar, den man, wie es sich ziemt, willkommen geheißen hatte, sogleich nach Koulouba, einem Hügel nahe bei Bamako, wo sich der Gouverneurspalast befand. Der offizielle Besuch Katis wurde für den nächsten Tag um vierzehn Uhr festgesetzt.

Um den Gouverneurspalast direkt mit der Residenz des Colonel Molard in Kati zu verbinden, war extra eine Straße, die sogenannte

›obere Straße‹, gebaut worden. An beiden Seiten stand alle zehn Meter ein bewaffneter Senegalschütze und alle fünfzig Meter eine schußbereite Kanone. Am nächsten Tag, als der Wagen des Hochkommissars die Straße entlangfuhr, präsentierten, sobald er vorbeikam, die Schützen die Waffen, und die vierhundertachtzig Kanonen donnerten der Reihe nach los! Dieses erstmals stattfindende Schauspiel vermittelte eine Vorstellung davon, was eine starke Bombardierung bedeuten konnte. Der Wagen kam langsam voran. Die Fahrt dauerte eine halbe Stunde.

In Kati hielt Hauptmann de Lavalée im Namen aller Offiziere, Unteroffiziere und Soldaten des 2. Regiments der Senegalschützen eine Willkommensrede. Als ›Posthilfsunteroffizier‹ wohnte ich der ganzen Zeremonie in einer Ecke des Lagers bei.

Der Hochkommissar hielt aus dem Stegreif eine Rede, die selbst auf die Europäer Eindruck machte. Wir waren sehr ergriffen. Zum ersten Mal sahen wir, wie ein Schwarzer eine Rede hielt und sich dabei an die Weißen wandte, die ihm wortlos zuhörten. Leutnant Abdelkader Mademba Sy, in Galauniform, mit Auszeichnungen übersät, übersetzte die Rede des Hochkommissars anschließend auf Bambara.

Als die offizielle Zeremonie beendet war, ergriff Chefadjutant Mara Diallo das Wort. Er kündigte an, daß die einheimischen Offiziere und Unteroffiziere des 2. Regiments am Abend ein Willkommensessen für die afrikanischen Offiziere und Unteroffiziere der Delegation des Hochkommissars geben wollten. Das Essen würde auf dem öffentlichen Platz des Viertels Kadobougou, welches das dem Lager nächstgelegene sei, aufgetragen. Mit dem Essen war ein Zusammentreffen zwischen dem Adjutanten Fadiala Keïta und dem Leutnant Abdelkader unvermeidlich geworden.

Das Festmahl wurde von den besten Köchen Katis zubereitet, die alle zu diesem großartigen Anlaß zwangsverpflichtet worden waren. Ich gehörte zu den jungen Leuten, die man für die Bedienung ausgewählt hatte. Ein fünfzig Meter langer Tisch wurde aufgestellt. Die Gäste sollten miteinander gemischt werden. Neben jedes Delegationsmitglied wurde ein Mitglied des 2. Regiments gesetzt, ohne Unterschiede im Rang. Wie der Zufall wollte, saß Leutnant Abdelkader

Mademba Sy, mit einer Reihe dazwischen, dem Adjutanten Fadiala Keïta gegenüber, für den die Sitzordnung äußerst ungemütlich war. Um dem Blick des Leutnants nicht zu begegnen, hielt er den Kopf während des ganzen Essens gesenkt oder zur Seite gedreht.

Am Ende des Essens erhob sich Chefadjutant Mara Diallo und hielt auf Bambara eine Rede, um die Delegationsmitglieder willkommen zu heißen. Namentlich nannte er die Leutnants Galandou Diouf, Amadou Diguey Clédor, Dosso Ouologuem und Abdelkader Mademba Sy. Letzterer erhob sich, um ihm zu antworten:

»Soldaten und Brüder Afrikas und dieses Landes! Meine Kameraden von der Delegation Diagne haben mir das Wort übertragen, damit ich in ihrem Namen spreche. Diese Wahl verdanke ich allein der Tatsache, daß ich Sudanese bin und die Landessprache beherrsche, denn denen, die mich dazu bestimmt haben, bin ich in keiner Hinsicht überlegen. Sie waren alle lange vor mir große Helden und sind mir mit soldatischem Ruhm vorangegegangen. Ich bin es mir schuldig, ihnen zu danken, daß sie mich zu ihrem Wortführer erkoren haben, und auch euch danke ich, daß ihr mir Aufmerksamkeit entgegenbringt. Aber vor ihnen und vor euch allen, die ihr meine Verwandten seid, gibt es einen Ältesten, dem gegenüber ich eine Dankbarkeitsschuld begleichen muß. Heute und bei diesem feierlichen Anlaß, der uns um diesen Tisch versammelt, wird mir die Gelegenheit geboten, die große Schuld abzutragen.

Als ich als junger Rekrut, der sich freiwillig verpflichtet hatte, ins 2. Schützenregiment einberufen wurde, kam ich mit dem Gefühl großer Überlegenheit, das ich auf meine Herkunft, meine Bildung und mein ansehnliches Vermögen gründete. Ich erwartete, vom Colonel persönlich hier empfangen zu werden. War ich nicht einer der Söhne des Königs Mademba Sy und mütterlicherseits ein Nachfahre des großen El Hadji Omar höchstselbst? Wer im 2. Regiment konnte solche Ehrentitel vorweisen? Daher war ich bei meiner Ankunft maßlos enttäuscht, als ich mit fünfzig anderen Rekruten von einem mürrisch gelaunten Adjutanten in Empfang genommen wurde, der eine Sprache ganz und gar ›schützenhafter‹ Grobheit führte! Er sagte gleich zu uns: ›Los, ihr Schweine, springt schnellstens aus dem Wagon! Dem, der als letzter herauskommt, trete ich in den Hintern. Los!... Los!...!'

Auf die Gefahr hin, uns den Hals zu brechen, stürzten wir hinaus. Der Adjutant führte uns im Marschschritt ins Lager der Senegalschützen. Das bestand aus einer Gruppe von Rundhütten mit Wänden aus mit Stroh vermischtem Lehm und kegelförmigen Strohdächern. Innen waren die Hütten feucht, und die Schützen mußten auf der nackten Erde schlafen, auf einer aus Palmblättern geflochtenen Matte. Unsere Essensration bestand aus den ärmlichsten Nahrungsmitteln, die es gibt. Das alles führte bei mir dazu, daß ich bedauerte, mich verpflichtet zu haben, und es raubte mir sogar die Lebenslust. Gegenüber meiner Umgebung war ich blind. Ich lief umher, ohne darauf zu achten, was geschah oder gesagt wurde; ich sah nur noch mich selbst.

So geschah es, daß ich eines Tages an diesem Vorgesetzten vorbeiging und es unterließ, ihn zu grüßen. Er rief mich zur Ordnung und verhängte über mich einen dreitägigen Einzelarrest. Ich wurde hart behandelt. Ich verlor die Illusionen, denen ich mich als reicher, kultivierter Prinz hingegeben hatte, und entdeckte in mir den Soldaten, das heißt, den Sklaven der Pflicht, der einer eisernen Disziplin unterliegt. Diese drei Tage veränderten mich von Grund auf und erlaubten mir später, der Soldat zu werden, der ich heute im besten Sinn des Wortes bin. Nun, der Vorgesetzte, dem ich meine Erziehung verdanke, sitzt hier unter uns, mir gegenüber: Es ist der Adjutant Fadiala Keïta, der Kriegsheld von Marokko und Madagaskar, der in Tonkin ausgezeichnet wurde.«

In der Totenstille, die eintrat, stand Leutnant Abdelkader stramm und brüllte:

»Mein Adjutant! Meine beiden goldenen Streifen und meine Orden sind Kinder Ihrer ehrenwerten silbernen Kordel. Erheben Sie stolz das Haupt, Sie sind hier nicht an einem Ort, wo Sie das Gesicht verlieren, sondern dort, wo der Erfolg Ihres Strebens unter Beweis gestellt wird. Es sei Ihnen wärmstens gedankt von Ihrem Rekruten, der ich bis zum Ende meines Lebens zu sein hoffe.«

Dann löste Abdelkader Mademba langsam den Offizierssäbel von seinem Gürtel und überreichte ihn mit beiden Händen dem Adjutanten:

»Adjutant Fadiala Keïta«, sprach er, »ich wäre glücklich, wenn Sie persönlich mir in der Tradition unserer alten Krieger diesen Säbel verleihen würden.«

Der Adjutant, der während der ganzen Zeit den Kopf gesenkt hielt – und, wie man später erfuhr, einen geladenen und schußbereiten Revolver in der Tasche hatte –, erhob sich. Sein Gesicht war tränennaß.

Er blickte Abdelkader fest in die Augen, nahm den Säbel, den dieser ihm hinhielt, entgegen, zog ihn aus der Scheide, legte ihn langsam auf jede Schulter von Abdelkader und steckte ihn dann in die Scheide zurück.[51] Er reichte sie dem Leutnant mit den Worten:

»Mögest du mit diesem Säbel eine noch glanzvollere Laufbahn beschreiten!«

Dann wandte er sich an die Gäste und erklärte:

»Meine Brüder! Leutnant Abdelkader Mademba Sy hat mir soeben seinen Adel bewiesen. Er hat sich seiner Vorfahren, der väterlichen wie mütterlichen, würdig gezeigt. Nun, auch ich stamme nicht von Vorfahren niederer Klasse ab! Ich bin ein Nachfahre des Kaisers Sundiata Keïta, des Eroberers des Reiches der Ṣosso. Um Abdelkader dieselbe Ehre zu erweisen, die er mir zuteil werden ließ, werde ich mich gleich morgen als Freiwilliger zur Front melden, und hierselbst schwöre ich, ihm Leutnantsstreifen mitzubringen, um die zu ehren, die er mir heute abend vor euch allen gezeigt hat. Ich habe als Keïta gesprochen, und als Keïta wird es geschehen. Ich bin fertig.«

Alle fielen sich gegenseitig in die Arme, und Freudentränen verdünnten den guten Wein, den man aufgetischt hatte.

Zehn Tage später reiste Adjutant Fadiala Keïta, der erste Freiwillige, zur Front ab. Und, wie versprochen so gehalten, am Ende des Krieges kehrte er zurück im Rang eines Leutnants, als Ritter der Ehrenlegion, ausgezeichnet mit der Tapferkeitsmedaille und mit mehrfacher Nennung im Tagesbefehl der Armee.

Als beide, am Ende ihres Lebens anlangten, starb der eine, Abdelkader Mademba Sy, als Bataillonskommandeur, und der andere, Fadiala Keïta, als Hauptmann. Die beiden Helden hatten sich nach Art unserer afrikanischen Ritter von ehedem verhalten, die grausam zu kämpfen verstanden, doch niemals ihre Ehre verloren, denn ihnen war die Würde ihres Feindes ebenso kostbar wie ihre eigene.

Der Durchreise von Blaise Diagne folgte eine Massenaushebung. Fast alle mindestens achtzehn Jahre alten jungen Leute wurden eingezogen. Daraus ergab sich eine tiefe Störung des gesellschaftlichen Lebens der Jugend wie der Erwachsenen. Unsere eigene Vereinigung zum Beispiel war nicht mehr funktionsfähig, und die meisten Initiationsgesellschaften mußten zusehen, wie die Klasse, die sie ablösen sollte, fortging. Eines der nachdrücklichsten Ergebnisse des Krieges von 1914 bestand darin, daß er *den ersten großen Bruch in der mündlichen Überlieferung der traditionellen Kenntnisse herbeiführte,* nicht nur innerhalb der Initiationsgesellschaften, sondern auch in den Bruderschaften der Gewerbe und in den Körperschaften der Handwerker, deren Werkstätten einst wahre Zentren traditioneller Unterweisung darstellten. Der Aderlaß der jungen Leute, die zur Front gingen – von wo viele nicht zurückkehren sollten –, die starke Rekrutierung für Zwangsarbeiten, die mit den Kriegsanstrengungen zusammenhingen, und die Wellen des Exodus zur Goldküste hin beraubten die alten Lehrer der notwendigen Ablösung und führten, je nach Region mehr oder weniger deutlich, zum ersten großen Einbruch in der mündlichen Überlieferung des gewaltigen kulturellen Erbes, ein Prozeß, der sich im Laufe der Jahrzehnte unter der Wirkung neuer sozialer Faktoren immer weiter verschärfen sollte.

Was mich angeht, so war ich wegen ›unzureichender körperlicher Entwicklung‹ von den Aushebungen ausgenommen und in meinem Amt als Hilfskraft der Armee in Kati belassen worden. Die Fulbe zeigen in ihrer Jugend oft eine Magerkeit, die einige für eine angeborene körperliche Schwäche halten. Die Bambara, die uns die ›etwas mageren Fulbe‹ nennen, sagen gewöhnlich: »Wenn du einen Fulbe siehst, glaubst du, er sei krank, aber verlaß dich nicht darauf; das ist nur sein Normalzustand.« Und die Senegalschützen meinten in ihrer saftigen Sprache dazu: »He, ihr Fulbe!... immer krank, niemals tot!«

Als Fadiala Keïta von Adjutant Mamadou Bâ abgelöst worden war, fuhr ich bei letzterem mit meinen wöchentlichen Aufgaben als Posthilfsunteroffizier fort.

Am Ende des Schuljahres, im Juni 1918, hatte unser neuer Volksschullehrer Monsieur Molo Coulibaly die Genugtuung, seine fünf besten Schüler, die weit mehr als die benötigte Punktzahl zusammengetragen hatten, für die Regionalschule von Bamako vorzuschlagen Ich gehörte zu ihnen. Ich wußte, daß ich erneut die Zwangsetappe der Regionalschule hinter mich bringen mußte, bevor ich zur Berufsschule Zugang hätte, wo ich endlich die Aufnahmeprüfung für Gorée vorbereiten könnte, aber ich hatte so große Lust, die Ecole Normale zu besuchen, daß mir das keine Angst machte.

BAMAKO, LETZTE STUDIEN

Das zweite Abschlußzeugnis

Die an der Place de la République gelegene Regionalschule von Bamako wurde von Monsieur Séga Diallo geleitet, einem Volksschullehrer mit dem Diplom der Ecole Normale, dessen Strenge so groß war wie seine unvergleichliche pädagogische Kompetenz, deretwegen ihn alle europäischen Volksschullehrer bewunderten, insbesondere Monsieur Frédéric Assomption, der Schulrat des gesamten Territoriums, von dem ich noch einmal zu reden haben werde.

Die Schule zählte zwei Klassen. Zu Beginn des Schuljahres 1918 teilte man mich der zweiten Klasse zu, die Monsieur Séga Diallo persönlich unterrichtete. Als Schulweg mußten meine vier Kameraden und ich morgens und abends die zwölf Kilometer zwischen Kati und Bamako zu Fuß zurücklegen. Jeder ging von sich zu Hause aus los. Es kam vor, daß wir den Weg gemeinsam gingen, aber das war nicht die Regel.

Gegen vier Uhr morgens verließ ich das Haus meiner Eltern, ohne etwas gegessen zu haben. Die Hausgemeinschaft schlief noch. Am Vorabend hatte meine Mutter mir fünfundsechzig Centimes gegeben, von denen ich während des Tages die Ausgaben für mein Essen bestreiten sollte. Auf halber Wegstrecke mußte ich an der Schlucht von Dounfing vorbei, aber seit ich häufiger dorthin kam, hatte sie ihr Geheimnis für mich weitgehend verloren, und die paar Hyänen, die noch da und dort höhnisch lachten, hatten kaum Aussichten, für die schreckliche Diatroufing gehalten zu werden.

Meinen mit Büchern und Heften vollgestopften Sack auf dem Rücken, marschierte ich rasch und sang aus Leibeskräften militärische Refrains oder Signale, die ich auswendig kannte. Die Felswände von Dounfing warfen ihr Echo zurück:

Marschieren wir... marschieren wir im Schritte der Soldaten!
Marschieren wir... marschieren wir im Schritt der kleinen Soldaten!

Fünf Kilometer vor Bamako, an einer Stelle, die ›Eselstränke‹ heißt, kaufte ich bei einem fliegenden Händler für fünf Centimes Hirsepfannkuchen, an denen ich unterwegs herumknabberte. Um sieben Uhr langte ich an der Schule an, eine Viertelstunde vor Unterrichtsbeginn.

Von elf bis vierzehn Uhr hatten wir frei. Ich ging zum Markt oder kaufte in Maurers Laden für zehn Centimes einen Laib Brot und für fünfzig Centimes eine Dose Sardinen. Das war mein ganzes Mittagessen. Bis heute habe ich eine gewisse Vorliebe für Sardinen aus der Dose... Da wir nirgends hingehen konnten, begaben meine Kameraden und ich uns zum Schulhof zurück. Im Schatten einer Mauer oder eines Baumes, unweit eines öffentlichen Wasserhahns, verschlangen wir unsere Vorräte. Sobald wir uns gestärkt hatten, lernten wir unsere Lektionen, oder wir gingen zum Flußufer baden.

Abends, um siebzehn Uhr, stob unsere kleine Gruppe bei den ersten Glockentönen auseinander, wir rannten zur Straße nach Kati und legten laufend und singend unsere zwölf Kilometer zurück. Je nachdem, wie schnell ich war, kam ich zwischen neunzehn und zwanzig Uhr nach Hause. Überflüssig zu sagen, daß eine gute Mahlzeit meiner harrte.

Im Laufe des Jahres verließen meine Eltern Kati und siedelten nach Bamako über. Mein Vater hatte im Hospital ›Point G‹, das auf dem Hügel gleichen Namens in Bamako lag, eine Beschäftigung als Schneider angenommen. Die ganze Familie zog dorthin um. Ich brauchte nicht mehr morgens und abends zwölf Kilometer zurückzulegen, aber dafür mußte ich viermal täglich den etwa vier Kilometer von der Schule entfernten Hügel hinauf- und hinabtraben. Ich lernte alle meine Lektionen zwischen der Place de la République und dem

Hügel ›Point G‹ und umgekehrt. Zum Glück erwarben meine Eltern später ein weitläufiges Anwesen in Bamako selbst, womit ich den Gipfel an Bequemlichkeit erklommen hatte!

Meine Mutter arbeitete als Einkäuferin lokaler Erzeugnisse und als Modeschöpferin für Muster einheimischer Tücher weiterhin mit der C.F.A.O. von Bamako zusammen.

Ich hatte Kati nicht ohne ein gewisses Heimweh verlassen. Ich ließ dort viele Erinnerungen zurück und vor allem mir teure Jugendkameraden: Oumarou Tembély, Famory Keïta, Alassane Djité und viele andere, außerdem in meiner Klasse ›kleine Brüder‹, die jünger waren als wir, uns jedoch sehr nahe standen: Tiékoura Diawarra, der künftige Vater von Mohammed Diawarra, dem späteren Planungsminister der Elfenbeinküste; mein Freund Sambo Diallo, der sich ebenfalls dem Sammeln zahlreicher oraler Traditionen, insbesondere der Märchen, widmen wird; Paul Leblond, der zukünftige Arzt; Paul Taxile u.a.

Im November feierte Afrika, wie die Metropole auch, das Ende des großen Weltkrieges und den Sieg Frankreichs und seiner Alliierten über die Armeen des Kaisers. Wir waren stolz auf den Anteil der an die Front geschickten afrikanischen Soldaten an diesem Sieg. Trotz der für sie wegen der Kälte besonders harten Lebensbedingungen hatten sie sich, wie wir wußten, durch ihren Mut und ihre Todesverachtung ausgezeichnet.

Als die Überlebenden in den Jahren 1918 und 1919 nach Hause kamen, gaben sie Anlaß für ein neues soziales Phänomen, das nicht folgenlos blieb für die künftige Entwicklung unseres Denkens und unserer Einstellungen: Ich rede vom *Ende des Mythos des weißen Mannes* als unbesiegbares und fehlerfreies Wesen. Bis dahin war der weiße Mann als ein Wesen besonderer Art angesehen worden: Seine Macht galt als erdrückend und unvergleichlich, sein Reichtum als unerschöpflich, darüber hinaus schien das Schicksal ihn wunderbarerweise vor jedem physischen und geistigen Mangel zu bewahren. Niemals hatte man schwache oder mißgestaltete Vertreter der Kolonialmacht gesehen. Vielmehr waren sie stets gut gekleidet, reich, kräftig, ihrer Autorität gewiß und sprachen im Namen eines Mutterlandes, wo, wie sie behaupteten, alles gerecht und gut zuging. Was wir bis dahin nicht wußten, war, daß eine vorhergehende Auslese die Schwachen und Mißgestalteten, die Kranken und seelisch Gestörten so weit wie möglich aussiebte; und wenn ein Kolonialbeamter krank wurde, schickte man ihn ganz schnell zurück in die Metropole.

Aber mittlerweile hatten die schwarzen Soldaten neben ihren weißen Kameraden in den Schützengräben gekämpft. Sie hatten Helden und mutige Männer gesehen, aber auch, wie sie schrieen, weinten, Angst hatten. Sie hatten Mißgestaltete und Versehrte erblickt, und sogar, was fast undenkbar schien, in den Städten hatten sie Weiße als Diebe, arme Weiße, und sogar bettelnde Weiße gesehen!

Als die Schützen nach Hause zurückkehrten, erzählten sie bei den abendlichen Zusammenkünften, was sie gesehen hatten. Nein, der weiße Mann war kein Übermensch, der sich irgendeines göttlichen oder teuflischen Schutzes erfreute, er war ein Mensch wie sie, mit dem gleichen Anteil guter und schlechter Eigenschaften, an Kraft und Schwäche. Und als sie herausfanden, daß ihre Kriegsauszeichnungen und der Titel eines Alten Frontkämpfers ihnen eine Pension eintrug, die um die Hälfte geringer war als die ihrer weißen Kameraden, mit denen sie gemeinsam gekämpft und gelitten hatten, da wagten einige von ihnen zum ersten Mal, Forderungen zu stellen und von Gleichheit zu sprechen. Damals war es, im Jahre 1919, als zum ersten Mal ein Geist von Emanzipation und Gleichberechtigung wehte, der sich mit der Zeit auch in anderen sozialen Schichten der Bevölkerung ausbreiten sollte.

Einstweilen ging für die Schüler der Regionalschule das Schuljahr weiter mit dem Blick auf das Abschlußzeugnis am Ende des Weges. Das ganze Schuljahr über widmete unser Lehrer Monsieur Séga Diallo sich so sehr seinen Schülern, daß er im Monat Juni darob seine Stimme verlor. Aber er wurde mit dem Erfolg der dreißig Kandidaten belohnt, die er im Zeitraum von 1918-1919 zur Abschlußprüfung der ›Volksschule für Eingeborene‹ geführt hatte, eine Prüfung, die ich also zum zweiten Mal ablegte, denn ich hatte sie schon 1915 in Djenné bestanden.

Ich weiß nicht warum, doch während der Prüfungen überfiel mich eine solche Aufregung, daß ein Lampenfieber mich lähmte. Ich wußte nichts mehr, mein Gehirn schien seines Inhalts entleert. Was für ein entsetzlicher Tag! Dennoch wurde ich angenommen, aber auf dem vierzigsten Platz von neunzig! Monsieur Séga Diallo, der damit gerechnet hatte, mich unter den fünf ersten zu finden, war aufs höchste bestürzt. Ich selbst erholte mich nie völlig von diesem Ergebnis, das ich als ehrenrührig ansah.

Alle Schüler, die das Abschlußzeugnis erhalten hatten, wurden automatisch als Internatsschüler zur Berufsschule von Bamako geschickt, wo sie sich in zweijährigem Unterricht auf die Aufnahmeprüfung für die auf der Insel Gorée im Senegal untergebrachten weiterführenden Regierungsschulen vorbereiten konnten.

Aber fürs erste gab es Ferien, und die Verwaltung sorgte für die Beförderung der Schüler, damit sie ihren Urlaub in ihrer Heimat verbringen konnten. Ich durfte nach Bandiagara reisen. Nachdem ich ein paar Tage bei meinen Eltern verbracht hatte, schloß ich mich meinen Kameraden an und bestieg mit ihnen den Zug nach Koulikoro, wo wir uns nach Mopti einschiffen sollten. Ich wußte nicht, daß mir auf dem Schiff eine Begegnung bevorstand, deren noch ferne Folgen meine ganze Einstellung gegenüber den Ehren dieser Welt prägen sollten.

Eitelkeit und Jagen nach dem Wind

Insgesamt waren wir etwa sechzig Schüler, die aus verschiedenen Regionen des Nigerbogens stammten. Meine Kameraden und ich bildeten eine Gruppe von sieben Schülern, für die ich als ältester die Verantwortung trug.

Nachdem wir im Büro der Unterabteilung Koulikoro die notwendigen Requisitionsbefehle erhalten hatten, damit wir das Boot nehmen konnten, führte uns ein zänkischer Distriktwachsoldat zum Hafen. Das Dampfboot, das wir nehmen sollten, war *Le Mage*, dasselbe, auf dem ich einige Jahre zuvor ohne Fahrschein gereist war, und der Bordkommissar war immer noch Monsieur Monnet, aber ich hütete mich, ihn an mich zu erinnern.

Nach einigen Stunden Wartezeit in der sengenden Sonne ließ man uns gegen sechzehn Uhr an Bord gehen. Wir wurden mit den einheimischen Reisenden an Deck zusammengepfercht wie eine zu versteigernde Hammelherde. Eine halbe Stunde später fuhr ein hübscher, von zwei wohlgenährten Pferden im Trab gezogener Wagen vor, den ein Wachsoldat lenkte. Es handelte sich um das Gespann des Kommandanten Courtille – eigentlich ein einfacher Beamter für ›Angelegenheiten der Eingeborenen‹, dem man die Aufgaben eines Chefs der Verwaltungsunterabteilung von Koulikoro übertragen hatte und der sich wie üblich ›Kommandant‹ nennen ließ. Neben ihm befand sich zu unserer Verwunderung ein junger schwarzer, reich gekleideter Mann. Der Wagen hielt nahe beim Landungssteg. Eine neugierige Menge strömte zusammen. Der Wachsoldat und Kutscher sprang von seinem Sitz. Er beeilte sich, den Schlag aufzuhalten, stand stramm und grüßte militärisch. Der Kommandant Courtille, mit einer Peitsche in der Hand, von der er sich nie trennte, stieg als erster aus. Danach half der Wachsoldat dem jungen schwarzen Mann beim Aussteigen, dann mühte er sich ab, die neugierige Menge zu zerstreuen.

Der junge Mann war einige Jahre älter als ich und ziemlich korpulent. Sein Gesicht, so schwarz wie Ebenholz, glänzte wie poliertes Holz. Er war in ein marokkanisches Gewand aus reinem Tuch gekleidet, rauchte mit unbeteiligter Miene und ließ die Zigarettenasche absichtlich auf seine bestickte Dschellaba fallen, die nicht verbrannte. Er trug Luxusschuhe aus feinem *Robéro jaune London*-Leder nach der letzten Mode, die knarrten, wie es sich gehörte. Seine schwarzen Seidensocken waren mit einem feinen goldenen Pfeil verziert. Zur Krönung des Ganzen schmückte ein prachtvoller, mit Seidenfransen verzierter Fez seinen Kopf, und seine gut geschnittenen Haare hatte er mit Hilfe von Brillantine geglättet und plattgedrückt. Allen einheimischen Reisenden, die sich entweder schon an Bord befanden oder aber noch am Kai warteten, verschlug es die Sprache. Zum ersten Mal sah man, wie Kommandant Courtille, der gewöhnlich lieber von seiner Peitsche Gebrauch machte, als daß er sich zuvorkommend verhalten hätte, sich einem Einheimischen gegenüber so höflich und liebenswürdig zeigte und ihm sogar den Vortritt ließ!

Wer war nur dieser junge Mann? Das Geheimnis klärte sich auf, als wir hörten, wie Kommandant Courtille dem Bordkommissar erklärte:

»Das ist *Monsieur* Ben Daoud Mademba Sy, der Sohn des Königs von Sansanding. Er studiert in Algerien und verbringt die Ferien bei seinem Vater in Sansanding. Die höchsten Behörden haben mir den Befehl erteilt, ihn zu empfangen und Ihrer wärmsten Aufmerksamkeit anzuempfehlen. Er reist Erster Klasse. Wachen Sie mit größter Sorgfalt über ihn!«

So klärte sich alles auf. Der wie ein ›Maiskolben‹ gekleidete Junge war einer der jüngeren Söhne des Königs Mademba Sy – des Lieblingskindes der französischen Obrigkeit zu jener Zeit – und somit der kleine Bruder des Leutnants Abdelkader Mademba Sy, dessen Geschichte ich bereits erzählt habe.

Monsieur Monnet verabschiedete sich von Kommandant Courtille, dann geleitete er Ben Daoud zu der zur ersten Etage führenden Treppe, wo sich die Kabinen Erster und Zweiter Klasse befanden, eine Etage, die von den Einheimischen normalerweise nicht betreten werden durfte, abgesehen von den dort arbeitenden Boys. Die Reisenden, die sich zusammengedrängt hatten, um zu sehen, wie dieses seltene schwarze Exemplar die streng verbotene Treppe hinaufstieg, gingen zu ihren Plätzen zurück. Gegen achtzehn Uhr hatten sich alle eingeschifft, und Monsieur Monnet gab mit donnernder Stimme den Befehl abzulegen. Die Laptots machten sich zu schaffen. Die zwei großen Schiffsräder setzten sich langsam in Bewegung. Der Schiffsrumpf erbebte, dann drehte sich die Vorderseite des Schiffes langsam zur Flußmitte. Mit einem leichten Ruck löste sich das Heck von der Uferböschung, und das Schiff steuerte rasch in tiefe Gewässer, wo es bald an Geschwindigkeit gewann und sein reguläres Tempo erreichte.

Etwas später widmete sich der Prinz seiner Abendtoilette. Trotz des Windes war das ganze Achterschiff mehrere Minuten lang von Wohlgerüchen erfüllt. »Ah, was für ein Duft!« sagten die Reisenden hingerissen. »Das ist wirklich ein Parfum!«

Gegen zwanzig Uhr ertönte die Glocke und lud die Reisenden der Ersten, Zweiten und Dritten Klasse ein, in den ihrer Kategorie entsprechenden Sälen das Diner einzunehmen. Den auf Deck zusammengepferchten Reisenden servierte man lieblos zubereiteten Reis in Emailschüsseln. Es war nicht ganz das *chacahati*, der miese Fraß der Sträflinge, aber beinahe. Nur die, die nicht anders konnten, verzehrten ihn. Glücklicherweise verfügten meine Kameraden und ich über einige Vorräte an trockenem Hirsecouscous mit Erdnüssen, das gewöhnlich mit Milch angerührt wird.

Nach dem Diner, das der Sohn von Mademba mit den Passagieren der Ersten Klasse auf dem obersten Deck eingenommen hatte, ließ er alle Essensreste in einer großen Schüssel sammeln und vertraute sie einem Boy an, damit er sie den jungen Schülern auf dem unteren Deck bringe. Er selbst folgte dem Boy und blieb oberhalb von ihm auf der vorletzten Treppenstufe stehen. »Ihr da!« rief er. »Kommt zum Essenfassen!« Die Schüler stürzten zu ihm. Der Boy tauchte die Hand in die Schüssel und warf ihnen Fleischstücke, Kartoffeln, Brot oder andere europäische Nahrungsmittel zu. Meine sechs Kameraden aus Bandiagara standen auf und wollten zu ihnen eilen. Ich hielt sie zurück. »Geht an eure Plätze und bleibt sitzen!« sagte ich zu ihnen. »Wenn eure Verwandten in Bandiagara jemals erfahren, daß wir uns auf die Teller der Weißen gestürzt haben, um die Reste zu essen, die Ben Daoud Mademba, Sohn des Mademba Sy, des ehemaligen Postangestellten, der König geworden ist, an uns verteilt hat, wie man dem Geflügel Körner hinwirft, dann laufen wir Gefahr, daß wir auf dem Platz der Moschee mit Seilhieben verprügelt werden. Wir bleiben hier bei unserem trockenen Couscous. Wenn nötig, rühren wir es mit Flußwasser an, aber niemals heben wir die Reste von Ben Daoud auf!«

Diese Worte wogen um so schwerer, als meine Kameraden, wie ich auch, die Rivalität und latente Feindschaft kannten, die seit ihrer jeweiligen Gründung durch die Franzosen zwischen dem Königreich Sansanding bestand, das man Mademba Sy angetragen, und dem Tukulorkönigreich von Bandiagara, das man Aguibou Tall, dem Sohn von El Hadji Omar, überantwortet hatte. Zwischen den Leuten von Sansanding und den Einwohnern von Bandiagara gab es eine gewisse Spannung. Beide Seiten blieben auf Abstand.

Ben Daoud teilte weiterhin Essen aus, aber er hatte nur Augen für unsere sich abseits haltende Gruppe. Als die Verteilung beendet war, kam er zu uns:

»Aus welcher Region seid ihr?«

»Aus Bandiagara«, antwortete ich.

»Warum seid ihr nicht gekommen und habt euren Teil entgegengenommen?«

»Wir fahren nicht sehr weit, nur bis Bandiagara, und wir haben für den Rest der Reise genug Couscous. Wir wollten die anderen Schüler nicht davon abhalten, das Essen zu genießen, vor allem die nicht, die sehr weit reisen, bis nach Gao.«

Er lächelte. »Das ist nicht der wahre Grund. Es ist, weil ihr aus Bandiagara seid.«

Er hatte verstanden. Er ging zur ersten Etage zurück, und eine Stunde später kam er wieder herunter und trug persönlich eine Schüssel, die mit ausgezeichnetem, in Fett und Fleischbrühe gekochten Reis und Hammelfleisch gefüllt war, die er extra vom Schiffskoch hatte zubereiten lassen. Er stellte die Schüssel vor uns nieder.

»Söhne meines Vaters, die ihr aus Bandiagara kommt«, sprach er, »Sansanding bietet euch dieses gute Abendessen durch meine Hand!«

Und er entfernte sich. Ich forderte meine Kameraden auf zu essen.

»Was denn!« wunderten sie sich. »Du willst, daß wir das Essen des Sohns von Mademba zu uns nehmen? Hast du schon vergessen, was du gerade eben noch zu uns gesagt hast?«

»Ich habe nichts vergessen«, erwiderte ich, »aber die Umstände haben sich geändert. Die Art und Weise, wie uns die Mahlzeit angeboten wurde, verpflichtet uns, sie anzunehmen. Ob wir es wollen oder nicht und welcher Herkunft seine Familie auch immer sein mag, so ist Ben Daoud doch der Sohn eines Königs, was wir von keinem von uns sagen können. Und anstatt uns die Reste durch einen Boy vorwerfen zu lassen, macht er sich die Mühe, uns mit eigenen Händen eine Speise zu reichen, die er speziell für uns hat zubereiten lassen. Jetzt erweist er uns eine Ehre. Wenn wir diese Ehre ablehnen und unsere Eltern das erfahren, haben sie ebenfalls recht, wenn sie uns Seilhiebe verpassen, weil wir uns wie schlecht erzogene Kinder aufgeführt haben.« Beruhigt aßen meine Kameraden mit gutem Appetit und teilten das Essen mit einigen Reisenden, die um uns herum saßen.

Ben Daoud, der oben auf der Treppe stehengeblieben war, hatte alles gehört. Er kam wieder zu mir. »Willst du mein Freund sein?« fragte er mich; und er nahm mich mit in seine Kabine. So kam es, daß ich zu einem Vertrauten des Prinzen Ben Daoud Mademba Sy wurde und daß ich nach ihm der zweite Schwarze war, der auf das Oberdeck hinaufging.

Monsieur Monnet erlaubte mir, Ben Daoud so oft in seiner Kabine zu besuchen, wie wir es wünschten. Es machte uns viel Spaß, miteinander zu plaudern. Die wenigen Tage, die unsere Reise dauerte, waren für mich wunderbar.

Am Nachmittag des dritten Tages kam Segu in Sicht. Bevor das Schiff den Handelshafen anlief, steuerte es zuerst den öffentlichen Hafen an, der vor der Residenz der Distriktkommandanten gelegen lag. Der, ein Korse namens Battesti, kam mit seinem Stellvertreter aufs Schiff und begab sich in die erste Etage, um *Monsieur* Ben Daoud Mademba Sy zu begrüßen, dem er sogar einiges Naschwerk mitbrachte. Dann kam er wieder auf Deck. Ich hörte, wie er zum Kommissar sagte:

»Wenn Sie vor Morgengrauen in Sansanding ankommen, löschen Sie die Feuer, lassen Sie das Schiff mit Staken antreiben und achten Sie darauf, keinen Lärm zu machen, absolut keinen Lärm, bis König Mademba von selbst aufgewacht ist. Es geht um Ihre Stellung.«

»Verstanden, mein Kommandant, die Weisung wird befolgt.«

Das zeigt, welche Macht und welches Ansehen König Mademba hatte.

Der Kommandant schüttelte Monsieur Monnet die Hand und ging ans Ufer zurück. Wir verließen den öffentlichen Hafen und fuhren zum Handelshafen, wo Reisende an Land gingen und Pakete ausgeladen wurden, während andere an Bord kamen. Am Abend, nach dem Essen, gab Monsieur Monnet das Zeichen zur Abfahrt. Das Schiff entfernte sich von Segu und fuhr in die Dunkelheit.

Der Morgen graute, als Sansanding in Sicht kam. Monsieur Monnet ließ die Feuer löschen und die Maschinen stoppen. Die Laptots, die das riesige Schiff jetzt mit Staken vorwärtsbewegten, schafften es, daß es geräuschlos anlegte. Der Hafen befand sich genau dem Königspalast gegenüber. Zwischen dem Palast und dem Ufer dehnte sich ein sieben- bis achthundert Meter großer freier Platz aus. Alles war sauber und rein. Der Platz war mit feinem, sorgfältig gesiebtem Flußsand ausgelegt, damit der König dort an jedem Morgen und an jedem Abend frische Luft schnappen konnte. Man fegte den Platz nie, damit kein Staub aufgewirbelt wurde. Die zehn mit der Pflege des Palastes beauftragten Arbeiter mußten jeden Grashalm, den der Wind hierher geweht hatte, mit der Hand einsammeln – und wer sonst als der Wind hätte es gewagt, einen solchen Frevel zu begehen?

An diesem Morgen erwachte Ihre Majestät wie durch einen Zufall nicht zu früher Stunde. Die ganze Stadt hielt den Atem an. Nicht einmal die Hunde hörte man bellen; alle, die das konnten, waren zweifellos am Vorabend im tiefsten Speicher eingesperrt worden, denn ein unpassendes Bellen kam einen teuer zu stehen: Wenn es jemals vorkam, daß ein Hund im Laufe einer Nacht zu hören war, dann ermittelte die Polizei des Königs den Standort, und am nächsten Morgen, vor dem Mittagessen, wurde der Hundebesitzer in den Vorraum des Königs zitiert und erhielt etwa dreißig Seilhiebe. Nur dem Krähen der Hähne gelang es, wenn auch mit gedämpfter Stimme – vielleicht waren auch sie tief in den Häusern eingesperrt –, die Stille zu unterbrechen. Wer das fröhliche Lärmen kennt, das bei Tagesanbruch die afrikanischen Dörfer belebt, dem schien dies wahrhaftig eins der seltsamsten Spektakel zu sein.

Frauen in Reihen, die leere Wassercanaris trugen, schritten in Schlangenlinien zum Fluß hinab. In ihre großen weißen Tücher gehüllt, glitten sie gleich gespenstischen Schatten dahin und sagten kein Wort, ja, sie grüßten einander nicht einmal mit einem Nicken, so, als seien sie in einen Traum verloren. Als sie am Fluß anlangten, gingen sie langsam bis zu den Knien ins Wasser; mit verhaltenen Bewegungen tauchten sie ihre Behältnisse unter, bis sie gut gefüllt waren. Dann gingen sie ohne ein Geräusch zum Ufer zurück, stellten mit anmutiger Bewegung den Canari auf den Kopf und schritten davon, wie sie gekommen waren, ihre nackten Füsse glitten über den weißen Sand.

Selbst unser Schiff schien wie durch einen Zauberspruch mit Erstarrung geschlagen. Auf Deck wartete jeder, ohne sich zu bewegen; einige flüsterten einander etwas ins Ohr. Wer hätte schon gewagt, das kleinste Geräusch von sich zu geben, wenn selbst die Weißen sich ängstlich in ihre Kabinen verkrochen?

Endlich war die Sonne aufgegangen, aber nur die Spatzen feierten ihr Erscheinen. Das ganze Leben verharrte wie in der Schwebe und wartete auf das erste Blinzeln des Königs. Gegen sieben Uhr morgens zerrissen drei große Salvenfeuer die Stille. Überall gleichzeitig erhob sich ein Schreien: »*Fama kununa! Fama kununa!* – Der König ist wach! Der König ist wach!« Mit einem Mal fingen alle an zu reden, die Hunde begannen zu bellen, die Kinder zu schreien, die Stößel in den Mörsern zu stampfen. Man hätte meinen können, daß der Lärm bisher in einem wohlverschlossenen Canari eingesperrt gewesen wäre, dessen Deckel die Salven zerbrochen hatten, und nun mit Macht aus seinem Gefängnis entwich und sich überall im Raum ausbreitete. Die Stadt war von ihrem zeitweiligen Tode auferstanden, den eine Laune des Königs ihr verordnet hatte, eines Königs aus Gnaden der sehr weltlichen und demokratischen Französischen Republik, die selbst ihrem letzten König den Kopf abgeschnitten hatte! Das soll einer verstehen!

Der auf einem Grundstück von etwa hundert Metern im Quadrat stehende Palast war von einer Ringmauer, einem *tata*, umgeben, so hoch, daß man kaum mehr den Büschel einer Borassuspalme sah, die man genau dahinter angepflanzt hatte. Die Mauer war rundum so gut bewacht, daß von siebzehn Uhr an jeder, der auf den Gedanken kam, in weniger als fünf Metern Entfernung vorbeizugehen, von einem Wachsoldaten weggeschleppt und im Vorraum grausam ausgepeitscht wurde, bis zum Tod zuweilen, weil er das Verbrechen begangen hatte, den Duft des Weihrauchs einzuatmen, den die Damen des königlichen Harems gewöhnlich um diese Abendstunde abbrannten...

Ungefähr eine Dreiviertelstunde nach den Salven öffneten sich die schweren Pendeltüren des Vorraums. Etwa dreißig Männer – die sogenannten ›Spahis von Mademba‹ – kamen in ihrem feierlichen Aufzug heraus: roter Fez, blaue Weste, weiße Pluderhose, blaue Wickelgamaschen und Schuhe. Jeder von ihnen trug ein langes ziseliertes einheimisches Gewehr, das man *long'ngan* nennt. Mit der Gewandtheit altgedienter Soldaten marschierten sie in zwei Reihen auseinander und bildeten ein Ehrenspalier.

Eine Viertelstunde später erschien Mademba in Begleitung seiner üblichen Eskorte. Ihm folgte seine Griotin, die mit lauter Stimme sein Loblied sang. Diese Griotin mit dem Namen Diéli Yagaré war von hinreißender Schönheit. Sie hatte eine bemerkenswerte Stimme, sanft und machtvoll zugleich, und besang Madembas Kriegstaten während des französischen Vordringens im Sudan. Wenn man dem glauben wollte, so war er es Mademba und nicht der Colonel Archinard, der alles bewerkstelligt hatte; es fehlte nur noch, daß er höchstpersönlich Saint-Louis im Senegal geründet hatte! Sie gab wirklich nichts Besonderes von sich, aber sie hatte eine so einnehmende Stimme und war so schön und so wundervoll geschmückt, daß sie allein schon deswegen eine echte Sehenswürdigkeit darstellte, ein bezaubernder Anblick für uns junge Leute!

Von der Stimme seiner Griotin eingelullt, überquerte der König gemessenen Schrittes den Platz; sein Gang glich dem Watscheln einer Ente. Die Spahis präsentierten die Waffen. Wenn er vorüberging, hockte sich jeder zu seiner Begrüßung auf den Boden und rief einen seiner Ehrennamen: »*Sy Savané! Sy Savané!*« Er antwortete immer mit der traditionellen Formel: »*Marhaba! Marhaba!*« Als er zum Ufer kam, wo man einen Teppich ausgebreitet hatte, damit seine Schuhe nicht naß wurden, konnte ich ihn aus der Nähe betrachten.

Sein Gesicht war durch eine Nase verunziert, die es anscheinend in seiner ganzen Breite einnehmen wollte, und gehörte nicht zu den schönsten, aber es wurde von großen Augen erhellt, die jeden, der seinem Blick begegnete, zutiefst beeindruckten. Des Königs Häßlichkeit wurde von der Majestät seines Gewands und der Pracht seines Schmuckes überstrahlt. Er trug den goldbestickten Burnus arabischer Fürsten. Die linke, auf die Schulter zurückgeschlagene Hälfte ließ seinen Bubu aus Basin sehen, der mit Orden und französischen Ehrenzeichen, darunter dem Kreuz eines Offiziers der Ehrenlegion, übersät war – die höheren französischen Offiziere waren in der Regel nur Ritter!

Majestätischen Schrittes überquerte er den Landungssteg und betrat das Schiff. Die Reisenden auf Deck riefen wie ein Mann: *»Sy Savané! Sy Savané!«* Der König zeigte ihnen seine offenen Handflächen und antwortete: *»Marhaba! Marhaba!«* Monsieur Monnet, der seit einer Weile wie eine kopflose Fliege in alle Richtungen gestikulierte, eilte zum König. Der schüttelte ihm die Hand. Monsieur Monnet antwortete mit einer tiefen Verbeugung, die zweifelsfrei seine Dankbarkeit für eine solche Ehre bekunden sollte, dann ging er vor ihm her und ließ ihn das Schiff besichtigen.

Ben Daoud kam in seinem schönsten Gewand von der ersten Etage herunter. Mit gesenktem Blick, zum Zeichen der Hochachtung, stand er an Deck, neben seinem Gepäck. Der König, ihm voran der Kommissar und hinter ihm nur sein Kammerherr, ging an seinem Sohn vorbei, ohne ihn auch nur eines Blickes zu würdigen. Niemand wunderte sich darüber, denn daß man seine Gefühle für seine Kinder nicht öffentlich zeigt, gehört zu den afrikanischen Sitten, die die Europäer übrigens nur schlecht begreifen. Bei uns ist es Sache der Onkel und Tanten, nach außen hin Zuneigung für ihre Neffen und Nichten zu zeigen, die sie als ihre eigenen Kinder ansehen. Diese seit altersher übliche Zurückhaltung ist noch ausgeprägter bei hochgestellten Persönlichkeiten, wenn sie sich in der Öffentlichkeit zeigen.

Als die Besichtigung des Schiffes beendet war, trug der König sich ins Bordbuch ein und schrieb einige Zeilen, dann ging er den Landungssteg hinunter, wobei er seinen Sohn immer noch nicht anblickte. Ich sah, wie sechs muskulöse Burschen auf Ben Daoud zueilten. Zwei nahmen sein Gepäck, während die vier anderen mit gekreuzten Händen eine Art von Sitz bildeten, auf dem Ben Daoud Platz nahm. Mit Leichtigkeit hoben sie ihn hoch und trugen ihn auf dem improvisierten Tragestuhl zum Palast. Beim Aufbruch drehte Ben Daoud sich zu mir um und gab mir ein kleines Zeichen mit der Hand. Ich antwortete ihm traurig, denn ich war überzeugt, daß ich ihn nie wiedersehen würde.

Der königliche Geleitzug entfernte sich, und die Schiffssirene fing an zu pfeifen, entweder um den König zu ehren oder zum Zeichen der Abfahrt, das weiß ich nicht; dann machte es sich von der Böschung los. Ein letztes Mal betrachtete ich Sansanding, die berühmte

Stadt der Marka, die in den Zeiten des Reichs der Fulbe von Massina von den Cissé befehligt wurde, dann zur Zeit von El Hadji Omars Tukulorreich von den Kuma, bevor sie das private Paradies ›König‹ Mademba Sys wurde, des Pharao des Nigerbogens...

Achtundzwanzig Jahre später, im Jahre 1947, sollte ich zu jenen Ufern zurückkehren, und zwar unter Umständen, von denen ich jetzt berichten werde, weil erst sie der ganzen Geschichte einen Sinn geben.

In jenem Jahr begab sich der Professor Théodore Monod, der Gründer und Direktor des *Institut français d'Afrique noire* (IFAN), wohin man mich auf seine Bitte überstellt und der Abteilung ›Ethnologie‹ zugewiesen hatte, zum Debo-See, um dort die Fische zu erforschen. Dieser große, im Delta des Nigerbogens, kurz vor Niafounké liegende See war nicht nur wegen der dort vorkommenden Fische berühmt, sondern auch wegen der zahlreichen Vogelarten, die dort einmal im Jahr aus der ganzen Welt hinflogen, eine Versammlung abhielten und in einer Art großer Geflügelunesco nach Herzenslust schnatterten... Der Professor ernannte mich zu seinem Begleiter. Ich sollte aus der Reise meinen Nutzen ziehen und die Sammlung der oralen Traditionen in der Region fortsetzen.

Als die Erkundungsreise beendet war, kehrte der Professor Monod im Wagen nach Segu zurück, während ich die Arbeiter und Laptots in die Stadt Ké-Macina zurückbringen sollte, damit sie ihren Lohn erhielten. Ich beschloß, mich anschließend mit der Piroge nach Segu zu begeben und die Gelegenheit zu nutzen, um einen kurzen Abstecher nach Sansanding zu machen in der geheimen Hoffnung, dort vielleicht meinen alten Freund Ben Daoud anzutreffen, den ich nicht vergessen hatte.

Es war etwa siebzehn Uhr, als meine Piroge eines Abends vor Sansanding anlegte. Ich trat aus dem Deckshaus, wo ich mich ausgeruht hatte. Das Schauspiel, das sich sodann meinen Blicken bot, ließ mich an meinen Laptots zweifeln: »Sind wir wirklich in Sansanding?« »Ja«, antworteten sie. »In Sansanding, der Stadt des Königs Mademba?« »Das ist mit Sicherheit Sansanding.« Ich wollte meinen Augen nicht trauen. Das ganze Ufer befand sich in einem üblen Zustand. Den verfallenen Palast schien der Boden verschlungen zu haben. Der schöne, feinsandige Platz, der ehedem nur von Hand gesäubert werden durfte, war nur noch ein verwahrlostes Gelände, wo ein elender kleiner Dorfmarkt mit wackligen, ungepflegten Ständen, die der Nordwind in vielen Fällen zur Hälfte umgeweht hatte, sein Dasein fristete.

Vor meinem geistigen Auge erstand die beeindruckende Größe des Palastes, die Frauen, die in der gedämpften Morgenstille zum Wasserschöpfen schritten, die Spahis, die Höflinge, die Griotin Diéli Yagaré, deren Stimme die Herzen einlullte und die Ohren verzauberte; ich sah den in Seide, feines Tuch und reichen Basin gekleideten König, die Brust mit Auszeichnungen behängt, und seinen Sohn Ben Daoud, den seine Diener auf ihren Armen trugen... Dann verschwamm das ganze Bild wie in der trockenen Jahreszeit eine Fata Morgana, und ich erblickte wieder den aussätzigen Platz, wo ganz Sansanding seine Abfälle hinkippte und ausgehungerte Esel, Hunde, Ziegen und Schweine herumliefen.

Ich ging an Land, gab meinen Laptots den Befehl, auf mich zu warten, und wanderte zur Stadt. Auf halber Strecke traf ich ein Jüngelchen von zwölf Jahren und fragte ihn:

»Kennst du Ben Daoud Mademba, den Sohn des ehemaligen Königs Mademba?«

»Ja.«

»Ist er augenblicklich in Sansanding?«

»Ja.«

»Kannst du mich zu ihm bringen?«

»Sicher.«

Er kehrte um und bedeutete mir, ihm zu folgen. Als ich in die Stadt kam, bemerkte ich ein mehrstöckiges Gebäude von großer Schönheit, das im Stil der Residenz des Distriktkommandanten von Segu erbaut war. Ich blieb stehen und betrachtete es, denn ich war überzeugt, es sei die Wohnung von Ben Daoud. Der Junge drehte sich zu mir um:

»Fremder«, sagte er, »das ist nicht das Haus des Sohnes von Mademba. Es gehört Madiansa.«

Wer Madiansa war, wußte ich nicht. Mein kleiner Führer ging weiter, ich schwieg und folgte ihm.

Er blieb bald im hinteren Teil einer Gasse vor einem elenden Gehöft stehen, dessen Gesamtfläche nicht mehr als ungefähr zehn Quadratmeter betrug. Das den kleinen Hof einfriedende Mäuerchen war so baufällig, daß es seine nackten Ziegelsteine freigab wie eine alte Mähre, deren Rippen man in der Trockenzeit zählen kann. Der Eingang wurde nur durch zwei große, diagonal angebrachte Äste versperrt, gewiß, um Tiere am Durchgehen zu hindern. Die Wohnung hinten im Hof bestand aus einer winzigen Bude, eine Zelle fast. Die Mauern mit ihrem abgebröckelten Putz waren von den Unbilden der Witterung zerfressen. Eine wacklige Tür, die aus ein paar schlecht gefügten Brettern bestand, ließ durch ihre Spalten einen im Inneren sitzenden Mann sehen. Auf ihn zeigte der Junge mit dem Finger.

Ich stieg über das Querholz hinweg, ging in den Hof und grüßte laut:

»Sy! Sy! Ben Daoud Mademba Sy! Ich wünsche dir einen guten Abend. Ich bin dein alter Freund vom Schiff *Le Mage*, Amadou Hampâté Bâ aus Bandiagara. Ich wollte nicht an Sansanding vorbeifahren, ohne dir einen Besuch abzustatten.«

Nach einem kurzen Augenblick des Schweigens hörte ich aus der Bude die schwache Stimme eines unterernährten Mannes:

»Ach mein Freund!... Sei willkommen! Sei willkommen!«

Ben Daoud – denn er war es – stieß die knarrende Tür auf und kam heraus. Zum zweiten Mal seit meiner Ankunft wollte ich meinen Augen nicht trauen. Er trug einen alten *forkiya*, eine Art langen, weiten Kittel, der einstmals weiß gewesen sein mußte, den man jedoch inzwischen in ein Färbemittel aus rötlichem Schmutz getaucht zu haben schien. Unter dem weiten Ausschnitt seiner *forkiya* war die abgemagerte, nackte Brust zu sehen. Seine Hose bestand aus nicht zusammenpassenden Stoffetzen. An seinen Füßen hingen aus alten Autoreifen geschnittene Sandalen. Ich konnte nicht vermeiden, mir seine schönen *Robéro jaune London*-Schuhe vorzustellen, die bei jedem Schritt knarrten...

Seine Haut, die ich als ebenholzschwarz gekannt hatte, war nun gräulich. Seine Haare und Barthaare waren vorzeitig weiß geworden.

Er hielt eine mit einheimischem Tabak gestopfte Pfeife in der Hand, die den unangenehmsten Geruch verbreitete, den ich jemals eingeatmet habe – und da dachte ich an den herrlichen Duft seines Eau de cologne, der das ganze Schiffsheck ausgefüllt hatte...

»Was ist mit ihm geschehen?« fragte ich mich. »Was ist der Sinn von alledem? Welche Lehre vermag ein vernünftiger Mensch daraus ziehen...« Nach den üblichen Begrüßungssätzen fand ich den Mut, ihm eine Frage zu stellen: »Ben Daoud, mein Freund, nach allem, was du einst warst, wie kann es da angehen, daß du dich in diesem Zustand befindest?« Er antwortete mir mit ruhiger Stimme und ohne Bitterkeit, wobei er sprach, als ob es nicht ihn beträfe:

»Vor einigen Jahren, während des zweiten Weltkriegs, war ich Volksschullehrer in Timbuktu, aber man hielt mich für einen Gaullisten, und also stellte mich die Kolonialbehörde des Vichyregimes vor Gericht. Man entfernte mich aus dem Dienst und verurteilte mich zum Zwangsaufenthalt in Sansanding. All mein Hab und Gut wurde konfisziert. Ohne Arbeit und Vermögen bleibt mir nichts mehr zum Leben.[52] Aber Gott sei Dank bin ich nur in materieller Hinsicht zu beklagen. Meine Moral, meine Würde und mein Stolz sind nicht getroffen. Ich muß sogar lächeln, wenn ich daran denke, daß es ein Franzose war, der meinen Vater zum König ernannte, und wiederum ein Franzose, der aus dem umschmeichelten Prinzen und wohlhabenden Beamten, der ich war, einen gesellschaftlich Geächteten gemacht hat, einen Zerlumpten mit elender Wohnung, der nur einmal am Tag ißt und auf einer Matte auf der nackten Erde schläft. Gewiß, wer mich anblickt, hält mich für arm, aber ich bin nicht so unglücklich, wie mein Äußeres vermuten lassen könnte. Ich lebe im Einklang mit mir selbst, denn mein Gewissen wirft mir nichts vor. Der Beweis ist, daß ich ruhig schlafe. Wenn ich Nahrung finde, esse ich mit Appetit, wenn ich keine finde, ertrage ich den Hunger. Ich bettele nicht. Ich lese viel, meditiere und denke nach.«

Nicht ein einziges Mal sagte Ben Daoud ein bitteres Wort über seine Lage und auch kein kritisches über die ehemaligen Vasallen seines Vaters, aus denen reiche und mächtige Männer geworden waren. Voll Heiterkeit nahm er sein Schicksal an. In seiner Not erschien er mir unendlich viel größer als der Prinz von einst.

Ich traute mich, ihn zu fragen:

»Was ist aus dem Palast deines Vaters geworden?«

Er lachte laut auf.

»Dem Palast meines Vaters? Er ist eingestürzt. Daraus ist ein Erdhügel geworden, unter welchem Ruhm und Vermögen meiner Familie begraben sind. Mein lieber Freund«, fügte er hinzu, »das Leben schafft die Dinge, und es zerstört sie. Einstmals sorgte es dafür, daß meine Familie in Sansanding alles bedeutete; und dann zerstörte es sein eigenes Werk, und nun ist meine Familie in Sansanding nichts mehr. Und doch hört der Fluß nicht auf zu fließen, die Sonne geht immer noch auf und unter...«

»Könnte ich die Ruinen des Palastes besuchen?«

»Sicherlich! Gehen wir sofort los, solange es noch hell ist.«

Er führte mich zu der Stelle, wo der alte Königspalast gestanden hatte. Alles war zusammengebrochen und nur noch einen Haufen Erde und Unkraut übriggeblieben. Das Haus der Frauen, in deren Namen einst alle die ausgepeitscht wurden, die sich dem Palast auf mehr als fünf Meter näherten, war ein öffentlicher Abtritt, wo die Leute aus der Umgebung ihr Geschäft verrichteten. Mitten im Zimmer der ersten Ehefrau erhob sich ein großer Termitenhügel. Dort, wo der riesige Saal der Wachsoldaten gewesen war, wurde regelmäßig ein Viehmarkt abgehalten. Und da, wo sich Madembas eigene Wohnung befunden hatte, sah man nur noch eine Schutthalde.

Als ich dieses Schauspiel schweigend betrachtete, kam ein alter Ziegenbock – von dem ich später erfuhr, daß es sich um den Fetischbock des Dorfes handelte – langsamen Schrittes näher und betrat das Anwesen. Jeden Abend zur selben Stunde kam er, ließ sich auf dem höchsten Punkt der Anhöhe nieder und verbrachte dort die Nacht, den Kopf nach Osten gewandt. Mit seinem Kinnbart und seinen Kinnbacken, die stets mit Wiederkäuen beschäftigt waren, hätte man meinen können, er sei ein alter Marabut, im Begriff, seine Gebete zu murmeln. Man hatte ihn anscheinend fortzujagen versucht, aber er kehrte immer wieder zurück. Schließlich ließ man ihn in Ruhe.

Am Ende der Visite führte Ben Daoud mich in eine Ecke des Anwesens, die man inmitten all der Verwahrlosung als einzige offensichtlich gut pflegte. Dort waren König Mademba Sy und sein Sohn

Abdelkader Mademba, der Bataillonskommandeur, beigesetzt. Die Verwaltung sorgte für die Pflege ihrer Gräber. Nach einem Augenblick der Besinnung verabschiedete Ben Daoud sich von mir und ging nach Hause. Ich blieb mit meinen Gedanken allein zurück.

Ich sah zu, wie der alte Bock just an der Stelle wiederkäute, wo ehedem Mademba in seiner Herrlichkeit residiert hatte; ich sah, wie die Kriechtiere der Nacht aus den Vertiefungen und Spalten krochen, die sich an der Stelle befanden, wo früher ein Audienzsaal voller Höflinge von den Lobgesängen der Griots widerhallte; und da, zu meinen Füßen, lagen die bescheidenen, fast vergessenen Gräber eines absoluten Monarchen und eines Kriegshelden. Ich war siebenundvierzig Jahre alt. Mein Lehrer Tierno Bokar, der Weise mit dem Herzen aus Toleranz und Liebe – der ›Mann Gottes‹, wie Théodore Monod ihn nannte –, war schon sieben Jahre tot, gestorben in grausamen Verhältnissen, in Isolation und Abgeschiedenheit, die ihm Bosheit oder vielmehr, wie er selbst sagte, die Unwissenheit der Menschen eingebracht hatten. Das also war das Leben?

Ich beugte mich über des Königs Grab: »Mademba Sy?... *Sinsani Fama* – König von Sansanding?... *Fa demba* – Vater?...« Schweigen...

Ich wandte mich dem Grab seines Sohnes zu: »Abdelkader Mademba?... Kommandant Abdelkader Mademba, Mann der Dardanellen, Mann von Verdun und so vieler großer Schlachten?...« Nur meine Stimme war in dieser trostlosen Einöde zu hören. »Da seid ihr also, ihr zwei, liegt in eurem Grab, und ganz Sansanding läuft durch euer Anwesen, um zum Markt zu gehen, euer Anwesen, um das man einst in Furcht und Hochachtung herumgehen mußte! Eure ganze Pracht, euer ganzer Ruhm, alles ist verschwunden, hat sich verflüchtigt wie eine Fata Morgana! Wohlan, wenn das auf dieser Welt der Gang der Dinge ist, so ist das Leben wirklich nur, wie der Koran sagt, *ein vorübergehendes und trügerisches Vergnügen,* und der Prediger Salomon aus der Bibel hat recht, wenn er ausruft: *Alles ist eitel und Jagen nach Wind!*«

An jenem Tag und in diesem Augenblick sagte ich mich los von der Welt und faßte den festen Entschluß, mich für den Rest meines Lebens nach dem Rat meines Lehrers zu richten: dienen, immer dienen, aber niemals Ehre, Macht oder Befehlsgewalt erstreben.

Ich machte mich auf den Weg zurück zur Stadt. Unterwegs traf ich einen Griot, den ich nach Madiansa, dem Besitzer des schönen, mehrstöckigen Gebäudes, fragte, von dem ich zuerst angenommen hatte, daß es Ben Daoud gehöre. Er belehrte mich, daß Madiansas Vater der Sklave eines Sklaven von König Mademba gewesen sei und so arm, daß er seinen Sohn Madiansa wiederholt als Diener verdingt habe. Da der arme Kerl Ziegelsteine, dürres Holz und schwere Lasten tragen mußte, verlor er sein Haupthaar, und das änderte sich sein Leben lang nicht mehr. Am Tag der Beschneidung einer Gruppe von hundert Kindern, zu denen er gehörte, hatte man ihn sogar in einem Saal vergessen; das zeigt, wie wenig er in Sansanding galt! Und dennoch war es derselbe Madiansa, der später ein bedeutender Kaufmann wurde und der bis jetzt ein solches Vermögen angehäuft hatte, daß er nicht wußte, was er damit anfangen sollte, dieweil der Sohn des früheren Königs in Lumpen gekleidet in einer elenden Hütte dahinvegierte und fast vor Hunger starb.

»O Mann der Fulbe!« sprach der Griot weiter, »hast du die Ruinen von Madembas Palast besichtigt?«

»Ja.«

»Hast du den Weg gesehen, der an manchen Stellen über die Palastruinen hinweg zum kleinen Markt führt, dem sich dereinst nach siebzehn Uhr niemand auf weniger als fünf Meter nähern durfte?«

»Ich habe ihn gesehen.«

»Weißt du, wie die Bewohner von Sansanding diesen Weg genannt haben?«

»Nein.«

»Sie haben ihn *Allāh yē sē* genannt: Gott vermag alles.«

Bevor ich zu meiner Piroge zurückkehrte, ging ich zu meinem Freund Ben Daoud, um mich von ihm zu verabschieden. Wir trennten uns mit Tränen in den Augen. Seit damals sahen wir einander niemals wieder.

Ben Daoud Mademba Sy bleibt für mich einer der Menschen, dessen Bekanntschaft, zuerst anläßlich meiner Ferien im Jahr 1919 und dann 1947, mein Leben am tiefsten geprägt hat.

Mit Beginn des neuen Schuljahres richtete ich mich im Internat der Berufsschule von Bamako ein. Diese Schule hat ihre eigene Geschichte. Ursprünglich wurde sie von Faidherbe in Kayes (Mali) gegründet, dem damaligen Hauptort der Kolonie *Haut-Sénégal-Moyen-Niger.* Sie hieß ganz offiziell ›Geiselschule‹ und wurde durch die Zwangsaushebung der Söhne von Herrschern oder Notabeln der gerade eroberten Regionen gespeist, um sich deren Gefügigkeit zu vergewissern. Einige dieser Herrscher schickten übrigens, wenn es ihnen möglich war, anstatt ihrer Söhne Sklaven, was sie später vielleicht bitter zu bereuen hatten... Im Jahre 1908, als Gouverneur Clozel den Hauptort der Kolonie von Kayes nach Bamako verlegte, wurde die Schule in dieser Stadt untergebracht, wo sie den taktvolleren, aber immer noch eindeutigen Namen ›Schule der Häuptlingssöhne‹ erhielt. Mit der Entwicklung der administrativen und technischen Bereiche sowie dem zunehmenden Bedarf an subalternem, einheimischem Personal wurde aus ihr die ›Berufsschule von Bamako‹. Später wurde sie umgetauft in *Ecole Primaire Supérieure* – ›Höhere Volksschule‹, dann in Terrasson-de-Fougère-Schule, bevor sie zum heutigen Askia-Mohammad-Gymnasium wurde.

Das koloniale Unternehmen ist nie menschenfreundlich, außer in Worten. Eines der Ziele jeglicher Kolonialherrschaft, unter welcher Sonne und in welcher Epoche sie auch ausgeübt worden sein mag, bestand stets darin, das eroberte Gelände urbar zu machen, denn eine gute Aussaat tätigt man weder auf bepflanztem Boden noch auf Brachland. Zuerst muß man aus den Köpfen die vorhandenen Werte, Sitten und Kultur wie Unkraut ausreißen, um an ihrer Stelle die Werte, Sitten und Kultur des Kolonisators auszusäen, die als die höherwertigen und einzig verbindlichen gelten. Und welches Mittel ist für diesen Zweck besser geeignet als die Schule?

Aber wie schon in der Geschichte *Kaïdara* erzählt wird, hat jedes Ding eine Tagseite und eine Nachtseite. Nichts auf dieser niederen Welt ist von A bis Z böse, und die Kolonialherrschaft hat auch ihre positiven Aspekte, die uns vielleicht anfangs nicht zugedacht waren, die wir aber erbten und nun nach bestem Wissen und Gewissen nutzen müssen. Unter ihnen nenne ich vor allem das Erbe der Sprache des Kolonialherren als ein kostbares Instrument der Kommunikation für Ethnien, die nicht dieselbe Sprache sprechen, und als Mittel der Öffnung zur Welt draußen – unter der Bedingung, daß wir die lokalen Sprachen nicht sterben lassen, die unsere Kultur und Identität weitertragen.

Die Berufsschule von Bamako – aus der, wie aus allen anderen Schulen, die Muttersprachen verbannt waren und ihr Gebrauch geahndet wurde – bereitete die Schüler in zweijährigem Unterricht auf die Aufnahmeprüfung für eine der weiterführenden Schulen des Generalgouvernements von Französisch-Westafrika vor, die sich auf Gorée befanden und aus denen die einheimischen Volksschullehrer, die einheimischen Hilfskräfte der Kolonialverwaltung und die Hilfsärzte hervorgingen. So wurde die Insel Gorée, die in den Zeiten des Sklavenhandels für Millionen Unglücklicher der Verladehafen hin zum anderen Ufer des großen ›Salzsees‹ gewesen war, in einer ironischen Umkehr des Geschicks zu einem Tiegel, wo man schwarze Eliten ausbildete, damit sie den Interessen Frankreichs in seinen Kolonien besser dienten, Eliten, von denen die meisten später auf die Befreiung und Unabhängigkeit ihrer Länder hinwirken sollten.

Einstweilen ging es darum, ein ganzes Heer an sachverständigen Hilfskräften auszubilden, die loyal und gehorsam zur Erschließung und Verwaltung der eroberten Kolonien beitragen sollten, indem sie das Räderwerk der großartigen kolonialen Verwaltungsmaschinerie am Laufen hielten. Wer nicht imstande war, die Königspforte von Gorée zu durchschreiten, erhielt dennoch nach dem Verlassen der Berufsschule Zugang zu Stellen gleicher Art, jedoch in niederen Rängen: Hilfslehrer statt Volksschullehrer; Schreiber statt Expedient usw. Einige Schreiber wurden sogar zwangsverpflichtet, sobald sie das Abschlußzeugnis der Volksschule erworben hatten.

Die Berufsschule umfaßte vier Klassen, auf die die Schüler entsprechend den Ergebnissen ihres Abschlußzeugnisses verteilt wurden. Die erste Klasse bildete die Hilfslehrer aus, die zweite und die vierte bereiteten die künftigen kleinen Verwaltungshilfskräfte vor, die dritte die Arbeiter und Techniker. Es hätte nicht viel gefehlt, und ich wäre, gemäß dem Ergebnis meiner Abschlußprüfung, in die Klasse der Arbeiter geschickt worden. Schließlich nahm man mich aber in die vierte Klasse auf, diejenige also, die die künftigen Verwaltungshilfskräfte hervorbrachte. Gleichzeitig bereiteten wir uns auf die Aufnahmeprüfung vor.

Als ich in der Berufsschule ankam, traf ich wieder mit meiner alten Gruppe zusammen, den Schülern aus Bandiagara also, und wegen meines Alters wurde ich automatisch Ältester. Ich freute mich, unter ihnen meinen alten Kameraden Daouda Maïga wiederzufinden, der seine Schullaufbahn ohne Schwierigkeiten durchlief – er war im zweiten Jahr – und später Volksschullehrer werden sollte. Da war auch Madani Tall, den sein Vater, Alfa Maki Tall, einst statt meines Bruders zur Schule geschickt hatte und der Drucker wurde; mein Cousin Oumar Bâ, der, wie allseits bekannt, die Karriere eines Schriftstellers, Ethnologen und Forschers einschlug, und so viele andere...

In meinem ersten Schuljahr war Mamadou Konaté mein Lehrer, der später der zweite Abgeordnete des Sudan und einer der großen Führer der Partei RDA werden sollte, bevor, unter Umständen, an die ich hier lieber nicht erinnern will, politische Rivalitäten zu seinem tragischen Ende führten. Mamadou Konaté war nur zwei oder drei Jahre älter als ich, aber ich achtete ihn sehr. Wir wurden Freunde und blieben es bis zu seinem Tod.

Auf eine eher allgemeine Weise unterhielt ich gute Beziehungen zu meinen Lehrern und Kameraden. Wegen meiner Islamkenntnisse nannte man mich den ›Marabutschüler‹, aber erdverbundenere Beschäftigungen verschafften mir einen anderen Beinamen. Ich erinnere mich nicht mehr, aus welchem Grund ich von den groben häuslichen Diensten freigestellt war, aber man vertraute mir die Aufsicht über die Strohbesen an. Ich hatte darüber zu wachen, daß, unter Androhung abgestufter, von den Aufsehern zu verabreichender Strafen, jeder Arbeitstrupp sie vollständig und in gutem Zustand zurückbrachte. Die Schüler aus dem Clan der Diallo, die die *sanankun* oder Spaßverwandten der Bâ sind, hatten mir den Spitznamen ›Amadou der Besen‹ gegeben.

Die Aufseher, drei an der Zahl, hatten einen bedeutenden Platz in unserem Leben als Interne. Ihr Auftrag bestand darin, uns abwechselnd morgens um sechs Uhr zu wecken, und jeder tat dies auf seine Weise. Der Hauptaufseher Fama weckte uns stets auf die sanfte Weise; sein Stellvertreter, Bala der Einarmige, ein ehemaliger Schütze mit Feuer in den Augen, wandte die brutale Methode an; aber die originellste war zweifellos die des Hilfsaufsehers Mamadou Sissoko, ein ehemaliger Schütze auch er, den wir ›Don Quichotte‹ nannten, weil er ebenso lang und mager war wie Fama klein und gedrungen, was diesem im übrigen den Beinamen ›Sancho Pansa‹ eingetragen hatte.

Wenn der Hauptaufseher Fama-Sancho Pansa morgens den Schlafraum betrat, dann rief er mit ernster, schleppender, angenehmer Stimme:

»Aufstehen – aufstehen! Aus dem Bett – aus dem Bett! Es ist Morgen – es ist Morgen! Die guten Schüler sollen sich aufrecht auf ihre Füße stellen! Sie sollen zur Toilette gehen, sich waschen und an die Aufgaben denken, die nicht fertig sind, und an die Lektionen, die sie nicht beherrschen!

Los, Bagaro Dagana! Worauf wartest du noch? Steh auf, mach dein Bett, falte die Decke zusammen! Und du, Bokari Nibié, wenn du deinen ersten Platz behalten willst, dann darfst du nicht ewig im Bett bleiben zu einer Zeit, wo das Gehirn am ehesten zum Aufnehmen und Arbeiten aufgelegt ist.

Heh! Mamadou Traoré, du bist so lang wie ein Pilz, aber gestern hast du deine Lektion nicht gekonnt. Und du, Dantoumé Kamissoko, du hast deine Aufgabe falsch gelöst, weil du deine Lektionen schlecht wiederholst. Und da bleibt ihr noch alle beide im Bett wie zwei Komplizen? Los – los! Aufstehen – aufstehen! Es ist Morgen – es ist Morgen!...«

Für jeden von uns einhundertdreißig Schülern hatte der Hauptaufseher Fama ein Wort übrig, eine Charakterisierung, eine Wertschätzung, einen passenden kleinen Scherz. Bis die Woche um war, hatte jeder ein Recht darauf. Fama, der seit deren Gründung Aufseher der ›Schule der Geiseln‹ war und den ganzen Tag über auf seiner Veranda saß, war über alles, was in den Klassen geschah, auf dem laufenden; und dadurch, daß er hörte, wie die Schüler laut konjugierten und mit lauter Stimme ihre Lektionen aufsagten, hatte er gelernt, ein ebenso korrektes Französisch zu sprechen wie jeder beliebige Schüler.

Bala der Einarmige hingegen – er hatte im Kampf den rechten Arm verloren – stürzte als alter Schütze, der auf sich hält, wie ein Windstoß in den Schlafraum und brüllte:

»Aufstehen alle miteinander! Wenn nicht einverstanden, Fußtritt in den Hintern!« Mit seiner linken Hand, die gesund und kräftig war, hob er hier das Kopfende eines Bettes, dort das Fußende an, wobei es ihn nicht kümmerte, wenn sein Insasse auf den Boden fiel. »Los, aufstehen! Aufstehen zum ersten, aufstehen zum zweiten, ein drittes Mal gibt es nicht! Aufgepaßt, ihr Nachzügler, Bande von Faulpelzen, blöde Taugenichtse, kranke Schweine! Aufstehen, alle miteinander!« Aus dem verzerrten Mund dieses hochgewachsenen Verwundeten aus dem Krieg von 1914/18 kamen nur Drohungen und Beleidigungen. Und doch war Bala der Einarmige nicht so schlimm, wie er aussah! Wenn ein Schüler zur Strafe kein Essen erhielt, dann richtete er es immer ein, daß er ihm etwas aufhob, was der Hauptaufseher Fama mit der angenehmen Stimme nicht tat.

Der Hilfsaufseher Mamadou Sissoko, anders gesagt ›Don Quichotte‹, war erst recht ein Original. Er sprach nur *forofifon naspa* oder ›Schützenfranzösisch‹, eine farbige und witzige Sprache, in der man statt Schenkel ›Keule‹ sagte und statt Mund ›großes Kopfloch‹. Wenn er in den Schlafraum kam, fing er damit an, sich vorzustellen:

»Hier ich Don Quichotte! Los, aufsteh – aufsteh! Ssist Morgen – ssist Morgen! Aufsteh – aufsteh! Mach Bett – mach Bett! Aufgabe wartet, Diktat wartet, Don Quichotte auch wartet. Letzter aus Bett ist letzter in Klasse. Aufsteh – aufsteh! Ich nix beleidich, ich nix schlag, aber Signalhorn in Armee sagt: ›Schwein, steh auf, Schwein, steh auf, Schwein ste-e-h auf.‹ Ihr selbe Schweine. Also ihr steh auf, steh schnell auf, sonst Direktor bös und euch Fresse einschlag!«

Eines Nachts, gegen zwei Uhr morgens, hatte Don Quichotte einen Alptraum. Er fing leise an zu stöhnen: *»Ämmme... ämmme... ämmme...«*, dann wurde er lauter und schrie schließlich lauthals: *»Uämba... uämba... uäämbaaa!«* Schulrat Assomption, der wegen der Hitze auf der Terrasse schlief, fuhr aus dem Schlaf hoch: »Wirst du wohl still sein da drin!« Don Quichotte wachte mit einem Mal aus seinem Traum auf und rief: *»Otemene* Monsieur – darum geht's nicht, da iss was, das hat mich anne Käähle gepack.« Der Satz machte in der Schule die Runde. Es genügte, wenn man sich ansah und einer sagte »da iss was...«, dann fuhr der andere fort, »das hat mich anne Käähle gepack!« und alles platzte los!

Mein erstes Jahr in der Berufsschule verlief ohne Schwierigkeiten. Meine Lehrer schätzten es, daß ich ernsthaft arbeitete. Zu jener Zeit geschah es, daß ein Feuer das Anwesen meiner Eltern in Bamako zerstörte. Zum Glück wurde niemand verletzt, aber sie verloren alles, was sie besaßen: Haus, Möbel, Geld, Schmuck, Warenbestände... Sie waren ruiniert. Meiner Mutter blieb nur ein einziges Schmuckstück: der große Goldring, den sie trug, seit die heilige Frau in Bandiagara, die sie vor fünfzehn Jahren um Rat gefragt, ihr verheißen hatte, daß ihr »nach einem Tag großer Bedrängnis« nur dieser Ring bleiben werde. Meine Mutter verkaufte ihn zu einem guten Preis, was ihr gestattete, von vorn zu beginnen. Das wichtigste war, daß alle unversehrt davonkamen; und was das Vermögen angeht, so besagt das Sprichwort: *Es ist nicht mehr wert als ein Nasenbluten. Es taucht grundlos auf und verschwindet ebenso...*

Dann kam das zweite und letzte Jahr. Meine einzige Erinnerung daran ist, daß ich verbissen arbeitete; am Ende standen die Prüfungen, und ihr Ausgang entschied über unsere Zukunft. Mein innigster Wunsch bestand darin, die Aufnahmeprüfung zu bestehen, aber meine Vorstellungen über meine Zukunft waren noch recht verschwommen. Ich hatte die Idee, Arzt zu werden, aber mein Vater Tidjani, ich weiß nicht recht warum, war dagegen. Wie dem auch sei, ich hatte nicht die leiseste Ahnung von dem unerwarteten Los, das das Schicksal wiederum, in einer seiner üblichen Kehrtwendungen, für mich bereithielt.

Während dieses zweiten Jahres hatte ich Monsieur Bouyagui Fadiga als Lehrer, der später im Sudan (Mali) Berühmtheit erlangte. Von großer Intelligenz, verfügte er über ein intellektuelles Rüstzeug, das damals selbst die Europäer, die gern seine Schriften lasen, erstaunte. An der Spitze der Schule wachte immer noch Monsieur Frédéric Assomption, der alte Volkschullehrer, der inzwischen Schulrat war und, das kann man so sagen, der kulturelle Vater fast aller einheimischen

Beamten, die aus dem Sudan stammten. Er war gewiß der französische Lehrer, der in unserem Land die tiefsten Spuren hinterließ.

Monsieur Assomption war auf Bouyagui ganz besonders stolz, und er nannte ihn ›ein geistiges Produkt der französischen Kultur in seiner Reinform‹. Und in der Tat, genau das wollte man mit den besten Absichten der Welt aus uns machen: Uns reinigen von uns selbst und uns mit der Art des Seins, Handelns und Denkens des Kolonialherrn füllen. Man kann nicht sagen, daß diese Politik in unserem Fall immer mißlang. Zu einer bestimmten Zeit war die Entpersönlichung des gebührend beschulten und ausgebildeten ›französischen Untertanen‹ so weit gediehen, daß ihn nur noch nach einem verlangte: die originalgetreue Kopie des Kolonialherrn zu werden, und zwar so weit, daß man seine Kleidung, seine Küche, häufig seine Religion und zuweilen selbst seine Marotten übernahm.

Kurz vor den Ferien, als uns die Ergebnisse unserer Aufnahmeprüfung noch nicht bekanntgegeben worden waren, da bat der Vorsteher der Registrierungsbehörde und Staatsvermögensverwaltung, ein Monsieur Bourgeois aus Guadeloupe, Monsieur Assomption, sechs oder sieben gewissenhafte Schüler in seine Dienste zu stellen, die ihm dabei helfen sollten, die Pakete mit den Habseligkeiten und persönlichen Sachen der im Krieg von 1914/18 an der Front gefallenen Schützen zu sortieren. Monsieur Assomption bestimmte eine Gruppe von sechs oder sieben Schülern, zu der ich gehörte.

Einige Zeit zuvor war das Territorium von *Haut-Sénégal-et-Niger* zweigeteilt worden: Der ›Mossiland‹ genannte Teil wurde unter dem Namen *Haute-Volta* – Obervolta zur autonomen Kolonie erklärt, und der Rest nahm seinen alten Namen *Soudan français* – Französisch-Sudan wieder an. Monsieur Jean Sylvandre, der von den Antillen stammte – und später Abgeordneter der konstituierenden Versammlung in Paris werden sollte – , wurde zum Leiter der Registrierungsbehörde und Staatsvermögensverwaltung der neuen Kolonie Obervolta ernannt. Er war nach Bamako gekommen, um mit Monsieur Bourgeois die Abgabe der die Verwaltungsbezirke von Obervolta betreffenden Archivakten in die Wege zu leiten. Dazu gehörte das Sortieren und Versenden des Gepäcks, das den Nachlaß der Schützen aus Volta enthielt.

Meine Kameraden und ich mußten mehrere Tonnen Pakete sortieren. Die meisten waren seit Jahren in einem dunklen, feuchten Lager des Pflegschaftsamtes gestapelt und befanden sich im Zustand fortgeschrittenen Verschimmelns. Wir mußten sie öffnen, den Gefallenen und seine Erben mit Hilfe des Begleitzettels identifizieren, das Paket dann sorgfältig neu packen und die neue Adresse daraufschreiben.

Der Nachlaß der ›für Frankreich gefallenen Helden‹ war im allgemeinen recht mager: ein paar persönliche Dinge, kleine Gegenstände, ein paar Fotos der Familie, von Kriegskameraden oder eines weißen Wohltäterpaares, die ›weißer Papa und weiße Mama‹ genannt wurden, möglicherweise die Fotografie einer weißen Freundin, die manchmal ›Madame Meineflamme‹ hieß... Aber zu diesem bescheidenen, anrührenden Erbe konnten auch Ringe, Uhren oder Brieftaschen mit Geld gehören, was unsere Arbeit heikel machte.

Das Sortieren fand in einem großen Saal statt und wurde angeleitet und bewacht von Madani Bamantia Tall, einem Schreiber und Expedienten, der aus Bandiagara stammte. Nach einer gewissen Zeit befahl Monsieur Bourgeois Madani B. Tall, mich in die zu seinem Dienstbereich gehörenden Arbeiten einzuführen, damit eine Vertretung da war, wenn einer seiner Angestellten fehlte, weil er für längere Zeit Urlaub machte. Da ich für ihn ein jüngerer Landsmann war, hätte Madani B. Tall entsprechend den ihm von der Tradition verliehenen Rechten, von der Verwaltungshierarchie einmal ganz abgesehen, nach Gutdünken über mich verfügen können. Aber er war ein guter Älterer. Mit viel gutem Willen brachte er mir die Arbeitsgänge bis in die kleinsten Einzelheiten bei und erklärte mir die Funktionsweise der verschiedenen Dienstabteilungen: Registrierung, Staatsvermögen, Erhaltung von Grund und Boden, Pflegschaft herrenloser Güter, Steuermarken, Verwaltung des Vermögens verstorbener Beamter, die keine Verwandte vor Ort hatten... Mein besonderer Auftrag bestand in der Registrierung privatschriftlicher Akten und im Verkauf von Steuermarken, was mich in häufigen Kontakt mit dem französischen Gericht und dem Schatzamt brachte.

So arbeitete ich die ganzen Ferien über als unbezahlter Schüler und wartete unterdessen auf die Prüfungsergebnisse. Monsieur Sylvandre, der noch nicht nach Ouagadougou zurückgekehrt war, kam oft in die Dienststelle, um uns beim Arbeiten zuzusehen. Ich wurde ihm vorgestellt, desgleichen alle meine Kameraden. Ich konnte nicht ahnen, welche Rolle er später in meinem Leben spielen sollte.

Die Folgen einer Verweigerung: Exil in Ouagadougou

Gegen Ende der Ferien wurden die Prüfungsergebnisse bekanntgegeben: Ich war aufgenommen! Alle zugelassenen Schüler des Jahrgangs sollten als Gruppe via Kayes und Dakar zur Insel Gorée reisen.

In den Senegal gehen, und das für viele weitere Studienjahre? Meine Mutter widersetzte sich dem entschieden. »Du hast so schon genug Französisch gelernt«, erklärte sie, »es ist an der Zeit, daß du lernst, wie man ein echter Fulbe wird.« Mein Lehrer Tierno Bokar war nicht mehr da, um ihre Entscheidung zu ändern, und so blieb mir nichts anderes übrig, als mich dem zu beugen. Das machte mir übrigens nicht sehr viel aus, denn zu jener Zeit war es völlig undenkbar, einem Befehl der Mutter zuwiderzuhandeln. Zur Not konnte man seinem Vater den Gehorsam verweigern, aber nie der Mutter. Alles, was von ihr kam, galt als heilig und eine Segensquelle. Gegen den Willen meiner Mutter zu verstoßen, wäre mir also nicht einmal in den Sinn gekommen. Was sie entschieden hatte, galt mir daher als Gottes Wille und mein Schicksal.

Die größte Schwierigkeit bestand für mich darin, Monsieur Assomption zu erklären, daß ich mich der Gruppe meiner Kameraden, die nach Gorée reisten, nicht anschlösse, weil meine Mutter es nicht wollte. Er war tief betrübt darüber, daß ich diese Auffassung hatte, und tat alles, um meine Meinung zu ändern, aber da er meinen Charakter ein wenig kannte, wußte er sehr gut, daß ihm kein Erfolg beschieden wäre. Daher beschloß er, mich ins Kabinett des Gouverneurs zu bringen, weil er hoffte, daß eine Einschüchterung mich zum Nachgeben bewegen würde.

Als wir in die Residenz kamen, stellte er mich dem Kabinettschef vor, der Monsieur Mandagoux hieß.

»Hier haben wir einen sehr guten Schüler, der sich weigert, nach Gorée zu gehen«, sagte er zu ihm.

Während sie die Angelegenheit miteinander besprachen, erschien der Gouverneur im Büro. Er war Monsieur Assomption sehr verbunden.

»Nun, Frédéric«, meinte er, »was gibt's Neues?«

»Ich habe hier einen guten Schüler, der die Prüfungen bestanden hat, sich aber unter dem Vorwand, seine Mutter sei dagegen, weigert, nach Gorée zu reisen.«

»Das kommt gar nicht in Frage«, sagte der Gouverneur streng. »Du mußt deinen Kameraden folgen; und wenn deine Eltern dagegen sind, stecke ich deinen Vater und deine Mutter ins Gefängnis.«

Ohne nachzudenken, antwortete ich auf der Stelle:

»Meine Mutter vielleicht, Monsieur le Gouverneur, aber nicht meinen Vater!«

»Was!« rief der Gouverneur. »Ich soll deinen Vater nicht ins Gefängnis stecken?«

»Nein, Monsieur le Gouverneur.«

»Und warum nicht?«

»Weil er tot ist.«

Der Gouverneur zeigte ein kleines Lächeln, unterdrückte dies aber rasch und wandte sich an seinen Kabinettschef:

»Mandagoux, der Junge hier sollte nicht nach Gorée geschickt werden, sondern zum Teufel, und mit ihm alle bösen Geister, die sich so regen wie er.«

Nun, damals bedeutete ›zum Teufel‹ ein so weit wie möglich von Bamako entfernter Posten, anders ausgedrückt, Ouagadougou oder Fada-N'Gourma im Mossiland, das jetzt Obervolta war.

Von der Wendung, die die Dinge genommen hatten, völlig niedergeschmettert, ging Monsieur Assomption zur Schule zurück, ich aber ins Amt für Registrierung und Staatsvermögensverwaltung, wo ich Monsieur Bourgeois über den Vorfall unterrichtete.

Als Monsieur Bourgois erfuhr, daß ich nicht mehr beabsichtigte, mich nach Gorée zu begeben, sandte er sogleich ein offizielles Schreiben an den Gouverneur und bat ihn, mich dem Personal der ›Hilfsschreiber‹ zuzuteilen und in seine Abteilung zu überstellen, wo ich bereits arbeitete. Der Gouverneur lehnte ab. Er teilte mit, daß ich wegen meiner Haltung weg vom Sudan, in die neue Kolonie Obervolta geschickt werde. Da er mich nicht von Amts wegen dorthin schicken konnte, denn dieses Territorium unterstand nicht mehr unmittelbar seiner Amtsgewalt, sondern dem neuen Gouverneur, Monsieur Fousset, befahl er Monsieur Mandagoux, mich einen Antrag unterzeichnen zu lassen, in dem ich mich um die Stelle eines *zeitweisen Schreibers für unbestimmte Zeit und auf Abruf* – in der Verwaltungshierarchie gab es wirklich keinen niedriger angesiedelten Posten – bewarb, und meine Bewerbung sollte an den neuen Gouverneur von Obervolta gerichtet werden. Ich war gezwungen zu gehorchen.

In einer Zeit, wo die einfache Tatsache, daß man vergaß, den Kommandanten oder die Fahne zu grüßen, für die Behörde Grund genug für eine Internierung war, stand es für einen ›französischen Untertan‹ außer Frage, sich einem Befehl selbst des geringsten Inhabers eines Quentchens kolonialer Gewalt zu widersetzen, und dies um so weniger, wenn der Befehl vom Gouverneur persönlich stammte. Eine Ablehnung hätte mich unausweichlich und ohne Erklärung, ohne so etwas wie einen Prozeß, wegen Befehlsverweigerung ins Gefängnis gebracht. Also unterschrieb ich den Brief und informierte Monsieur Bourgeois.

Er war sehr unzufrieden, daß ich ›in den Busch‹ geschickt wurde, während er selbst mich brauchte, und sagte:

»Wo ich dich nun einmal nicht haben kann, will ich wenigstens versuchen, dich in gute Hände zu vermitteln.« Er schrieb sogleich an seinen Freund Jean Sylvandre, der wieder in Ouagadougou war, kündigte ihm meine ›Bewerbung‹ an, erinnerte ihn daran, wer ich war, und riet ihm, mich in seine Dienste zu nehmen.

Indessen verabschiedete ich mich von meinen ehemaligen Lehrern, dankte ihnen für ihre Hilfe und erklärte ihnen die Gründe für meine Entscheidung. Ich erinnere mich noch der Worte von Monsieur Bouyagui Fadiga:

»Bedaure nichts. Du mußt weiter lernen und dich vervollkommnen, und das kannst du nicht in der Schule. Die Schule verteilt Diplome, aber das Leben bildet.«

Ein weiser Rat, den ich wirklich in die Praxis umsetzen werde, vor allem in der französischen Kultur, wo ich ein reiner Autodidakt und

Bücherwurm werde, nicht so unbedingt im literarischen Bereich, wo ich den großen Klassikern, die man mir in der Schule nahegebracht hatte, treu bleibe, vielmehr in erster Linie in allem, was mit Geschichte, religiösem Denken und den anthropologischen Disziplinen zu tun hat. Heute noch betrachte ich mich als ewigen Schüler und bin immer begierig, zu lernen und mich im Kontakt mit anderen zu bereichern.

Damals genügte mir schon die Tatsache, daß ich zur Aufnahmeprüfung zugelassen war, denn meine Freunde aus der École Normale konnten mich nicht mehr verhöhnen oder sich vor unseren Valentinas auf meine Kosten brüsten. Und was die Haltung meiner Mutter angeht, so stimmte sie mit der Auffassung aller guten muslimischen Familien von damals überein. Alles in allem glaube ich nicht, daß es ein Verlust war, als ich ihr gehorchte, und ich bedaure nichts.

Langsam rückte der November 1921 näher. Während ich die weiteren Ereignisse abwartete, arbeitete ich weiterhin regelmäßig im Amt für Registrierung und Staatsvermögensverwaltung. Ohne die entsprechende Amtsbezeichnung nahm ich eine Beamtenstelle für einheimisches Personal ein, wurde aber nicht dementsprechend bezahlt. Da der Gouverneur mich nicht dieser Dienststelle zugewiesen hatte, kam es auch nicht in Frage, daß man mir einen Lohn auszahlte. Ich glich der Einfältigen aus der Fulbefabel, einer ausgezeichneten Köchin, die einst jeder in der mythischen Stadt Héli bei großen Banketten zu sich rief. Immer, wenn sie mit den Vorbereitungen fertig war und die Speisen zubereitet hatte, steckte die Hausfrau den Finger in die Soße, ging zu ihr und beschmierte ihr damit die Lippen. »Ahh!« sagte sie, »du bist wirklich die Königin der Köchinnen! Auf Wiedersehen und bis zum nächsten Mal!« Und die Ärmste ging davon, die Lippen mit Soße befleckt und der Magen leer. Alle, die sie unterwegs trafen, meinten, sie sei gut gesättigt, und dabei hatte sie einfach vergessen, sich den Mund abzuwischen...

So erging es auch mir, denn die ganzen drei Monate lang, während derer ich im Amt arbeitete, speiste man mich vor allem mit Anerkennung und guten Worten ab. Monsieur Bourgeois, den die Lage beschämte, schob mir manchmal eine kleine Gratifikation zu, aber zum

Glück brauchte ich sie nicht wirklich; ich wohnte bei meinen Eltern, und es fehlte mir an nichts.

Mit der Zeit hatte ich mich an den Gedanken gewöhnt, daß ich vielleicht in Bamako bleiben könnte, wo man mir übrigens im Privatsektor gute Stellenangebote gemacht hatte. Aber die vereinten Vorstöße von Monsieur Bourgeois und Monsieur Sylvandre trugen Früchte. Am 25. November 1921 wurde ich zum Beauftragten von Obervolta in Bamako zitiert, einem Beamten für ›Angelegenheiten der Eingeborenen‹, der korsischer Herkunft war und Sinibaldi hieß. Er hatte am Tag zuvor das folgende Telegramm aus Obervolta erhalten, das er mir zum Lesen gab:

BITTE AMADOU BA, VORDEM AMT STAATSVERMÖGENSVERWALTUNG, BENACHRICHTIGEN, DASS ER ALS ZEITWEISER SCHREIBER MIT MONATSLOHN VON 125 FRANCS ANFANGEN KANN – STOP – FALLS EINVERSTANDEN, BITTE NACH OUAGADOUGOU SCHICKEN KONTO BUDGET VOLTA. UNTERZEICHNET: FOUSSET.

Gewiß, die Worte *für unbestimmte Zeit und auf Abruf* kamen im Telegramm nicht vor, aber sie waren mitenthalten, da ich immer noch nur ein einfacher *zeitweiser* Schreiber des örtlichen Stabes war, wohingegen ich mit meinem Schulabschluß und Prüfungsergebnis in fester Anstellung im zweiten Dienstgrad hätte sein müssen. Seltsamerweise war der Lohn, den man mir zugestand, außergewöhnlich hoch. Alles war zweideutig, und ich hegte die größten Befürchtungen gegenüber dem Los, das mir in Obervolta, fern meinem Land und meiner Familie, beschieden sein mochte, falls ich das Pech hatte, meinen Vorgesetzten nicht zu gefallen.

»Na also, junger Mann«, äußerte sich Monsieur Sinibaldi, »du mußt zufrieden sein, sie haben dir eine gute Stelle gegeben, nicht wahr?«

Es war stärker als ich; schon wieder antwortete ich zu schnell und gab meine Gedanken preis, was man von mir zuallerletzt erwartete! Ich erwiderte, daß die Stelle mir eher unsicher erscheine, daß Ouagadougou zu weit weg sei, als daß ich unter als ›zeitweise‹ gekennzeichneten Umständen gern hingegangen wäre, und daß ich alles in allem lieber in Bamako bliebe, wo ein großes Handelshaus, die CFAO, mir eine Anstellung angeboten habe. Monsieur Sinibaldi sah mich spöttisch an:

»Mein Junge, du bist dreister als ein Negerkönig! Du stellst dir wohl vor, daß die französische Regierung dich zur Schule geschickt hat, damit du anderswo arbeitest? Ich unterbreite deinen Fall dem Herrn Gouverneur des Sudan. Er trifft eine Entscheidung, und anschließend sage ich dir, mit welcher Soße du gegessen wirst.«

Mit großer Angst im Herzen ging ich nach Hause. Die schwärzesten Gedanken bedrängten mich bezüglich Monsieur Sinibaldi, diesem Korsen mit Glatze und Hasenzähnen, die so weit vorstanden, daß sie fast die Unterlippe bedeckten. Er war gefährlich, und selbst seine Vorgesetzten fürchteten ihn, denn er verstand keinen Spaß, mit keinem, ob weiß oder schwarz. Für die Schwarzen hatte er sogar einen Holzstock, der in seinem Büro hing, und er zögerte nicht, ihn zu gebrauchen, wenn die Wut ihn übermannte, was leider so oft vorkam, daß die Afrikaner in seiner Umgebung sagten, sie könnten sie nicht von seinem Atmen unterscheiden: »Atmet er, oder ist er wütend?«

Ein paar Tage später holte mich ein Polizist ab. Er brachte mich nach Koulouba ins Kabinett des Gouverneurs. Zunächst ließ man mich im Büro von Monsieur Daba Keïta warten, dem späteren Vater von Modibo Keïta, der erster Präsident der Regierung der Republik Mali werden sollte. Monsieur Keïta, der mich kannte, riet mir, mich nicht zu weigern, nach Ouagadougou zu gehen, sonst liefe ich Gefahr, gewaltsam und unter sehr unangenehmen Bedingungen dorthin gebracht zu werden.

Ein Ordonnanzbursche holte mich und führte mich zum Kabinettschef, Monsieur Mandagoux. Mit vor der Brust gekreuzten Armen, einer alten respektbezeigenden Angewohnheit aus der Schulzeit, die ich noch nicht abgelegt hatte, blieb ich vor ihm stehen. Monsieur Mandagoux holte lässig den Brief heraus, den Monsieur Sinibaldi ihm über mich geschrieben hatte.

»Nun also, junger Mann! Nachdem du dich geweigert hast, deine Studien fortzusetzen, weigerst du dich heute, Frankreich in Ouagadougou zu dienen, und das unter dem Vorwand, daß die Stelle nicht so fest sei wie ein Felsen?«

In diesem Augenblick kam der Gouverneur ins Büro, um seinen Kabinettschef von einer dringenden Angelegenheit zu unterrichten. Als er sich, ohne meine Anwesenheit bemerkt zu haben, wieder abwandte, erinnerte Monsieur Mandagoux ihn an mich:

»Monsieur le Gouverneur, vor sich sehen Sie diesen jungen, eigensinnigen Amadou Bâ, der nunmehr Schwierigkeiten macht, sich zu seinem Posten in Ouagadougou zu begeben.«

Der Gouverneur, der seine Tür aufhielt, drehte sich zu mir um und betrachtete mich. Erregt fühlte ich, wie mir das Blut in den Kopf stieg. Alles Mögliche konnte nun geschehen.

»Nun aber genug der Launen«, sagte er streng. »Mandagoux, schikken Sie den jungen Mann zu Fuß und von einem Polizisten bewacht nach Ouagadougou.«

Dann ging er hinaus.

Monsieur Mandagoux streckte seine langen Arme in die Luft:

»Das hast du nun von deinen Einfällen! Also los, du gehst jetzt in Begleitung eines Wachsoldaten zu Pferd nach Ouagadougou. Du bekommst eine Vorladung. Du kleiner Nichtsnutz, hau jetzt ab hier!«

Niedergeschlagen stieg ich langsam den Hügel hinab. Ich erinnerte mich der letzten Worte von Monsieur Sinibaldi, die noch in meinem Kopf widerhallten: »Ich sage dir, mit welcher Soße du gegessen wirst.«

Was erwartete mich in Ouagadougou?

Als meine Mutter sah, wie ich langsamen Schrittes und mit trauriger Miene nach Hause kam, fragte sie mich, was der Gouverneur gesagt habe. Ich erzählte ihr alles, was vorgefallen war. Sie war um so betroffener, als sie zweifellos meinte, für diese Situation verantwortlich zu sein. Als sie mir verboten hatte, nach Gorée zu reisen, war sie weit davon entfernt vorherzusehen, daß aus dem Verbot die Versetzung in ein noch ferneres Land erfolgen werde, ohne daß ich auf Jahre hinaus auf Urlaub hoffen konnte, und unter beklagenswerten beruflichen Verhältnissen. »Gott ist der größte!« sagte sie und seufzte. »Er wird dich beschützen.« Sie sprach den Koranvers: *Das Glück ist nahe beim Unglück.* Oder: *Neben der Schwierigkeit liegt die Leichtigkeit.* »Wer weiß«, fügte sie hinzu,«vielleicht liegt dort dein Glück?« Sie versuchte, mir Mut zu machen, aber ich wußte genau, wie traurig sie war.

Bevor ich abends schlafen ging, kam mir eine verrückte Idee. Ich hatte gehört, daß ein plötzlicher Temperaturwechsel bei chronisch Malariakranken, die wir alle waren, heftige Fieberanfälle hervorrufen konnte. Ich nahm also ein sehr heißes Bad und sofort danach ein sehr kaltes. Das Ergebnis ließ nicht auf sich warten. In derselben Nacht stieg meine Temperatur steil in die Höhe, und ich geriet in einen so bedenklichen Zustand, daß meine Mutter mich zur Krankenstation schaffen ließ. Als Notfall lieferte man mich ins Hospital ›Point G‹ ein. Ich fiel in eine Art Koma, das zwei Tage anhielt, aber auch dann sprach ich nicht und erkannte niemanden. Meine Mutter, die mich nicht verließ, ernährte mich, ich weiß nicht wie. Nach etwa zehn bis fünfzehn Tagen erlangte ich das Bewußtsein wieder. Ich kam von weither! Zu einem äußerst schweren Malariaanfall war eine Lungen- und Brustfellentzündung gekommen, von der ich übrigens Atembeschwerden zurückbehielt. Meine Mutter war so glücklich, daß ich wieder bei Bewußtsein war, daß sie am selben Tag aus Dankbarkeit Gott gegenüber eine große Menge Lebensmittel, Kleidungsstücke und Geld an die Armen verteilte.

Indessen war ich noch sehr schwach. Meine beunruhigte Mutter zog einen Marabut zu Rate, der für seine erstaunlichen seherischen Fähigkeiten berühmt war und dem man den Beinamen *Mawdo molebol gotel* – ›der Alte, der nur ein Haar hat‹ gegeben hatte, was so viel heißt wie ›der Alte oder der Lehrer, der nur ein Wort hat‹ und auch ›der in seiner Art einzig ist‹. Nachdem er sich die Angelegenheit klargemacht hatte, wahrscheinlich auf geomantische Art oder in Ziffern, erklärte er:

»O Kadidja, sei glücklich, denn sobald dein Sohn die Stadt verläßt, wird seine entflohene Gesundheit voll und ganz zurückkehren. Sein Aufenthalt in der Fremde ist unvermeidlich, und er wird lange fortbleiben, bevor er zu dir zurückkommt, aber er wird dort nicht unglücklich sein. Er wird sich einen Namen machen und eine Familie gründen. Er wird in Wohlstand leben, doch kein Vermögen ansammeln. Er wird viele weiße und schwarze Freunde gewinnen. Du mußt ihn gehen lassen.« Als Schlußfolgerung fügte er hinzu: »Dein Sohn wird sich in seinem Leben der Gunst der Großen erfreuen. Eines Tages wird er sogar ein mehrstöckiges Haus bauen. Wenn dieser Tag kommt und falls ich noch am Leben bin«, sagte er lächelnd, »komme ich und bitte ihn, daß er für mich eine kleine Strohhütte am Fuße seines Hauses errichtet.« Auf die versteckte Art unserer alten Weisen lag in diesem freundschaftlichen Scherz eine Lehre verborgen, die zu Dankbarkeit und Demut aufforderte. Das mehrstöckige Haus steht heute noch in Abidjan, und zu meinem größten Bedauern war es dem alten Mann nicht vergönnt, mich dort aufzusuchen; mit Freude hätte ich ihm in meinem Anwesen eine Wohnung eingerichtet.

Alle Befürchtungen meiner Mutter lösten sich in Luft auf. Leichten Herzens beeilte sie sich, die Opfergaben an die Armen zu verteilen, wie der Marabut es ihr vorgeschrieben hatte.

Indessen sah Monsieur Sylvandre ungeduldig meiner Ankunft entgegen und harrte meiner. Durch den Gouverneur von Obervolta ließ er drei Telegramme schicken, um die Gründe meiner Verspätung zu erfahren und darauf hinzuweisen, wie dringlich meine Abreise sei. Eine Mitteilung – die von Monsieur Mandagoux, glaube ich, kam, doch bin ich dessen nicht sicher – wurde an den Chefarzt des Hospitals, Monsieur Lairac, geschickt, um ihm zu sagen, er solle mich so schnell wie möglich entlassen und mir vor allem keine Nacherholungszeit genehmigen, wobei man ihm zu verstehen gab, daß es sich bei mir mehr oder weniger um einen Drückeberger handele. Doktor Lairac, der im Range eines Médecin-Colonel war und dessen Arm fünf goldene Streifen schmückten, war ob dieses Vorgehens ungehalten. Er beschloß, daß ich seinen Dienstbereich erst bei meiner völligen Wiederherstellung verlassen sollte. Monsieur Sinibaldi, außer sich angesichts dieser Situation, hatte hingegen, so schien es, beschlossen, daß ich tot oder lebendig Bamako spätestens am 31. Dezember Richtung Ouagadougou verlassen sollte. Glücklicherweise spürte ich vom 20. an, wie meine Lebenskräfte zurückkehrten. Am 25. waren die Folgen noch zu spüren, aber ich fühlte mich zu reisen imstande. Am 28. oder 29. kehrte ich nach Hause zurück, gerade noch zur rechten Zeit, um meine Abreise zum vorgesehenen Datum vorzubereiten.

Als ich das Krankenhaus verlassen hatte, telegraphierte Monsieur Sinibaldi umgehend nach Ouagadougou, daß man mich am 31. Dezember ohne Verzug losschicken würde. Der Wachsoldat Erster Klasse Mamadou Koné wurde dazu bestimmt, mich nach Mopti zu begleiten, wo ein anderer mich übernehmen sollte. Von dort aus würde ich über Bandiagara nach Ouagadougou gehen. Die Gesamtstrecke Bamako – Ouagadougou betrug etwas mehr als eintausend Kilometer. Schließlich legte ich die fünfzig Kilometer, die Bamako von Koulikoro trennen, aber im Zug zurück und die Strecke von Koulikoro nach Mopti in der Piroge, sei es aus dem wohlwollenden Einvernehmen mit dem Wachsoldaten heraus, sei es, daß endlich wegen meines Gesundheitszustands die Genehmigung dazu erteilt worden war, daran erinnere ich mich nicht mehr. Von Mopti nach Ouagadougou waren es zu Fuß nur noch vierhundert Kilometer. Das war allemal besser als die vorgesehenen eintausend!

Vor der Abreise schenkte meine Mutter mir einen vollständigen ›kolonialen Anzug‹, wie es sich für einen jungen weiß-schwarzen Verwaltungsangestellten geziemte: einen Gabardineanzug, einen Anzug aus weißem, ›Drill‹ genannten Tuch, drei Hemden, ein Paar schwarze Schuhe, drei Paar Socken, einen Tropenhelm – unerläßlich für mein Prestige! – und endlich die eigentlichen Statussymbole: einen europäischen Spazierstock, eine Sonnenbrille und sogar einen Kneifer! Trotzdem hatte sie auch einen vollständigen Satz afrikanischer Kleidung dazugelegt, darunter einen prachtvollen Bubu, den mein Vater Tidjani bestickt hatte. Für meine Bequemlichkeit während der Zwischenaufenthalte hatte sie vorgesehen: einen Liegestuhl, einen zusammenlegbaren Tisch und Stuhl, einen Topf, einen Ofen, Gedecke, einen Zweiliterkanister, eine Sturmlampe und einen sehr schön ziselierten Dolch, ein Geschenk meines Vaters, der mich an unsere erste nächtliche Durchquerung der Schlucht von Dounfing erinnerte...

Auf der Brust trug ich auch eine sehr schöne silberne Uhr, *Savonnette* genannt, die Monsieur Bourgeois mir geschenkt hatte. Sie stammte aus dem Gepäck der Schützen, und man hatte ihren rechtmäßigen Besitzer nicht feststellen können. Jeder meiner Kameraden hatte, gleichermaßen als Erinnerung an die vorübergehende Beschäftigung in dieser Dienststelle, eine Uhr erhalten. Meine, eine deutsche Marke, war wahrscheinlich von meinem unbekannten Schützen bei einem gefallenen deutschen Offizier gefunden worden... Jedenfalls war das die Auffassung von Monsieur Bourgeois, der mir darüber hinaus vor meiner Abreise einen langen Blick schenkte, auf den ich sehr stolz war.

Meine Mutter hatte beschlossen, bis Koulikoro an meiner Seite zu bleiben. Am 31. Dezember 1921, nach den letzten Abschiedsgrüßen an die Verwandten und Freunde, die uns zum Bahnhof begleiteten, und mit guten Ratschlägen und Segenswünschen eingedeckt, bestieg ich den Zug, wo ich mich zwischen meiner Mutter und der Distriktwache niederließ. Ein Träger hatte unser Gepäck gebracht.

Die ganze Strecke über sprach niemand ein Wort. Ich sah, wie die Landschaft vorüberzog und dachte an die glücklichen Augenblicke meiner Kindheit. Vor meinem geistigen Auge sah ich auch die Schullehrer, die mich am stärksten geprägt hatten: meinen ersten Lehrer, den brutalen, aber tüchtigen Monsieur Moulaye Haïdara, der uns mit der Stockspitze, die selten arbeitslos wurde, Französisch beibrachte; Monsieur Primel, unser französischer Lehrer in Djenné, der mit Leidenschaft versuchte, aus uns gute und loyale französische Untertanen zu machen, beseelt von einer Liebe zum Mutterland, die so stark war wie unser Haß auf Wilhelm II. und seinen spitzzulaufenden Schnurrbart. Zumindest hatte uns dieser sehr gute Lehrer, der sich voll und ganz seinem Beruf hingab, eine solide und reiche Grundausbildung mitgegeben, die später für mich sehr wertvoll sein würde. Ich sah auch die sehr guten afrikanischen Lehrer, die ich in Bamako gehabt hatte, vor meinem Auge vorüberziehen: Séga Diallo, der sich seinen Lektionen so innig hingab, daß er darüber die Stimme verlor; Mamadou Konaté, dem ich nachtrauerte; Namoussa Doumbia, Namakan Coulibaly, Bouyagui Fadiga, sehr bemerkenswerte Menschen alle miteinander, sowohl was ihre Hingabe als auch ihre Bildung und Kompetenz angeht; und nicht zu vergessen der ›Vater‹ von allen, Monsieur Frédéric Assomption, der gemeint hatte, gut daran zu tun, wenn er mich zum Gouverneur mitnähme, und dessen Erfolg darin bestand, daß ich zum Teufel geschickt wurde...

Während in Koulikoro der mit der Sicherheit der Stadt betraute Distriktwachsoldat gemeinsam mit meinem Wachsoldaten und Bewacher die Vorbereitungen für unsere Pirogenfahrt bis Mopti traf, stieg meine Mutter bei einem Laptotchef ab, dessen Frau eine Gefährtin ihrer Altersklasse in Bandiagara war. Wir verbrachten bei ihr mehrere Tage. Zu meinem Glück veranstaltete unser Wirt allabendlich Gesellschaften, bei denen Märchen und Erzählungen vorgetragen wurden, wie es bei den Laptots Sitte war, wenn sie zwischen zwei Reisen zu Hause weilten. Zu Gitarrenklängen traten Freunde und Griots auf. Dort habe ich erstmalig damit begonnen, alles, was ich hörte, schriftlich festzuhalten, möglichst in Gänze, andernfalls in groben Zügen. Ich hatte einen Vorrat an großen Schreibheften mitgenommen, wovon ich eins nahm, das zu meinem ersten ›Tagebuch‹ wurde. In Koulikoro und von da an die ganze Reise über schrieb ich alle wichtigen Ereignisse des Tages hinein, und vor allem alles, was ich hinsichtlich unserer oralen Traditionen an Interessantem sah und hörte. Als ich mich einmal daran gewöhnt hatte, sollte ich mein ganzes Leben lang nie mehr damit aufhören.

Drei Tage nach unserer Ankunft hatte ich mich gut erholt und fühlte mich kräftig genug, um Bäume auszureißen. Meine Mutter war so glücklich darüber, daß sie zum wiederholten Male an die Armen Geld, Lebensmittel und Kleidung verteilte.

Der Kommandant von Koulikoro hatte eine große, bequem ausgestattete Piroge für meine Reise beschlagnahmen lassen, die von sechs Schiffsleuten fortbewegt wurde. Unser Aufbruch wurde auf den 5. Januar um zehn Uhr morgens festgesetzt. Am Vorabend hatten die Laptots alle notwendigen Essensvorräte eingeladen. Und der Wachsoldat Mamadou Koné, dem Bamakos Obrigkeit, aus Angst, daß ich entflöhe, den Auftrag erteilt hatte, mich nicht aus dem Auge zu lassen, hatte rasch seine Bewacherrolle mit der eines ergebenen Helfers und angenehmen Reisegefährten vertauscht. Keine Weisung der Behörden vermochte, sobald wir unter uns waren, etwas gegen afrikanischen Bräuche auszurichten – vor allem dann nicht, wenn die üblichen kleinen Geschenke die Runde machten.

Am Morgen der Abreise begleitete mich meine Mutter zum Ufer des Flusses. Unmittelbar vor dem Ufer war eine kleine Sanddüne zu überqueren. Beim Laufen hielten wir einander an den Händen. Als wir die Düne in südlicher Richtung hinabstiegen, preßte der Nordwind uns die Kleidung gegen den Rücken. Meine Mutter legte Wert darauf, in die Piroge zu klettern und mit eigenen Augen zu überprüfen, daß es in den Deckshäusern an nichts fehlte. Beruhigt verteilte sie einige letzte Geschenke und kehrte zur Uferböschung zurück. Sie nahm mich bei der Hand und zog mich ein wenig abseits. Dort gab sie mir fünfzig Francs für meine Reisekosten, dann nahm sie meine beiden Hände in die ihren und sagte:

»Sieh mir fest in die Augen.«

Ich senkte meinen Blick in ihren, und einen kurzen Augenblick lang ›wurden unsere Augen vier‹, wie man in der Sprache der Fulbe sagt. Die ganze Energie dieser unbezähmbaren Frau schien durch ihre Augen von ihr zu mir hinüberzufließen. Dann drehte sie meine Hände um, und mit der Geste des großen mütterlichen Segens drückte sie nach der Art afrikanischer Mamas die Spitze ihrer Zunge auf meine Handflächen.[53] Dann sagte sie:

»Mein Sohn, ich gebe dir ein paar Ratschläge, die dir dein ganzes Männerleben über von Nutzen sein werden. Merke sie dir gut« – sie unterstrich jeden ihrer Ratschläge, indem sie eine ihrer Fingerspitzen berührte:

»Öffne nie deinen Koffer in Gegenwart eines anderen. Die Kraft eines Menschen kommt aus seiner Zurückhaltung; man soll weder sein Elend noch sein Glück ausbreiten. Zur Schau gestelltes Glück macht Neider, Bettler oder Diebe.

Neide nie jemandem etwas. Nimm dein Los entschlossen an, sei im Unglück geduldig und maßvoll im Glück. Beurteile dich nicht selbst im Vergleich zu denen, die besser dastehen, sondern im Vergleich zu denen, die weniger gut dran sind als du.

Sei nicht geizig. Gib soviel Almosen, wie du kannst, aber gib sie lieber den Unglücklichen als den kleinen umherziehenden Marabuts.

Erweise so viele Dienste, wie du kannst, und erbitte selbst möglichst wenige. Tue das ohne Hochmut und sei niemals undankbar, nicht gegen Gott und nicht gegen die Menschen.

Sei in deinen Freundschaften treu und tue alles, um deine Freunde nicht zu verletzen.

Schlage dich nie mit einem jüngeren oder schwächeren Mann.

Wenn du mit Freunden oder mit Fremden eine Mahlzeit teilst, nimm nie ein großes Stück, stopfe deinen Mund nicht zu sehr mit Essen voll und sieh vor allem die Leute während des Essens nicht an, denn nichts ist häßlicher als das Kauen. Und erhebe dich nie als letzter; sich beim Essen aufzuhalten ist den Schlemmern eigen, und Schlemmerei ist eine Schande.

Achte ältere Menschen. Jedesmal, wenn du einen Greis triffst, sprich ihn ehrerbietig an und mache ihm ein Geschenk, so klein es auch sein mag. Bitte ihn um seinen Rat und frage ihn rücksichtsvoll aus.

Sei mißtrauisch gegenüber Schmeichlern, Frauen mit schlechtem Lebenswandel, Glücksspiel und Alkohol.

Achte Ältere und Vorgesetzte, aber stelle sie nicht so hoch wie Gott.

Verrichte regelmäßig deine Gebete. Vertraue jeden Morgen beim Aufstehen dein Geschick Gott an und danke Ihm jeden Abend vor dem Schlafengehen.

Hast du alles gut verstanden?«

»Ja, Dadda.«

»Und zum Schluß, vergiß während deiner Reise nicht, unsere Verwandten in Diafarabé, in Mura, Saredina und Mopti zu begrüßen. Und sobald du in Bandiagara bist, besuche als ersten Tierno Bokar. Wenn du ihn siehst, so sage ihm das Folgende: ›Meine Mutter, deine kleine Schwester, befiehlt mir, mich mittels deiner Fürsprache in Gottes Hände zu begeben.‹ Merkst du dir das alles gut?«

»Ja, Dadda, sei beruhigt. Ich werde deine Worte mein ganzes Leben lang im Gedächtnis behalten.«

Als wir zur Piroge zurückgingen, versanken unsere Füße im feinen Sand. Bevor ich mich einschiffte, sprach meine Mutter die *fatiha* und segnete mich: »Gottes Friede sei mit dir! Gehe in Frieden, dein Aufenthalt vergehe in Frieden, und komme endlich in Frieden zu uns zurück!« Als ich *»Amīn!«* sagte, wandte sie sich um, und aufrecht und ohne sich ein einziges Mal umzudrehen, beschritt sie den Weg über die Dünen. Ich hatte den Eindruck, daß sie weinte, aber zweifellos wollte diese stolze Frau, die fast noch nie jemand hatte weinen sehen und die an Gefühlsäußerungen nicht gewohnt war, nicht weinen, vor allem nicht vor ihrem großen Sohn.

Ich bestieg die Piroge, wo der Wachsoldat Mamadou Koné mit umgehängtem Karabiner bereits Platz genommen hatte. Die sechs Schiffsleute, drei vorne, drei hinten, warteten stehend auf den Befehl abzulegen. »Monsieur Patron«, rief die Wache, »Laptots schon voll bereit, warten nur Wort aus deinem Mund.« Es war das erste Mal, daß man mich ›Patron‹ nannte. Es berührte mich seltsam. Statt einer sofortigen Antwort drehte ich mich um und betrachtete noch einmal meine Mutter. Ich sah, wie sie den Gipfel der Düne erreichte. Der Wind ließ den Stoff ihres Bubus um sie flattern und lüftete ihren leichten Schleier. Sie erinnerte an eine Libelle, die davonfliegen wollte. Allmählich verschwand ihre schlanke Silhouette hinter der Düne, als ob der Sand sie verschluckt habe. Mit ihr verschwanden Amkoullel und meine ganze Kindheit.

Die Stimme des Soldaten, der seine Anfrage wiederholte, riß mich aus meinen Träumen. Ich war nicht mehr der kleine von seiner Mutter gehätschelte und beschützte Junge, sondern ein ›Monsieur Patron‹, auf dessen Befehle ein mit Karabiner und Bajonett bewaffneter Wachsoldat und sechs kräftige Laptots warteten. Ich weiß nicht, wie es geschah, daß unbewußt ein Satz auf meine Lippen gelangte, den ich so manches Mal aus dem Mund der Offiziere in Kati gehört hatte und den ich nun mit ernster Miene aussprach, wobei ich die Worte mit einer energischen Geste unterstrich:

»Wohlan, wenn jeder bereit ist, dann vorwärts!« Am schlimmsten ist, daß ich plötzlich blödsinnigerweise stolz auf mich war. Mit meinem Tropenhelm auf dem Kopf vergaß ich für einen Augenblick meinen Stand als *zeitweiser Schreiber auf unbestimmte Zeit und auf Abruf*, ich hielt mich für einen großen Chef...

»Aïwa!« rief Mamadou Koné. »Auf geht's!«

Die Laptots hoben in bewundernswertem Gleichklang und mit weit ausholender Bewegung ihre Staken und tauchten sie ins Wasser. Sie stemmten sich mit ihrem ganzen Gewicht dagegen, und es gelang ihnen, uns aus dem Uferschlamm zu befreien. Die Piroge bäumte sich auf wie ein Pferd, dem man die Sporen gibt, dann entfernte sie sich langsam von der Uferböschung und ließ gelbliches Kielwasser hinter sich.

Als wir an eine Stelle kamen, wo uns die abfließende Strömung günstig war, wurde sie immer schneller und schwankte unter den rhythmischen Stößen der Schiffsleute sanft von rechts nach links. Nach und nach verschwand die Sanddüne von Koulikoro in der Ferne.

Ich wandte mich nach vorn. Der Schiffsbug zerteilte die seidigen, klaren Wasser des alten Flusses, dessen Strömung uns davontrug, als wolle er mich schneller in die unbekannte Welt bringen, die da auf mich wartete, ins große Abenteuer meines Lebens als Mann.

ANMERKUNGEN

1. Die Felsmalereien im Tassili (algerische Sahara), die bis ins Neolithikum zurückreichen, lassen Rückschlüsse zu auf die Besiedlungsgeschichte von Nord- und Zentralafrika. Der französische Archäologe Henri Lhote führte die Malereien auf mehrere Besiedlungsphasen zurück, darunter eine späte (3500–200 v. u. Z.), die Rinderhirten darstellt, und er stellte die These auf, daß es sich bei ihnen um Vorfahren der heute in der Sahelzone lebenden Fulbe handelt. Die Initiationsriten der nur teilweise islamisierten Fulbe in Niger, die noch Vollnomaden sind, ähneln bis ins Detail den im Tassili dargestellten.
   Eine leicht zugängliche Einführung in die Geschichte, Geographie, Sozialstruktur und Kultur der Sahelzone bietet: *Krings*, Thomas: Sahel. Senegal, Mauretanien, Mali, Niger. Köln: DuMont 1982.

2. *Tidjaniya* ist eine der wichtigsten muslimischen Bruderschaften in Schwarz- und Nordafrika. Die Bruderschaften (*turuk* – Wege, Sing. *tarika*) sind keine Sekten, sondern eine Art geistige Familien, den christlichen Orden ähnlich. Das subsaharische Afrika wurde zum wesentlichen Teil von solchen Bruderschaften islamisiert. Sie spielen eine große Rolle im sozialen, religiösen und auch politischen Bereich. Vgl.: *Bâ*, A. H.: Vie et enseignement de Tierno Bokar, le sage de Bandiagara. Paris: Seuil 1980.

3. In der afrikanischen Tradition wird der Onkel väterlicherseits als Vater angesehen und ist direkt für das Kind verantwortlich.

4. Die Dienerin-Mutter ist oft ein sehr junges Mädchen, sie hilft der Mutter und kümmert sich von seiner Geburt an um das Kind.

5. *Diawando* (Pl. *diawambé*): eine fulsprechende Ethnie, die von altersher in der Nähe der Fulbe lebt.

6. Die Hausgefangenen oder Haussklaven wurden ursprünglich bei Plünderungen mitgenommen oder als Kriegsbeute. Sie wurden nach Gutdünken verkauft oder zu Frondiensten herangezogen. Ihre Nachkommen bilden im Afrika der Savanne eine besondere Klasse, die der *rimaybé* (auf Ful im Sing. *dimadjo*, auf Bambara *woloss* – ›im Haus geboren‹). Im allgemeinen handelt es sich um Dienerfamilien, die, ob freigelassen oder nicht, seit Generationen einem noblen Haus verbunden sind, sein Schicksal teilen und oft auch seinen Namen tragen. Man wurde *dimadjo* von der ersten oder zweiten im Haus geborenen Generation an. Die *rimaybé* waren unveräußerlich und ihre Herren ihnen Unterkunft, Unterhalt und Schutz schuldig. Wohlhabende Familien vertrauten ihnen oft die Verwaltung ihrer Güter und fast immer die Erziehung ihrer Kinder an. Es gab auch Dörfer von *rimaybé*, die als Bauern arbeiteten. Die Gefangenen, die mein Vater gekauft hatte und denen er half, waren noch keine *rimaybé* und konnten verkauft werden. Erst bei ihm wurden sie *rimaybé*.

7. Das Wort *dimo* in der Fulsprache (*horon* auf Bambara), übersetzt als ›nobel‹, heißt, ein freier Mann zu sein. Nobel ist, wer kein Hausgefangener ist oder zu keiner Handwerkerkaste gehört. Jeder Fulbe hält sich, allein weil er Fulbe ist, für nobel. Im Laufe der Zeit wurde durch die Befehlsgewalt zwar eine Art Aristokratie der Macht geschaffen, aber ein einfacher Hirte hält sich für ebenso nobel wie ein König, völlig unabhängig von der Frage der Macht.

8. *Rotohrige* Fulbe bezeichnet die reinen Fulbe, die oft noch das traditionelle Hirtenleben führen.

9. *Griots*: Eine Kaste von Musikern, Sängern und gelehrten Genealogen, die umherwandern oder an bestimmte Familien gebunden sind, deren Geschichte sie besingen und rühmen. Sie können auch einfache Höflinge sein. Vgl. Bâ, A. H.: Von Mund zu Ohr. Initiation, Oralität, Gedächtnis: Afrikas lebende Tradition. In: *Lettre International*. Nr. 21. Berlin 1993, S.46–54, sowie Anmerkung 27.

10. »*Ich scheide dich*«. Die wörtliche Übersetzung des afrikanischen Ausdrucks.

11. Das *demütigende Schleifen* in Bandiagara hingerichteter Kriegsgefangener bestand darin, den Leichnam den Kindern zu überlassen, die seine Füße zusammenbanden, ihn fortschleiften und in ein Gemeinschaftsgrab warfen.

12. Diesen Bericht habe ich von Beydari selbst, der später unter seinem neuen Namen Zeydi bekannt wurde.

13. vgl.: *Bâ*: Vie et enseignement de Tierno Bokar, a. a. O.

14. Mit *chefferie* sind die von den Franzosen eingerichteten Provinzverwaltungsstellen bezeichnet, an deren Spitze einheimische Vertreter, ›Chefs‹, standen, die den bedeutendsten Familien entstammten.

15. Ein Drohbegriff, der jemandem seinen Tod ankündigt.

16. Regimenter einheimischer Soldaten, die vor Ort, in den französischen Kolonien, rekrutiert wurden.

17. Eine magisch-religiöse Praxis, die darin besteht, einen Säugling – oder einen Erwachsenen – mit einem Absud aus bestimmten Pflanzen zu waschen, oft von Ausräuchern und geweihten Worten begleitet.

18. Wörtlich heißt es: Dein *tiinde* – ›das Schicksal, das an deiner Stirn klebt‹. Man sagt, jemand habe einen guten oder schlechten *tiinde*.

19. Die Zahl 33 hat im Islam wie in den afrikanischen Traditionen, desgleichen auch in den westlichen und orientalischen, eine sehr große symbolische Bedeutung.

20. *Naaba* heißt in der Mossisprache, die in der Provinz Luta gesprochen wird, ›König‹. Tidjani wurde von seiner Familie und von Freunden vertraulich so genannt.

21. *Koloniale Ehe*: Zahlreiche Offiziere und Beamte der Kolonialverwaltung lebten in Afrika mit jungen einheimischen Frauen zusammen, die entweder amtlicherseits requiriert worden waren oder mit denen eine spöttisch ›koloniale Ehe nach dem Recht der Gewohnheit‹ genannte Verbindung eingegangen wurde. Sie erlosch von selbst, wenn der ›Ehemann‹ abreiste. Die Kinder aus diesen Verbindungen wurden selten anerkannt, von einigen ehrenwerten Ausnahmen abgesehen. War der Vater nach Frankreich zurückgekehrt, steckte man die Kinder von Amts wegen in ›Waisenhäuser für Mischlinge‹, wo sie eine Ausbildung erhielten.

22. *Poullo* hat in der Fulsprache den Sinn von ›nobel‹. Ein Kosename für Kadidja, den Tidjani übernimmt.

23. *Akbar* ist die Steigerungsform von *kabir* – ›groß‹, die genaue Übersetzung lautet also ›Allah ist der größte‹, was bedeutet, ›er steht über allem‹. Was immer der Mensch auch begreifen oder sich vorstellen mag, Allah ist jenseits davon. Die Formel drückt auch eine Vorstellung von Allmacht aus.

24. *Bissimillâhi*: Die in Westafrika als Willkommensgruß verwendete Formel *Bismillâh* – ›im Namen Gottes‹, die jeder Koransure vorausgeht.

25. *Tubab* (auf Arabisch: Doktor, Sing. *tubib*): Mit diesem Wort bezeichnet man in Westafrika die Europäer, im Singular wie im Plural.

26. Die *Diola* sind eine ethnische Gruppe, die sich vor allem dem Handel widmet.

27. Kasten sind erbliche Berufskorporationen, die immer eine soziale, beziehungsweise religiöse, in den traditionellen Gesellschaften der Savanne sehr wichtige Rolle gespielt haben. Man unterscheidet einerseits Handwerker – Schmiede, Weber, Schuhmacher usw. – und ›öffentliche Animateure‹ – *diéli* auf Bambara, auf französisch und deutsch *Griot* – andererseits. Die Mitglieder der Kasten (ein Begriff, der dem Sinn, den der Westen ihm gibt, unangemessen ist) heißen auf Bambara *nyamakala*, d. h. ›Gegenmittel für den *nyama*‹, eine okkulte Kraft, die jedem Ding innewohnt. Da sie als Bewahrer okkulter Mächte galten, wurden sie einst mehr gefürchtet und rücksichtsvoll behandelt als verachtet. Sie dürfen auf keinen Fall gefangengenommen werden, und die Noblen schulden ihnen Geschenke, Rücksicht und Unterhalt. Ehedem entsprach jede handwerkliche Tätigkeit einem besonderen Weg der Initiation. Um die geheimen Kenntnisse der *Lignage* – des Familienverbandes – zu bewahren und sie nicht mit anderen, unvereinbaren ›okkulten Kräften‹ zu vermischen, praktizierten die verschiedenen Zweige der *nyamakala* durch sexuelle Verbote die Endogamie und bildeten hermetische Gruppen. Den Begriff der ›Unberührbarkeit‹ wie in Indien gibt es nicht, auch nicht den der Überlegenheit. Das Überlegenheitsgefühl, das von einigen den *nyamakala* gegenüber zum Ausdruck gebracht wird, beruht auf der Unkenntnis alter soziokultureller Realitäten, wo ›Nicht-Vermischung‹ nichts mit Verachtung zu tun hatte: Vgl.: *Bâ*: Von Mund zu Ohr, a. a. O., und auch: *Gardi*, Bernhard: Ein Markt wie Mopti. Handwerkerkasten und traditionelle Techniken in Mali. Diss. Basel 1985.

28. Die untersten Einheiten der kolonialen Verwaltung in Französisch-Westafrika waren die *Cercles*, denen ein *commandant de cercle* – ›Distriktkommandant‹ vorstand. Eine seiner wichtigsten Aufgaben bestand darin, Volkszählungen durchzuführen, denn die Steuer wurde pro Kopf festgelegt. (Was in einer jeder Bürokratie abholden ländlichen Gesellschaft zu den verschiedensten Strategien führte, sich zu entziehen, sei es durch Exil oder vorübergehende Flucht, sei es durch Bestechung der einheimischen Chargen.) Jedenfalls waren die Kommandanten häufig im Lande unterwegs, um die Zahl der zu Besteuernden, die Zahl derer, die zu Zwangsarbeiten herangezogen werden konnten, und der – künftigen – Soldaten festzustellen. Gleichermaßen wurde versucht, einen Überblick über den Viehbestand zu erhalten. Vgl.: *Spittler*, Gerd: Verwaltung in einem afrikanischen Bauernstaat. Das koloniale Französisch-Westfafrika 1919–1939. Wiesbaden 1981.

29. Den Kosenamen *dadda* gab mein Bruder Hammadoun Kadidja, und er wurde von den anderen Kindern der Familie übernommen.

30. Eine teilweise lautmalerische Formel, die so etwas wie die Anrufung der Vorfahren darstellt.
Der *Komo* ist eine der wichtigsten Erwachsenen vorbehaltenen Initiationsgesellschaften in der Region des heutigen Mali. Von der Beschneidung an gehört das Kind der Kindergesellschaft *Tiebleni* und *N'Tomo* an. Sobald es in den *Komo* initiiert ist, erhält es von seinen Lehrern eine Grundausbildung, die dann sein ganzes Leben lang vertieft wird. Das Wort *komo* bezeichnet gleichermaßen die Bruderschaft, das dazugehörige Wissen wie auch den Gott – oder vielmehr eine der heiligen, im Universum wirkenden Kräfte – sowie die heilige Maske, die ihn vertritt. Die Initiation des *Komo* faßt die wichtigsten Ethnien des alten Mali zusammen: die Bambara, Malinke, Senufo usw. (Bei den Senufo an der Elfenbeinküste wurde aus *komo poro*). Vgl.: *Bâ*: Von Mund zu Ohr, a. a. O.

31. So die Überlieferung der ersten Begegnungen zwischen den Schwarzen aus den Wäldern der Küste und den europäischen Seeleuten.

32. In der Formel *lā ilāha ill'Allāh* – ›Es gibt keinen Gott als Gott‹ – haben die beiden arabischen Wörter *ilāha* (Gott, Gottheit) und *Al-lāh* (wörtlich ›Der Gott‹) dieselbe Wurzel, beziehen sich aber auf unterschiedliche Dimensionen. Die bündigste und genaueste Übersetzung wäre: ›Kein Gott außer Dem Gott‹, und nicht, wie man bisweilen sagt: ›Es gibt keinen Gott als Allāh‹, denn das Benutzen von zwei Wörtern aus verschiedenen Sprachen läßt nur einer zu engen Interpretation der Ausschließung Raum.

33. *Traditionalist*: Das Wort hat heutzutage einen abwertenden Sinn. Und um jedes Mißverständnis zu vermeiden, verwenden einige lieber das Wort ›Traditionist‹, wenn es um Gelehrte in den traditionellen Erkenntnissen geht.

34. Alle mir bekannten afrikanischen Religionen beziehen sich auf einen einzigen höchsten Gott als Ursprung alles Lebens. Bei den Bambara ist es *Maa N'gala,* der ›Meister von allem‹, der ›nicht-erschaffene und unendliche Meister‹, der ›der alles vermag‹, ›die große unergründliche Tiefe‹, ›die einzige nicht erkennbare Sache‹, um nur einige seiner 266 Namen zu nennen. Bei den Fulbe heißt er *Guéno*, ›der Ewige‹, ›ohne Anfang und Ende‹; bei den Dogon ist es *Amma,* bei den Mossi *Wunnam*; bei den Yoruba *Olorun* usw. Aber die Menschen halten diesen höchsten Gott für zu weit entfernt, als daß sie ihre Bitten direkt an ihn richteten. Sie schalten Vermittler ein: die Götter, die nur Aspekte oder verschiedene Ausdrucksweisen der großen uranfänglichen Kraft sind, die *Sé* auf Bambara, und vor allem die Vorfahren, die als sehr hilfsbereit angesehen werden. Vgl.: *Bâ*: Von Mund zu Ohr, a. a. O.

35. Heute wird diese Beschwörung nur noch im Nigerbogen wirklich verstanden, und die großen poetischen Klagegedichte, die aus dem Stegreif verfaßt wurden, sind praktisch verschwunden.

36. *Samstag der Wiederholung*: Die Tradition sagt, daß etwas, was sich samstags ereignet, sich im allgemeinen wiederholt.

37. *Gris-Gris* sind Amulette, mit Geheimzeichen und Inschriften versehene Anhänger, die Schutz bieten vor bösen Geistern.

38. Der *Taillenschmuck* besteht aus kleinen Perlenkolliers (*gali*), die die Frauen um die Taille tragen.

39. Das *Schutztier* (*dassiri* auf Bambara) zeugt von einer heiligen Allianz, die zwischen den Ahnen, die einen Ort gegründet haben, und dem Tier, das diesen Ort als erstes bewohnte, geknüpft wurde oder mit dem in diesem Tier wohnenden Schutzgeist. Hier wird der heilige Kaiman nicht im Sinne der Filiation ›Ahne‹ genannt – er ist kein Totemtier –, sondern weil er der älteste Bewohner des Ortes war.

40. Die Haussklaven – *rimaybé* – genießen traditionellerweise die völlige Freiheit der Rede, der Gesten und des Verhaltens. Darüber hinaus ordnet sich Koniba Kondala hier der Klasse der ›Großväter‹ zu, die das Recht haben, mit ihren ›Enkeln‹ völlig ungezwungen zu scherzen.

41. In dem Buch *L'Etrange Destin de Wangrin* (Deutsch: *Wangrins seltsames Schicksal*, Frankfurt: Lembeck 1986) hat man, trotz zahlreicher anderslautender Verlautbarungen und Einsprüche des Verfassers, ein fiktionales Werk, ja sogar einen autobiografischen Bericht von A. H. Bâ sehen wollen.

42. Narben- und Schmucktätowierungen dienen nicht nur als Körper- oder Gesichtsschmuck, sondern auch als Unterscheidungsmerkmale einzelner Ethnien. Bei den Fulbe aus Massina etwa färben sich die Frauen die Mundpartie, die Hand- und Fußflächen mit Henna und haben zwischen Nase und Wange eine kleine Narbe.

43. Colonel Archinard hatte, bevor er Djenné einnahm, seine Truppen und Kanonen in einem Tamarindenwäldchen im Süden der Stadt versteckt und sie dem Geist Tummelew geweiht. Daher die Legende, er habe mit dem Schutzgeist des Ortes einen Pakt geschlossen.

44. Unter der Bedingung allerdings, daß man die jährlichen Verbotszeiten einhielt und respektierte, die bestimmte animistische Dörfer betrafen.

45. Zu jener Zeit wirkten solche Reden nicht überzogen. Aus dem geringsten Anlaß feierte man das ewigwährende Frankreich und brüllte: »Vive la France!«

46. *Senegalschützen*: Der ursprüngliche Name des Korps, zu dem in Wirklichkeit Soldaten aus allen Kolonien des Territioriums gehörten, zum Beispiel Senegalesen, Sudanesen (Malier), Voltaesen.

47. Erst nach dem 2. Weltkrieg, am 1. Juni 1946, bereitete ein Gesetz, das auf Initiative von Lamine Gueye, einem Abgeordneten aus dem Senegal, verabschiedet wurde, dem Status des ›französischen Untertan‹ ein Ende und gab den Angehörigen aller überseeischen Territorien die französische Staatsbürgerschaft.

48. *Malinke* oder *manikan* oder *mandingo* – was ›aus Mandé‹ (Mali) bedeutet: eines der wichtigsten Völker der Mandingogruppe und Erbe des im 13. Jahrhundert von Sundiata Keïta gegründeten Reiches. Man nennt die Malinke Erdnußfresser wegen ihrer übergroßen Vorliebe für diese Frucht.

49. Vgl.: *Prévaudeau*, A.: Joost van Vollenhoven. Paris 1953.

50. *Mangeot*: La Vie ardente de van Vollenhoven. Paris 1943.

51. *Säbelritus*: Diese rituelle Geste, die Adjutant Keïta vollzieht und die seltsamerweise an die mittelalterliche Zeremonie des Ritterschlags erinnert, gehört – lt. Youssouf Tata Cissé – tatsächlich zu einem alten Mandingoritual. Wenn der junge *sofa* – wörtlich: Vater des Pferdes – nach langer Lehrzeit Reiter-Krieger wurde, verlieh man ihm den Säbel, indem man in ritueller Weise seine beiden Schultern mit demselben berührte, denn in der Schulter wohnt die Kraft des Armes.

52. Laut einem Mitglied der Familie des Königs Mademba Sy war die erste Ehefrau des Königs, die in Saint-Louis im Senegal geboren und folglich französische Staatsbürgerin war, die einzige, deren Ehe gesetzlich anerkannt wurde. Beim Tode des Königs hatte der erste Sohn aus dieser Verbindung, der als einziger legitimer Sohn galt, den gesamten Besitz geerbt, und die Kinder anderer Ehefrauen waren enterbt worden. Daher die bittere Armut von Ben Daoud Mademba.

53. Der Spucke wird im traditionellen Afrika wie auch vom Islam nachgesagt, daß sie die spirituelle Kraft der gesprochenen Worte enthalte. Sie spielt also oft eine Rolle bei den Gesten des Segnens oder bei Heilungsriten.

Die Anmerkungen 14, 16, 28, 37 und 42 sind Anmerkungen der Übersetzerin, die auch die bibliografischen Angaben um aktuelle deutschsprachige Literatur ergänzte.

NACHWORT

Als Amadou Hampâté Bâ am 15. Mai 1991 in Abidjan an der Côte d'Ivoire (Elfenbeinküste) starb, verschwand einer der letzten großen Weisen aus dieser Welt. Zur Würdigung seines Lebens und Werkes zitiert die französische Tageszeitung *Libération* seinen weltweit berühmt gewordenen Ausspruch: »Mit jedem Greis, der in Afrika stirbt, verbrennt eine nicht ausgeschöpfte Bibliothek«, und fährt fort: »Mit seinem eigenen Tod... verschwand praktisch noch einmal die Bibliothek von Alexandria.« Anläßlich des Erscheinens seiner Kindheitserinnerungen nennt *Le Monde* ihn einen »geborenen Erzähler« und bescheinigt ihm eine »außergewöhnliche schriftstellerische Begabung«.

Wie kein zweiter war er sich des großen Reichtums und der Bedeutung der afrikanischen oralen Traditionen als kulturelles Erbe der Menschheit sowie des bevorstehenden Aussterbens ihrer Übermittler bewußt; lebenslang trug er Sorge, im großen Umkreis seiner Heimat die beträchtlichen kulturellen Schätze zu heben, sie schriftlich festzuhalten, sie »auf Papier zu legen«, wie er es einmal nannte, und sie somit allen Menschen, aber natürlich zunächst einmal den Afrikanern selbst, für alle Zeiten zugänglich zu machen. Als initiierter Traditionalist (auf die genaue Bedeutung dieses Begriffs wird später einzugehen sein) hatte er Zugang zu allen Wissenschaften und Erkenntnissen des westafrikanischen Kulturraums; er war Historiker, Ethnologe, Religionswissenschaftler – wobei er sich gleichermaßen im Islam wie in den sogenannten animistischen Religionen auskannte –, er war ein großer Erzähler und Dichter und vieles mehr. Neben seiner besonderen Bedeutung als Brückenbauer zwischen der oralen Tradition und der Schriftlichkeit, sowie zwischen den verschiedenen Ethnien der subsaharischen Gebiete war ihm eine einzigartige Gabe zum Dialog, zur Toleranz, zur Liebe eigen, die ihm auch bei seiner Arbeit in der UNESCO besondere Anerkennung verschaffte, wo er bei scheinbar ausweglosen Konflikten, wie etwa zwischen Israelis und Palästinensern, zu vermitteln wußte. Die Moderne der industrialisierten Welt, in die Afrika unter furchtbaren Geburtswehen einzutreten versucht, hat keinen Platz mehr für solche in Geist und Seele umfassend gebildeten Weisen.

In einer Zeit, da uns Europäern Afrika auf Bilder des Grauens und der Armut, des unaufhaltsamen Niedergangs und grenzenlosen Chaos reduziert erscheint, da wir Afrika in unseren Köpfen und Gefühlen in der Rolle des ewigen Opfers festhalten und damit dem Kolonialismus eine neue Form gegeben haben und uns, zumindest viele unter uns, immer noch weigern, seine reiche menschliche und kulturelle Vielfalt zur Kenntnis zu nehmen und einen wirklichen Dialog zu beginnen, ist dieses Buch, auch wenn es an Schrecknissen nicht arm ist, eine Oase, die uns Europäern zeigt, was Afrika dereinst war, das uns begreifbar macht, was der Kolonialismus verändert hat und was Afrika heute ist. Der europäische Leser erfährt Afrika mitnichten als primitiv und unterentwickelt, sondern er lernt seine differenzierte esoterische Kultur kennen. Und indem A.H. Bâ Afrika in der Zeit des, den französischen Kolonialherren geschuldeten, Umbruchs zeigt, hält er dem Europäer voller Weisheit und Ironie einen Spiegel vor, in dem dieser eigene Merkmale sieht, die ihm so bislang nicht bewußt waren.

Als A.H. Bâ einmal die Frage gestellt wurde, auf welche Weise er die oralen Traditionen zusammengetragen habe – wovon auch dieses Buch Zeugnis ablegt –, da antwortete er: »Ich habe nie damit aufgehört, und zwar seit meiner frühesten Jugend. Tatsächlich hatte ich das Glück, in eine Umgebung hineingeboren zu werden und in ihr zu leben, die im Hinblick auf alles, was die Geschichte und die afrikanischen Traditionen anging, so etwas wie eine ständige GROSSE SCHULE war.«

Amadou Hampâté Bâ wurde in Bandiagara (Mali) geboren, der damaligen Hauptstadt des Königreiches der Tukulor, gegründet von El Hadji Omar. Bandiagara gilt heute als Hauptort des Landes der Dogon, die dort seit vielen Jahrhunderten leben und für europäische Ethnologen eine der interessantesten afrikanischen Ethnien sind. Als Geburtsdatum rekonstruierte er den Januar des Jahres 1900. Bandiagara war ein wahrer Schmelztiegel der verschiedenen historischen und kulturellen Traditionen, zum Beispiel der Fulbe, der Dogon und Tukulor, des Animismus und des Islam. Per Geburt befindet sich A.H. Bâ am Schnittpunkt der politisch und kulturell bedeutsamen Strömungen der Fulbe und Tukulor, besonders weil die Familien väterlicher- wie auch mütterlicherseits zu den großen der Fulbe gehörten und die des Adoptivvaters eine der einflußreichsten der Tukulor war. Zu den Tukolor steht er auch in Beziehung durch seinen Großvater Pâté Poullo, den Weggefährten El Hadji Omars, des Siegers über die Fulbe von Massina und Begründers des Königreichs der Tukulor. Das Schicksal, an einem Schnittpunkt zu stehen, wird sich in seinem Leben vielfach wiederholen, und dies scheint ihn zu prädestinieren, sich in unterschiedlichen Zusammenhängen dem Werk der Versöhnung hinzugeben. Das Leben inmitten verschiedener Familien und Völker mag ihn sensibilisiert, ihn zur Toleranz und zum Dialog befähigt haben, desgleichen die Bedeutung, die dem Islam wie auch den afrikanischen Kulturen am Hof seiner väterlichen Familie und dem von Tidjani Thiam zukam. Auch der Kontakt mit den Bambara in Bougouni gehört hierher. Für A. H. Bâs Beziehung zum Islam bestimmend war Tierno Bokar Salif Tall aus Bandiagara, der große islamische Gelehrte und hohe Würdenträger der Sufi-Kongregation Tidjaniya. Tierno Bokar unterwies ihn nicht nur in religiösen Dingen, er war auch sein geistlicher Ratgeber, und er lehrte ihn Toleranz, Liebe und Achtung vor Mensch und Natur. In diesen Zusammenhängen entwickelte A.H. Bâ in besonderem Maße das für die oralen Traditionen so typische phänomenale Gedächtnis.

Dazu gesellen sich die Erfahrungen in den Schulen der Franzosen, u. a. die ›Geiselschule‹, der Erwerb der französischen Sprache und der Kontakt mit der Denk- und Gefühlsstruktur der Europäer.

Die ersten zwanzig Jahre seines Lebens, von denen dieses Buch erzählt, waren eine einzigartige Schule des Dialogs.

Mit der Reise nach Ouagadougou, wo er in den kolonialen Dienst eintreten wird, verabschiedet sich Amadou Hampâté Bâ von seiner Jugend und von seinen Lesern. Unterwegs gelingt es ihm, den berühmtesten Traditionalisten zu begegnen, er hört sich ihre Geschichten und Erkenntnisse an und beginnt mit seinen Aufzeichnungen. Der größte Teil seiner lebenslangen Notizen ist bislang noch unveröffentlicht.

Elf Jahre wird er im Kolonialdienst in Obervolta verbringen und die allerunterste Stufe der Verwaltungshierarchie weit hinter sich lassen. Er wird eine Dokumentation über die Traditionen der Ethnie der Mossi und über den Hof des Kaisers Mogho Naba erstellen und sich Kenntnisse über die Tuareg und Doforobé aneignen. Und hier trifft er auch zum zweiten Mal den großen Schelm Wangrin, der ihm seine Lebensgeschichte erzählt und ihm das Versprechen abnimmt, sie aufzuschreiben, damit sie den Menschen »zur Belehrung und Zerstreuung diene«. Nach Wangrins Tod erzählt ihm sein Griot das Ende der Geschichte. Für dieses Buch *L'Etrange destin de Wangrin* (auf Deutsch unter dem Titel *Wangrins seltsames Schicksal* erschienen) erhält er im Jahre 1974 den größten Literaturpreis der Frankophonie, den *Grand Prix littéraire de l'Afrique Noire*.

Im Jahre 1932 verbringt er einen achtmonatigen Urlaub bei Tierno Bokar in Bandiagara. In intensivstem Studium versucht er, möglichst viel von seinem alten Lehrer zu lernen. Er dringt in die Geheimnisse des in Westafrika sehr weit verbreiteten und als besonders tolerant geltenden Sufismus ein und tritt der Tidjaniya-Bruderschaft bei. Was er gelernt und erfahren hat, schreibt er auf; einen Teil dessen finden wir in seinem Buch *Vie et enseignement de Tierno Bokar, le sage de Bandiagara*, (Paris: Ed. du Seuil 1980).

1933 kehrt er im Range eines ›Abfertigungsbeauftragten Erster Klasse‹ endgültig in den Französischen Sudan (Mali) nach Bamako zurück. Als Privatdolmetscher des Gouverneurs und Erster Sekretär im Rathaus von Bamako führt er ein recht angenehmes Leben, wobei er gleichzeitig seinen Forschungen, insbesondere bei den Bambara, nachgeht. Doch die Annehmlichkeiten sollten bald ein Ende finden.

Ein Großmeister der Tidjaniya-Bruderschaft, Chérif Hamallah, der für seine Heiligkeit berühmt war, wurde von den Kolonialbehörden beschuldigt, ein Feind Frankreichs und Aufrührer zu sein. Tierno Bokar und A.H. Bâ werden mit ihm in Verbindung gebracht. Chérif Hamallah wurde nach Frankreich deportiert, wo er starb; Tierno Bokar erhielt Hausarrest und starb im Jahre 1940 in völliger Isolation. A.H. Bâ fühlte sich bedroht und ging 1942 nach Dakar zu Professor Théodore Monod, dem berühmten Wüstenforscher, der damals dort das IFAN (Institut Français d'Afrique Noire) leitete, ihn in die Dienste des Forschungsinstituts nahm und ihm ein lebenslanger Freund blieb. Von nun an konnte er sich voll und ganz seiner Berufung als Erforscher der Traditionen seiner weiteren Heimat widmen. Nachdem er sich in den Methoden, die mündlich überlieferten Traditionen zu sammeln und aufzuzeichnen, vervollkommnet hatte, reiste er als Mitarbeiter der Abteilung ›Ethnologie‹ kreuz und quer durch Französisch-Westafrika: die heutigen Länder Mauretanien, Guinea, Niger, Obervolta, Senegal, Mali, den Norden der Côte d'Ivoire, Nigeria, Ghana. Im Laufe einer Reise in den Senegal im Jahre 1943 empfängt er von einem der letzten großen Initiationslehrer der Fulbe, dem *Silatigui* Ardo Dembo, die Fulbeinitiation. Er lernt den Initiationstext Koumen kennen, den er später mit der Erlaubnis des Meisters auf französisch (!) veröffentlichen durfte (gemeinsam mit der Ethnologin Germaine Dieterlen). Zu der Zeit macht er auch die Bekanntschaft des hervorragenden Genealogen Molom Gaolo (von dem er in dem in *Lettre International*, Heft 21 (1993), auf Deutsch erschienenen Text *Von Mund zu Ohr* erzählt), welcher in seinem fabelhaften Gedächtnis vierzig (!) Generationen von Fulbefamilien im Senegal gelagert hatte und ihm also eine phantastische Stammbaumsammlung überliefert. In der Region von Massina (Nigerbogen in Mali) trägt er, vermittelt von eintausend Informanten aus unterschiedlichen Ethnien, die Geschichte des Fulbereiches von Massina zusammen, die er gemeinsam mit dem Forscher Jean Daget unter dem Titel *L'Empire peul du Macina* veröffentlicht. Seit seinem Eintritt ins IFAN publiziert er auch eine beträchtliche Zahl von Aufsätzen zum Thema der afrikanischen Traditionen.

Mit dem Ende des 2. Weltkrieges kommt Bewegung in die alten

kolonialen Strukturen. Die französische Regierung hat ihren Groll gegen ihn vergessen und schlägt ihm vor, Delegierter des ›Soudan Français‹ in der Konstituierenden Versammlung in Paris zu werden. Doch wie Pâté Poullo lehnt er aus religiösen Gründen jede öffentliche ›Befehlsfunktion‹ ab. Mit einer Ausnahme: 1958 wird der ›Soudan‹ als ›Mali‹ im Rahmen der ›Union française‹ autonom, die volle Unabhängigkeit erhält das Land 1960 und bildet alsbald eine Föderation mit dem Senegal, die *Fédération du Mali.* Auf diese Weise scheint der lebenswichtige Zugang zu einem Seehafen (Dakar) gesichert. Als die Föderation platzt, reist A. H. Bâ in privater Mission an die Côte d'Ivoire, wo er den Staatspräsidenten Félix Houphouèt-Boigny dazu bewegen kann, Mali den Hafen von Abidjan zu öffnen. Der Staatspräsident, der bis zu seinem Lebensende sein Freund blieb, vermag ihn davon überzeugen, daß er als Botschafter Mali in der Côte d'Ivoire vertreten müsse. Diese Zeit (bis 1962) pflegte A. H. Bâ so zu kommentieren: »Ich, eine Exzellenz? Sagen Sie lieber, ich sei ein Hafenaufseher gewesen!«

Bereits 1951 hatte Th. Monod ihm ein UNESCO-Stipendium in Paris vermittelt. Ein Jahr lang weilte er am *Collège de France* und am *Musée de l'Homme.* In dieser Zeit lernte er die wichtigsten französischen Afrikanisten kennen, zum Beispiel den bekanntesten Dogonforscher, Marcel Griaule. Zurück in Afrika, bleibt er Korrespondent der UNESCO, 1960 nimmt er an der Generalkonferenz teil und wird 1962 schließlich von dieser zum Mitglied des Exekutivrates gewählt. Während des achtjährigen Mandats setzt er sich ein für die Sammlung und Wahrung der afrikanischen Traditionen als kulturelles Erbe der Menschheit. Bereits im Jahre 1958 hatte er in Bamako das heute noch bestehende *Institut des Sciences humaines* gegründet, das ebenfalls den afrikanischen Traditionen dient.

Seit dem Jahre 1968 hat A.H. Bâ mit einem Teil seiner großen Familie Wohnung in Abidjan genommen. Die letzten Jahre seines Lebens verbringt er ausschließlich dort, denn seit 1982 hat er das Reisen aufgrund seines Alters und seines Gesundheitszustands aufgegeben. Als typischste und vielleicht schönste Tat seines Versöhnungswerkes mag das gemeinsame Gebet gelten, das er mit einem Rabbiner und einem christlichen Priester auf dem Berg Zion in Jerusalem verrichtete – ein Friedensgebet in Zeiten des Krieges. Seine große Bereitschaft zur Toleranz war der Erkenntnis geschuldet, daß kein Mensch über die absolute Wahrheit verfügt, daß es ›deine Wahrheit‹ oder ›meine Wahrheit‹ nicht gibt, sondern, so meinte er, Gott allein die Wahrheit kenne. Er liebte es, einen Ausspruch seines Lehrers Tierno Bokar zu zitieren: »Wenn man dich nicht versteht, werde nicht böse, ereifere dich nicht, rege dich nicht auf, sondern versuche den zu verstehen, der dich nicht verstanden hat, und sobald du ihn verstehst, wirst du wissen, warum er dich nicht verstanden hat, und nun wirst du deinen Standpunkt verändern können, damit er dich versteht.«

Das vorliegende Buch legt Zeugnis ab von dem, was die lebenslange Arbeit von A.H. Bâ ausmachte, vom Brückenbau zwischen oraler und schriftlicher Kultur, von seiner Verständigungs- und Versöhnungsarbeit zwischen so unterschiedlichen Menschengruppen wie Europäern und Afrikanern. Es spiegelt in eindrucksvoller Weise – soweit dies schriftlich überhaupt möglich ist –, was die afrikanische orale Tradition war und vielleicht in Resten heute noch ist. Und dies vorgetragen mit einem großen erzählerischen Talent, wie es sich nur in Afrika entwickeln konnte.

Es wäre ein Irrtum anzunehmen, orale Tradition unterscheide sich nur in formaler Hinsicht von der uns seit Jahrhunderten so geläufigen Schriftlichkeit. Wer meint, die afrikanische Oralität sei ein Manko, sei Ausdruck von Rückständigkeit, die es durch eine schnelle Alphabetisierungskampagne auszugleichen gelte, irrt. Die orale Tradition erzeugt und formt einen bestimmten Menschentypus und gibt der afrikanischen Seele ihre Gestalt. Sie ist konstituierend für den inneren Zusammenhalt der Gesellschaft. Dies bedeutet in der Konsequenz, daß mit dem Vordringen der Schriftlichkeit die alte afrikanische Gesellschaft bis in die feinsten Verästelungen aus den Angeln gehoben wird (wobei heute die Alternative nicht der sogenannte ›Analphabetismus‹ sein kann).

»Er (der Mensch) IST sein Wort, und sein Wort bezeugt, was er ist.« Dieser umfassende und grundlegende Satz mag eine Ahnung der Dimension der Bindung zwischen Mensch und Wort geben. Das absolute Lügeverbot, von dem nur die Griots ausgenommen sind, belegt es. Mit der Lüge schneidet der Mensch sich von sich selbst ab. In Ful

hat der Begriff ›Wort‹ gleichzeitig die Bedeutung ›Kraft geben‹. Das Wort ist eine Gabe Gottes und materialisiert die Kräfte des Universums. Alles im Universum ist Wort. Das Wort hat die Macht, Kräfte in Bewegung zu setzen, Dinge, die in Unordnung geraten sind, neu zu ordnen. Die sogenannte Tradition bedeutet den gesamten Schatz des Wissens (von den Naturwissenschaften über Geschichte bis hin zur Geologie oder Astronomie), der philosophischen Erkenntnis, Religion, Kunst. (Statt des Begriffs ›Traditionalist‹, der verwirrend sein mag, findet man auch ›Traditionist‹.) Ein Traditionalist ist also jemand, der in Bereiche der Erkenntnis eingeweiht ist (auch ›Erkenner‹ genannt) oder aber gar annäherungsweise über den ganzen Erkenntnisschatz verfügt und der das von den Vorfahren empfangene orale Erbe verwahrt. Er ist das lebende Gedächtnis Afrikas und hat seinen Platz in einer endlosen Reihe von Übermittlern.

So gilt auch einer, den wir als ›einfachen Handwerker‹ betrachten, als jemand, der über esoterische Erkenntnisse und Geheimnisse verfügt, weil er in einen bestimmten Teilbereich eingeweiht, initiiert, ist, z.B. ins Schmieden, und die Kräfte und Geheimnisse von Erzen, Feuer, Wasser, bestimmten Pflanzen usw. kennt, sowie rituelle Worte und Sätze, mit denen er sein Werk geleitet. Gott habe sein Schöpfungswerk nicht zu Ende geführt, und es sei Sache der Handwerker, es zu vervollkommnen, lehrt die Genesis der subsaharischen Völker. So also haben sie teil an der göttlichen Schöpfung. Oder aber der Priester, der mit bestimmten Worten, rituellen Formeln, unterstützt von Zeichnungen und anderen Ritualen, die Aufgabe hat, entstandene Unordnung der Kräfte neu zu strukturieren. Das Wort steht in Afrika also in einem religiösen und sozialen Kontext. Dabei ist das Wort der Vorfahren von ganz besonderem Wert und großer Kraft. »Das Wort ist auf göttliche Weise wahr, und es ziemt sich, mit ihm wahrhaftig zu sein«, heißt es bei den Bambara. Und der Traditionalist oder Erkenner wird in Westafrika für innerlich wohlgeordnet gehalten – er lügt nicht – und deswegen hochgeachtet. Jeder Fulbe (wie auch Bambara und andere) hat das Ziel, ein *Neddo* (auf Bambara *Maa*) zu werden, ein vollkommener Mensch, indem er Leben und Wort in Übereinstimmung bringt.

Das Wissen um die Kraft und die Wirkung des Wortes bestimmt

den *Jäger des Wortes.* Und die Kindheit ist die ›große Schule des Wortes‹, ist die Initiation in das Wort. »Man muß lernen, auf mehreren Ebenen gleichzeitig zu hören und zu sehen, denn das ist es, was Initiation bedeutet. Sie ist die tiefe Erkenntnis dessen, was durch die Dinge, die Erscheinungen gelehrt wird«, so lautet die Definition von A.H. Bâ. Die Erzählungen haben dabei einen ganz besonderen Stellenwert: Sie sind für jeden ein Spiegel, in ihnen findet er Antwort auf seine Fragen. Sie sind Belehrung in moralischer, praktischer, sozialer, spiritueller Hinsicht, wobei sie immer auch der Zerstreuung und Erholung dienen.

Das afrikanische Gedächtnis ist phänomenal. Auch davon zeugt dieses Buch, zeugt der Autor in persona. Einst gab es keinen, so berichtet er, der nicht zehn oder zwölf Generationen seiner Vorfahren im Kopf hatte, was einer Art von ›Personalausweis‹ gleichkam. (Jeder Greis war irgendwie ein ›Erkenner‹.) Dabei handelte es sich nicht um das Speichern abstrakter Namen und Ereignisse, sondern eher um das Archivieren genauer, szenisch organisierter Filme, die man jederzeit ablaufen lassen konnte.

Der Islam steht nicht im Widerspruch zur afrikanischen Sicht der Welt, sondern durch dasselbe Menschenbild, dieselbe Auffassung von Familie, dasselbe Verhältnis zum Wort wurde eine Art von Symbiose möglich (das beweisen Persönlichkeiten wie Tierno Bokar oder A.H. Bâ selbst).

Die Zerstörung der alten afrikanischen Strukturen begann vielmehr mit dem Kolonialismus. A.H. Bâ wählt das Bild des Ackers, aus dem die Kolonialherren alle Pflanzen auszureißen versuchten, damit sie ihn nach eigenen Vorstellungen neu einsäen konnten. Der durch die beiden Weltkriege verursachte Aderlaß – die Soldaten aus den Kolonien wurden bekanntermaßen gern in die erste Gefechtslinie gestellt – kam einer tödlichen Wunde für die Übermittlung der afrikanischen Traditionen gleich. Die Schulen der Weißen, die moderne Erziehung, die Attraktionen der Städte taten das Ihre. Und schließlich die modernen Regierungen der jungen, an europäischen Universitäten ausgebildeten neuen Eliten, welche versuchten, Afrika völlig fremde Systeme überzustülpen. Man bringe das Bürgerliche Gesetzbuch, den Code Napoléon mit den Strukturen zusammen, wie wir sie bei A.H. Bâ kennenlernen! Dieser tiefe Widerspruch zwischen einer aufgepfropften Moderne und den traditionellen ländlichen Strukturen durchzieht die ganze Region. »Das wirkliche afrikanische Übel ist«, so sagte A.H. Bâ, »so aussehen zu wollen wie die westliche Welt und dabei weder über deren Vergangenheit noch Mittel zu verfügen, anstatt sich selbst zu sein.« Er glaubte, daß Afrika unter der Bedingung einen großen Beitrag zur Geschichte der Menschheit leisten könne, daß es sich selbst nicht vergesse. »Werdet wieder Afrikaner!« rief er der Jugend zu. Erst wenn man bei sich selbst sei, so lautete sein großes Credo, könne man sich gegenüber anderen öffnen. Wer die eigenen Wurzeln verliert, den treibt der Wind davon.

Der *Jäger des Wortes* zeugt von einer großen und, angesichts der erduldeten kollektiven Geschichte, erstaunlichen Toleranz und Versöhnungsbereitschaft gegenüber den Kolonialherren, was dem Autor übrigens nicht immer leicht gefallen ist. Im übrigen war er in der Lage, Vorteile zu würdigen, die der Kolonialismus den Afrikanern gebracht habe, so zum Beispiel die französische Sprache, die eine Verständigung all derer ermögliche, die ansonsten durch eine Unzahl verschiedener Sprachen getrennt seien. Diese seine Haltung speiste sich aus seinem Humanismus, aus seinem Bild vom Menschen und von seiner Geschichte. »Alles in diesem Leben geht von einer Form in die andere über, alles wandelt sich unwiederbringlich... Kein Volk hat es verstanden, seinen Zustand, seine Sitten und Gebräuche unabänderlich zu behalten; wie sollte Afrika da unbegrenzt die seinen bewahren?« Daraus folgt die Notwendigkeit reflektierter Anpassung: »Wir müssen uns durch Beiträge von außen weiterentwickeln und im Hinblick auf eine Anpassung an die Welt von heute und morgen voranschreiten, das liegt auf der Hand; und jedes Volk, das dies nicht tut, wird sterben. Aber es ist unsere Sache herauszufinden, was wir übernehmen oder sein lassen sollen, und eine Wahl zu treffen, was gut für uns ist.« Doch dazu gehört ein Bewußtsein seiner selbst, gehört die Arbeit an der eigenen Identität. So kämpfte er gegen Unwissenheit, widmete Jahre seines Lebens der Alphabetisierung in den Muttersprachen. »Ich bin für einen Fortschritt, der Leben bringt, und gegen einen Fortschritt, der tötet. Der Körper ist nicht der ganze Mensch...« – »Die einzige wahre Zivilisation ist etwas Inneres.« Er war der Überzeugung, daß es heute um die Verständigung der ganzen Menschheit gehe, da alle Menschen voneinander abhängig seien. Dazu zitierte er seinen Lehrer Tierno Bokar: »›Wir haben euch aus einem einzigen Wesen erschaffen, dann habt ihr Familien gebildet.‹ (Koran) Wir gehören also zum selben Stamm, aber wir haben vielgestaltige Zweige von unterschiedlicher Größe entwickelt und haben uns nach und nach vom Stamm entfernt. Indessen bleiben wir stets mit dem Stamm verbunden, ob wir es wissen oder nicht.« Gerade diese Unterschiedlichkeit mache die Schönheit der Welt, wie die Unterschiedlichkeit der Farben die Schönheit des Teppichs ausmache!

Heute kennt in Westafrika beinahe jeder Amadou Hampâté Bâ; seine große Gestalt spendet Liebe, Selbstbewußtsein und Stolz. *L'Etrange destin de Wangrin* wird in jeder Schule gelesen. Für viele Menschen in ganz Afrika ist er zu einem Symbol geworden. Gewiß würden die Fulbe von ihm sagen: Er war ein *Neddo*.

Zum Schluß sei Madame Hélène Heckmann, Paris, von Herzen gedankt. Sie hat Amadou Hampâté Bâ viele Jahre seines Lebens begleitet; heute ist sie seine literarische Nachlaßverwalterin und leistet immense Arbeit, um allen Interessierten seine Schriften zugänglich zu machen. Sie ist gewiß diejenige, die am meisten über ihn weiß und voller Engagement seine Positionen vertritt. Sie war jederzeit bereit, meine Fragen zu beantworten und mir alles Material zu schicken, das ihr nützlich erschien. Und das war nicht wenig!

Dank auch den Familienmitgliedern in Bamako und Abidjan, die mir einen tiefen Eindruck von seiner Persönlichkeit vermittelt haben!

Die Übersetzung eines afrikanischen Autors gibt Anlaß zu vielen Reflexionen und Entscheidungen, zumal es sich um eine Epoche handelt, die ideologisch hoch besetzt ist. Beispielhaft möchte ich einige konkret faßbare Regelungen erläutern.

Da ist einmal der Wunsch, der besonders dem Verlag politisch wichtig war und ist, alle kolonialistischen Begriffe zu vermeiden, als da sind: ›Häuptling‹, ›Eingeborene‹, ›Stamm‹ usw. Auch wenn ich selbst in einigen Fällen eine andere Auffassung hatte und damit dem

Autor näher zu sein glaubte, habe ich mich dieser Entscheidung angeschlossen.

In doppelter Hinsicht stellte sich die Frage der Transkriptionen: Ins Französische transkribierte arabische (Koran-)Formeln waren ins Deutsche zu übertragen, ebenso afrikanische Namen und Begriffe. Tatsächlich ist die deutsche Transkriptionspraxis des Arabischen durchaus unterschiedlich, es war also eine Wahl zu treffen. Für afrikanische Namen wurde eine deutsche Schreibweise gewählt, sofern sie aus der vorkolonialen Zeit stammen, also beispielsweise bei den großen historischen Namen wie ›Seku Amadu‹ u.a. Bei allen Namen aus kolonialer Zeit, die in französische Volkszählungslisten usw. aufgenommen sind, wurde die französische Schreibweise beibehalten, wie bei ›Amadou Hampâté Bâ‹. Sachbezeichnungen, bekannte Gebiets- und Städtenamen wurden auf die deutsche Weise geschrieben.

Ein weiteres Thema ist das ethnologischer und anderer wissenschaftlicher Fachbegriffe, wie z.B. ›Altersklasse‹ oder ›Spaßverwandtschaften‹. Im vorliegenden Text paßt die allgemein übliche ›Altersklasse‹ nicht immer, da es unter den konkreten Bedingungen nicht immer um ALTERS-Gruppierungen geht. Die in diesem Fall angesprochenen ›Spaßverwandtschaften‹ heißen in der deutschsprachigen Literatur üblicherweise ›joking relationship‹. Damit mag das Problemfeld aufgezeigt sein – der eingeweihte Leser möge im gegebenen Fall Großmut walten lassen.

Heidrun Hemje-Oltmanns

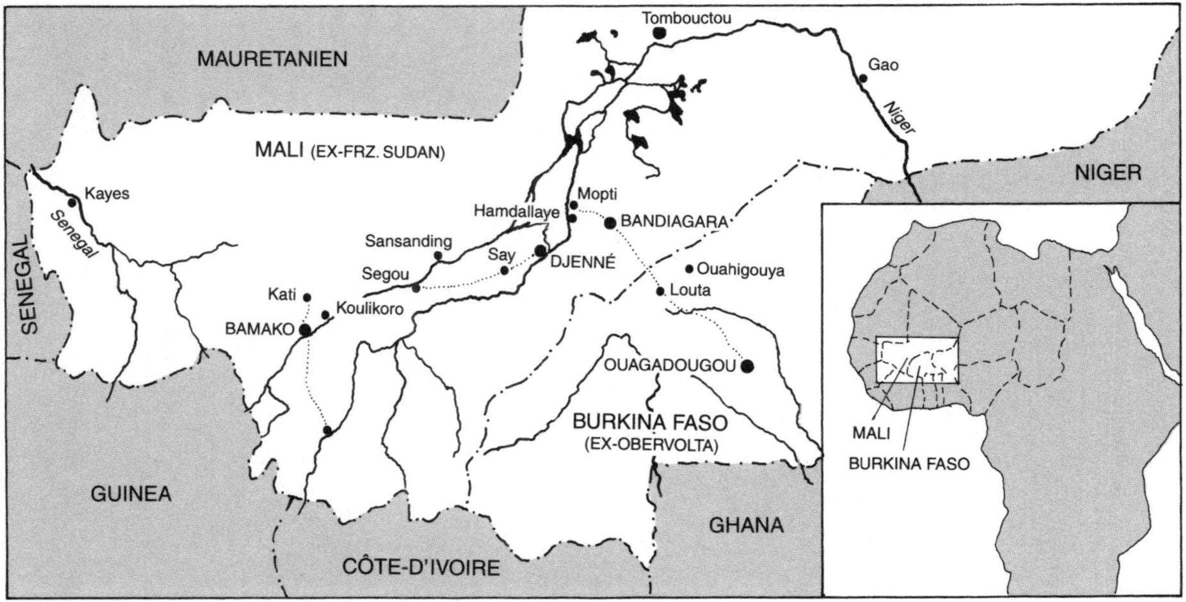
MAURETANIEN
MALI (EX-FRZ. SUDAN)
Tombouctou
Gao
Niger
NIGER
Kayes
Senegal
SENEGAL
Mopti
Hamdallaye
BANDIAGARA
Sansanding
Say
DJENNÉ
Segou
Ouahigouya
Louta
Kati
Koulikoro
BAMAKO
OUAGADOUGOU
BURKINA FASO
(EX-OBERVOLTA)
GUINEA
GHANA
CÔTE-D'IVOIRE
MALI
BURKINA FASO

DAS ALPHABET DER POESIE

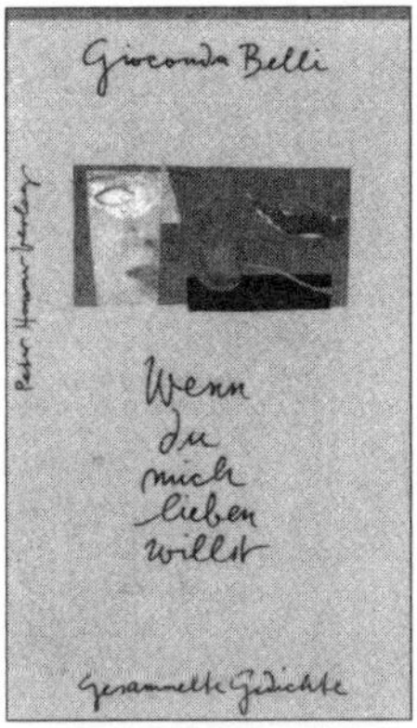

Belli
Wenn du mich lieben willst
Gesammelte Gedichte
168 Seiten, br., DM 26,80

Belli
Zauber gegen die Kälte
Erotische Gedichte deutsch/spanisch
98 Seiten, br., DM 26,80

Schwarz-Bart
Télumée Roman
Aus dem Französischen von Udo Schlögl
364 Seiten, br., DM 24,80

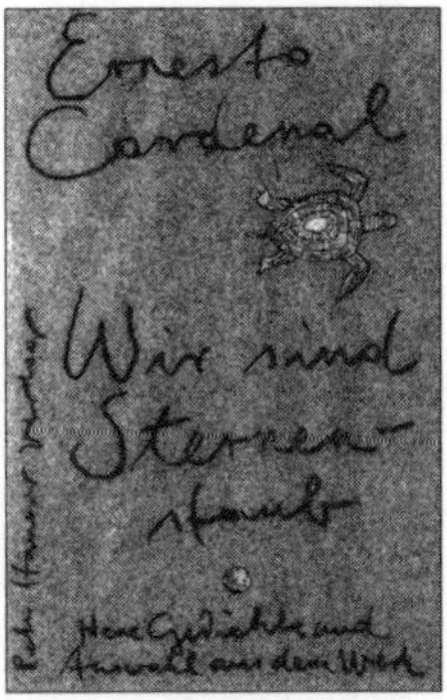

Cardenal
Wir sind Sternenstaub
Neue Gedichte und Auswahl aus dem Werk
200 Seiten, br., DM 26,80

Else Lasker-Schüler
Es pocht eine Sehnsucht an die Welt
Gestaltet von Wolfgang Poeplau
72 Seiten, Großformat, geb., DM 28,80

Michael Schmid-Ospach
Mein Herz - niemandem
Ein Else Lasker-Schüler-Almanach
ca. 200 Seiten, br., ca. DM 26,80

PETER HAMMER VERLAG WUPPERTAL